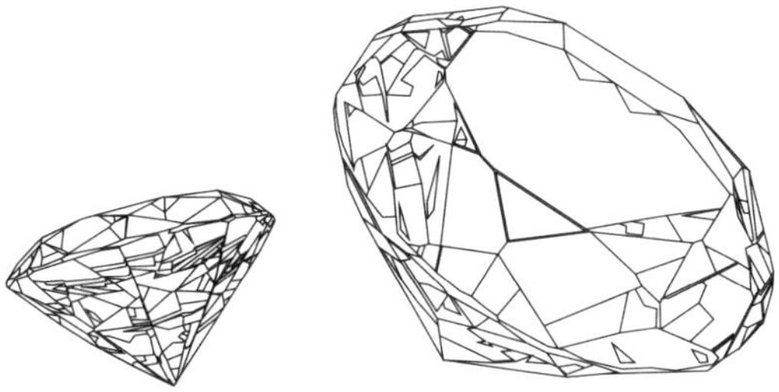

Introduction to Chinese Bond Market

中国债市入门

手把手教你看债券

李奇霖
孙永乐　著
张德礼

上海财经大学出版社
SHANGHAI UNIVERSITY OF FINANCE & ECONOMICS PRESS

图书在版编目(CIP)数据

中国债市入门：手把手教你看债券/李奇霖，孙永乐，张德礼著.—上海：上海财经大学出版社，2022.1

ISBN 978-7-5642-3877-3/F·3877

Ⅰ.①中… Ⅱ.①李… ②孙… ③张… Ⅲ.①债券市场-研究-中国 Ⅳ.①F832.51

中国版本图书馆 CIP 数据核字(2021)第 200443 号

责任编辑：李成军
封面设计：钱宇辰
版式设计：朱静怡

中国债市入门
——手把手教你看债券

著　　者：李奇霖　孙永乐　张德礼　著
出版发行：上海财经大学出版社有限公司
地　　址：上海市中山北一路 369 号(邮编 200083)
网　　址：http://www.sufep.com
经　　销：全国新华书店
印刷装订：上海叶大印务发展有限公司
开　　本：710mm×1000mm　1/16
印　　张：35.25　(插页：2)
字　　数：553 千字
版　　次：2022 年 1 月第 1 版
印　　次：2025 年 4 月第 10 次印刷
印　　数：26 001 — 29 000
定　　价：126.00 元

前 言

经过几十年的发展,我国债券市场规模已经超过了 120 万亿元,一跃成为全球第二大债券市场。随着债券市场的扩容,越来越多的从业人员涌入债券市场。

但是因为债券市场参与门槛比较高,一般都是机构投资者参与,个人投资者参与较少,很多希望从事或刚刚踏入固定收益(简称固收)行业的小伙伴对债券市场不甚了解,有较强的学习意愿,可是市场上现在又很少有从最基础的概念开始带着新手看债市的学习材料。

在笔者的从业经历当中,有幸在一些高校担任专业硕士生导师。在参与专业硕士培养的过程当中,让我印象深刻的是教材往往侧重于理论分析,而很少涉及债券市场的实际操作,经济学教材中的理论知识与债券市场真正需要的知识技能之间存在着较大的差距,在理论与实践之间还横亘着一道鸿沟。

为了弥补这一空缺,为有志于从事固定收益行业的同行提供一本基础的参考书,也为了梳理、完善自身的知识框架,我们团队开始整理撰写“手把手教你看债券系列”文章,并将其整理成书。

债券价格今天为什么下跌?资金面为什么收紧?央行现阶段的货币政策态度到底如何?后续基本面是否乐观?这些问题都是我们在分析债券时,必然面临也必须解答的问题。只有正确解答了这些问题,才能够把握住债券市场的脉络,并从中寻求赚钱机会。

这里我们不妨举一个例子。

在 2021 年春节之后，债券市场迎来一波小牛市行情，这与当时的市场预期是背离的。春节后的局面整体来看是利空债市的，一来海外经济开始通货膨胀，美国国债收益率在春节后出现大幅上涨；二来国内基本面稳步修复，春节期间的信贷投放高增，消费数据好于预期，通货膨胀数据回升等均不利于债券市场。

保持中性的则是政策面和资金面，但是因为 1 月央行态度比较强硬，在春节后，结合央行的表态，市场预期货币政策会以稳为主，资金利率以政策利率为中枢波动。

但是春节后的债券市场迎来了一波小牛市，债券收益率震荡下行了 20 个基点左右，与此前的预期形成了明显的偏差。这时我们就需要反思之前的逻辑链哪里出现了问题，要知道市场是不会出错的，研究员要做的是跟随市场，理解市场，解读市场，而不是与市场对抗。

重新梳理原先的逻辑，我们就会发现基本面的利空依旧，年初的经济数据比如旺盛的出口、维持韧性的地产投资等依旧显示中国经济在稳步修复，而大宗商品价格的不断上涨则带动市场通货膨胀预期不断走强。

解读通货膨胀，就能够发现这一轮通货膨胀是供给端因素伴随着输入性因素共同推动的，这与需求推动的通货膨胀有着本质上的区别。需求推动的通货膨胀往往意味着国内经济的修复带动了居民消费的回升，从而带动物价上行。在这样的逻辑下，央行为了抑制需求，才会有动力收紧货币政策。

面对供给推动的通货膨胀，一来因为下游消费没有回暖，价格难以顺利传导，中下游企业会面临较大的成本端压力，这又会使得居民的工资性收入恢复减慢，形成一个负向循环。二来货币政策对供给推动的通货膨胀调控力度不强，加上供给性通货膨胀会对企业利润形成挤压，央行这时候非但没有收紧货币政策，反而将流动性维持在一个偏宽松的水平。

在央行态度缓和叠加财政资金投放，以及资金从股票性基金流向货币基金等因素的共同作用下，市场资金面维持在较为宽松的水平，并带动债券收益率下行。这也就是说主导此轮债券市场行情的主要是资金面。

从这个例子里我们需要学到，首先，要敬畏市场，自身的观点要以市场走势为基准，从市场出发寻找支撑；其次，不同时期，基本面、政策面和资金面对债券市场的主导力量是在不断变化的，货币政策作为连接基本面与资金面的桥梁，对基本面的解读以及对政策的把握，对于我们理解债券市场至关重要。

本书将从最基础的定义、概念出发，在前面两章带领读者初窥债券市场的奥秘，旨在让读者对债券与债券市场有总览的印象，初步了解债券市场。接着具体介绍债券市场上各类金融机构的债券偏好和投资风格，让大家对各类金融机构有个整体的印象。毕竟要想深入了解债券市场，就要率先了解构成债券市场的主要投资者。最后，我们从基本面、政策面和资金面的角度带大家看债券市场，让读者能够掌握分析债券市场走势的方法。

整本书在行文风格上尽量做到了文笔流畅，通俗易懂，适合有意向进入金融行业的学生与相关从业人员参考学习。

本书的撰写是在我们团队的共同努力下完成的。另外，非常感激钟林楠对本书写作的支持和帮助，在作者撰写时，他提供了非常宝贵的建议。在此对他们的帮助表示衷心感谢。

最后，对于本书中出现的错误或不当之处，欢迎读者批评指正，也欢迎读者与作者进行相关领域的探讨。

目　录

第1章

初探债市

债券，其实是一种“借条”，而债券市场就是指债券的发行与交易场所。这一章我们旨在让读者对债券与债券市场有一个总览的印象，初步了解债券市场。

债券和股票是目前金融市场最为基础的两类资产。

股票，大家或多或少都有了解，但由于债券收益弹性低，参与投资难度大，大部分人对此没有太多的概念。很多希望从事或刚刚踏入固定收益行业的小伙伴对债券市场不甚了解，有较强的学习意愿，但市场上现在又缺乏从最基础的概念开始带着新手看债市的学习材料。

债券市场是一个比较复杂的市场，有很多细节，比如债券发行、交易、收益率曲线等。这些细节本章没有展开细致介绍，因为这不是本章的目的。本章旨在让读者对债券与债券市场有一个总览的印象，初步了解债券市场。细节部分，我们将在后面深入介绍。

1.1　什么是债券

债券，其实是一种“借条”。大家在生活中，多多少少都借过钱，有些时候借的金额比较大，要写借条，写明白借了多少钱，利息多少，什么时候还。这个借条表示你和借款人存在债务债权关系，也就是教科书上说的债务凭证。

市场上的债券和借钱写的借条类似，也要写明期限、利率、规模等要素，只是借钱的人现在变成了企业、政府、银行等法人机构，面向的群体也不再只是一个人，而是多家金融机构。而且因为有统一标准的条款设计，所以也可以在市场上交易流通，类似于股票。

笔者在市场上选取了一只目前正在流通交易的债券，以此为例，详细介绍现实中债券的基本条款。

1.1.1　债券名称，包括全称、简称和代码

债券的全称相当于一个人的全名，一般会详细说明债券发行的时间、债券类型和期数。我们选取的债券全称是“2020 年记账式附息（六期）国债”，表示这是 2020 年发行的第六期国债。

简称是对全称包含信息的缩写，命名规则一般是“年份＋债券类型＋期数”。2020 年发行的第六期国债，缩写便是 20 附息国债 06；其后发行的第七期国债，缩

写便是 20 附息国债 07。

债券代码和股票代码意义相似，都是为了方便投资者交易。但和股票代码不一样，有些债券的代码不止一个，我们选取的这只国债就有 4 个债券代码(见表 1.1)。

表 1.1 债券的基本要素

债券全称	2020 年记账式附息(六期)国债	债券简称	20 附息国债 06
债券代码	200006.IB(银行间债券)，200006.BC(银行柜台债券)，102006.SZ(深圳)，019632.SH(上海)		
发行人	中华人民共和国财政部	债券类型	国债
发行方式	公募	发行起始日期	2020 年 5 月 20 日
计息基准	ACT/ACT	付息频率	每年付息 2 次
起息日期	2020 年 5 月 21 日	下一付息日	2020 年 11 月 21 日
息票品种	附息	利率类型	固定利率
最新债项评级	—	评级机构	—
票面利率(当期)	2.68%	发行价格(元)	100
发行规模(亿元)	690.9	期限(年)	10
托管机构	中央国债登记结算有限责任公司	交易市场	银行间市场

资料来源：Wind。

之所以会出现这种情况，是因为现在债券市场有银行间、交易所(上交所和深交所)、柜台等多个交易市场，而有些债券可以同时在不同的市场交易，不同的交易市场，代码制定规则又不一样，这些跨市场的债券自然会有多个债券代码。

比如我们在表 1.1 中看到的第一个代码 200006.IB，就是这只国债在银行间市场交易的代码。

其中 20 表示这只债券的发行上市年份是 2020 年，中间的 00 是监管层给国债的类别编号，06 表示这是 2020 年发行的第六期，最后的字母 IB 表示这只债券的上市交易场所是银行间市场。

其他的三个代码，是这只国债在其他三个市场上的交易代码，各有各的含义，具体我们就不再展开，大家可以去看《证券期货业基础编码标准设计方案(2019版)》一书，或者是《上海证券交易所证券代码分配规则》《深交所数据接口文件》等专门的代码命名文件。

1.1.2　发行主体和债券类型

发行主体即债券发行人，发行人的性质决定了债券的类型。

这里选择的债券是财政部发行的国债，除此之外，债券市场还有地方政府债、金融债、企业债、公司债等超过 15 种债券，截至 2020 年 7 月，这些债券合计存量规模超过了 100 万亿元(见表 1.2)。

表 1.2　债券的类型与组成结构

类别	债券余额（千亿元）	余额比重（%）	类别	债券余额（千亿元）	余额比重（%）
国债	171.80	16.49	一般公司债	42.88	4.12
地方政府债	240.00	23.04	中期票据	73.67	7.07
央行票据	0.18	0.02	一般中期票据	73.67	7.07
同业存单	102.15	9.81	短期融资券	27.91	2.68
金融债	241.86	23.22	一般短期融资券	5.45	0.52
政策银行债	163.88	15.73	超短期融资债券	22.47	2.16
商业银行债	17.55	1.68	定向工具	21.79	2.09
商业银行次级债券	33.92	3.26	国际机构债	0.30	0.03
保险公司债	3.27	0.31	政府支持机构债	16.53	1.59
证券公司债	14.08	1.35	资产支持证券	36.45	3.50
证券公司短期融资券	2.52	0.24	交易商协会 ABN	4.37	0.42
其他金融机构债	6.64	0.64	证监会主管 ABS	18.43	1.77
企业债	22.87	2.20	银保监会主管 ABS	13.64	1.31
一般企业债	22.82	2.19	可转债	4.16	0.40
集合企业债	0.05	0.00	可交换债	2.24	0.21
公司债	79.75	7.66	合计	1 041.64	100.00
私募债	36.87	3.54			

资料来源：Wind。

按照发行主体分，这 100 万亿元的债券可以分为政府债(政府机构发行)、央行票据(央行发行)、金融机构债(金融机构发行)、非金融企业机构债(非金融机构发行)、国际机构债(国际机构发行)五大类。但这种分法在实际生活中非常少见。现在市场上更常用的债券分类是按照是否存在信用风险，分为信用债和利率债两大类别。

信用债，顾名思义，是存在信用风险（借钱不还）的债券，由企业发行（包括金融机构发行的债券），具体有中期票据、短融、超短融、公司债、企业债等形式。

利率债则是没有信用风险，只有利率风险的债券，包括国债、地方政府债、央行票据（现已绝迹）、政策性银行债以及政府支持机构债（铁道债、汇金债）。[①]

1.1.3 债券发行方式

这里选取的国债，发行方式是公募发行，指发行人通过中介机构向不特定的社会公众发行债券。简单理解是所有市场投资者都可以买卖持有这一类债券。这种发行方式也是现在债券市场最为常用的债券发行方式。

进一步细分，公募发行又可以分成招标和簿记建档。其中，前者普遍适用于利率债，后者多适用于信用债。至于具体的发行机制，我们这里不展开，大家可以先看表 1.3，下一章我们会详细阐述。

表 1.3 债券发行方式

<table>
<tr><td rowspan="2">公募发行</td><td>招标发行</td><td>发行人确定招标方式、中标方式等发行条件，在市场上公开竞标，承销团成员按中标额度承销债券。目前，政府债券、金融债券、规模较大的企业信用债券多采用招标发行。</td></tr>
<tr><td>簿记建档发行</td><td>发行人和主承销商协商确定利率或价格区间后，由簿记管理人（一般由主承销商担任）与投资者一对一地沟通协商，确定最终发行利率或价格，配售发行。目前，企业信用债券、金融债券、信贷资产支持证券、非金融企业债务融资工具等也较多选择此种发行方式。</td></tr>
<tr><td>私募发行</td><td>协议定向发行</td><td>发行人与债券认购人协商决定债券票面利率、价格、期限等发行条件、认购费用和认购人义务并签署债券认购协议。</td></tr>
<tr><td colspan="2">柜台发行方式</td><td>商业银行柜台债券市场债券发行一般根据银行间债券市场招标定价结果确定发行价格，承销商成员承购和分销。储蓄国债仅在柜台发行，由发行人单独确定发行价格。</td></tr>
</table>

资料来源：Wind。

① 也有观点将政府支持机构债认定为“准利率债”或者认定为信用债，本章暂且将其认定为利率债。

私募发行和柜台发行相对用得少。私募发行与公募发行相对应，就是面向特定的投资者发行的方式，一般用在信用债上。而柜台发行就是通过银行柜台向普通居民发行的方式，一般是用来发行国债、地方政府债、政策性银行债等利率债。

1.1.4　利息支付方式

利息支付方式包括计息基准、付息频率和利率类型等信息。

计息基准，表格显示为 ACT/ACT，表示实际天数/实际天数，即这只债券的利息计算方式是实际计息天数除以一年的实际天数。

比如 2020 年是闰年，一年有 366 天，持有这只债券 100 天，1 000 万元的规模，票面利率 2.68%，获得的利息收入就是 7.32 万元(1 000×2.68%×100/366)。

除了这种计息方式外，还有一种是直接确定一年为 365 天，即实际计息天数/365，忽略闰年多出来的那一天的影响。这种计息方式下，同样的条件，获得的利息收入变成了 7.34 万元(1 000×2.68%×100/365)。

付息频率，这只国债是每半年支付一次，还有些债券是按年付，也就是 1 年支付 1 次，这两种付息频率在现在的债券市场上都比较普遍。

利率类型，这里是固定利率，是指在偿还本金前，债券都保持着同一个票面利率，这是当前最为普遍的一种利率类型。

其他的利率类型还包括累进利率、浮动利率两种。

所谓累进利率是指在偿还本金前，票面利率可能会调整。一般而言，发行人发行这种债券品种时很多还会附一个回售条款，规定投资者在某个时段可以将持有的债券回售给发行人，提前拿到本金与利息。

如果在回售时段，发行人自身现金流压力比较大，那么它可以提高票面利率，给持有者更高的风险溢价，来避免过多的回售加大现金流周转压力，降低再融资风险。

浮动利率债一般采用(基准利率＋固定利差)的形式确定票面利率。基准利率一般常用的是央行确定的一年期定期存款基准利率、上海银行间拆借利率、7 天回购利率三种，目前市场上浮动利率债占比较少。

1.1.5 主体/债项评级

主体评级是对债券发行人信用资质的评级，而债项评级针对的则是这一只债券的评级。

表 1.1 里这两项是空值，是因为我们选取的是国债，是没有信用风险的利率债，对其开展信用评级没有任何意义。主体/债项评级，只对企业发行的信用债有意义。

而之所以要对信用债开展主体/债项评级，是因为企业发行债券要面向市场上多个机构投资者。而这些机构投资者对企业的经营、现金流与盈利能力不可能完全了解，所以必须要有一个反映企业信用资质的标准，尽可能解决这种信息的不对称。

现在中国债券市场的债券评级由中诚信、中债资信、东方金诚、联合资信、大公国际、新世纪这六家评级机构评定。

不同评级机构对主体、债项的信用等级划分大致相同。根据《中国人民银行信用评级管理指导意见》规定，主体信用评级划分为三等九级：AAA、AA、A、BBB、BB、B、CCC、CC、C，每一个信用等级可用“＋”“－”符号微调，表示略高或略低于本等级，但不包括 AAA＋（见图 1.1）。债项评级则按照期限和债券类别区分。

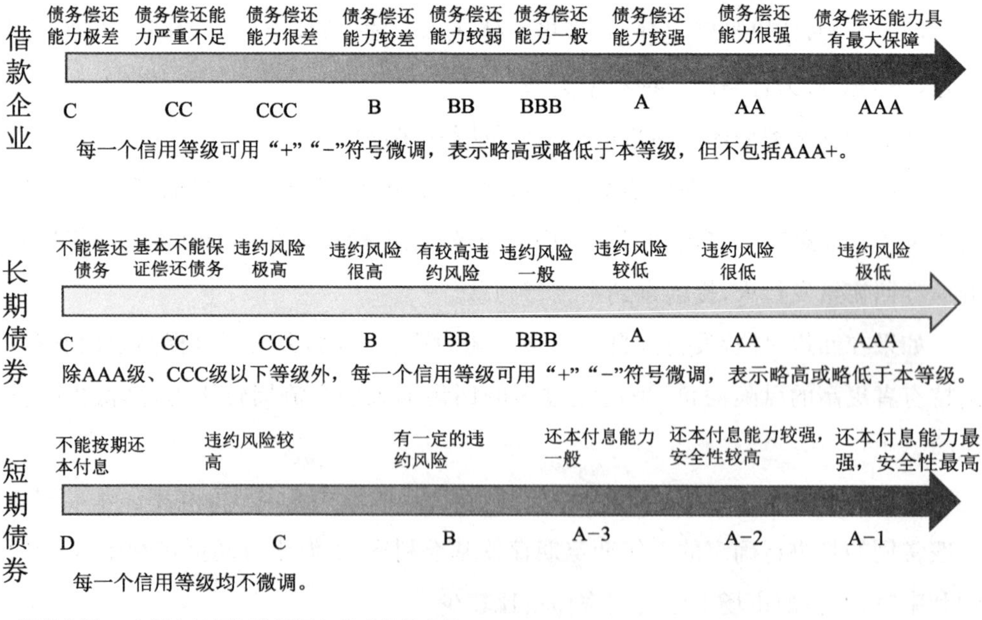

资料来源：《中国人民银行信用评级管理指导意见》。

图 1.1 信用评级

虽然一般情况下评级越高，表示信用风险越小，但由于国内评级企业除了中债资信，其他均是发行人付费的模式，为了抢占评级市场，这些评级机构给出的债券和主体评级往往会偏高，实际的信用风险可能要比债券或主体评级隐含的更高。

比如在 2019 年，债券市场一共有 42 家企业首次出现违约，而这 42 家企业在发行债券时，评级公司给它们的评级有 90%以上都是债务偿还能力较强的 AA 及以上评级(见图 1.2)。由此可见，现在债券市场的评级存在虚高的现象。

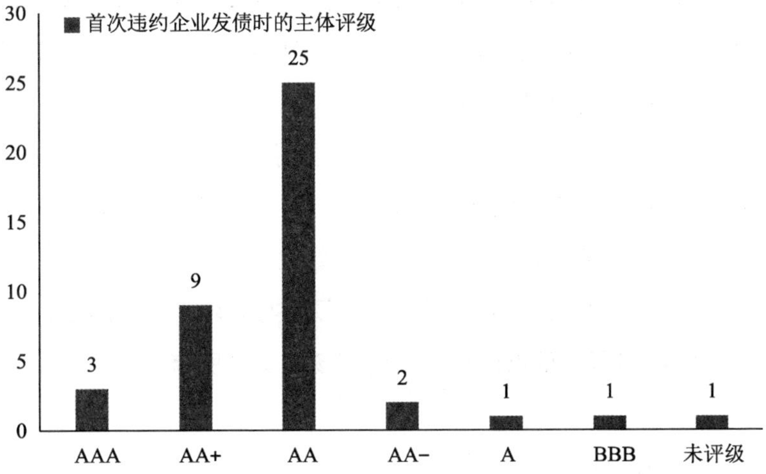

资料来源：Wind。

图 1.2 违约信用债发行时的评级整体都较高

1.1.6 票面利率、票面面值、发行期限、发行规模

这些都属于很基础的要素，不再展开。①

随着债券市场的发展，市场上的债券品种越来越多样，各类债券在除了上述的基本条款外，会加入其他各种特殊条款。比如可转债与可交换债，在一定条件下可以转化为股票，所以会有转股条款。

具体到单个债券，也存在些许不同，若要详细了解，需要找债券募集说明书等相关材料。

① 我们这里对债券要素条款的介绍，是最简单的和最基础的。

1.2 债券市场是个什么样的市场

从广义来看,债券市场是债券发行、交易、托管结算的场所,是与债券相关的各类市场基础设施的总称。但狭义来讲,债券市场就是指债券的发行与交易场所。

按这个狭义的概念来分,我国的债券市场分为场内市场和场外市场两个体系,其中场内市场是指交易所市场,包括上海证券交易所和深圳证券交易所;场外市场则包括银行间债券市场(简称银行间市场)、银行柜台市场(简称柜台市场)和新成立的自贸区债券市场(简称自贸区市场)。

在这四类债券市场中,银行间市场是中国债券市场的主体。2019 年年末,银行间市场的债券存量占全市场的比重达到了 87.2%,交易所市场占比为 11.8%,而柜台市场和自贸区市场两者合计占比不到 1%。

由于柜台市场和自贸区市场规模极小,市场参与者较少,固定收益的从业者基本不会接触,因此我们下面重点讲述银行间市场和交易所市场。

1.2.1 银行间市场

银行间市场是一个大宗交易市场或者说批发市场,顾名思义,就是每次交易规模都非常大,最少也在千万元以上,所以一般都是资金量比较大的机构投资者参与,个人投资者由于资金量和资质等原因,没办法参与其中。

我们假设有一家公募基金 A,它准备进入银行间市场投资债券。

它首先需要按照中国人民银行的入市指导文件,准备相关的材料。央行在对材料开展形式审查,确认各类材料的真实性和完整性后,给 A 发布允许入市通知。

A 获得允许入市通知后,需要开立三个账户:(1)在中国外汇交易中心开立本币交易账户;(2)在中央国债登记结算有限公司(简称中央结算或中债登)以及上海清算所(简称上清所)办理托管账户;(3)开立资金账户。

交易账户顾名思义就是用来做买卖交易的。中国外汇交易中心是交易的平台,帮助买卖双方达成交易。

比如 A 和另外一个机构 B 谈成了一笔债券买卖,那双方就通过交易账户向外汇交易中心提交各类和交易相关的要素、材料，然后外汇交易中心检查 A、B 两个机构的券款是否足量，帮助两个机构达成交易。

这有点像我们在淘宝上买东西，需要先有个淘宝/支付宝账号，然后才能通过淘宝/支付宝账号浏览商品、支付商品与获得商品。

托管账户是用来做债券的登记、托管，它像是一个口袋，表明债券的所有权归属。现实中的债券交易和股票交易一样，用的基本都是电子凭证，没有像纸币一样的纸质凭证。

所以当 A 通过外汇交易中心从 B 处购买了债券后，需要有专门的机构记录这些债券从 B 的“口袋”转移到了 A，记录债券所有权发生了改变。做这个工作的机构，便是托管机构。A 在这个托管机构开设的账户便是托管账户。

通过托管账户，我们可以很容易地看出每一类机构的持仓偏好，对我们分析债券市场的投资者行为有很大的帮助。

由于在银行间市场上交易的债券按照债券类型的不同，需要托管在不同的机构（中债登与上清所）（见图 1.3），因此 A 也需要开立两个托管账户。

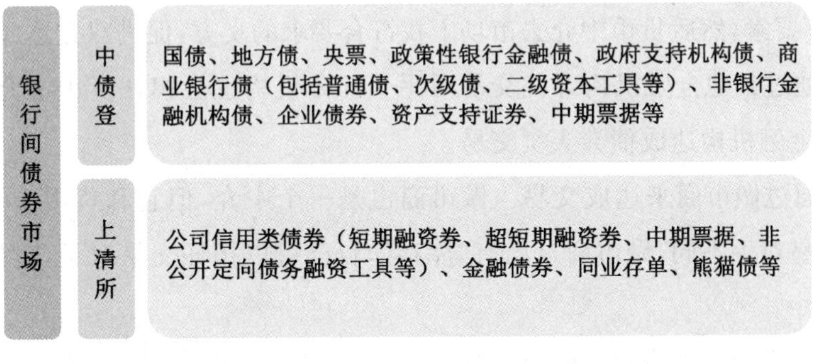

资料来源：中债登。

图 1.3　中债登和上清所的托管债券类型

资金账户和托管账户相对应。如果托管账户是“债券的口袋”，那么资金账户便是“资金的口袋”。A 和 B 发生债券的交易买卖，托管账户负责债券的划转和结算，那资金账户就负责资金的划转和结算。

有了这三个账户，A 就可以在银行间市场买卖债券了。

粗略来看，银行间市场的交易有四种形式。

1. 现券交易

现券交易是最容易理解的交易方式，整个过程和我们菜市场买菜差不多。

比如说，某一天，A 基于自己对债券市场的研究，认为未来国债价格会上涨，现在买国债能赚钱，于是决定买入 1 亿元的 10 年期国债。

那首先，A 要找到交易对手，确定买入价格。

怎么找交易对手呢？前面我们说了，银行间债券市场是一个场外交易市场，场外交易市场不像股票市场，直接在系统里面输入想买的股票代码、买入价格，系统就能自动帮你寻找交易对手成交。在场外市场做交易，需要像买菜一样，自己去询价，找交易对手。

一般来说，金融机构在银行间市场找交易对手有四种方式：

(1) 利用自身的资源，直接和关系好的金融机构达到交易。

(2) 通过专门的货币中介寻找交易对手。货币中介，简单理解是专门帮助各类金融机构撮合交易的中介机构。目前银行间市场有平安利顺、中诚宝捷思、上海国际、天津信唐、上海国利五家货币中介。金融机构向货币中介报出想买的债券、价格、量等要素，然后货币中介去市场上找符合要求的卖方，促进双方达成交易。

(3) 通过其他金融机构寻找交易对手。部分机构也会担任货币中介的角色，撮合其他金融机构达成债券买卖交易。

(4) 通过做市商来达成交易。做市商也是一个中介，但它和货币中介只能介绍其他交易对手不同，做市商自己有“库存”，自己可以担任交易对手，对外报出买卖价格。

A 如果觉得做市商报出的价格合适，可以直接向做市商买入 1 亿元的国债，A 如果后面想卖了，也可以找做市商。

找到交易对手协商好了之后，A 和交易的对手方(假设是 B)需要在外汇交易中心的交易系统上输入这次交易的相关信息。交易系统自动生成结算指令，A、B 双方各自确认(A 要确保自己有足够的资金，B 要确认自己有足够的债券)。

确认过后，这场交易对 A 和 B 而言，实际就已经完成了。

之后的工作是托管和资金清算等中后台部门的工作。中债登(因为买的是国债)在中央债券簿记系统上借记 A 的债券托管账户(表示 A 持有债券的增加),贷记 B 的债券托管账户(表示 B 持有的债券减少)。

资金的划转,则是在央行的支付系统上进行,A 和 B 指定的资金清算银行通过支付系统将 A 资金账户上的资金转到 B 账户名下。

债券和资金交割完成后,系统会生成交割单——作为这次债券交易结算成功的凭证,这样整个债券买卖交易流程就真正结束了(见图 1.4)。

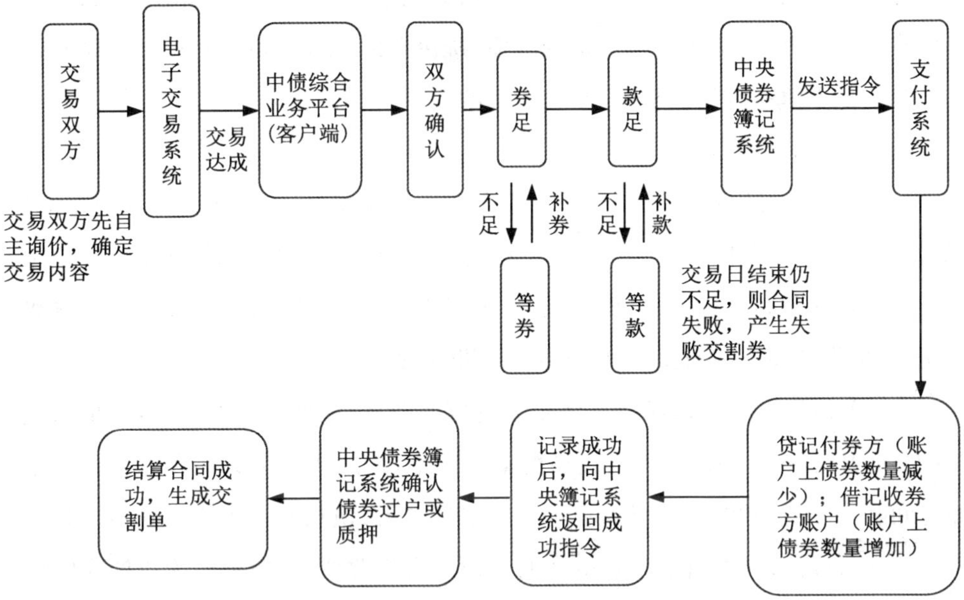

资料来源：Wind。

图 1.4　银行间市场交易行为

买入 1 亿元国债后,A 能够获得该债券的利息收入。如果 A 一直持有到期,那么在每一个付息日,A 都能收到按票面利率计算的利息。即使 A 在这一过程中将债券转让了出去,A 也有权利让受让方支付 A 持有期间的应计利息。这便是我们常说的票息收入。

如果 1 个月后,10 年期国债的价格上涨了,那么 A 可以直接把这 1 亿元国债卖掉,获得买卖价差收入,我们称之为资本利得。

资本利得和票息收入,一起构成了金融机构投资债券的主要收益。

在这种一对一询价交易的模式下，银行间债券市场的债券交易，活跃度与换手率都比股票交易低得多，大部分债券在被金融机构认购持有之后，都不会再出现在市场上。只有个别债券，因为存量盘子大，持有的人多，寻找交易对手方便，其交易才会比较活跃。这种债券，我们一般称为活跃券。

2. 回购交易

回购交易其实是一种向其他机构借钱或者借给其他机构钱的交易。

比如说，A 在买了 1 亿元国债之后，发现票息收入和资本利得收入太低了，债券价格一直在上涨，它想要买更多的国债，赚更多的资本利得。它可以在银行间市场上找其他手里有闲钱的机构，跟它做回购交易，借入资金。

具体方法有两种：

(1) A 机构可以选择把 1 亿元国债先卖给其他机构 B，并约定 7 天之后，B 再把这 1 亿元国债卖回给它。这样，A 就能暂时获得 B 闲余的资金，使用期限是 7 天。如果 A 觉得 7 天太短，或太长，也可以选择 14 天、1 天等其他期限。这种回购交易，债券的所有权直接划转，被称为买断式回购。

(2) A 机构也可以选择把 1 亿元国债当抵押品，抵押给机构 B，向 B 借入资金 7 天的使用权，然后用借到的资金买更多的国债，B 则获得 7 天的利息收入。借钱的时间和买断式回购交易一样，也不一定要是 7 天，视双方需求协商而定。这种回购交易和买断式回购不同，债券的所有权没有发生改变，一般被称为质押式回购。

现在，质押式回购和买断式回购组成的回购交易已经是银行间市场最重要的交易，截止到 2020 年 6 月，两者占据了银行间市场交易总量的 75.72%。其中，质押式回购的比例又是绝对的大头，超过 75%，买断式回购的比例占比不足 1%（见图 1.5）。

3. 债券远期交易

远期交易和期货的内涵比较相似，它是交易双方约定在未来某一日期，以约定的价格和数量买卖标的债券的一种交易行为。

这种远期交易是一种创新性的利率衍生品交易，是弥补银行、保险等机构无法参与国债期货市场而创设的一种交易模式，目前在整个银行间市场的交易量占比非常小，展开需要非常长的篇幅，专业性也比较强，不是本章所想描述的重点，因此

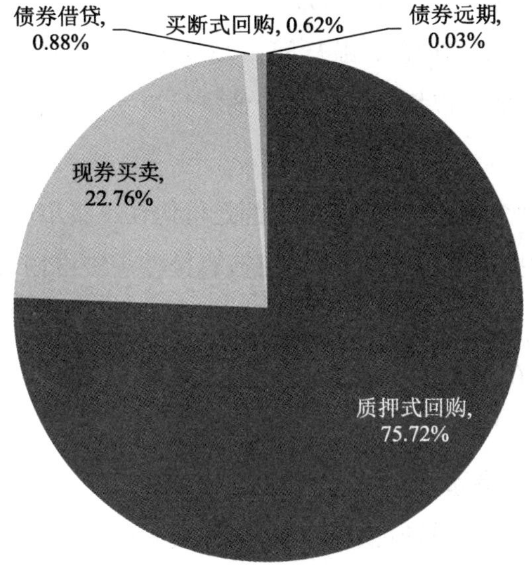

资料来源：外汇交易中心。

图 1.5　截至 2020 年 6 月银行间市场各类交易的比例

不再展开。

4. 债券借贷交易

它和我们前面说的回购交易和现券交易有本质上的不同。回购交易和现券交易是一方给钱、另一方给券的模式，是一种“钱券交易”做多的行为。而债券借贷交易是一种“以券换券”的模式，是一种做空的行为。

我们假设机构 A 在买入 1 亿元国债后，突然发现国债价格没有上涨，反而大幅下跌，于是它想反手做空。

为了实现这一目的，它可以选择将自己手中的国债质押给其他机构 B，融入 B 手中的活跃券，并约定在 7 天之后，还给 B 相同规模的活跃券。

A 融入活跃券后，马上以 100 元的价格将活跃券卖掉。7 天后，A 要偿还 B 活跃券，就在市场上以 90 元的价格买入相同规模的活跃券还给 B。

如此，A 就通过债券借贷交易，先卖后买，做空获得了 10 元的资本利得收益。

B 因为将活跃券的使用权暂时让渡给了 A 机构，所以同样像融出资金一样，能得到相应的收入补偿，即借贷费用。借贷的时间也是自由协商确定的，可以是 7

天，可以是1天，甚至是1个月、3个月。

这种债券借贷交易，在整个银行间市场交易总量的比例虽然也不大，不到1%，但却是为数不多的可以用来做空现券的交易模式，所以在银行间市场，有着非常重要的意义。

以上提及的四种交易，我们所举例子都是机构在二级市场上和交易对手交易。而事实上，很多机构投资者参与债券的发行，直接在一级市场认购持有债券也是非常普遍的现象。

这一点，我们将在后文详细阐述。

1.2.2　交易所债券市场

和银行间市场不同，交易所债券市场（简称交易所市场）是一个零售市场，投资者拿着几千元钱就能够在交易所市场买卖债券。较低的进入门槛让个人投资者和机构投资者都能够参与其中（见图1.6）。

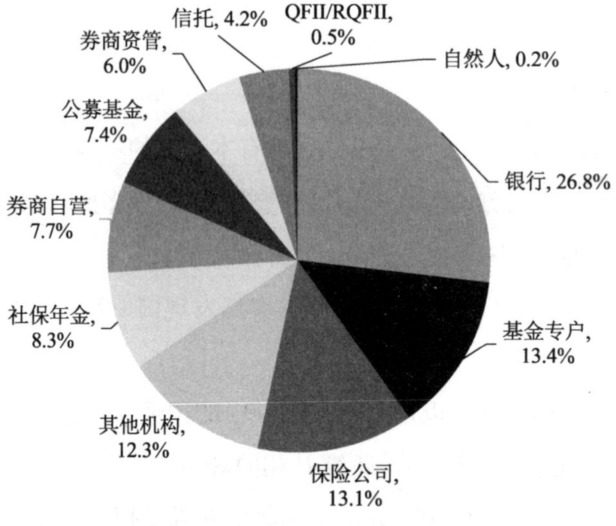

资料来源：外汇交易中心。

图1.6　上交所债券市场投资者结构

多样化的投资者，产生了不同的投资需求。针对不同的投资规模，交易所市场设立了竞价系统满足投资者小规模交易的需要，设立大宗交易系统以及固定收益平台满足投资者大额交易的需要。

我们假设上文提到的公募基金A也想参与交易所市场，投资债券。

A首先需要开设相关账户：

(1) 在证券公司开立证券账户。证券账户是由中证登(交易所市场的托管结算机构)开立的，之后A在交易所市场上买卖债券都由中证登在这个账户上登记。这个账户和之前提到过的托管账户是一个意思。

不过，与银行间市场不同，A的托管要通过证券公司，先托管在证券公司的证券账户上，然后由证券公司去中证登托管。这种间接托管的模式，我们称之为二级托管(见图1.7)。

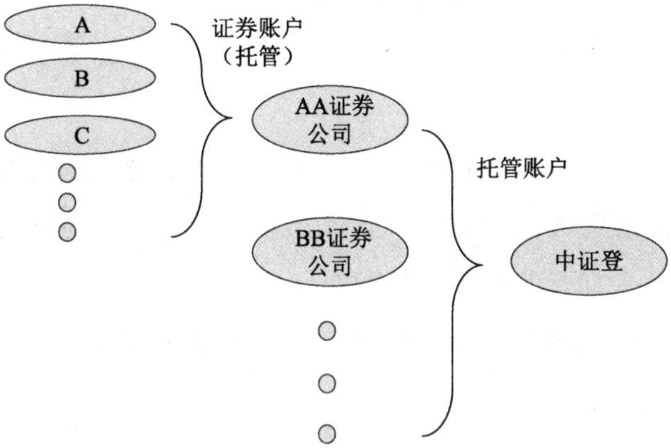

资料来源：外汇交易中心。

图1.7　上交所集中登记，二级托管

(2) 证券资金账户。这个账户专门用于证券的交易，之后A在买卖证券时出现的资金划入转出均在这个账户上进行。

在开立完账户后，A就可以进入交易所市场交易债券了。不过交易所市场的债券交易种类比银行间市场少，仅有现券买卖与回购两类。

1. 交易所的现券交易

在交易所进行现券交易，投资者可以在竞价系统(小规模)、大宗交易系统和固定收益平台(大规模)三个平台上进行。

其中，交易所市场竞价系统上的现券交易与银行间市场最大的不同在于，交易所市场实行“连续竞价、集中竞价”的交易方式，即投资者不用自己寻找交易对手。

(1) A 如果想要卖出 100 万元的国债，只需要通过证券公司将自己的报价上传到竞价撮合平台。如果平台上有机构愿意接受 A 的报价，那么平台会自动撮合这笔交易成交。如果没有，A 就需要一直等待，直到交易成交；如果一直没有找到对手方，A 的交易就失败了。

这种由交易所自动撮合平台，按照价格撮合交易的方式就是连续竞价。

(2) 在某一段时间里，有很多市场机构均向交易所平台提交了自己的买卖申请，平台统计后发现，按 100 元的价格，会有 1 000 万元的交易达成，按照 99 元的价格会有 980 万元的交易达成，按 102 元的价格，会有 900 万元的交易达成。平台为了实现更大的交易规模，会将价格定在 100 元。

这种先把所有报价集中在一起，算出最大成交量后确定交易价格的方式便是集合竞价。

A 在通过证券公司将买入订单上传后，后续主要由系统自发进行。如果订单成交，那么证券公司从 A 的资金账户上划出一笔交易资金，同时在 A 的证券账户上借记债券，表明 A 拥有了债券的所有权。

除了竞价系统上的连续竞价和集合竞价外，在大宗交易系统和固定收益平台上的现券交易会更多样。

固定收益平台上的投资者进行现券交易的方式主要有：

(1) A 直接和其他投资者在场外谈好之后，在固定收益平台上交易，这一点和银行间的询价交易很类似；

(2) 通过一级交易商(做市商)达成交易。一级交易商有自己的“库存”，可以在市场上同时报出买卖价格，同时买进、卖出。

(3) A 在平台上发出消息说明自己的交易需求，比如需要买入 1 000 万元国债。别的投资者看到后，根据自己的条件，决定是否与 A 联系并交易。

大宗交易平台，相对来说要比固定收益平台更局限一些。A 如果想按照某一价格买入 1 000 万元国债，只能在大宗交易平台上发布消息，等待有缘人(愿意按照 A 的价格卖 1 000 万元国债给 A 的人)。只有找到有缘人，A 才能够达成交易。

至于 A 持有现券的收益，在银行间市场部分已经说明了，不再重复讲述。不过，交易所市场的竞价撮合制度相比于一对一询价的银行间市场效率会高一些，交易所债券市场表现也相对活跃些。

2. 回购交易

交易所的回购交易按照具体流程的不同，可以分为质押式回购、质押式报价回购、质押式协议回购。买断式回购基本不存在。

其中质押式回购是交易所市场上的主体，2020 年 6 月质押式回购交易占市场的比重超过了 97%（见图 1.8）。

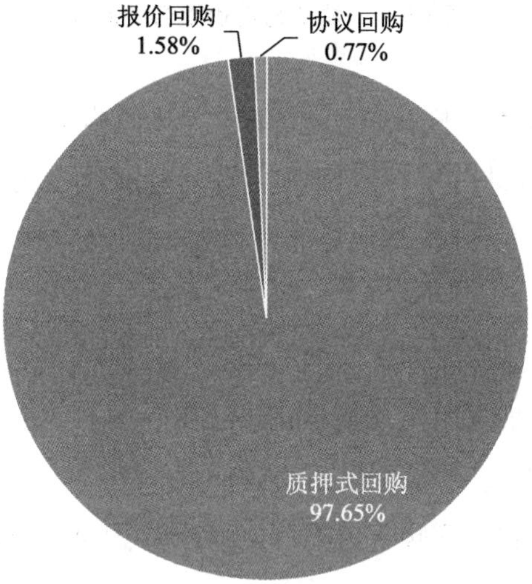

资料来源：外汇交易中心。

图 1.8 2020 年 6 月交易所回购交易的组成

交易所市场的质押式回购交易与银行间市场相比，存在三大不同：

(1) 交易所市场实行标准券制度。在银行间市场，A 可以直接以自己持有的债券为质押品，在市场上寻找对手方，获取资金。

但是在交易所市场，A 如果想要以质押式回购交易从市场上获取资金，需要先去中证登把自己持有的债券兑换成由中证登出具的标准券。之后再以持有的标准券为质押物，从债券市场上借入资金。而借入资金期限有着明确的规定。

(2) 交易所市场回购资金的报价，也采取“连续竞价”的报价方式，回购交易通过竞价撮合平台的方式进行。

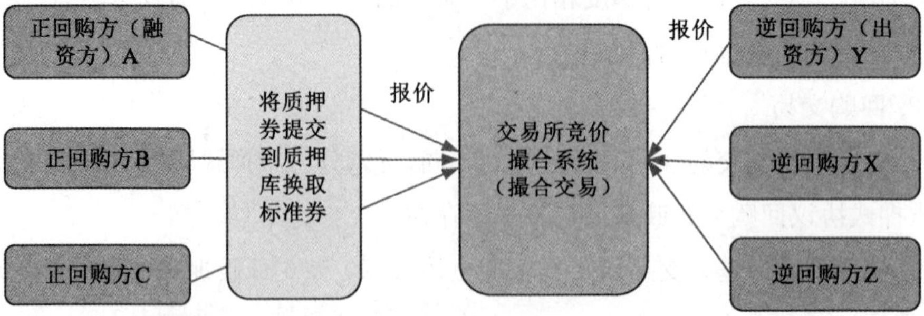

资料来源：外汇交易中心。

图 1.9　回购交易竞价撮合的原理

(3) 市场参与主体不一样，银行间市场质押式回购交易的主体是银行，2020 年 6 月银行质押回购交易量占质押式回购交易总量的比重为 60%。而在交易所市场，回购的主体则是券商自营、基金等非银机构，银行在交易所市场回购业务中的占比极小。

除了这几点外，交易所质押式回购与银行间质押式回购在很多细节方面也存在出入，比如质押券的折算比例、结算期限等，我们在下一章会具体讲到。

相比于交易所质押式回购，交易所协议回购与银行间质押回购更为类似，都是一对一协商确定交易细节，这些交易细节包括期限、质押券的品种、质押率、资金利率、结算期限等。

这些细节，我们将在下文介绍。

第2章

探秘债券发行与交易

在这一章里，我们更加详细地介绍了债券发行机制与交易细节，比如债券是如何定价的，一级市场和二级市场的联动性是如何产生的。通过这些介绍，读者能对债券市场有更深入的了解。

本章是第 1 章的延续。如果说第 1 章是对债券市场骨架的大致描绘，那么本章便是对骨架中空缺的血肉的填充。

本章更加详细地介绍了债券发行机制与交易细节，比如债券是如何定价的，一级市场和二级市场的联动性是如何产生的。通过这些介绍，读者能对债券市场有更深入的了解。

2.1　债券的发行

对发行人而言，发行债券要经历多重关卡。首先要找到券商/银行等中介机构准备发行材料，再通过这些中介机构将材料提交监管机构审核，最后才能上市发行筹集得到资金。

整个流程如图 2.1 所示。

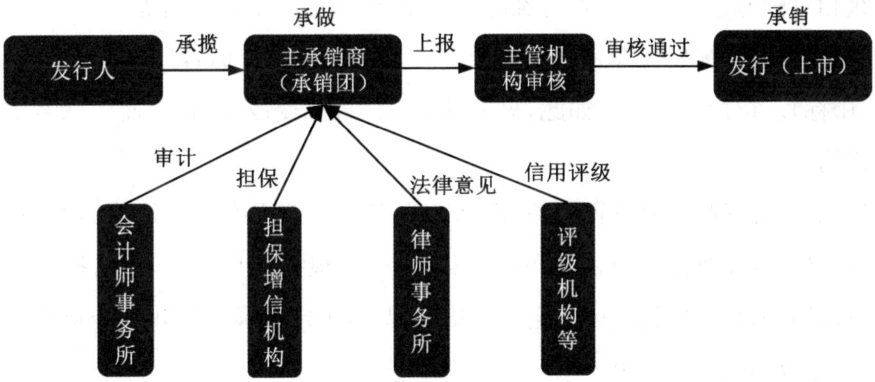

资料来源：作者整理。

图 2.1　债券发行全流程

但这个流程对投资者不是太重要。他们不在意债券发行人在发债之前要经历多少关卡，承揽承做承销是如何开展的。他们在意的是发行人在通关之后，发出来的债券信用资质如何，定价结果如何等信息。

这就像我们去饭店吃饭，我们只想知道菜的味道好不好，菜的价格是否合适，而对于厨师是怎么把菜做出来的，我们不是那么在乎。

信用资质如何，我们暂且不表，这属于信用分析层面。我们这一部分将焦点集中在债券发行定价上。

2.1.1 发行定价的两种方式

按照面向的对象不同，债券发行定价可以分为公募发行和私募发行两种。其中公募发行占主导，以该方式发行的债券占市场存量债券的比重超过90%。

1. 公募发行

公募发行是一种面向市场上所有投资者发行债券的方式，又分为公开招标发行和簿记建档发行两种。

(1) 公开招标发行

公开招标市场化程度更高，比较适合认购者众多、信用等级高、单次发行规模较大的国债、政策性银行债、大型企业发行的企业债等券种；簿记建档则更适合信用等级相对较低、发行量小、发行难度大的短期融资券、中期票据等。

具体而言，招标发行像是拍卖。拍卖时，各方买家（投标者）对商品报价，价高者得（中标）。招标发行也是如此，只不过拍卖的商品变成了债券，而中标者变成了金融机构。

例如，假设财政部要发行国债，那么首先财政部需要确定发行债券的规模（计划发行规模）以及招标规则，然后参与招标的机构根据自身情况，报出投标价格和投标量，最后财政部根据此前约定好的招标规则，确定中标价格和各个机构的中标量，从而完成国债发行定价。

投标时，如果金融机构是以价格的形式报价，就是价格招标；如果是以利率的形式报价，就是利率招标。

无论是利率招标，还是价格招标，现在应用都非常普遍，两者在市场上的比例大概是50%∶50%。

对发行人和金融机构而言，是价格招标，还是利率招标，不是太重要，两者没有本质的区别。债券价格和收益率本身就是相反的映射，能表达相同的意思。

大家更关心的是招标规则。现在常用的招标规则有荷兰式招标、美国式招标和混合式招标三种。不同的招标规则，得到的债券发行价格（票面利率）会有明显的差别，投资者投标的收益率也会有很大的差异。

① 荷兰式招标（单一价格招标）

荷兰式招标规则是现在中国债券市场上用得最多的招标规则，10 年期以上的国债、政策性金融债等利率债品种均使用荷兰式招标。

在荷兰式招标规则下，发行人将投标人的报价从高到低排序（利率从低到高），然后按价格顺序将投标数量累加，直到能够满足计划发行规模为止。在这个满足节点上的价格（利率）称为中标价格（利率），报价高于或等于中标价格的投资者中标，所有中标的投资者均按中标价格（利率）认购相应的规模。

例如，假设财政部计划发行 100 亿元国债，有 A、B、C、D 四家机构参与招标。

A 报价 105 元（2.0％），投标量 20 亿元；

B 报价 103 元（2.1％），投标量 30 亿元；

C 报价 102 元（2.2％），投标量 60 亿元；

D 报价 100 元（2.3％），投标量 10 亿元。

按照荷兰式招标规则，价格自上而下排序，可以发现到 102 元，投标数量总和达到计划发行规模 100 亿元。所以 102 元为中标价格，2.2％为中标利率。

报价高于或等于 102 元的机构，有 A、B、C 三家，属于中标机构，可以 102 元/百元面值的价格认购本期发行的国债。

认购规模上，由于 A 和 B 的报价更高，因此先要满足其投标量 50 亿元，剩余的 50 亿元再分给报价更低的 C。

② 美国式招标（多重价格招标）

美国式招标规则和荷兰式招标类似，都是按价格自高到低排列，累计投标量达到计划发行规模为止，高于或等于该节点价格的机构中标。

但不同之处在于：第一，美国式招标要求每个中标者都按自己的报价认购债券；第二，票面利率不是某个机构的报价，而是所有中标者的加权平均利率。

依旧是同一个例子，在美国式招标的规则下，依然会是 A、B、C 三家机构中标，A、B、C 三家机构可以分别按照各自的报价 105 元、103 元和 102 元认购本期发行的国债。

但债券的票面利率变为三家机构的加权平均利率 2.1％[（2.0％×20＋2.1％×

30＋2.2%×50)/100]。

这种招标规则下，金融机构需要更加审慎。因为在荷兰式招标规则下，如果非常想要获得投标量，那么完全可以报非常高的价格锁定规模，反正最后都是按照最低的价格认购，所有中标机构的收益率都是一样的，博弈成分相对低一些。

但在美国式招标下，如果报价太高，那么金融机构有可能会以明显高于其他机构的成本买下同样的国债，收益率会明显更低。所以美国式招标对投资者的投标能力有着更高的要求。

③ 混合式招标(修正后的多重价格招标)

混合式招标综合考虑了荷兰式与美国式两种规则，相较前两者更复杂，目前多用于10年期以下国债的发行。

它也是按价格自高到低排列，累计投标量达到计划发行规模为止，筛选出中标机构。它的中标价格/中标利率也是所有中标机构的加权值。

但不同的是，如果中标机构的报价高于加权中标价格，就按加权中标价格支付；如果报价低于加权中标价格，就按自己的报价支付。

在上面的例子中，加权中标价格为102.9元，A和B的报价分别为105元和103元，都要高于加权中标价格，所以直接按加权中标价格认购20亿元和30亿元的国债。

C的报价为102元，低于加权中标价格，所以可以直接以102元的报价认购债券。

三种招标规则的区别见表2.1。

表2.1　三种招标规则的区别

	荷兰式招标 (单一价格招标)	美国式招标 (多重价格招标)	混合式招标 (修正的多重价格招标)
中标商的中标价格	以募满发行额为止，所有中标商中的最低中标价格作为最终中标价格。所有中标商的中标价格一样。	以募满发行额为止，所有中标商以各自的投标价格作为中标价格。每个中标商的中标价格不一样。	报价高于加权平均价格的，按照加权平均价格支付；报价低于加权平均价格的，按照报价支付。(注：这里投标单位为价格，如果是按照利率投标，则相反。)

（续表）

	荷兰式招标 （单一价格招标）	美国式招标 （多重价格招标）	混合式招标 （修正的多重价格招标）
票面利率	最高中标利率。	所有中标量的加权平均利率。	所有中标量的加权平均利率。
适用债券品种	10 年以上国债，国债和政策性银行债、部分信用债等多用荷兰式招标。	美国式招标使用较少，2016 年之前，短端国债使用美国式招标，2016 年改革之后不再使用。	10 年以下国债使用混合式招标。

资料来源：作者整理。

（2）簿记建档发行

簿记建档发行相对招标而言要简单很多，它就是投资者、中介机构（簿记管理人，多数时候是券商或银行）以及发行人不断协商定价的过程。

具体的流程大致可以分为以下几步：

第一步：预路演。在这一阶段，簿记管理人公布有关债券的相关信息，包括发行人、发行人的财务状况等，向潜在投资者展示债券的投资价值，并询问投资者的初步购买意向。

之后簿记管理人与发行人一起，根据债券市场的走势、收益率曲线、同类型债券的发行价格等信息为债券确定一个大致的发行价格。

第二步：正式路演。在确定好大致的价格之后，簿记管理人在市场上公布债券的发行信息，并且就像卖保险一样，在市场上寻找潜在的投资者，与投资者进一步交流沟通，向他们销售债券。

同时，簿记管理人开展簿记建档工作。如果有投资者下单，那么簿记管理人需要将投资者的报价信息记录在“档案”上。

第三步：配售与发行。在了解了投资者的认购意向后，承销商按照价格从高到低对所有的报价数据排序，并按照从高到低原则确定最终的配售对象和债券发行价格（票面利率）。所有认购机构按照发行价格（票面利率）认购相应规模的债券。

在这一阶段，如果市场上的认购量达不到债券的计划发行规模，那么簿记管理人在申报管理机构同意后，可以将认购的时间延长，或者可以选择取消此次发行，之后再选择时机重新发行。

2. 私募发行

私募发行与公募发行相对，是针对少数特定投资者发行债券的一种发行定价方式。

以这种发行方式发行的债券占比较小。在2020年6月，私募发行的债券金额占总发行金额的比例仅有10%，主要是公司私募债、企业ABS、资产支持票据(ABN)等券种。

通过私募方式发行债券，债券发行人和承销商需要自己寻找市场上的潜在投资者，其发行信息只会向特定投资者披露。

在找到有意向的投资者后，债券承销商会和投资者协商确定债券的发行条款(如票面利率、发行规模等)。之后债券发行便会按照此时确定的发行条件直接售卖给投资者。

当然，也有在债券发行之初就已经确定好投资者的，这样债券承销商就不再需要自己寻找潜在的投资者，只需要按照双方约定发行债券即可。

2.1.2 发行结果隐含的信息

债券发行定价的结果对二级市场的交易会产生较大影响。尤其是利率债招标发行的结果，常常会影响甚至决定日内的债券利率走势。究其原因，是债券的发行定价结果隐含了投资者对债券市场未来的看法，能够反映出当下债券投资者的情绪。

1. 如何从债券发行定价结果看市场情绪?

我们以招标发行为例。簿记建档最后的发行定价结果实际上也有相应的情绪指向作用，但它在目前的债券投研中运用并不广泛，其核心逻辑和方法与我们接下来要说的招标发行案例一脉相承，所以我们说明白招标发行即可。

一般来说，招标发行最后会形成四个数据：全场倍数、中标利率(中标价格)、边际利率、边际倍数。这四个数据各有各的含义和作用。

(1) 全场倍数(认购倍数)

全场倍数是指参与招标的机构认购总规模与计划发行规模之比。在上面的例子中，A、B、C、D四家机构认购的债券总规模为120亿元(20+30+60+10)，而财政部计划发行的规模为 100 亿元，所以全场倍数就是 1.2 倍。

从定义来看，显然全场倍数越高，表明金融机构投资该债券的意愿越高，情绪越好。但要注意：

第一，投资意愿和情绪只是影响全场倍数的一个因素，金融机构在当时的流动性状况、招标债券的票息、发行规模高低等因素都会影响全场倍数的大小。

除非全场倍数实在太夸张，远超一般情景与认知，否则仅凭单个债券的非常平凡的全场倍数，并不能说明任何问题，对二级市场的影响也非常有限。

第二，用全场倍数衡量市场情绪，在债券期限、发行人等条件均相同的前提下才会比较准确。

比如，通常地方债的中标倍数会高于国债，拿不同时期的国债全场倍数和地方债全场倍数比较可以说没有任何意义。

图 2.2 是我们将 10 年国开债全场倍数移动平均处理后的值与 10 年国开债到期收益率的关系图。可以发现，两者有着明显的负相关关系，平均全场倍数越高，收益率越低。可见，全场倍数确实可以在一定程度上描述二级市场的交易情绪。

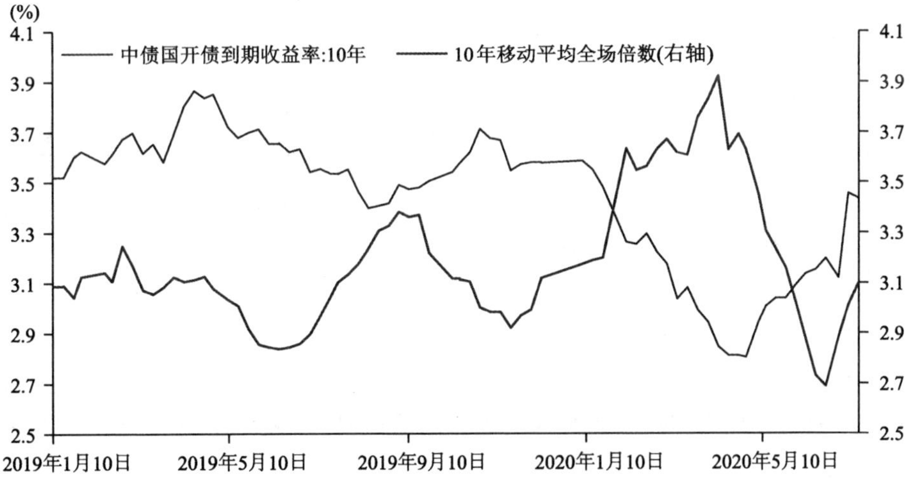

资料来源：Wind。

图 2.2 平均全场倍数与国开债收益率

(2) 中标利率

中标利率的定义，我们在上面已经说过了，它是债券的票面利率水平，也是投资者在一级市场上投资债券的收益率。①

从定义看，显然中标利率越低（中标价格越高），投资者认购该债券的意愿越强，对债券市场走势越乐观。

但所谓高低是需要比较的，当出来一个招标发行结果时，我们如何衡量中标利率高低呢？

这就需要考虑一二级市场的关系了。投资者在投标时，一般会以二级市场同期限同券种的债券到期收益率为基准，再综合考虑自身需求和对市场的预判报价。

需求大，预判债市会走牛，则投资者会报更高的价格，接受更低的利率；反之则报更低的价格，要求更高的利率。

因此，如果要利用中标利率看待投资者的情绪，最好是用一二级市场的利差（一级中标利率－二级市场到期收益率）。利差变大（注意利差为负值），说明投资者情绪在变差，对未来感到悲观；反之则乐观。

我们利用最近两年的数据验证，也确实得到了类似的结论（见图2.3）。当利差

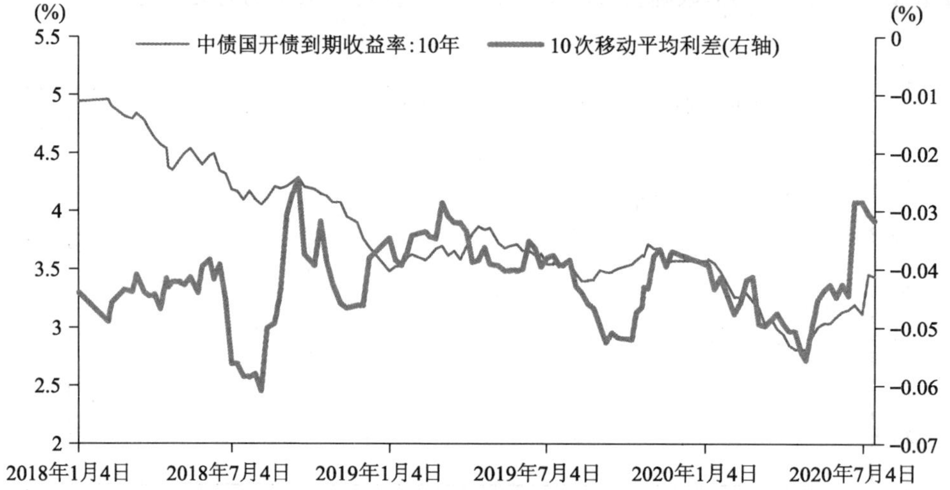

资料来源：Wind。

图2.3　利差与国开债收益率

① 严格来说，只有荷兰式招标规则下是如此。美国式和混合式招标规则下，每个投资者认购债券的价格不同，收益率水平不一样，但这两种招标规则下的中标利率是加权平均概念，也能大致表示整体的水平。

变大时,债券收益率上行,指向投资者情绪低落;当利差变小时,债券收益率下行,指向投资者情绪积极。

(3) 边际利率与边际倍数

边际利率是按投标利率自低到高排列(实际就是价格自高到低排列),累加投标规模至计划发行规模时的投标利率。在边际利率上的投标量与中标量之比,就是边际倍数。

这样直接看可能比较难理解,我们还是以A、B、C、D四家机构投标为例。

A、B、C、D四家机构的报价按利率自低到高排列,累加投标规模,达到计划发行规模100亿元时,是到C机构,所以C机构的报价2.2%就是边际利率。

C机构投标量是60亿元,但最终只获得50亿元的中标量,所以1.2(60/50)就是边际倍数。

显然,边际利率和边际倍数,只有在美国式招标和混合式招标规则下才有意义。在荷兰式招标规则下,边际利率就是中标利率。

边际利率与中标利率之间的利差,能够反映投资者的预期。如果边际利率和中标利率之间的利差较大,说明投资者对该债券的定价分歧较大;如果两者利差很小,说明投资者的预期一致,对债券的定价分歧很小。

边际倍数则体现了市场对边际利率的认可度,边际倍数越高,市场对边际利率的看法越一致。

(4) 组合类指标

有些时候,不同的数据指向不同。比如一二级利差比较小,似乎情绪很好,但全场倍数很低,又指向情绪很差。这时,我们很难做出方向性判断,所以需要组合类指标数据辅助判断。

我们以上面所说的两个指标(全场倍数、一二级利差)为因子,构建了一个简单的一级市场情绪指标。

首先,我们按从大到小排序计算得到全场倍数的历史分位数。历史分位数简单理解就是指某一个数值在所有的数中处于什么位置,比如85分位数=3倍,表示在所有的样本中,有85%的全场倍数低于3倍。

因为全场倍数与市场情绪是正相关,所以我们可以认为历史分位数越高,市场情绪越好。

同样,我们可以计算获得利差数据的分位数。

这里需要注意的是利差数据是负数,利差数据越大(即利差越小),表示市场情绪越好,因此我们先将数据从小到大排列。如果 85 分位数=−0.1%,表示在所有样本中有 85%的利差数据大于−0.1%。

因为是按照从小到大排列,所以历史分位数越高,表示市场情绪越好。

在获得两者的历史分位数后,我们赋予全场倍数和利差相同的权重计算市场情绪指标:

市场情绪=(全场倍数历史分位数×50%+利差历史分位数×50%)×100

由于两个因子和市场情绪都是正相关关系,因此以这种方式计算出来的市场情绪指标与市场走势应该也是正相关的,即市场情绪好,债券的价格会上涨,收益率会下降(见图 2.4)。

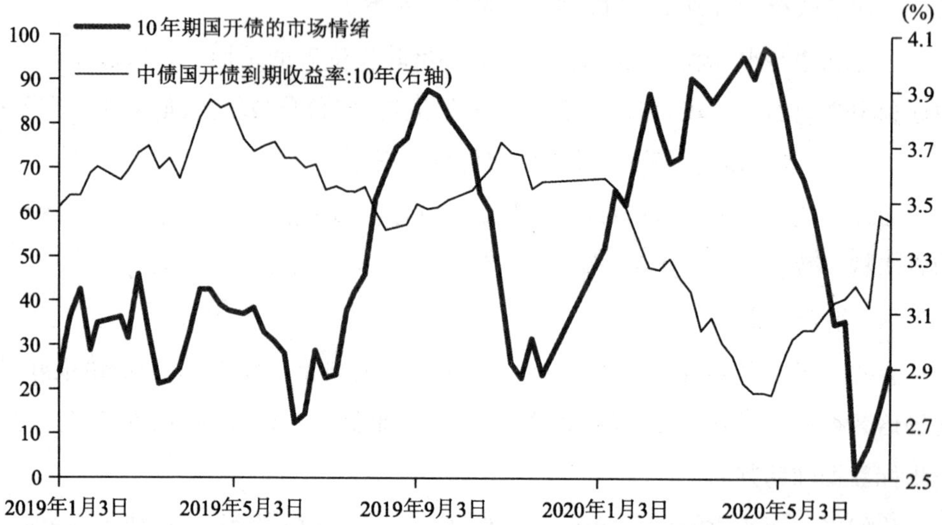

资料来源:Wind。

图 2.4 组合指标与国开债收益率

2. 一二级收益率倒挂之谜

如果仔细看前面构造的一二级利差指标,会很容易发现,一级市场的发行利率基本上一直低于二级市场收益率。

这是一个很有意思又怪异的现象。这意味着如果没有别的因素影响，投资者在一级市场上投资债券所获得的收益率总是要低于在二级市场上购买债券所获得的收益率。

如果所有投资者都是以利益最大化为目标，那么按逻辑推论，基本上就不会有投资者愿意参与一级招标。但现实中，一级招标发行依然是利率债发行的主要方式，会吸引大量的投资者。

怎么理解逻辑和现实之间的矛盾呢？我们有两个猜测。

第一，利率债发行素有承销返费的传统，会给在一级市场上认购债券的投资者额外收益，这个额外收益在一定程度上弥补了一二级利差。

利率债的发行现在通常采取承销团制度，即找多家承销商一起承销债券。而发行人(如国开行)为了激励承销商积极销售债券，会承诺给承销商一定的优惠，这种优惠也就是市场上常说的"明返"和"暗返"(统称返费)。

"明返"是债券发行时，发行人支付给承销商的手续费(承销费)，只要承销商中标获得债券发行额，发行人就会按照既定的比例支付给承销商，而具体比例一般会提前在债券募集材料中公布。

比如现在3年期国开债的返费就规定为0.05%，5年期和7年期为0.10%，10年期为0.15%。

"暗返"一般是不公开的返费。发行人为了激励承销商多销售债券，通常会在年末根据承销商一年中的总销售情况排名，如果承销规模够大，排名前列，那么发行人会额外给承销商一笔类似于奖金的"返费"，即"暗返"。

除了"暗返"的收益外，承销规模排名靠前的承销商往往还能在其他业务上获得比较优势。

比如，在金融市场流动性紧张时，有两家金融机构同时向国开行借钱，国开行通常会更偏向照顾承销国开债规模排名靠前的机构。

这种业务上的比较优势和"暗返"收益会让承销商"过度竞争"。很多承销商为了尽可能做大承销规模，获得好的排名，会把部分或全部的"明返"收益转让给投资者，以激励投资者通过其渠道认购债券(如图2.5所示)。

因此，对在一级市场上认购利率债的投资者而言，其真实的投资收益率应该是

资料来源：作者整理。

图 2.5 发行返费

中标利率加上“返费”收益。

2018 年，监管机构发布了《关于试点开展金融债券弹性招标发行的通知》，明确规定相关各方不得以手续费、财务顾问费等任何方式变相向投资人额外返还承销相关费用，以此来打击“返费”行为。但实际效果不佳，“返费”的现象依然普遍存在于一级招标发行中。

第二，一级市场容易冲量，利率债每次发行规模都至少以 10 亿元计，在一级市场上投资债券，能够更好匹配银行、保险等投资规模比较大的机构的需求。

现在，即使是交易规模最大的银行间市场，单笔的债券交易一般也就是 5 000 万元左右，而银行和保险机构一年需要投资的债券规模少则几十亿元，多则上千亿元。

如果如此多的债券，全部在二级市场上按照常规的 5 000 万元一笔一笔买，会出现：(1)二级市场不一定有足够多的量能够满足这些机构的需求；(2)即使有足够的量，这些机构买债花费的时间也会非常长；(3)持续的买盘会推高二级市场的债券价格，让银行和保险机构的买入成本大幅提升。

因此，像银行和保险这种大批量配置债券的金融机构，最合适的投资渠道还是直接参与一级市场，从财政部、政策性银行等发行人手中直接认购债券，即使最后其在一级市场上的投资收益率要低于二级市场。

2.2 债券的交易

债券的交易，按照交易类型划分，大致可以分为现券买卖、债券回购、债券远期、债券借贷四类。其中现券买卖和债券回购是最主要的两种，占全市场成交总量的比例超过 99%，所以，下面详细介绍现券买卖和债券回购两种交易。

2.2.1 现券买卖

现券买卖是交易双方一方付钱买债，一方卖债收钱的行为。在银行间市场和交易所市场(包括上交所和深交所)，投资者现券买卖业务的流程有很大的不同。

1. 银行间市场现券买卖

在银行间市场，投资者参与的交易流程主要可以分为：确定自己的条件(比如心理预期价格等)—寻找交易对手，确定交易要素—在交易平台上达成交易三步。

第一步：确定心里预期价格。

投资者在买卖债券时遇到的第一个问题是要以什么样的价格买卖。只有大致知道了债券合理的价格，才能够买卖交易。

对于市场上成交活跃的债券，这自然不是问题，只要按照目前的市场价格确定就可以了，毕竟那个价格就是投资者用资金交易出来的结果，无可辩驳。

但如果成交不活跃的债券，比如一年可能就交易一两次的债券，应该如何确定其合理价值呢?

我们前面说过，债券本质上是债务凭证，投资者能够凭借债券从发行人手上获得固定的利息和本金收入。那么相应的，债券的价值就应该由债券所支付的利息和本金决定。

比如一张 3 年期的债券，每年年末支付给持有人 6 元利息，第三年年末支付 100 元本金和 6 元的利息。那么这张债券的价值就应该等于未来三年现金流的现值。

道理虽然很清楚，但不同的人对其价值的看法是不一样的。有些人认为未来这三年现金流的价值高，且会越来越高，于是会愿意付出更高的价格；有些人认为它价值低，且会越来越低，于是想尽可能脱手。当两方观点碰撞，碰在一起时，交易就产生了。

但是，投资者总不能每次买卖债券都自己计算内在价值，然后找同样做了精确计算的投资者，费时又低效。

因此，市场上就出现了专门提供债券估值服务的第三方机构，由它们来为投资者提供各类债券的估值，帮助投资者更快地明白债券的内在价值。

目前市场上做得比较好的第三方估值机构有中债估值、中证估值、上清所估值等。这几家机构也是目前债券市场的托管机构，它们凭借着自己掌握的市场上的第一手数据，占领了估值计算的高地。

因为有多个估值，所以投资者在交易时，通常按照谁的地盘谁说了算的原则选择。比如在银行间市场交易的债券就通常使用中债估值(上清所估值出现的时间比较短，目前使用得不多)。在交易所交易的债券，就使用中证估值。

但有的债券是跨市场交易的，这个时候该怎么选择呢?

通常情况下，由于估值方法不同，对同一个债券，中债估值和中证估值的结果往往也不同(见表2.2)。这时市场上常用的还是中债估值。

表2.2　190015债券的中证估值和中债估值

单位：元

时间	中债估价净价	中证估价净价	中债与中证估值的差价
2020年7月16日	101.01	101.05	−0.04
2020年7月15日	100.89	100.71	0.18
2020年7月14日	100.32	100.26	0.06
2020年7月13日	100.00	100.02	−0.02
2020年7月10日	100.16	100.14	0.02
2020年7月9日	99.84	99.73	0.11
2020年7月8日	100.08	100.20	−0.12
2020年7月7日	100.48	100.43	0.05

资料来源：Wind。

但有时候，有些投资者为了让投资组合的收益或者账户净值更好看，会选择两者估值中对自己有利的一种估值。

第二步：寻找交易对手，确定交易要素。

确定好了自己想要买卖的债券以及心理价格后，投资者便需要寻找交易对手方。

银行间市场是场外市场，主要有四种方式确定交易对手。

(1) 和自己熟悉的机构私下协商，或通过其他金融机构作为中介确定交易。

(2) 和做市商(一直在市场上按照自己报出的买卖价格,同时买进或卖出债券的投资者)交易,只要自己的心理价位和做市商的报价一样,投资者就可以直接和做市商交易。

(3) 通过专门的中介机构(中诚、信唐、平安等)寻找交易对手。几家主要的中介机构聚集了市场上大部分投资者买卖债券的信息,并从中帮助双方进行交易匹配。

为了更快地通过中介找到交易对手,银行间市场上形成了专门的交易术语。

例如,如果我们想按照3.2%的收益率买入面值2 000万元、代码为200205的债券,我们便可以直接报“Bid 200205 3.20% 2 000万”,或者是“出200205 3.20% 2 000万”。

反之,如果想按照3.18%的利率卖出面值为1 000万元的200205债券,我们便可以直接报“Ofr 200205 3.18% 1 000万”,或者是“收200205 3.18% 1 000万”。

中介机构在收到各家投资者的报价后,会在自己的交易页面上挂出目前市场上汇总后的各类债券报价,如:

9.90Y 200205 3.20 2 000/3.18 1 000

这表明市场上有客户愿意按照3.20%的到期收益率买入2 000万元面值、剩余期限为9.9年的200205债券,有客户愿意按照3.18%的收益率卖出1 000万元。

在这种情况下,买卖双方存在0.02%的价差。

如果买方觉得收益率未来会下降,迫切地想要达成交易,就可以按照卖方的价格3.18%直接成交,这种成交被称为Taken,在最后成交信息中,我们就能看到TKN这个标志。

如果卖方迫切想要达成交易,就可以按照买方的价格3.20%直接成交,这种成交被称为Given,在最后的成交信息中,我们就能看到GVN这个标志。

除此之外,还有一种就是双方进一步协商,讨价还价之后按照比如3.19%的价格成交,这种方式被称为TRD。

在这里,我们需要注意的是,虽然在一级市场上债券有价格和利率两种投标报价方式,但在银行间市场上,债券交易基本都以利率的形式报价。

之所以使用利率报价,可能是为了让投资者能更清楚地了解持有债券的收益率水平。比如某只债券的市场报价为5%，就表示如果投资者购买这只债券并持有到期，能够获得5%的到期收益率。

在找到交易对手、谈好价格后，交易双方还需要明确以下两点：

(1) 债券和资金的交割时间

在交割时间上，投资者可以自由选择是在当天就交割结算券款还是等到明天再交割结算券款，前者称为$T+0$，后者称为$T+1$。

这有点像在闲鱼上买东西，你和卖家商量好交易价格后，确定要成交了。如果想快点达成交易，就可以用顺丰当日达，当天就收到商品($T+0$)，当天支付货款。如果不着急就用其他快递，第二天才能收到商品($T+1$)，并付款。

一般来说，交易双方在交易时交割时间默认为$T+1$，如果需要按照$T+0$的方式交割，需要额外备注说明。

(2) 债券钱款的交割方式

券款对付(DVP)是市场上最主要的交割方式，它用白话来说就是一手交钱，一手交货。

除此之外，还有见券付款和见款付券两种交割方式。

顾名思义，见券付款则是买入债券的一方先获得债券后，再支付款项。这有点像我们在淘宝上买东西，资金是打给支付宝，等我们收到货物，点击确认付款之后，资金才会打到卖家手里。

见款付券则与见券付款相反，卖出债券的人先收到资金后，才确认将债券交付给买方。

第三步：在交易平台达成交易。

在这一步之后，交易双方只要确保自己账户里资金和债券充裕即可，剩下的债券和资金的交割结算直接交给托管结算机构等第三方机构。

2. 交易所现券买卖

相比于简单的银行间市场，交易所市场就有点复杂。目前，交易所市场为投资者提供竞价撮合系统、大宗交易系统和固定收益平台三大交易平台。

竞价撮合平台是小规模交易的场所，主要是散户参与，也被称为零售市场，它的交易方式极其简单。

一则他们能够很容易获得债券的市场价格，通过市场交易价格，投资者便能够简单地确定某只债券的大致价值，并不需要找中证估值。

二则除了有市场价可以直接参考，在竞价撮合系统上，投资者也不需要自己寻找交易对手。买卖双方都是直接通过系统报出自己的买卖价格，之后由系统自动匹配。

在投资者既不需要确定债券价值，也不需要自己寻找对手时，投资者只需要确定自己的买卖数量以及价格后，在平台上提交订单即可。

图 2.6 是交易所市场竞价撮合平台上的债券市场交易情况。

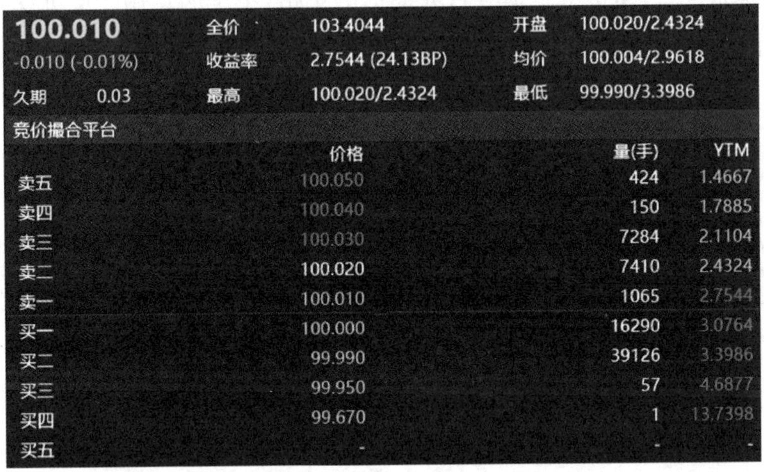

100.010	全价	103.4044	开盘	100.020/2.4324	
-0.010 (-0.01%)	收益率	2.7544 (24.13BP)	均价	100.004/2.9618	
久期 0.03	最高	100.020/2.4324	最低	99.990/3.3986	

竞价撮合平台

	价格	量(手)	YTM
卖五	100.050	424	1.4667
卖四	100.040	150	1.7885
卖三	100.030	7284	2.1104
卖二	100.020	7410	2.4324
卖一	100.010	1065	2.7544
买一	100.000	16290	3.0764
买二	99.990	39126	3.3986
买三	99.950	57	4.6877
买四	99.670	1	13.7398
买五	-	-	-

资料来源：Wind。

图 2.6　上交所的竞价撮合平台

在图 2.6 中，我们会发现交易所市场与银行间市场报价一个很大的不同，是交易所市场的报价采取的是价格报价，而不是银行间市场的利率报价。

当然，为了方便，交易界面会同时显示债券的收益率。如在图 2.6 的上半部分，开盘价、均价、最低价、最高价等指标都是左边显示价格，右边显示收益率，这样让投资者更加直观地认知自己持有债券能够获得的收益率。

更准确地说，交易所的价格报价，是净价交易、全价结算的报价。从图 2.6 我们也能够看出，市场上的买卖价格和数据显示的全价有 3.4 元左右的差距。

那么什么是全价？什么是净价呢？

例如，我们假设投资者小张以 100 元的价格买入了一只新发行的票面利率为 4%、年付息的国债。持有 300 天以后，小张以 102 元的价格将这只国债卖给了小李。

102 元便是净价，表示债券每百元面值的价格。

在双方结算券款时，由于小张已经持有了这张债券 300 天，因此小张按理能够获得这 300 天里债券产生的 3.29 元利息（100×4%×300÷365）。

因此，小李除了要支付 102 元外，还要再额外补给小张 3.29 元的利息。小张实际能够收到 105.29 元（102＋3.29）。这 105.29 元即为全价。

所以简而言之，净价就是债券百元面值的价格，小李愿意用 102 元买小张面值为 100 元的国债，就表明小李认为这百元面值至少价值 102 元。

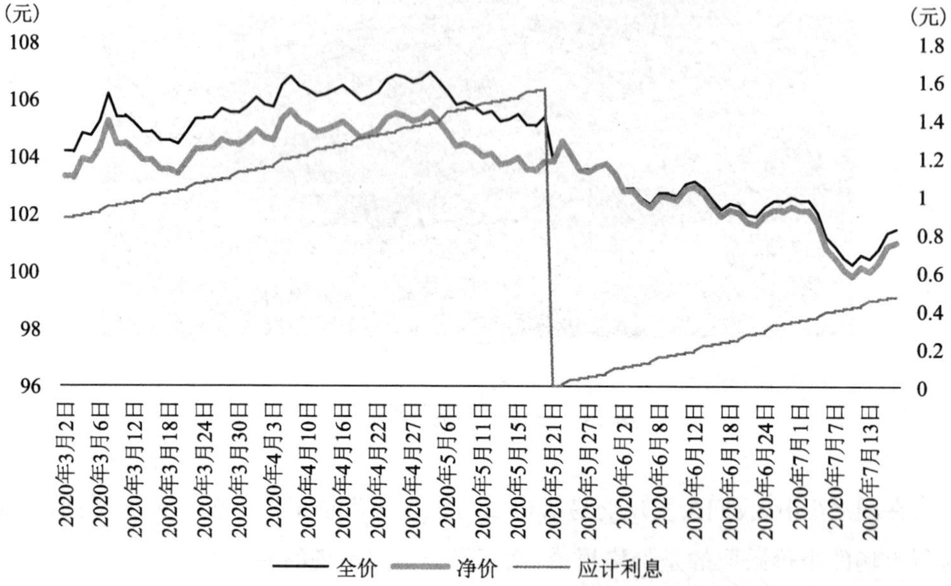

资料来源：Wind。

图 2.7　某债券的应计利息、净价、全价

全价则是净价加上应付利息。显然，应付利息是会随着时间而线性增长的，如果小张继续持有，那么他能获得的利息补偿会更多。所以，即使债券百元面值的价格没有发生改变，其全价也会持续上涨。

如果用全价作为债券交易价格，显然会使市场定价失真，无法表达出债券的真实价值。因此，相比于全价，扣除了应付利息的净价能够更好地体现市场上债券价格的波动，更适合用来作为交易价格。

固定收益平台上的现券交易和银行间市场的交易方式比较相似。它们都需要自己寻找交易对手，和交易对手协商交易要素。

在固定收益平台，投资者还可以主动挂出自己的交易要素，如果其他投资者感兴趣，双方就可以进一步协商。

因为固定收益平台主要还是针对大规模用户，所以每笔的成交起点都会比较高。根据上交所的规定，国债交易金额要在 500 万元以上，公司债要在 100 万元以上才能在固定收益平台上交易，而竞价集合平台，投资者最低的门槛就只有 1 000 元(见表 2.3)。

表 2.3　上交所三个交易平台的区别

	竞价交易机制	大宗交易机制	固定收益平台(报价交易机制)
交易时间	集合竞价：9：15—9：25	意向申报 9：30—11：30；13：00—15：30	9：30—11：30 13：00—15：00
	连续竞价 9：30—11：30；13：00—15：00	成交申报：15：00—15：30	
申报方式	交易单位：手(＝10 只债券)	交易单位：手(＝10 只债券)	交易单位：手(＝10 只债券)
规模要求	1 手的整数倍，不超过 1 万手	国债每笔不低于 1 万手，其他债券每笔不低于 1 000 手	国债 500 万元；公司债 100 万元
变动单位	0.01 元	0.01 元	0.01 元
计价单位	百元面值价格	百元面值价格	百元面值价格
交易方式	集合竞价、连续竞价	意向申报、成交申报	询价、协议报价、意向申报

资料来源：上交所。

在券款交收方面，因为是由双方协商确定，$T+0$ 或者 $T+1$ 都是可以的，但交割方式一般还是用券款对付。

大宗交易平台是固定收益平台设立前，用来帮助投资者进行债券大额交易的平台。这个交易平台并不仅仅针对债券,也可以进行股票大额交易。

不过,大宗交易平台实行的是意向报价和成交报价制度。有交易的一方需要先将交易信息挂在交易平台上,向其他投资者公示(意向报价)。

这一时间段里,即使交易双方达成了协议,也不能成交,需要等到下午 3 点到 3 点半才能够成交(成交报价)。

这类似于淘宝上的拍卖,投资者先挂出商品寻找交易对手,有意向报价的先报价,一直到了规定的拍卖结束时间,拍卖才能成交。

所以,这种交易方式的效率并不高,交易双方能够成交的时间段仅有半个小时。

在专门的固定收益平台推出后,大部分债券大额交易都转向了固定收益平台,大宗交易平台的成交活跃度变得非常低。

2.2.2 债券回购

债券回购,本质上是一种资金借贷行为,性质和我们用房子去银行抵押借钱类似,都是将资产抵押给(或暂时卖给)资金借出方以获取资金的行为,只是抵押品从房子变成了债券而已。

1. 买断式回购为什么不受待见

在银行间市场,债券回购分为质押式回购(债券所有权不转移)和买断式回购(债券所有权转移)。

其中质押式回购占据绝对优势。根据外汇交易中心数据,2020 年 6 月,银行间市场上质押式回购业务占回购业务的比重达到了 99.2%,而买断式回购占比仅有 0.8%。

出现如此大差距的原因主要有三个:

第一,正回购方(借钱的人)在债券市场上利用回购交易借钱的主要目的,是利用回购加杠杆以获得更高的收入。

例如,我们假设国债的质押率是 0.9,投资者质押 100 亿元国债能借到 90 亿元资金,如果没有任何限制,那么投资者能够通过不断的质押回购,加 10 倍的杠杆,持有 1 000 亿元[100÷(1－0.9)]的国债,获得 1 000 亿元国债的票息收入(如图 2.8所示)。这要比不加杠杆只能获得 100 亿元国债的票息收入高得多。

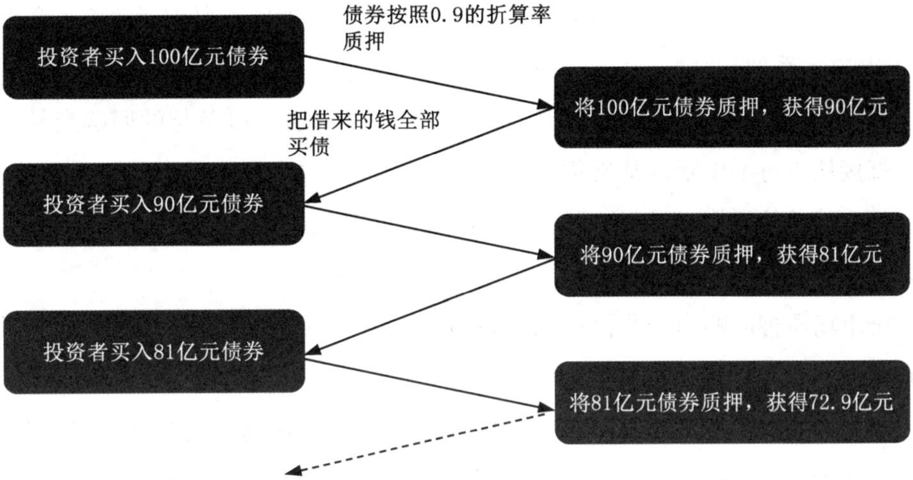

资料来源：上交所。

图 2.8 投资者通过债券回购加杠杆

在买断式回购下，债券所有权发生了转移，债券产生的利息收入以及潜在的资本利得也都属于资金借出方了。资金借入方不仅没有获得债券的票息收入，反而需要支付借钱的成本。这对意图加杠杆的投资者而言无疑是不划算的，所以大家也就更愿意使用质押式回购了。

第二，很多非银机构处理买断式回购比较麻烦。

买断式回购涉及所有权转移，对于基金、券商资管等而言，内部流程等同于两次现券买卖操作，存在入库、出库等一系列烦琐操作，而且融入债券对产品账户持仓比例、久期等也会产生影响。

第三，买断式回购自身起步比较晚，2004 年才正式推出。在此之前，质押式回购已经发展得非常成熟了，规模也已经做起来了，大家已经基本习惯质押式回购的一系列流程与操作，买断式回购要后来居上，基本不可能。这使买断式回购有着天生的劣势。

现实中，只有券商自营会比较多地使用买断式回购融资，其所用的债券，一般是资质比较低(评级为 AA)的信用债。其余机构做买断式回购，更多的是看重其衍生出来的其他用途，比如辅助债券借贷、借券来做空现券。

2. 银行间市场的质押式回购

银行间市场的质押式回购可以分为存款类机构质押回购(DR 系列)和全市场质押回购(R 系列)两种。

存款类机构质押回购是指只有存款类机构(主要是银行)参与的回购交易。作为能直接从央行手中获得基础货币的机构,银行是债券市场上最大的资金供给方,而且相比于其他机构,银行的可信度更高,所以存款类机构质押回购的利率基本可以说是市场上最低的。

全市场质押回购由于非银机构也可以参与其中,因此回购利率会比 DR 系列的利率高一些。

全市场质押回购交易中,非银机构和银行各自所占比例目前存在争议,部分研究人员认为非银机构仅占 30%,银行占据了 70%,银行依然是绝对的主导。

但不管比例如何,有一点可以确定的是,DR 系列的利率与 R 系列的利率亦步亦趋,两者走势在大多数时候保持一致(见图 2.9)。

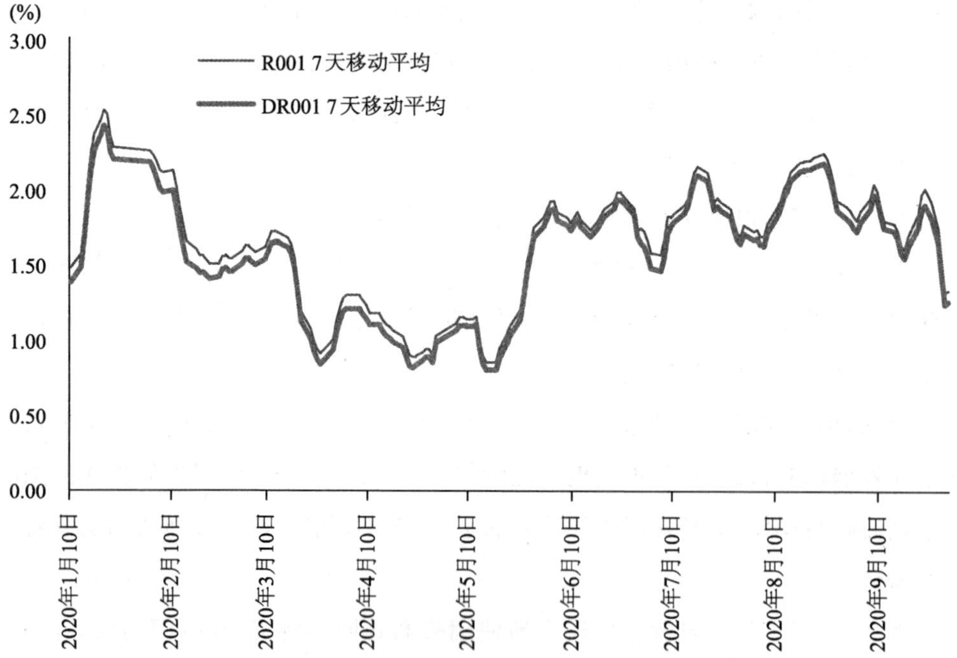

资料来源:Wind。

图 2.9 R001 与 DR001

在参与银行间市场的回购交易时，金融机构也是通过询价的方式寻找市场上的交易对手。金融机构将自己的交易信息挂在相关平台上，如果有人对此感兴趣，便可以互相联系，以此达成交易。

图 2.10 是我们在某平台上截取的真实的交易信息。

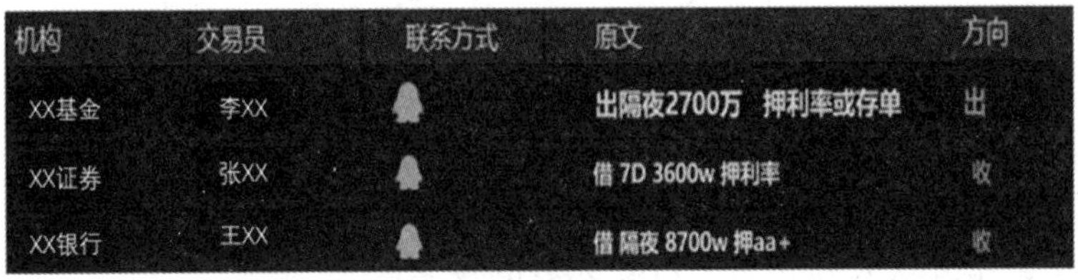

机构	交易员	联系方式	原文	方向
XX基金	李XX		出隔夜2700万　押利率或存单	出
XX证券	张XX		借 7D 3600w 押利率	收
XX银行	王XX		借 隔夜 8700w 押aa+	收

资料来源：Wind。

图 2.10　市场上的资金报价

可以看到，前面三项说的是哪个机构的交易员在报价，而且附上了 QQ、电话等联系方式。再后面一项是交易的部分要素。

图 2.10 中的“出隔夜 2 700 万押利率或存单”，表示该机构可以借出 2 700 万元的隔夜资金，而条件是债券正回购方用利率债或者同业存单作为质押债券。

“借 7D 3 600W 押利率”，表示该机构想要借入 3 600 万元 7 天期的资金，能够提供利率债券作为质押物。

关键的交易要素，借钱或出钱的利率（即质押式回购利率）一般不会公开。这主要是因为挂出交易信息的金融机构不知道交易对手是什么类型的机构。对于不同类型的机构，资金的价格必然是不同的。

在协商确定好所有交易要素后，交易双方便可以直接在交易平台上提交订单了。第三方托管结算机构根据订单，将正回购方债券账户上约定数量的债券冻结。而资金则由清算行划转，从而完成质押式回购交易。

在交割时间上，目前银行间市场使用的是 $T+0$ 的交割制度（见图 2.11），即当天成交，当天便结算交割资金，并且冻结债券。

比如，两家机构在周三做了一笔隔夜交易，那么周四，债券正回购方便需要还钱，逆回购方收到还款后，当天托管机构将债券解冻。

这里需要注意的是，债券正回购方到底需要支付多少利息，或者说还多少钱。

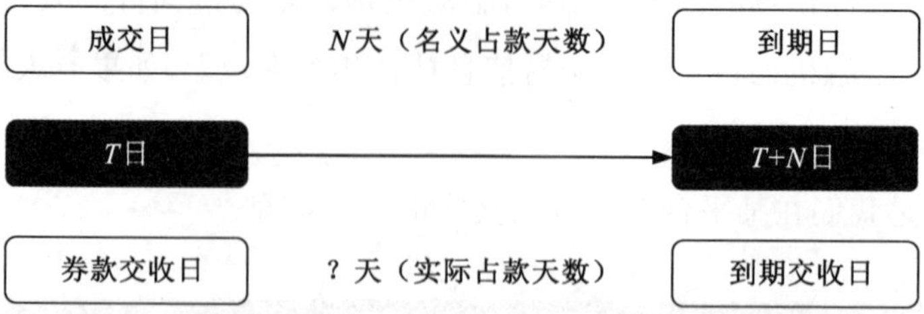

资料来源：作者整理。

图 2.11　T+0 交款模式

这里面涉及实际占款天数与名义占款天数的概念。

名义占款天数是约定好了的借款期限，比如隔夜借款，名义占款天数就是 1 天。但在实际交易时，因为周末、节假日休市的关系，实际占款天数（实际的借款期限）和名义占款天数并不一样。

比如某投资者在周五时，从市场上借入了 1 000 万元资金，利息为 3%。按理说周六应该归还资金，但是因为周六休市，投资者需要到下周一才能还款。

这样虽然投资者名义上借的是 1 天的资金，但是实际占用了 3 天。名义占款天数要小于实际占款天数。

在利息计算时，监管规定，银行间市场的回购交易按照实际借款天数计算借款成本。比如上面这种情况，需要支付的利息是：0.246 6 万元（1 000×3%×3÷365）。

3. 交易所质押式回购

交易所的回购也可以大致分为买断式回购和质押式回购，买断式回购在交易所市场也很少见，我们主要讲质押式回购。

目前，交易所的质押式回购主要分为以下三类：

(1) 质押式回购

它与银行间质押式回购最大的不同在于交易所实行的是标准券制度。

标准券制度，是指交易时，债券正回购方需要先将质押的债券存放进质押库，并按照规定转换为标准券后，再用标准券去市场上融资。

比如某金融机构持有主体评级和债项评级均为 AAA 的公司债，金额为 1 100 万元，想要融入资金加杠杆。

那么按照中证登当天公布的折扣系数 0.9(见表 2.4),投资者先要从中证登换出 990 万元的标准券,然后再通过标准券去市场上融入资金。

表 2.4　债券类产品折扣系数选取标准

类别	国债、地方债、证金债	信用债			
		档次	公司债等	可转换、可交换公司债等	债券资质
折扣系数	0.98	第一档	0.9	0.67	债项和主体评级均为 AAA 级
		第二档	0.8	0.6	主体评级为 AA+,债项评级为 AAA
		第三档	0.75	0.53	主体评级为 AA,债项评级为 AAA
		第四档	0.7	0.46	主体和债项评级均为 AA+
		第五档	0.6	0.39	主体评级为 AA,债项评级为 AA+
		第六档	0.5	0.32	主体和债项评级均为 AA

注:如果评级展望被调整至负面且符合资格准入标准,那么其折扣系数需要向下调 0.05。
资料来源:《质押式回购资格准入标准及标准券折扣系数取值业务指引(2017 修订版)》。

在这样的制度下,中证登担当了中央对手方的角色,与资金融入方和资金融出方分别交易。资金融出方质押的实际是由中证登出具的标准券,而资金融入方实际上是将自己持有的债券质押给了中证登(见图 2.12)。

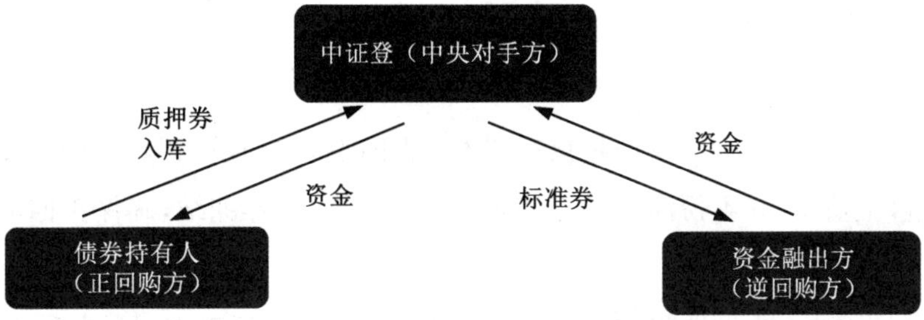

资料来源:作者整理。

图 2.12　中央对手方

相比于交易双方自行交易，中央对手方的引入能够有效地提高交易所回购市场的效率，资金融出方无须承担潜在的交易违约和债券违约风险等问题。

在交割时间安排上，交易所市场使用的是 $T+1$ 交割，即如果债券正回购方在市场上借入资金，那么要到下一日正回购方才能够收到资金（见图 2.13）。

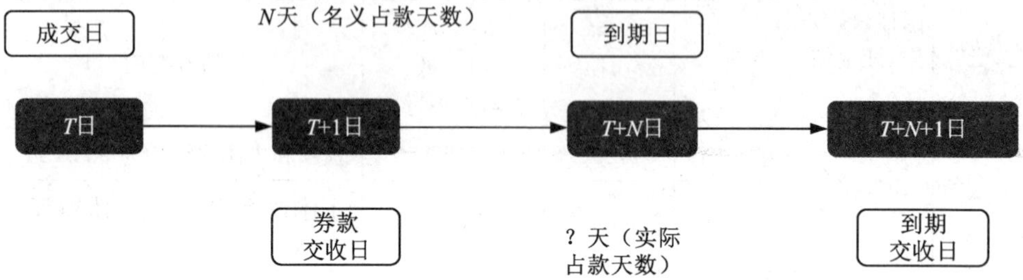

资料来源：作者整理。

图 2.13　$T+1$ 交款模式

在 $T+1$ 情况下，除了实际占用天数会大于名义占用天数外，也会出现名义占用天数大于实际占用天数的情况。

比如某位投资者周五在交易所市场借入 100 万元、3 天期的质押式回购（GC003）。那么按照 $T+1$ 的交割时间安排，该投资者要在下周一才能拿到资金，而周五到周一已经经过了 3 天，因此下周一也是到期日。

于是在周二，这位投资者就需要返还 100 万元和相应的利息了，其中利息是按照实际占款天数计算的，因此投资者只需要支付一天的利息。

这样他实际的占款天数为 1 天，而名义占款天数达到了 3 天。这种名义天数 > 实际天数的现象在 $T+0$ 的方式下是不会出现的。

（2）三方回购

银行间的质押回购可以说是只有两方，即正回购方和逆回购方，作为托管机构的中债登（上清所）并不扮演第三方的角色，它只是将债券冻结，确保正回购方不能用债券开展其他业务。

而交易所的三方回购将中证登引入交易，使其成为第三方（见图 2.14）。在三方回购交易中，中证登不仅要保管质押的债券，也要对质押的债券估值，制定质押券的折扣率，对质押券逐日盯市等，以此来降低交易的潜在风险。

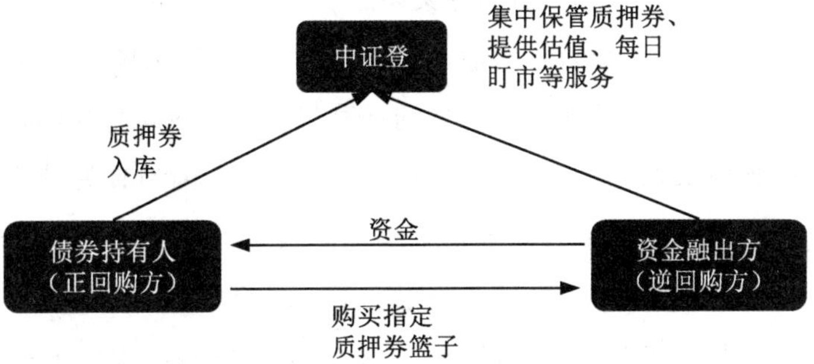

资料来源：上交所。

图 2.14　三方回购

在具体业务展开时，正回购方需要先将债券存放到质押库（投资者需要开立专门用于三方回购业务的证券账户），然后中证登将债券按照规定划分到不同的债券篮子里（按照信用等级划分），并为每个债券给出折扣率（见表 2.5），计算出标准价值。

表 2.5　三方回购质押券篮子的折扣率

质押券篮子编号	质押券篮子简称	篮子标准	质押券篮子折扣率（%）
B001	利率	利率债（含金融债）	0
B002	AAA（公）	公开发行的、评级 AAA 信用债	3
B003	AA+（公）	公开发行的、评级 AA+信用债	8
B004	AA（公）	公开发行的、评级 AA 信用债	15
B005	AAA（私）	非公开发行的、评级 AAA 信用债及资产支持证券（不含次级档）	8
B006	AA+（私）	非公开发行的、评级 AA+信用债及资产支持证券（不含次级档）	15
B007	AA（私）	非公开发行的、评级 AA 信用债及资产支持证券（不含次级档）	25
B008	其他	篮子 B001～B007 以外的上交所挂牌交易或转让债券及资产支持证券	40

资料来源：上交所。

到了这一步，债券正回购方就知道自己能用这些债券借多少钱。之后，正回购方需要自己寻找交易对手，私下协商好交易要素，比如资金价格。

在确定好交易对手和交易要素后，双方在交易所债券市场上提交交易订单即可。交割时间安排基本也是 $T+1$，利息的计算与质押式回购业务相同。

相比于质押式回购，三方回购在自由度上明显提高，因为有关借款期限等问题均由交易双方协商决定，投资者能够更好地满足彼此的要求。而质押券篮子这种标准化的方式也使得投资者的交易风险得到了一定的控制。

值得提醒的是，质押券篮子和质押式回购下的标准券有本质上的不同。标准券是由中证登出具的，投资者相当于"买入"中证登发行的债券（实际是质押）。而质押券篮子里的债券依旧是投资者自己持有的各类型债券，中证登只是提供了一个折算标准，将其标准化，中证登并不对债券本身提供任何担保。

（3）协议回购

交易所债券市场的协议回购和银行间债券市场的质押回购比较类似。

在协议回购下，交易双方各自通过线下平台寻找交易对手，在线下确定好交易要素后，直接通过交易所平台提交订单，利率、质押券等均由投资者自己协商。

目前，协议回购在交易所市场上的占比极小，根据上交所数据，2019 年全年，协议回购占上交所回购业务的比重不到 0.1%。

第3章

从托管数据看债券投资者众生相

债券的托管数据直接显示了各类金融机构的债券持仓。从这些机构的债券持仓及其变化中，我们能够粗略地了解各类金融机构的债券偏好和投资风格。

在本章，我们首先带大家分析债券的托管数据，因为托管数据直接显示了各类金融机构的债券持仓。从这些机构的债券持仓及其变化中，我们能够粗略地了解各类金融机构的债券偏好和投资风格。

对债券托管数据的分析，也是债券分析师的基本功。大部分证券公司研究所的固定收益研究团队，都会点评债券托管数据。

3.1 对“主要券种投资者持有结构”的分析

我国有三个债券托管机构，分别是中债登、上清所和中证登。

中债登和上清所主要负责在银行间债券市场交易的债券品种，每个月上旬的时候会在自己的官网上公布上个月的托管数据，投资者可以在官网上获取。中证登主要负责交易所债券的托管数据，交易所一般不会对外详细公布，所以我们能利用的托管数据主要是中债登和上清所的数据。

中债登公布的托管数据是一个包含了 24 个表格的压缩包，看起来很复杂，但实际分析中，我们主要关注表 3-06(主要券种投资者持有结构)、表 4-08(银行间债券市场质押回购余额)和表 4-09(银行间债券市场买断式回购余额)。

第一张表能体现各个金融机构的持仓偏好，后面两张表则能够体现债券市场和各类机构的杠杆情况。

上清所则相对简单，它公布的是一张“上海清算所债券业务月度统计报表”。这张表有 5 张子表格，我们关注的是表 5(债券市场投资者持有结构)。这张表与中债登的表 3-06(主要券种投资者持有结构)的结构基本一样。

下面我们以 2020 年 7 月的托管数据为例，展开分析。

对于“主要券种投资者持有结构”，上清所和中债登在统计时对机构投资者分类和命名口径有所不同。我们根据官方的定义与解释，将其双双勾兑，最终形成以下一致口径的机构投资者分类，以便将上清所与中债登的数据结合起来(见表 3.1)。

表 3.1 统一后的口径

统一后的口径	中债登口径	上清所口径
政策性银行	政策性银行	政策性银行
商业银行	商业银行	存款类金融机构(剔除信用社)
全国性商业银行	全国性商业银行及其分支行	国有大型商业银行+股份制商业银行
城市商业银行	城市商业银行	城市商业银行
农商行及农合行	农村商业银行+农村合作银行	农商行及农合行
外资银行	外资银行	外资银行
其他银行	村镇银行+其他银行	村镇银行+其他存款类金融机构
信用社	信用社	信用社
证券公司	证券公司	证券公司
保险公司	保险机构	保险类金融机构
广义基金	基金公司及基金会+非法人产品	基金公司+非法人类产品
境外机构	境外机构	境外机构
其他	其他金融机构+非金融机构+其他	其他金融机构+非金融机构法人+其他
柜台市场	柜台市场	—
交易所市场	交易所市场	—
自贸区市场	自贸区市场	—

资料来源：中债登、上清所。

表 3.1 有两点需要特别强调：

第一，中债登的托管数据除了涵盖银行间市场的债券外，还额外包含了小部分在柜台市场、自贸区市场和交易所市场上市交易的债券，这些债券以柜台市场、自贸区市场、交易所市场的名义被托管。

柜台市场和自贸区市场的债券之所以会被托管在中债登，是因为这两个市场上交易的债券没有专门的托管结算机构，只能由中债登托管。

交易所虽然由中证登负责大部分债券的结算托管，但在交易所上市的政府债券、政府支持机构债券和企业债实行的是二级托管，即投资者先托管在中证登，之后再由中证登将其托管到中债登，故这些债券最终会以交易所的名义托管到中债登。

第二，广义基金涵盖的范围比较广泛，我们一般把所有通过发行资管产品获得资金，然后用于投资的机构投资者统称为广义基金。

按照这个标准，广义基金包括公募基金、券商资管、银行理财、信托计划等。

中债登在 2017 年 8 月前，将广义基金（银行理财、各类资管计划）放在“基金类”口径里；2017 年 8 月后，中债登将“基金类”拆分为“基金公司及基金会”以及“非法人产品”两个口径，前者指公募基金，而后者指银行理财、券商资管等其他广义基金。

上清所在 2020 年 1 月之前并没有基金公司口径，广义基金主要包含在“非法人类产品”口径下，之后也分拆包含在“基金公司”和“非法人类产品”两类口径下。

按照上述统一后的分类标准，我们将 2020 年 7 月中债登与上清所的原始数据做了相应的处理，形成了表 3.2 和图 3.1。

表 3.2　2020 年 7 月各债券投资者的托管数据

单位：亿元

	政府债券	政策性银行债	金融债	超短期融资券	短期融资券	中期票据	同业存单	企业债券	合计
政策性银行	17 182	526	701	222	165	1 258	5 890	45	27 491
商业银行	316 024	98 061	17 384	6 826	966	13 396	38 913	5 027	520 886
全国性商业银行	251 286	55 199	11 785	5 400	692	9 719	12 290	1 525	365 589
城市商业银行	38 678	18 025	2 545	1 111	187	1 715	5 474	1 820	72 641
农商行及农合行	21 138	22 861	2 962	291	82	1 831	20 590	1 678	74 404
外资银行	3 923	1 730	80	22	4	89	383	3	6 759
其他银行	1 000	246	12	2	2	43	177	1	1 493
信用社	2 850	5 576	373	40	9	431	4 932	117	14 687
广义基金	16 818	50 291	28 182	14 841	4 145	50 059	50 932	13 002	256 559

（续表）

	政府债券	政策性银行债	金融债	超短期融资券	短期融资券	中期票据	同业存单	企业债券	合计
证券公司	3 172	2 197	199	364	205	4 017	1 659	1 828	14 886
保险类金融机构	7 331	5 922	3 041	55	23	2 136	162	704	21 451
境外机构	15 414	7 398	221	16	13	883	1 983	103	26 617
其他	18 924	752	100	163	77	879	2 791	88	24 782

注：政府债券包括国债和地方债；金融债包括商业银行的普通债、次级债、混合资本债、二级资本工具等；还有一部分其他债券包含了熊猫债、政府支持机构债券等，受空间所限，我们没有将其列出。

资料来源：上清所、中债登。

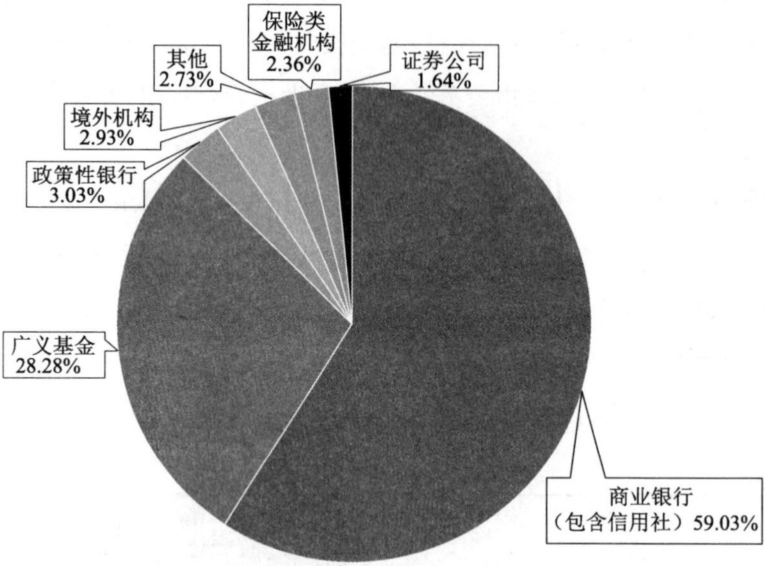

注：广义基金包括银行理财、各类资管计划等非法人产品和基金公司。

资料来源：中债登、上清所。

图 3.1　银行间市场各类机构投资者的份额占比

从表 3.2 和图 3.1 中，我们能够很明显地看出各类金融机构在债券市场中的地位和持债偏好。

1. 商业银行是债券市场上最大的投资者，截止到 2020 年 7 月，商业银行的持债规模超过了 52 万亿元，占市场的比重达到了 59.03%。

在持债类型上，商业银行偏好没有信用风险的利率债，其政府债和政策性银行债的持仓规模占总持仓的比重达到了 79.5%，对企业债、公司信用类债券等信用债品种配置比例偏低（见图 3.2）。

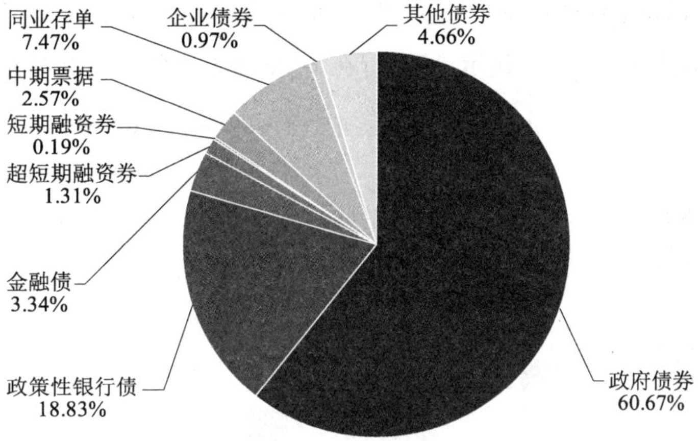

资料来源：中债登、上清所。

图 3.2　商业银行重仓利率债

同时，银行内部在持债风格上也有极大的差异。

全国性商业银行（股份制银行和国有银行）的风险偏好最低，配置利率债的比重最高（占比达到 83.83%，见图 3.3），交易并不活跃，其现券买卖规模占其托管规

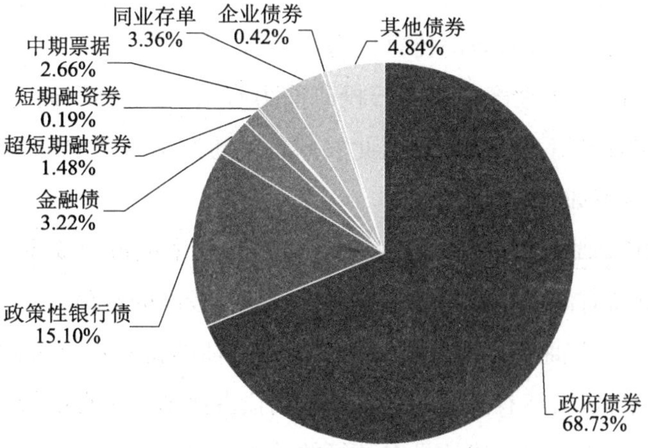

资料来源：Wind。

图 3.3　全国性商业银行更加偏好利率债

模的比重不到0.5%，买入的债券大部分直接持有到期。

城市商业银行(简称城商行)可能是因为负债成本更高，所以在持债时，风险偏好也会更高，其利率债的持仓比重为78%，低于全国性商业银行(83.8%)，在债券交易上也更加活跃。图3.4显示，城商行在2020年上半年买卖交易量是托管规模的4.1倍。

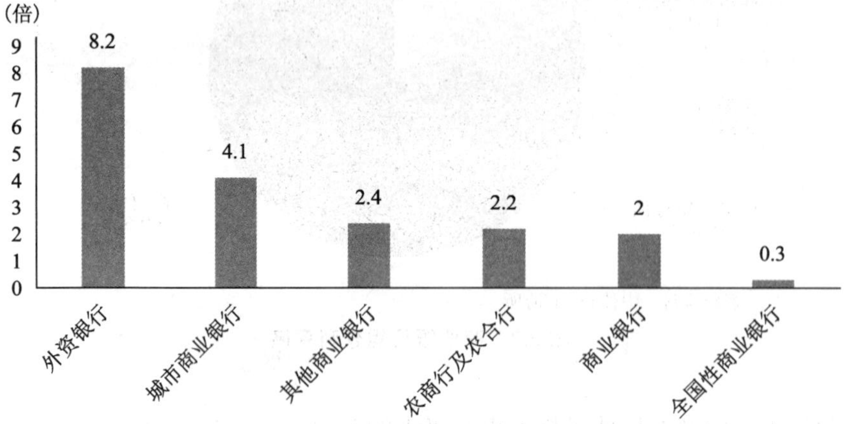

资料来源：中债登。

图3.4　各类型银行上半年现券买卖规模与托管规模的比例

农村商业银行(简称农商行)虽然负债成本也比较高，但总体而言偏保守，交易并不活跃，现券买卖占托管量的比重仅为2.2%。

这可能是由于：①大部分农商行投研能力有限；②部分农商行金融市场业务起步晚，环境相对封闭，规模有限，因此农商行对通过交易获取资本利得增厚收益的依赖总体而言不如城商行。

但较高的负债成本又使其无法直接通过持有利率债覆盖成本，所以农商行相较而言，会偏好持有高评级信用债等票息收入相对较高的券种。

2020年7月，农商行的政府债和政策性银行债的持仓占比大约是59%，在所有银行中占比最低，其持有的同业存单和信用债占比则在所有银行中最高。

需要注意，我们上述表述的是农商行的总体情况。

农商行是所有类型银行中投资风格分化最大的群体。有不少优秀的农商行，在债券交易层面非常活跃，业绩非常优秀；也有农商行因为省内监管的要求，不能持有信用债，纯粹依靠利率债的票息收入。

外资银行和全国性商业银行一样，偏好利率债，其利率债的持仓占比超过了80％。但和全国性银行不同，外资银行之所以偏向利率债，可能更多的是因为对国内环境的不熟悉和对企业资质的不信任。

在投资风格上，外资银行更偏好交易，2020 年上半年外资银行在现券市场上的买卖规模占持有债券规模的比重达到了 8.2％，在各类银行中表现得最为活跃。

2. 广义基金是持仓规模仅次于商业银行的机构投资者。尤其是 2014 年以来，广义基金持债规模快速上涨，到 2020 年 7 月，广义基金持债规模占债券市场总存量的比例已经接近 30％，仅次于商业银行（见图 3.5）。

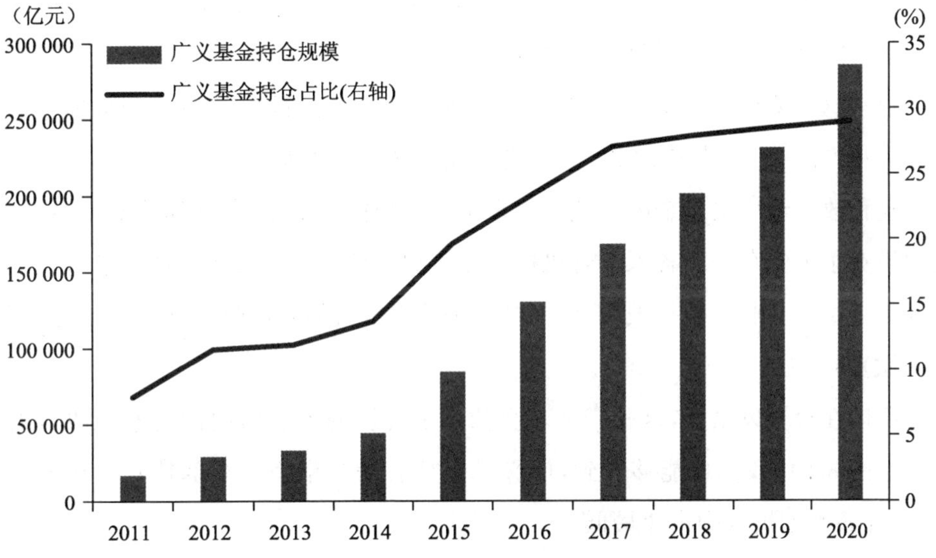

资料来源：Wind。

图 3.5　广义基金占比不断上升

在广义基金内部，有较多资管产品（比如银行理财、券商资管）曾经是刚兑无风险的产品。其曾经的运作模式是银行向购买理财的投资者报出一个预期收益率，然后募集资金，将多个产品的资金混合使用，投向多个资产（这种模式俗称“资金池”）。

由于所有资管机构基本都是以规模为考核目标(资管收取管理费,规模越大,管理费越高),因此各家资管机构都有做大规模的诉求。

而在银行理财给投资者营造了"无风险"的幻觉后,银行理财(资管)要做大规模,唯一的可能便是不断提高给投资者的报价。哪家的报价高,投资者的资金便会流向哪家,哪家的规模便能做起来。

这种规模竞争的氛围让广义基金的负债成本刚性(易上难下)并持续处于高位。为了覆盖较高的负债成本,广义基金不得不通过下沉信用资质、加杠杆、加久期等策略加厚收益,他们所配置的债券品种,因此也以票息收益更高的信用债为主。

2017—2018年后,资管新规出台,要求广义基金(银行理财等)打破刚兑,舍弃报价的预期收益型产品,转向类似于公募债券型基金(简称公募债基)一般的净值型产品,让投资者自己承担投资亏损风险。

目前这一要求已经基本落实,大部分银行新发产品都以类似于公募债基一般的净值型产品为主,传统的"刚兑型"老产品正在有序压缩。

这种改变给广义基金的负债端带来了一些积极的变化,负债压力有所减弱,但是规模竞争依然存在。各家资管机构在净值化转型过程中反而更加在意规模的维系,因此,尽管"刚兑"被打破,但广义基金仍然有较大的获取收益和稳定收益(保持低回撤)的压力。

所以在投资风格上,这些广义基金依然是传统的重视信用债与票息收入的风格。从图3.1中我们也能够看到,广义基金持有的利率债占全部持仓的比例不足30%,在各类型机构中占比最低。

3. 证券公司交易非常活跃。证券公司的资金来源于其自有资本,券商资管类产品(代客理财)归属于广义基金,并不在证券公司统计的口径范围内。

证券公司的资金虽然属于自有资本,规模和期限较为稳定,但内部对债券投资收益考核是绝对收益考核,要求的收益水平也较高,因此证券公司自营的投资风格是市场上最为激进的。

从持券类型上来看,证券公司和广义基金类似,都偏好票息收入较高的公司信用类债券和企业债,其利率债的持仓占总持仓的比重不足40%。

在投资风格上，证券公司是所有机构中最偏好交易的。从图 3.6 可以看到，券商持仓占整个债券市场存量的比重虽然仅有 1.7%，但其交易量却占整个市场交易量的 24.19%，远超其持仓规模。

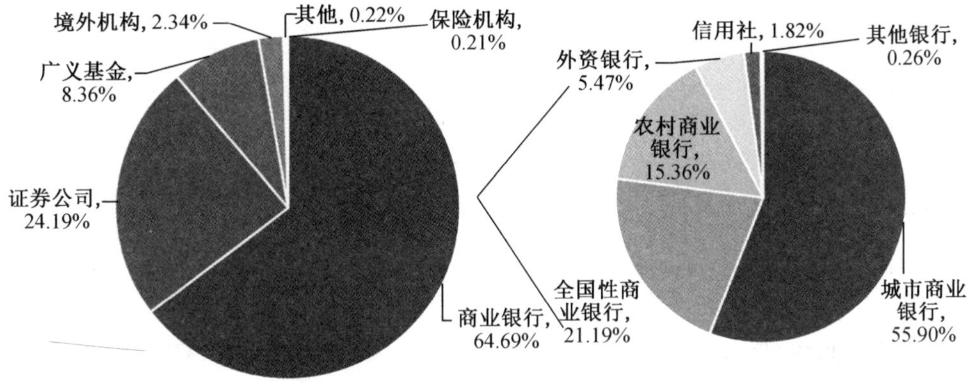

资料来源：中债登。

图 3.6　2020 年上半年市场交易份额占比情况

我们的计算数据也同样显示，2020 年上半年券商买卖债券的规模是其自身持有债券规模的 24.8 倍，远远超过了其他类型的投资者。

4. 保险类金融机构偏好长久期债。保险公司的资金主要来自保费收入，具有成本高、负债久期较长的特征。

在投资时，保险公司内部有明确的资产配置计划。从历史数据上可以看出，目前保险公司投资债券的资金占总体投资资金的比重一直在 40%左右(见图 3.7)。

由于负债成本较高、负债久期较长，保险机构偏好的是长久期的利率债、金融债和高评级公司债。

从持债目的看，保险公司交易非常不活跃，2020 年上半年，保险公司债券买卖规模占持债规模的比重不到 15%，在几类机构投资者中占比最低，其持债的目的主要是获得票息收入。

5. 境外机构和外资银行风格类似，由于对国内环境的不熟悉和对企业资质的不信任，境外机构倾向于持有利率债和同业存单，政府债、政策性银行债和同业存单三者持仓规模占总持仓的比重超过了 90%。

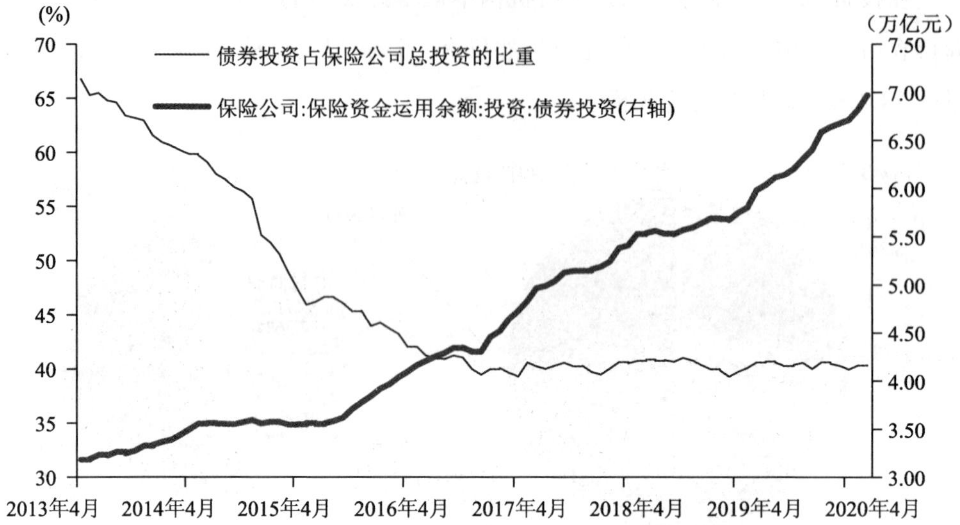

资料来源：Wind。

图 3.7　保险类金融机构的投资特征

但在交易上，境外机构表现得并不像外资银行那么活跃，其 2020 年上半年债券交易规模占债券托管规模的比重为 1.69%。

这可能是因为境外机构内部构成复杂，有些机构如境外投行、共同基金等表现得比较激进，而各国央行、主权财富基金等在持债风格上就比较保守。综合之后，整体境外机构的持债风格就表现得比较中性。

在现实中，债券投研人员对“主要券种投资者持有结构”的点评和分析，并不是单纯分析当月末的存量数据，更多是看环比上月托管数据的变化，以此来观察各类机构投资者的行为，解释过去一个月债券市场发生的种种变化。

比如，某一个月债券市场收益率出现了较大幅度的下行，到底是哪些机构在买，哪些机构在卖？

这个答案到月末的时候便可以通过托管数据的变化得到。更高频的数据也有，外汇交易中心每天都会有当天各类金融机构的买卖交易数据，但这个数据是付费数据，有些人是看不到的。所以相对来说，更多地使用和分析托管数据。

我们这里没有展开分析这种托管数据环比的变化，主要是因为市场瞬息万变，我们没办法给大家提供一个一以概之的方法论框架。每个月为什么这个机构会增持，那个机构会减持，和市场环境以及各类机构投资者的投资行为偏好有关，所以我们也就没有再展开。

3.2　债市和各类金融机构的杠杆分析

债市杠杆可分场内、场外两种。

场外杠杆一般借助分级或结构型产品，典型的模式为：某金融机构发行资管计划，由其自身少量资金担任劣后层吸引对接银行理财或自营资金担当优先层，优先层享有固定收益，劣后层承担投资风险，享有超额收益。

受制于数据可得性，场外杠杆很难计算。

场内杠杆一般采取债券回购的方式，基本流程为：金融机构首先利用自有资金在市场上购买债券A，然后将债券A拿去质押融资，获取资金，以此再购买债券A，然后再去质押……如同滚雪球，通过不断滚动续作，撬动高于自身资金若干倍的资金。只要债券的收益率水平高于融资成本，投资者就有动力加杠杆。

计算整个债券市场的场内杠杆，有多种方法。我们从用多少本金撬动多少资产的角度考虑，采用资产规模/自有资金的方法。

实际操作中，资产规模可用债券托管量表示，自有资金则用“债券托管量－质押式回购待购回余额”衡量，其中待购回余额是金融机构质押债券融入且未还的资金规模，可以看作金融机构的负债资金。

债市杠杆＝债券托管量/(债券托管量－质押式回购待购回余额)

运用上述公式和中债登公布的待购回数据计算可得图3.8。图3.8显示债券市场整体的杠杆水平并不高，一直在100％～115％波动。

这主要是由于持有债券的大盘子是风控严格、对杠杆限制较高的全国性商业银行，其杠杆水平比较低，拉低了债券市场整体的杠杆率。

同理，我们可以计算出各类金融机构的杠杆率：金融机构杠杆＝(金融机构债券托管量－买断式待返售余额＋买断式待购回余额)/(债券托管量＋质押式待返售余额－质押式待购回余额)，结果如表3.3所示。

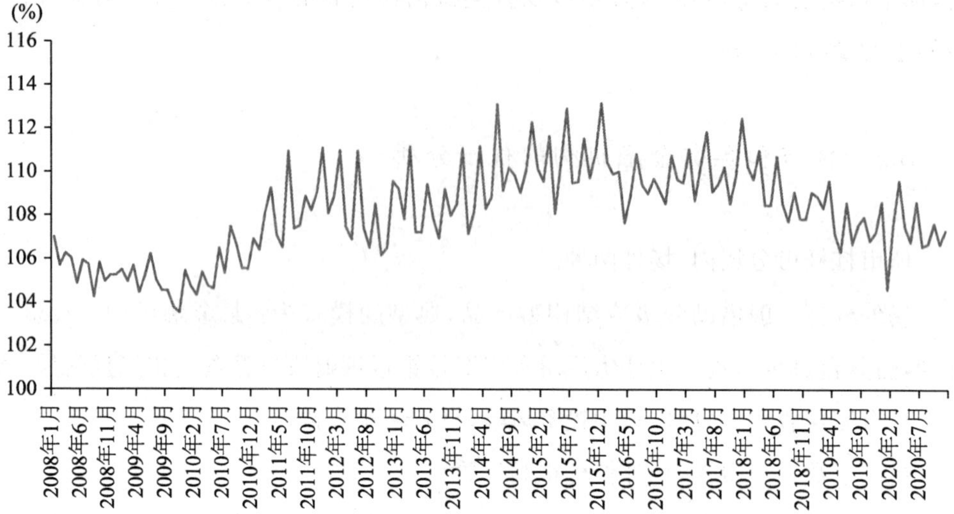

资料来源：中债登。

图 3.8 债券市场的总体杠杆率

表 3.3 2020 年 7 月各类金融机构债市杠杆率

金融机构	2020 年 7 月银行间市场杠杆率
1. 政策性银行	100%
2. 商业银行	104%
2.1 全国性商业银行及其分支行	102%
2.2 城市商业银行	114%
2.3 农村商业银行	110%
2.4 村镇银行	108%
2.5 外资银行	112%
2.6 其他银行	104%
3. 信用社	107%
4. 保险机构	104%

（续表）

金融机构	2020年7月银行间市场杠杆率
5. 证券公司	223%
6. 其他金融机构	110%
7. 非法人产品	117%
其中：商业银行理财产品	114%
8. 境外机构	100%
9. 其他	100%

资料来源：中债登。

从表3.3中我们可以明显看到：

1. 证券公司的杠杆率最高(223%)，非法人产品(广义基金)次之，这反映了证券公司和广义基金投资风格的相对激进。

2. 商业银行杠杆率总体不高，但分化严重。全国性银行基本不加杠杆，但城商行及农商行、外资银行等相对高负债成本的银行机构都有着110%以上的杠杆。

3. 保险机构和境外机构比较保守，和全国性商业银行、政策性银行一样都具有比较保守的投资风格。

综合以上所有信息，我们能大致了解各类债券投资机构的风格与偏好（如表3.4所示）。

表3.4 各类金融机构的投资风格和偏好

金融机构	持债偏好	交易	杠杆	投资风格
全国性银行	83%利率债+17%信用债	不活跃	低	保守
城商行	77%利率债+23%信用债	活跃	高	激进
农商行	60%利率债+40%信用债	一般	高	中性
外资银行	83%利率债+17%信用债	活跃	高	激进
证券公司	36%利率债+其他	非常活跃	非常高	非常激进

（续表）

金融机构	持债偏好	交易	杠杆	投资风格
保险机构	61％利率债＋其他	不活跃	低	保守
广义基金	26％利率债＋其他	活跃	比较高	比较激进
境外机构	85％利率债＋15％信用债	不活跃	低	保守

资料来源：作者整理。

但这些了解都比较粗放简单，要想真正洞悉债券投资者的投资逻辑，需要更深层次的分析。接下来，我们会按投资者类型展开讲解机构投资者行为。

第 4 章

商业银行资产配置分析

在这一章，我们从银行的资产配置逻辑、银行的资产负债表解析这两个角度分析银行的资产配置行为。

在上一章，我们通过托管数据带大家简单地了解了债券市场上的主要机构投资者。在本章，我们会深入介绍第一个债券投资机构，也是最重要的债券投资机构——商业银行。

债券投研人员对商业银行的研究其实很杂、很广，他们既要懂银行投资逻辑，也要懂银行的资产负债表，还要懂各种监管要求。

比如假设银保监会出台了某项新的监管政策，要求银行存款占总负债的比例不能低于 70%，问这会对债券市场产生什么影响？

显然，要回答这样一个问题，首要前提是了解银行是否有类似的监管要求？然后去查银行的资产负债表，看银行的存款负债比例是否显著低于 70%？该政策是否会对商业银行的行为构成影响？最后再依据银行资产配置的逻辑推测银行会怎么应对？应对方式会对债券市场产生怎样的影响？

因此，写“如何研究商业银行的投资行为”这样的文章，是很困难的。

为了尽可能多地囊括更多信息，我们把对银行行为研究的方法论分析，划分成银行的资产配置逻辑、银行的资产负债表解析、银行的监管约束解析三大部分。

本章先介绍前两个，监管约束解析由于篇幅过长，我们在第 5 章专门讲述。

4.1　银行的资产配置逻辑

银行可以持有的资产主要是固收类资产，包括非标准化债权资产（简称“非标”）、债券、信贷及固收产品。非固收类资产，比如股票、一级股权投资，商业银行投资的比例非常小。背后的原因有两个：

1. 二级市场股票缺乏保护垫，没有固定的收益，风险太高，对银行表内合法刚兑的存款负债及较少的资本金是很大的威胁。想一下，一个地处某个县域的农商行，找不到优秀的股票投资经理，如果用储户的钱投资，碰到了十几个跌停板的个股呢？不说几个银行，一个银行碰到了，在铁索连舟的金融体系前，这都是致命的。

2. 一级股权，除了没人才、风险太大外，还有一个原因是流动性差，退出困难，会不断蚕食银行的流动性，期限错配会非常严重。

因此，商业银行被限制只去拿有固定收益的资产。在非标、债券、信贷及固收产品(比如货币基金、券商集合等)中,银行投资选择多配哪一项,有它自己的考虑。

4.1.1 非标

按照央行发布的《标准化债权类资产认定规则》,非标是指不满足五类要求(见图 4.1)的债权资产,包括信托贷款、委托贷款、信托收(受)益权等。

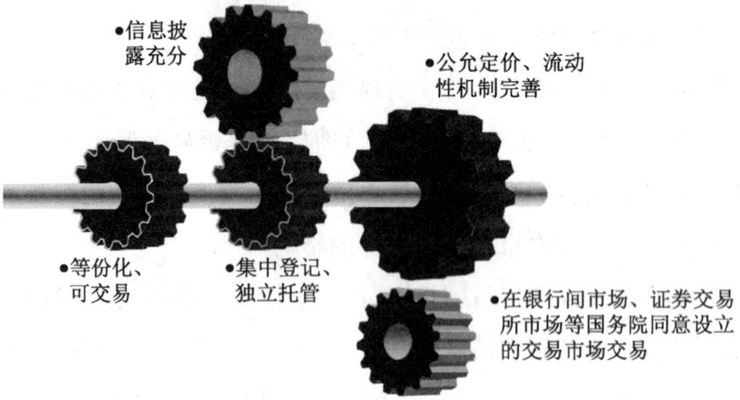

资料来源:《标准化债权类资产认定规则》。

图 4.1 标准化债权认定要求

对银行来说,投资非标有三个好处:

一是收益很高,低的时候有 6%~7%,高的时候有 9%以上的收益。

二是能带来存款等其他的一些辅助收益。现实中,一个企业从银行手中融到了钱,那企业要在这个银行开设存款账户,一般就把钱存在这个银行了,所以银行也就多了笔存款。

2013 年后,随着科技的发展,比如余额宝的普及、天天基金等互联网代销平台的壮大,大家拿到钱之后去买资管产品的现象越来越普遍,在存款收益率与资管产品收益率之间的差距越拉越大的背景下,银行存款越来越稀缺。因此,能带来存款的业务现在非常吃香。

三是有些时候可以节省资本占用。

银行是个高杠杆经营的金融机构,自己的资本金很少,靠的是储户的存款,它们所投资的资产是有风险的。

比如，贷款有信用风险，企业可能会破产，造成银行坏账。国债虽然无信用风险，但有利率风险，利率上下起伏波动会对银行持有国债的价格造成冲击，可能会让银行产生损失。

面对这些投资资产所带来的风险，银行需要有足够的资本金，表明自己有足够的缓冲垫吸收风险爆发带来的损失，否则只靠储户的存款，出现了风险，拆东墙补西墙，银行就变成空手套白狼的机构，储户的利益无法得到保证。

为了约束银行，银保监会设置了监管指标，叫资本充足率，衡量银行资本金是否充足，计算公式大概可以写成：

资本充足率＝银行资本金/(信用风险敞口＋市场风险敞口＋操作风险敞口)

这里分母所说的敞口，表示的是银行投资一项资产所面临的各类风险。一般市场风险和操作风险我们不怎么看，因为这是一个总量的值，量也很小，主要看信用风险敞口。

信用风险敞口等于资产的投资额乘以一个风险系数。比如我投的是信用债，那么这个系数就是 100％，国债没信用风险，那就是 0％。这个系数指代的也就是我们所说的资本占用(风险权重)概念。我们说资本占用高或风险权重高，指的就是风险系数高。

非标，它实际上是一种面向非金融企业的贷款，按理说应该和信用债一样，都是 100％的风险系数。

但在银行的实际业务开展中，非标往往会和同业投资联系在一起，而同业投资项目按照银保监会的要求，有些是按照 25％或 20％计提资本金的。所以有些银行在以前会钻这种空子，把非标投资包装在同业投资中，少计提资本金。

当然这种模式在现在严监管的格局下，被查得很严，少了很多。

4.1.2　信贷

信贷和非标很像，除第三点资本占用有时会少外，其他优势、好处基本也适用，所以银行有很大的动力配置非标和信贷。

但任何事物有利就有弊。银行投资非标和信贷有这么多好处，自然也就有不少弊端，否则银行的资产负债表就全变成贷款和非标了。

具体说信贷和非标的弊端，大概有两个。

第一个是大部分信贷和非标计提资本金的权重高，除了一部分监管层鼓励投向的行业与业务领域(比如小微贷款算 75%，小于 100%)外，基本上大部分都是 100%。这也就是说，放一笔钱给企业，就要准备好相对应的资本金来对标，这对银保监会严格考核要求的资本充足率是很大的耗损，银行会有很大的考核压力。

第二个是流动性问题。贷款和非标期限比较长，大部分都在 2 年以上(也有部分是短期或流动性贷款)，基本没有交易流转变现的空间。

一旦银行用储户的存款放了款，那就基本算是做了期限错配，就要不断吸收存款来养着，银行会有负债压力，银保监会针对银行流动性设置的考核指标也会有所恶化。

4.1.3 固收类产品

固收类产品其实就是广义基金的概念，包括银行理财、券商资管、公募债基、货币基金、信托计划等。

不同的银行，对这些产品的偏好也不同。以投资的数量规模也不能简单地说哪一项是主要的投资项，我们可以知道的是货基、债基和券商资管应该位居前三，同业理财和信托相对偏少。

为什么商业银行要投这些资管产品？这些资管产品归根到底最终投的是资产还是债券、信贷类非标等，和银行自己投的资产类别基本相似，为什么还要借这些资管机构来投呢？银行还白白多花管理费。

逻辑没那么简单。银行投资这些产品有四个原因：

(1) 找通道，主要是冲存款或放款融资，维护客户。冲存款这一点，货基最为典型，货基是免税的，很多银行发存单买货基，货基再将资金放在银行当线下同业存款，这样银行就借货基实现了增加存款的目的。

而放款融资这一点，以信托为主。银行自己虽然可以放贷款，但有些重要的客户的融资需求，在以下两种情况下，银行是没有办法满足的：一是单个客户的授信到极限了，再授信就会超出监管要求限制；二是监管禁止投向的行业企业，比如现在所说的过剩产能行业，四证不齐的房地产企业等。

银行可能和这些企业有较多业务往来，不想得罪，所以就找理财、找信托，做一个资管放款，让他们帮忙放款，自己真实出资，或做担保，来满足这些企业的需求。

（2）流动性管理，主要是货基、债基等一些流动性好的产品，方便银行调剂表内的流动性，做好流动性安排。

（3）低风险获利。这是任何一个需要盈利的企业都需要首先考虑的。而中国国内的资管产品很庆幸，除公募债基外，其他大部分都能达到报出的业绩基准，风险低，收益还不低。2017 年时，券商资管报价不到 6%，基本算不上高，现在因为债券收益率下降了比较多，报价也随之下来了，但比起自己配置或投资债券的收益率依然还是高。

还有些创新性的固收产品，甚至可以说是基本无风险，比如 2019 年下半年开始盛行的摊余成本法债基。银行买入公募定制的摊余成本法债基，公募基金用银行的资金去银行间市场买 3～5 年期的政策性金融债，直接持有到期吃票息，不用管债券市场的波动，银行那边反映出来的净值趋势是一条直直向上且无回撤的净值曲线，同时享受免税和无风险收益。

（4）借助外部力量做不能做之事。银行自己虽然能做投资，但有两个问题，一是人手不够，专业度不够。这一点主要集中在很多城商行和农商行等中小行里，他们很多要一人兼多职，交易员有可能是投资经理，还有可能负责信用评级，忙不过来。二是和非银机构比起来，银行还是太保守，很多债券想买，但行里的合规风控可能过不了，负债成本又高，所以需要借“马甲”，通过买入非银机构的资管产品间接持有，提高投资收益。

4.1.4　债券

银行投资债券，往往不仅仅是为了明面上的收益，很多时候银行要综合考虑流动性管理、资本占用、税收和监管要求等多个因素。

如果银行只是根据明面上的收益配置债券，那么我们看到的银行债券持仓结构大概率会是流动性极佳的活跃券（用于交易）＋长久期高票息的地方债/政策性金融债/信用债（持有至到期）。

但从我们的从业经验来看，商业银行实际的持仓比较均衡，各个期限和品种都会持有，尤其偏好5年期以内的利率债，对于超长久期(20年以上)的国债/政策性金融债的偏好反而一般。

可见，银行投资债券并没有那么简单。

首先，不同的银行看待债券投资收益率的方式是不同的。

有些银行领导对金融市场部(银行负责债券投资的部门)考核的是税后到期收益率(即扣除税收的收益率)。

不同的债券面对的缴税要求是不同的。比如银行投资国债，获得的利息收入和资本利得是不用缴纳所得税和增值税的；但信用债就不同，虽然票息收入更高，但要缴纳25％的所得税，扣掉这25％的税收后，其投资收益是否还高于国债的收益就不好说了。

还有些银行领导认为行里的资本金比较稀缺，要节省资本金，所以考核所有投资资产的收益率，除了考虑税收因素外，还要考虑资本占用带来的机会成本。

这是什么意思呢?

我们之前说过，贷款和非标因为有信用风险，需要占用一定比例的资本金作为风险抵补，信用债是企业发行的，背后是企业的信用，和贷款、非标本质上一样具有信用风险，因此也要占用资本金。

被占用的资本金本来可以另作他用，赚取其他收益，但现在因为投资了信用债，这一部分资本金便被锁定了，因此在考虑信用债的投资收益时，必须要扣除资本占用可能带来的收益(机会成本的概念)。

那怎么算被占用资本金的收益率呢?

很简单，可以用净资产收益率(ROE)计算。净资产收益率的定义就是每一单位净资产(资本金)能够带来的回报率，因此如果投资信用债占用了1单位的资本金，那么其资本占用的机会成本便是ROE。

例如，假设某银行资本充足率(资本金/加权风险资产)是10％，净资产收益率(ROE)是12％。该银行投资了1单位信用债，信用债的收益率为6％。

这1单位的信用债按100％的风险系数计算，要耗费资本金10％[1×100％(风险系数)×10％(资本充足率)]，按照12％的ROE计算，这10％的资本金可以给银行带来1.2％(10％×12％)的收益。

因此，银行投资 1 单位信用债，最后的实际收益率应该是 4.8%（6%－1.2%）。

按照以上综合考虑税收和资本金的原则，我们做了个粗略的测算。从表4.1可以很明显地看到，如果真的考虑税收和资本占用的因素，国债的收益率其实一点都不逊色于政策性金融债和企业债。

表 4.1　各类债券的实际收益率

	国债	地方债	政策性金融债	商业银行债	企业债（AAA）
到期收益率	2.95%	3.34%	3.47%	3.80%	4.10%
增值税率	0.00%	0.00%	6%（金融机构免征）	6%（金融机构免征）	6.00%
所得税	0.00%	0.00%	25.00%	25.00%	25.00%
税后收益率	2.95%	3.34%	2.60%	2.85%	2.89%
资本占用（风险权重）	0.00%	20.00%	0.00%	25%（3 个月内 20%）	100.00%
假设资本充足率	10.00%	10.00%	10.00%	10.00%	10.00%
假设资本利润率	12.00%	12.00%	12.00%	12.00%	12.00%
资本占用成本	0.00%	0.24%	0.00%	0.3%	1.20%
实际收益	2.95%	3.10%	2.60%	2.55%	1.69%
信用风险	无	无	无	较小	有

注：按照《关于金融机构同业往来等增值税政策的补充通知》，金融机构投资金融债等免征增值税；资本充足率是假设数据，按照规定要在 8.5%以上，为了方便计算使用 10%；各类债券收益率使用 2020 年 8 月的 10 年中债到期收益率；资本利润率参考 Wind 银行业的 ROE 数据，取 12%。

资料来源：作者整理。

其次，银行有时是身不由己，受监管的约束比较大，没办法随心所欲。

这一点影响最为明显的是银行很偏好投资短债和利率债。

这些短债和利率债，在银保监会和央行给银行设置的监管体系中有很高的地位，能够帮助银行在流动性监管考核要求中达标（见图 4.2）。

这些短债和利率债，对银行自己做流动性管理也很有帮助。如果哪天银行自己发现表内出现了流动性缺口，负债增速跟不上资产的增速，那么直接在市场上抛掉这些流动性好的利率债，或者短债到期后不再续投回收流动性即可。

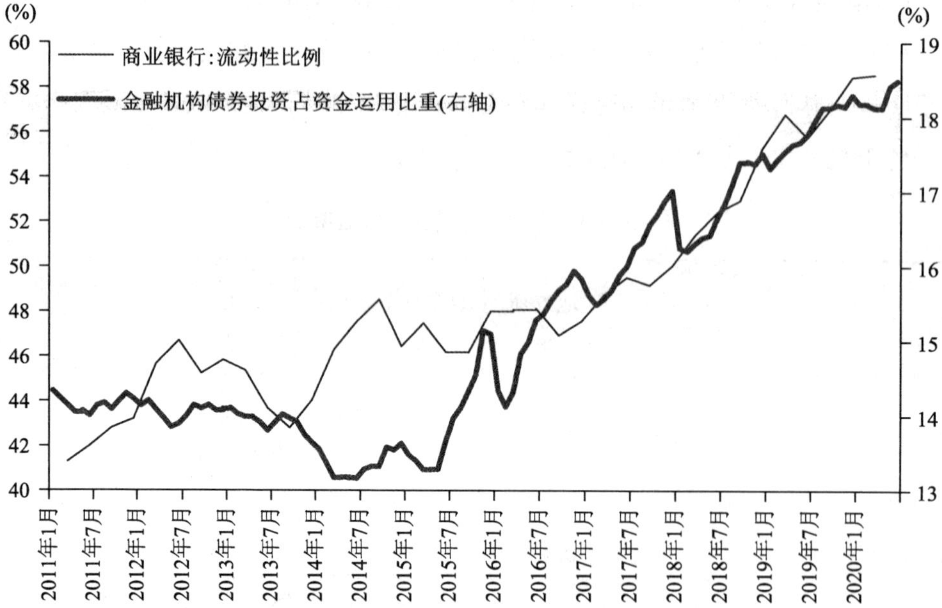

资料来源：Wind。

图 4.2　债券投资成为满足银行流动性要求的重要选择

有些地方的农商行管理机构（省联社）为了防范信用风险，也会给农商行施加额外的监管约束，比如要求农商行不能投资信用债，只能投资利率债；或是要求农商行只能投资 AAA 评级或白名单里的信用债。这也给银行自身的投资行为构成了约束。

此外，与地方政府的关系对银行尤其是区域性银行的投资债券行为影响很大。虽然现在我们的金融管理是垂直化管理，地方性的金融机构由中央的金融管理部门管理，地方政府名义上没有管辖权，但现实中，区域性银行依然会非常顾虑地方政府，会积极购买地方政府发行的地方债与地方城投债，以此维护好与地方政府的关系。

除了维护关系，银行也能获得相应的收益，比如获得地方政府下面的机关单位存款，以此扩大规模；地方城投一般有地方政府的隐性背书，相对而言也是一类不错的高收益资产。

4.1.5　银行如何决定资产配置

之所以花这么大的篇幅说信贷、非标、固收类资产这些和债券没有太大关系的资产，是因为银行的投资行为是在经济周期、监管和负债三方约束下追求利润最大化而形成的行为。

这些资产和债券有很多扯不清的关系，会影响银行投资债券的意愿和规模。

比如替代关系。在经济周期处于复苏或过热的时候，实体的投资回报率比较高，企业盈利状况好，信用风险小，一般也会有扩大再生产的需求，这时企业信贷和非标增量会比较高，银行会多配这些资产，减少债券的投资规模。我们说经济变好，债券市场会走熊，这就是其中一个原因。

再比如联动关系。在一个严监管的周期里，银保监会和央行对不规范事件频繁发生的非标及同业投资的固收类资产限制往往较大。银行在监管层的压力下，往往会减少对这两类资产的配置，这会直接导致处于银行下游的公募基金、券商资管等其他广义基金产品的规模缩减，市场上可用于配债的资金减少，使债券市场收益率上行。

因此，一名优秀的债券投研人员，不单单要对债券市场有深刻的了解，还需要对资管业务模式、金融监管、经济周期和投资者行为等方面有深刻的理解。专攻机构投资者行为的债券研究员，往往也会是不差的银行研究员。

具体到某一个年份，要决定信贷、非标、债券和固收产品投资的规模和比例，不同的银行有不同的决策方式，但可以大体分成两个类型。

第一个类型是主观型。归属在这个阵营的银行，不会有明确的资产负债管理部门。银行基于上一年的收入和盈利水平，对各业务部门制定下一年的收入和盈利考核目标，然后根据需要达成的盈利目标，分配给这个部门多少的风险资产额度、多高的资金价格等具体的指标。

这种主观型决策方式一般出现在农商行和部分经营能力偏差的城商行里。

第二个类型是相对客观型。这种类型的决策，一般会有一套复杂的资产负债管理系统，多出现在大行、股份行和部分经营能力较强的城商行、农商行里。

这些银行一般会由高层、各业务部门的领导以及风控合规等相关人员组成决策委员会，对资产负债表结构、未来发展方向等做出战略性的展望要求。

比如，今年消费信贷很火，监管机构想打击金融空转套利，银行决策委员会可能就会制定今年要大力发展零售金融、降低同业业务比例的大方向。

这一个过程实际上就是银行领导根据自身对经济、监管和政策的预期决定银行资产配置重点方向的过程。

决策完成后，战略的具体执行通常会由一个称为“资产负债管理部”（简称资负部）或“计划财务部”（简称计财部）的部门执行，由它来统筹全行每个资产负债品种的期限、利率、规模等具体的事项，以完成行里制定的盈利目标。

要做好这一点，资产负债部门有很多工作要做，比如要监测行里的流动性风险和日常的流动性分配，决定银行要承担多大的利率波动风险，怎样才能消耗最少的资本金，做最优质的业务等。

而在这些工作当中，对银行的资产配置行为有最重要影响的是：资产负债部门担当司库职责，开展 FTP 核算。①

什么叫 FTP 核算呢？

FTP 全称是内部资金转移体系，它可以衡量每一项业务对行里利润的贡献程度，能够调节银行资产负债结构。

一般来说，银行支行的存款业务人员，每个季度都在积极拉存款，对银行的负债和规模扩张有很重要的贡献。

但这些存款如果不通过贷款是没办法给银行创造收入的，所以这些存款业务人员的绩效和对银行的贡献，一般情况下就很难和贷款业务割裂开来衡量。

但在 FTP 体系下，这个问题能够很容易解决。

当资负部门担起司库职责时，它就像是一个中介，存款业务人员从居民和企业部门手中揽储，假设是以 3%的存款利率拉来的存款，那么存款业务人员把这个存款“卖给”司库，司库依据它自己制定的一套复杂的定价模型，给存款业务人员假设 4%的价格，那么存款业务人员给行里的贡献便是 100 个基点（4%－3%）。

如果贷款部门相中了一个企业客户，企业客户愿意支付 7%的贷款利率，那么前者可以向司库“购买”资金用来发放贷款，司库假设按 5%的价格将资金“卖给”

---

① 有些中小银行可能没有设立资产负债或计财部，司库的职责会交给金融市场部。

贷款部门,那么贷款部门完成这笔贷款便能获得 200 个基点(7%－5%)的利差。

如果银行觉得经济不景气,给企业贷款的不良风险比较高,想加大债券资产的投资比例,那么资产负债部门可以调高给贷款部门的资金利率,比如从 5%的价格上调到 6%,这样银行贷款部门开展业务所能获得的利差收入(对行里的贡献和绩效)是减少的,其业务开展积极性降低,难度加大,从而使银行负债资金配置到信贷上的规模下降。

同样,银行如果希望加大债券(利率债)资产的投资,那么司库给债券投资部门的资金价格可能就会相应地调低。

利用这样一个调节手段,银行还可以调节负债的结构。如果希望提高存款负债比例,就提高司库"收购"存款的价格。

总之,如果银行的资产负债部门担当司库,设计的 FTP 核算体系足够科学和实用,那么它们确实可以通过 FTP 指挥银行的资产配置行为。

我们这里说的决策委员会进行战略决策—资产负债部门管理执行这样一整套流程,实际上是一个非常完美和理性的流程,现实中可能没有几个银行能完全实现,但这不碍事,逻辑和道理是共通的,现实中银行确实会有这样一个过程。

很多主观决策资产配置的银行,可能也会设置所谓的决策委员会、司库等环节,但我们依然会把它归类为主观型,因为对这些银行来说,这些环节基本不会发挥作用,大部分时候这些银行的决策是依靠少数人的主观判断做出的。

现实中的债券投研人员,撰写研究报告,分析银行的投资行为,基本不会从 FTP、资产负债部门这种非常细致且不具备分析套路和框架的角度出发。

对银行资产负债表、银行的负债和流动性分析是更为常见的分析套路,这些我们在后面会详细介绍。

4.2　银行的资产负债表解析

如果说我们在上一节讲的是理论,那么在这一节,我们要讲的就是对理论的数据分析和验证。

我们先来看一个真实的上市银行报表(见表 4.2)。

表 4.2 某上市银行 2019 年财报

单位：万元

项目	附注	2019 年 12 月 31 日	2018 年 12 月 31 日	项目	附注	2019 年 12 月 31 日	2018 年 12 月 31 日
资产				负债			
现金		14 356	14 997	向中央银行借款		358 728	405 314
贵金属		4 006	6 573	同业和其他金融机构存放款项	23	541 745	452 305
存放中央银行款项	5	549 969	474 380	拆入资金	24	73 880	116 072
存放同业和其他金融机构款项	6	73 472	68 501	以公允价值计量且其变动计入当期损益的金融负债	25	32 922	40 175
拆出资金	7	304 396	299 981	衍生金融负债	57(f)	22 911	35 795
买入返售金融资产	8	103 740	199 555	卖出回购金融资产款	26	55 455	77 064
贷款和垫款	9	3 968 513	3 471 874	客户存款	27	4 660 232	4 237 430
衍生金融资产	57(f)	23 769	33 582	应付职工薪酬	28(a)	9 581	6 697
金融投资：				应交税费	29	17 655	19 512
以公允价值计量且其变动计入当期损益的金融投资	10	378 242	315 000	合同负债	30	6 488	5 607
以摊余成本计量的金融投资	11	920 575	915 410	租赁负债	17(b)	13 632	不适用
以公允价值计量且其变动计入其他综合收益的债务工具投资	12	416 181	380 971	预计负债	31	6 061	5 638
指定为以公允价值计量且其变动计入其他综合收益的权益工具投资	13	5 430	3 465	应付债券	32	527 986	375 625
长期股权投资	14	55 586	48 698	其他负债	33	54 604	55 918
投资性房地产	15	1 203	1 262	负债合计		6 381 880	5 833 152

（续表）

项目	附注	2019 年 12 月 31 日	2018 年 12 月 31 日	项目	附注	2019 年 12 月 31 日	2018 年 12 月 31 日
固定资产	16	24 479	22 468	股东权益			
使用权资产	17(a)	14 136	不适用	股本	34	25 220	25 220
无形资产	18	8 694	8 157	其他权益工具		34 065	34 065
递延所得税资产	20	63 663	56 866	其中：优先股	35	34 065	34 065
其他资产	21	29 822	25 875	资本公积	36	76 681	76 681
				其他综合收益	37	8 856	5 668
				盈余公积	38	62 291	53 682
				一般风险准备	39	85 820	75 818
				未分配利润	40(c)	285 419	243 329
				其中：建议分配利润	40(b)	30 264	23 707
				股东权益合计		578 352	514 463
资产合计		6 960 232	6 347 615	股东权益及负债总计		6 960 232	6 347 615

资料来源：Wind。

报表看着非常杂乱，项目非常多，但我们仔细看会发现有几个项目占比非常小，比如资产端的固定资产、贵金属，对我们研究银行的投资行为也没什么帮助，所以我们不妨简化和整理这个报表。

依据我们的从业经验，我们将其简化成了表 4.3。

表 4.3　商业银行资产负债表（简化版）

资产	负债
现金及存放中央银行款项	向中央银行借款
发放贷款和垫款	吸收存款
同业资产	同业负债
存放同业及其他金融机构款项	同业及其他金融机构存放款
拆出资金	拆入资金
买入返售金融资产	卖出回购金融资产款

（续表）

资产	负债
金融投资	应付债券
以公允价值计量且变动计入当期损益的金融资产	以公允价值计量且其变动计入当期损益的金融负债
以摊余成本计量的金融资产	其他负债
以公允价值计量且变动计入其他综合收益的其他金融资产	
其他资产	

注：其他资产包括贵金属、长期股权投资、固定资产、无形资产、商誉、递延所得税资产等占比较小的资产类型。其他负债则包括应付职工薪酬、应交税费、递延所得税负债等占比较小的负债类别。金融投资是2018年调整后的科目，在新的会计准则下，由原先的“四分类”调整为“三分类”，原先的会计准则将其划分为“交易性金融资产”“持有至到期金融资产”“应收款项类投资”“可供出售金融资产”四类，现在则是调整为“以公允价值计量且变动计入损益的金融资产”“以摊余成本计量的债权投资”和“以公允价值计量且变动计入其他综合收益的其他金融资产”三类。

资料来源：作者整理。

4.2.1 资产端解析

在资产端，商业银行重要的有现金及存放中央银行款项、发放贷款和垫款、同业资产和金融投资四大项。

1. 现金及存放中央银行款项

现金和M0是相反的概念，它是指银行的库存现金，是银行留在自身金库中用于应对储户取现而自由支配的资金。只有当储户取现时，这部分现金才进入经济系统，变成流通中的现金（M0）。

一般来说，这部分现金银行留存得很少，因为这部分现金留存在金库中不会给银行带来任何的收益，对银行而言是纯粹的成本耗损。

它的波动变化通常情况下也不大。只有在特殊的节假日——春节前后，年前居民为过年先大规模取现，年后又大规模存钱，这部分现金的规模才会发生较大幅度的变化。

值得注意的是，我们经常说的银行拉存款，拉的是流通中的现金（M0），其实是把流通中的现金（M0）转换为银行库存现金的过程。

存放中央银行款项，主要包括法定存款准备金、超额存款准备金和财政存款三项。

法定存款准备金是商业银行按照央行要求的法定存款准备金率缴纳的准备金，其基数是商业银行的一般存款。

假设银行吸收了 100 亿元的一般存款，央行规定的法定存款准备金率是 10%，那么银行便需要缴纳 10 亿元的法定存款准备金，冻结在央行的准备金账户中，无法使用。

超额存款准备金是超出央行规定缴纳的法定存款准备金规模的部分，这部分我们通常称为超储。

超储是商业银行可以自由支配的资金，也是银行买债、放贷、投广义基金或拆借给其他金融机构的资金来源。

央行的货币政策操作，比如降准、公开市场操作、MLF 操作等给商业银行提供的流动性，最后也体现为超储的增加。

因此超储可以说是债券市场最重要的流动性供给，也是债券投研人员最关注的流动性指标之一。

财政存款，更准确的说法是"划缴财政存款"，和金融数据中公布的财政存款以及我们经常听到的国库定存有很大的差别。

金融数据公布的财政存款，是财政部在央行开设的国库账户的存款变化。

企业或者个人缴税，政府发行国债和地方债募集资金，都会造成国库账户中的财政资金增加，财政存款增加。

而财政部下发财政支出给各个机关单位，让这些机关单位履行政府职责，比如建设基础设施项目，这个过程反过来会造成国库账户中的财政资金减少，财政存款减少。

国库定存是另一个概念。经过多年的累积，国库账户中其实已经有了不少的财政存款，这些财政存款如果只是安静地待在国库账户里，没什么收益，那在某种程度上也算是资源的浪费。

为了盘活财政存款，央行还会不定期开展国库定存招标，也就是把这些财政存款拿出来，让银行报价竞争，使这些本来躺在央行国库账户中的财政资金变成银行的存款负债。

而我们这里说的"划缴财政存款"在资产负债表中属于资产项，显然和国库定存是有明显差别的。

它其实是商业银行担当经济主体和国库账户收付中介形成的财政资金遗留。

我们前面说的企业缴税会增加央行国库账户的财政资金，这个过程不是由央行操作执行的，因为央行通常不和非金融机构发生业务往来。

更具体的流程是，商业银行先从企业存款账户中扣缴税款，然后商业银行将这些税款上缴给央行，央行将其纳入国库账户。

下发财政支出，也是首先将财政资金划缴给商业银行，然后由商业银行将这些财政资金划缴给机关单位的存款账户。

在这样一个"代收代发"的过程中，未被及时或充分利用，依然遗留在商业银行账户中的财政资金，便沉淀形成了"划缴财政存款"。

这部分沉淀的资金，显然银行并不用为其支付任何利息，所以并不能算作商业银行的负债。

2. 发放贷款和垫款

贷款和垫款是商业银行资产项中规模最大的一项，也可能是各位读者最为熟悉的一项。

贷款概念无须解释，是各家银行的主营业务，每家银行发出去的贷款(包括票据贴现)加总，一起构成了央行发布的金融数据中的信贷规模。

垫款是指商业银行为客户垫付的款项，比如某企业资金周转出现困难，无法向上游支付原料款，商业银行代替它支付。

两者的比例，我们不可知，商业银行资产负债表也基本不会公布，但从常识直观来看，垫款的比例应该极小，贷款是这一项目最重要的组成，因此我们把它看作银行信贷规模就行。

对债券投研人员来说，如果不是有意看银行的信用风险状况，那么研究某个银行的贷款项目，基本没什么意义。

我们更希望也更喜欢看所有银行加总得到的总量数据，商业银行贷款资产这一项，可能只有在我们希望了解信贷的结构也就是信贷的流向时，才会有些许的帮助。

3. 同业资产

同业资产按照行业内的共识，包括拆出资金、买入返售和存放同业及其他金融机构款项三个科目(见表 4.4)。

表 4.4 同业资产下的三个科目对比

	拆出资金		买入返售	存放同业及其他金融机构款项
对应业务	同业拆借	同业借款	债券/票据回购	同业存款
性质	无抵押的信用贷款	无抵押的信用贷款	有抵押品的贷款	存款
交易对手	银行	金融租赁公司、汽车消费金融公司等非银机构	银行和非银机构	银行、财务公司等具有存款功能的金融机构
风险资产占用	>3 个月,风险系数 25%;≤3 个月,风险系数 20%	100%	视机构不同而不同,若银行为交易对手,则与同业拆借规则相同;若非银机构为交易对手,则 100%。但若抵押品为风险资产占用权重为 0 的资产(如国债),则其覆盖的部分为 0	>3 个月,风险系数 25%;≤3 个月,风险系数 20%
期限	通常 1 个月以内,最长不超过 1 年	4 个月至 3 年	通常 1 年以内	期限不定,最长 1 年
利率	以同期限 Shibor 为基准	双方协商而定,多会参考贷款基准/LPR 而定	协商而定	协商而定,以同期限 Shibor、同业存单利率为基准
目的	获利	获利	获利	获利+结算

资料来源:作者整理。

拆出资金是无须抵押品,银行直接“贷款”给其他金融机构的资金,分为同业拆借和同业借款两种。

同业拆借的期限短,一般不会超过 1 个月,最长的期限也就 1 年,一般是银行和银行之间在线上操作,是拆出资金项最重要的组成部分。

而同业借款的时间长,4 个月至 3 年不等,主要面向的群体是消费金融公司、金融租赁公司等非银金融机构,在线下操作。

由于拆出资金的行为本质上是一个“信贷”行为,存在信用风险,因此无论是同业拆借还是同业借款,都要占用银行的资本金。

但因为同业拆借面向的是风险相对更低的银行同业，所以风险系数更低，期限在3个月以内(含3个月)时，风险系数是20%，超过3个月是25%；而同业借款不管时间长短如何，风险系数都是100%。

买入返售和拆出同业类似，都是银行给其他金融机构的“贷款”。不同之处在于，买入返售是一个“抵押贷款”，它需要银行先买入某项金融资产(“收抵押品”融出资金)，再在约定时间，按固定的价格将资产卖回给资金融入方，以此收回资金和利息。

买入的资产，按照银保监会发布的127号文《关于规范金融机构同业业务的通知》，必须是银行承兑汇票、债券等在银行间市场、证券交易所市场交易的具有合理公允价值和较高流动性的金融资产。

如果买入的资产是债券，那么银行买入返售的行为其实就是我们在第一章中所说的债券回购交易行为。

我们前面说，超储是债券市场最重要的流动性供给，表示商业银行可以自由支配的资金，这里说的两种同业资产科目——拆出同业和买入返售——表示的是，商业银行将这些流动性传递给其他机构的方式和规模。

当然，由于银行报表是一个季末的存量时点数据，因此更准确的数据可能是交易规模这种流量数据。

存放同业及其他金融机构款项(简称存放同业)是银行在其他银行和财务公司的线下存款，我们简称同业存款。

它的性质和前两个完全不同。前两个我们说本质上是“贷款”，资金的所有权发生了转移，银行是为了获得利息收入。但存放同业，资金所有权不会发生转移，资金仍然归属银行。虽然也有部分存放同业是为了获得利息收入，但有些时候银行是为了方便结算。

4. 金融投资

金融投资包含我们前面所说的债券、非标和固收产品三大类资产，是债券投研人员最关注的项目。

但这一项最近几年因为会计准则的变化，科目分类也发生了变化，大家在做纵向对比时，会比较困难。

在2018年以前，所有银行都会将金融投资分成“交易性金融资产”“可供出售金融资产”“持有至到期金融资产”和“应收款项类投资”四个科目。

2018年之后，根据国际会计准则委员会发布的《国际财务报告准则第9号——金融工具》(IFRS9)，开始陆续有银行将金融资产重新划分为“以公允价值计量且变动计入当期损益的金融资产(FVPL)”“以公允价值计量且变动计入其他综合收益的金融资产(FVOCI)”以及“以摊余成本计量的金融资产(AMC)”三个科目。到现在，基本上所有上市银行都采用了这一新分类方法。

我们主要讲述的也是新分类下的三个科目，它们与旧分类下四个科目的对应关系见图4.3。

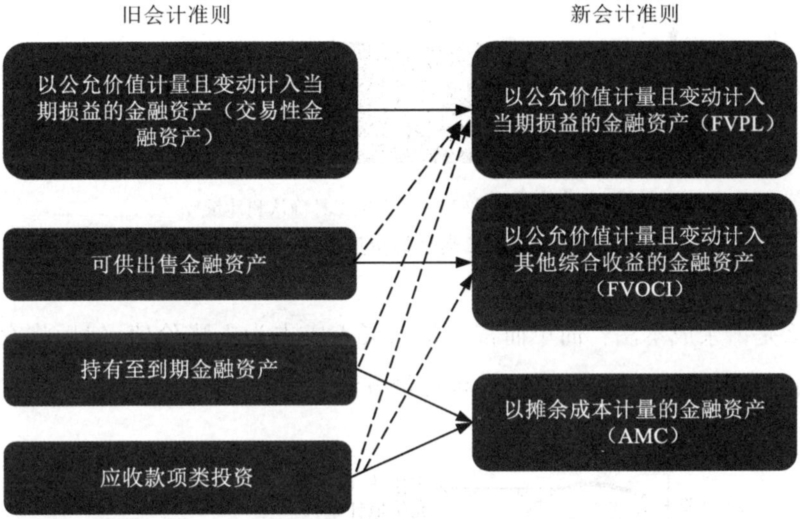

注：其中实线表示主要对应关系，虚线表示次要对应关系，新旧分类下不同科目并非一一对应关系。
资料来源：作者整理。

图4.3 新旧会计准则下的对应

(1) 以摊余成本计量的金融资产(AMC)。它对应的是旧分类下的持有至到期投资和应收账款中的大部分非标和债券资产。

在这一科目下的资产有两个最为重要的特点：一是持有资产的目的是为了获得本金和票息收入，持有时间会一直到债券/非标/固收产品到期；二是估值方式顾名思义，是以摊余成本法计量估值。

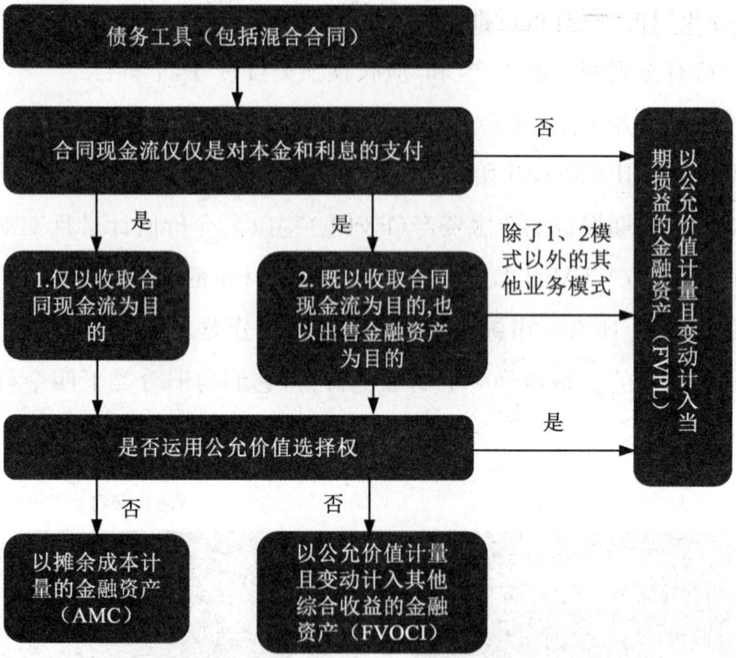

资料来源：《企业会计准则第 22 号——金融工具确认和计量》。

图 4.4　三类金融资产的具体划分

什么是摊余成本法？简单而言就是以买入成本为入账价值，然后将存续期内的利息收益平均摊派到每一天的一种计量方法。

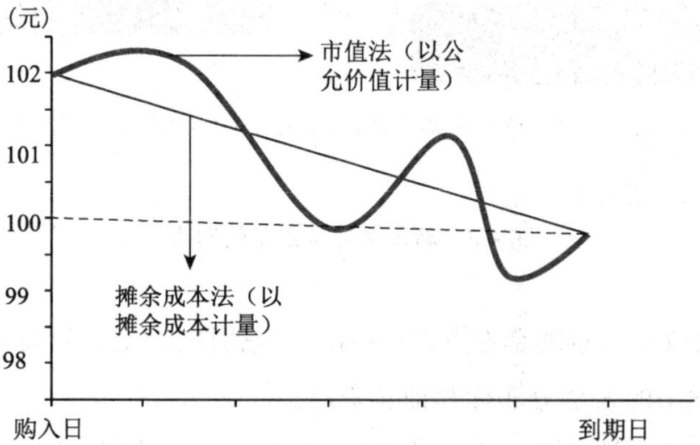

资料来源：作者整理。

图 4.5　摊余成本法和市值法

比如说，某银行以 100 元的价格买入一只期限为 1 年、票息收入为 6%的债券，准备持有至到期，银行将这只债券放在以摊余成本计量的金融资产科目。

这意味着，银行将这只债券入账时，以摊余成本法计量的金融资产项增加 100 元。

同时，在未来 1 年，银行要把 6 元(100×6%)的收益平摊到每一天，每一天这个科目都会稳定增长 1.66%(6/360，假设一年按 360 天计算)。

通常来说，我们将这种不考虑市场价格波动，只以获取本金和利息收入为目的的债券投资，称为配置盘。

显然，只要司库给银行债券投资部门提供的资金成本小于债券的收益率，配置盘买入就是有利可图的，而且不用考虑市场价格波动带来的投资风险。

他们担心的其实更多是买入配置盘时的收益率水平是否足够高。

如果说银行在 10 年国债到期收益率 3%的时候就大规模买入配置盘，但两个月后，10 年国债到期收益率上行到了 4%，这时银行的配债资金已经被占用，无法继续买入更高收益率的 10 年国债。

从这个角度看，债券的配置盘实际是天然的空头。

(2) 以公允价值计量且变动计入其他综合收益的金融资产(FVOCI)。对应的是旧分类方式下的“可供出售金融资产”以及“应收款项投资”这两项中的金融资产。

记在这个科目下的金融资产的特点是：①银行持有的目的不“单纯”，可能是为了长期持有获取利息收入，也可能是想在市场价格大幅上涨时卖出获取资本利得；②顾名思义，以公允价值为计量估值方式。

什么是公允价值？这其实是一个比较难说清楚的问题，简单而言它是一个被大家(最重要的是监管机构)普遍认可且能真实准确反映金融资产内在价值的价格。

比如，债券可以流通交易，也有专门的受监管认可的中债登或中证登为其提供估值，那么大家交易出来的市场价格或中债登/中证登估值就可以作为公允价值。

这个公允价值会随着市场环境的变化而变化，以其为入账计量方式的金融资产价值自然也会随着公允价值的变化而变化。

比如，银行买入一只债券，价格是100元，两个月之后，这只债券价格假设上涨变成了102元，那么其在银行资产负债表中的账面价值就会马上变成102元。变动的2元，按规定被计入其他综合收益，不影响银行的当期利润。

按照这样的估值方式，我们其实可以比较确定地认为，这个科目下基本不会有银行直接投资的非标资产，大多数会是债券或公募债基与货基。

因为目前来说，非标基本不能被公允价值计量，它一基本没有流动性，二没有一个受大家（监管）广泛认可的机构对其准确估值，或者说缺乏除摊余成本法计价之外的估值方式。

(3) 以公允价值计量且变动计入当期损益的金融资产（FVPL）。它主要对应的是旧分类下的交易性金融资产，其他三类中，不符合"以摊余成本法计量的金融资产"和"以公允价值计量且变动计入其他综合损益的金融资产"分类要求的金融资产也会被纳入这一新科目，所以这个科目可以看作一个大的收容站。

它的主要特点在于：①持有的大部分资产的目的都是为了交易获取资本利得收益；②以公允价值为计量方式，且变动计入当期损益，会影响银行的当期利润。

但是，和FVOCI不一样，虽然这个科目是要求按照公允价值计量，但是这个科目也是一个收容站，很多流动性不好的资产（比如非标等）由于不符合相关条件也会被放置在这个科目。

在这一科目下的债券投资，由于其目的是为了交易，因此被称为交易盘。它和"以摊余成本法计量的金融资产"科目中的配置盘截然相反，它希望债券到期收益率持续下行，是天然的多头。

如果是这样一个推论，我们应该可以看到当债券市场迎来牛市（收益率快速下行）的时候，银行交易盘力量会明显上升，而在债券熊市（收益率上行）的时候，我们应该能够看到银行的配置盘力量增加。

我们以五大行的数据为例验证，发现确实如此。在2018年到2020年的这一轮债券长牛市中，五大行的"FVOCI"和"FVPL"资产占总金融资产的比重明显上升，而以摊余成本计量的金融资产占比则逐渐下降（见图4.6）。

有了对银行交易盘和配置盘的认识以及资产负债表数据，我们其实还可以验证各类银行在债券市场上的投资风格。

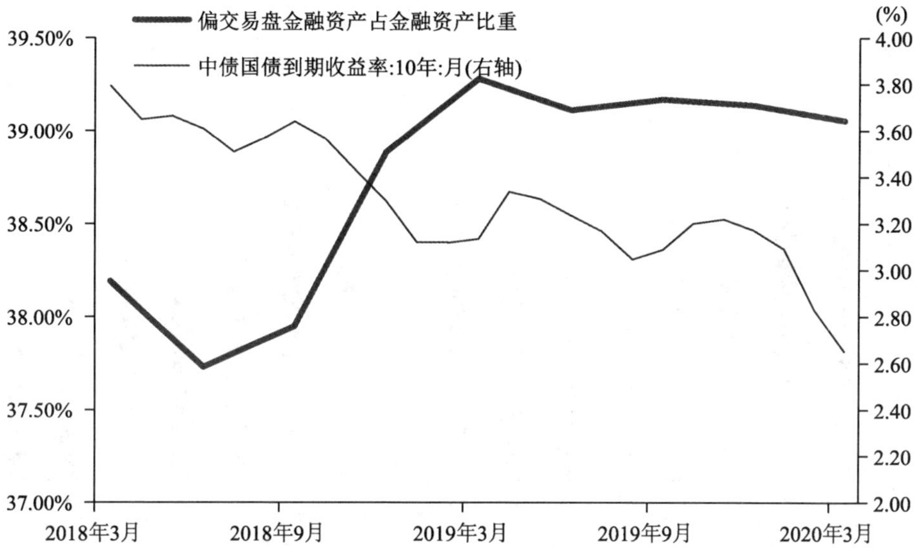

注：样本银行为中国银行、农业银行、工商银行、建设银行、邮储银行；偏交易盘金融资产是指“FVOCI”和“FVPL”两个科目下的资产。

资料来源：Wind。

图 4.6　偏交易盘金融资产占总金融资产的比重

图 4.7 是我们对各个上市银行 2019 年年报披露的金融资产项目的整理，从中可以看出：

（1）四大国有行持债风格明显偏配置，以摊余成本计量的金融资产（AMC）的占比在 60%左右，而明确用于交易的 FVPL 占比在 11%左右。

（2）股份制银行相比于国有行风格会激进一些，样本行里 AMC 的平均占比为 53.5%，明显低于国有行，而 FVPL 资产的平均占比则达到了 22%。

（3）城商行在各类银行中表现最为激进，其 FVPL 的平均占比达到了27.73%，还有部分银行甚至接近 40%，是各类银行中占比最高的。

（4）农商行的风格分化比较明显，不过整体依旧偏保守，样本行中 FVPL 的占比仅 8.95%。有部分银行 AMC 的比例超过 70%，但也有部分银行不足 40%。

总体的结论和我们在上一节的推论基本符合。

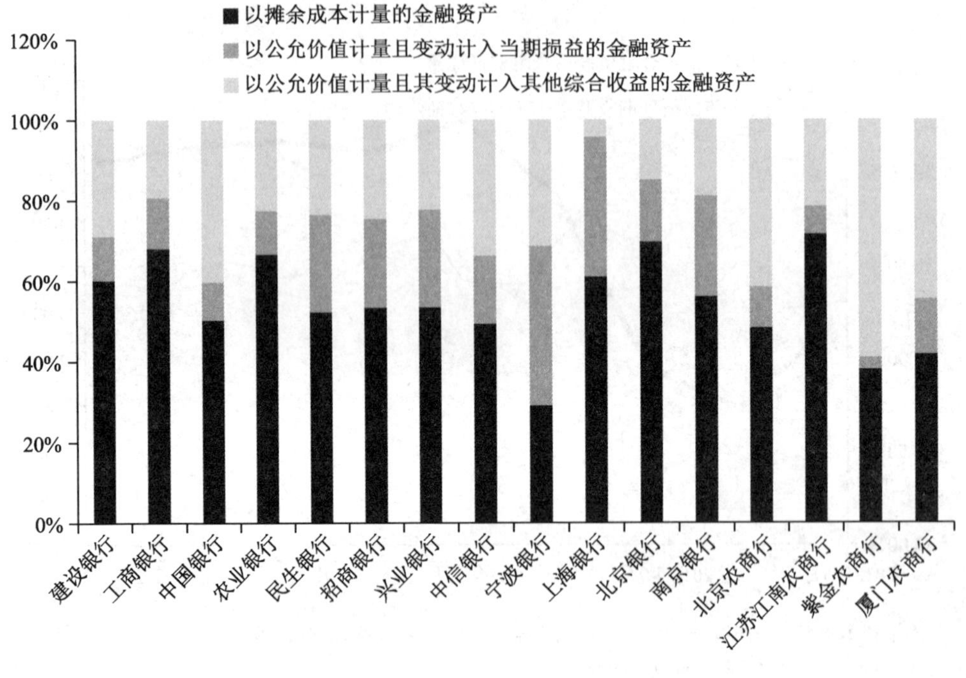

资料来源：Wind、各银行 2019 年年报。

图 4.7　2019 年不同类型银行三类金融资产的占比不一样

4.2.2　负债端解析

在负债端，对债券投研人员比较有意义的项目有向中央银行借款、吸收存款、同业负债、应付债券四大项。

1. 向中央银行借款

顾名思义，这一项负债是银行向央行申请"贷款"形成的科目，和央行的货币政策操作有密不可分的关系。

目前已知的有再贷款、再贴现、中期便利操作（MLF）、公开市场操作（OMO）、常用借贷便利（SLF）等。

这些货币政策工具操作，基本的流程和套路都是银行用自身符合央行要求的资产作为"合格抵押品"，或私下一对一向央行提出申请，或以公开招投标的方式向央行申请资金。央行再根据宏观调控的需要，确认合适的规模，将其划拨给银行在央行开设的准备金账户，形成超额存款准备金。

因此，一般来说，这个科目的增加或减少，直接对应的是资产端“现金及存放中央银行款项”规模的增加或减少。

未来，我们很有可能会看到其他更具创新性的货币政策工具，这些工具未来可能会对商业银行的资产负债表构成不同的影响，但只要商业银行增加了对中央银行的债务，这些工具就最终会归入“向中央银行借款”这一项。

2. 吸收存款

这是商业银行最为核心的负债项，在 2014 年前，这一项占银行负债的比例在 70%～80%。但 2014 年之后，随着金融资管产品（余额宝、各种理财）的兴起，越来越多的居民储蓄开始脱离银行表内，银行开始更加依赖同业负债资金，存款占比逐渐下滑。

通常来说，银行增加表内存款有三种途径，这三种途径对债券市场的影响不同。

一是通过信用派生创造，企业一般会在商业银行开设企业存款账户，当商业银行发放贷款、投资企业债券和非标时，相应会在企业的存款账户中记录，从而在账面上增加了银行的存款规模。

但当企业存款规模增加了，银行需要按照法定存款准备金率缴纳一定比例的准备金，将超储转为法定存款准备金，从而减少银行可以自由支配的配债资金。

因此，存款的增加不一定对债券构成利好，或者说信用派生形成的存款对债券必然是利空的。这也是做债券研究的人如此重视金融数据中的信贷和社融两项数据的主要原因。

二是通过参加国库定存招标，吸纳财政资金增加存款。国库定存招标带来的存款，虽然同样需要缴纳法定存款准备金，但这部分资金是央行直接将国库中的财政资金转移给银行，对银行来说是确切的可使用资金的增加，而不是账面规模。

因此，即使需要冻结一部分资金缴纳准备金，银行也依然有更大规模的可自由支配用于配债的资金，所以对债券而言，总体是利好。

三是揽储，也就是我们经常会看到的拉存款，将流通中的现金 M0 拉回银行系统，转为银行的库存现金或超储。

显然这种方式带来的存款增长和国库定存性质类似，虽然都要缴纳法定准备金,但银行总体流动性增加了,对债市构成利好。

需要注意,并不是所有的存款都要缴纳法定存款准备金,除保险机构所做的协议存款外,其他金融机构在银行的同业存款是无须缴纳法定存款准备金的。“吸收存款”这一科目,也不包括金融机构在银行的同业存款。

3. 同业负债

同业负债共包括拆入资金、卖出回购和同业及其他金融机构存放款三个科目,这三个科目和我们在资产端所讲的同业资产是一一对应的关系。

拆入资金对应同业拆出。一家银行将资金同业拆借给另一家银行,那么该银行同业拆出规模增加,而另一家银行则形成了我们这里所说的拆入资金。

卖出回购也是一样。一家银行是买入返售,作为交易对手的另一家银行必然会形成卖出回购。

同业及其他金融机构存放款略有不同,它的口径要更宽泛一些。通常来说,银行在债券市场上是资金的融出方,一般不会找非银机构融入资金,所以无论是拆入资金,还是卖出回购,对应的基本都是银行同业。

但同业及其他金融机构存放款,其范围要广得多,非银机构形成的同业存款反而有可能会比银行同业存款多。

比如我们买公募基金,买银行理财,或是炒股交给证券公司保证金,这些资金最终都会先以同业存款的形式进入上述机构在银行开设的存款账户。后者再将这些账户中的资金用于投资或其他用途。

同业负债非常容易受监管的影响,它对债券市场的影响在很多时候都是因为监管政策出现了变化。

比如 2017 年,监管机构主导金融去杠杆,严查资金空转套利,禁止银行用同业负债工具购买同业理财、券商资管等固收产品。

这不但使固收产品的需求大幅下降,还促使银行赎回未到期的固收产品以应对监管。这些固收产品为了应对赎回带来的流动性需求,被迫抛售流动性好的利率债,从而引发了 2017 年债券市场的大幅调整。

同样在 2017 年,银保监会提出了一堆新的流动性监管指标,强化了存款负债的地位,如果同业负债规模过高,银行可能就无法在这些新的流动性监管指标考核中达标。

这直接导致部分银行主动削减同业负债规模。由于负债端的萎缩,资产端也被迫收缩,流动性最好的金融投资自然会成为银行匹配资产负债表的主要抓手,债券或固收产品又再次被抛售,引发债券市场的剧烈调整。

因此,同业负债这一项在定义和概念上不难,真正困难和具有较高研究价值的是在金融监管层面。

对这一点,我们将在下一章详细展开。届时大家能看到,商业银行的同业负债到底会有怎样的监管约束,这些监管约束对债券市场会有怎样的影响。

4. 应付债券

应付债券科目主要包括两部分:一是同业存单,二是银行发行的用于补充资本金的资本工具,比如次级债、二级资本债等。

这部分被大家重视的原因,在于同业存单的特殊性。

同业存单兴起于 2014 年,在性质上其实更像是同业存款的替代品,同样是用来吸收同业负债资金的债务工具。

但与同业存款相比,同业存单在兴起时更具有优势:(1)同业存单不被纳入同业负债项(尽管它是用来吸收同业负债资金),不受同业负债的监管限制;(2)线上标准化发行,更方便和更低的操作风险;(3)资金更具稳定性,不存在提前支取的风险。

因此,对银行尤其是中小银行而言,同业存单的出现让其突破地域限制、突破监管限制,扩张规模成为可能,大量中小银行和股份制银行在 2014—2016 年放量发行同业存单,造成同业存单规模快速上涨。

但 2017 年金融严监管,央行和银保监会补上了对同业存单的监管"真空",将同业存单纳入同业负债口径,从此银行利用同业存单扩张规模受到制约,中小银行和股份制银行的存续规模逐渐见顶并稳定下来。

但在银行资产负债表科目中,同业存单依然被认为是银行发行债券融资的行为,所以在会计记录时,同业存单依然被认定在应付债券项下。

4.2.3 研究资产需先研究负债

作为债券的投研人员,我们其实很少直接硬碰硬地研究银行的资产配置行为,在大部分时候，我们更多的将焦点放在负债项上，通过研究负债的变化，推测银行投资行为和资产端的变化。

扩展到整个固收行业，负债可能都会是最重要的部分。有优秀的投研能力、确定了投资机会，但没有了负债，无能为力。

各金融机构的负债是会互相影响的。A 机构的资产可能就是 B 机构的负债来源，比如公募基金持有的同业存单，是银行同业负债的主要来源；而公募基金的负债尤其是债基和货基，在很多时候，又来自银行的投资（对应银行金融投资项下的三个科目）。

一旦银行的同业负债出现了问题，银行可能就会减少金融投资项，从而影响公募基金的负债端。公募基金的负债端出现问题，同业存单的买盘力量减弱，又会进一步加重银行负债的萎缩，形成恶性循环。

债券投资中的机构投资者行为研究，在很多时候其实就是对这种机构之间互动行为的研究。要理解这种更深层次的互动行为，资产负债表、金融监管条例、投资逻辑等这些内容是基础。这也是我们花这么多时间解析商业银行资产负债表和投资逻辑的原因。

当然，只是了解基础还远远不够。金融市场的创新与时俱进，金融机构之间的互动行为也会随时发生改变，对债券市场产生不同的影响。这些东西需要“干中学”，深入市场一线才能及时了解。

第5章

银行监管体系全解析

本章我们将分银保监会与央行两大块，看银行所受到的监管约束及其在监管约束下的资产负债行为。

在上一章中，我们向投资者介绍了商业银行的大类资产配置行为以及商业银行的资产负债表。在这一章我们介绍银行的监管体系以及监管对商业银行资产配置行为的影响。

按监管主体分，现在银行主要受央行与银保监会①两大主体的监管。

其中央行的监管体系主要是宏观审慎评估体系（Macro Prudential Assessment，MPA），是强调整个金融系统稳定的宏观审慎监管；银保监会的监管体系分为两大类，一类是事关银行监管评级的"CAMELS＋"体系（俗称骆驼评级），一类是银行风险监管核心指标，是强调单个银行经营稳健与风险暴露情况的微观审慎监管。

本章我们将分央行与银保监会两大块，看银行所受到的监管约束及其在监管约束下的资产负债行为。

5.1　银保监会的监管考核体系

银保监会的两大监管考核体系各有其作用。

商业银行风险监管核心指标是标准体系，包括风险水平、风险迁徙与风险抵补三大类指标（见图 5.1），目的是为监管当局提供标准，告诉监管当局某个银行在某

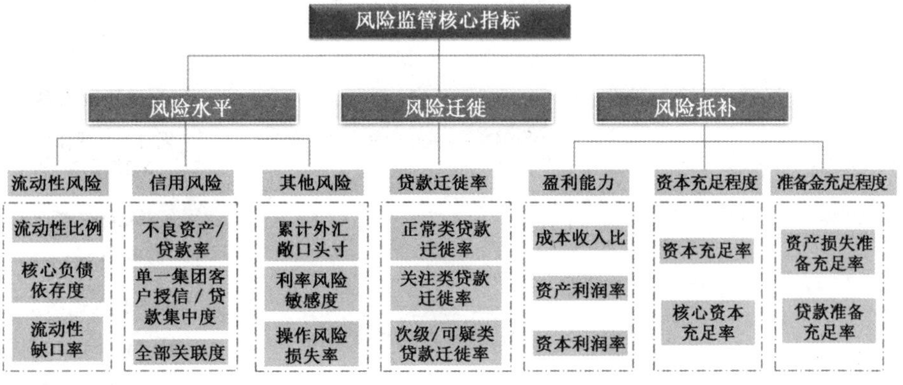

资料来源：银保监会。

图 5.1　银行风险监管核心指标结构

---

① 2018 年 3 月之后银监会与保监会合并为银保监会，为了统一，本书均使用银保监会的称呼。

个时期的风险是高还是低（风险水平）；风险变化趋势是降低还是提高（风险迁徙）；如果风险事件真的发生，银行是否有足够的实力与资本弥补损失（风险抵补）。

而“CAMELS＋”是一个分类体系，包括7大类定性与定量指标（见图5.2），目的是给监管当局提供打分评级体系，评估各个银行对应的风险等级，以便分类采取不同的监管措施，制定不同的监管规划，比如每个银行现场检查的频率应该是多少，每个银行业务开展范围该怎么限定等。

资料来源：银保监会。

图5.2　CAMELS＋评分体系结构

因此，上述两者的出发点是不太一样的，但其最终的落脚点是一致的，都是防风险。

从图5.1与图5.2来看，因为两者所用的指标存在很多的重合，加上在过去的几年间，各种新的监管政策层出不穷，所以在下面的具体分析中，我们不再分开阐述，而是选择打破两者的界限，把所有指标综合起来，分成资本充足、流动性风险、资产质量、盈利状况四个系列来看。

5.1.1　资本充足系列

资本充足系列主要包括核心一级资本充足率、一级资本充足率、资本充足率、杠杆率四项。

对这四项进行监管考核，一是为了保证当银行出现损失时，银行在不动用存款及其他负债时，能有足够的自有资金弥补损失，保证存款人、债权人的利益；二是控制银行的规模扩张倍数，控制银行加风险的程度。

1. 核心一级资本充足率、一级资本充足率、资本充足率

计算公式：

核心一级资本充足率=(核心一级资本−对应资本扣减)÷风险加权资产

一级资本充足率=(一级资本−对应资本扣减)÷风险加权资产

资本充足率=(总资本−对应资本扣减项)÷风险加权资产

对这三项的考核，银保监会采取的是分类且设置过渡期的形式。银保监会将银行分为系统性重要银行和其他银行两大类，然后对不同类别的银行设置不同的监管要求，并规定在2018年年底逐步达标。具体如表5.1所示。

表5.1　银保监会对银行资本充足率监管要求

银行类别	项目	2013年年底	2014年年底	2015年年底	2016年年底	2017年年底	2018年年底
系统性重要银行	核心一级资本充足率	6.5%	6.9%	7.3%	7.7%	8.1%	8.5%
	一级资本充足率	7.5%	7.9%	8.3%	8.7%	9.1%	9.5%
	资本充足率	9.5%	9.9%	10.3%	10.7%	11.1%	11.5%

（续表）

银行类别	项目	2013年年底	2014年年底	2015年年底	2016年年底	2017年年底	2018年年底
其他银行	核心一级资本充足率	5.5%	5.9%	6.3%	6.7%	7.1%	7.5%
	一级资本充足率	6.5%	6.9%	7.3%	7.7%	8.1%	8.5%
	资本充足率	8.5%	8.9%	9.3%	9.7%	10.1%	10.5%

资料来源：银保监会。

(1) 核心一级资本充足率、一级资本充足率、资本充足率的计算与现状

这三大项的计算公式在结构上十分相似，分子都是资本金减去相应的扣减项，只是口径不同而已；分母则都是风险加权资产。

下面我们对分子分母做一个详细的拆解。

① 各类资本金的口径构成

为理解分子中不同口径下资本金的组成项，我们用一个虚拟的例子说明。

假设某一天，你拿到了银行牌照，准备大干一场。

但在大干一场前，你需要足够的存款负债。为此你得先取得别人的信任，让他们放心把钱交给你。这份信任感的建立有很多的条件，其中必不可少的一项是自己掏钱注入银行这个空壳，以此告诉存款人：我们是一个利益共同体，银行出现问题，我自己也会一无所有。你掏出来的这笔钱就叫股本（实收资本）。

之后你经过不懈努力，拉到了一些存款，开始用这些存款去做贷款、结算等业务，慢慢赚到了钱，有了利润。到了年底，这些利润有些要分配给合伙人，有些要缴税，钱就从银行里离开了。

但有些会留在银行里，可能是用来扩大再经营，可能是用来弥补未来出现的损失（比如之前发的贷款收不回来，出现坏账），或者做其他用处。在形式上，这些留下来的利润就表现为盈余公积、未分配利润和一般风险准备，是银行新增的资本金。

过了两年，你在银行赚钱这事被风投机构A知道了，他想入股，认购100万股当股东，分享银行利润。

但现在银行经营效益这么好，每一单位股份的价值不可能像此前一样还是

1元钱，于是风投机构A可能要用110万元才能拿到这100万股。那么这110万元中，有100万元算他认购的股份，被纳入股本，多出来的10万元就叫资本公积。

这时银行的资本金，已经包括了股本、盈余公积、未分配利润、一般风险准备和资本公积五项。我们将这些加总起来，就得到了第一个公式中的核心一级资本(现实中还有一项少数股东资本可计入部分①，可忽略不计)。

$$\text{核心一级资本}=\text{股本(实收资本)}+\text{资本公积}+\text{盈余公积}+\text{未分配利润}+\text{一般风险准备}+\text{少数股东资本可计入部分}$$

风投机构A入股后，在良好的经营策略下，银行规模越来越大，资本金开始不够用了，要想继续扩大规模，就必须增加资本金(监管要求)。

这时有两种选择，一是发行优先股、永续债等有价证券，即其他一级资本工具；二是发行次级债、混合资本工具、可转债等，即二级资本工具。

如果选择发行其他一级资本工具，那么增加的就是一级资本，它包括了上述所说的核心一级资本以及部分不计入核心一级资本中的少数股东资本。

一级资本＝核心一级资本＋其他一级资本工具及其溢价＋少数股东资本可计入部分

如果选择发行的是二级资本工具，那么增加的是二级资本，是总资本的重要组成部分(现实中还有一项超额贷款损失准备与少量可计入的少数股东资本②)。

总资本＝一级资本＋二级资本
＝一级资本＋二级资本工具及其溢价＋超额贷款损失准备＋少数股东资本可计入部分

到这里，分子中各种口径的资本金构成就基本明了了。

分子中的另一项是“对应资本扣减项”，它的组成结构与计算方式十分复杂，但大致可分为商誉和其他项目两项，其他项目的组成占比较小，我们大概可以将它看作商誉。

---

① 少数股东资本是指除母公司以外的其他投资者在子公司中的权益。

② 少数股东资本含义等同上文，超额贷款损失准备是银行计提的贷款损失准备超过最低要求的部分，人为计算，有较大的可调节性。

② 风险加权资产

分母风险加权资产是信用风险加权资产、市场风险加权资产、操作风险加权资产三项之和，用于表明银行经营面临三项风险（信用、市场与操作）的总敞口，计算方式各有不同。

信用风险加权资产一般采用权重法计算，即根据不同类型资产的信用风险大小给予不同的风险权重，然后将各类资产的金额与其对应的风险权重相乘加总。

如果计算的资产是在表内，那么直接用风险权重（见表 5.2）乘以资产数额；如果计算的资产是在表外（比如表外理财），那么在计算前，还要乘以一个信用转换系数（见表 5.3），转换为表内资产，然后再乘以相应的风险权重。

表 5.2　表内信用风险资产加权权重

各类风险资产类型	风险权重
现金、黄金、存放央行款项；国债、央票、政策性银行债（不含次级债）； 对多边开发银行、国际清算银行和国际货币基金组织债权； 我国中央政府投资的金融资产管理公司为收购国有银行不良贷款而定向发行的债券	0%
对我国公共部门实体债权（收入主要源于中央财政的公共部门；省级和计划单列市人民政府，即地方债）； 3 个月以内的对其他商业银行债权（不含次级债）	20%
3 个月以上的对其他商业银行债权（不含次级债）	25%
个人住房抵押贷款（未抵押）	50%
对符合条件的小微企业债权； 对个人除房贷外的其他债权	75%
政策性银行次级债；商业银行次级债； 对我国中央政府投资的金融资产管理公司其他债权； 其他金融机构债权；一般企业债权； 租赁业务的租赁资产余值；其他资产	100%
对金融机构的股权投资	250%
被动持有和因政策原因并经国务院特别批准持有工商企业股权投资	400%
商业银行非自用不动产的风险权重；除被动持有和因政策持有外持有工商企业股权投资	1 250%

资料来源：《商业银行资本管理办法（试行）》。

表 5.3　表外信用风险资产信用转换系数

各类风险资产类型	转换系数
可随时无条件撤销的贷款承诺	0%
原始期限不超过 1 年的贷款承诺； 符合标准的未使用信用卡授权额度； 与贸易直接相关的短期或有项目	20%
一般未使用的信用卡授信额度； 原始期限超过 1 年的贷款承诺； 票据发行便利和循环认购便利； 与交易直接相关的或有项目	50%
等同于贷款的授信业务； 借出或用作抵押物的证券； 信用风险仍在银行的资产销售与购买协议； 远期资产购买、远期定期存款、部分交款的股票及证券；其他表外项目	100%

资料来源：《商业银行资本管理办法(试行)》。

$$\text{信用风险加权资产} = \sum \text{表内外各类信用风险资产} \times \text{相应风险权重}$$

市场加权风险资产采用的是标准法，即采取一种“积木组合”的方法，先分开确定每类项目(包括利率、权益、外汇和商品)所需的资本，然后再简单加总，得到一个覆盖所有市场风险所需的总资本金，最后再乘以 12.5① 得到市场风险加权资产。

操作加权风险资产采取的也是类似的方式，即先计算出覆盖所有操作风险所需的总资本金，再乘以 12.5 确定。

在现实情况中，风险加权资产中占比最高的是信用风险加权资产，各大上市银行基本都在 90%以上(见图 5.3)。所以一般情况下，我们所说风险加权资产主要指信用风险加权资产。

目前，银保监会对于资本充足率考核中系统性重要银行的界定尚不明确，虽然央行和银保监会在 2019 年 11 月发布了《系统重要性银行评估办法(征求意见稿)》，但具体的名单尚未出炉，我们暂且以工农中建交五大国有银行为系统性重要银行，其余则为其他银行。

① 这里之所以使用 12.5，是因为《巴塞尔协议》对资本充足率的最低要求就是 8%，12.5 即是 8%的倒数。

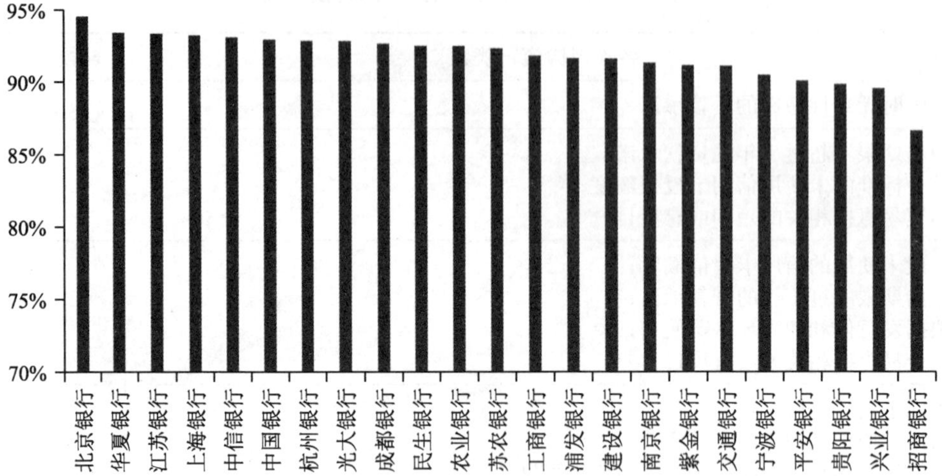

资料来源：各银行2019年度资产负债表、资本充足率报告。

图5.3　2019年年底上市银行信用风险加权资产所占比例基本在90%以上

按照这个界定，2019年五大国有银行核心资本充足率、一级资本充足率与资本充足率的达标要求是8.5%、9.5%与11.5%，其他银行则为7.5%、8.5%与10.5%。

从2020年一季度上市银行的财务报表所披露的资本充足率情况看，银行的资本充足率水平基本都在监管考核要求之上（见表5.4）。

表5.4　2020年一季度多家上市银行的资本充足率情况

银行	核心资本充足率(%)	一级资本充足率(%)	资本充足率(%)
建设银行	13.75	14.50	17.22
工商银行	13.15	14.19	16.52
渝农商行	12.69	12.71	15.13
常熟银行	12.04	12.04	14.58
招商银行	11.94	12.64	15.52
农业银行	11.34	12.59	16.10
中国银行	11.24	12.80	15.34
交通银行	10.83	12.39	14.16
浦发银行	10.16	11.37	13.72

(续表)

银行	核心资本充足率(%)	一级资本充足率(%)	资本充足率(%)
无锡银行	9.97	9.98	15.11
邮储银行	9.64	12.03	14.57
宁波银行	9.60	11.16	15.20
兴业银行	9.52	10.57	13.27
北京银行	9.45	10.30	12.44
平安银行	9.20	11.65	14.27
华夏银行	9.16	11.73	13.88
光大银行	9.05	10.83	13.10
民生银行	8.96	10.30	13.10
中信银行	8.92	10.41	12.67
南京银行	8.78	9.86	12.72
江苏银行	8.59	10.10	12.89

资料来源：Wind、上市银行财报。

(2) 资本充足率考核对银行资产配置的影响

资本充足率的考核对银行的负债经营与资产配置会产生两大影响。

第一，资本充足限制使银行产生配置利率债、存单等低风险权重资产的动力，给债券市场带来配置力量。

在银行资本金不变的条件下，由于利率债风险权重为0，不占用资本金，配置利率债能有效实现规模的扩张。

不过利率债的收益率也就只有3%～4%(还得是中长期)，与平均收益率5%以上的贷款相比，是不是太低了？即使实现了规模扩张，似乎也不能给银行带来利润。

但恰恰相反，我们在上一章中讲过，如果只做静态收益率的比较，贷款反而可能是不占优势的。

因为与利率债相比，一方面贷款要缴利息所得税与增值税两项税费，大约是25%+6%，而国开只需25%的利息所得税，国债则是免税；另一方面，很多贷款的风险权重是100%，需要占用资本金，存在机会成本，而利率债的风险权重是0%，不存在机会成本。

我们以民生银行2019年年报的数据来估算。民生银行一般企业的贷款收益率是5.38%，其资本充足率是13.17%（简单理解是1单位风险加权资产需占用13.17%单位的资本金），ROE是12.4%（简单理解是1单位资本金能创造12.4%的税后利润）。

那么1单位贷款占用资本金的机会成本为1.63%（1×100%×13.17%×12.4%，即贷款数量×风险权重×资本充足率×ROE），税收成本为1.59%[5.38%－(5.38%×0.75×0.94)]。扣掉这两项后，实际贷款收益率是2.16%。

同样，在考虑资本占用机会成本以及税收成本后，10年国债（设为3.0%）和10年国开（设为3.40%）的收益率分别为3.0%和2.55%。从实际收益率看，相比于企业贷款，债券类资产反而是占有优势的。

表5.5　各类资产实际收益率比较

生息资产类别	原始收益率	资本占用机会成本（以13.17%计算）	税收成本（以利息所得税25%，增值税6%计算）	实际收益
10年国债	3.00%	0.00%	0.00%	3.00%
10年国开	3.40%	0.00%	25.00%	2.55%
一般企业贷款	5.38%	1.63%	1.59%	2.16%

注：假设ROE为12.4%。
资料来源：作者整理。

但是银行配置信贷类资产具有信用派生的作用，能为银行带来一般存款，这是利率债所不具备的，因而这种单纯比较"实际收益率"的方法可能并不准确。但不管怎样，上述计算清楚地表明，利率债的收益率是具有一定竞争力的，银行存在配置的动力。

第二，资本充足项限制倒逼银行资产负债行为转向表外，逃避表内监管限制，或利用表内同业科目腾挪，从事监管套利。表外与同业业务快速发展，非标、通道与委外等业务盛行。

在上文计算实际收益率时，信贷类资产在资本占用这一项上扣减幅度较大，如果能找到一种方式降低这一项的扣减幅度，银行就能在享受信用派生优势的同时，获得高资产收益率。

要实现这个目的，银行有两种方法。

(1) 转向表外。银行可以发一个非保本理财(表外理财),用理财的形式获取负债资金,再用于配置信贷类资产,如此便直接将表内“存款—贷款”的业务模式转为了“表外理财—非标”的模式,不进资产负债表,不受表内资本充足项的考核限制,不占用资本金。

(2) 表内操作,包装成同业资产,以降低风险权重。这需要用到银行同业资产科目中的买入返售项。

比如说银行 C 想要给企业放贷,那么它先让银行 A 出资,通过信托公司发一笔信托贷款,然后再引入一个过桥企业,让 A 银行将信托受益权转让给银行 B,让银行 B 担当过桥银行,最后再由银行 B 将信托受益权转让给银行 C,由银行 C 真实出资(见图 5.4)。

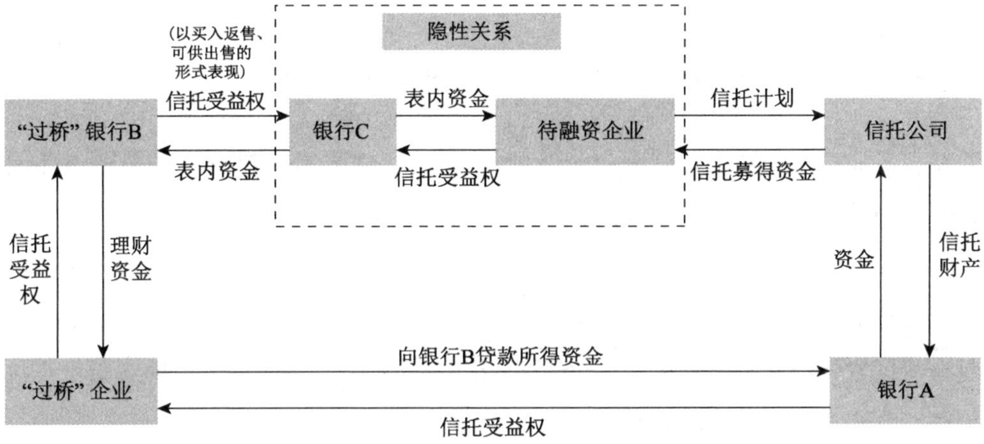

资料来源:作者整理。

图 5.4　买入返售业务模式简析

银行 C 在会计处理时,所收到的是一笔同业资产,一般会将其计入买入返售项,计提风险资本为 20%或 25%。

在 2011—2013 年,这种方式十分盛行,我们看到 21 家上市银行的买入返售项资产在这段时期持续高增(见图 5.5)。

但 2014 年,银监会发布 127 号文,规定买入返售项中的资产必须是标准化的具有交易市场的金融产品后,借道买入返售项放贷规避监管的模式被禁,信托收/

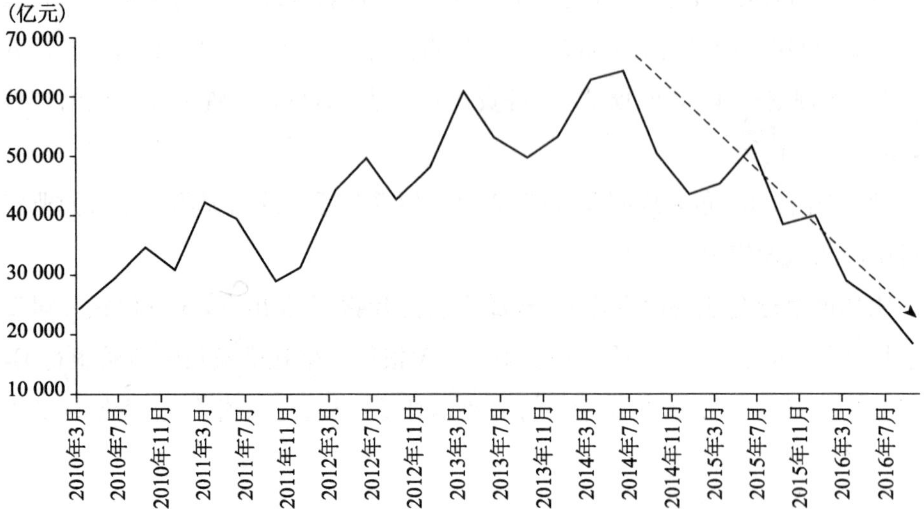

资料来源：各银行历年资产负债表。

图 5.5 买入返售项资产在 2014 年前持续高增

受益权等非标资产被迫转移至应收款项类，但这一类科目计提资本的风险权重是 100%，与普遍贷款无异了，银行表内非标的配置高峰也就逐渐过去了。

此后，在“货币宽松＋实体信用风险溢价过高”的背景下，银行开始以购买金融机构发行的资管产品等方式配置资产，一来确实是因为资产负债利率出现倒挂，银行自身配置资产开始力不从心；二来这种方式兼具有降低信用风险、规避信贷额度限制与资本充足项考核的效果。

一般来说，银行用表内资金购买的同业理财、券商资管计划等资管产品属于同业资产，在入表时有两种处理方式，一种是直接将其看作同业资产计提资本金，根据期限是否超过 3 个月，给予 20%或 25%的风险权重。

另一种是穿透至底层，根据底层资产计提，这是监管层所推崇的，在实际处理时，银行往往是根据发行方所给的底层清单计提。但这种计提方式往往是不准确的，偏向于低估，因为一方面发行方为了提高资管产品的吸引力，往往会出示低风险权重的假清单，便于购买方入表处理；另一方面，资管产品的底层资产会流动，管理者可能会频繁调仓，银行表内难以保证同步更新。

所以，我们能看到，存款类金融机构信贷收支表里，记录金融机构资管产品规模的股权及其他投资科目在2015年出现快速飙升。

但随着2016年四季度金融严监管模式开启，监管层打击金融同业乱象，银行利用委外形式从事监管套利的行为有所收敛，股权及其他投资项的同比增速开始大幅回落（见图5.6）。

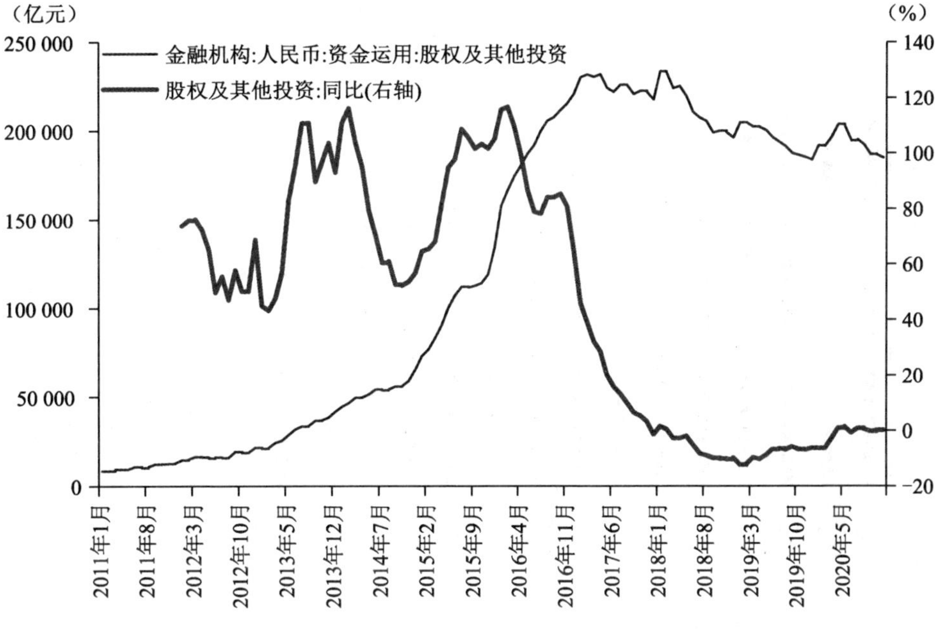

资料来源：Wind。

图5.6　股权及其他投资项在2016年四季度金融“严监管”后明显回落

2. 杠杆率

计算公式：

杠杆率＝(一级资本－扣除项)÷调整后的表内外资产余额

杠杆率的存在主要是为了约束银行的财务杠杆倍数。虽然上述三项资本充足率的考核也能起到控制杠杆的作用，但存在一个极端情况，即银行负债资金所配置的资产全是风险权重为0％的国债，那么资本充足率的约束便失去了作用。

但是这个杠杆倍数与我们传统意义上的财务杠杆有所不同，传统是总资产÷所有者权益，这里是一个倒数的性质。其中分子(一级资本－扣除项)的口径与一级资本充足率一致，分母调整后的表内外资产余额囊括了表内外的资产总额，表内资产不再调整，而表外资产需要利用折扣系数调整折算。

从现有各家银行的实际情况来看，杠杆率这一项并不会对银行造成过多影响，银保监会要求的标准是不低于4%，但2019年年末各家上市银行的杠杆率均在4%以上(见图5.7)，银行并没有太大的监管考核达标压力。

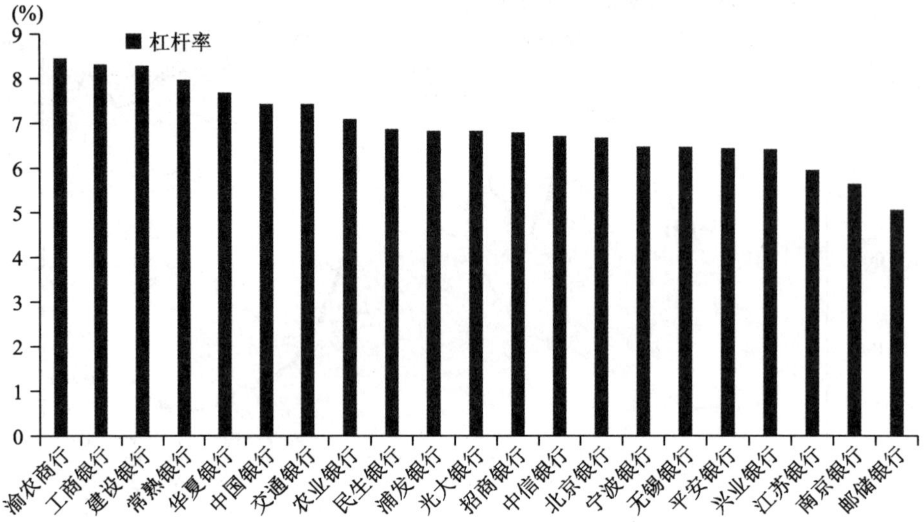

资料来源：上市银行财报。

图5.7　2019年年末主要上市银行杠杆率均在4%以上

5.1.2　流动性风险系列

流动性风险是指当银行的现金流出现问题时，银行无法或需以极高的代价或成本才能偿还到期的负债。

在过去几年里，银保监会对商业银行流动性的监管力度不断上升，相应的流动性监管指标也在不断更新，以银保监会2018年发布的《商业银行流动性风险管理办法》为核心文件，目前银保监会流动性的监管考核指标主要包括流动性覆盖率、优质流动性资产充足率、流动性比例、流动性匹配率、净稳定资金比例这五个指标，另外规定流动性缺口率、核心负债比例、存贷比等指标为监测指标(见表5.6)。

表 5.6　流动性风险系列各项指标考核要求

指标	要求	计算公式	解析
流动性覆盖率(LCR)	≥100%(针对资产规模不小于 2 000 亿元人民币的商业银行)	合格优质流动性资产÷未来 30 天的现金净流出	合格优质流动性资产指的是在流动性覆盖率所设置的压力情形下,能够通过出售或抵(质)押方式,在无损失或极小损失额度情况下,在金融市场快速变现的各类资产,包括现金、存款等项目;分母是现金流出减去现金流入的净额概念。
优质流动性资产充足率	≥100%(针对资产规模小于 2 000 亿元人民币的商业银行)	优质流动性资产÷未来 30 天内现金净流出	旨在确保商业银行保持充足的、无变现障碍的优质流动性资产,在压力情况下,银行可通过变现这些资产满足未来 30 天内的流动性需求。
流动性比例	≥25%(所有商业银行)	流动性资产÷流动性负债	流动性资产主要是现金类以及一个月内到期的资产;流动性负债主要是活期与一个月内到期的负债。
流动性匹配率	≥100%(所有商业银行)	加权资金来源÷加权资金运用	衡量商业银行主要资产与负债的期限配置结构,不同的资产和负债有专门的折算率。
净稳定资金比例	≥100%(针对资产规模不小于 2 000 亿元人民币的商业银行)	可用的稳定资金÷所需的稳定资金	可用的稳定资金是银行资本与负债的账面价值在折算后(折算系数由监管层确定)的价值,反映银行的可用资金;所需的稳定资金主要是商业银行表内外所需要的资金。
流动性缺口率	≥−10%	90 天内表内外流动性缺口÷90 天内到期表内外流动性资产	流动性缺口是流动性资产和流动性负债之间的差额,该缺口表示在一定时期内,银行可变现的资产是否可以偿还到期的债务,该缺口为正,表示变现的资产可以偿还到期债务;若缺口为负,则表示银行在该期限内到期的资产无法偿还到期的债务,需要以其他方式筹集资金;流动性资产的口径与流动性比例一致。目前是监测指标。

（续表）

指标	要求	计算公式	解析
核心负债依存度	≥60%	核心负债÷总负债	核心负债包括距到期日三个月以上(含)定期存款和发行债券以及活期存款的50%。目前仅仅是监测考察指标。
存贷比	≤75%	各项贷款总额÷各项存款总额	在2015年以前是必须要达到的监管指标，现在仅作为监测考察指标。

注：流动性覆盖率与优质流动性资产充足率的计算方式一样，只是因为适用的商业银行规模不一样，在分子、分母的统计口径上有所区别。

资料来源：银保监会。

1. 流动性覆盖率(LCR)

计算公式：

流动性覆盖率＝合格优质流动性资产÷未来30天的现金净流出

＝合格优质流动性资产÷(未来30天的现金流出

－未来30天的现金流入)

流动性覆盖率(LCR)是《巴塞尔协议Ⅲ》对流动性风险监管中的重要一项。

2014年2月，银保监会发布《商业银行流动性风险管理办法(试行)》，正式将LCR引入国内流动性风险监管指标体系，面向的考核对象为资产规模超过2 000亿元的商业银行，最低的监管标准为100%，要求在2018年年底前达标。

2018年7月，《商业银行流动性风险管理办法》正式颁布，在LCR上的规定与此前的试行规则要求一致。

从公式上我们也能够看出这项指标的用意在于确保商业银行有足够的资产保证未来30天内不会出现严重的流动性风险。

考虑到这一项对银行的资产负债行为具有极其重要的影响，其自身组成与计算也比较复杂，我们将分块详细解析。

(1) LCR的计算与现状

在分析LCR时，可以拆为分子和分母两部分分析。

分子合格优质流动性资产是一个存量概念，是在流动性覆盖率所设定的压力情景下，能够通过出售或抵(质)押方式，在无损失或极小损失的情况下在金融市场快速变现的各类资产，包括一级资产与二级资产两大类。

其中一级资产主要包括现金、压力情景下可动用的准备金以及风险权重为 0%且交易活跃的证券资产等，在计入时直接按照 100%的折算率计入。

二级资产可细分为 2A 与 2B 两类，其占比不得超过合格优质流动性资产的 40%，2B 资产不得超过 15%。

具体看，2A 资产包括风险权重为 20%且交易活跃变现能力较好的证券资产、评级 AA－及以上的非金融公司债券，在计入时按照资产市场价值的 85%计入。2B 资产主要包括评级 BBB－至 A＋的非金融公司债券，计入时按照资产市场价值的 50%计入。

表 5.7　合格优质流动性资产的组成与计算规则

<table>
<tr><th>资产分类</th><th>构成</th><th>比例限制</th><th>折扣系数</th></tr>
<tr><td rowspan="3">一级资产</td><td>现金</td><td rowspan="3">无</td><td rowspan="3">100%</td></tr>
<tr><td>压力情景下可以提取的准备金</td></tr>
<tr><td>风险权重为 0、交投活跃证券（国债、政金债、地方债及部分国际组织发行或担保的债券资产）</td></tr>
<tr><td rowspan="2">二级资产</td><td>2A 级资产：风险权重 20%且交投活跃的证券、评级 AA－及以上的非金融公司债券等</td><td rowspan="2">二级资产整体不得超过 40%
2B 级不得超过 15%</td><td>85%</td></tr>
<tr><td>2B 级资产：评级 BBB－至 A＋的非金融公司债券等</td><td>50%</td></tr>
</table>

注：上述分类是简化版的，详细的可以参考《商业银行流动性风险管理办法》。
资料来源：银保监会。

这里我们会发现，在合格优质流动性资产中几乎排除了金融债和同业存单这些金融体系内部的债权类资产，连 BBB－至 A＋的非金融公司债都算作二级资产，但是市场流动性更好，信用评级更高的同业存单和金融债等均不被纳入一级资产和二级资产。

这是为什么呢？我们认为监管层推出 LCR 等流动性指标的本意是为了提高金融体系的防风险能力，而如果将同业存单、金融债券等纳入这一指标可能会违背这一目的。

同业存单等往往是在金融体系内部运转的，是各银行互相用于流动性调剂的，所以平时，同业存单的流动性很好，但每当金融市场流动性收紧的时候，市场上的同业存单等资产就会出现量跌价升的现象。

所以如果出现系统性风险，银行之间往往会互相冻结流动性，不愿意彼此借钱，这时候同业存单就会快速丧失流动性。因此在统计时，不将同业等资产纳入合格优质流动性资产。

分母未来30天的现金净流出是一个流量概念，是未来30天内的预期现金流出减去未来30天内的预期现金流入的差，且可计入的现金流入总量不得超过预期现金流出总量的75%。

① 未来30天预期现金流出

预期现金流出是指在所设定的压力情景下，用相关负债及表外项目的余额乘以预计现金流出率（也可称提取率）。其中相关负债与表外项目可分为零售存款、无抵（质）押批发融资、抵（质）押融资与其他项目四项。

零售存款是指自然人存放在银行的存款，包括定期与活期存款两项。

其中活期存款由于没有定期的期限限制，全部属于未来30天内可能流出的现金流，而定期存款如果是在30天以内到期自然流出的，也属于此项。

如果到期日不在30天以内但最后可能流出造成的支出，则不计入流出的现金流。在设计提取率时，监管层采取的是另一个口径，将活期存款与剩余期限在30天内的定期存款分为稳定与欠稳定两项，分别予以5%与10%的比例。

无抵（质）押批发融资是指客户有权在30天内收回、最早合同到期日在30天内或无确定到期日的无抵（质）押批发融资项目，包括小企业客户的活期存款和剩余期限在30天内的定期存款（提取率与零售存款分类下一致）、业务关系存款（由提供清算、托管和现金管理服务产生的存款，一般给予25%的提取率）、由非金融机构及央行等提供的非业务关系存款（比如向央行借款，给予40%的提取率）、其他法人提供的融资（比如同业存放、拆借等，一般给予100%的提取率）。

抵（质）押融资是指银行用特定资产担当抵（质）押品的负债，主要是指银行利用回购等方式借入在30天内到期的资金。其提取率根据抵（质）押品和交易对手的不同而不同。若一级资产为抵（质）押品，则无论交易对手方是谁，提取率都为

0;若以2A资产为抵(质)押品,则提取率为15%,但央行作为交易对手方时除外[比如公开市场操作(OMO)与MLF,此时提取率为0];若以2B资产为抵(质)押品,那么提取率为50%,但交易方如果是央行,提取率依然为0;如果是政策性银行或风险权重低于20%的其他机构,提取率为25%;除以上情况之外的提取率一律按100%计算。

其他项目较为繁杂,主要是一些衍生品、融资便利等情况,具体项目可参见银保监会《商业银行流动性风险管理办法》。

表5.8　未来30天预期现金流出分项

分类	二级分类	提取率
零售存款(活期与剩余期限在30天内的定期)	稳定存款	5%(满足相关条件的为3%)
	欠稳定存款	10%
无抵(质)押批发融资	小企业活期与剩余期限在30天内的定期	归为稳定存款的为5%(符合条件的为3%);欠稳定为10%
	业务关系存款(清算、托管与现金管理业务)	25%(符合相关条件的为5%或3%)
	由非金融机构、主权实体、央行、多边开发银行和公共部门实体提供的非业务关系存款	40%(符合条件的为20%)
	其他法人客户提供的融资	100%
抵(质)押融资	以一级资产作为抵(质)押品	0%
	以2A资产作为抵(质)押品	一般为15%,央行为对手方时适用0%
	以2B资产作为抵(质)押品	一般为50%,但本国主权实体、多边开发银行或风险权重不高于20%的机构为对手方时适用25%,央行为对手方时适用0%
	以其他资产为抵(质)押品	100%
其他项目	—	绝大部分为100%

注:上述分类是简化版的,详细的可以参考《商业银行流动性风险管理办法》。
资料来源:银保监会。

② 未来30天预期现金流入

预期现金流入则是在设定的压力下,相应的应收款项项目余额乘以预期现金流入率。其中相应的应收款项项目主要包括逆回购与借入证券，来自不同交易对手的其他现金流入，信用、流动性便利与或有融资便利，其他现金流入四项。

逆回购与借入证券主要是指银行通过回购交易与证券借入业务在未来 30 天内可能获得的现金流入值。在提取率上，逆回购需要区分所使用的(抵)质押品是否再次用于(抵)质押，如果质押品被用于再抵(质)押，那么提取率就是 0%；如果未被用于再抵(质)押，那么按照抵押资产分别赋予 0%～100%的提取率。

来自不同交易对手的其他现金流入主要指贷款、拆借资金到期，投资债券资产到期等项目，提取率会根据交易对手方的不同而不同。零售、小企业客户、非金融机构等为交易对手方时，提取率为 50%；金融机构、央行、多边开发银行以及风险权重低于 20%的其他机构为交易对手方且不是以一级资产与 2A 资产作为抵(质)押品时，提取率为 100%；有业务关系的金融机构为交易对手方时，提取率为 0%。

信用便利、流动性便利与或有融资便利适用提取率为 0%。

其他现金流入主要是一些衍生品交易、契约性现金流等收入。

表 5.9　未来 30 天预期现金流入分项

分类	二级分类	提取率
逆回购与借入证券项	抵(质)押品未用于再抵(质)押融资	① 一级资产：0% ② 2A 资产：50% ③ 2B 资产：50% ④ 其他抵(质)押品担保的保证金贷款：50% ⑤ 其他抵(质)押品：100%
	抵(质)押品用于再抵(质)押融资	0%
来自不同交易对手的其他现金流入	零售、小企业、非金融机构等的现金流入	50%
	来自金融机构与央行的现金流入	100%
	30 天内到期的、未纳入合格优质流动性资产的证券产生的现金流入	100%
	存放于其他金融机构的业务关系存款	0%

（续表）

分类	二级分类	提取率
信用、流动性与或有融资便利	—	0%
其他现金流入	衍生产品交易的净现金流入	100%
	其他 30 天内到期的契约性现金流入（不含非金融业务收入产生的现金流入）	由银行业监督管理机构视情形确定

注：上述分类是简化版的，详细的可以参考《商业银行流动性风险管理办法》。
资料来源：银保监会。

最后，从实际情况看，截至 2019 年年末，上市银行的流动性覆盖率均已达标，考核压力有限（见图 5.8）。

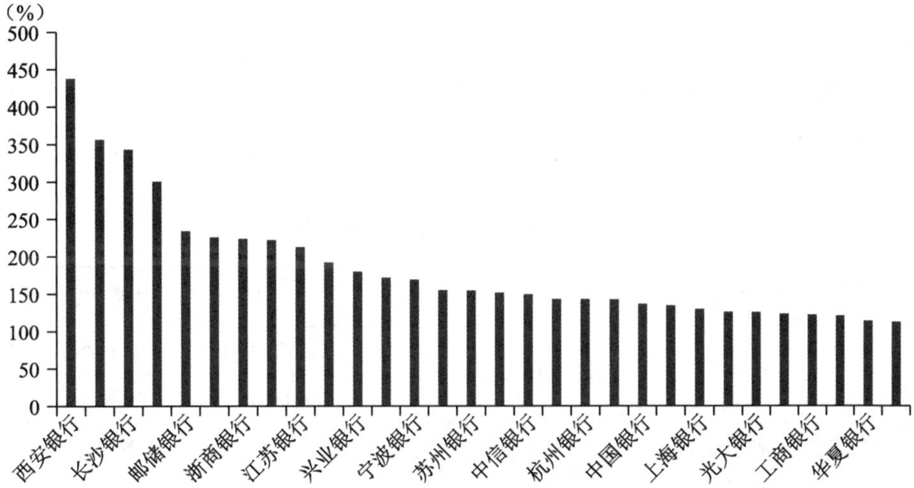

资料来源：各银行 2019 年年报数据。

图 5.8　2019 年年底上市银行的流动性覆盖率均达标

（2）LCR 考核的影响

在 LCR 的考核压力下，银行为了提高 LCR 就要分别从分子和分母两端想办法，要么增加分子优质流动性资产的规模（分子越高，LCR 越高）；要么降低未来 30 天的现金净流出。

对于前者，银行可以增持债券等符合条件的优质流动性资产，对于后者，则会使银行倾向于借入中长期资金，控制中长期资金的融出，降低期限错配。

具体看，不同类型不同期限的交易会对 LCR 有不同的影响。

① 同业存单

资金流出：如果银行买入 30 天内到期的同业存单，那么买入银行的 LCR 变动不明确，因为虽然分母(即未来 30 天现金净流出)小了(30 天以内到期，会有现金流入)，但由于现金减少，作为合格优质流动性资产的分子也会相对变小。[1]

这时 LCR 的变动取决于其原始的 LCR 是否高于 100%。若高于 100%，则 LCR 会变大[2]；反之若低于 100%，则 LCR 会变小[3]。

如果买入的是 30 天以上存单，那么 LCR 只有作为合格优质流动性资产的分子减少了，分母并没有发生任何变化，因此这时 LCR 会变小。

资金流入：按规定同业存单的发行期限最短为 1 个月，因此不用考虑时间在 30 天以内的情况。

如果银行发行存单，获得 30 天以上的资金，那么分子增加融入现金金额，分母则没有任何变化，LCR 指标变大。

表 5.10 同业存单对 LCR 的影响

<table>
<tr><th>分类</th><th>期限</th><th>LCR 分子、分母的变化</th><th colspan="2">LCR 指标变化(越大越好)</th></tr>
<tr><td rowspan="3">发行同业存单(资金融入方)</td><td rowspan="2">大于 30 天</td><td rowspan="2">分子增大，分母不变</td><td>LCR＞100%</td><td>LCR 指标变大</td></tr>
<tr><td>LCR＜100%</td><td>LCR 指标变大</td></tr>
<tr><td colspan="4">按规定商业银行发行同业存单期限至少为 1 个月，所以不考虑小于 30 天的情况。</td></tr>
<tr><td rowspan="4">买入同业存单(资金融出方)</td><td rowspan="2">大于 30 天</td><td rowspan="2">分子减少，分母不变</td><td>LCR＞100%</td><td>LCR 指标变小</td></tr>
<tr><td>LCR＜100%</td><td>LCR 指标变小</td></tr>
<tr><td rowspan="2">小于 30 天</td><td rowspan="2">分子与分母减少同样的数额</td><td>LCR＞100%</td><td>LCR 指标变大</td></tr>
<tr><td>LCR＜100%</td><td>LCR 指标变小</td></tr>
</table>

资料来源：作者整理。

① 同业存单不属于合格优质流动性资产，因此买入同业存单并不会增加合格优质流动性资产。

② 简单原理，5/4 变为 4/3，值变大了。

③ 同理，2/3 变为 1/2，值变小了。

② 质押式回购

资金融出：因为同业存单和质押式回购的质押券都不纳入合格优质流动性资产，所以质押式回购资金融出方的LCR变动与上述所说的买入存单变动一致，我们在这里就不再重复分析了。

资金融入：质押式回购对资金融入方的影响与发行同业存单并不一致。如果银行用质押式回购融入30天以内的资金，那么分子合格优质流动性资产增加了现金，但减少了质押券；分母增加了未来30天的现金流出(30天到期后要还)。因此综合下来，最后LCR的变化取决于(融入现金－质押券×折扣系数)与融入现金×提取率之间的关系。

如果质押券用的是国债等一级资产，期限在30天以内，那么根据表5.7与表5.8，分子将增加(融入现金－100%×质押券价值)，分母将增加(融入现金×0%，以一级资产作为质押品在折算现金流出时的折算率为0%)，在不考虑质押式回购融入资金会打折扣的条件下，融入现金与质押券的市值基本相等，这就意味着分子分母均没有发生任何变化，LCR不变。

但是如果质押券使用的是其他等级的资产，比如A评级的公司债(2B资产)，这时候因为流出资金的提取率是50%，同时2B资产按照市场价值的50%计入合格优质流动性资产，这时候分子增加了(融入现金－50%×质押券价值)，分母增加了融入现金×50%，在不考虑质押式回购融资金额会有折扣的条件下，分母分子同时增长相同的金额。这时候LCR的变化方向还是和原有LCR是否大于1相关。

如果银行融入的是30天以上的资金，那么分子同样增加(融入现金－质押券价值×折扣系数)，分母则没有任何变化。这时LCR是否会出现变动，取决于质押券的性质，如果是国债等一级资产，那么提取100%，不发生任何变化，但如果是2A或2B级资产，那么在不考虑质押式回购融资金额会有折扣的条件下，LCR会变大。

③ 买断式回购

资金融出：在买断式回购的情况下，作为资金融出方的银行将得到质押券的所有权，而这种拥有所有权的质押券算入合格优质流动性资产，因此与质押式回购不同，分子合格优质流动性资产将会产生变化。

如果融出的是30天以内的资金，那么分子合格优质流动性资产将减少现金，增加质押券价值×折扣系数；分母未来30天现金净流出将减少现金×提取率。LCR的变化将取决于分子分母变动额的大小。

如果融出的是30天以上的资金，那么分子合格优质流动性资产将减少现金，增加质押券价值×折扣系数，分母不发生任何变化。LCR的变化取决于分子的变动额，考虑到折扣系数的问题，分子大概率是减少的，这就意味着融出30天以上的资金，LCR将恶化。

资金融入：此时买断式回购的情况与质押式一样，没有差别，融入资金都将带来分子合格优质流动性资产的相同变动，分母则取决于融入资金的期限。

④ 同业拆借

同业拆借虽与回购一样，都是资金融通的手段方式，但与回购不同，同业拆借无须抵押品，因此分子分母的变动主要是现金的增加与减少，基本情况与上述相似，不再重复赘述。

2. 优质流动性资产充足率

计算公式：

优质流动性资产充足率(HQLAAR)＝优质流动性资产÷短期现金净流出[①]
＝优质流动性资产÷(可能现金流出
－确定现金流入)

看完公式我们就会发现，优质流动性资产充足率和流动性覆盖率几乎就是差不多的指标。

这也毫不奇怪，优质流动性资产充足率与流动性覆盖率都是为了确保商业银行能够有优质的资产满足未来至少30天的流动性需求，只是优质流动性资产充足率适用的是资产规模在2 000亿元以下的中小银行，而流动性覆盖率适用的是资产规模在2 000亿元以上的大银行。

因为适用对象是小规模银行，所以优质流动性资产充足率在要求上会比LCR宽松一些。

① 即未来30天内现金净流出。

以分子为例,LCR 是合格优质流动性资产,而 HQLAAR 只要求是优质流动性资产,少了"合格"两个字,在实际资产认定上就更为宽松了,比如国债等资产,HQLAAR 只要无变现障碍就可以了,而 LCR 需要满足规模大、有市场深度、交易活跃等更为细致的要求。

按照严格的分类,即使都是国债,部分几乎没有交易市场、流动性较差的国债可能不是合格优质流动性资产,却是优质流动性资产。

另外,按照监管要求,商业银行的优质流动性资产充足率应当在 2019 年 6 月底前达到 100%。在过渡时间上的要求也比 LCR 宽松。

表 5.11 未来 30 天预期现金流入分项

具体科目	折算率	具体科目	折算率
1. 优质流动性资产		3. 确定现金流入	
1.1 一级资产		3.1 贷款	
1.1.1 现金、超额准备金	100%	3.1.1 零售及小企业	50%
1.1.2 国债、政策性金融债、央行票据(无变现障碍)	100%	3.1.2 大中型企业	50%
1.2 二级资产		3.1.3 票据贴现	50%
1.2.1 信用评级在 AA—级以上的信用债和地方政府债(无变现障碍)	85%	3.2 同业业务	
2. 可能现金流出		3.2.1 存放同业	
2.1 一般性存款		3.2.1.1 结算目的	0%
2.1.1 储蓄存款、小企业存款	8%	3.2.1.2 融资目的	100%
2.1.2 大中型企业存款、机构存款	35%	3.2.2 同业拆出	100%
2.2 同业业务		3.2.3 买入返售	
2.2.1 同业存款		3.2.3.1 买断式	0%
2.2.1.1 结算目的	25%	3.2.3.2 质押式	100%
2.2.1.2 融资目的	100%	3.2.4 投资同业存单	100%
2.2.2 同业拆入	100%	3.3 投资债券	100%
2.2.3 买断式、质押式卖出回购	5%	3.4 其他流入	0%

（续表）

具体科目	折算率	具体科目	折算率
2.2.4 发行同业存单	100%		
2.3 发行债券	100%		
2.4 向央行借款	0%		

注：上述分类是简化版的，详细的可以参考 G26《优质流动性资产充足率》。
资料来源：银保监会。

这里有几点需要注意：

第一，公式中的可能现金流出和现金流入也均是针对未来 30 天内的资金，和 LCR 公式中的未来 30 天现金流出量与现金流入量含义一样。不过在具体的现金流折算比例上两者之间存在一定的差距，相比于 LCR，HQLAAR 在现金流的项目上有着更为明确的规定。

第二，在买断式回购业务下，资金融出方（逆回购）获得的债券不能计入“优质流动性资产”口径，在这一点上 HQLLAR 比 LCR 的要求严格一点，按照 LCR 的要求，买断式逆回购中获得的债券只要符合“合格优质流动性资产”的要求就能够被计入分子。

同样，在 HQLLAR 口径下，资金融入方（正回购方）向交易对手提供的抵押品（一般是债券）如果原先符合“合格优质流动性资产”的要求，就需要从分子中扣除。

第三，相比于《商业银行流动性风险管理办法》中关于优质流动性资产充足率的规定，G26①《优质流动性资产充足率》报表中对 HQLAAR 的要求更为严格。

HQLLAR 施行后对商业银行的影响与 LCR 是一样的，为了达标也需要从分子和分母两端想办法，要么增加优质流动性资产提高分子，要么提高现金流入减少现金流出来降低分母。

具体不同项目的影响与 LCR 类似，在这里我们就不重复阐述了。

3. 流动性比例、流动性缺口率

计算公式：

① G26 是银保监会“1104”报表中的一项，是银行在具体填报优质流动性资产充足率时需要遵守的规定，银保监会也会及时根据监管要求不断地更新这一报表填报要求。如果说《商业银行流动性风险管理办法》是理论指导性文件，那么 1104 报表就是在实际操作中的指导手册。

流动性比例＝流动性资产余额÷流动性负债余额

流动性缺口率＝未来各个时间段的流动性缺口÷相应时间段到期的表内外资产
＝(未来各个时间段到期的表内外资产－未来各个时间段到期的表内外负债)÷(相应时间段到期的表内资产＋相应时间段到期的表外收入)

这两个指标中流动性比例是监管指标(强制性指标)，而流动性缺口率是监测指标(非强制性指标)，因为两个指标比较接近，我们放在一起讲解。

在这两个计算公式中，流动性资产与流动性负债的定义是核心。按照银保监会的标准，流动性资产主要包括现金、1个月内到期的资产与随时可变现的债券资产；流动性负债则包括活期存款、1个月内到期的各项负债(见表5.12)。

表5.12 流动性资产与流动性负债的口径

流动性资产	流动性负债
现金	活期存款(不含财政性存款)
黄金	一个月内到期的定期存款(不含财政性存款)
超额准备金存款	一个月内到期的同业往来款项轧差后负债方净额
一个月到期的同业往来款项轧差后资产方净额	一个月内到期的已发行的债券
一个月内到期的应收利息及其他应收款	一个月内到期的应付利息及各项应付款
一个月内到期的合格贷款	一个月内到期的中央银行借款
一个月内到期的债券投资	其他一个月内到期的负债
在国内外二级市场上可随时变现的债券投资	
其他一个月内到期可变现的资产	

资料来源：银保监会。

对于流动性比例与流动性缺口率，银行要达到不低于25%与－10%的考核标准，有两种方式：一是降低流动性负债比例，考虑到流动性负债所包含的基本是一个月内的超短期负债，此项指标目的很明确，就是为了抑制银行加大期限错配、赚流动性风险钱的热情，倒逼银行保证负债久期长度与合理性。

二是提高流动性资产的规模。从流动性资产的组成结构来看，除在一个月内将要到期的存量贷款、应收款项与长期限债券资产具有相对可观收益外，超储、现金等具有极高流动性的资产收益较低，因此在保证达标的情况下，银行可能会配置一些短久期、交投活跃债券、货基等相对收益可观的流动性资产。

现实中，流动性缺口率由于数据可得性不足，我们无法得知其具体的情况。但各家银行的流动性比例基本都能达标，2019 年 12 月商业银行的流动性比例为 58.46％，远高于 25％的监管要求，而从 Wind 获取的各银行数据也显示，2019 年流动性比例最低的也有 28％，大部分在 50％以上，基本不存在考核压力（见图 5.9）。

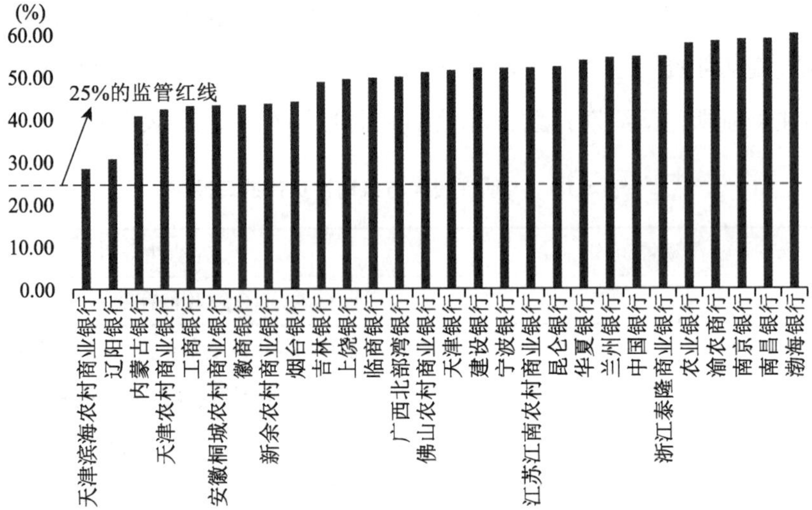

资料来源：Wind。

图 5.9　2019 年年底流动性比例靠后的部分银行情况

4. 流动性匹配率

计算公式：

流动性匹配率（LMR）＝加权资金来源÷加权资金运用

流动性匹配率是用来衡量商业银行主要资产与负债的期限配置结构，目的就是为了让银行不同期限的资产负债相匹配，减少银行用短期资金投资长期项目。

该指标与 LCR 和 HQLAAR 类似，不过 LCR 等指标只是着眼于短期流动性匹配，匹配率则是着眼于全局，包括短期和长期。

从计算公式上也能够看出，银行要想提高这一指标，要么增加资金来源（负债），要么减少资金运用（资产）。

先来看加权资金来源项目。资金来源也就是商业银行的负债，一般负债的期限越长，银行的资金也就越稳定，相应的也不容易出现流动性风险，所以我们能够看到，针对同样的负债，期限越长的资产折算率越高。而折算率越高，分子也就越大。

针对不同的负债来源，我们能够看到在不考虑从央行借款时，存款的折算率明显会高于其他几类资产（见表 5.13），这也体现出监管层引导银行回归本源业务的目的。

表 5.13　流动性匹配率

具体项目	折算率（按剩余期限）		
	≤3 个月	3～12 个月	>1 年
加权资金来源			
1. 来自中央银行的资金	70%	80%	100%
2. 各项存款	50%	70%	100%
3. 同业存款	0%	30%	100%
4. 同业拆入及卖出回购	0%	40%	100%
5. 发行债券及发行同业存单	0%	50%	100%
加权资金运用			
1. 各项贷款	30%	50%	80%
2. 存放同业及投资同业存单	40%	60%	100%
3. 拆放同业及买入返售	50%	70%	100%
4. 其他投资	100%		
5. 由监管部门视情况确定的项目			

注：其他投资指债券投资、股票投资外的表内投资，包括但不限于特定目的载体投资（如商业银行理财产品、信托投资计划、证券投资基金、证券公司资产管理计划、基金管理公司及子公司资产管理计划、保险业资产管理机构资产管理产品等）。

资料来源：银保监会。

值得注意的是，针对短期的同业负债（包括同业存款、同业拆入、卖出回购三项）以及发行债券和同业存单，监管层划定的折算率都是 0%，这意味着银行不能通过发行短期存单或者临时增加同业负债的方式临时性地提高自己的负债规模，从而规避监管。

再来看加权资金运用项目。资金运用也就是商业银行的资产，一般来说资产的期限越短，银行就能够越早地收回资金，发生流动性风险的可能性就越低。而因为资金运用是分母，分母越小，流动性匹配率越大，所以我们会看到加权资金各项资产也是期限越长，折算率越大。①

针对不同的投资资产，监管层通过给出不同的折算率引导商业银行回归信贷本源业务。在不同的资产中，贷款的折算率是最低的，而同业存单等又会低于买入返售等同业业务。

而对于其他资产投资(不包含债券和股票，主要是指银行理财、信托、券商资管等特定目的载体投资)，监管层规定不管期限，只要银行投资了这类项目就按照100%的折算率折算。

这可能是因为这类资产存在多层嵌套的现象，目前虽然监管层对多层嵌套问题进行了整治，但是这类资产的底层资产还是存在难以穿透的问题，因此监管层就直接从严认定。

这也反映出了监管层对这类资产的监管力度比较大。如果银行在流动性匹配率上要满足监管层要求，减少投向券商资管、银行理财等的资金无疑是一个很好的选择。

值得注意的是，目前监管层暂时没有将股票投资和债券投资纳入加权资金运用，即银行投资债券和股票所使用的资金不会被算入分母(加权资金运用)。

这对股票而言影响不大，虽然股票不计入分母，但是因为资本金等方面的约束，银行一般不愿意投资股票；这对银行投资债券而言无疑是一个利好，毕竟只要债券不算加权资金运用，将资金投向债券就能够有效地提高流动性匹配率。

此前流动性匹配率一直作为监测指标，2020 年开始该指标正式纳入监管要求，并适用于所有的商业银行。

由于该指标在导向上明显鼓励商业银行回归本源存贷业务，并且对银行同业业务特别是银行通过信托、券商资管等方式投资设定了较为不利的折算率，在该指标正式加入监管后，预计银行在投资上会向债券和信贷等资产倾斜，而信托、定向

① 对于加权资金运用来说，折算率越小越好。

资管等类固收资产的投资会减少。

5. 净稳定资金比例

计算公式：

净稳定资金比例(NSFR)＝可用的稳定资金÷所需的稳定资金×100％
＝(资本与负债项目的账面价值×可用稳定资金系数)÷
(各类资产项目的账面价值×所需稳定资金系数)

该指标是基于商业银行的资产负债表计算的，如果说 LCR 着眼于短期流动性风险，LMR 着眼于全局性的流动性风险，那么 NSFR 针对的则主要是中长期的流动性风险。

从公式上我们也可以看出：分子部分对应的主要是商业银行的所有者权益和负债项目；分母部分对应的是资产负债表的资产端部分。可以理解为，银行可以使用的资金就是银行自己的钱加上借来的钱，而需要的资金就是自己投资的花销。

虽然是基于银行资产负债表，但是在实际填写时，相比于 LCR 或者 LMR 等指标，NSFR 的具体填报会更为烦琐，在这里我们并不过多地展开讲解，毕竟这并不是本章的核心。

我们更在意的是如何确定可用稳定资金系数与所需稳定资金系数。

按规定自有资本的系数都是 100％，毕竟是银行自己的钱，并不存在稳定性问题，因此可用稳定资金系数主要是用于对负债折算的。监管层在为不同资产划定系数的时候主要会考虑以下几点：

第一，负债期限。可用稳定资金主要在意的是负债的稳定性，而一般情况下负债的期限越长，资金越稳定。所以我们能够看到长期限负债的折算比例会高于短期限负债的折算比例。

第二，交易对手方。负债的来源对负债的稳定性也有明显的影响。一般来说个人或者中小企业的负债会更稳定，而同业负债的稳定性明显会差很多。

这一点也很好理解，一般同业负债对市场的利率走势更为敏感，期限也较短，当市场出现流动性冲击的时候，同业负债容易出现集体收缩，比如 2019 年的包商银行事件就对当时中小行的同业负债造成了明显的冲击。

所需稳定资金系数一般用于估计这项资产因为无法及时合理变现或者需要展期等原因,需要额外融资的金额。比如原先商业银行预期自己持有的债券能够在到期后合理变现,但是到期后,企业无法偿还本金,于是商业银行便可以用稳定资金支持因为这一事件产生的资金需求。

简单的理解就是这个比例间接体现了资产出现流动性风险的可能,出现流动性风险的可能越低,这个折算系数也就越小。

一般稳定资金系数的具体设定会考虑如下几个因素:

第一,资产的质量。一般资产质量越高,银行需要的稳定资金需求也就越低,从《净稳定资金比例计量标准》的设定上我们也能够看到 2A 资产(与 LCR 指标下设定的口径一样,比如评级为 AA 级的公司债等)的稳定资金系数为 15%,而 2B 资产的稳定资金系数为 50%。

第二,交易对手方。根据交易对手方的不同,设定不同的稳定资金系数。不过在这里一般同业资产对应的系数会低于向个人或者非金融机构发放贷款项目所对应的系数。比如针对个人、非金融机构发放的 6 个月内的贷款(无变现障碍)系数为 50%,而向金融机构发放的 6 个月内的贷款(指的是存放同业、拆放同业、逆回购等)系数为 15%。

第三,资产期限。一般资产期限越短,所需的稳定资金越少,相应的稳定资金系数也就越小。反之资产期限越长,潜在的资金需求也越大(如违约),相应的稳定资金系数也就越大。

目前,各上市银行在净稳定资金比例指标上均已达标(见图 5.10)。

6. 存贷比

计算公式:

$$存贷比=各项贷款总额÷各项存款总额$$

为了获得尽可能高的收益,银行会倾向于让存贷比处于较高的水平,因为存贷比越高,生息资产相对于负债就越多,银行的息差收益就会越高。

但如果存贷比过高,存款量过少,那么银行用于日常结算、现金支出与应对储户提款等所需资金就会相对不足,容易出现流动性风险。故在过去,银保监会要求这一项不得低于 75%的监管红线。

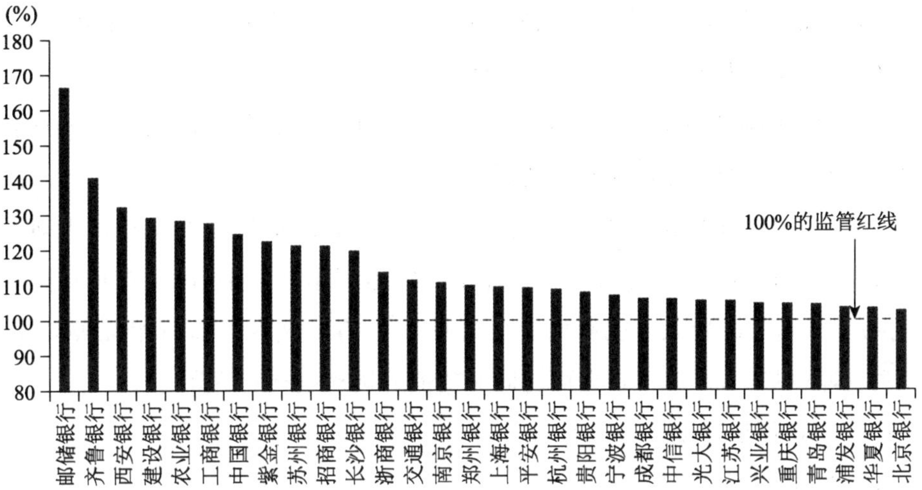

资料来源：Wind。

图 5.10 2019 年年末各上市银行净稳定资金比例

由于这一项是在月末季末进行时点考核，即以月末季末那一时点的存款贷款余额为标准计算存贷比，因此为应对这一项的考核要求，银行在月末季末往往会有“冲存款”的情况出现(见图 5.11)，这样对于债券市场而言，就有两个后果：

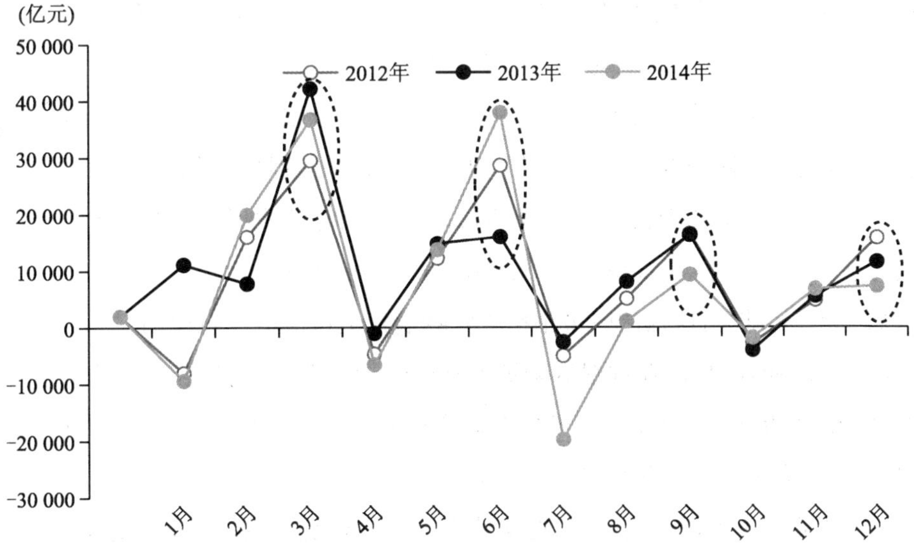

资料来源：Wind。

图 5.11 新增人民币存款数据

一是使银行在月末季末的存款额高增，需要补缴大量的法定存款准备金，抽走大量超储，造成月末季末资金面波动紧张；

二是由于同业存款也纳入存贷比的口径，月末季末银行可能会对同业存款展开争夺，造成中长期同业负债资金的紧张。

2015 年后，由于经济出现了较大的下行压力，政府迫切需要银行加大对实体的支持力度，同时对流动性风险的监管体系也逐渐建立起来，银行自身在金融脱媒、存款不断流失的背景下也有加大吸储的动力，存贷比这一监管指标被废除，转为流动性监测指标，其对于资金面与同业负债的扰动也有所下降。

7. 核心负债依存度

计算公式：

核心负债依存度＝核心负债÷总负债

对这一项，银保监会的考核标准是不低于 60%，主要目的与流动性资产和流动性缺口率一样，是为了保证银行负债久期的合理性，抑制负债期限过于短期化。目前这一指标也已经转为监测指标，不再作为监管指标了。

这一项的分子核心负债的统计口径在 2017 年发生了变化。过去是包含了距到期日 3 个月以上(含)定期存款和发行债券以及活期存款的 50%，但 2017 年 2 月后，监管层开始将 90 天以上的同业存单纳入。

如此，银行达到监管要求无疑是更为容易了，对于银行而言也会更有动力发行同业存单，这在某种程度上与 2016 年年底开始的严监管打击同业套利乱象的宗旨相悖，但对于债券市场则会构成利好，因为同业存单套作同业理财、委外等模式的规模可能会逆势扩张，进而债券市场的流动性会边际转好。

那为什么会提出这样的政策举措呢？我们猜测可能有三点原因：

(1) 在同业存单、同业理财等未被严格监管的同业负债扩张下，核心负债依存度的分母被不断扩大，商业银行可能面临核心负债依存度不达标的窘境(由于数据可得性不足，我们无法得知确切的情况)；

(2) 同业存单类似于同业存款，实质上属于同业负债的一部分，此时纳入是对原本监管真空的填补；

(3) 从纳入要求看，同业存单的期限需在 90 天以上，这无疑是在鼓励银行增

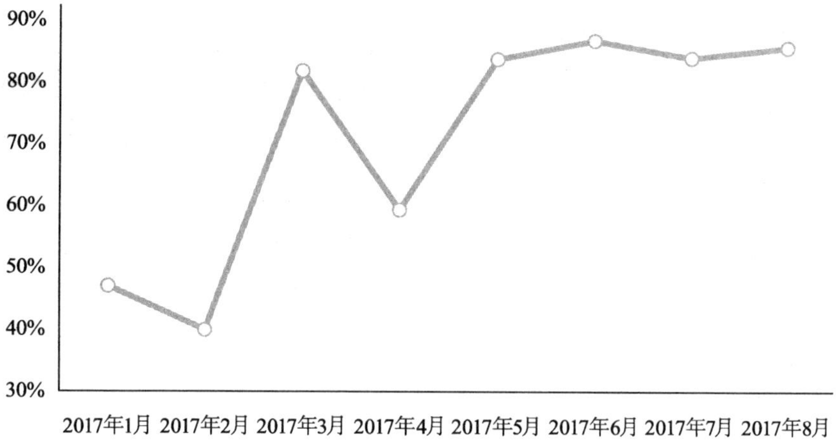

资料来源：Wind。

图 5.12 2017 年后 3 个月以上期限的同业存单发行量占比显著提高

加长期限的同业负债，提高银行负债端的稳定性与综合负债成本，缩减同业套利空间。

在提出此项举措后，监管层可能需要配套措施抑制银行同业存单扩张的动力，比如纳入同业负债考核比例。这一点在 2017 年二季度货币政策执行报告中有过表述，具体的我们将在下一节 MPA 考核体系中阐述。

5.1.3 资产质量系列

资产质量这个系列的考核，包括静态水平类、动态变化类与抵补类三大类，共 12 项指标，主要目的在于保证银行的信用风险可控，资产质量相对优质，避免资产质量大幅恶化导致亏损过多的现象出现。

其中囊括的三大类各有其对应的内涵与目的。静态水平类，表明的是截至某个时点银行资产质量的水平，代表的是某一时刻银行所面临的信用风险水平；动态变化类，表明的是在过去一段时间资产质量的变化趋势；而抵补类则是表明当风险事件确切发生后，银行是否做好了预期与准备（见表 5.14）。

表 5.14 资产质量系列各项指标考核要求

类别	具体指标	要求	计算公式	解析
静态水平类	不良资产率	≤4%	不良信用风险资产÷信用风险资产总额	从资产类别看，具备信用风险的有非标、贷款和信用债三类，不良贷款的定义与“不良贷款率”一致，其他项由银保监会另行制定
	不良贷款率	≤5%	不良贷款÷各项贷款	按照银保监会标准，贷款类型分为正常类、关注类、次级类、可疑类、损失类五类，不良贷款指的是(次级类+可疑类+损失类)三类，这三类各自的释义我们在后文再详细说明
	单一客户贷款集中度	≤10%	最大一家客户集团贷款总额÷资本净额	这一指标，重在观察银行是否有过度风险集中的隐患，目的是防止信用风险聚集，倒逼银行将鸡蛋放在不同篮子里
	单一客户授信集中度	≤15%	最大一家客户集团授信总额÷资本净额	同上
	全部关联度	≤50%	全部关联方授信总额÷资本净额	① 这里关联方可以理解为对商业银行的经营能够直接或间接控制的个人、公司或组织； ② 在计算授信余额时，可以扣除授信时关联方提供的保证金存款以及质押的银行存单和国债金额
动态变化类	次级贷款迁徙率	—	期初次级类贷款向下迁徙净额÷(期初次级类贷款余额－期初次级类贷款在报告期间减少金额)	分子是指期初次级类贷款中，在报告期末分类为可疑类/损失类的贷款余额之和
	可疑贷款迁徙率	—	期初可疑类贷款向下迁徙净额÷(期初可疑类贷款余额－期初可疑类贷款在报告期间减少金额)	分子是指期初可疑类贷款中，在报告期末分类为损失类的贷款余额
	正常类贷款迁徙率	—	期初正常类贷款向下迁徙净额÷(期初正常类贷款余额－期初正常类贷款在报告期间减少金额)	分子是指期初正常类贷款中，在报告期末分类为关注类/次级类/可疑类/损失类的贷款余额之和
	关注类贷款迁徙率	—	期初关注类贷款向下迁徙净额÷(期初关注类贷款余额－期初关注类贷款在报告期间减少金额)	分子是指期初关注类贷款中，在报告期末分类为次级类/可疑类/损失类的贷款余额之和

（续表）

类别	具体指标	要求	计算公式	解析
抵补类	贷款准备充足率	>100%	贷款实际计提准备÷贷款应提准备	分子指银行根据贷款预计损失而实际计提的准备；分母包括一般准备、专项准备与特种准备。这一项主要用于观察银行是否有足量计提贷款损失准备金，以用于应对未来可能出现的坏账损失
	贷款拨备率	≥2.5%	贷款损失准备÷各项贷款余额	分子的贷款损失准备是指上个公式中的分子项，即贷款实际计提准备，包括一般准备、专项准备与特种准备
	拨备覆盖率	≥150%	（一般准备＋专项准备＋特种准备）÷（次级类贷款＋可疑类贷款＋损失类贷款）	实际公式可改写为贷款损失准备/不良贷款余额，贷款损失准备意义同上

资料来源：银保监会。

1. 不良资产率、不良贷款率

计算公式：

不良资产率＝不良信用风险资产÷信用风险资产总额

不良贷款率＝（次级类＋可疑类＋损失类）÷各项贷款余额

按照银保监会的口径，分母信用风险资产主要包括各项贷款、存放同业、拆放同业及买入返售资产、银行账户的债券投资、应收利息、其他应收款、承诺及或有负债等，这些资产中被分类为不良类别的即为不良资产率的分子：不良信用风险资产。

不良信用风险资产里面有多项，大概可分为贷款、非标、信用债与同业四项。其中贷款划分为不良的口径与“不良贷款率”的口径一致，是次级类＋可疑类＋损失类（见表 5.15），其他项的不良分类口径则由银保监会另行制定。

表 5.15　各种类型贷款释义

贷款类型	贷款释义
正常类贷款	借款人能够履行合同，没有足够理由怀疑贷款本息不能按时足额偿还
关注类贷款	借款人目前有能力偿还贷款本息，但存在一些可能对偿还产生不利影响的因素

（续表）

贷款类型	贷款释义
次级类贷款	借款人的还款能力出现明显问题，完全依靠其正常营业收入无法足额偿还贷款本息，即使执行担保，也可能会造成一定损失
可疑类贷款	借款人无法足额偿还贷款本息，即使执行担保，也肯定要造成较大损失
损失类贷款	在采取所有可能的措施或一切必要的法律程序之后，本息仍然无法收回或只能收回极少部分。对各项贷款分类后，其后三类贷款合计为不良贷款

资料来源：银保监会。

目前，银保监会对不良资产率与不良贷款率的要求是不高于4%与5%，由于银行并不公布不良资产率，我们无法得知不良资产率的精确值。

但不良贷款率银行会定期公布，从2020年一季度各家上市银行的财报来看，基本都在2%以下（见图5.13）。

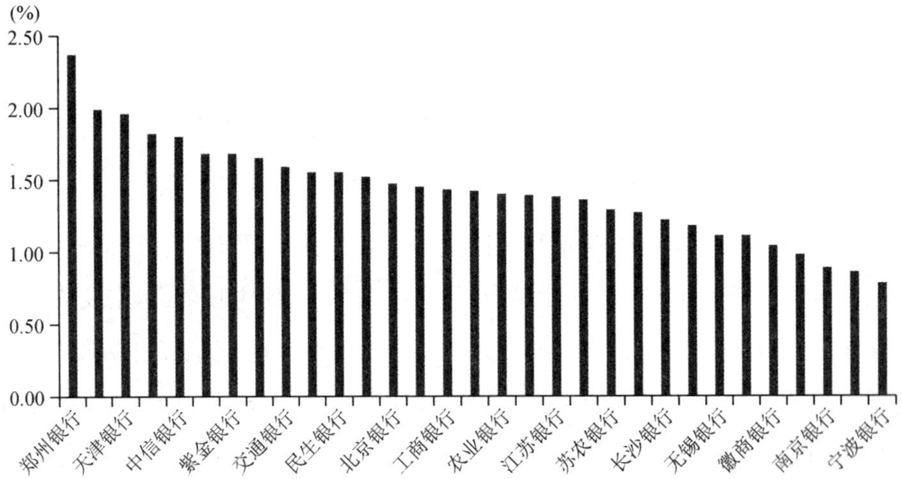

注：各上市银行财报；锦州银行2019年年末的数据显示，锦州银行当时的不良贷款率为7.7%，但是正在通过资产重组降低不良贷款率，预计降低后的数值为1.95%，2020年一季度锦州银行尚未披露相关数据，因为锦州银行的数据异常，因此未在图中展现。

资料来源：Wind。

图5.13　截至2020年一季度，各家上市银行不良贷款率达标压力较小

不良率的上升一般会对银行业务产生以下几点影响：

一来银行的利润可能会被侵蚀（核销坏账需要用利润，这涉及贷款损失准备金的问题，我们在后文再详细展开)，影响银行的经营业绩；

二来银行不良率升高容易引起监管层的注意，后续业务开展可能会受到影响。

因此银行在不良资产率与不良贷款率的压力下，会在资产端调整，提高贷款客户的资质，将一般企业贷款转向风险更低的房地产贷款(所以我们看到 2015—2016 年新增信贷被房贷所填满)，以及低风险的债券同业类资产。

对于已形成的不良贷款，银行也会采取债转物、债转股、不良资产证券化等方式实现出表，美化指标。

2. 单一客户贷款集中度、单一客户授信集中度

计算公式：

单一客户贷款集中度＝最大一家客户集团贷款总额÷资本净额

单一客户授信集中度＝最大一家客户集团授信总额÷资本净额

对这两项的考核，主要是为了分散银行信贷资产的配置方向，避免贷款过于集中造成风险积聚。对这两项，银保监会的考核要求分别是不高于 10%与 15%。

对于网点遍布全国的大行而言，这两项并不会构成桎梏，因为它们所面对的客户群体广，优质客户相对较多(见图 5.14)。

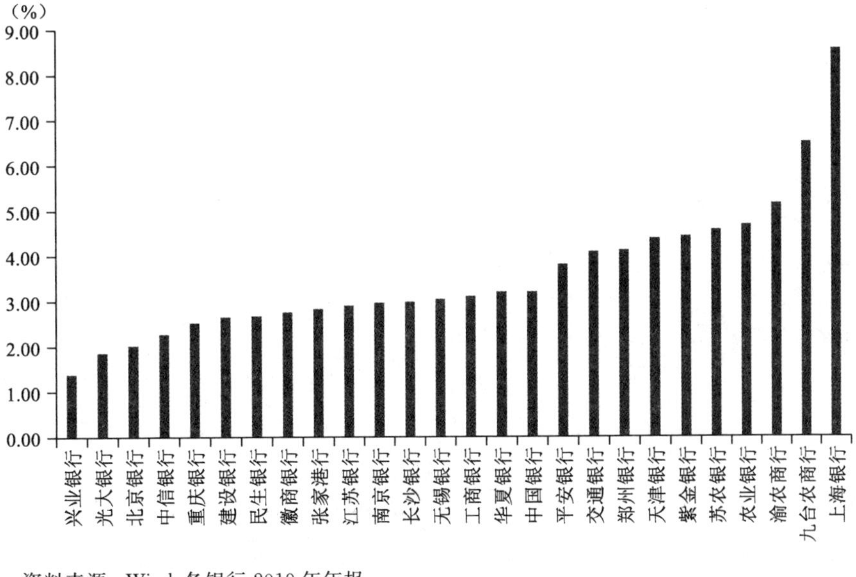

资料来源：Wind、各银行 2019 年年报。

图 5.14 各上市银行单一客户贷款比例

但对于偏居一方的农商行和城商行，尤其是小行而言，它们所能授信贷款的范围往往局限在当地，不仅所面对的客户群体窄，当地的优质客户（比如大的国企、城投）还会被大行在当地的网点抢走，所以它们发放贷款授信是一个很大的问题(见图 5.15 和图 5.16)。

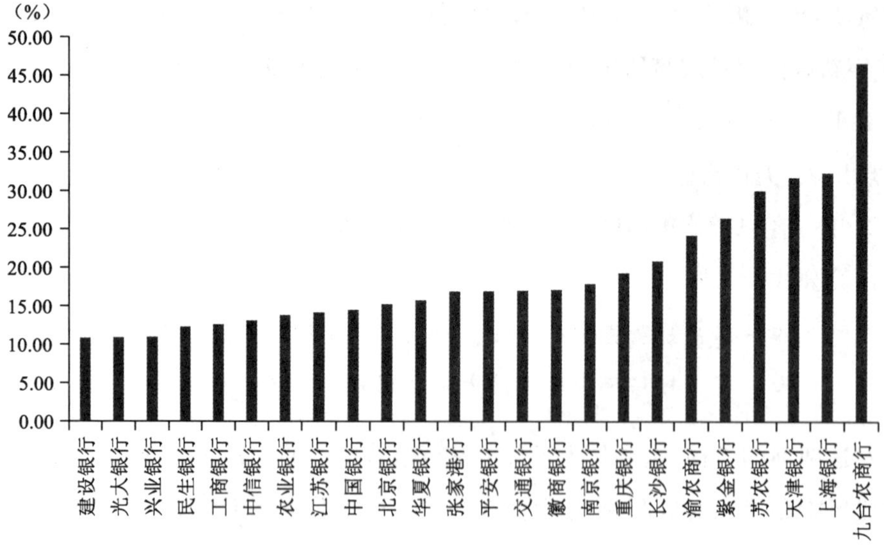

资料来源：Wind、各银行 2019 年年报。

图 5.15 农商行和城商行最大十家客户贷款比例明显高于大型银行

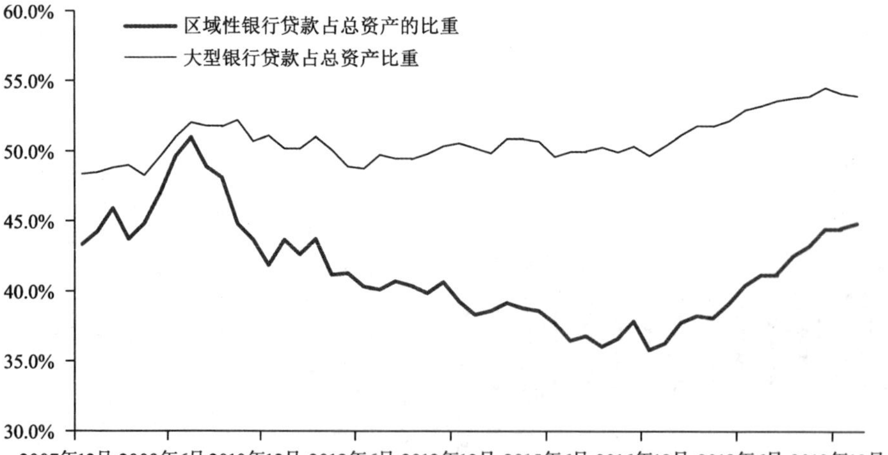

资料来源：Wind。

图 5.16 大型银行的贷款占总资产比重明显高于区域性银行

如果将放贷客户的条件放松，下沉资质，那么这些农商行、城商行的不良与坏账可能就会起来；如果不放松，那么它们的贷款就要受到这两项集中度的限制，贷款资产的配置可能就会受限。

在这种情况下，很多小的城商行、农商行有两种选择，要么采取购买金融资管产品的方式，借助其他金融机构曲线放贷，获得相对高的收益；要么直接购买同业存单等同业资产或国开、高等级信用债等优质的债券资产，发展金融市场业务。

3. 正常类贷款迁徙率、关注/次级/可疑贷款迁徙率

计算公式：

正常类贷款迁徙率＝期初正常类贷款向下迁徙净额÷(期初正常类贷款余额－期初正常类贷款在报告期间减少金额)

关注/次级/可疑贷款迁徙率＝期初关注/次级/可疑贷款向下迁徙净额÷(期初关注/次级/可疑贷款余额－期初关注/次级/可疑贷款在报告期间减少金额)

这几项是银保监会《风险监管核心指标》里的风险迁徙项，公式看着比较繁杂，但实际拆解看可以发现，这些指标的分子项是：各类贷款在1个季度内变成下一类贷款的净额。

这是什么意思呢？以关注类贷款迁徙率为例，它的下一类贷款包括次级类贷款、可疑贷款和损失贷款三类。假设有银行A在期初有关注类贷款1 000万元，到了期末，有25万元被重新分类为次级，有20万元变成可疑，有15万元变成损失，同时有10万元的(次级＋可疑＋损失)类贷款好转，被重新划入关注类。

那么这时分子就等于50万元(25＋20＋15－10)，分母等于990万元(1 000－10)，银行A关注类贷款迁徙率就等于50/990＝5.05％。同理，其他几项的计算方法也可如此计算。

在现实中，动态变化类的指标并没有制定一个硬性的监管标准，监管约束的力度并不大。

反而是银行自身会将其作为资产质量变化趋势的参考指标，制定未来的经营战略与方针。比如当银行正常类贷款迁徙率提高时，说明正常类贷款转为不良的速度在加快，资产质量有恶化趋势，银行可能就会相应减少高风险贷款的配置比例

（见图 5.17）。

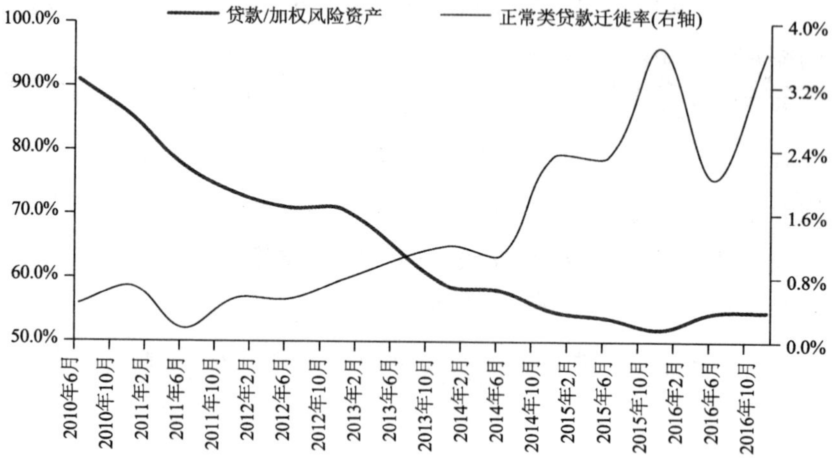

资料来源：兴业银行财报。

图 5.17　随着正常类贷款迁徙率提高，兴业银行减少了贷款的配置比例

4. 贷款准备充足率

计算公式：

贷款准备充足率＝实际计提贷款损失准备/贷款应提损失准备

这是抵补项中的第一项，也是理解下面两项的关键。我们需要特别注意贷款损失准备的概念与内涵。

所谓贷款损失准备是银行根据贷款预计损失计提的准备金，用于应对未来可能出现的贷款坏账损失。

我们可以将其理解为一个水池，里面的水来源于银行利润，当我们看到水位高时，相应的，贷款拨备率和拨备覆盖率也相对较高，达标压力相对较小；反之则较大。

由于贷款损失准备金需要耗费银行的利润（水从利润科目转向这个科目），会恶化银行的利润增速等盈利指标，因此银行自身没有动力足量计提贷款损失准备金，由此银保监会才相应设计了贷款准备充足率这项指标强制要求实际计提的损失准备金不能低于应计提量。

而对于这个应计提量，银保监会也有完善的一套规定，我们可以从口径组成与监管规定两个角度看：

(1) 从口径组成看,它包括一般准备、专项准备与特种准备三项。

一般准备年末余额=1%×年末贷款余额;专项准备=2%×关注类+25%×次级类+50%×可疑类+100%×损失类,其中2%、25%、50%与100%分别代表的是各类贷款可能出现坏账的概率;特种准备则由银行自行计提。

(2) 从监管规定看,2011年银监会发布的《中国银行业实施新监管标准指导意见》明确规定,贷款损失准备金的应计提数目需遵循贷款拨备率(不低于2.5%)与拨备覆盖率(不低于150%)计算孰高的原则。

所以综合以上两点,最终银行应该计提的贷款损失准备金规模需要同时满足规定口径计算要求与监管规定的总量,其中可调节项在于没有明文规定计算公式、由银行自行计提的特种准备金。

5. 贷款拨备率、拨备覆盖率

计算公式:

$$贷款拨备率=贷款损失准备(实际计提)\div各项贷款余额$$

$$拨备覆盖率=贷款损失准备(实际计提)\div不良贷款余额$$

观察计算公式,我们可以发现贷款拨备率与拨备覆盖率具有一致的分子项,而分母则恰好是不良贷款率计算公式的两项。于是我们引入不良贷款率,发现三者存在如下关系:

$$贷款拨备率=不良贷款率\times拨备覆盖率$$

不难发现,当不良贷款率低于1.67%时,只要贷款拨备率大于2.5%,那么拨备覆盖率必然会高于150%,这时我们只需看贷款拨备率一个指标即可;当不良贷款率高于1.67%时,只要拨备覆盖率大于150%,那么贷款拨备率必然会高于2.5%,这时我们只需关注拨备覆盖率一个指标即可。

现实中,银行在这两项的考核并不轻松。根据各家银行2020年一季度的财报数据,我们能够发现拨备覆盖率与贷款拨备率均有几家银行未能达标,并且有多家银行均在监管红线附近徘徊(见图5.18和图5.19)。

那如果想要达标,应该如何操作呢?

分母各项贷款余额几乎不可能出现负增长,这就意味着分母还会不断变大,要提高只能提高分子(即贷款损失准备)了,但是提高贷款损失准备对银行来说不是好事。

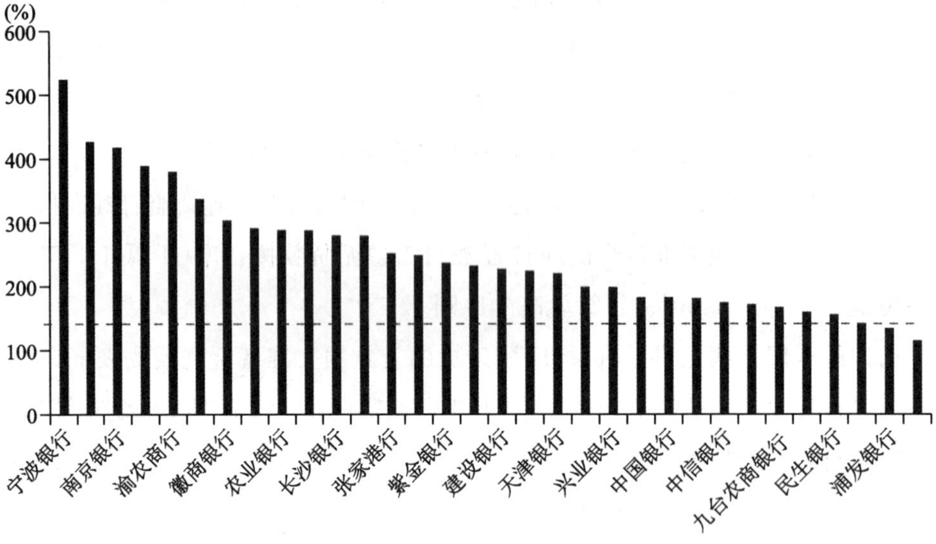

资料来源：Wind、各银行 2020 年一季报。

图 5.18 各银行的拨备覆盖率达标情况

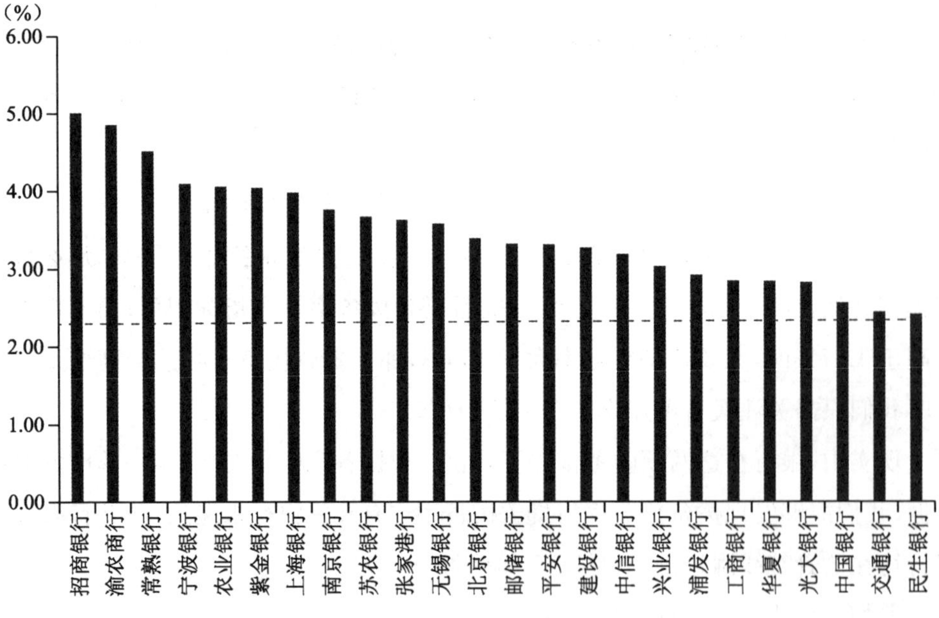

资料来源：Wind、各银行 2020 年一季报。

图 5.19 各银行的贷款拨备率达标情况

前面我们说到贷款损失准备金是个水池，里面的水来源于银行利润，要提高贷款损失准备，就要提高利润分配至这个池子里的比例，这样利润增速就会受限。

更糟的是，如果经济增速下滑，实体投资回报率下降，银行发放的信贷出现了坏账无法收回的情况，那么出现的坏账就要扔进这个池子里，消耗掉池子里的水（这个过程称为核销坏账），因为贷款损失准备金本来就是为应对坏账损失准备的。

这样，池子里的水位便出现了下降，可能无法达到监管所要求的水位（贷款准备充足率考核限制），那么这时银行就必须用利润补充，其经营业绩就会受到影响，资本金缩减（利润本来可以转化为资本金），进而可能带来资本充足项的考核压力。

因此，在经济不景气，信用风险过高，产生不良坏账概率较大时，银行会相对收缩信贷资产的配置规模，提高贷款的集中度（集中于大型央企国企、城投等优质客户），避免产生坏账损失，而更加注重利率债、同业存单、同业资产等低风险资产的配置。

5.1.4　盈利状况系列

这个系列里包含了净息差、成本收入比率、资产利润率、资本利润率四项（见表 5.16）。从 2019 年上市银行年报的财报数据来看，这四项对银行的考核压力总体较小，虽有个别银行的单项指标存在不达标的情况，但总体基本都在考核要求之上，不会成为银行的掣肘（见表 5.17）。

表 5.16　其他几项对银行有重要影响的考核指标要求

指标	要求	计算公式	解析
资产利润率	≥0.6%	净利润÷资产平均余额	分子是按照金融企业会计制度要求编制的损益表中的净利润，资产是资产负债表中的总资产
资本利润率	≥11%	净利润÷所有者权益平均余额	同上
成本收入比率	≤35%	营业费用÷营业收入	分子是按金融企业会计制度要求编制的损益表中的营业费用，分母是利息净收入与其他各项营业收入之和
净息差	—	（银行全部利息收入－银行全部利息支出）÷全部生息资产	净息差实际是生息资产的收益率

资料来源：银保监会。

表 5.17 各家上市银行在 2019 年年末的盈利指标情况

单位：%

银行	成本收入比率	净息差	资本利润率	资产利润率
北京银行	23.23	2.07	10.43	0.79
渝农商行	28.54	2.33	11.18	0.97
成都银行	26.52	2.16	15.59	1.00
贵阳银行	26.30	2.40	14.87	1.04
杭州银行	28.71	1.83	10.55	0.64
华夏银行	30.59	2.24	8.13	0.72
江苏银行	25.64	1.94	10.72	0.71
交通银行	30.11	1.58	9.75	0.79
南京银行	27.39	1.85	16.94	1.11
宁波银行	34.32	1.84	13.69	1.05
平安银行	29.61	2.62	9.01	0.72
浦发银行	22.58	2.08	10.61	0.85
上海银行	19.98	1.71	11.47	0.91
天津银行	22.20	2.21	8.89	0.68
无锡银行	29.66	2.02	11.19	0.81
苏农银行	34.61	2.71	9.19	0.85
兴业银行	26.03	1.94	12.14	0.93
邮储银行	56.57	2.50	11.20	0.60
张家港行	31.15	2.74	8.94	0.78
招商银行	32.09	2.59	15.12	1.26
浙商银行	26.24	2.34	10.27	0.73
工商银行	23.28	2.24	11.64	1.04
光大银行	27.27	2.31	9.70	0.79
建设银行	26.53	2.26	12.05	1.06
民生银行	26.74	2.11	10.35	0.82

（续表）

银行	成本收入比率	净息差	资本利润率	资产利润率
农业银行	30.49	2.17	10.86	0.86
中国银行	28.00	1.84	10.21	0.89
中信银行	27.70	2.12	9.20	0.73
紫金银行	29.69	2.12	10.31	0.70

资料来源：Wind。

但从更为长期的视角来看，这几项盈利指标会是银行自身制定经营战略的一个重要参考，对未来银行的资产负债经营情况造成重要的影响。

例如，在 2011 年前，经济高速发展使贷款成为银行最赚钱的资产，金融脱媒尚未深入，银行还能享受利率管制带来的政策红利。这时大部分银行普遍的经营策略是重视存贷业务，资产端更多地投向收益率较高的贷款，负债端重视零售存款。在这种策略下，银行的贷款占总资产的比例处于较高水平，银行存款在银行负债中的比例也处于高点（见图 5.20）。

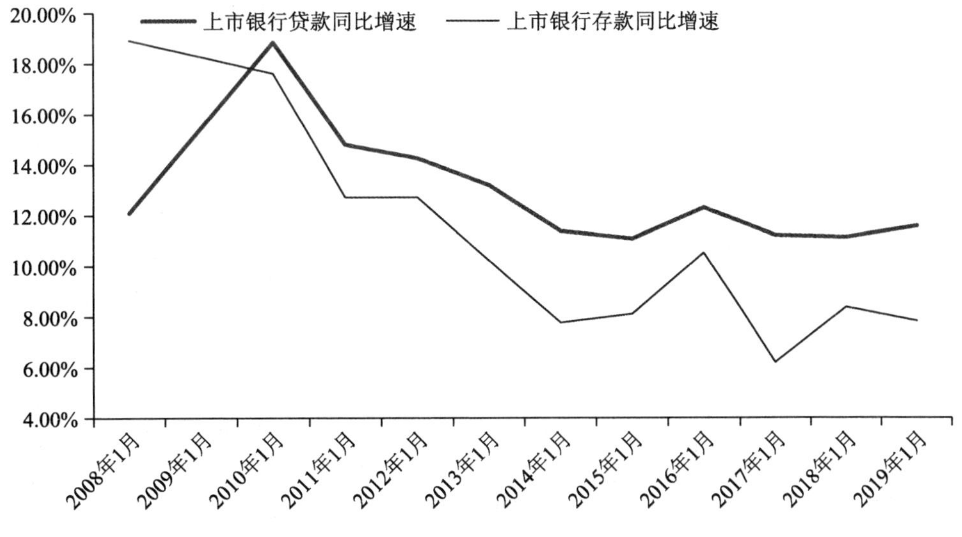

注：为便于看清趋势，我们剔除了 2009 年异常值。
资料来源：上市银行财报。

图 5.20 上市银行在 2011 年前保持着较高的贷款与存款增速

在2011年后，实体回报率下滑，金融脱媒加剧与利率市场化的完成使银行资产负债两端都受到极大的挑战，各类盈利指标出现下滑，部分银行开始转变经营策略，下沉企业资质，转向小微企业；部分银行则转向金融市场业务，负债端与资产端对同业的依赖度在不断提高，并在2014—2016年迎来了发展高峰。

再往后，由于金融同业业务发展出现过快过急、风险累积等问题，监管层开启了严监管模式，同业负债与同业资产出现调整，资产端价格大幅下跌，交易性金融资产出现浮亏，对银行盈利与经营造成侵害。

有些银行随后调整了表内资产。一是将交易性金融资产转为成本法计价的持有到期投资；二是加大了债券资产配置盘的配置比例，获取高收益率；三是在同业业务受到损害打击的情况下，银行又开始重新重视贷款业务、轻资产业务的发展。

负债端同样也有所调整。同业负债在监管压力下出现了大调整，变得越来越贵，理财、货基、券商小集合等资管产品的收益率同样水涨船高，银行的零售存款增速出现了下滑，但与价高的同业资金相比，低成本的零售存款在这个时点显然是更好的选择，因此在2016年四季度后，银行负债端有逐渐转向重视零售的倾向(见图5.21)。

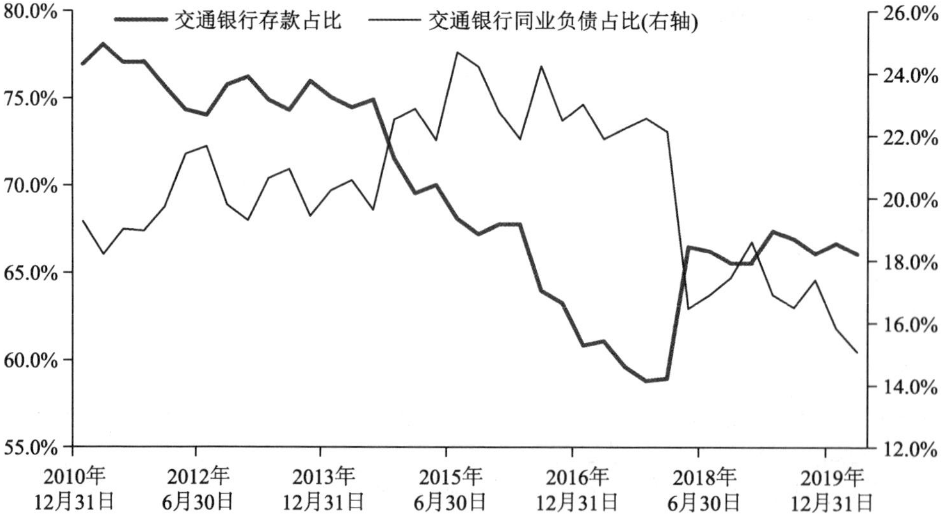

资料来源：交通银行历年资产负债表。

图5.21 交通银行同业负债与存款比例变化走势

5.2 央行 MPA 考核体系

5.2.1 MPA 是什么

MPA 全称宏观审慎评估体系，是 2015 年 12 月央行推出的对商业银行考核的新监管体系。它与银保监会仅注重银行个体风险的监管体系不同，MPA 在考核时会从整体出发，考虑整个金融系统的稳定。

在 MPA 推出前，央行原本是通过实行差别准备金动态调整和合意贷款管理监管控制商业银行。

简言之，就是对银行差别对待，比如要求"资质"较差的银行(资本充足率低、资产质量差)向央行缴纳更多的准备金，让其可贷资金减少。通过使用法定准备金率这一重要手段，让银行依据央行的政策指导来放贷，最后达到控制银行放贷总量和节奏的目的。

但是，随着金融创新的快速发展，原有监管体制显得越来越捉襟见肘，准备金率已经很难管控银行的放贷行为。

银行创新出各种通道，把资产从通道转移出去，名曰同业业务、资管业务、投行业务，实际上还是在投放信贷(比如我们在资本充足率考核中说到的利用同业科目曲线放贷)。

而且央行也无法掌握银行的实质性动向，对央行货币政策执行有效性、维护金融稳定都造成了威胁。因此央行进一步完善了原有的差别准备金动态调整机制，推出了"升级版"监管体系，也就是 MPA。所以某种程度上说，MPA 并不是一个全新的工具。

新的监管体系 MPA 将原有的单一指标拓展为多项指标，形成一个综合评分体系，用来全面考核银行体系金融风险。

相较于原有考核制度，MPA 考核内容更为全面：除了通俗意义上的贷款外，还将债权投资、股权及其他投资、买入返售资产、存放非存款类金融机构款项余额等纳入其中，将监管范围从以往的狭义贷款拓展到广义贷款，但与此同时也保留原有监管体系的核心：资本充足率以及差别准备金率的机制。

5.2.2 MPA 如何考核

MPA 考核实行打分制。它包含资本/杠杆情况、资产负债情况、流动性、定价行为、资产质量、跨境融资风险以及信贷政策执行七大项，每一项满分 100 分，央行根据每一项下的细分项打分。

表 5.18 就是整个 MPA 考核体系，可以看到，MPA 七大项中有许多定性考核，其中较多指标，银行都能比较容易拿到满分，比如具有一票否决权的利率定价，遵守准备金制度情况和信贷政策执行等。

表 5.18 央行 MPA 考核体系分项

七大方面(各 100 分)	15 个细分指标
资本和杠杆情况(一票否决项)	资本充足率(80 分)、杠杆率(20 分)、总损失吸收能力(未实施)
资产负债情况	广义信贷(60 分)、委托贷款(15 分)、同业负债(25 分)
流动性	流动性覆盖率(40 分)、净稳定资金比例(40 分)、遵守准备金制度情况(20 分)
定价行为(一票否决项)	利率定价(100 分)
资产质量	不良贷款率(50 分)、拨备覆盖率(50 分)
跨境融资风险	跨境融资风险加权余额(100 分)
信贷政策执行	信贷政策评估结果(40 分)、信贷政策执行情况(30 分)、央行资金运用情况(30 分)

资料来源：中国人民银行。

同时也可以看到 MPA 里很多指标与上述我们所说的银保监会监管体系是一样的，比如杠杆率、流动性覆盖率、不良贷款率、拨备覆盖率，对此我们就不再赘述。

在评分标准上，每项考核 90 分以上为优秀，60 分以上为达标。其中资本充足率和定价行为两项指标具有一票否决权，如果任意一项条件不合格，直接就会被评为不合格机构。但需要注意，这个评分并不是央行自己测算，而是先交给自律机制秘书处初步测算，再由宏观审慎评估委员会复核，最后央行只是得到一个测算结果。

央行依据它所得到的测算结果，再对金融机构划分档次。七大类指标均为优秀为 A 档机构，资本和杠杆情况、定价行为任意一项不达标，或剩余五大类任意两项及以上不达标，为 C 档机构，剩余为 B 档机构。

档次划分完后，央行会给 A、B、C 机构相应的奖励与惩罚。最主要的奖惩手段还是采用不同的法定准备金率，同时辅以其他奖惩手段(见表 5.19)。

表 5.19 不同档次机构的标准与奖惩措施

分档机构	标准	法定存款准备金利率奖惩系数	其他
A 档机构	七大项均 90＋	1.1～1.3	优先发放支农支小再贷款再贴现；优先金融市场准入及各类金融债券发行审批；金融创新产品先行先试等
B 档机构	除 A、C 档以外	1	无
C 档机构	资本和杠杆、定价行为任一不达标或其他五项两个及以上不达标	0.9～0.7	单独提高常备信贷便利利率；金融市场准入及各类金融债券发行受控；在合格审慎评估中被扣分；在“执行人民银行政策评价”中被扣分；被调出一级交易商等惩戒措施

资料来源：中国人民银行。

对于 A 档机构，央行实施奖励性的法定准备金利率(可以按 1.1～1.3 倍奖励)，优先发放支农支小再贷款、再贴现，优先金融市场准入及各类金融债券发行审批，金融创新产品先行先试等。

对于 C 档机构，央行不仅实施约束性与惩罚性的法定准备金利率，还限制金融市场准入及各类金融债券发行，甚至取消一级交易商的资格。此外，如果银行流动性紧张，需要向央行借钱，利息也会收得比别人高(常备借贷便利利率)。

无论是奖励还是惩罚措施，一般期限都是评估后的 3 个月，3 个月之后央行重新根据各银行的情况，再次评定等级。

5.2.3 MPA 考核体系各指标解析

有了对 MPA 考核体系的整体了解，接下来就要找出 MPA 考核指标中的重点和难点。

从考核方法看，我们发现可量化考查的有资本和杠杆情况、资产负债情况、流动性以及资产质量四大项，因此这四方面的指标就是重点，我们将详细介绍它们的打分标准，对于一些与上述银保监会监管体系中重复的指标不再赘述。

1. 资本和杠杆情况

这一项考察三个指标：资本充足率、杠杆率和总损失吸收能力（见表 5.20）。杠杆率是银保监会监管指标，只要高于 4%就能拿满分，上面我们已经做过相应的阐述，从 2020 年一季报的数据来看，银行在这一项基本都能获得满分 20 分。总损失吸收能力属于《巴塞尔协议Ⅳ》研究的内容，在相关管理要求明确前，该指标暂不适用。

表 5.20　资本和杠杆情况打分细则

资本和杠杆情况（一票否决项）	计算公式	打分标准
资本充足率（80 分）	宏观审慎最低资本充足率（Ci^*）＝结构性参数 ai×（最低资本充足率＋储备资本＋系统重要性附加资本＋逆周期缓冲资本）	若实际资本充足率 $C \geq C^*$，满分 80 分；若 $C < C^*$，0 分
杠杆率（20 分）	杠杆率＝（一级资本－一级资本扣减项）÷调整后的表内外资产余额×100%	[4%，∞)：20 分；[0%，4%)：0 分
总损失吸收能力	无	暂不纳入

资料来源：作者整理。

这一项的关键指标是资本充足率，分值 80 分，重要性不言而喻。如果这一指标不达标，银行就会成为 C 档机构。

它的评分方法与银保监会不同，它是先依据公式计算出宏观审慎资本充足率（C^*），然后将每个机构实际的资本充足率 C 与 C^* 比较，如果 $C \geq C^*$，满分 80 分；如果 $C < C^*$，0 分。

需要注意的是，在 MPA 刚开始实施的时候实际资本充足率（C）与宏观审慎资本充足率（C^*）两者之间有 4 个百分点的容忍指标，即当 C 低于 C^*，但是高于（$C^*-4\%$），那么银行得分为 48 ～ 80 分；当 C 低于（$C^*-4\%$）时得 0 分。

银行自身资本充足率在短期内无法发生变化的条件下，银行要想达标，关键就在于宏观审慎资本充足率（C^*）的大小。它的计算比较复杂，与机构特质、宏观经济状况、广义信贷增速等相挂钩，且有弹性调整空间，具体计算方法如图 5.22 所示。

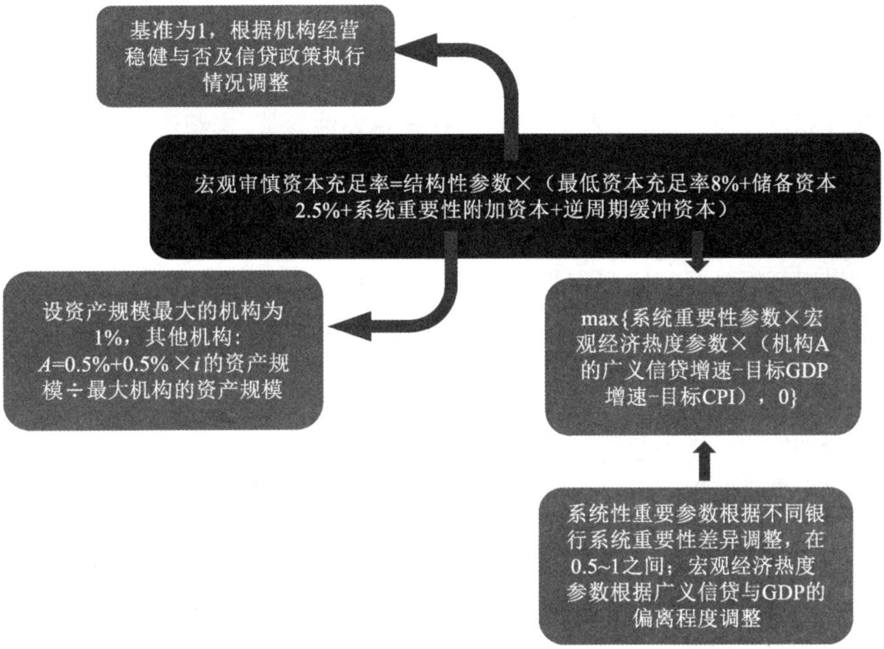

注：储备资本在 2018 年之前的比例是按季度调整的，按照《商业银行资本管理办法》2013 年年末储备资本要求为 0.5%，之后 5 年每年递增 0.4%，直到 2018 年年末达到 2.5%的要求，在达到 2.5%的要求后，储备资本的比重不再变化。

资料来源：作者整理。

图 5.22　宏观审慎资本充足率(C^*)的计算方法

为便于理解，我们举一个具体的例子来说明。

假设 A 银行是区域内最大的资产机构，2020 年一季度 A 银行广义信贷增速为 16%，结构性参数为 1，目前宏观经济热度参数为 0.8，系统性重要参数为 1，央行 2020 年一季度对储备资本的要求为 2.5%，没有设定目标 GDP 增速，本书假定 GDP 增速为 6%，CPI 目标增速为 3.5%，则 A 银行宏观审慎资本充足率(C^*)为：

$$
\begin{aligned}
C^* &= \text{结构性参数 } ai \times (\text{最低资本充足率} + \text{储备资本} \\
&\quad + \text{系统重要性附加资本} + \text{逆周期缓冲资本}) \\
&= 1 \times [8\% + 2.5\% + 0.5\% + 0.5\% \times 1 \\
&\quad + \max(0.8 \times 1 \times (16\% - (6\% + 3.5\%)),\ 0)] \\
&= 11.5\% + 0.8 \times 6.5\% \\
&= 11.5\% + 5.2\% = 16.7\%
\end{aligned}
$$

因此A银行的资本充足率必须大于等于16.7%，资本和杠杆项才能合格，否则将被一票否决，评为不合格。

从计算过程与公式看，结构性参数、系统重要性参数、宏观经济热度参数这些绕口的参数，实际上都是既定的系数，系统重要性附加资本、目标GDP增速、目标CPI增速、储备资本与最低资本充足率也基本不在银行的掌控范围内。

如果银行想要调节宏观审慎资本充足率（C^*），就只能调节广义信贷增速。以上面的A银行为例，因为系统性重要参数乘以宏观经济热度参数为0.8，这意味着A银行的广义信贷增速每增加1%，监管层对资本充足率的要求就会增加0.8%，这对银行广义信贷的扩张是一个强约束。

同时换个角度想，在银行实际资本充足率固定的情况下，宏观审慎资本充足率（C^*）的考核给银行的广义信贷增速设置了一个隐性的上限。至于这个上限是多少，什么是广义信贷，如何调节它，我们等到下一部分资产负债情况再说。

2. 资产负债情况

这一项考察三个指标：广义信贷、委托贷款和同业负债，三个指标所对应的分数分别为60分、15分和25分（见表5.21）。央行通过对这三个指标的控制实现银行放贷与M2增速相匹配以及控制银行同业负债的比例。

表5.21 资产负债情况打分细则

分项	计算公式	N-SIFIs	R-SIFIs	CFIs
广义信贷（60分）	广义信贷增速－目标M2增速	① ≤20%，60分；② 否则，0分	① ≤22%，60分；② 否则，0分	① ≤25%，60分；② 否则，0分
委托贷款（15分）	委托贷款增速－目标M2增速	① ≤20%，15分；② 否则，0分	① ≤22%，15分；② 否则，0分	① ≤25%，15分；② 否则，0分
同业负债（25分）	同业负债÷总负债	① ≤25%，25分；② ＞25%且≤33%，15～25分；③ 否则，0分	① ≤28%，25分；② ＞28%且≤33%，15～25分；③ 否则，0分	① ≤30%，25分；② ＞30%且≤33%，15～25分；③ 否则，0分

资料来源：作者整理。

这里需要注意一点，就是央行对金融机构进行了层次划分，并且对应不同的打分标准。央行根据银行重要性的不同而划分为三个层次：全国性系统重要性机构

(N-SIFIs)、区域性系统重要性机构(R-SIFIs)、普通机构(CFIs)(具体每一层次包括哪些机构,见表 5.22)。

表 5.22　各类银行广义信贷要求

分类	具体指代	广义信贷增速考核要求
全国性系统重要性机构(N-SIFIs)	工、农、中、建、交	不超过 M2 目标增速 20%,2020 年为 30.1%
区域性系统重要性机构(R-SIFs)	一般为各省规模最大城商行	不超过 M2 目标增速 22%,2020 年为 32.1%
普通机构(CIFIs)	股份制银行及其他	不超过 M2 目标增速 25%,2020 年为 35.1%

注:三类银行的具体划分由全国性/各省级自律机制秘书处、全国性/各省级宏观审慎评估委员会测算和复核,最后上报中国人民银行总行。

资料来源:作者整理。

(1) 广义信贷

广义信贷是整个 MPA 考核体系中最为关键与重要的一项,统计口径包括各项贷款、债券投资、股权及其他投资、买入返售、存放非存款类金融机构款项以及表外理财六项。

其中表外理财是 2017 年一季度新纳入广义信贷范围内的一项。之所以将其纳入,主要是考虑到过去几年里,很多银行在表内信贷额度与资本充足率有限的情况下,转向表外理财,利用表外理财配置信贷与类信贷资产,所以表外理财在某种程度上发挥着信用派生的作用。

新口径下的广义信贷=各项贷款+债券投资+股权及其他投资+买入返售项+存放非存款类金融机构款项+(表外理财余额-投资于现金与存款类的理财余额)

当前对广义信贷的最高增速主要有两大限制。一是资产负债项直接给出的,要求 N-SIFIs、R-SIFs 和 CIFIs 分别不超过 M2 目标增速 20 个、22 个和 25 个百分点。

2018 年之后政府并不会直接公布 M2 的目标增速,如 2019 年就表述为"M2 和社融增速要与国内生产总值名义增速相匹配",2020 年 M2 的增速在

10.1%，则各类机构的广义信贷增速最高不能超过30.1%、32.1%和35.1%。

二是我们在资本充足率考核项中所说的，由宏观审慎资本充足率（C^*）给出的一个隐性上限，这个隐性上限的前提条件是银行自身实际的资本充足率短期内不变，同时资本充足项考核恰好达标，即$C^*=C$。

我们利用上市银行的资产负债表做了一个简单测算（见表5.23）。从结果来看，有不少银行实际广义信贷的增速超过或接近了这个隐性上限，银行在这一项上有着较大的考核压力。

表5.23　由宏观审慎资本充足率（C^*）倒推出来的广义信贷增速上限

单位：%

上市银行	ai	最低资本充足率	储备资本	系统重要性附加资本	实际资本充足率	既定资本充足率下广义信贷增速 $\beta i=0.4$	既定资本充足率下广义信贷增速 $\beta i=0.8$	广义信贷实际增速
工商银行	1	8	2.5	1.00	16.52	22.05	15.78	11.20
建设银行	1	8	2.5	0.92	17.22	23.99	16.75	11.86
农业银行	1	8	2.5	0.91	16.10	21.23	15.36	11.06
中国银行	1	8	2.5	0.87	15.34	19.41	14.46	10.33
邮储银行	1	8	2.5	0.67	14.57	18.00	13.75	7.89
交通银行	1	8	2.5	0.66	14.16	16.99	13.25	8.49
招商银行	1	8	2.5	0.62	15.52	20.50	15.00	15.68
兴业银行	1	8	2.5	0.62	13.27	14.89	12.19	8.27
浦发银行	1	8	2.5	0.61	13.72	16.02	12.76	10.54
中信银行	1	8	2.5	0.61	12.67	13.40	11.45	12.59
民生银行	1	8	2.5	0.61	13.10	14.48	11.99	14.82
光大银行	1	8	2.5	0.58	13.10	14.55	12.02	16.31
平安银行	1	8	2.5	0.56	14.27	17.51	13.51	20.00
华夏银行	1	8	2.5	0.55	13.88	16.58	13.04	12.24
北京银行	1	8	2.5	0.54	12.44	12.99	11.25	7.03
上海银行	1	8	2.5	0.54	13.82	16.46	12.98	8.73

（续表）

上市银行	ai	最低资本充足率	储备资本	系统重要性附加资本	实际资本充足率	既定资本充足率下广义信贷增速 $\beta i=0.4$	既定资本充足率下广义信贷增速 $\beta i=0.8$	广义信贷实际增速
江苏银行	1	8	2.5	0.53	12.65	13.54	11.52	10.33
浙商银行	1	8	2.5	0.53	14.35	17.80	13.65	6.80
南京银行	1	8	2.5	0.52	12.72	13.74	11.62	8.53
宁波银行	1	8	2.5	0.52	15.20	19.94	14.72	24.16
渝农商行	1	8	2.5	0.52	15.13	19.78	14.64	14.47
杭州银行	1	8	2.5	0.52	14.39	17.93	13.72	11.15
长沙银行	1	8	2.5	0.51	13.24	15.08	12.29	9.60
成都银行	1	8	2.5	0.51	14.94	19.33	14.41	10.64
贵阳银行	1	8	2.5	0.51	13.69	16.20	12.85	5.41
郑州银行	1	8	2.5	0.51	11.98	11.93	10.71	13.83
青岛银行	1	8	2.5	0.51	13.83	16.56	13.03	18.77
苏州银行	1	8	2.5	0.51	13.85	16.61	13.06	15.63
青农商行	1	8	2.5	0.51	12.05	12.11	10.81	16.84
西安银行	1	8	2.5	0.50	15.05	19.61	14.56	13.45
紫金银行	1	8	2.5	0.50	15.15	19.87	14.68	2.80
常熟银行	1	8	2.5	0.50	14.63	18.57	14.03	16.68
无锡银行	1	8	2.5	0.50	15.11	19.77	14.63	8.50
苏农银行	1	8	2.5	0.50	14.16	17.39	13.45	12.86
江阴银行	1	8	2.5	0.50	15.25	20.12	14.81	10.75
张家港行	1	8	2.5	0.50	15.40	20.50	15.00	4.72

注：(1)所用数据为2020年一季度报表数据；(2)βi 指代的是宏观经济热度参数×系统重要性参数，βi 取0.4和0.8时，倒推计算出既定资本充足率下的广义信贷增速的最大值，可以看到 βi 越小，在相同的资本充足率下，广义信贷增速越大；(3)实际的广义信贷的统计口径我们仅包含了各项贷款、债券投资、股权及其他投资（债券投资和股权及其他投资项目体现的资产负债表的金融投资项目下）、买入返售资产四类，而关于存放非存款类金融机构款项类因为没有对应的资产负债科目，年报上也没有披露相关数据，我们没有进一步计算，表外理财项目也是被安置在金融投资下的三个科目中。

资料来源：作者整理、各上市银行财报。

所以在季末面临MPA考核之时，银行有动力压缩广义信贷，降低广义信贷的同比增速，实现资本充足项的达标目的。

那么广义信贷这一项可以怎么压呢？让我们回到广义信贷的组成部分。

① 各项贷款期限长，没流通，没法压；

② 债券投资主要是债券资产，流动性好的可以抛，能压；

③ 股权与其他投资主要买的是各类资管计划与券商集合，银行基本会约定在季末前到期或赎回，能压；

④ 存放非存款类机构款项与买入返售主要是银行拆放给非银机构的钱，能压；

⑤ 表外理财，银行在购买时也会基本选择季末前到期类，能压。

所以，看下来，除了各项贷款，其他都有压缩的空间。

从顺序来看，债券投资可以吃票息，是最后不得已的选择；股权与其他投资以及表外理财基本都承诺在季末到期，银行不用主动压缩。所以一旦银行有压缩广义信贷的需求，首先压缩的肯定是拆放给非银机构的钱，这也意味着季末非银机构的资金面会有较大的压力。

更糟的是，各类资管计划与券商集合、同业理财基本都承诺在季末前到期，这些券商集合与资管计划、同业理财大多采取期限错配的做法，这意味着季末要想还给银行本息，要么在市场上借钱，要么卖掉流动性好的债券资产，资金面的压力又将再次被加大，债券市场在季末也可能出现大幅的调整。

(2) 委托贷款

委托贷款的考察与广义信贷相同，即要求N-SIFIs、R-SIFs和CIFIs三类银行的委托贷款增速分别不超过M2目标增速20个、22个和25个百分点。

之所以会限制委托贷款，是因为在实际操作中很多银行利用委托贷款的方式规避监管的要求。

正常情况下，委托贷款的资金是由企业、个人等委托人委托商业银行将资金发放给专门的贷款人，商业银行只是起到通道的作用。而在现实中，很多商业银行通过借道券商定向资管等方式发放委托贷款(见图5.23)，在监管政策出台之前，委托贷款是商业银行投资非标资产的重要方式之一。

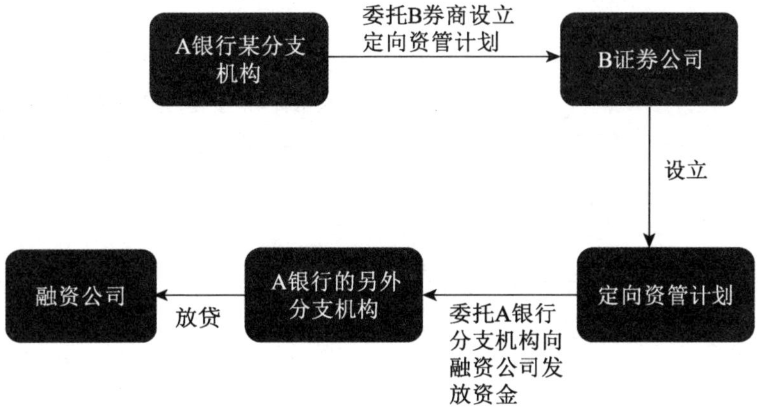

资料来源：Wind。

图 5.23　借委托贷款规避监管

比如 A 银行先出资委托 B 券商设立定向资管计划，定向资管计划设立后，再由资管计划委托 A 银行另外的分行向融资公司放款。

这样虽然名义上 A 银行支付给融资公司的资金是定向资管计划的资金，但实际上还是 A 银行自己的资金。一般这里的融资方大多是 A 银行的主要客户（比如房地产公司）。

借由这样的方式，A 银行就成功地规避了监管在贷款投向、贷款规模等方面的限制，将贷款业务转化为委托贷款业务或者同业业务。因此在 MPA 监管体系下，监管层对委托贷款的增速也进行了限制。

除了 MPA 限制委托贷款外，2017 年开始的金融严监管以及之后颁布的《商业银行委托贷款管理办法》均对商业银行通过委托贷款投资非标等行为做出了更为严格的限制。可以说在新的管理办法下，商业银行借委托贷款投资方式彻底被堵死。

受严监管的影响，可以看到 2017 年之后市场上委托贷款同比增速快速下滑，并且在管理办法正式落地后进入负增长区间，一直到现在委托贷款的规模都在不断下滑（见图 5.24）。可以说目前银行在委托贷款上并不存在任何监管考核的压力。

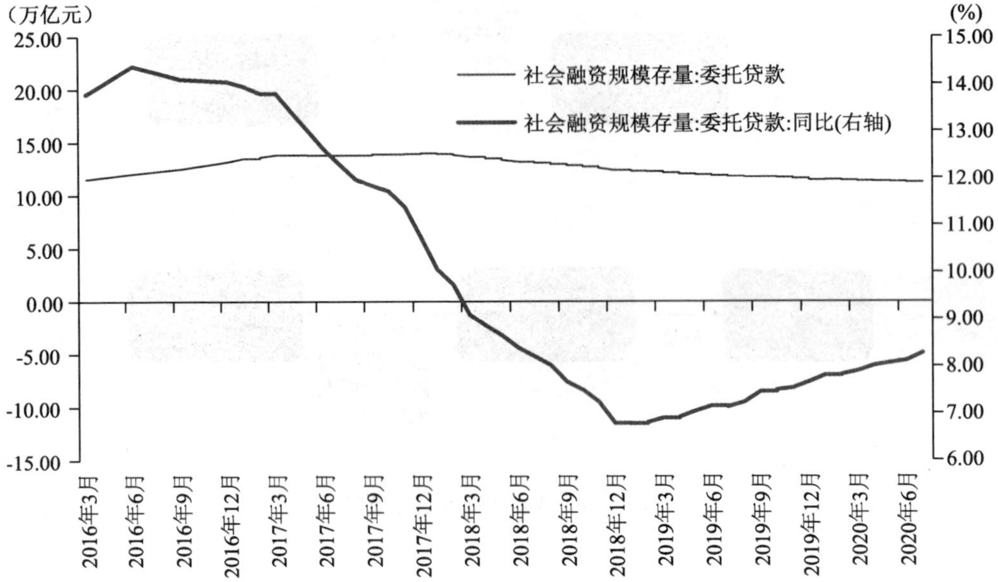

资料来源：Wind。

图 5.24 快速萎缩的委托贷款市场

(3) 同业负债

理解同业负债这一项，最关键的是要理解同业负债的统计口径。

2017 年之前，同业负债主要包括同业拆入、同业存放、同业借款、同业代付、卖出回购等同业负债项目扣除结算性同业存款后的同业融入余额，受到 MPA 考核中 33%的上限限制，没办法做大规模，也就无法满足银行扩张同业负债的需求，尤其是在同业业务风生水起的 2014—2016 年。

因此很多银行开始借助不纳入同业负债项目的同业存单吸收同业资金，间接实现同业负债项目的扩张。但随着同业监管套利的盛行，流动性风险的积聚加大，原本几乎处于监管真空的同业存单逐渐受到监管关注。

2017 年 8 月，央行在货币政策执行报告中正式提出将在 2018 年一季度开始，将资产规模 5 000 亿元以上的银行发行的一年以内同业存单纳入 MPA 同业负债占比指标考核。

2018 年 5 月，央行发布《2018 年第一季度中国货币政策执行报告》，拟于

2019 年第一季度评估时将资产规模 5 000 亿元以下金融机构发行的同业存单纳入 MPA 考核，至此同业负债项目基本完备。

我们也能够看到在 2017 年金融严监管以及同业存单被纳入监管体系后，同业存单的增速明显回落（见图 5.25）。

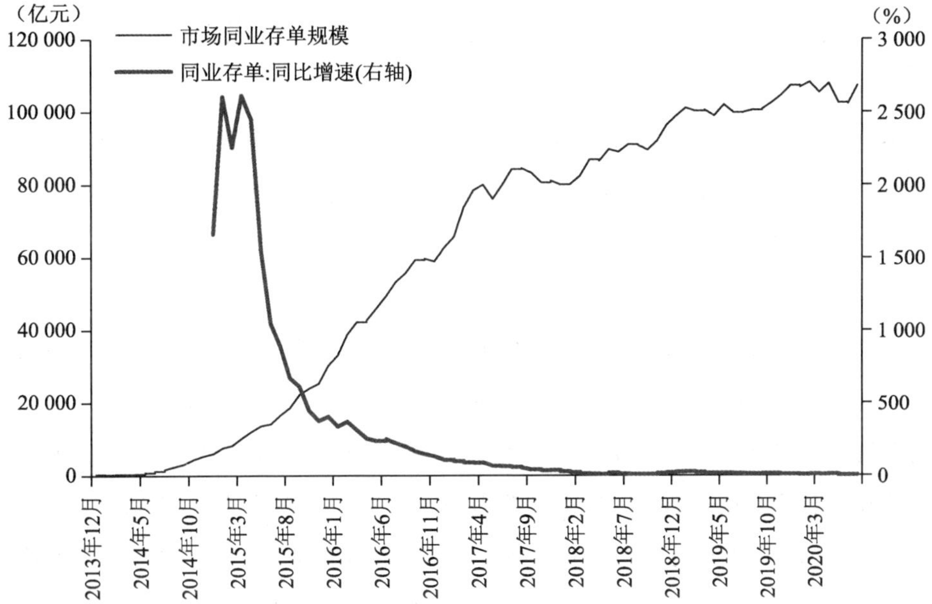

资料来源：Wind。

图 5.25　2017 年之后同业存单增速明显下滑

3. 流动性

流动性这一大项主要包括流动性覆盖率（LCR）、净稳定资金比例与遵守准备金制度情况三项（见表 5.24）。其中流动性覆盖率（LCR）、净稳定资金比例的监管考核要求和标准与银保监会体系中的基本一致，在此不再赘述。

表 5.24　流动性的打分细则

流动性	计算公式	打分标准
流动性覆盖率（40 分）	流动性覆盖率（LCR）＝优质流动性资产储备÷未来 30 日的资金净流出量	符合监管指标：40 分；否则为 0 分。

（续表）

流动性	计算公式	打分标准
净稳定资金比例（40分）	银行一年以内可用的稳定资金÷业务所需的稳定资金	[100%，∞)：40分； [0%，100%)：0分。
遵守准备金制度情况（20分）	无	遵守准备金制度：20分； 否则为0分。

资料来源：作者整理。

遵守准备金制度情况中的准备金是法定准备金，主要意思是看银行在准备金账户中的法定存款准备金是否按时达到法定要求，是否出现过错等损失。这一项基本都能得到满分。

4. 资产质量

资产质量考核项下有两个指标：不良贷款率和拨备覆盖率，各占50分。拨备覆盖率的打分与银保监会相似，以150%为标准值。当银行拨备覆盖率大于150%时，银行获得满分；当处于100%至150%时，获得30～50分；小于100%，获得0分。

不良贷款率与银保监会的标准则相差较远。不同于银保监会，央行并没有一个规定的标准值，它打分是通过与同类型机构的平均值相比。比如对于R-SIFs与CFIs机构来说，如果A银行的不良贷款率低于同类型机构的不良贷款率，那么它就能拿到满分；如果它高于平均水平但不超过2%，则得30～50分，否则得0分（见表5.25）。

表5.25 资产质量项打分标准

资产质量	计算公式	打分标准	
		N-SIFIs	R-SIFIs和CFIs
不良贷款率（50分）	不良贷款率=（次级类贷款+可疑类贷款+损失类贷款）/各项贷款	① 不高于同类型机构不良率：50分； ② 高于同类型机构不良率但低于5%（含）：30～50分； ③ 高于5%：0分。	① 不高于同地区、同类型机构不良率：50分； ② 高于同地区、同类型机构不良贷款率不超出2个百分点且低于5%：30～50分； ③ 高于同类型机构不良率2个百分点或高于5%：0分。
拨备覆盖率（50分）	拨备覆盖率=贷款损失准备÷不良贷款余额	[150%，∞)：50分； [100%，150%)：30～50分； [0%，100%)：0分	

资料来源：作者整理。

假设某城商行不良率为 1.7%，拨备覆盖率为 128%，同地区、同类型银行的平均不良率为 1.74%，则该银行的不良贷款分数得分为 50 分，而拨备覆盖率处于 100%到 150%，用插值法计算得分为 41.2 分[30+(128%-100%)×(50-30)÷(150%-100%)]。最后该银行资产质量得分为 91.2 分(50+41.2)，达到优秀。

至于这两项考核对银行资产负债行为的影响，我们在银保监会部分已经做过详细的介绍，在此不再赘述。

5. 定价行为、信贷政策执行、跨境融资风险

这三项是 MPA 考核体系中的定性指标，达标难度较小。其中定价行为主要是看银行在存贷款利率、Shibor 等利率定价上是否符合市场秩序，一般大概率是满分。跨境融资也是如此。

表 5.26　定价行为、信贷政策执行、跨境融资风险三项的打分细则

项目	指标	打分标准
定价行为	利率定价(100 分)	市场定价行为符合市场竞争秩序：0～100 分
跨境融资风险	外债风险加权余额(100 分)	外债风险加权余额不超过上限，100 分，否则为 0 分
信贷政策执行	信贷执行情况(70 分)	分为信贷政策执行情况(30 分)和信贷政策评估结果(40 分)。主要是评估普惠金融类信贷执行的一些结果等，通过设定不同的标准，引导银行的信贷投向
	央行资金运用情况(30 分)	评估带有信贷政策导向的央行资金(包括支农支小再贷款、再贴现等)运用达标情况，并根据央行资金偿还情况、利率、投向等方面综合评估。 (1) 按时足额偿还央行资金本息：满分 20 分；达标 20 分，不达标 0 分。 (2) 运用央行资金开展业务的利率符合央行要求：满分 5 分；达标 5 分，不达标 0 分。 (3) 符合央行资金投向要求的业务累放量不低于央行要求：满分 5 分；达标 5 分，不达标 0 分。评估期间机构未使用央行资金，可得基础分 20 分。

资料来源：作者整理。

信贷政策这一项主要是为了引导商业银行投放的信贷投向银行意向的领域，比如在 2018 年的时候监管层就表示，自 2018 年开始信贷政策导向效果评估会将小微信贷评估权重提升至 30%，重点引导银行业金融机构发放单户授信 500 万元及以下的小微企业贷款以及个体工商户经营性贷款、小微企业主经营性贷款。

第6章

广义基金资产配置分析

近几年广义基金快速崛起，已成为债券市场的第二大机构投资者。而不同资管产品的资产配置行为有着明显差别。这里我们将逐一分析银行理财、公募基金、券商资管和信托计划的发展历程、资产负债情况和监管要求等。

近几年广义基金快速崛起，已成为债券市场的第二大机构投资者。但什么是广义基金，似乎并没有一个官方的标准，通常是把所有通过发行资管产品募集资金，然后将资金用于投资的机构投资者统称为广义基金。根据这个标准，广义基金主要包括银行理财、公募基金、券商资管和信托计划等资管产品。

不同资管产品的资产配置行为有着明显差别。银行理财背靠商业银行，资金募集渠道广泛，受投资者信赖，但由于市场化水平相对不足，投资风格偏稳健。公募基金享受税收优惠，且由于投研能力强，产品净值化管理能力领先市场，但在募资上，对银行等第三方机构有较强依赖。券商资管投研能力强，且资管经验丰富，但因募资门槛较高，投资者接受度偏低，资金大部分来源于商业银行。信托计划依靠牌照优势，主要作为银行的通道，资金主要投向实体，并不怎么参与债券市场。

为更好了解广义基金，本章将逐一分析它们的发展历程、资产负债情况和监管要求等。

6.1 银行理财

自2004年第一款人民币理财产品发行以来，银行理财凭借着“资金池＋刚性兑付＋预期收益”的投资运作模式、银行信用背书和银行网点分布广泛等优势快速崛起。2007年到2017年，银行理财规模从5 000亿元快速提高到30万亿元，成为中国资管行业的巨无霸。

但在规模快速扩张的同时，银行理财的潜在风险和问题也在积聚。第一，资金池的运作模式，叠加投资大量非标产品，使得银行理财产品期限错配现象十分普遍，增加了流动性风险。第二，银行理财业务不规范，缺乏统一的规章制度。第三，银行理财的刚兑属性，分流银行表内存款的同时，也让实体融资成本居高不下。

为防范风险，2018年开始，资管新规、理财新规和理财子公司管理办法相继出台，为银行理财业务提供了全方位的规范。原有的“资金池＋刚性兑付＋预期收益”运作模式被打破，银行理财逐步向净值化转型。

目前国内还处于资管新规过渡期，预期收益型理财产品与净值型理财产品并存。中国理财网数据显示，2019 年年末预期收益型银行理财产品存续余额 13 万亿元，占全部理财产品的 57％，剩余 43％是净值型理财产品，此时的存续余额为 10 万亿元。

为更好理解银行理财投资债券的风格，我们分别分析预期收益型理财和净值型理财。

6.1.1 预期收益型理财

资管新规颁布前，银行理财都是预期收益且刚性兑付的。虽然当时很多理财产品名义上是非保本的，但这只是为了规避监管，当时监管层要求将保本理财纳入银行表内核算。实际上它们最后都是刚兑的。

预期收益型理财产品，简单来说就是银行理财把从投资者手中募集来的钱拿去投资，无论投资是亏还是赚，买理财的人都能够获得合同约定的预期收益率，而投资的风险和收益实际上都是由银行自己承担的。

这种模式有点像银行自己借债去投资，不再是代客理财了。例如，银行理财按照 5％的预期收益率从投资者手中募集资金，之后拿着募集来的资金投资获得了 8％的收益率，这个时候银行只需要支付给投资者 5％的收益，自己可以享有 3％的超额收益。而如果银行理财投资仅获得了 2％的收益率，银行依然需要支付 5％的收益率给投资者，自己承担 3％的亏损。

预期收益型银行理财的一个重要特点就是“资金池”模式——银行理财能够实现刚兑的重要利器。“资金池”模式可以简单理解为把不同理财产品所募集的资金放在一起统一管理，投资需要资金时就从资金池里拿，有投资收益后就放到资金池里，资产端和负债端并不需要一一对应(见图 6.1)。

总的来说，“资金池”模式运作的理财产品有以下几个特点：

第一，滚动发行。银行通过滚动发行理财产品解决到期产品的流动性问题。

第二，集合运作。就是统一管理、统一运用同一资金池里的理财产品所募集的资金。

第三，期限错配。因为是集合运作，资产和负债并不存在一一对应关系，于是为了提高收益率，银行理财在投资时会用短期资金来做长期投资。

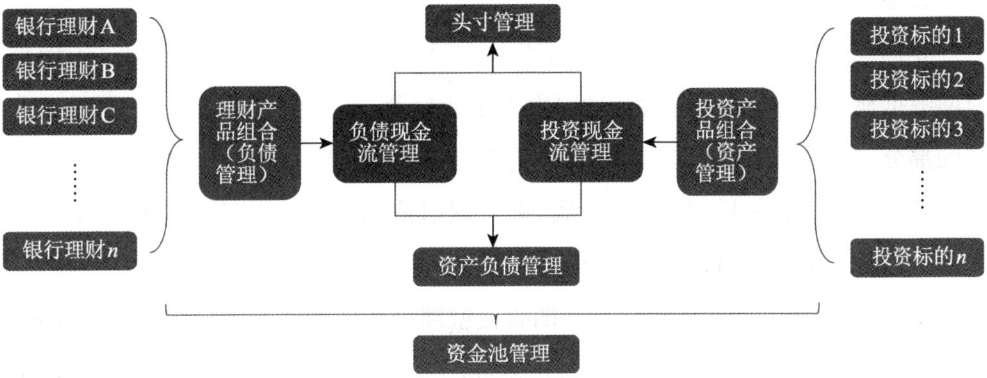

资料来源：作者整理。

图 6.1 银行理财的“资金池”模式

第四，定价分离。集合运作的模式下，同一资金池发售的各类理财的收益率和其所对应资产的投资收益率并无直接关系。

在了解预期收益型银行理财产品的运行模式后，我们再来分析银行理财的资产配置情况。银行理财产品在配置时，主要投向非标、债券、现金及银行存款和权益类等资产（见图 6.2）。

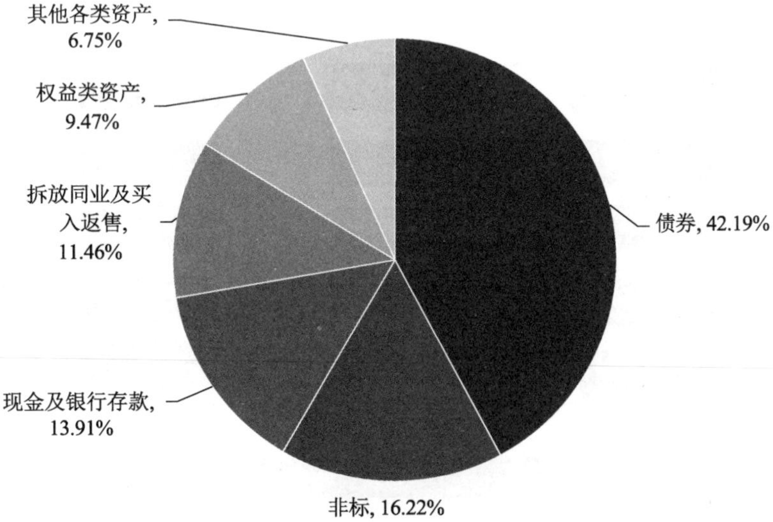

资料来源：《中国银行业理财市场报告》。

图 6.2 2017 年银行理财资产配置情况

1. 非标

非标曾经是银行理财重要的投资方向，尤其是在监管政策收紧之前。中国理财网数据显示，2013 年年底银行理财投资于非标资产的比例为 27.5%。而投向非标的部分，有 51.9%的资金投向地方政府融资平台，有 38.3%的资金投向房地产。

即使是政策收紧后，2017 年年底，银行理财依然有 16.2%的资金投资于非标资产。为什么银行理财这么偏好非标资产呢？主要有以下几个原因：

第一，非标资产的收益率高。预期收益型理财产品模式下，银行可以获得超出约定收益的部分，因而有动力追寻高收益资产。当时监管规范银行资金流入房地产行业，对城投公司融资的政策也在收紧，为了能够融到钱，开发商和城投甚至能够接受两位数的融资成本。高额回报率是银行理财投资非标的最主要动力。

第二，当时的非标信用风险可控。银行理财投资非标后，资金主要流向融资平台和地产开发商，融资平台有地方政府的信用背书，而当时全国房价处于上涨期，融资平台和开发商非标违约的概率较小。

第三，"资金池"模式，使得银行理财资金能够较为便捷地投向非标。"资金池"模式中，银行理财的资产和负债并不一一对应，银行即使将大量资金投向非标资产，也能通过滚动发行解决流动性问题。

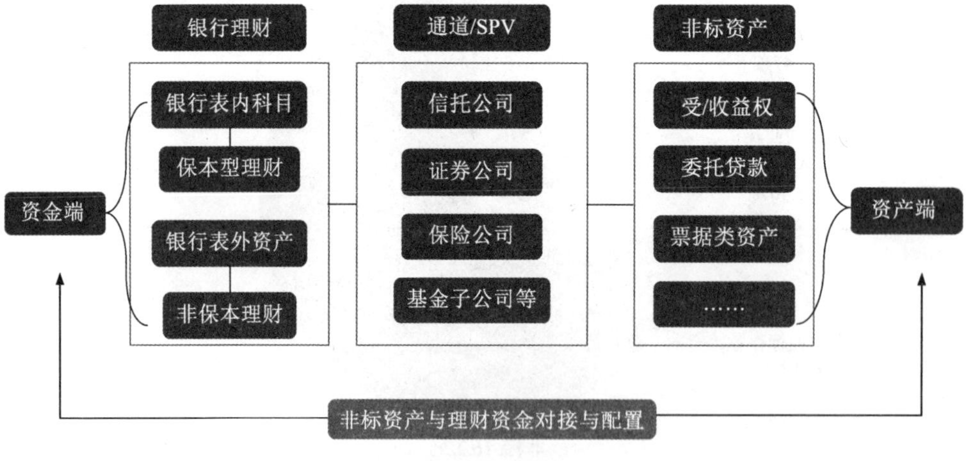

资料来源：作者整理。

图 6.3　银行理财配置非标资产的方式

在具体投资时，银行理财投资非标资产主要采取以下两种模式：

一是将发行理财产品募集所得资金集中在一起，直接投向委托贷款、贴现票据等金融债务工具。

二是借助特殊目的载体(SPV)，通过信托受益权等通道产品和非标资产对接，从而达到"曲线放贷"的目的。

2. 债券

2013年之后，监管层出台了多份文件限制理财资金投资非标资产，如《中国银监会关于规范商业银行理财业务投资运作有关问题的通知》《银行理财业务监督管理办法(征求意见稿)》等都对理财投资非标资产进行了严格的规定。监管趋严后，银行理财开始将资金投向债券等标准化资产。

根据中国理财网数据，2015年年底债券占理财投资资产余额的比重为29.5%，到了2017年年末，这一比例就提高到了42.2%，理财投向债券的比例明显提高。

在具体券种的选择上，银行理财和银行表内资金有极大的不同。银行表内资金偏好利率债，这是因为利率债的资本占用低、流动性好且有税收优惠，加之银行表内负债的资金成本低，多数情况下配置利率债的收益即可覆盖成本。

但银行理财负债成本高，投资利率债的收益难以覆盖银行理财的成本，因此银行理财更偏好信用债，持有利率债更多是为了满足流动性要求。

我们看到2015年银行理财持有的债券资产中，有86.2%的债券是信用债(见图6.4)。即使是金融去杠杆后，2016年和2017年这一比例也在八成以上。进一步细分，理财产品投资的信用债以高评级为主，AAA评级的占比过半，AA+评级的也有近三成。

银行理财为什么要投资债券呢?

第一，出于流动性方面的考虑。银行理财对流动性要求较高，而非标期限较长且难以变现，所以银行会持有部分债券，以满足流动性需求。

第二，监管推动。2013年之前，银行理财的持债规模较小，在监管层打压非标投资以及同业资产后，银行理财才加大力度投资债券等标准化资产。

那么，银行理财是如何投资债券的呢?通常情况下，银行理财除了自己直接购买债券外，还经常委托其他机构投资债券。

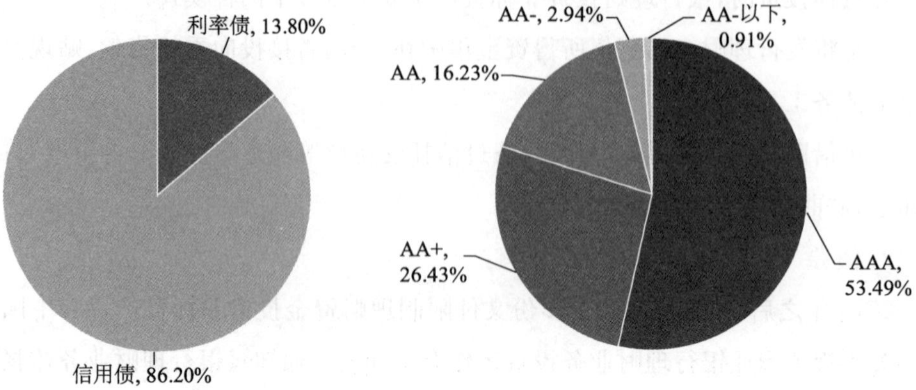

资料来源：《中国银行业理财市场报告》。

图 6.4 银行理财资金偏好高等级信用债(2015 年)

银行理财同质化问题严重，但银行理财又都有做大规模的诉求，所以产品之间的竞争十分激烈。为了吸引客户，它们往往会给出一个较高的预期收益率(见图 6.5)。

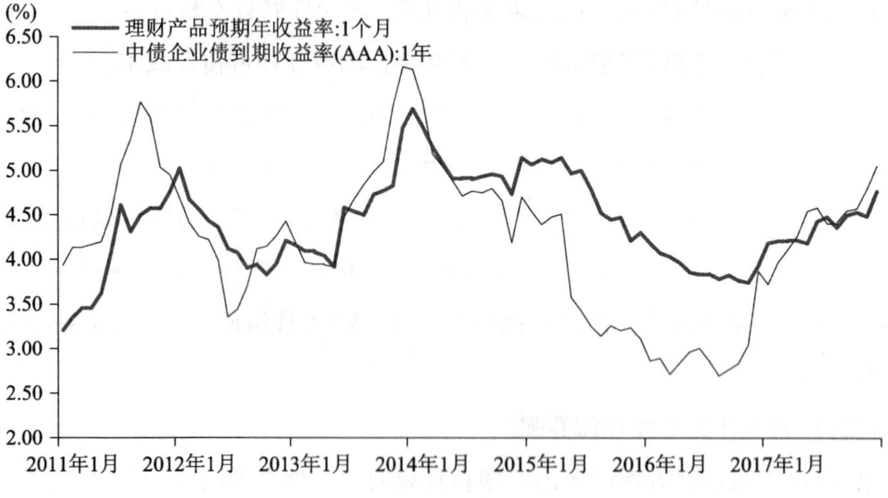

资料来源：Wind。

图 6.5 2015—2016 年理财产品的收益率高于 AAA 级企业债

这意味着银行理财不能仅仅依靠信用债的票面收益，还必须通过“加杠杆、加久期、下沉信用”等方式提高债券投资的回报率。

随着银行理财规模壮大，部分银行尤其是中小银行，开始面临内部专业投研人员不足的问题。加之银行的合规要求相对偏严,理财加杠杆受限,银行理财迫切需要寻找一种更便利的债券投资方式。

委外这时候就成为银行理财的选择。通过将资金委托给公募基金和券商资管这些专业的资产管理机构,银行理财能以做大规模的方式增厚利润。

委外主要有两种模式,分别是产品模式和投资顾问模式。

(1) 产品模式

产品模式指资金委托方(银行理财)通过证券公司资产管理计划、信托计划、基金专户等形式,和管理人进行产品合作的模式。

产品模式下,委外资金(银行理财)作为资管计划、信托计划或基金专户的出资人,参与到产品中实现收益分配(见图 6.6)。这种模式具有投资范围灵活、结构多样、可根据要求定制等优点,常见于国有大行和股份制银行。

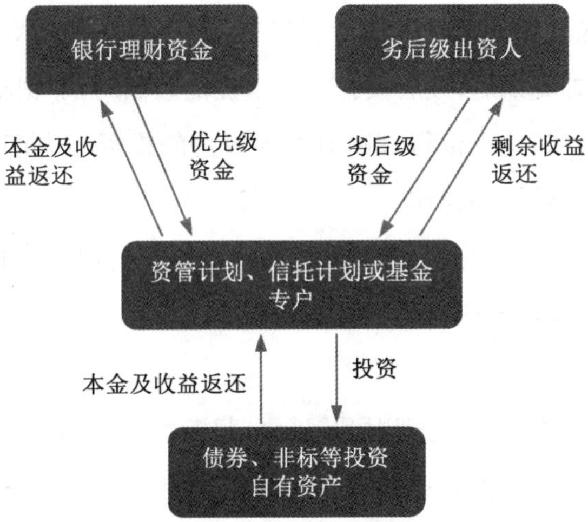

资料来源:作者整理。

图 6.6 银行理财产品模式(以结构化为例)

(2) 投资顾问模式

投资顾问模式,指委托账户交易发生在银行自己的系统和托管账户内,由投顾管理人发出债券买卖指令指导银行交易员操作的模式。

这种模式下,银行理财资金仍由银行投资,只是聘请了委外管理人提供投资建议，因此可投资范围较窄，远不如产品模式那样灵活。不能使用衍生品套期保值，且无法实现资金分层，所以一般为平层纯债结构(见图 6.7)。

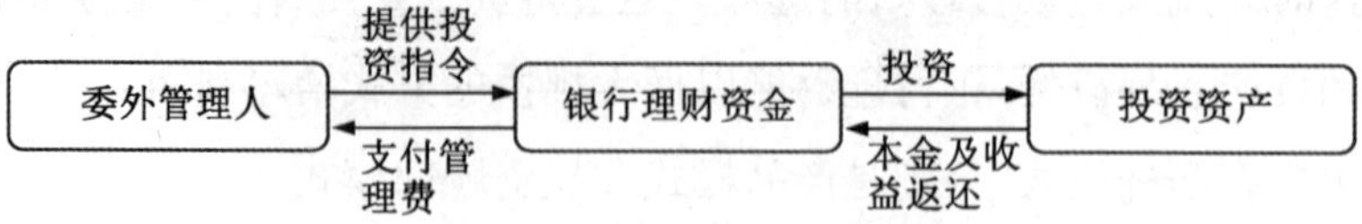

资料来源：作者整理。

图 6.7　投资顾问模式

但委外模式也存在一些问题，最突出的是委托—代理中经常出现的潜在道德风险。由于银行理财(出资方)与非银机构(管理机构)之间的利益选择并不一致，如非银机构从银行理财那里拿到资金后，出于自身利益考虑，可能会投向风险较高的资产以谋求更高利益，这无疑会损害银行理财的利益。

在 2016 年年底开始的那一次债市调整中，部分委外产品受市场调整的影响，出现明显浮亏。委外到期后，或者委托人要求提前赎回时，非银机构有时并没有兑现之前承诺的高收益。这让银行理财对非银机构的投资能力产生了不信任，银行理财开始减少与非银机构的合作。

此后，随着监管层对委外模式的限制、银行理财子公司成立和银行重视投研队伍的建设，银行理财逐步转向自己直接买卖债券。

3. 权益类资产

能够做权益类投资，是银行理财和银行自营最大的区别之一。根据《商业银行法》，银行不得主动投资工商企业股权。但根据规定，面向机构和私人银行客户募集的理财资金，是可以投资权益类资产的。

银行理财参与权益类投资，除了主动管理型(公募基金、对冲基金、FOF、MOM等)之外，更多的是参与股票定向增发业务和并购基金业务(包括 Pre-IPO 并购等)。

并购基金，顾名思义指的是专注于企业并购投资的基金。它通过收购的方式获得企业控制权，然后对其进行整合、重组及运营，待企业经营改善之后，出售其所持股份或资产实现退出。

银行理财往往通过“明股实债”的方式参与并购基金。它在投资并购基金时，作为有限合伙人认购一部分股权，并且多半在参与基金之初就会设定有关的退出协议（见图 6.8）。而基金管理人之所以允许这么做，一方面是为了获得银行理财提供的资金，另一方面也是为了赚管理费。

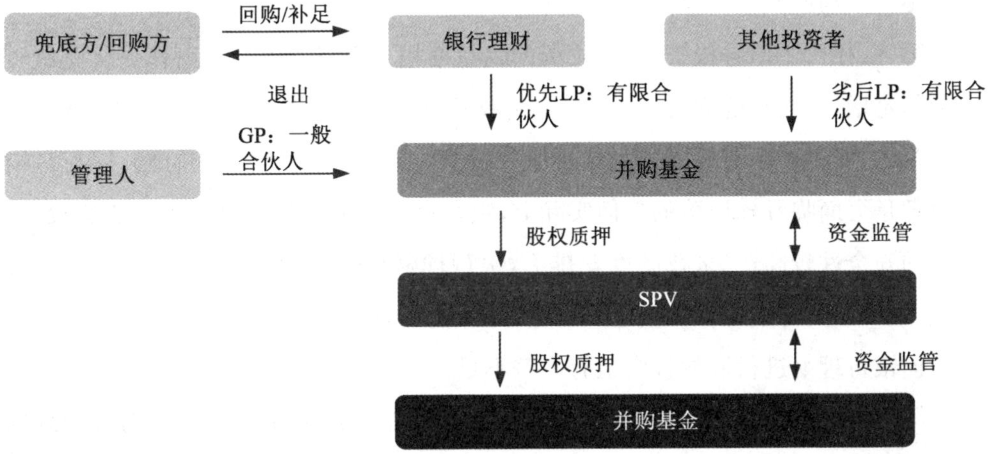

资料来源：作者整理。

图 6.8　银行理财投资并购基金的模式

除了参与并购基金，银行理财还可以通过参与定向增发投资股票。在具体的交易方式上，银行理财往往通过信托计划、基金资管计划（基金专户）、有限合伙等方式作为优先级资金参与定增项目（见图 6.9）。

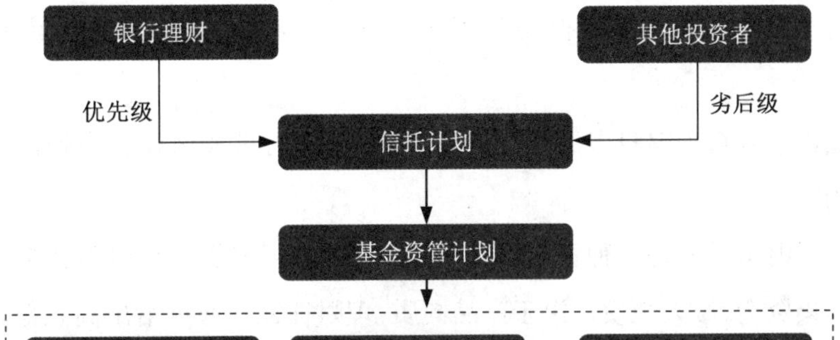

资料来源：作者整理。

图 6.9　银行理财投资定增项目的模式

一般来说，银行理财作为优先级资金参与定增项目中的风险较小，且往往能够获得相对不错的收益。

除了这两种方式外，银行理财还有其他方式可参与股权投资，这里就不一一展开来说了。

银行参与股权投资也比较好理解。

第一，相比于债券投资，股权投资的收益率相对更高。银行理财作为优先级资金参与定增，一般都能够得到6%以上的收益。

第二，安全性也有保障。虽然是股权投资，当市场波动较大的时候，银行理财按道理是会面临亏损风险的。但实际上，银行理财一来多是作为优先级资金投入，资产的安全性较高；二来在制度安排上，银行理财也会在投资之前，通过约定差额补偿、溢价回购等措施设立资金安全垫，降低投资风险。

但银行理财进行股权投资也有一些不足。

第一，投资者对权益类理财产品需求不高。能够投资权益类资产的银行理财产品，往往是面向高净值客户或者企业的私募理财，但这些群体可以选择的金融资产较多，相比之下权益类理财的吸引力并不明显。

第二，银行理财投研能力不足，这是限制银行理财在各类资产上配置的主要原因。目前，银行理财要么是一个部门，要么作为单独的理财子公司。但大多数银行理财子公司都成立不久，权益类投研人员相对不足，银行的资管部门更是如此。

除了上面提到的这几类资产，银行理财也会持有一些同业资产，如拆放同业和买入返售。但是在监管层限制理财同业投资后，银行理财投资同业的规模不断下降。

上面讲了银行理财投资的几类资产，那银行理财是如何在各类资产之间选择和配置的呢?

银行理财本质上是一种资产管理业务，它和其他资管产品一样，需要想办法在市场上筹集资金、做大规模。由于产品同质，理财往往是通过给出高收益率吸引资金。而在高负债成本压力下，银行理财在资产端必须要寻求具有较高收益率的资产予以匹配，其中首要原则便是寻求正息差。

只有当资产有正息差时，银行理财资金才会选择配置；在没有正息差时，银行理财很少会依赖资本利得覆盖负债端的资金成本，因为和固定利息相比，资本利得的风险和不确定性更高，要覆盖成本的难度更大。

那么找到了正息差之后，银行理财会怎么做呢？

理论上，当银行理财找到正息差之后，它们基本上会将资金按照市场风险由低到高逐步配置到各类资产上（按风险排列，各类资产顺序为：现金与银行存款—货币市场工具—债券类资产—非标准化债权）。不过现金和银行存款一般不会有正息差，所以银行仅仅会持有少量现金以满足流动性需求。而大部分货币市场工具也比较难以覆盖理财成本，所以我们看到理财产品主要持有的还是信用类债券。

从投资策略的角度看，理财主要以被动组合策略为主，债券类资产普遍持有到期，以追求长期相对稳定的收益，对于利用市场波段性机会进行交易则较少涉足。

6.1.2 净值型理财

随着资管新规、理财新规和理财子公司管理办法的相继出台，原有的“刚兑＋资金池＋预期收益”模式逐渐被打破，净值型理财产品规模迅速上升，有取代预期收益型理财产品的趋势。

2019 年年末，净值型理财产品存续余额 10.1 万亿元，同比增长 68.6％，占全部理财产品存续余额的 43.3％（见图 6.10）。而净值型理财产品中，开放式净值型产品的占比为 81.1％。

原先的“资金池”模式被打破后，净值型理财产品在运营模式上出现了很明显的变化（见图 6.11）。对银行资管部或者理财子公司而言，净值型理财产品的盈利来源，不再是资产收益率与预期收益率的差额，而是产品的管理费、托管费、手续费等。银行理财更像是一个类似于公募基金的专业服务机构，赚取的是服务费，而不用再承担投资损失的风险。

除了运作模式的改变外，监管层对银行理财可投资资产和投资规模等也做出了明确的规定（见表 6.1）。如银行理财投资的非标资产不得超过理财产品净资产的 35％；投资的由单一上市公司发行的股票，不得超过该上市公司可流通股票的 30％等。

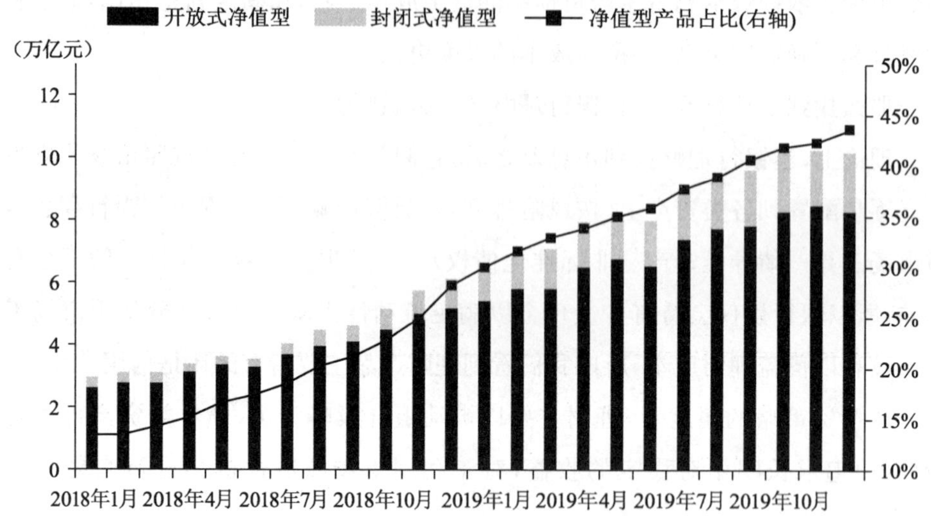

资料来源:《中国银行业理财市场报告》。

图 6.10　净值型理财产品市场份额不断提高

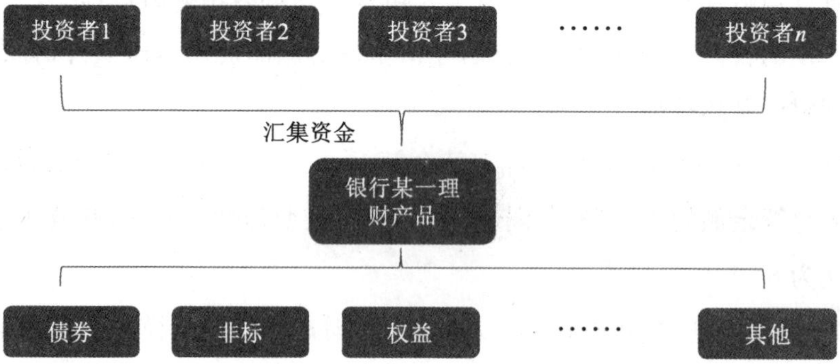

资料来源：作者整理。

图 6.11　"资金池"模式被禁后的理财模式

表 6.1　理财新规对银行理财投资资产的要求

类别	具体要求
禁止类	信贷资产、本行信贷资产受(收)益权、本行或其他银行业金融机构发行的理财产品、本行发行的次级档信贷资产支持证券;面向非机构投资者发行的理财产品不得直接或间接投资于不良资产、不良资产支持证券等。

(续表)

类别	具体要求
限制类	(1) 非标。全部理财产品投资于单一债务人及其关联企业的非标准化债权类资产余额,不得超过本行资本净额的10%;全部理财产品投资于非标准化债权类资产的余额在任何时点均不得超过理财产品净资产的35%,也不得超过本行上一年度审计报告披露总资产的4%。 (2) 资管产品。不得简单作为资产管理产品的资金募集通道;所投资的资产管理产品不得再投资于其他资产管理产品(公募证券投资基金除外);充分披露底层资产的类别和投资比例等信息。 (3) 其他证券。每只公募理财产品持有单只证券或单只公募证券投资基金的市值不得超过该理财产品净资产的10%;全部公募理财产品持有单只证券或单只公募证券投资基金的市值,不得超过该证券市值或该公募证券投资基金市值的30%;全部理财产品持有单一上市公司发行的股票,不得超过该上市公司可流通股票的30%等。商业银行理财产品投资于国债、地方政府债券、中央银行票据、政府机构债券、政策性金融债券以及完全按照有关指数的构成比例投资的除外。
无限制	国债、地方债、央行票据、政府机构债、政策性金融债等。
杠杆率	商业银行每只开放式公募理财产品的杠杆水平不得超过140%,每只封闭式公募理财产品、每只私募理财产品的杠杆水平不得超过200%。

资料来源:《商业银行理财业务监督管理办法》。

理财新规、理财子公司管理办法等监管文件对银行理财投资行为的限制,使得银行理财在资产配置上出现了明显的调整。

对于债券,理财新规等文件限制得不多,毕竟债券特别是利率债在监管层看来是很好的投资资产,反而是理财自己不愿意投资。所以,新的监管政策仅仅是要求银行理财不能将资金集中投资在单一的信用债上,对整体投资情况并无限制。

对于非标资产,新监管政策的要求就比较多了。

第一,投资规模上的限制。非标不得超过理财净资产的35%,这一点在此前的监管文件中就已经涉及,且2018年大部分银行理财的非标投资比重都已经低于35%的警戒线,影响不大。

第二,期限上的限制。按规定银行理财如果投资非标,那么非标资产的终止日不得晚于封闭式资产管理产品的到期日或者开放式资产管理产品的最近一次开放日,这一点主要是限制非标的期限错配问题。

限制期限错配对银行理财投资非标的影响较大。一般非标都是期限较长的资产,此前通过“资金池”模式,银行理财能够做到以短期负债投资长期资产。但现在监管要求资产穿透，资产负债要匹配，这样银行理财投资非标就很困难了。

目前，过渡期内银行理财主要是通过做定期开放式理财产品和封闭式理财产品继续投资非标资产。其中定期开放式理财一来要求期限在半年以上，二来要求资产组合的久期不得长于封闭期的1.5倍；而封闭式理财则只要封闭期与非标期限相匹配就可以投资非标。

另外，对于股权投资，监管层反而是有意引导银行理财增加在股权类资产上的配置。在新的监管框架下，银行特别是大型银行纷纷开始谋求成立银行理财子公司，而目前按照理财子公司管理办法，它是可以直接投资上市交易的股票的。近期银保监会也表示要引导理财、信托、保险等为资本市场提供长期稳定的资金支持。

不过，虽然目前理财投资股权的制度限制放松了，但制约理财投资的主要困难还是理财内部人才(特别是权益投资类人才)匮乏，这很大程度上限制了银行理财的权益投资选择。

从目前理财产品投资的资产结构上，我们也能够看出政策因素对银行理财的投资行为产生了较大影响。

第一，在新的监管环境下，银行理财在资产配置上进一步偏向债券，而对现金的偏好快速下降。

这和银行理财自身资产的优化有关，原先非标等长期限资产较多的时候，银行理财需要准备现金等资产确保整体的流动性。

而现在有了很大改变。一是新规对期限错配做出了明确限制，如非标资产的期限不得晚于理财产品开放日的前一天，这就使得理财对现金的需求明显减小。二是监管明确对于开放式理财既可以持有5%以上的现金，也可以持有5%以上的1年内到期的国债、政策性金融债等利率债。在这样的要求下，银行理财持有的现金和存放银行款项在2018年之后明显减少，而对债券的投资则明显上升。

第二，银行理财配置非标和权益的比重在逐渐下滑。非标的压降主要是因为监管层对银行理财投资非标的限制较多，而权益类资产占比的下降或许和银行理财权益投研能力不强有关。

展望未来，净值化对银行理财产生的冲击会更加明显。此前预期收益型理财产品之所以能够快速扩张，就是因为投资者把银行理财当作存款的替代产品。

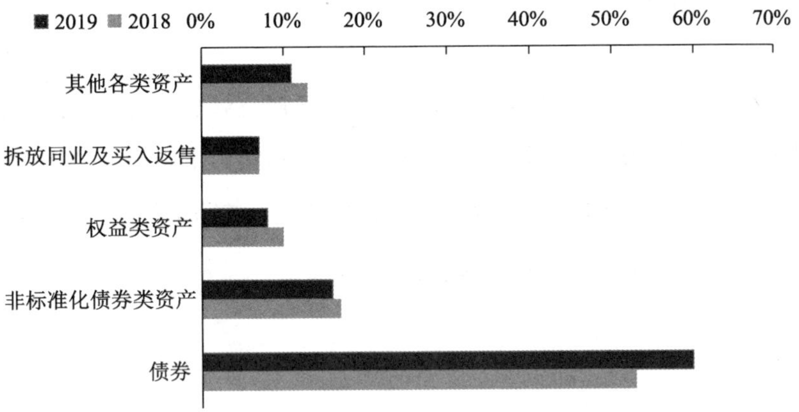

注：2018 年《关于规范金融机构资产管理业务的指导意见》要求银行理财产品打破刚兑，之后在过渡期内保本型理财产品逐渐退出市场，非保本银行理财产品成为市场主流。

资料来源：《中国银行业理财市场报告》。

图 6.12　2018、2019 年非保本理财产品资产配置情况

但随着刚兑被逐渐打破，以及净值化产品的逐渐推广，预期收益型理财产品在资管市场上的优势就大大减小了。特别是 2020 年 5 月份债券收益率的快速上行，使得大量银行理财产品亏损，这让投资者深刻认识到，曾经刚兑的银行理财已经一去不复返了。

未来，银行理财要想在资管市场上占据主导地位，需要进一步向公募基金模式靠拢。毕竟银行理财几乎可以获得全牌照，而凭借着广泛的营业网点、和银行密切的关系等优势，银行理财在今后的资管市场上也有着不小的竞争力。

此外，银行理财也需要进一步发力权益市场。在监管层引导理财资金进入权益市场的背景下，对权益、衍生品等领域投资，将成为不少银行理财子公司特色化业务的重点。

但权益投资并不是银行理财擅长的业务板块，今后银行理财或许会加大和非银机构的合作，借助非银机构的投研能力发展权益业务。相应地，权益类投资规模的增加，可能会挤占银行理财在债券上的投资份额。

6.2　公募基金

回顾中国公募基金20多年来的发展历程，会发现公募基金逐渐从股票型为主转向以债券型和货币型为主（见图6.13）。2020年11月，货币市场基金（简称货基，货币基金）和债券型基金（简称债基）在开放式基金中的占比达63.18%（见图6.14）。

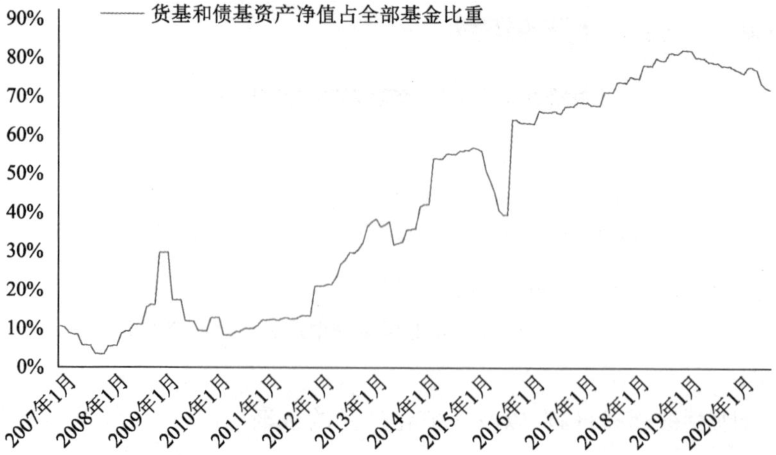

资料来源：Wind。

图6.13　货基与债基所占的市场份额不断提升

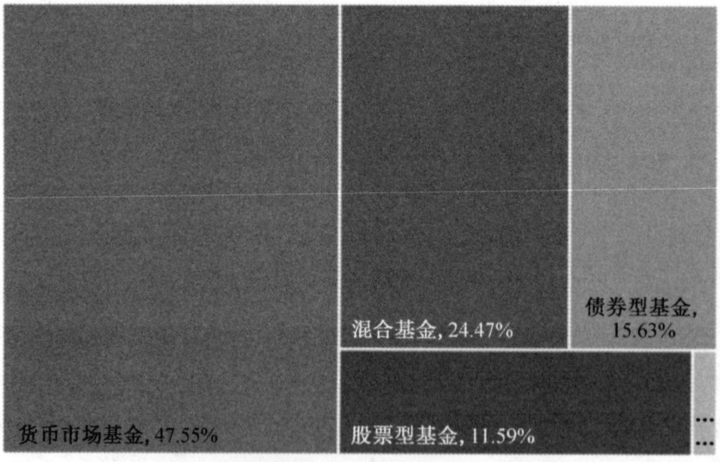

资料来源：中国证券投资基金业协会。

图6.14　2020年11月公募基金市场情况

6.2.1　货币市场基金

受益于2011年发布的《关于加强货币市场基金风险控制有关问题的通知》取消了“货币市场基金投资定期存款的比例，不得超过基金资产净值的30%”的规定，货币基金开始通过提高协议存款的比例增厚收益来吸引投资者。

2013年“钱荒”使货币市场利率冲高带动货币基金收益率上行。加之此时互联网金融快速兴起，以“余额宝”为代表的宝宝类产品进一步激发人们的理财意识，货币基金开始成为当时居民的重要投资选择之一。

除了个人投资者，机构投资者在这一轮货基的扩张中，也扮演了极其重要的角色。

2014年开始，央行货币政策开始转向宽松，存款利率下降推动居民存款向理财产品“搬家”。银行理财凭借着强大的渠道和良好的信用背书等优势，规模迅速扩张，但由于当时经济下行压力较大，银行理财并不愿意直接将资金投向实体，更愿意将资金投资于具有免税优势、便于流动性管理、风险更低的公募基金(主要是货基和债基)。

除此之外，银行理财还通过委外等方式投资赚钱效应强且刚兑的券商资管计划等金融产品，而券商资管计划等在拿到钱后，也会将部分资金用于购买货基和债基做流动性管理。

在机构投资者的参与下，货币基金规模快速提高。可以看到2017年之前，机构投资者持有的货币基金份额不断走高，2017年年末货币基金中有70%的资金来源于机构投资者(见图6.15和图6.16)。

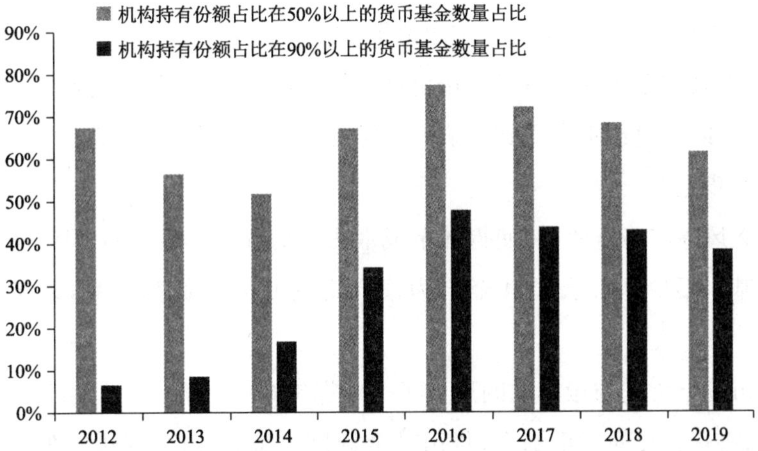

资料来源：Wind。

图6.15　机构投资者是货基的主要资金来源

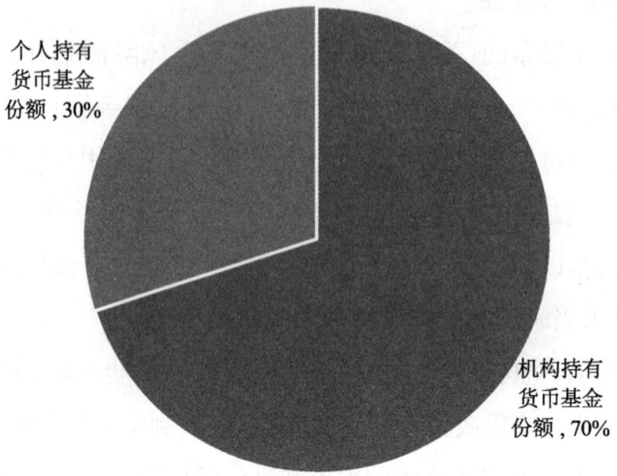

资料来源：Wind。

图 6.16　2017 年货币基金资金来源

这一时期，货币基金能够吸引银行资金的一个重要原因是货币基金实行摊余成本法，这使得货币基金看起来是无风险的。

摊余成本法是指将货基存续期内的收益平均分摊至每一天，并直接反映在净值中的一种核算方法。比如说，你购买了 1 万份(1 元一份，共 1 万元)某货币基金，之后货币基金用这 1 万元购买同业存单、利率债等资产，资产的平均收益率为 3.65%，那么你每天都能够获得 1 元(3.65%×10 000÷365)的利息收入。这个收入会直接体现在每一天基金的单位净值里。

同时，摊余成本法并不考虑市场价格的波动，即使基金购买的资产价格出现了明显下跌，它的净值也不会受到影响。这样的估值模式下，摊余成本法货基的净值每天都在稳步上升。

接近无风险和稳定收益，使得摊余成本法货基得到了银行的青睐，大量银行资金投向货基。不少基金公司甚至会为银行定制专门的货基产品，来满足银行的需求。

当时市场上货基与银行之间形成了一个螺旋式的循环(见图 6.17)。银行在拿到钱之后，将资金投向货币基金，货币基金规模扩张后，再去买银行发行的同业存单，这样银行和货币基金之间就形成了一个资金闭环。

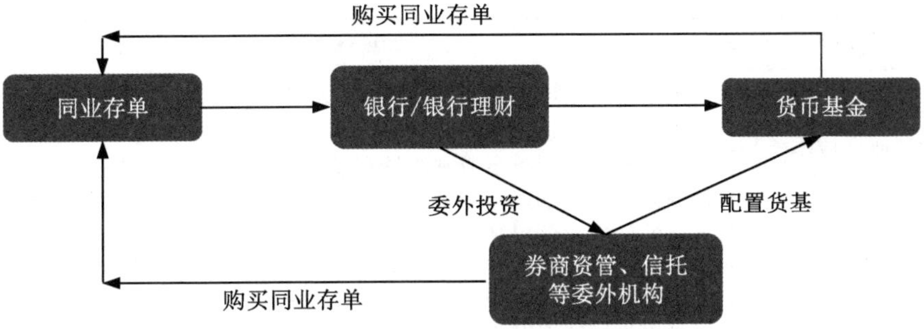

资料来源：作者整理。

图 6.17　货基和银行之间形成一个螺旋式的循环

但是，货基的运行模式并不为监管层所喜。

第一，摊余成本法虽然实现了产品刚兑，但是和市场脱离的估值方式存在较大隐患。当资产价格出现大幅下降的时候，货基如果按照净值兑现给赎回客户，就会出现潜在的亏损，而这笔损失，管理人要么自己拿钱补窟窿，要么拿新客户的钱填补老客户的亏损。

第二，货基和银行/银行理财之间的派生行为使得金融机构内部的风险不断积累。在这样的模式下，一旦市场流动性收紧，银行就可能需要赎回货币基金，而货币基金为了应付赎回要求，就只能出售同业存单，这反过来又加剧了银行的资金需求，形成恶性循环。

在 2017 年严监管的时候，出台了《公开募集开放式证券投资基金流动性风险管理规定》，对公募基金尤其是货币基金的行为做出了多方面要求，如对货基使用摊余成本法、对定制货基（单个机构持有份额超过 50％的货基）、对货基资产投向等都提出了明确的规定（见表 6.2）。

表 6.2　公募基金流动性风险管理规定

类别	具体要求
对“定制货基”的限制	基金公司新设货币基金，单个机构的持有份额若超过 50％，需满足三个要求：(1)以发起式基金形式；(2)不得采取摊余成本法核算；(3)80％ 以上的资产需是现金、国债、央票、政金债以及 5 个交易日内到期的金融工具。

（续表）

类别	具体要求
对“摊余成本法”的要求	货币基金若采用摊余法核算，则月末时，同一基金管理人管理的基金总资产净值/风险准备金≤200。若不满足该规定，则未来基金不得发起设立新的采用摊余成本法核算的货币市场基金与单笔认/申购基金份额采用固定期限锁定持有的理财债券基金，并自下个月起将风险准备金的计提比例提高至20%以上。
对货基资产投向的要求	单只货币市场基金主动投资于流动性受限资产的市值合计不得超过该基金资产净值的10%。
	货币市场基金投资于主体信用评级低于AAA的机构发行的金融工具占基金资产净值的比例合计不得超过10%，其中单一机构发行的金融工具占基金资产净值的比例合计不得超过2%。
	同一基金管理人管理的全部货币市场基金投资同一商业银行的银行存款及其发行的同业存单与债券，不得超过该商业银行最近一个季度末净资产的10%。
	货基前10名份额持有人的份额超过50%(20%)时，货基投资组合的平均期限不得超过60(90)天，现金、国债、政金债等高流动性资产的比例不得低于30%(20%)。
对大额赎回的要求	摆动定价机制，是指当开放式基金遭遇大额申购赎回时，通过调整基金份额净值的方式，将基金调整投资组合的市场冲击成本分配给实际申购、赎回的投资者，从而减少对存量基金份额持有人利益的不利影响，确保投资者的合法权益不受损害并得到公平对待。

资料来源：《公开募集开放式证券投资基金流动性风险管理规定》。

监管政策收紧，对货币基金的发展产生了较大影响，2018年货币基金规模开始下滑。

资产投向方面，Wind数据显示，2011年之前货币基金的配置以债券为主，其占比在60%左右，而现金类资产的占比较少。

但2011年之后，随着监管放松，以及2013年钱荒导致货币市场利率上升，2011年到2014年间，货币基金大量配置现金类资产，主要是协议存款。直到2014年政策放松后，货币市场利率下行，货币基金才减少在现金类资产上的配置，同时增配债券（见图6.18）。货币基金资产配置结构的变化，和我们上文所说的一致。

在债券的投资结构上，2018年之前货币基金投资同业存单的规模快速上升，2018年货币基金投资同业存单的比例达到了77%。

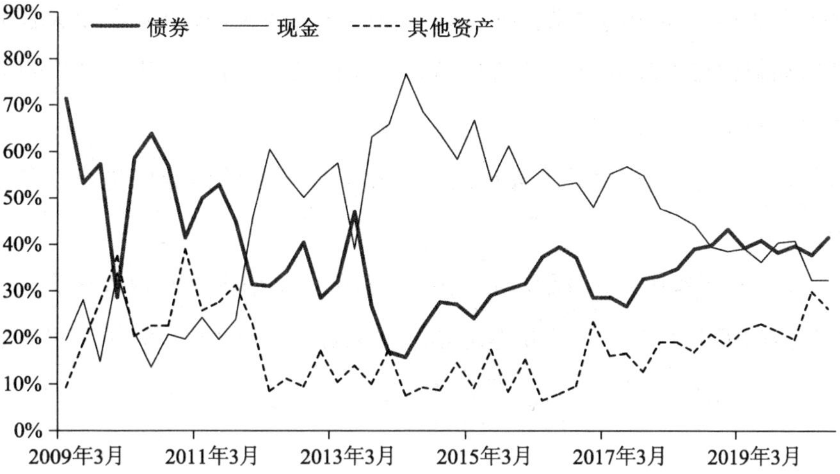

资料来源：Wind。

图 6.18　货币基金投资债券的比例不断上升

不过，在《公开募集开放式证券投资基金流动性风险管理规定》颁布后，货基投资银行同业存单的行为受到限制。比如货币基金投资于主体信用评级低于 AAA 的机构发行的金融工具，占基金资产净值的比例合计不得超过 10%，这就限制了货基通过购买低评级同业存单的方式增厚收益。这些规定导致的结果是，近两年货币基金投资同业存单的规模明显下滑（见图 6.19）。

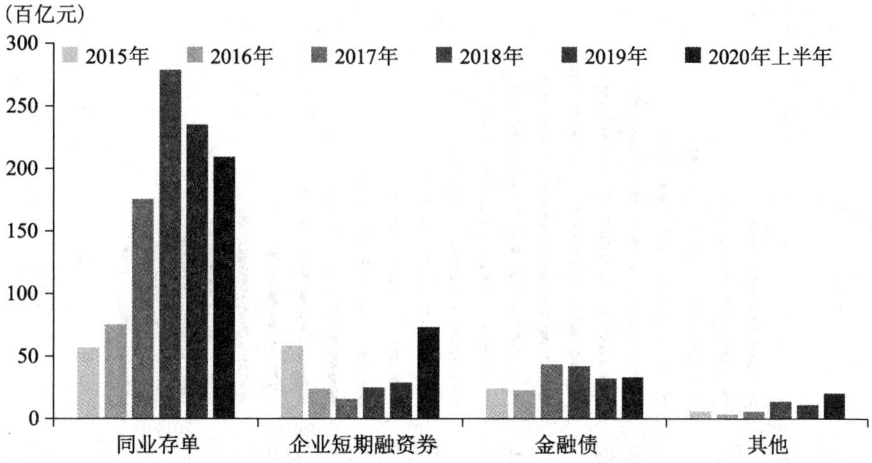

资料来源：Wind。

图 6.19　货币基金偏好同业存单

除了同业存单外，出于期限、成本等方面的综合考虑，货币基金比较偏好短期融资券等期限较短而收益尚可的债券品种。我们看到，近几年货币基金投资短期融资券的规模不断上升。

另外，金融债这类信用风险较小而利率相对还不错的债券也是货币基金的偏好品种。

然而，由于公募基金本身就享有免税优惠，因此国债等享有税收优惠的利率债对公募基金的吸引力不大。货币基金持有的国债比例很小，2020 年上半年货币基金持有国债的比例仅 3%。

6.2.2 债券型基金

2017 年之前，债基的发展过程与货基类似，主要是受益于当时宽松的货币政策环境。当时，流动性极其充裕的商业银行，除了把钱投向货币基金用于做大规模以及用于流动性管理外，还会通过专户、定制公募债基等方式，投资于债券型基金。毕竟债基的收益通常高于货基，且相比于自己购买债券，银行通过债基购买债券还能够享受免税优惠。

数据显示，2014 年到 2017 年，基金专户的数量，以及机构投资者在债基中的占比，都出现快速上升（见图 6.20 和图 6.21）。

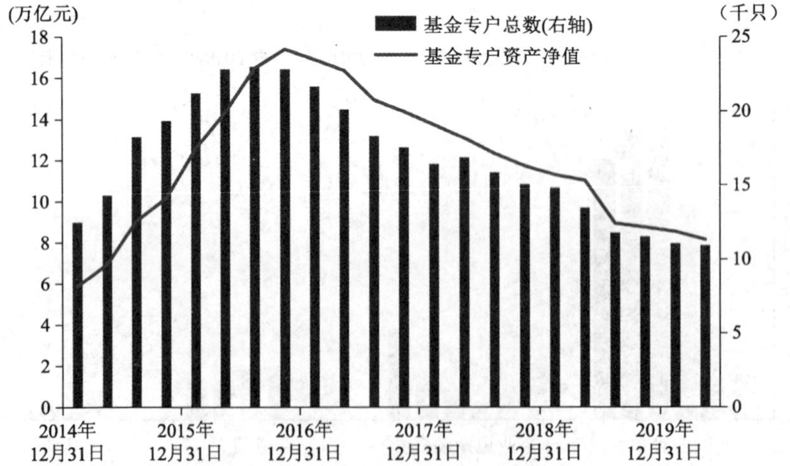

资料来源：Wind。

图 6.20　2017 年前快速增长的基金专户

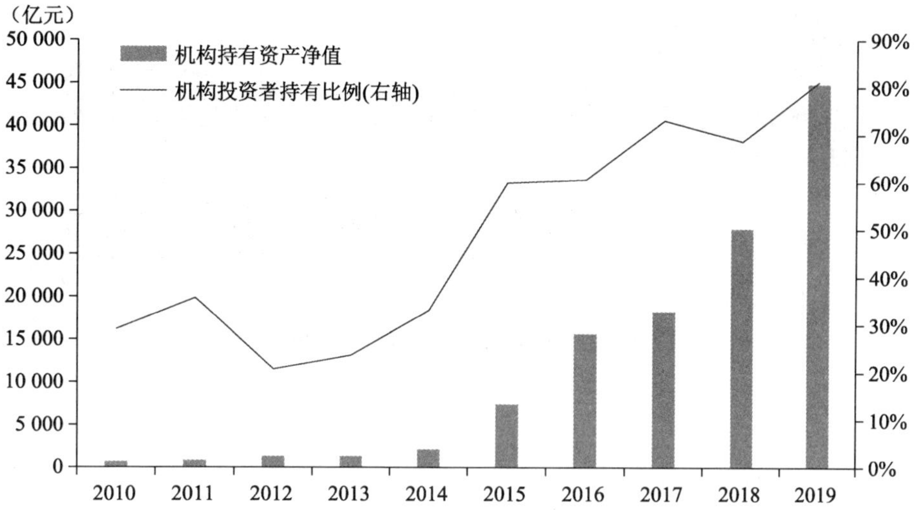

资料来源：Wind。

图 6.21　机构投资者在债基中的比重持续升高

当然跟货基一样，银行资金在推动债基快速发展的同时，也使得债基的负债端变得脆弱，对银行的依赖度加深。一旦银行资金面出现风吹草动，债基就会跟随出现波动。

比如当市场流动性收紧的时候，银行为了满足资金需求，便有赎回债基的需要，此时债基就得卖出债券筹集资金。而卖出债券又会使得它的价格下跌，由于债基使用市值法估值，债券价格的下跌会直接体现到基金净值上，这又刺激银行进一步赎回债基，最终形成恶性循环（见图 6.22）。

2016 年年末时，债券市场就出现了上面分析的恶性循环。当时市场资金面收紧，银行纷纷开始赎回债基，并收紧对非银机构的融资，依赖银行资金的债基只得抛售债券筹集资金，这使得债市大跌，基金净值下滑，而净值下跌又使得银行加大赎回力度，最后引发机构踩踏，使得债市收益率快速上行。

但跟货基不同的是，2017 年严监管之后，债基并没有如同货基一样开始收缩，而是在调整之后规模继续扩张（见图 6.23）。

2018 年之后债基的增长和摊余成本法定开债基的崛起有关。

当时监管趋严后，摊余成本法货基发行受限。据 Wind 数据，2017 年下半年至

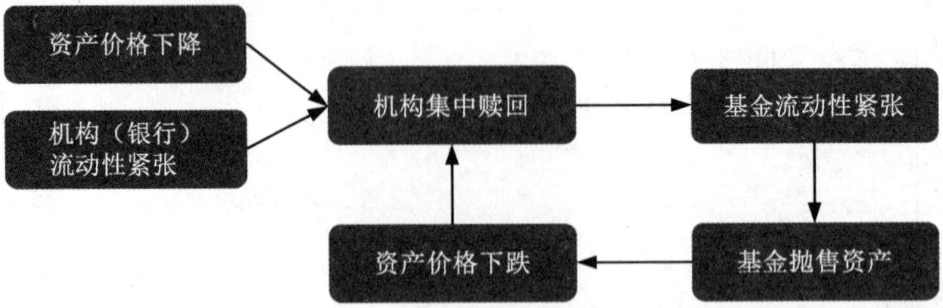

资料来源：作者整理。

图 6.22 债基潜在的流动性问题较大

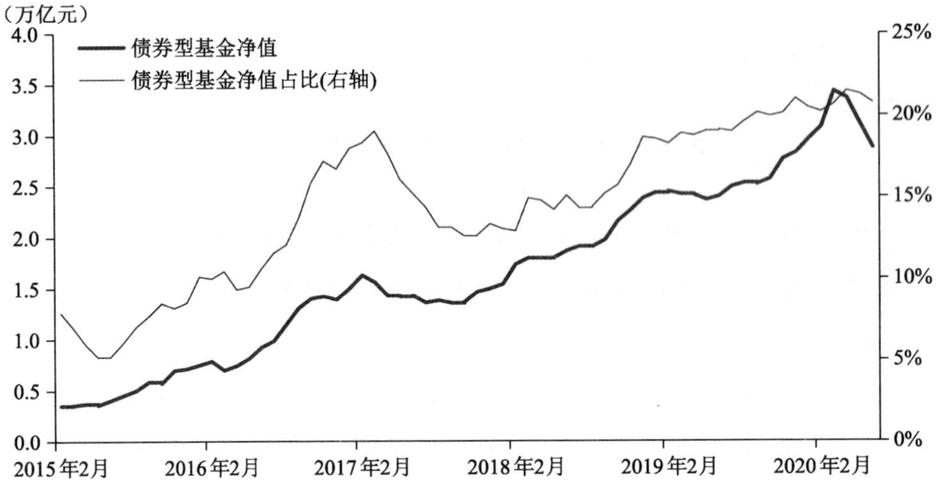

资料来源：Wind。

图 6.23 快速发展的债基

2020 年 8 月，仅在 2019 年 8 月有 6 只摊余成本法货基发行，其他月份均没有摊余成本法货基发行。

而 2018 年印发的《关于进一步明确规范金融机构资产管理业务指导意见有关事项的通知》，允许在过渡期内，封闭期在半年以上的定期开放式债基可使用摊余成本法计量。

在货基发展受限的背景下，摊余成本法债基脱颖而出，受到市场追捧（见图 6.24）。

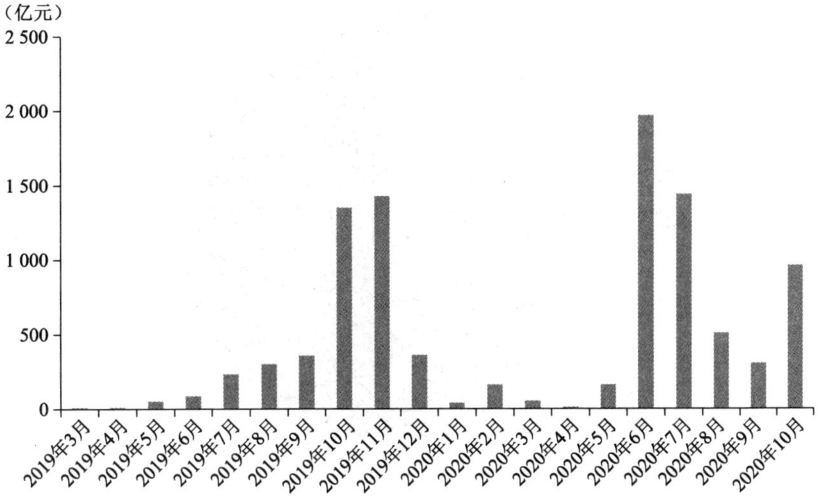

资料来源：Wind。

图 6.24 快速崛起的摊余成本法债基

介绍完债基的发展历程后，我们再来分析债基的投资偏好。

资产投向上，根据 Wind 数据，债基有 93％的资金用于配置债券。在具体债券品种上，债基偏好的债券主要有金融债、中期票据、企业债、短期融资券。其中，金融债在整体中的占比较高（见图 6.25），2020 年上半年债基有接近 50％的资金用于配置金融债（见图 6.26）。

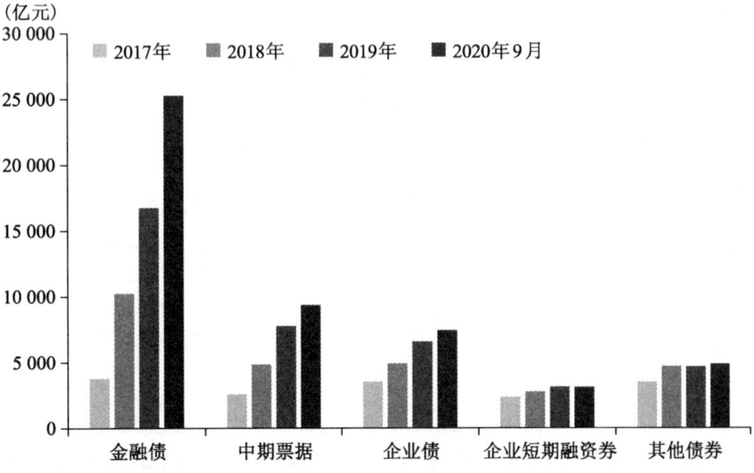

资料来源：Wind。

图 6.25 金融债是债券基金的主要投资资产

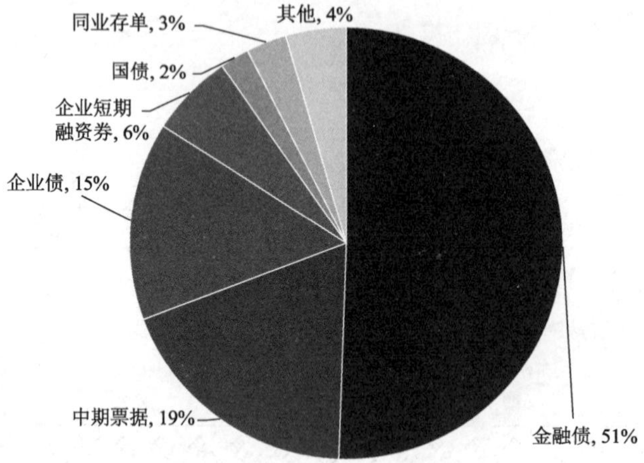

资料来源：Wind。

图 6.26　2020 年上半年债券基金的资金投向

杠杆率方面，2014 年之前债基的杠杆率一路走高，公募基金凭着投研能力优势，通过加杠杆的方式增厚收益。但 2014 年之后，监管要求债基的杠杆不能超过 140%，叠加 2016 年的债市调整，债基的杠杆率一路下滑，直到 2018 年债券迎来牛市后，债券基金的杠杆率才有所回升（见图 6.27）。

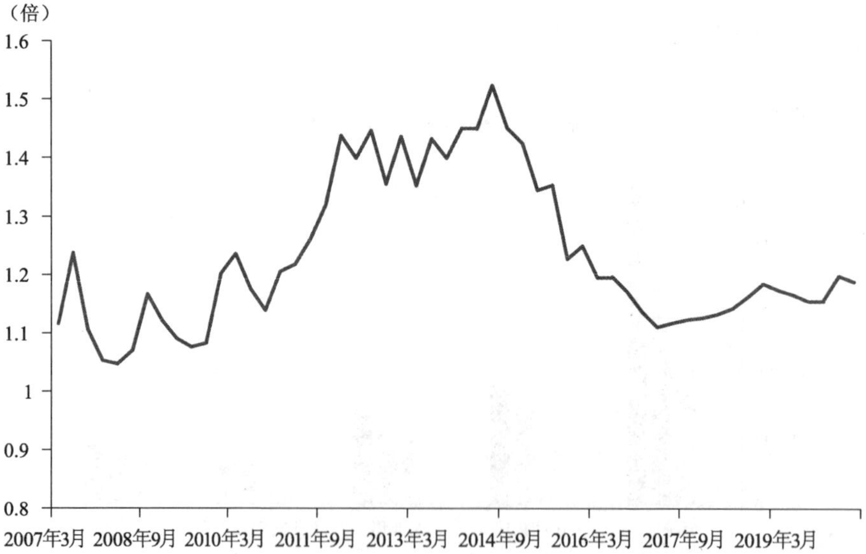

资料来源：Wind。

图 6.27　债基杠杆率（资产总值/资产净值）的变化

值得注意的是，相比于做波段赚差价，债券基金更偏好票息收入。它们喜欢购买信用债，然后通过加杠杆等方式提高票息收入，通过做波段等方式赚取买卖利差的频率偏低。

从债券型基金公布年报的数据中可以看到，2019 年债券型基金中债券利息收入占总收入的比重达到了 76.4%，而债券投资收益（即债券买卖价差收益）仅占总收入的 7.7%。

此外，根据中债登公布的现券交易数据，2020 年 1 月到 11 月基金公司现券买卖总额仅占其 11 月末持债规模的 101%，明显低于商业银行的 368%，更低于证券公司的 7 622%。

当然，也会有部分债基的风格偏交易型，它们的债券买卖收益有时候占基金总收益的比重会超过 50%，乃至于达到 90%，不过这样的债基数量较少。

具体到某一只基金时，我们可以通过它定期披露的季报、年报等资料了解其持仓、仓位、杠杆率、交易风格等数据，不过在这里就不再展开了。

展望未来，在大资管时代，随着刚兑被打破，资金池模式被禁，所有资管产品都开始向以市值法估值的公募基金靠拢，如近几年券商资管就一直在努力获取公募牌照，要求证券公司大集合资产管理产品对标公募基金，这给公募基金带来了一定的竞争压力。

但和其他类型的资管机构相比，公募基金仍有无可比拟的优势，决定了它对投资人而言继续有很强的吸引力。

第一，公募基金在净值化管理方面经验丰富。除部分特定产品比如摊余成本法定开债基外，公募基金大部分产品长期以来都是实行净值化管理的。

第二，公募基金的主动管理能力较强，内部投研体系完备，而且机制更加灵活，在吸引人才方面有很强竞争力。

第三，公募基金的免税优势，使得它募资，尤其是从银行募资时，相对更加容易。

6.3 券商资管

受益于 2012 年之后宽松的金融创新环境，市场上如银证票据合作、银证信/

基合作等通道业务开始盛行，券商资管也迎来了快速发展期。2017 年一季度末，券商资管规模达到了 18.7 万亿元，相比于 2012 年的不到 2 万亿元，增长了近 9 倍。

2017 年开始，对资管产品的监管收紧，出台了一系列政策文件，对包括券商资管在内的各资管产品进行了全方位整顿。受政策影响，券商资管规模开始逐年下滑，其中主要作为通道的定向资管计划规模下滑最严重（见图 6.28）。2020 年三季度末，券商资管规模为 9.5 万亿元，和高峰时期相比规模接近腰斩。其中，定向资管计划剩余 9 万亿元，相比于曾经的峰值 16.1 万亿元，规模也明显下滑。

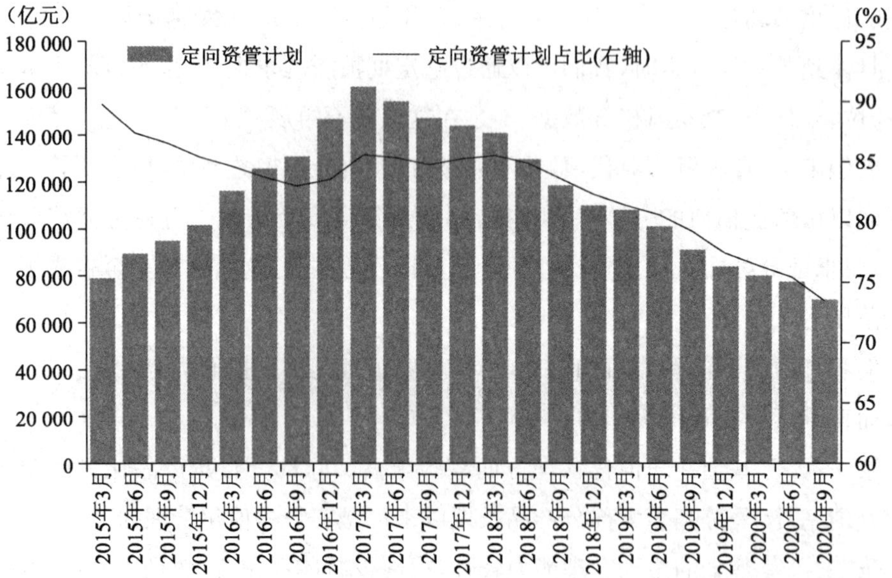

资料来源：Wind。

图 6.28 券商定向资管产品规模在 2017 年一季度达到峰值，此后逐渐下滑

接下来我们从负债和资产两端分析券商资管的行为。

6.3.1 负债端

从券商资管的负债端看，资金主要来源于机构客户、个人客户和自有资金。

机构客户(尤其是商业银行)是券商资管的主要资金来源,毕竟券商资管一开始就是作为银行的通道,才快速发展起来的。

数据显示,券商资管计划中,超过90%的资金来源于机构投资者。而定向计划的资金,超过99%来源于机构投资者,主要是银行和信托,个人投资者几乎不涉足定向计划(见图6.29)。相比之下,集合计划中,来自个人投资者的资金比例要略微小于机构投资者(见图6.30)。

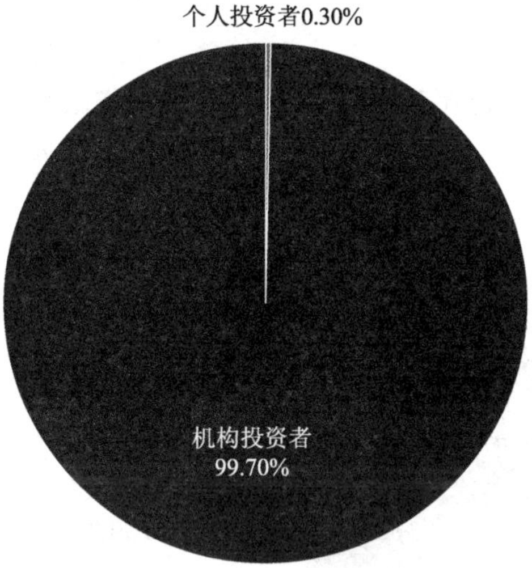

资料来源:《资产管理业务2016年统计年报》。

图6.29 定向计划投资者结构(2016年)

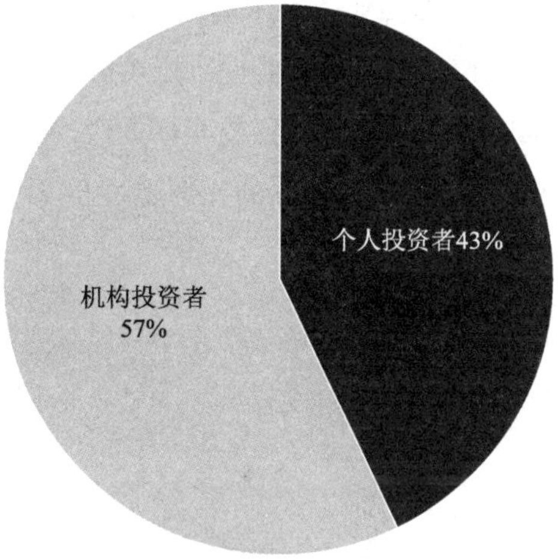

资料来源:《资产管理业务2016年统计年报》。

图6.30 集合计划投资者结构(2016年)

2017年之后随着通道业务逐渐收缩,来源于机构投资者特别是银行的资金比例有所减少。而随着券商资管开始向主动管理业务转型,来自个人投资者的资金比例逐渐提高。

6.3.2 资产端

券商资管的投资行为可以2017年为界,大致分为两个阶段。

2017年严监管之前,券商资管的运作模式和银行理财类似,也是"刚兑+资产池＋预期收益”。毕竟在当时刚兑的大环境下，如果券商资管不刚兑，是很难吸引投资者的。而刚兑的潜台词就是“资金池＋预期收益”。

但跟银行理财相比，在资产配置上券商资管要比银行理财激进。毕竟券商资管计划的资金主要来源于银行，成本更高，而高成本使得券商资管只能购买非标和低评级信用债等收益更高的资产，且通过加杠杆、拉长久期等方式增厚收益。

具体投向上，券商资管定向计划和集合计划在投向上有明显的区别。

定向计划又可以分为通道产品和主动定向产品。其中，通道产品占据主体，2017 年通道业务占全部定向计划的比例超过 75％。

作为银行投资非标等资产的通道，通道产品主要投向信托贷款、委托贷款和票据收益权等在内的各类非标资产（见图 6.31）。而主动定向产品则主要投向标准化资产，其中投向债券的比例超过 50％（见图 6.32）。

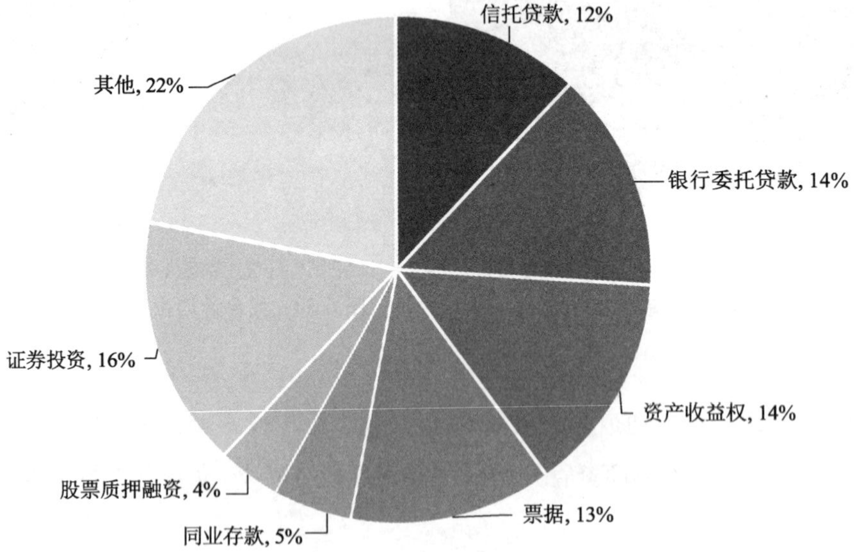

资料来源：中国证券投资基金业协会。

图 6.31　券商资管通道产品的资产投向（2016 年）

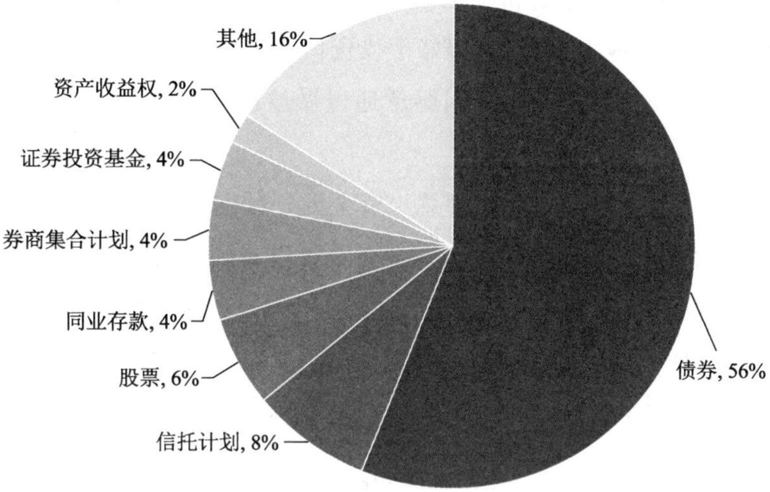

资料来源：中国证券投资基金业协会。

图 6.32　券商资管主动定向产品的资产投向(2016 年)

券商集合资管计划的资金投向和主动定向产品类似，更偏好于标准化资产。根据证券投资基金业协会的数据，2016 年集合资管计划中有 63%的资金投向债券，有 8%的资金投向股票，5%的资金投向基金，而投向信托计划和专项资产管理计划的资金占比不到 10%(见图 6.33)。

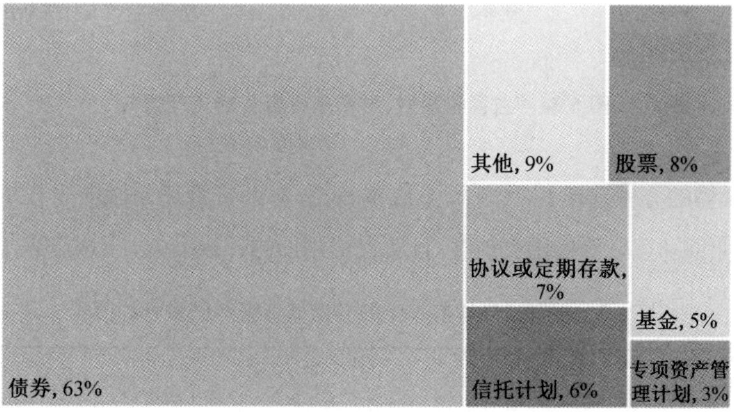

资料来源：中国证券投资基金业协会。

图 6.33　集合资管计划资产投向(2016 年)

虽然这一时期集合计划和主动管理定向计划有超过一半的资金投向了债券，但券商资管的高成本，迫使它偏好于投资口味比较重的债券。除了下沉信用外，券商资管的投研能力，也让它们愿意通过做波段、加杠杆等方式提高资产的收益率。

2017年严监管之后，原有的"刚兑＋资金池＋预期收益"模式被打破，通道业务也受限，券商资管开始发力主动管理业务。可以看到券商定向计划规模一路下滑，但集合计划规模在2017年下滑之后，2018年开始震荡回升。标准化资产如债券、股票等资产依旧是集合计划的主要投资方向，2020年9月末，集合资管计划中有60％的资产投向了债券（见图6.34）。

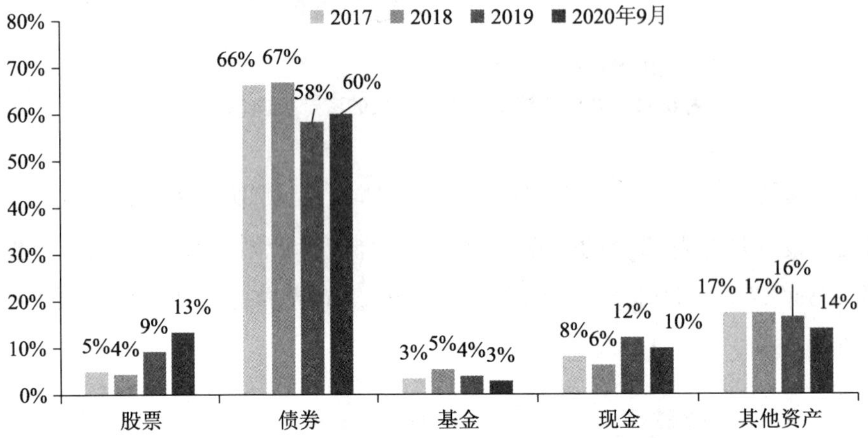

资料来源：Wind。

图6.34 监管收紧后，券商集合资管的资产投向

而在具体的券种选择上，由于资金成本较高，券商资管还是倾向于投资中期票据、公司债、企业债和短融等信用类债券，且所投信用债的评级多数并不高（见表6.3）。

表6.3 某资产规模前二十的券商某资管产品重仓的债券

品种简称	持仓市值（亿元）	占资产净值比例（％）	债券类型	信用评级
19汇金MTN005	2.02	3.00	一般中期票据	AAA
17定城01	2.00	2.97	私募债	AA

（续表）

品种简称	持仓市值（亿元）	占资产净值比例（%）	债券类型	信用评级
20 首开 MTN001	2.00	2.97	一般中期票据	AAA
20 浦发银行 01	1.56	2.32	商业银行债	AAA
20 国君 G1	1.51	2.24	证券公司债	AAA
18 华夏 06	1.42	2.10	一般公司债	AAA
16 温城专项债 02	1.35	2.01	一般企业债	AA+
19 南网债 01	1.21	1.80	一般企业债	AAA
19 汇金 MTN009	1.01	1.50	一般中期票据	AAA
20 柳州建投 CP001	0.99	1.47	一般短期融资券	AA

资料来源：Wind。

展望未来，在资管新规以及系列配套政策文件逐渐落地的过程中，资管行业必将迎来一轮改革，如刚兑会被逐步打破。刚兑打破后，券商资管会和公募基金、银行理财等资管机构同台竞技，主动管理业务的竞争也会更加激烈。

而在非标投资受到极大约束的情况下，以股票、债券等标准化资产为主要投向的资管产品会越来越多，谁能在业绩、渠道、产品设计上做好，谁就能获得更高的市场份额。

从竞争的角度看，券商资管和信托、公募基金、银行理财相比，既有劣势，也有优势。

劣势方面，和公募基金相比，券商资管的认购门槛偏高、没有免税优势、投资者认可度不高、在净值型产品的投资管理上经验不足；和银行理财相比，券商资管的渠道不够广、市场的认可度也不如银行理财；与信托相比，券商资管没有放款牌照，也没有破产隔离、他益性、代际传承等优势。

优势方面，尽管券商没有放款牌照，但积累了多年的标准化资产投资经验，机构内投研人才储备充足，渠道也仅次于银行。和公募基金相比，看似落于下风，但券商胜在灵活，这种灵活性体现在体制、薪酬、激励机制与投资管理等方面。

比如在投资管理上，券商资管一是可以做投顾，便于对接一些资金不能出省的银行机构；二是可以做定向，满足银行客户的特定需求，如果银行出于维护区域内客户的考虑，想支持客户发行的企业债，那么券商资管在满足勤勉尽责、风控合规等要求的情况下，是可以协商的。

与此同时，券商资管也一直在谋求公募基金牌照，向公募基金靠拢。

2018 年 11 月证监会发布《证券公司大集合资产管理业务适用操作指引》，明确要求存量大集合资管产品应当对标公募基金，于 2020 年年底之前，完成对大集合产品公募化改造，不过随着"资管新规"过渡期延期，大集合资管产品的改造期限也延期到了 2021 年。

为满足大集合资管产品的改造要求，券商资管开始加速谋求公募基金牌照的步伐。在 2020 年 7 月 31 日，证监会发布《公开募集证券投资基金管理人监督管理办法(征求意见稿)》，文件中放宽了原来的"一参一控"限制，允许同一主体同时控制一家基金公司和一家公募持牌机构。

而券商资管在获取公募牌照后，一是券商资管原有的大集合产品能够更便捷地转化为公募产品；另一方面在此后的产品推广上也更加方便，有利于券商资管业务的开展。

6.4 信托计划

中国信托产品的规模，在 2017 年达到高峰，当时信托规模超过了 25 万亿元。之后随着严监管，开展原有信托业务模式的难度加大，信托产品的规模不断缩小。2020 年三季度，中国的信托资产余额为 20.9 万亿元，相比于峰值减少了近 4 万亿元。

从资金来源看，由于信托有放款牌照，往往被银行当作放款通道。银行通过银信和银证信合作等方式，借助信托将资金投向房地产企业和地方融资平台，实现间接放贷目的。但在监管不断围追堵截、经济走弱、实体融资需求下滑以及竞争加剧的背景下，信托的通道业务逐渐回落，自 2017 年之后，信托的增长规模一路下滑。

从资金投向看，信托资金主要投向实体经济。自 2012 年以来工商企业就一直是信托资金的主要投向，2020 年三季度信托资金投向工商企业的资金占比达到 31.47%，投向基建和房地产行业的比重为 29.8%，而投向债券市场的比例仅有 7.86%（见图 6.35）。

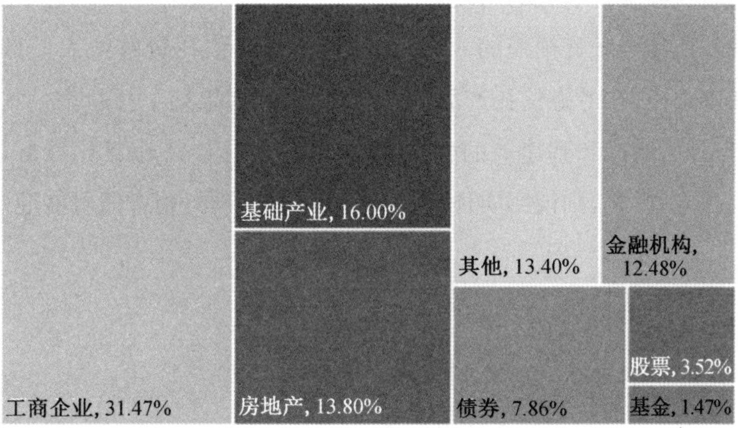

资料来源：中国信托业协会。

图 6.35　2020 年三季度信托的资金投向

信托资金主要投向工商企业、房地产和基础产业，而不愿投资证券市场的原因，主要有以下几点：

第一，房地产开发商和地方融资平台等给出的收益率较高。2008 年金融危机后，房地产和基建投资规模激增，在房价上涨的背景下，开发商有能力也愿意付出较高的成本融资。2014 年印发 43 号文，2016 年四季度开始收紧房企的融资监管政策，开发商和城投公司融资越来越难，对信托等高成本的融资渠道有较强依赖性。

第二，信托产品的负债成本高。相比于银行理财，信托产品筹集资金的成本更高，集合资金信托或者是单一信托资金的融资成本往往在 6%以上。这么高的资金成本，导致信托资金很难投向债券等票面收益相对较低的资产。

第三，投研能力不足。信托公司以前只需找房地产企业和地方融资平台放款就行，收益高、风险又低，对证券市场涉足较少，相应的投研能力也不强。

但随着监管政策收紧和“房住不炒”的实施，以及打破刚兑的预期已经形成，信托转型迫在眉睫。近年来，信托一直在探索转型之路，在监管鼓励发展资本市场和提高直接融资占比的背景下，信托行业也在加大对资本市场的投入。

除直接观察信托资金投向看信托对债券市场的影响外，信托也为我们提供了另外一个判断债券市场走势的角度。

信托贷款是社会融资规模的一个组成分项，由于信托贷款很大一部分流向了房地产和基建领域，在考虑信托产品的到期因素后，如果某个月新增信托贷款规模较大，说明当月房地产和基建等的融资需求旺盛，实体经济相对比较好，对债券市场的影响偏利空；反之，则说明实体经济的融资需求较弱，利率债可能迎来机会。

第7章

债市新力量——境外机构

我们将境外机构大致分为央行类机构投资者和商业类机构投资者两类,从它们的角度出发研究境外机构投资债券的行为特点。

近年来，随着中国债券市场对外开放程度的加深，境外机构逐渐成为中国债券市场上的主要参与者之一。截至 2020 年 10 月，境外机构的持债规模超过 2.8 万亿元，相比于 2014 年 6 月增长超过 600%，其占银行间债券市场托管量的比重也从最开始的不到 2%，增长到了 3%左右。

债券市场上的境外机构大致可以分为央行类机构投资者和商业类机构投资者两类。它们在行为模式上有着明显的区别，商业类机构投资中国债券的主要目的是为了获取收益；而央行类机构投资中国债券则更多的是由人民币国际化驱动的。在债市开放初期，央行类机构是境外机构的主要组成部分，但随着债市对外开放程度的提高，商业类机构投资者的数量和规模逐渐增加，并逐渐超过了央行类机构投资者，成为境外机构中的主力。

未来，随着中国人民币国际化稳步推进、中国债券市场对外开放步伐加快以及中国债券的性价比优势凸显，我们认为境外机构会继续增持中国债券，境外机构在中国债券市场上的地位会越来越重要。

7.1　境外机构进入中国债市的演变与路径

境外机构参与中国债市由来已久，按参与方式的丰富程度划分，我们可以将其划分为三个阶段(见图 7.1)。

1. 起步阶段：2002—2009 年

2002 年颁布的《合格境外机构投资者境内证券投资管理暂行办法》揭开了中国债券市场对外开放的序幕。此后，境外机构便可以通过成为合格境外机构投资者(QFII)正式参与中国债券市场。

但由于当时中国金融市场发展不完善，对外开放的进程刚刚起步，境外机构通过 QFII 制度进入债市实际面临着很大的制约，比如监管层要求境外机构进入中国债券市场的境外证券公司和保险机构的经营期限都要在 30 年以上，并限制投资的总额度(2009 年 QFII 投资限额仅 165 亿元，而债券市场此时存量规模已经超过 18 万亿元)和限制投资标的(仅限交易所市场中的国债、可转债和企业债券等品种)。

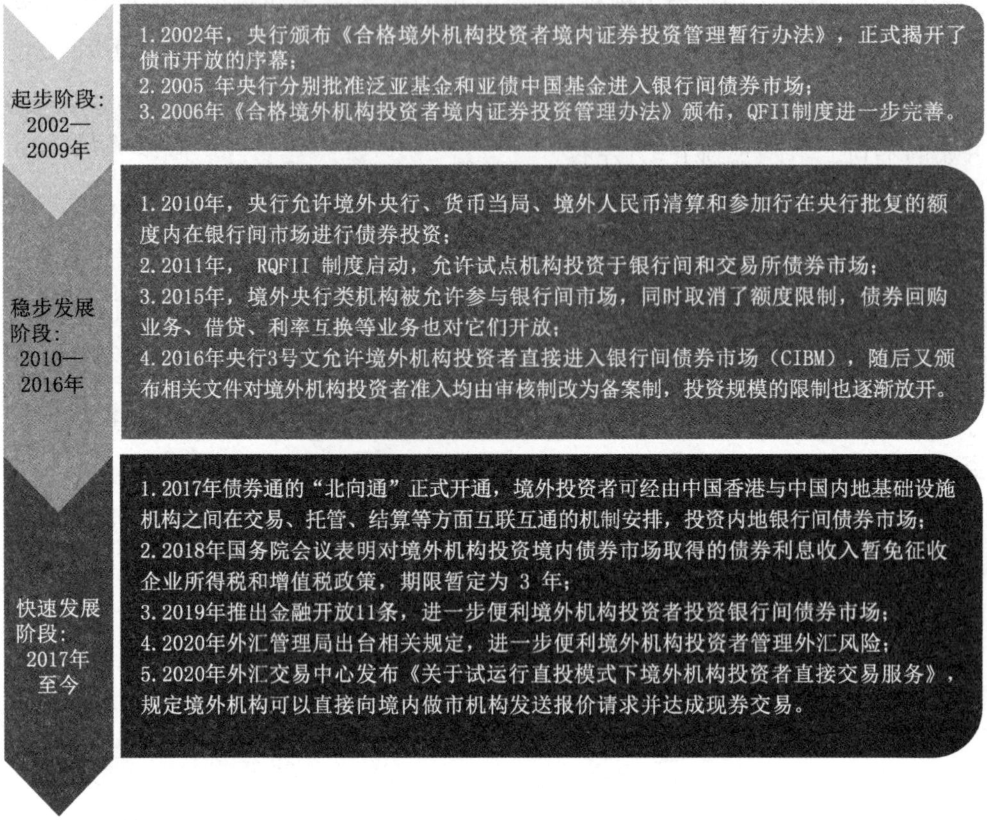

注：这只是部分政策的梳理，关于加快金融开放，便利境外机构投资我国债券市场的政策有很多，这里仅列举较为重要的政策。

资料来源：各部门文件。

图 7.1　加速开放的中国债券市场

因此这一时期，境外机构在境内债券市场的参与度实际上非常低，债市的对外开放仅仅是刚起步。

2. 稳步发展阶段：2010—2016 年

2010 年后，中国债市对外开放加速向前，最显著的特征是境外机构进入中国债市的渠道增加、能够参与的业务类型增多。

一方面，在传统的 QFII 基础上，政府与监管机构新创建了 CIBM（结算代理）和 RQFII（人民币合格境外机构投资者）两大制度，拓宽了境外机构进入债市的渠道。

RQFII 除了在适用机构（QFII 适用境外机构，RQFII 主要适用中国香港机构）上有所差别外，其他基本与 QFII 无差，它的出现更像是中国金融市场对外开放的一个过渡。但无论如何，在那个时点，RQFII 制度的创建确实给境外机构进入中国债市提供了一个新的选择。

CIBM（结算代理）模式，最早在 2010 年提出。那年央行发布第 217 号文，规定中央银行或货币当局、港澳人民币清算行和跨境贸易人民币结算境外参加银行这三类机构能够通过银行间债券市场结算代理人参与银行间债券市场，简单而言即境外机构可以通过境内机构在银行间市场进行交易、结算和托管，从而实现投资中国债券的目的。

到了 2016 年，央行发布 3 号文以及相关文件，进一步完善了这一制度，将境外机构的范围扩展到了证券公司、保险公司等各类金融机构以及由金融机构发行的投资产品等，并规定符合条件的境外机构投资者可自主决定投资规模，取消了原有的对投资额度的限制。

境外机构进入债券市场的投资渠道和投资规模因此大大拓宽，债市对外开放的进程从此进入快车道。

另一方面，监管机构也在放开境外机构参与中债的业务限制，从最开始的局限于现券交易到可以参与债券回购、债券借贷、债券远期等各类业务，境外机构投资在可参与的债券业务范围上与境内投资者的差距越来越小。到 2016 年，仅有债券回购业务对境外机构依旧存在明显的限制（仅有境外央行、国际金融组织、主权财富基金、境外人民币业务清算行和境外参加银行能够参与回购业务），而其他业务都已经对大部分境外机构投资者放开。

3. 快速发展阶段：2017 年至今

这一时期，债券通的开通、原有投资渠道的完善以及其他配套制度的完善进一步推动境外机构进入债市，让境外机构在债券市场开始拥有一定的定价权与话语权。

2017 年债券通正式运行是一个里程碑式的事件，它让中国香港与内地基础设施实现了互联互通，境外机构投资者参与债券市场的效率明显提高。

（1）备案流程进一步优化。CIBM 模式下，境外机构只能通过结算代理人进行投资备案，且规定央行在受理后的 20 个工作日做出回复，但是在债券通模式下，境外机构可以通过外汇交易中心、境内托管机构等多个机构直接向央行申请备案，同时央行会在受理之日起3个工作日内做出回复。

(2) 交易更为便捷。在CIBM模式下,境外机构需要通过结算代理人进行债券交易。但在债券通模式下,境外机构可以在自己习惯的操作平台上(彭博和Tradeweb)直接获取银行间债券市场的行情,并且直接和银行间市场上的做市商进行买卖交易。这不仅使得交易流程更加简化,同时也减少了境外机构的交易成本,如不再需要支付给结算代理人的服务费。

(3) 债券的结算托管更加便利。在CIBM模式下,境外机构投资者需要与结算代理人签订代理协议,由境内结算代理人在中债登和上清所开立债券托管账户,并进行后续的管理。而在债券通的模式下,债券实行多级托管,由中国香港金管局CMU成员作为名义持有人在中债登和上清所开立账户,而境外机构通过债券通购买的债券则直接托管在中国香港金管局开立的名义持有人账户下(见图7.2)。

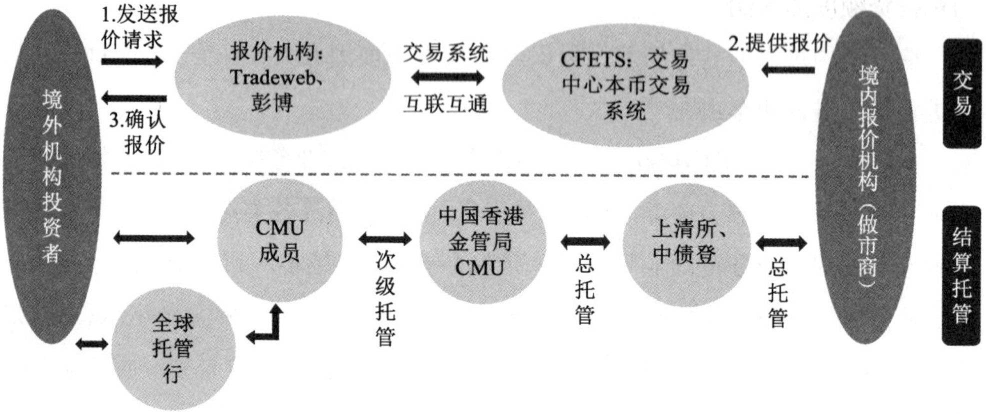

资料来源：债券通官网。

图7.2　债券通运行模式

除此之外,原有的投资渠道QFII/RQFII和CIBM也在同步完善。比如QFII和RQFII取消了额度限制、允许QFII/RQFII和CIBM之间的资金、债券进行非交易划转、逐步将QFII/RQFII的投资范围扩大到债券回购业务等。

这一系列举措使得境外机构投资者能够更为便捷地参与债券市场,境外机构参与债券市场的热情也随之增加。从数据上,我们也可以看到境外机构在加快进入中国债券市场(见图7.3)。

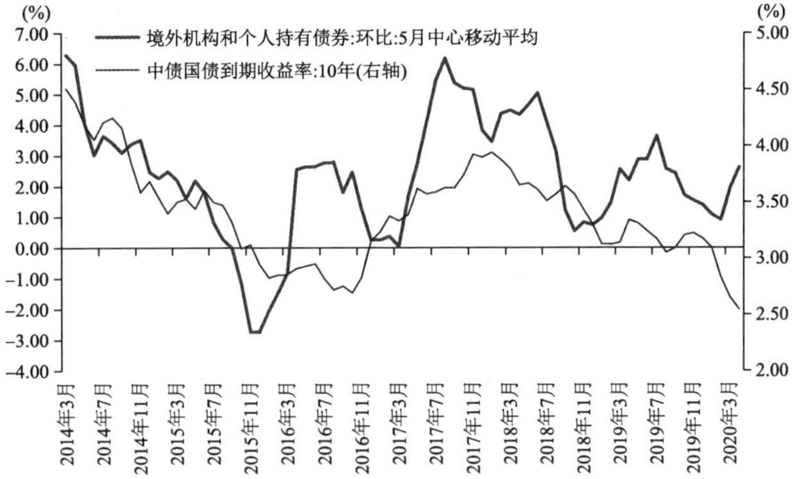

资料来源：Wind。

图 7.3　境外机构持债规模不断扩张

自此，境外机构投资者参与中国债市形成了 QFII/RQFII、CIBM 和债券通三种成熟的方式（见图 7.4）。在这三种方式中，CIBM 和债券通最为普遍。

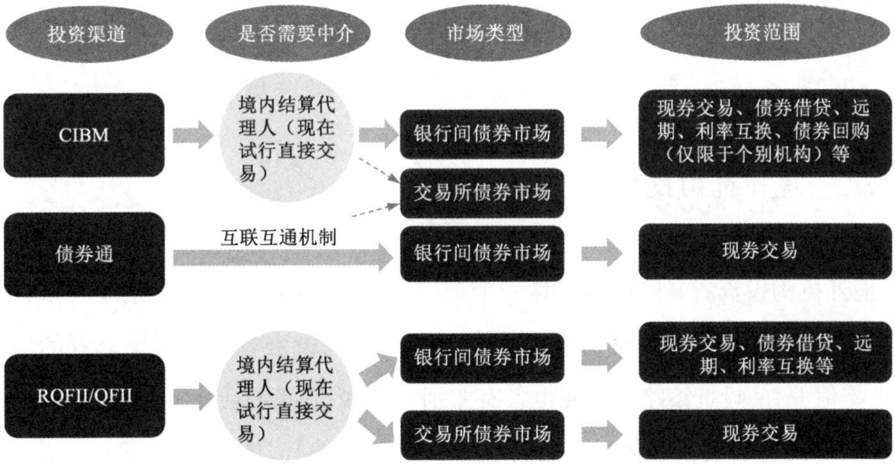

注：2020 年 9 月 2 日发布的《中国人民银行　中国证监会　国家外汇管理局关于境外机构投资者投资中国债券市场有关事宜的公告（征求意见稿）》规定对已进入银行间债券市场的境外机构投资者可以直接或通过互联互通方式投资交易所债券市场，因此从 10 月开始境外机构投资者可以通过债券通和 CIBM 进入交易所市场；另外，《合格境外机构投资者和人民币合格境外机构投资者境内证券期货投资管理办法》规定 RQFII 和 QFII 可以参与债券回购业务，办法在 11 月实行。
资料来源：依据相关政策资料整理。

图 7.4　境外机构进入债市的三种渠道

根据外汇交易中心的数据，现在共有 1 042 家境外机构投资者进入银行间债券市场。其中，有 461 家是通过结算代理模式进入银行间市场；有 581 家是通过债券通模式进入银行间市场(见图 7.5)。

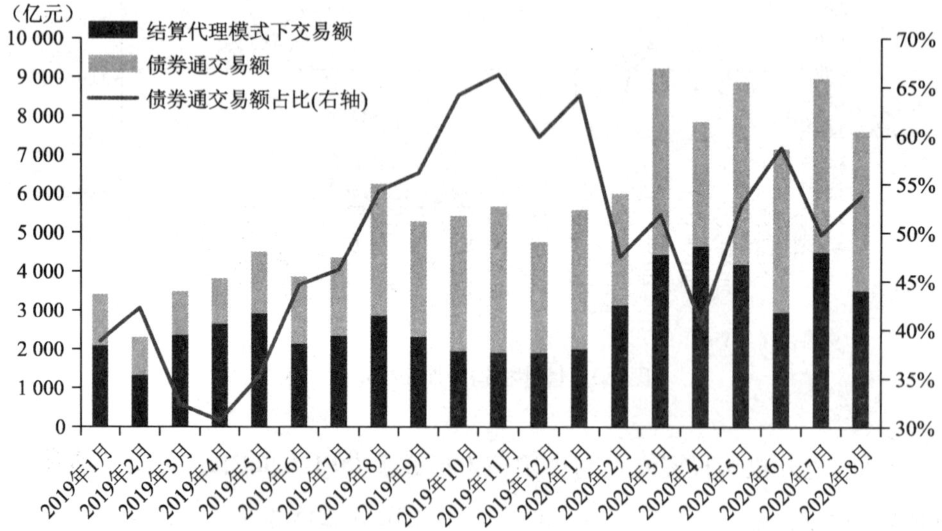

资料来源：Cfets Online。

图 7.5 CIBM 和债券通渠道平分秋色

7.2 境外机构投资者分析

境外机构投资者(外资)其实是一个很广泛的概念，从各国央行到商业银行再到保险机构、证券公司、资管机构等均被称为境外机构投资者。这些投资者的风格迥异，在持债偏好、投资策略等方面也各有差别，具体内容我们会在下文进一步介绍。

但在此之前，我们先简单了解外资整体的持债偏好、期限偏好、策略偏好。

7.2.1 境外机构的持仓与策略分析

从中债登和上清所的托管数据来看，境外机构持仓中，国债、政策性银行债和同业存单三者的占比合计达到了 94%，是境外机构最偏好的券种。剩余的其他各类信用债(如公司债、企业债等)仅占 6%(见图 7.6)。

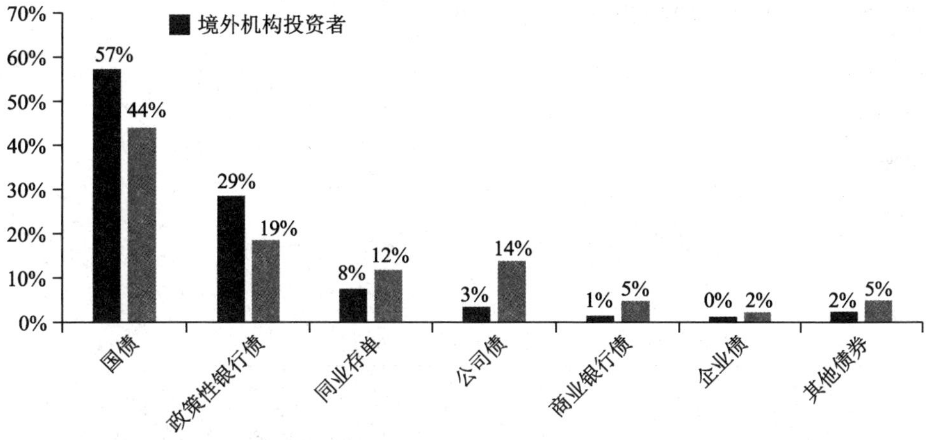

资料来源：中债登、上清所。

图 7.6 境外机构投资者偏好利率债

这一方面与境外机构的组成结构相关,在境外机构中,有至少一半是境外各类央行、财富主权基金等低风险偏好资金,它们配置中债更多地会考虑安全性和分散性,因此更倾向于具有国家主权信用背书的无风险利率债品种。这就像中国央行持有很多美元储备,为了盘活大规模的外汇储备,中国央行会选择在美债市场上持有大量的美国国债,而不会考虑大规模持有美国公司债一样。

另一方面,这也与境内外评级机构的差异有关,境外机构所信赖的评级机构在中债市场上份额极低,而中资评级机构所给出的评级又无法得到境外机构的信任,因此对境外机构而言,中资信用债的信用风险实际难以估量。加之中国版的 CDS 等对冲信用风险的衍生品发展不佳,境外机构无法利用衍生品锁定信用风险,所以在持债时会尽量规避信用品种。

另外值得一提的是,近些年来,境外机构政策性金融债的偏好在不断提升,2019 年后境外机构持有政策性银行债的同比增速明显加快,而持有国债的同比增速则反而有所回落(见图 7.7)。这主要是因为:

(1) 2018 年年末政府对政策性金融债开始实行免税政策。

在 2018 年 11 月前,仅国债享有税收优惠,相比于政策性银行债,境外机构投

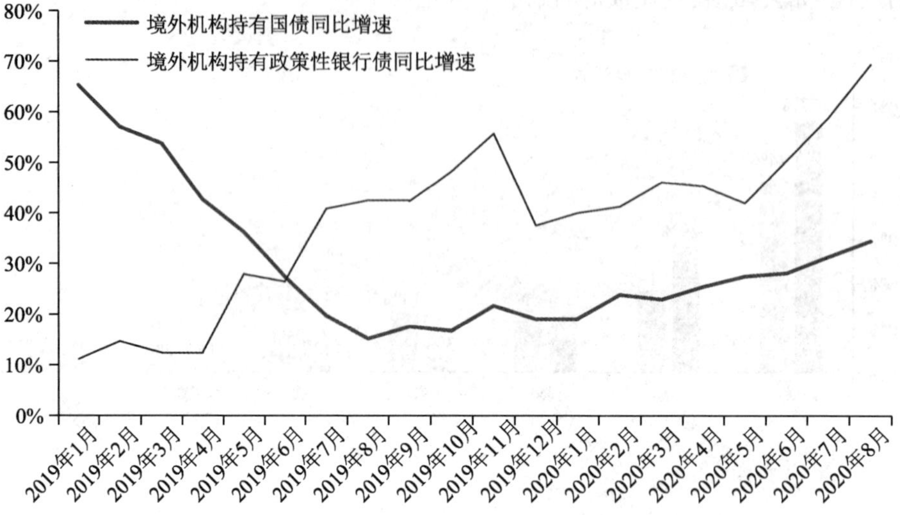

资料来源：中债登。

图 7.7　政策性银行债成为境外机构的新宠

资者购买国债能够获得更高的税后收益。但随着境外机构免税政策的实施，同为利率债且票息更高的政策性银行债对境外机构投资者的吸引力增强。

(2) 政策性银行债被纳入彭博巴克莱全球综合指数。

2019 年 4 月，政策性银行债和国债一同被纳入彭博巴克莱全球综合指数。这使得很多跟踪彭博巴克莱全球综合指数的基金会被动增持政策性银行债。

在期限偏好上，境外机构投资者的持仓以 1 年期以内和 7～10 年期的债券为主。根据外汇交易中心的数据，境外机构投资者持仓中，占比最高的是 7～10 年期债券，占比为 33%；随后是 1 年期以内的债券，占比为 28%；3～5 年期债券和 1～3 年期债券的规模近似，分别为 16% 和 15%；其余期限的债券占比为 9%(见图 7.8)。

这种期限偏好比较像配置盘，因为 7～10 年是收益率曲线上流动性最低、但收益率较高的期限品种，一贯是配置盘(持有到期)的主要持仓之一，1 年期以内则是为了保证持仓的流动性，避免再投资风险。

在现实的市场中，大家对境外机构感知比较明显的可能是它们会偏好 3～5 年期品种，尤其是 2019—2020 年，3～5 年期品种的利率出现了比其他期限更大的下

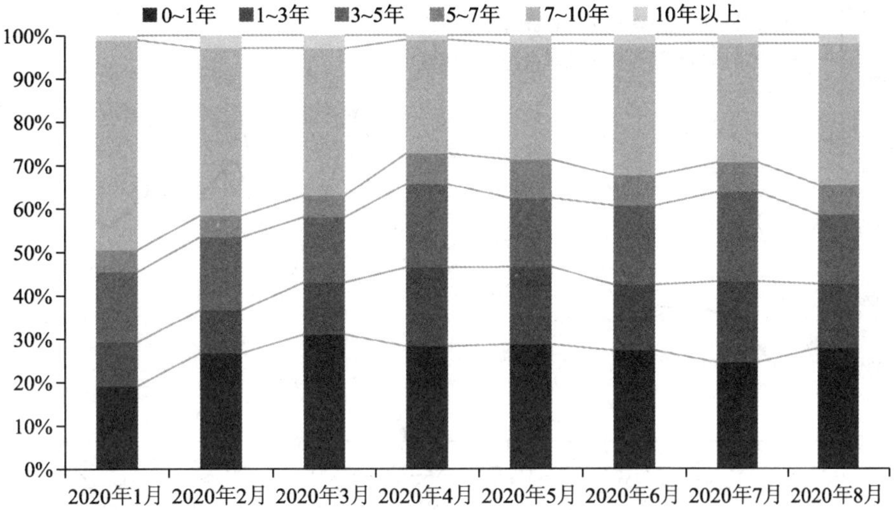

资料来源：外汇交易中心。

图 7.8　境外机构持债的期限分布

行，其中一个重要原因便是境外机构在市场上不断增持，带动了中资机构跟随。

在策略偏好上，我们会发现境外机构表现得比较中庸。

从交易规模上看，2020 年 8 月境外机构投资者共达成现券交易 6 678 亿元，交易量占市场总成交量的 2.2%，交易规模较小，在市场上的存在感不强。

从交易频率上看，境外机构投资者的交易活跃度也明显低于全市场平均水平。2020 年 8 月，境外机构投资者现券买卖量占其托管量的比重为 14.8%，而全市场现券买卖量占总托管量的比达到了 50%（见图 7.9）。

从交易杠杆率看，境外机构投资者在交易时很少通过场内加杠杆的方式提高收益。

这主要是因为境外机构投资者的类型较多，其中既有像各国央行这样的偏配置盘的机构投资者，也有像基金这种比较偏交易盘的机构投资者。复杂的构成使得最后境外机构在交易风格上变得不明显。

具体分析各类境外机构的交易数据，我们能够看到境外机构投资者的交易数据分化得比较明显。根据外汇交易中心的数据，2019 年 11 月境外商业银行、境外产品、境外证券公司和境外央行的交易量分别占 53%、15%、13%和 13%，境外商

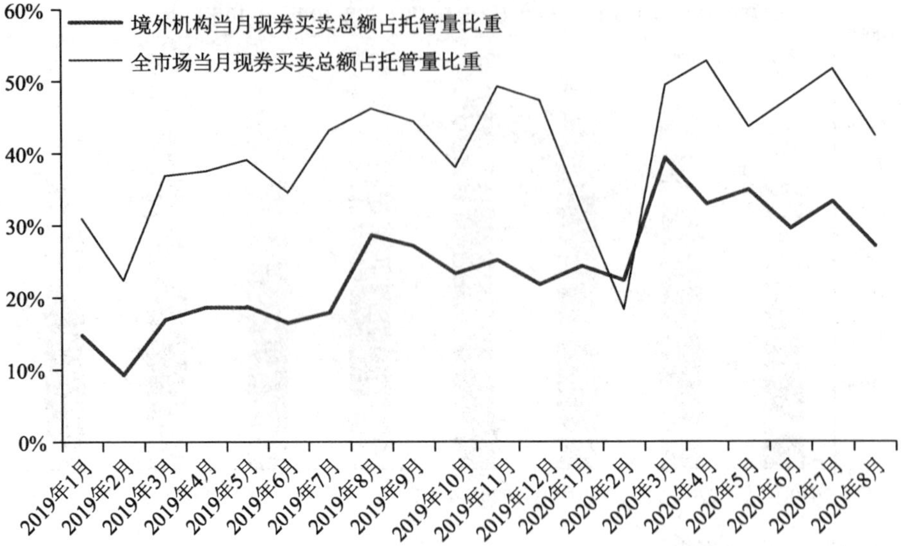

资料来源：中债登。

图 7.9　境外机构投资者交易并不活跃

业银行和境外产品在境外机构中交易表现得最为活跃(见图 7.10)。

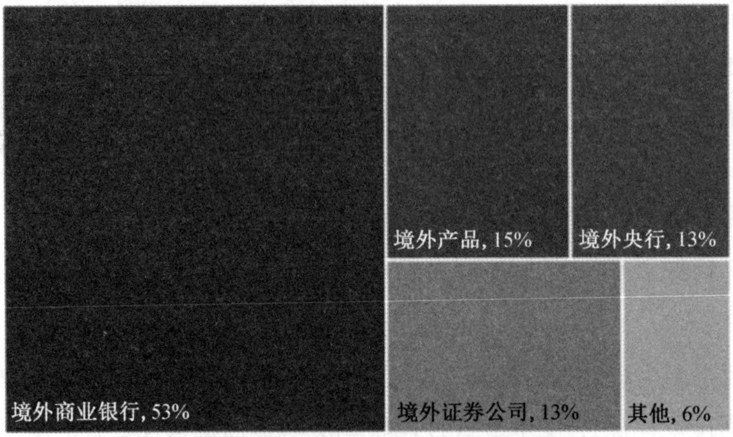

注：境外产品主要是指境外资管机构(如基金公司等)发行的资管产品。2020 年开始，外汇交易中心的统计口径发生了变化，境外机构投资者入市数量统计口径调整为以法人为单位，即同一资管公司管理的多只境外资管产品入市，数量上算为 1 家。

资料来源：外汇交易中心。

图 7.10　外资银行交易量占境外机构交易量的一半以上

而低杠杆主要是因为债券回购业务目前仅对个别境外机构(央行或货币当局、国际金融组织、主权财富基金、境外人民币业务清算行、境外参加银行)开放,其他境外机构投资者暂时无法参与债券回购业务。而这几类机构在投资中国债券时本来就比较保守,投资风格偏配置盘,也并不热衷于通过回购业务加杠杆(见图 7.11)。

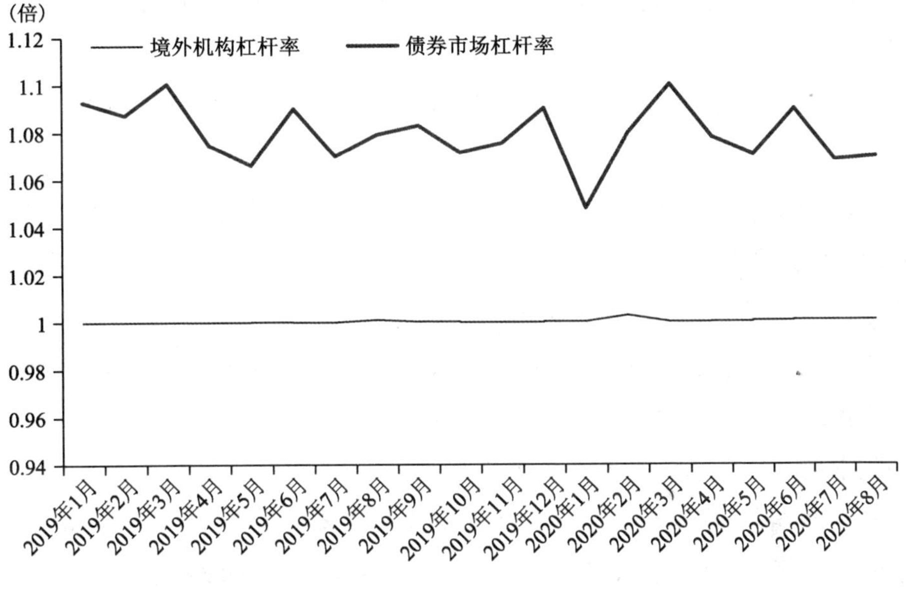

注:债券市场杠杆率=债券托管量/(债券托管量－质押式回购待购回余额)。
资料来源:中债登。

图 7.11　境外机构投资者几乎不加杠杆

根据中国银行间市场交易商协会的数据,截至 2020 年 6 月,仅有 72 家境外机构签署了《回购主协议》。这意味着目前仅有 72 家境外机构能够参与债券回购业务,仅占全部境外机构投资者数量的 7%。

不过,2020 年 9 月份颁布的《合格境外机构投资者和人民币合格境外机构投资者境内证券期货投资管理办法》以及相关配套规定指出,RQFII 和 QFII 可以自 2020 年 11 月 1 日起参与债券回购业务,预计之后债券回购业务会逐渐向境外投资者展开。

7.2.2　商业类境外机构

商业类境外机构投资者涵盖的范围比较广，境外商业银行、基金、证券公司、保险机构还有其他境外中长期机构投资者一般都属于境外商业类机构投资者。作为商业机构，逐利是其最原始的动机，其投资中国债券最主要的目的就是为了获取投资收益。

要想分析这类机构的投资行为，我们需要先了解境外机构投资者投资中国债券的收益来源是什么？投资中国债券和投资其他国家债券（如美债等）又有什么不同？

因为美元是全球最主要的结算货币，我们以持有美元的境外机构投资者为例分析。

与直接购买美国债券相比，购买中国债券对境外机构投资者而言，最大的区别是它们需要先将手中持有的美元按照汇率兑换成人民币，然后使用人民币购买中国债券，最后再将人民币兑换为美元。

假设境外机构投资者拥有 100 美元，当时美元对人民币的汇率为 1∶7，境外机构投资者在将 100 美元兑换成 700 元人民币后，将 700 元都用于购买票息为 3%的 1 年期国债，一年后，境外机构投资者获得 721 元。

如果此时汇率依旧为 1∶7，那么境外机构投资者在兑换后获得 103 美元，即境外投资者投资中国债券获得了 3%[(1+3%)×100%−1]的收益率。

如果此时美元兑人民币汇率变为 1∶7.1(人民币贬值了 1.41%)，那么投资者获得 101.55 美元，即它们的投资收益率为 1.55%[(1+3%)×(1−1.41%)−1]。

如果此时美元兑人民币汇率为 1∶6.9(人民币升值了 1.45%)，那么投资者获得 104.49 美元，即它们的收益率为 4.49%[(1+3%)×(1+1.45%)−1]。

相应的，如果境外投资者在中途以 742 元的价格卖出债券，买卖收益率为 6%，在其将 742 元兑换成人民币时，也会受到汇率价格的波动。

整体来看，如果境外机构持有到期，那么最终的收益率为：(1+票面利率)×(1+人民币汇率变动幅度)−1≈票面利率+人民币汇率变动幅度；如果中途卖出，那么最终收益率为(卖出价÷买入价)×(1+人民币汇率变动幅度)−1≈价格波动幅度+人民币汇率变动幅度(这里暂时不考虑持有期间的票息收益)。

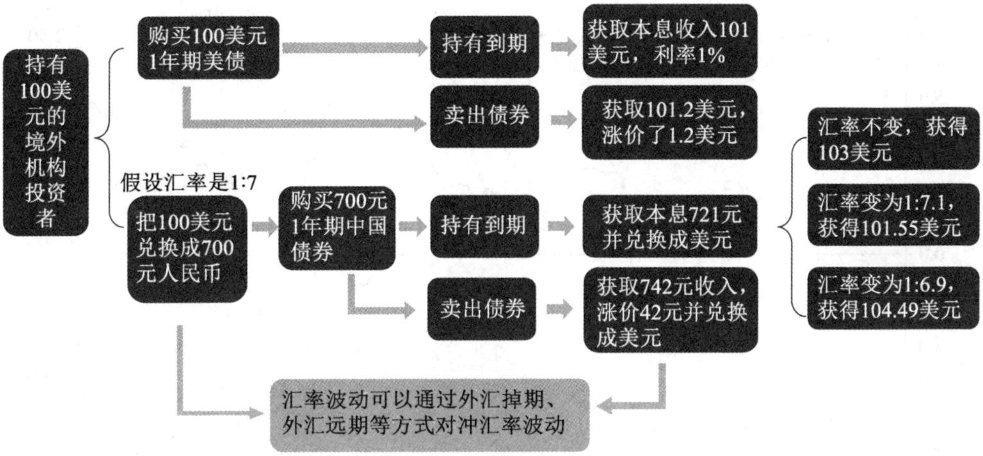

资料来源：作者整理。

图 7.12 境外机构投资者投资国债的收入来源

综合来看，我们就知道境外机构投资者持有中国债券的收益主要来源于以下三种：票息收入、人民币汇率变动和资本利得收入（即债券价格变动带来的收入）。

相应地决定境外机构投资者是否投资中国债券主要也有三个原因：中国与国际债券收益率利差（主要是中美利差）、中国人民币汇率走势和中国债券市场未来走势。

首先，我们分析利差。

这一点比较好理解，以中美利差为例，如果投资者美国债券只能获得 1% 的收益率（美国国债利率一般被认为是全球无风险资产利率），而投资中国债券能获得 3% 的收益率，那么在不考虑汇率变动等其他因素的前提下，中国债券对境外投资者的吸引力会明显大于美国债券。

相应地，如果中美利差走阔，那么投资者会更有动力配置中国债券；反之，则会减少对中国债券的配置力度。从历史数据中我们也能够看到，境外机构投资者的持债环比增速与当时的中美国债收益率利差存在明显的正相关关系，且大部分时候利差的变化会略微领先于境外机构持债环比增速的变化（见图 7.13）。

其次，我们考虑人民币汇率波动。

汇率波动对外资的持债收益会产生明显的冲击。如我们上面提到的，投资者

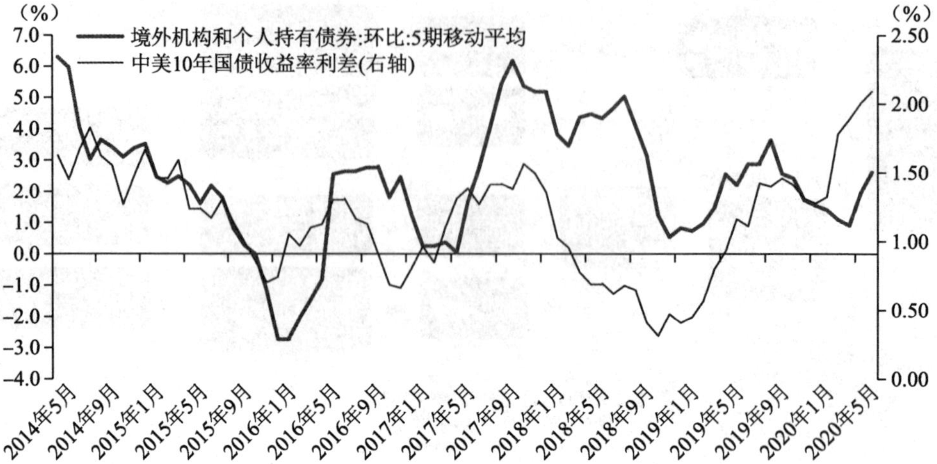

资料来源：Wind。

图 7.13　中美利差与境外机构投资者的行为呈现明显的正相关

持有中国国债到期的最终收益率为(1＋票面利率)×(1＋人民币汇率波动率)－1≈票面利率＋人民币汇率波动率。

即如果中国国债的收益率为 3%，且人民币升值了 3%，那么投资者能够获得 6%(3%＋3%)的收益；如果人民币贬值了 1%，那么投资者只能够获得 2%(3%－1%)的收益；如果人民币贬值幅度超过 3%，那么投资者会面临亏损。

因此，如果市场预期人民币会升值，那么投资者应该会加大投资中国债券(在获取债券收益的同时，享受人民币升值带来的附加收益)；反之如果预期人民币贬值，那么投资者应该会减少对中国债券的投资。

需要注意，外汇投资者在意的是未来的人民币汇率走势，毕竟他们是在未来才有将人民币兑换为美元的需求。

我们以(1 年期 NDF 汇率－离岸即期汇率)÷离岸即期汇率构造投资者贬值预期指标。其中，1 年期 NDF 汇率是市场上投资者通过交易形成的对于 1 年后的人民币汇率的预期，如果 1 年期 NDF 高于即期汇率，且汇率差走阔，这往往反映出市场大部分投资者认为未来一年里人民币会贬值；反之则表示市场投资者认为人民币不会贬值。

相应地，如果(1 年期 NDF 汇率－离岸即期汇率)÷离岸即期汇率数据变大，则表示市场预期未来人民币会贬值;反之如果该指标数据变小,则表示市场预期未来人民币的贬值压力小。

从数据上我们也可以看到人民币贬值预期与境外机构投资者的持债增速呈现出较为明显的反相关关系(见图7.14)。

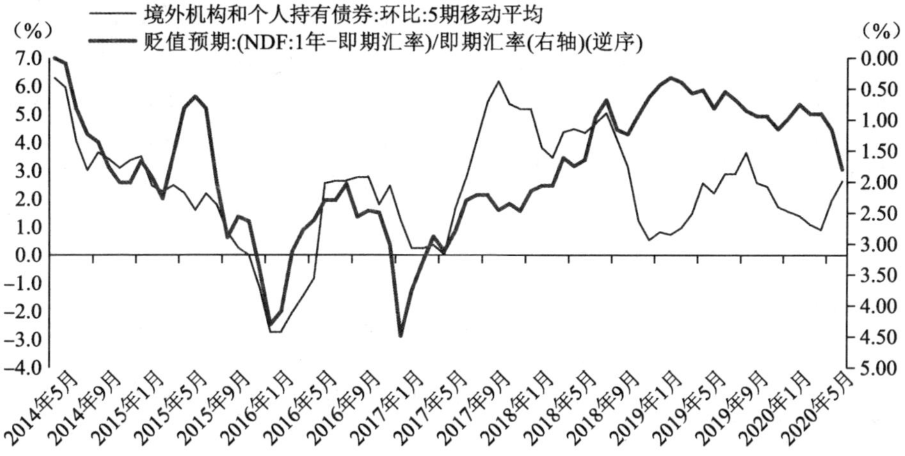

资料来源:Wind。

图7.14　境外机构持债情况与外汇贬值预期负相关(逆序)

虽然1年期NDF汇率能够体现市场对汇率的远期观点,但是市场和预期往往会出现背离。而汇率的超预期波动会对境外机构投资者的投资收益产生较大的影响,特别是在外汇市场波动比较大的时候。

因此,为了鼓励境外投资者参与中国债券市场,外管局开始逐渐允许境外机构投资者通过外汇衍生品工具管理自己的外汇风险敞口,减少由外汇波动带来的影响。

随着制度的完善,可以看到在2017年之后,外汇市场上的外汇掉期、远期业务量均出现了爆发式增长,特别是外汇掉期业务规模快速扩张到每个月接近8万亿元的水平(见图7.15)。较大的外汇掉期业务确保了境外机构投资者能够在外汇市场上较好地管理外汇头寸。

这也是近几年人民币贬值预期与外资持债增速出现较多背离的原因。毕竟通过外汇衍生品工具,汇率波动对机构投资者的影响在逐渐降低。

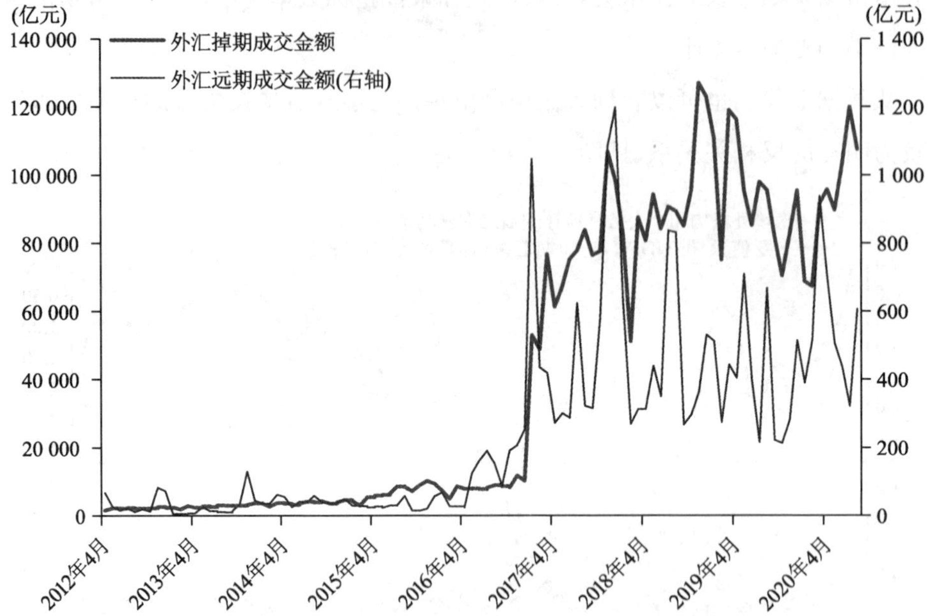

资料来源：Wind。

图 7.15　2017 年后外汇掉期和远期业务规模快速扩大

具体操作时，境外机构投资者在投资中国债券时，可以在市场上先发起外汇掉期交易，寻找交易对手方，约定将自己持有的外汇按照约定汇率（一般是即期汇率）兑换成人民币，并约定好在之后的某一时期（比如说一年后）按照约定的汇率（一般会参考同期限远期汇率）将人民币兑换成外汇。

通过掉期业务，境外机构投资者在期初就确定了外汇成本，很大程度上降低了外汇风险（但往往不能完全对冲外汇风险，一来目前外汇衍生品交易的期限集中在1年以内，长期限品种的市场活跃性不高；二来在对冲规模上往往也存在一定的偏差）。相应的，为了对冲外汇波动风险，境外机构投资者在期初的时候就支付了一笔对冲成本。

这笔对冲成本可以用相应期限 DNF 汇率－即期汇率来近似替代，具体比如交易双方约定按照即期汇率 1∶6.8 兑换人民币，并在未来按照 1∶6.9 来兑换美元，这样虽然固定了未来的汇率，但是相当于直接默认了人民币未来会贬值 1.45%。这就是为了对冲外汇波动风险，投资者承担的对冲成本。当然除了存在掉期点（即远期汇率与即期汇率的差距），投资者还会面临合约手续费等成本，但是这些成本较低且难以衡量，这里暂时不考虑其他对冲成本。

按照这样的对冲成本来计算获得对冲后的中美债券利差，我们会发现对冲后的中美利差与境外机构投资者持债行为存在更为明显的相关性（见图 7.16）。

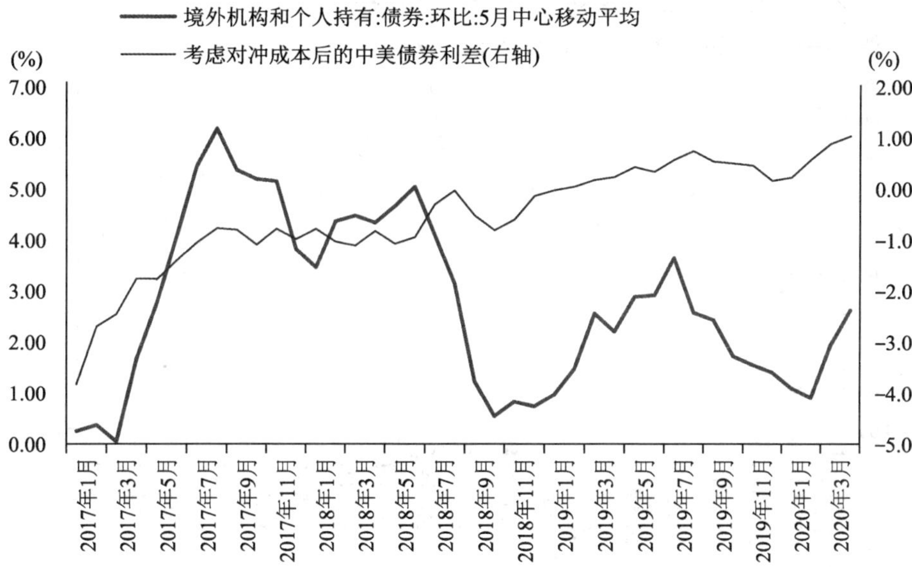

资料来源：Wind。

图 7.16　考虑对冲成本后，中美利差与外资持债行为拟合度更高

最后，我们考虑债券价格波动。

一般来说，如果外资偏交易盘，那么随着债券收益率的走低，外资应该增持债券；反之，如果外资偏配置盘，那么随着债券收益率的走低，外资应该减缓债券配置的进度。因为境外机构既包括偏交易盘的商业类机构，也包括偏配置盘的央行类机构，所以从整体上看，境外机构的持债规模和国债收益率的关系并不确定。

我们从数据上可以看到，在 2016 年之前，境外机构持债增速与国债收益率之间存在明显的正相关。这是因为当时只有央行类机构被批准直接参与银行间债券市场，而央行类机构是明显的配置盘，这就使得它们的行为与债市走势呈现出正相关。

而自 2016 年之后，随着央行 3 号文的颁布，越来越多的商业类机构开始参与银行间债券市场。我们可以看到近年来的很多时候，境外机构持债增速与国债收益率呈现负相关（见图 7.17），这也从侧面体现出境外商业类机构在所有境外机构中的占比在不断提升，影响力也在不断增加。

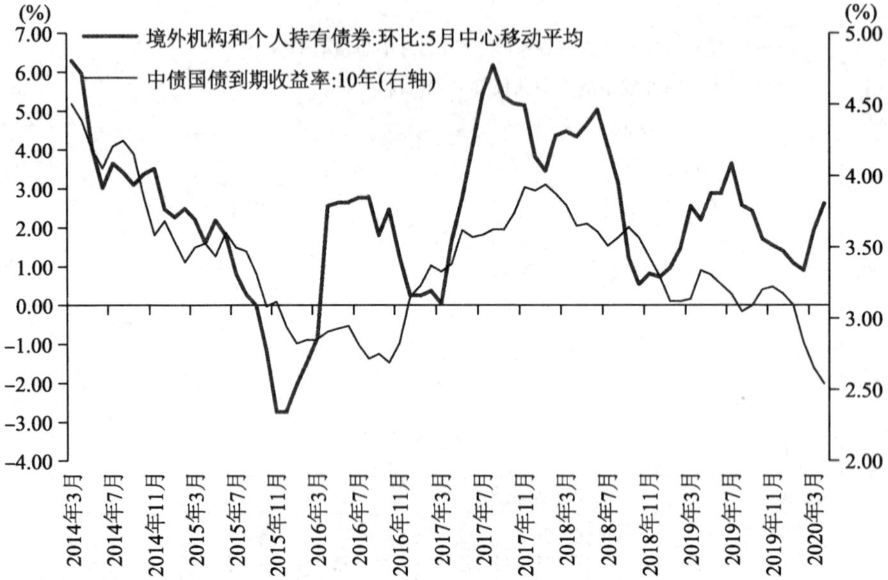

资料来源：Wind。

图 7.17　外资持债行为和债市收益率存在负相关

7.2.3　央行类境外机构投资者

央行类机构包括各国央行（货币当局）和其他官方储备管理机构、国际金融组织和主权财富基金。它们也是最早被允许参与银行间债券市场中的境外机构。

与商业类机构不同，境外央行类机构投资中国债券的主要目的并不是为了盈利，人民币国际化和政治性因素才是它们投资中国债券的主要原因。

1. 人民币国际化

随着人民币国际化的推进，境外央行或主动或被动地开始持有人民币外汇储备，并随之产生了配置人民币资产的需求。人民币外汇储备简单来说就是各国在国际贸易和投资等经济往来中持有的人民币现金。这类似于中国由于对美国贸易顺差而持有大量美元，只不过现在是指其他国家持有人民币而已。

但是，因为持有人民币现金就意味着他们要间接地承担人民币通货膨胀的成本，所以各国央行就需要通过投资人民币资产（如债券等）实现人民币外汇储备保值增值。

而央行类机构在投资人民币资产时，首要的目的并不是投资盈利，而是要保证本金的安全，如中国央行外汇管理的主要原则就是安全、流动、保值增值。而在各类资产中，有中国政府信用背书的利率债无疑是其最好的选择。

以俄罗斯央行为例，外国政府发行的证券（主要是各国国债）在俄罗斯央行境外资产中占比最高，2018 年的占比为 40.3%，2019 年年末略微下滑到 36.3%；存款是俄罗斯央行持有的第二大类资产，近两年占比稳定在 31%的水平。另外，俄罗斯央行虽然会持有非政府证券，但是这类非政府证券一般都是有政府担保或者隐性担保的证券，类似于中国的政策性银行债，2019 年俄罗斯持有该证券的比重为 6.2%，相比于 2018 年上涨了 0.6%。

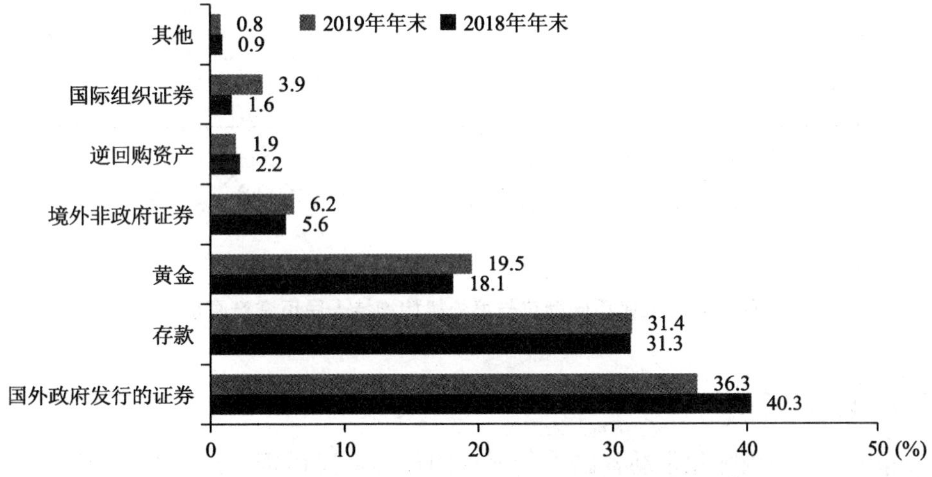

注：国外政府发行的证券指外国政府或外国发行人发行的具有明确政府担保的证券，主要是各国国债；境外非政府债券专门指有政府担保或者隐性担保的机构发行的债券，类似于中国的政策性金融债；逆回购资产是指与外国交易对手的逆回购。

资料来源：俄罗斯央行。

图 7.18　俄罗斯央行持有的外汇资产类型

中国央行没有公布外汇储备的具体投向，但是根据外管局发布的报告，2015 年我国持有的美元资产规模为 22 289 亿美元（占外汇资产比重为 58%），而 2015 年中国持有美国国债的规模为 12 461 亿美元，美国国债占美元资产的比重为 56%，如果考虑持有的美元现金，那么中国持有的美元外汇也主要投向了美国国债。

从这个角度看，境外央行持有中国债券最主要的原因就是人民币国际化。可以看到，全球人民币外汇储备与境外机构持有人民币债券是同步增长的（见图 7.19）。

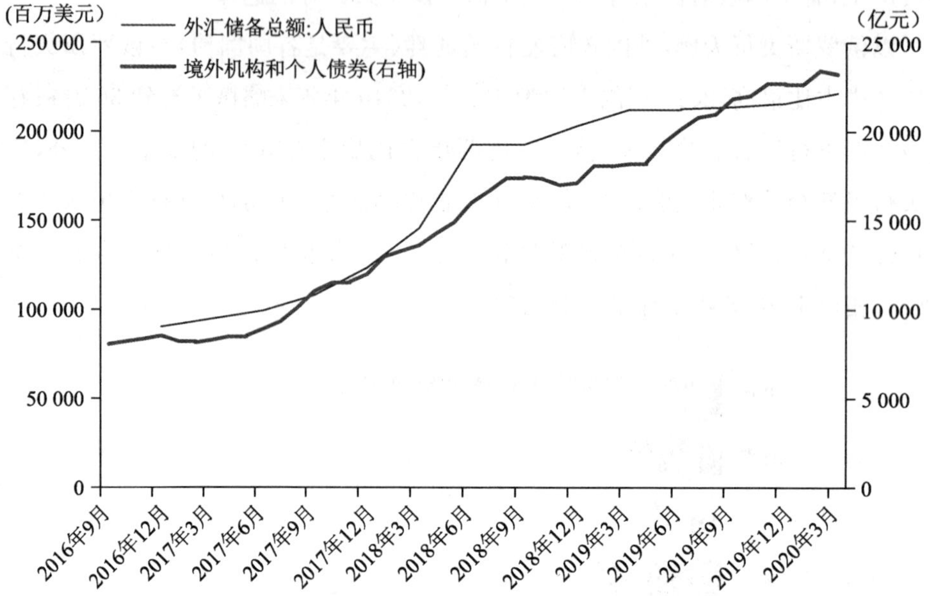

资料来源：Wind。

图 7.19　人民币国际化与境外机构增持人民币资产同步

2. 政治性因素

除了人民币国际化带动各国央行增持国债等人民币资产外，国家与国家之间的政治关系也会对国际央行类机构增持人民币债券产生明显的影响。

以中、美、俄三方为例，2018 年美俄冲突加剧，美国针对俄罗斯实施了一系列经济制裁措施，相应地，俄罗斯则通过大规模减持美元资产应对美国的经济制裁。而在俄罗斯减持美国资产后，俄罗斯央行开始大幅度增加在人民币资产上的配置，可以看到俄罗斯央行持有的人民币资产从 2017 年年末的 2.8% 快速增长到 2018 年 6 月的 14.7%（见图 7.20）。

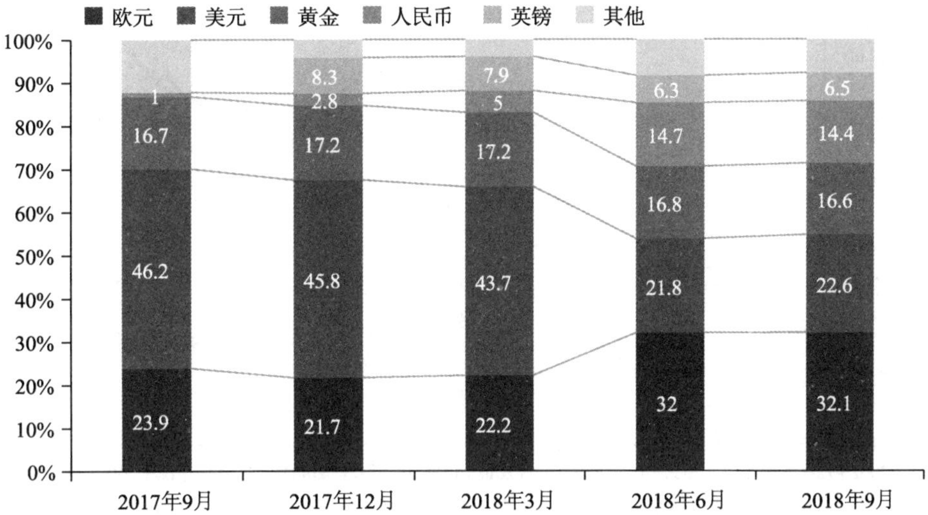

资料来源：俄罗斯央行。

图 7.20 美俄冲突加剧，俄罗斯大举减持美元资产

这也导致当时出现了中美利差走低和外资增持中国债市并存的现象。不过，到了 2018 年三季度，随着俄罗斯买债力量的衰弱，外资持债增速也随着利差下降而下降。

7.3 境外机构投资者趋势分析

随着金融开放的推进，预计未来外资在中国债券市场上的比重会继续提升，外资在未来债市的研究框架中的地位会越来越高。

第一，境外机构持债占比依然偏低，未来提升空间较大。

近年来，虽然外资在不断增持中国债券，但是外资在中国债券市场上的份额占比依旧较低。截至 2020 年 10 月，境外机构持有的银行间市场债券总额不足 3 万亿元，占银行间债券市场托管总量的比重仅在 3%左右。

横向对比其他国家来看，外资参与中国债券市场的深度还有较大的提升空间。根据亚洲开发银行的数据，截至 2020 年 3 月，日本本币国债的境外投资者持仓占比为 12.9%，韩国为 12.79%，而中国的占比仅有 6.45%。中国与日、韩相比还有很大的提升空间(见图 7.21)。

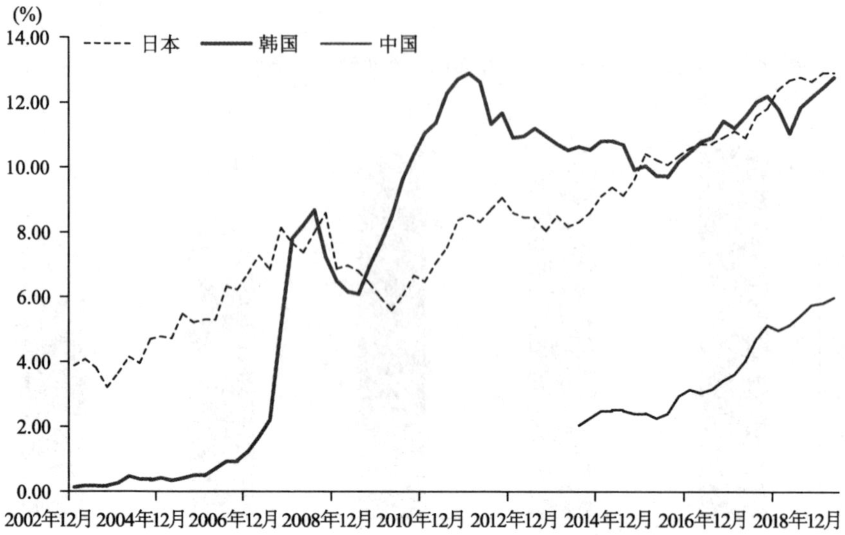

注：该指标为境外机构投资者持有的国债占比，并不包含其他类型债券，亚开行的计算公式为境外持有国债占比＝境外机构持有国债数量/政府未偿还国债规模。

资料来源：亚洲开发银行。

图 7.21　中国境外机构参与债市的水平距离日、韩还有很大的发展空间

第二，随着人民币国际化，境外机构持有人民币资产的动力在不断加强。

境外机构特别是央行类机构的持债行为和人民币在国际上的地位密切相关。目前，随着中国在国际经济体系中的地位增强，人民币在全球外汇储备份额中的占比也在不断提高（见图 7.22）。而这就必然会驱动境外机构增持以中国国债为主的人民币资产。

第三，中国金融市场开放步伐加快，推动外资配置中国债券。

近年来，中国金融市场对外开放步伐在不断加快，可以看到 2017 年之后，中国各项对外开放政策出台的频率明显加快，外资进入中国债券市场的渠道在不断拓宽，便利性也在不断提升。

而即使是在逆全球化趋势愈演愈烈的背景下，中国也一直在持续推进对外开放的政策。如在 2020 年 2 月发布的《关于进一步加快推进上海国际金融中心建设和金融支持长三角一体化发展的意见》提出要在试验区探索开展本外币合一跨境资金池试点、发展人民币外汇衍生产品市场等措施；2020 年 5 月发布的《境外机构投资者境内证券期货投资资金管理规定》也简化了境外投资者投资中国证券期货市场的流程，取消了诸多限制。

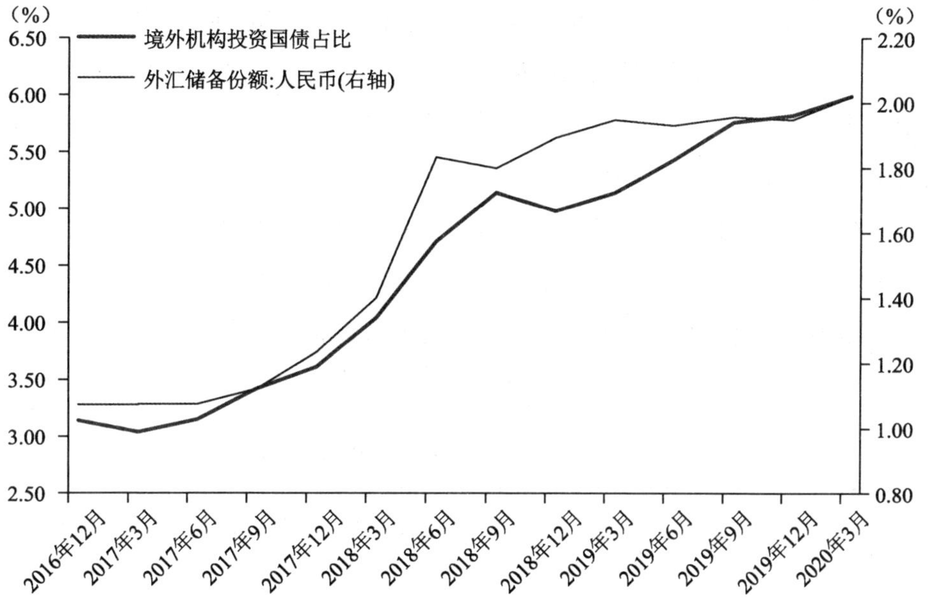

资料来源：Wind。

图 7.22　人民币国际化与外资持债占比同步提高

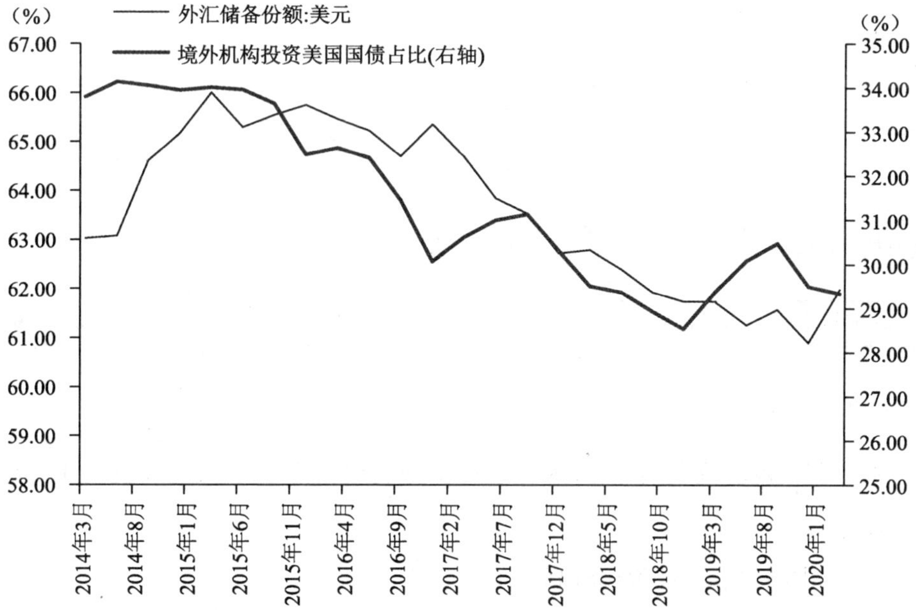

资料来源：Wind。

图 7.23　外资持有美债比重随着美元份额的下滑而下滑

随着中国金融开放的不断推进，中国债券市场也逐渐得到了国际市场投资者的认可。在2019年4月，我国国债和政策性银行债就被正式纳入作为三大主流债券指数之一的彭博巴克莱全球综合指数。在2020年2月28日，中国国债被正式纳入摩根大通全球新兴市场政府债券指数。

而被纳入国际债券指数不仅意味着中国债券得到了全球投资者的认可，也会带动国际跟踪相关债券指数的资金开始被动配置中国国债和政策性银行债。从表7.1的预测中，我们也能够看到，被纳入彭博指数和摩根大通指数预计能够为中国债券市场带来至少2 000亿元的资金流入(按照20%的跟踪基金配置中国债券计算)。

表7.1　纳入国际债券指数会为中国债券市场带来多少被动资金

指数	纳入过程	追踪基金规模(亿美元)	中国债券纳入后占比	实际配置资金预计占比	被动吸引资金(亿美元)	被动吸引资金(亿元人民币)
彭博巴克莱全球综合指数	2019年4月开始纳入，在20个月内分步完成	20 000～25 000	6%	20%	240～300	1 680～2 100
				50%	600～750	4 200～5 250
				80%	960～1 200	6 720～8 400
摩根大通全球新兴市场政府债券指数	2020年2月28日开始，纳入工作将在10个月内分步完成	2 000～3 000	10%	20%	40～60	280～420
				50%	100～150	700～1 050
				80%	160～240	1 120～1 680
富时罗素全球政府债券指数	暂时不将中国债券纳入富时全球政府债券指数	20 000～40 000	假设为5%	20%	200～400	1 400～2 800
				50%	500～1 000	3 500～7 000
				80%	800～1 600	5 600～11 200

注：实际配置资金预计占比表示有多少比例的跟踪指数基金，在中国债券纳入后，会严格复制债券指数来配置中国债券，毕竟不是所有跟踪基金都是完全被动型指数基金；为了方便计算，在这里我们假设人民币兑美元的汇率为7。

资料来源：作者整理。

除了资金被动流入，被纳入国际债券指数也会带动更多的境外机构主动配置中国债券。

第四，中国债券的性价比较高。

中国债券在全球资产当中性价比很高，在同等主权信用评级的前提下，中国债券的收益率明显要高于其他国家(见图7.24)。如果将美国国债视为无风险资产，那么在主权信用评级一样的前提下，中美利差会高于同等级其他国家与美国国债的利差。

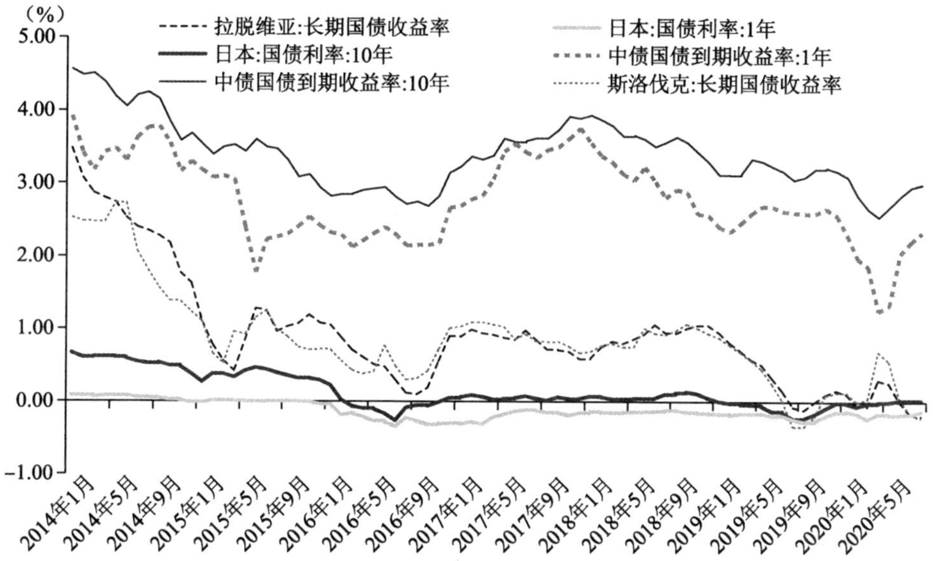

注：信用评级为截至 2020 年 9 月 1 日的标普主权评级，目前中国、日本、斯洛伐克、拉脱维亚的主权评级均为 A+，另外中国和日本的穆迪主权评级为 A1，斯洛伐克的穆迪主权评级为 A2，拉脱维亚的穆迪主权评级为 A3。

资料来源：Wind。

图 7.24 主权评级相同的国家中，中国的国债收益率明显具有优势

除了票面收益率较高以外，中国对境外机构投资者也有专门的税收优惠政策，目前境外机构投资者购买中国债券（包括政府债券和非政府债券）获得的收入是免征增值税和所得税的。但是在部分国家对于境外机构投资者的债券投资收入会征收一定比例的税收，如俄罗斯针对境外机构投资者投资债券获得的票息收入会征收15%～20%的税收；日本对投资国债的符合相关条件的境外机构投资者免征所得税，但是对投资其他债券的非居民企业投资者会先征收 15%～20%的预提税，之后再纳入综合计税。

较高的票息以及税收优惠使得中国债券在全球资产当中具有很高的性价比，对境外机构的吸引力也较强。

第8章

债券收益率曲线与利差分析

投资者的交易行为会直接反映在债券收益率曲线里，分析收益率曲线的形态是由什么因素决定的，它的变化又是由什么因素导致的，对于我们理解债券市场，把握债券市场的投资机会等至关重要。

在前面几章，我们详细分析了各类机构投资者（如商业银行、广义基金、境外机构等）的资产配置行为。接下来，我们将分析基本面、资金面、政策面等对债券市场的影响。而收益率曲线则是连接这两部分的一个桥梁。

一方面，投资者的交易行为会直接反映在收益率曲线里，如果由于 7 年期债券主要由配置盘持有，那么 7 年期债券收益率的快速下行往往反映出市场配置力量较强。

另一方面，分析债券市场很大程度上就是分析收益率曲线的形态是由什么因素决定的，它的变化又是由什么因素导致的，我们应该如何把握债券市场的投资机会等。因此，要想分析债券市场，就离不开对收益率曲线的了解。

本章整体分为两个部分，在第一部分我们着眼于分析债券市场上各类收益率曲线的形态、变化等信息，并分析基于收益率曲线形态应该选择什么样的投资策略，如乘骑策略、子弹策略等。在第二部分我们分析市场上常用的各类利差，如体现收益率曲线形态的期限利差、体现不同收益率曲线关系的信用利差等。

8.1　收益率曲线

8.1.1　浅析收益率曲线

收益率曲线简单来说就是描绘债券收益率与期限关系的曲线。透过收益率曲线，我们能够直观地了解在当前市场上同一类债券、不同期限的收益率水平，也能更方便地比较不同品种收益率曲线之间的区别（见图 8.1）。

1. 收益率曲线的类型

市场上收益率曲线的数量繁多，仅中债估值中心（简称中债）提供的各类收益率曲线就超过了1 300 条。为了更好地区分，根据收益率类型，我们大致可以将收益率曲线分为到期收益率曲线、即期收益率曲线和远期收益率曲线，分别对应到期收益率、即期收益率和远期收益率。

到期收益率曲线是由不同期限到期收益率组成的曲线。顾名思义，到期收益率指的是投资者持有该债券到期所能够得到的年收益率，也是这只债券未来所有

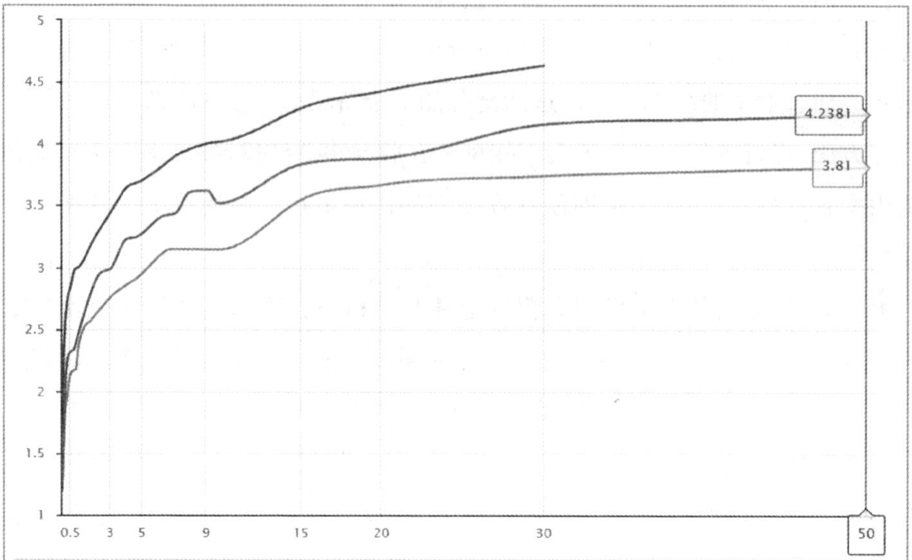

颜色	曲线名称	待偿期(年)	收益率(%)
■	中债国债收益率曲线(到期)	50.0	3.81
■	中债企业债收益率曲线(AAA)(到期)	50.0	
■	中债国开债收益率曲线(到期)	50.0	4.238 1

资料来源：中债登。

图 8.1　不同类型债券的收益率曲线(2021 年 1 月 12 日)

现金流折算为当前价格的贴现率①。

假设今天我们以 98.8 元的市场价格买进了一张面值为 100 元，票息为 3%，利息年付的 1 年期国债，同时按照 95 元的价格买进了一张面值为 100 元，票息为 3%，利息年付的 3 年期国债。

持有 1 年期国债到期给我们带来的收益率为 4.25%（103÷98.8－1），即 1 年期国债的到期收益率为 4.25%②。

同样，我们认为未来 3 年每年 3 元的利息以及第三年 100 元的本金和现在的 95 元的价值是一样的，即潜在的贴现率为 4.8%③。相应地，持有 3 年期国债的到

① 贴现率体现资金的时间价值，如果贴现率是 3%，这意味着 1 年后的 103 元和现在的 100 元，价值是一样的。

② 贴现率也为 4.25%，即未来的 103 元等于现在的 98.8 元。

③ 95＝3÷（1＋贴现率）＋3÷（1＋贴现率）^{2}＋103÷（1＋贴现率）^{3}。

期收益率也是 4.8%。

在实际计算时，我们可以通过市场交易数据计算获取到期收益率。而因为到期收益率比较直观地告诉我们持有该债券到期能够获得多少收益，所以债券市场也都是用到期收益率作为报价单位的。比如现在市场上 10 年期活跃国债的报价是3.145 8%，这个 3.145 8%指的就是到期收益率。

但透过上述公式，我们也会发现到期收益率是在假设未来各期限资金贴现率一样的前提下计算得到的。这实际上是一个比较强的假设，因为按照我们日常的经验，不同期限的资金应该有不一样的价格。

于是，市场提出了即期收益率，对应的是即期收益率曲线。它是指在持有期没有现金流的利率，比如我们去银行存定期，2 年的定期存款利率为 5%，那这个 5%指的就是 2 年期的即期利率。

不过，银行计算利息一般是按照单利计算，比如存了 100 元 2 年期的定存，到期后我们能获得 110 元[$100\times(1+5\%\times2)$]；而如果是按照复利计算，那么 2 年后我们能够获得 110.25 元[$100\times(1+5\%)^2$]。

与定期存款类似的是零息债券，它在整个存续期里都不会支付利息，而是在到期后按面值偿还，即投资者持有零息债券所获得的收益率就是即期收益率。比如市场上 2 年期零息债券的收益率为 5%，就表示 2 年期的即期收益率为 5%，有些资料也会将即期收益率称为零息收益率。

与到期收益率不同，即期收益率是假设未来不同期限的资金对应的收益率(贴现率)不一样，且一般长期限的即期收益率高于短期限的即期收益率。

这样的确更符合实际，但也存在一个问题，就是即期收益率不能直接通过市场交易数据得到。依旧是刚举过的例子，如果我们买了利息年付的 3 年期国债，那么在计算时，我们会发现在一个公式中，存在 3 个不同期限的即期收益率。

$$95=3\div(1+1\text{ 年期即期收益率})+3\div(1+2\text{ 年期即期收益率})^2+103\div(1+3\text{ 年期即期收益率})^3$$

因此，为了获得即期收益率，我们需要通过到期收益率反向推导即期收益率，这种方法也被称为“拔靴法”。

假设市场已经知道各期限的到期收益率数据，其中 1 年期、2 年期和 3 年期的

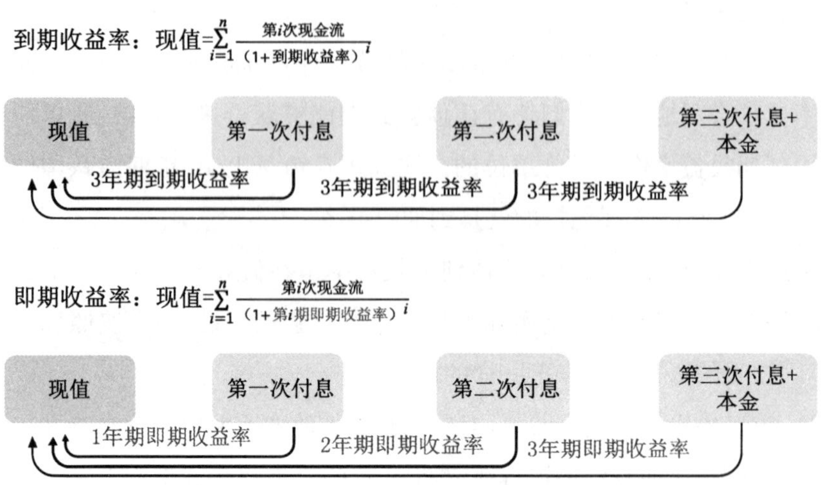

资料来源：作者整理。

图 8.2 即期收益率与到期收益率的区别

到期收益率分别为 4.25%、4.6%和 4.8%。假设国债均按年付息，票息为 3%。

因为 1 年期的国债期间没有任何现金流，所以我们有：现值＝103÷(1＋1 年期即期收益率)＝103÷(1＋1 年期到期收益率)，即 1 年期即期收益率＝1 年期到期收益率＝4.25%。

在获得 1 年期即期收益率后，我们可以推导得到 2 年期的即期收益率等于 4.61%[现值＝3÷1.042 5＋103÷(1＋2 年期即期收益率)^2＝3÷1.046＋103÷1.046^2]。

类似地，我们使用 1 年期和 2 年期的即期收益率就能够得到 3 年期的即期收益率为 4.84%[现值＝3÷1.042 5＋3÷1.046 1^2＋103÷(1＋3 年期即期收益率)^3＝3÷1.048＋3÷1.048^2＋103÷1.048^3]。

通过倒推的方法，我们可以逐一获得不同期限的即期收益率，并得到即期收益率曲线(见图 8.3)。

与到期收益率不同，即期收益率更多地被用于债券的估值定价，而很少被用于债券的交易。

比如发行人要发行一张面值为 100 元，票息为 3%，按年付息的 2 年期债券，他可以按照现有的即期收益率曲线将未来的现金流逐一折现，计算该债券的现值，并

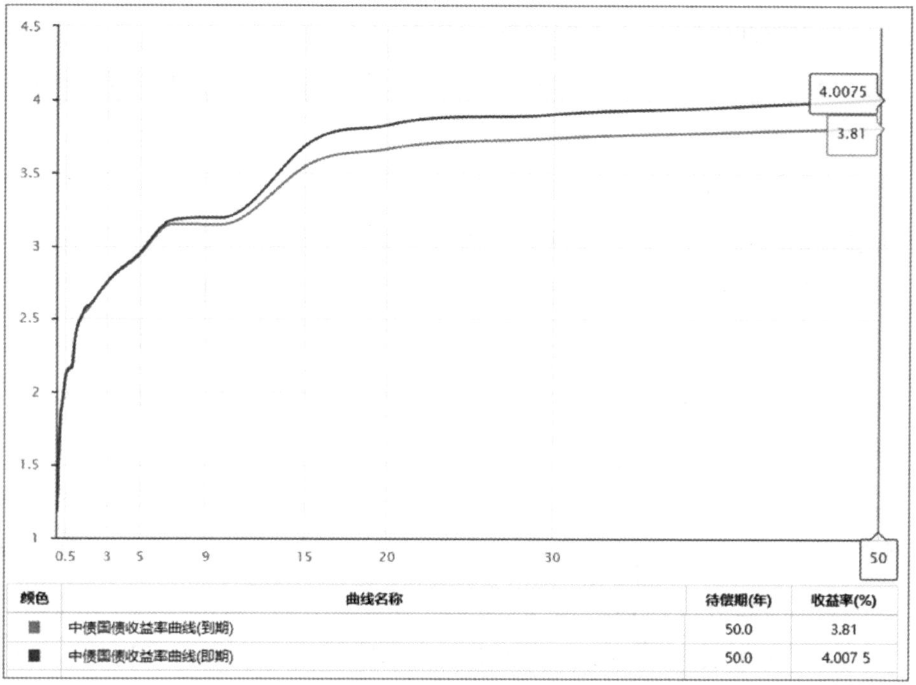

资料来源：中债登。

图 8.3 即期收益率曲线与到期收益率曲线(2021 年 1 月 12 日)

以此为依据为债券定价。

最后，我们来讲远期收益率曲线。

相比于即期收益率和到期收益率，远期收益率会复杂一点，比如到期(即期)收益率我们可以直接说 3 年期的到期(即期)收益率是多少，但是如果表示远期收益率，我们就要说明这是几年之后期限是几年的到期(即期)远期收益率。

一般我们会用 $y(n, k)$ 表示 n 年后 k 年期的即期收益率，比如 $y(1, 2)$ 表示的就是 1 年之后 2 年期的即期收益率，如果特别说明，也能表示远期的到期收益率。

类似于即期收益率，远期收益率也不能通过市场交易数据获得，而需要通过即期收益率曲线等推导得到。

需要注意，我们这里讲的远期收益率是推导出来的市场隐含远期收益率，并不能代表市场对远期收益率的预期。

远期收益率推导的核心思想是：一个人如果要配置一份总期限为 3 年的资产，那么无论是直接购买 3 年期的零息债券还是先购买 2 年期的零息债券，2 年之后再购买 1 年期的零息债券，这两种资产配置方式带来的收益应该是一样的。

如果不一样，投资者就只会购买收益率高的组合。如果直接购买 3 年期的零息债券获得的收益率更高，那么投资者就只会购买 3 年期零息债券；反之则相反。在市场的作用下，最后这两个组合所能够获得的收益应该是一样的。

例如，假设市场已知即期收益率曲线，其中 1 年、2 年和 3 年的即期收益率分别为 4.25%、4.61%和 4.84%。投资者投资 100 万元 3 年期的零息债券（复利），3 年后能够获得 115.2 万元（100×1.0484^3）。

相应地，他如果先投资 100 万元 2 年期的零息债券，再投资 1 年期的零息债券也应该能够获得 115.2 万元，即 $100\times1.0461^2\times[y(2,1)+1]=115.2$，计算得到 2 年后 1 年期的远期利率 $y(2,1)=5.3\%$。

通过这样的方法，我们在知道即期收益率曲线之后，就能逐步获得相应的远期的即期收益率曲线。

具体计算公式为：$[1+y(n,k)]^k\times(1+n$ 年期即期收益率$)^n=[1+(n+k)$ 年期即期收益率$]^{(n+k)}$，总时长为 $n+k$ 期。

除了用即期推导得到远期的即期收益率曲线，市场也可以通过到期收益率曲线推导得到远期的到期收益率曲线（见图 8.4），这里我们就不再展开了。

综合来看，这三种收益率曲线各有不同，其中到期收益率曲线是计算其他两类收益率曲线的基础，往往是先通过市场数据得到到期收益率曲线，然后由到期收益率曲线推导得到即期收益率曲线，最后由即期（到期）收益率曲线推导得到远期的即期（到期）收益率曲线。

从用途上看，到期收益率是在市场交易时最经常使用的收益率指标；即期收益率则主要被用于债券的估值定价；远期收益率更多的是用于利率模型的构建，在日常交易中使用不多。

之后，我们提到收益率曲线时，如果没有特别说明一般指的都是到期收益率曲线。

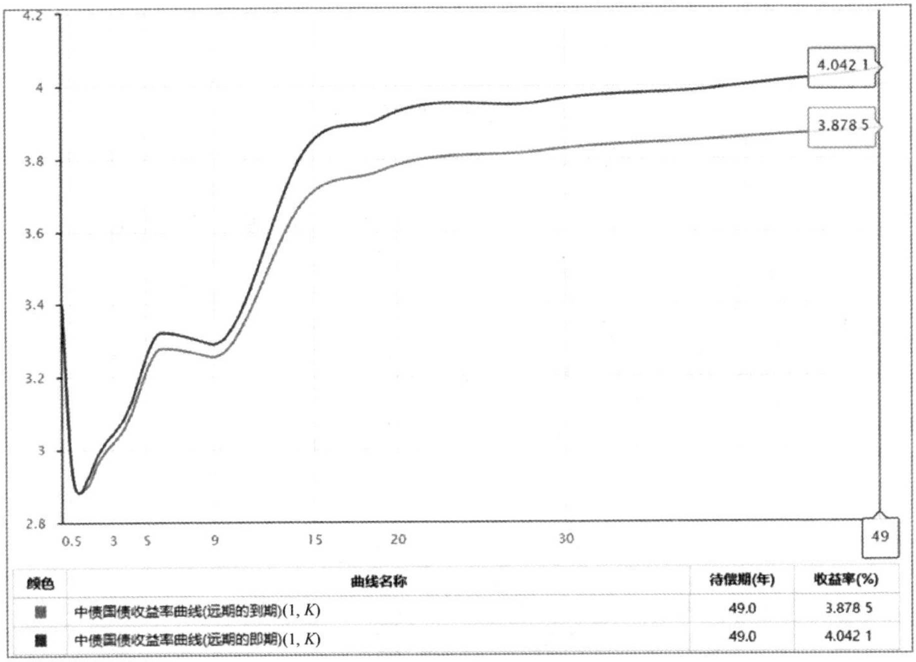

资料来源：中债登。

图 8.4　1 年之后的远期的即期和远期的到期收益率曲线(2021 年 1 月 12 日)

三类收益率曲线的比较见表 8.1。

表 8.1　三类收益率曲线比较

	含义	构建	用途
到期收益率曲线	到期收益率是投资者持有债券到期能够获得的年化收益率，也是使债券未来所有现金流折算为债券当前价格的贴现率	到期收益率的构建基于市场成交数据，通过样本的成交数据获得关键期限的到期收益率，再通过数学方法获得收益率曲线	这是交易时最常用的数据，投资者可以根据该曲线了解目前市场的行情
即期收益率曲线	即期收益率也被称为零息收益率，是指在存续期内没有现金流的收益率	由到期收益率曲线推导得到	多用于债券的估值定价
远期收益率曲线	分为远期的即期收益率和远期的到期收益率，体现的是隐含的远期收益率	由即期收益率曲线和到期收益率曲线分别推导得到	一般用于利率模型的构建

资料来源：作者整理。

2. 收益率曲线的形状

收益率曲线的形状一般来说有四种(见表 8.2)。

表 8.2　收益率曲线的形状

曲线形态	原因	图形
向上的收益率曲线	期限越长,收益率越高,也是最常见到的收益率曲线类型。一般期限越长,潜在的流动性风险、信用风险等也会越大,投资者要求的收益率也会越高。	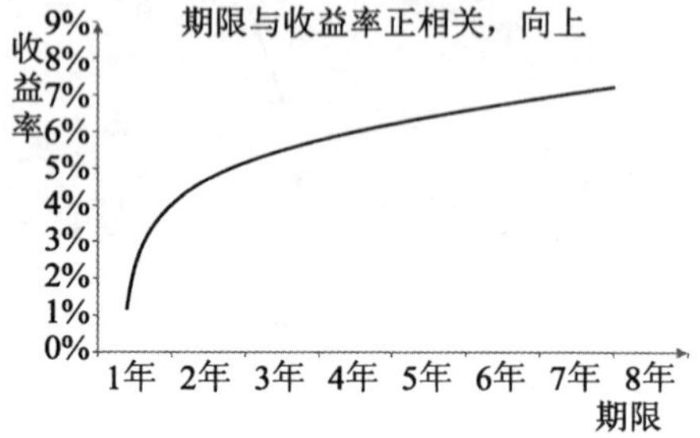
向下的收益率曲线	期限越短,收益率越高,即短端收益率高于长端收益率。这种形态一般出现在市场流动性快速收紧的时候,由于市场流动性不足,短期资金利率快速抬升超过长端资金利率;另外也可能会出现在经济明显下行,投资者对未来投资不看好的背景下,如 20 世纪 90 年代的日本。	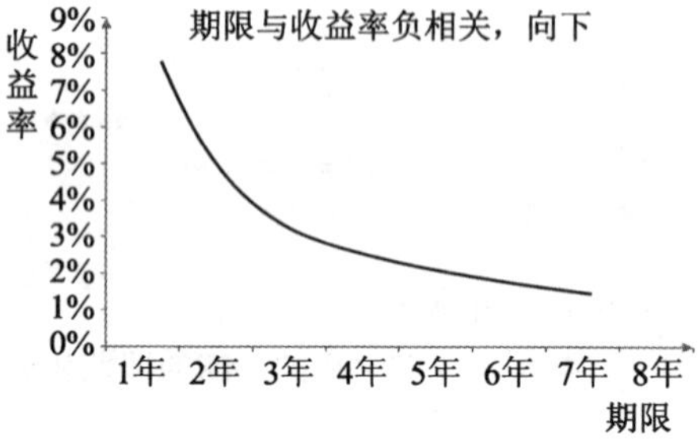
水平的收益率曲线	不同期限的收益率水平近似,收益率期限利差很小。这种水平形态一般会在收益率过渡期出现,比如短期限收益率快速抬高,使得收益率曲线出现熊平,或者长端收益率快速走低,出现牛平。这种态势出现的时间较短,很快会过渡到其他状态。	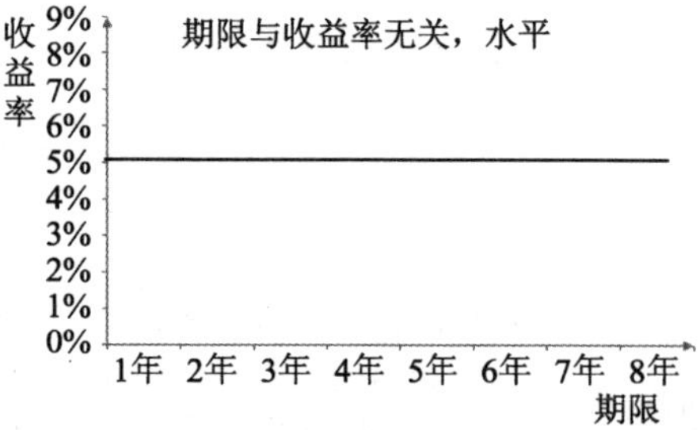
驼峰形收益率曲线	某一期限的债券收益率出现明显的上行,使得整条收益率曲线呈现驼峰形。这一现象的出现往往与流动性有关,比如近期债券市场上就出现了 7 年期债券的收益率高于 10 年期的情况,2017 年的时候债券市场也出现过 M 形收益率曲线,那时候也是由 3 年期和 7 年期收益率过高导致的。	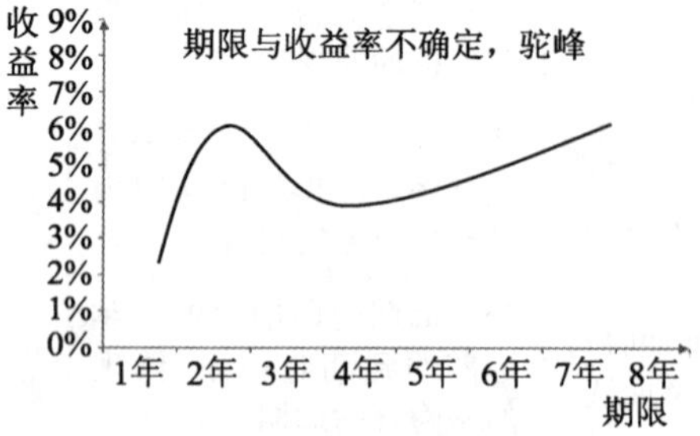

资料来源：作者整理。

（1）向上的收益率曲线。这种曲线最为常见，表示期限越长，收益率越高。一般期限越长意味着投资者面临的各类风险（包括流动性风险、信用风险、市场波动风险等）越大，投资者也会要求更高的收益率。

（2）向下的收益率曲线，表示期限越长，收益率越低。这种曲线一般不多见，其出现可能有以下几种原因：一是市场流动性迅速收紧，货币市场利率快速上行带动短端债券收益率上行，最终使得收益率曲线出现倒挂，如 2013 年 6 月爆发的“钱荒”一度使得短期债券收益率超过了长期债券收益率。

二是市场对未来经济发展态势持悲观态度，预期未来收益率会下滑，于是使得长端收益率低于短端收益率。如在 1990 年的时候，日本市场普遍对经济发展态势持悲观态度，认为未来经济会进入衰退期，企业的盈利能力会下滑，于是长期收益率快速走低，并出现收益率倒挂。

（3）水平的收益率曲线，表示期限对收益率的影响不大。这种现象往往出现在过渡阶段，比如在从向上的收益率曲线变为向下的收益率曲线的过程中。

（4）驼峰形收益率曲线，表示某一期限收益率高于左右两侧收益率。这种情况的出现可能与流动性有关，目前市场上交易最活跃的券种是 10 年期的国开债和国债，而 7 年期左右的债券流动性较差，这就使得投资者会给 10 年期债券额外的流动性溢价，使得 10 年期债券的收益率反而低于 7 年期债券的收益率，如在 2020 年 9 月市场就出现了 7 年期与 10 年期收益率倒挂的现象。

为什么收益率曲线的形状会有明显的不同呢？

目前，市场上有好几种理论，如预期理论①、流动性偏好理论②、分割市场理论③和期限选择理论④等都对这一现象做出了解释。

综合来看，影响曲线形态的主要因素有：市场预期收益率、债券风险溢价和凸性偏差。

---

① 认为市场的期限结构取决于投资者对未来利率走势的预期。
② 认为长期债券的流动性比短期限的差，潜在风险高，需要更高的收益率。
③ 长短期债券的投资者不同且互相独立，而长短期收益率是投资双方的均衡。
④ 大部分投资者偏好短期债券，让投资者购买长期债券需要更高的收益率。

（1）市场预期收益率

当投资者预期未来市场利率会上升时，会要求长期债券提供更高的到期收益率，以弥补未来市场利率上升导致的损失，此时收益率曲线就会向上倾斜。

当投资者预期未来市场利率会下降时，长期债券的潜在价值会上升，投资者愿意以更高的价格（相应的更低的收益率）购买长期债券，以获取未来市场利率下跌带来的收益，相应的收益率曲线就会向下倾斜。

而当投资者预期未来市场利率不变时，那么长期债券的收益率会保持在现有的水平，即收益率曲线保持水平。

这么说自然很好理解，但是对市场而言更关键的是如何形成自己的预期，或者说该怎么判断未来的利率走势。目前，市场一般从货币政策、经济基本面等角度判断未来利率的走势，并形成自己的预期。

（2）债券风险溢价

债券风险溢价指的是由于存在各种潜在风险（如流动性风险、市场波动风险），投资者会要求的风险补偿。如由于短期限债券的流动性好于长期限债券，而且时间越长，市场的不确定性也越大，因此投资者对长期债券往往会要求更高的风险溢价。

除了与风险相关的溢价，如制度限制问题、债券供需问题、市场部门间流动性差异等因素也会导致债券收益率存在差异。为了方便，市场一般也会使用“债券风险溢价”表示这些差异。

（3）凸性偏差

相比于市场预期收益和债券风险溢价，凸性偏差可能难理解一些，而且对收益率曲线的影响也不如前两者。简单来说，凸性表示债券价格与收益率曲线的弯曲程度，体现的是债券价格对市场利率变化的敏感程度。

例如，在其他条件相同的情况下，债券 A 的凸性大于债券 B，这时候如果市场利率上升（价格下跌），A 债券价格下行的程度会小于 B 债券；反之如果市场利率下行（价格上涨），A 债券价格的上升幅度又会大于 B 债券。

这种不对称的变化使得凸性高的债券更受投资者的欢迎，他们也愿意为高凸性的债券支付更高的价格（见图 8.5）。

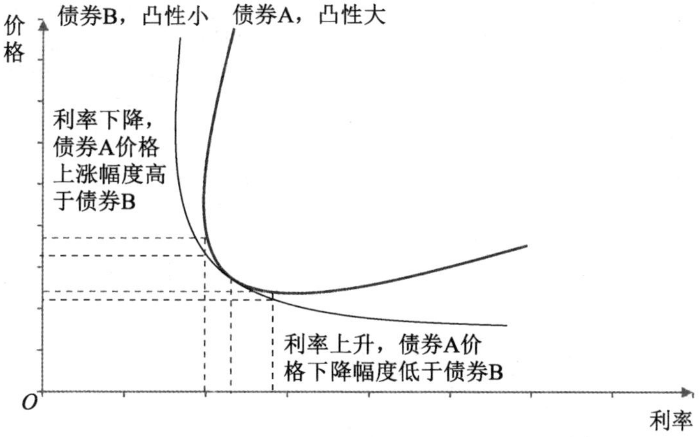

资料来源：作者整理。

图 8.5　投资者偏好高凸性债券

从期限上看，一般长期限债券的凸性会大于短期限债券的凸性。这一来使得投资者会给长期债券相对高一点的定价，在假设没有风险溢价和收益率变化的情况下，长期限的债券，由于凸性大，收益率水平反而会低于短期限债券。

二来也意味着长、短期债券对利率变动的反应程度是不同的。在市场利率下降时，长端债券的收益率往往会比短端债券下降得快一些，这会使得收益率曲线变平；反之在市场利率上升时，长端债券的收益率往往会比短端债券上升得少一些，这就容易使得收益率曲线上移变平。

由于上面说的三种因素会同时影响债券收益率，我们在分析债券收益率变化时要考虑得更加全面。如收益率曲线的快速向上变陡，既可能是要求更高的风险溢价（如流动性溢价），也可能反映市场认为未来市场利率会上行。

3. 收益率曲线的变化

收益率曲线随着影响因素的变化，自然会发生不同的变化，而按照长短端收益率变化幅度和方向的不同，我们可以将其分为以下几类（见图 8.6）。

（1）平移变化。平移变化是指各期限收益率在过去一段时间里出现了相同幅度的波动，曲线形状不发生变化。在现实中，一般比较难以见到完全平移的曲线运动，更多的是近似于平移的情况。

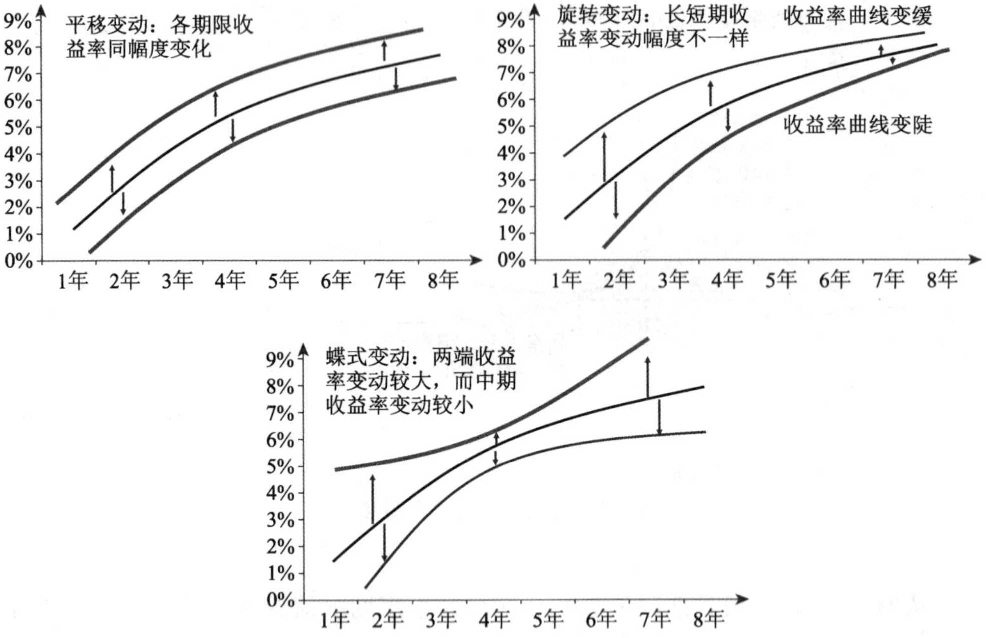

资料来源：作者整理。

图 8.6　收益率曲线的变化

（2）旋转变化。旋转变化一般是指收益率曲线长短端收益率的变动幅度不一致，从而整条收益率曲线变得更加陡峭或者更为平缓，这种变化也是最为常见的。

（3）蝶式与反蝶式变化。蝶式与反蝶式变化主要是指收益率曲线的长端与短端出现同方向、大幅度变动，而收益率曲线中端的变化却比较小。

8.1.2　收益率曲线投资策略

在了解收益率曲线后，我们会好奇收益率曲线对投资会有什么帮助呢？接下来我们分析基于收益率曲线的几种投资策略。

1. 骑乘策略

骑乘策略的基本思想是在短端收益率低于长端收益率时，假设预期收益率曲线在投资期内形态不变，随着时间的推移，期限变短的债券到期收益率也会随之降低，这会给债券投资者带来额外的资本利得收入。

为了更好地理解骑乘策略，我们举个例子。假设 1 年期和 2 年期零息国债的到期收益率为 1.3%和 1.8%，这时如果投资者买入一张 2 年期零息国债，买入价格为 96.49 元[$100\div(1+1.8\%)^2$]，即如果投资者持有到期，就能够获得 1.8%的收益。

持有 1 年后，这张债券的剩余期限为 1 年，假设 1 年期的收益率还是 1.3%，那么投资者可以按照 98.72 元(100÷1.013)的价格卖出该债券。

而在这一年里，投资者获得的投资收益率为 2.3%(98.72÷96.49)。其中1.8%是持有债券获得的收益，而 0.5%[(1.8%−1.3%)×1]的收益是由于随着期限的临近，价格上涨带来的额外收益，这一部分收益也就是我们说的骑乘收益(见图 8.7)。

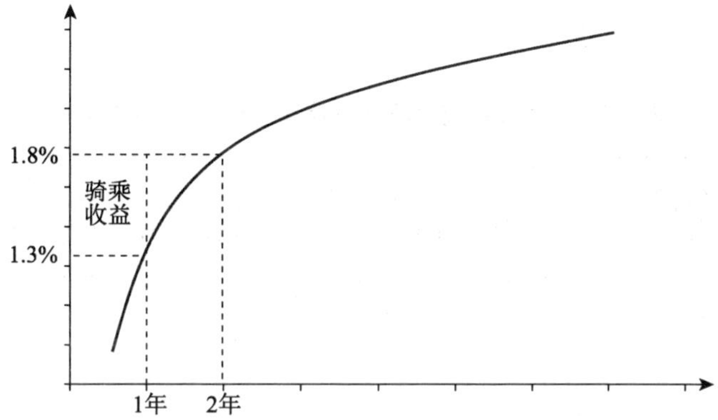

资料来源：作者整理。

图 8.7 骑乘收益

从上面的分析中，我们能发现有两种情况会比较适合使用骑乘策略：第一，债券收益率曲线比较陡峭，随着期限的缩短，收益率下降的幅度更大，投资者能够获得更高的骑乘收益；第二，剩余期限越长，投资者越能获得更高的收益。

但是，获取骑乘收益的前提是未来收益率曲线不会出现明显的变化。如果 1 年后收益率曲线大幅上移，那么收益率的大幅上行导致的资本损失将会侵蚀骑乘带来的收益，如在上面的例子中，如果 1 年期收益率变为 1.7%，那么骑乘策略带来的额外收益就只有 0.1%了。

需要注意，上面是基于零息债券的测算，如果投资者持有附息债券，那么债券价格需要按各期现金流贴现计算获得，在计算骑乘策略时也会更加复杂。

以附息债券为例，假设市场上 9 年期和 10 年期资金的到期收益率分别为 2.49％和 2.54％，那么票息为 2.54％的 10 年期债券市值＝面值＝100 元，票息为 2.49％的 9 年期债券的市值＝面值＝100 元。

假设未来到期收益率不变，投资者持有 10 年期债券 1 年后获得 2.54 元的票息，另外按照 100.40 元（$2.54 \div 1.0249 + 2.54 \div 1.0249^2 + \cdots + 2.54 \div 1.0249^8 + 102.54 \div 1.0249^9$）出售该债券，投资者持有该债券获取的收益为 2.94％[（100.4＋2.54）÷100－1]，其中骑乘收益率为 0.4％。

从表 8.3 也能够看到，6 年期债券由于曲线最为陡峭（6 年期和 5 年期的利差为 0.32％），且剩余时间也较长，1 年后 6 年期债券的骑乘收益能够达到 1.6％，这极大地增加了投资者的持债收益。

表 8.3　附息债券骑乘收益率计算（持有 1 年后卖出）

现在剩余期限	市场到期收益率	持有收益	骑乘收益（近似计算）	骑乘收益（精确计算）	总收益（近似计算）	总收益（精确计算）
2 年	1.37％	1.37％	0.22％	0.22％	1.59％	1.59％
3 年	1.44％	1.44％	0.14％	0.14％	1.58％	1.58％
4 年	1.60％	1.60％	0.48％	0.47％	2.08％	2.07％
5 年	1.79％	1.79％	0.76％	0.73％	2.55％	2.52％
6 年	2.11％	2.11％	1.60％	1.52％	3.71％	3.63％
7 年	2.36％	2.36％	1.50％	1.40％	3.86％	3.76％
8 年	2.46％	2.46％	0.70％	0.64％	3.16％	3.10％
9 年	2.49％	2.49％	0.24％	0.22％	2.73％	2.71％
10 年	2.54％	2.54％	0.45％	0.40％	2.99％	2.94％

注：设一年后市场到期收益率不变；近似计算公式为：1 年后剩余期限×（现在到期收益率－一年后到期收益率）；精确计算为将一年后现金流按照一年后到期收益率折现算出价格，其中价格变化带来的收益率为骑乘收益，利息收入为持有收益。

资料来源：Wind。

2. 收益率曲线策略(久期策略)

债券投资者在构建投资组合的时候,会综合考虑自己的资金情况、对未来市场的预期等因素,然后配置不同期限的债券。多配什么期限的债券、少配什么期限的债券,对投资者而言具有明显不同的含义。

在这里我们先引入另外一个概念:久期。久期指的是债券收益率变动引起价格变动的幅度,即久期=债券价格变动百分比÷债券收益率变动百分比。比如某债券的久期为 8.17,某一天该债券的收益率从 3.70%上涨了 5 个基点至 3.75%,那么该债券价格变化幅度为 0.41%(0.05%×8.17),即债券价格下降了 0.41%。

另外,久期和我们前面提到过的凸性有一点类似,都表示债券收益率与价格之间的关系,那这两者之间的区别是什么呢?

具体来说,如果把债券价格看成收益率的函数,价格=f(收益率),那么久期是这个函数的一阶导数,而凸性则是二阶导数。

从久期的公式中我们能够看出,债券的久期越长,利率波动对价格的影响越大;久期越短,利率波动对价格的影响越小。而一般来说,债券的期限越长,久期就越大,比如 10 年期债券的久期肯定会比 1 年期债券的久期大。

而根据投资者持有债券的期限长短(久期)不同,可以将投资者的投资策略划分为子弹策略、杠铃策略和阶梯策略。

子弹策略是指投资者在投资时主要持有某一特定期限的债券,投资者如果预期未来利率会下降,那么持有长久期的债券无疑能够获得更高的收益,于是他们会集中持有长期限的债券,或者如果看好某一期限的债券①也可以重仓该期限债券。

杠铃策略是指将投资组合中债券的期限集中在两个极端的范围内,主要是重仓长期和短期债券,而不怎么投资中期债券。其中,长期债券对利率敏感,能够用来博取收益,短期债券的流动性较高,便于调整投资组合。这种策略一般在收益率曲线比较平坦时使用,从而达到进可攻、退可守的目的。

阶梯策略则是指将资金相对平均地投资在各个期限的债券上。相比于前两种策略,阶梯策略虽然在收益和抗风险方面都没有突出优势,但是胜在稳健。

---

① 如某一期限债券的期限利差比较大,能够获取较大的骑乘收益。

那么我们应该在什么时候使用哪一类策略呢？

假设市场上有A、B、C三只债券，分别对应长、中、短三个不同期限（见表8.4）。此时，投资者有三个选择：全部持有B债券（子弹策略）；持有46.65%的A债券，53.35%的C债券（杠铃策略）；持有30.8%的A债券，34%的B债券和35.2%的C债券（阶梯策略）（见表8.5）。这样配比的目的是为了使投资组合的久期一样，方便我们之后比较。

表8.4　市场债券的信息

债券	票面利率(%)	期限(年)	到期收益率(%)	久期	凸性
A债券	3.09	10	3.72	8.13	80.25
B债券	2.89	5	3.48	4.31	23.42
C债券	2.70	1	2.84	0.96	1.84

资料来源：Wind，作者整理。

表8.5　策略组合

组合	A债券(%)	B债券(%)	C债券(%)	组合收益率(%)	组合久期	组合凸性
子弹策略	0	100	0	3.48	4.31	23.42
杠铃策略	46.65	0	53.35	3.25	4.31	38.42
阶梯策略	30.80	34	35.20	3.33	4.31	33.33

注：通过配比，使得各策略的久期近似；组合收益率、组合久期和组合凸性的计算按照加权平均获取，如阶梯策略的组合收益为3.33%（0.308×3.72+0.34×3.48+0.352×2.84）。

资料来源：作者整理。

比较这三个策略，我们会发现在久期一样的情况下，子弹策略的收益率较高，但凸性最低；杠铃策略的凸性最高，但收益率最低；阶梯策略则表现得比较平均。

我们在前面提到过，在久期一样的时候，凸性越大，债券越受投资者欢迎。因为杠铃策略的凸性最大，投资者愿意为了高凸性而支付一部分额外的成本，所以在三种策略中杠铃策略的组合收益率最低。

那么，如果持有一个月后，收益率曲线发生了变化，在这三种策略中，哪一种策略表现得会更好呢？出于简化的考虑，我们假设在这一个月里不存在付息行为。

假设收益率曲线发生平移变化。通过表8.6的计算可以看到，当曲线向下平移时，杠铃策略获得的资本利得最高，而子弹策略获得的资本利得最低；当曲线向上平移时，杠铃策略所遭受的损失最小，子弹策略遭受的损失更大。这一点和不同策略的凸性不同相关。

表 8.6　收益率曲线平移时各策略的资本利得

收益率平移变动	A 债券	B 债券	C 债券	价格变动幅度		
				子弹策略	杠铃策略	阶梯策略
−1.00%	2.72%	2.48%	1.84%	4.42%	4.50%	4.47%
−0.40%	3.32%	3.08%	2.44%	1.74%	1.75%	1.75%
−0.20%	3.52%	3.28%	2.64%	0.87%	0.87%	0.87%
0.00%	3.72%	3.48%	2.84%	0.00%	0.00%	0.00%
0.20%	3.92%	3.68%	3.04%	−0.86%	−0.85%	−0.85%
0.40%	4.12%	3.88%	3.24%	−1.70%	−1.69%	−1.70%
1.00%	4.72%	4.48%	3.84%	−4.19%	−4.11%	−4.14%

注：收益率变动带动价格变动的幅度我们按照以下公式计算：价格波动幅度＝－收益率波动×组合久期＋0.5×凸性×收益率波动^2。

资料来源：作者整理。

理论上来说，当收益率曲线上移或者下移幅度足够大的时候，杠铃策略能够获得足够高的资本利得收入，从而使得总收入高于子弹策略。

但是从测算结果看，当收益率曲线是完全平移时，杠铃策略与其他两种策略的收益差距并不是特别大，仅由于凸性带来的资本利得很难弥补两者之间的收益差距。这意味着在完全平移的时候，子弹策略可能是更好的选择。

假设收益率曲线呈现陡峭化移动。当收益率曲线向下变陡峭时（短端下行幅度大于长端），子弹策略获得的收益会明显高于杠铃策略，且曲线越陡峭，子弹策略的优势越明显；当收益率曲线向上变陡峭时（长端上行幅度大于短端），子弹策略的价格下跌幅度低于杠铃策略，潜在的损失也会小一些（见表 8.7）。

表 8.7　收益率曲线变陡峭时各策略的资本利得

收益率变陡峭(BP)		A 债券	B 债券	C 债券	价格变动幅度		
					子弹策略	杠铃策略	阶梯策略
向下变陡峭	80	3.62%	2.98%	1.94%	2.18%	0.85%	1.30%
	50	3.47%	2.98%	2.09%	2.18%	1.35%	1.63%
	30	3.67%	3.28%	2.49%	0.87%	0.37%	0.54%
	20	3.62%	3.28%	2.54%	0.87%	0.54%	0.65%

（续表）

收益率变陡峭(BP)		A债券	B债券	C债券	价格变动幅度		
					子弹策略	杠铃策略	阶梯策略
向上变陡峭	20	4.02%	3.68%	2.94%	−0.86%	−1.17%	−1.07%
	30	4.07%	3.68%	2.89%	−0.86%	−1.33%	−1.17%
	50	4.47%	3.98%	3.09%	−2.12%	−2.87%	−2.62%
	80	4.62%	3.98%	2.94%	−2.12%	−3.31%	−2.91%

注：收益率变动带动价格变动的幅度我们按照以下公式计算：价格波动幅度＝－收益率波动×组合久期＋0.5×凸性×收益率波动^2。

资料来源：作者整理。

综合来看，在曲线的陡峭化变动时，子弹型策略是最优选择。

假设收益率曲线呈现平坦化移动。当收益率曲线向下变平坦时（短端下行幅度小于长端），子弹策略价格上行的幅度会明显低于杠铃策略；当收益率曲线向上变平坦时（长端上行幅度小于短端），子弹策略价格下跌的幅度又会明显高于杠铃策略（见表8.8）。

表8.8 收益率曲线变平坦时各策略的资本利得

收益率变平坦(BP)		A债券	B债券	C债券	价格变动幅度		
					子弹策略	杠铃策略	阶梯策略
向下变平坦	70	2.87%	2.98%	2.69%	2.18%	3.44%	3.01%
	50	2.97%	2.98%	2.59%	2.18%	3.08%	2.78%
	30	3.37%	3.28%	2.79%	0.87%	1.38%	1.20%
	20	3.42%	3.28%	2.74%	0.87%	1.21%	1.09%
向上变平坦	20	3.82%	3.68%	3.14%	−0.86%	−0.53%	−0.64%
	30	3.77%	3.68%	3.19%	−0.86%	−0.37%	−0.53%
	50	3.97%	3.98%	3.59%	−2.12%	−1.32%	−1.59%
	70	3.87%	3.98%	3.69%	−2.12%	−1.00%	−1.38%

注：收益率变动带动价格变动的幅度我们按照以下公式计算：价格波动幅度＝－收益率波动×组合久期＋0.5×凸性×收益率波动^2。

资料来源：作者整理。

综合来看，在曲线变平坦时，杠铃策略会优于子弹策略。

最后需要说的是，无论收益率是变陡峭还是变平坦，阶梯策略都是中庸的选择，其潜在风险都位于子弹策略和杠铃策略之间。

8.2　各类利差分析

通过收益率曲线，我们能够得到代表不同信息的利差数据。如期限利差表示期限不同的同类型债券之间的收益率差异；信用利差表示信用债与利率债的收益率差距，能够反映由信用风险等带来的收益率差异；行业利差则表示不同行业债券存在的收益率差别，能够反映各行业的潜在风险差异。

8.2.1　期限利差

在日常交易活动中，投资者可以根据不同的需要选择不同的期限利差来分析，比如 10 年期国债的流动性较好，受交易盘喜欢，而 7 年期国债的流动性较差，主要是配置盘持有，计算 10-7 年利差可以比较好地分析目前债券市场上交易盘和配置盘的力量变化。

比较常见的是使用 10-1 年利差，在债券品种上一般会选择国债或者国开债。这两类品种各有优劣，国开债由于发行规模大，持有者多，在市场上的流动性会好于国债，特别是短期限的国开债在流动性上的优势会更加明显；但是考虑国际上如美国在计算期限利差时多使用 10-2 年国债利差，日本则是使用 10-1 年国债利差，在做横向对比的时候，使用国债会好一些。

回顾历史走势，国开债和国债的利差走势十分近似(见图 8.8)，因此本节主要采取 10-1 年国开债利差作为期限利差的代表进行后续讨论。

我们可以从期限利差的公式入手理解期限利差。期限利差＝长端收益率－短端收益率，即长、短端收益率的相对变动情况决定了期限利差的走势。

一般来说，长端收益率主要是受到经济基本面的影响，如果投资者预期未来经济会走高，那么长端收益率一般会率先走高。反之，如果认为未来经济会走弱，长端收益率则会率先走低。

而短端收益率则主要受货币政策和市场流动性的影响。在货币政策宽松时，市场流动性宽裕，短端收益率下行得会更快；反之，短端利率上行得也会更快。

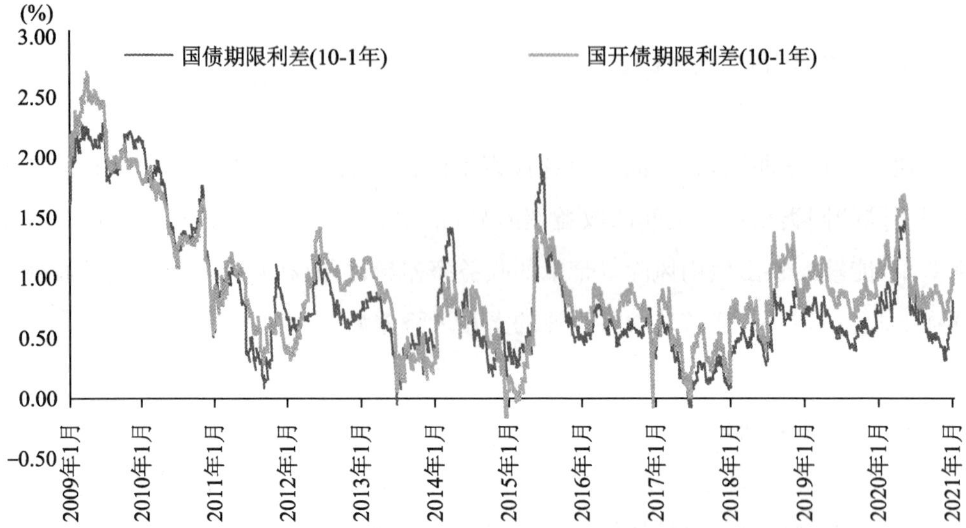

资料来源：Wind。

图 8.8　国债与国开债走势类似

由于货币政策与经济基本面并不是完全同步的，短端收益率与长端收益率的变动往往也并不同步，并由此使得期限利差时而走阔，时而收窄。根据期限利差的大小以及债市行情，可以将期限利差分为牛平、牛陡、熊陡、熊平这 4 种状态。

当经济开始由盛转衰时，市场投资者预期先动，会先开始做多长期债券，使得长期债券利率开始下行；但是货币政策具有一定的滞后性，这时候还保持着相对高压，市场流动性偏紧，短期收益率下行幅度比较慢。

这就使得长端收益率回落速度快于短端，期限利差收窄，收益率曲线出现牛平的情况。如 2008 年 8 至 10 月，10 年期国开债收益率快速走低带动期限利差收窄(见图 8.9)。

随后，经济下行压力进一步加大，货币政策开始转向宽松，短端收益率随之加速下行，而长端收益率由于已经体现了经济下行这一事件，这时的下行幅度往往会小于短端，从而使期限利差走阔，收益率曲线由牛平转向牛陡。

资料来源：Wind。

图 8.9 2008—2009 年债市经历了一个完整的从牛平到熊平的历程

如在 2008 年 10 月到 2009 年 1 月，这一时期货币政策明显转松，仅在 10 月就连续两次下调存贷款准备金率，在“宽信用＋宽货币”的政策组合下，市场流动性充裕，短端利率快速下行，期限利差走阔。

之后，随着政府刺激政策开始起作用，经济开始复苏，投资者预期转向乐观，长债收益率开始上行，短端收益率则由于货币依旧保持宽松，仍处于低位，这时期限利差开始继续走阔，从牛陡开始转向熊陡。

最后，经济由复苏转向过热，为了预防潜在的风险，货币政策开始转向收紧，短端上行，期限利差收窄，熊陡开始转向熊平。可以看到在 2009 年 4 月之后，随着经济复苏态势明显，货币政策开始逐渐退出宽松，并在下半年逐渐收紧，债券市场随之走向熊平。

在此之后，经济状态会再次由盛转衰，经济周期重新进入“繁荣(由盛转衰)—衰退—萧条—复苏”的循环，而对应的期限利差则再次进入“牛平—牛陡—熊陡—熊平”的循环(见表 8.9)。

表 8.9 从牛平到熊平

期限形态的变化	含义与原因	图形
牛平	长端收益率下行幅度快于短端收益率。一般这个时候市场预期经济下行，长端利率下行，但是由于货币政策还没有变宽松，短期资金利率没有明显下降，使得短期债券收益率的降幅比较低。如在 2008 年次贷危机爆发后，经济基本面受挫，长端利率快速下行，而货币政策略微有所滞后，使得短端收益率下降速度慢于长端。	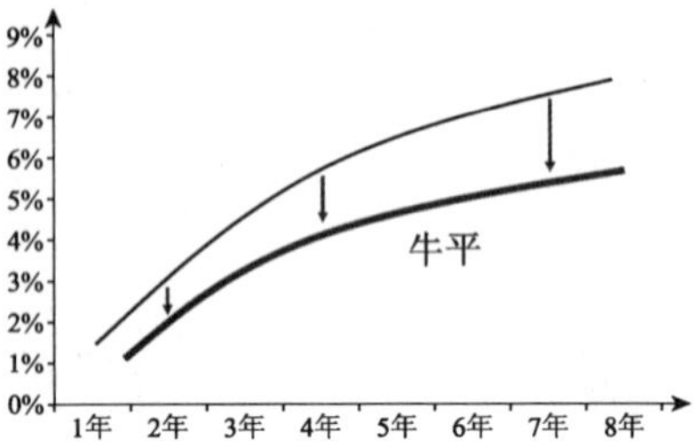
牛陡	短端收益率下行幅度快于长端收益率，收益率曲线变陡峭。此时，货币政策明显放松，使得市场资金面趋于宽松，短期资金利率快速下行，经济下行压力较大，长端收益率也下行，但是幅度小于短端利率。如 2008 年 10 月之后，为了应对次贷危机的冲击，央行连续多次降准，在“宽信用＋宽货币”的组合下，债券短端收益率快速下降使得收益率曲线趋于牛陡。	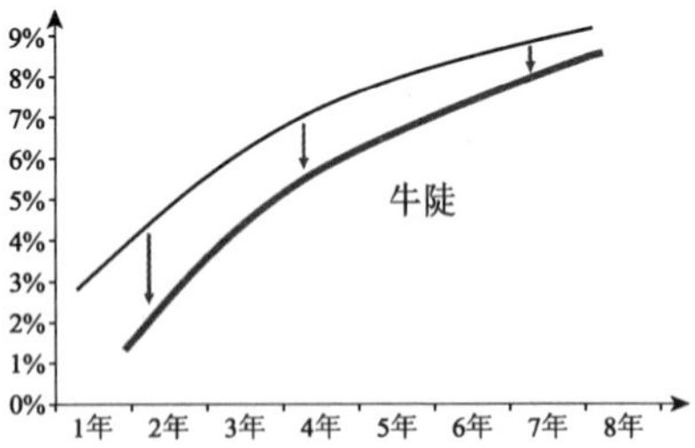
熊陡	短端收益率上行速度慢于长端收益率，收益率曲线变陡。这种情况一般是在宽松货币刺激下，市场对未来经济发展预期改善，长端收益率开始上行。但是，货币政策的退出还需要时间，短端收益率上行的速度会略微慢于长端。比如在 2009 年年初的时候，随着“4 万亿”刺激政策的出台，市场预期未来基本面会好转，于是长端收益率快速反弹，但是短端收益率慢了一些，于是收益率曲线出现熊陡的现象。	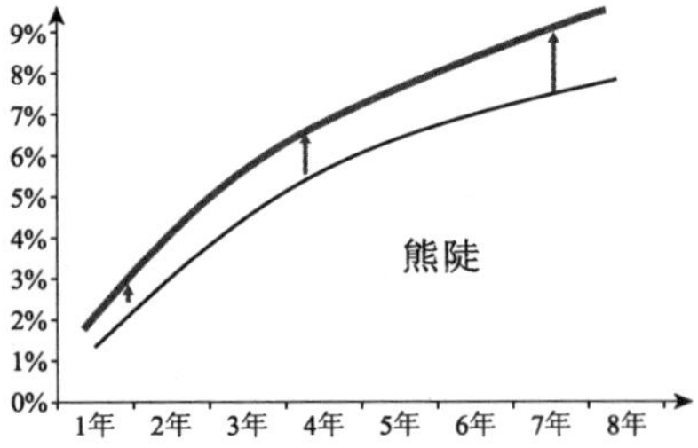
熊平	短端收益率的上行速度快于长端收益率，收益率曲线变平。一般随着货币政策开始从宽松转向收紧，短端收益率开始明显上行，而长端收益率已经体现了经济基本面的预期，上行的幅度会慢一些。在 2009 年 4 月之后，随着货币政策退出宽松，并开始向防风险靠拢，收益率曲线从熊陡变为熊平。	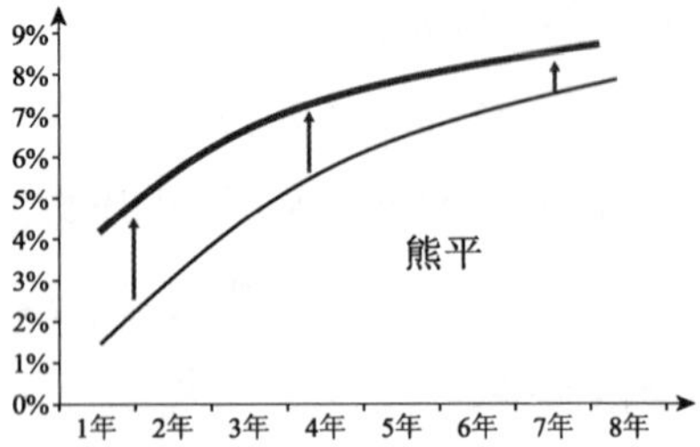

资料来源：作者整理。

不过，上述的分析只是为我们提供了一个理解利差的逻辑，利差与经济周期挂钩的一个重要前提是假设货币政策紧跟经济周期，而债券市场走势也会与经济周期密切相关。

这一逻辑在 2012 年之前是比较明显的,当时经济基本面对债券市场的影响极其明显,GDP 增速和 CPI 走势与债券市场的走势密切相关,而货币政策的制定也较多地考虑经济基本面和 CPI,所以在 2002—2011 年的几次债券牛熊转化中,经济增长周期、通货膨胀周期和货币政策周期往往是渐次推进的,而我们也能够看到当时债券市场的走势大部分时候符合“牛平—牛陡—熊陡—熊平”这样一个变化。

但 2012 年之后,债券市场走势与经济基本面(如 GDP 和 CPI 走势)的敏感性有所降低,而随着 2012 年利率市场化进程的深入,债券市场走势对货币政策的敏感性则逐渐上升,叠加货币政策开始兼顾其他目标(如金融防风险),债券市场的走势不再呈现“牛平—牛陡—熊陡—熊平”这样一个轮动走势。如 2016 年年末,为了防范金融风险,货币政策收紧的同时监管开始发力,这使得当时的债券市场从牛平直接走向了熊平。

回顾过去一段时间里 1 年期和 10 年期国开债收益率的变化趋势,我们也能够发现 1 年期国开债的波动幅度在大部分时间里都大于 10 年期国开债(见图 8.10 和图 8.11)。这也从侧面表明了短端收益率对期限利差的影响会大一些。

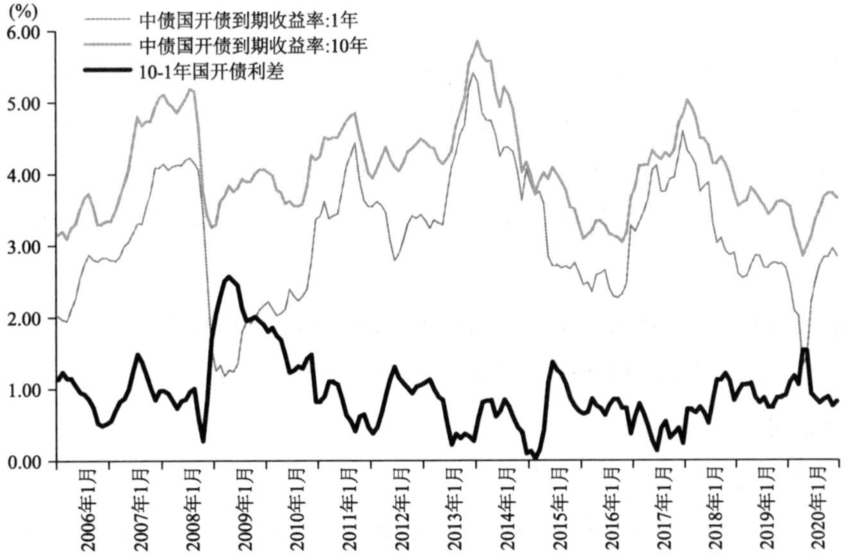

资料来源:Wind。

图 8.10 历年来期限利差的走势

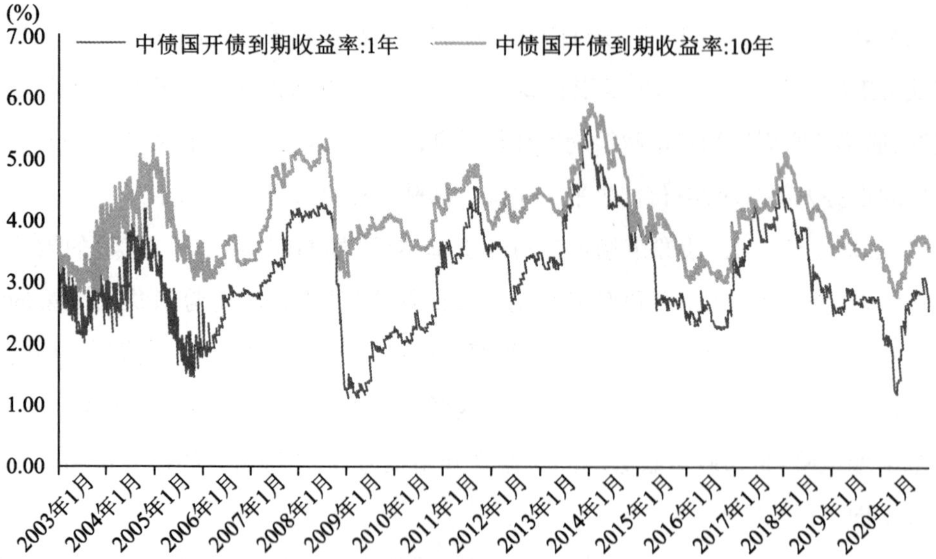

注：波动范围＝当年收益率最大值－当年收益率最小值。
资料来源：Wind。

图 8.11　短期收益率的变化波动远远大于长期收益率

而短端收益率则主要是受货币政策的影响。由于公开市场操作利率数据较少，我们使用货币市场利率 R007 代表货币政策的走势。可以看到在过去一段时间里，我国 1 年期国开债收益率的走势与 7 天质押回购利率的走势存在明显的同步性（见图 8.12），短期货币市场利率变化会带动 1 年期国开债收益率呈现同向变动。

同时，质押式回购利率与国开债利差也存在明显的负相关。一般随着质押式回购利率的走高，期限利差趋于收窄；反之，随着质押式回购利率的走低，期限利差趋于走阔（见图 8.13）。

那我们为什么要分析期限利差呢？

第一，期限利差一般来说有回归均值的传统。回顾过去国开债期限利差的变化，我们会发现国开债期限利差会在一个“上有顶，下有底”的固定区间波动，且在 2012 年之后，国开债的波动区间进一步收窄，振幅缩小（见图 8.14）。

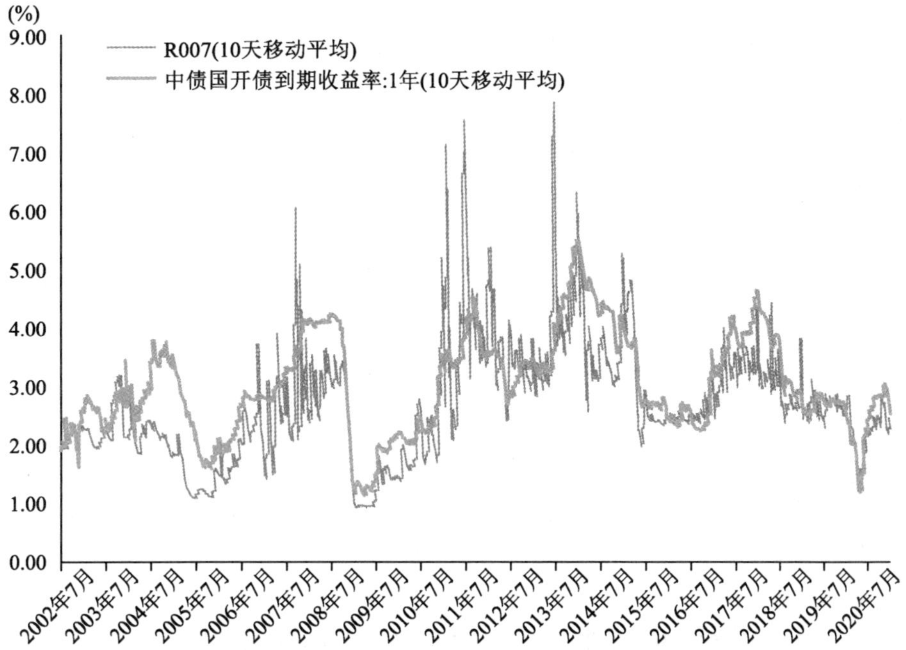

资料来源：Wind。

图 8.12 1 年期国开债收益率与 R007 的相关性较大

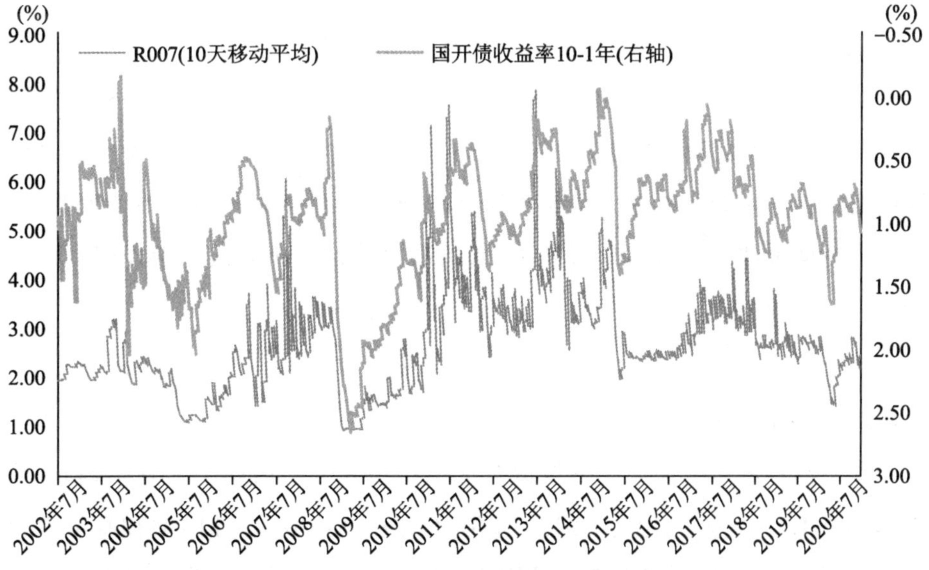

资料来源：Wind。

图 8.13 期限利差与货币市场利率走势相近(逆序)

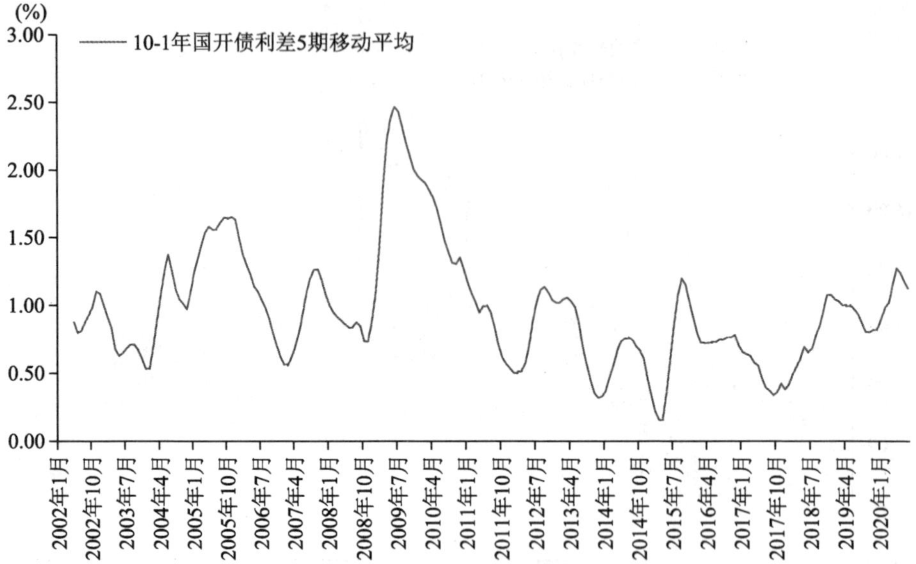

资料来源：Wind。

图 8.14　期限利差呈箱体震荡,且 2012 年后期限利差的震荡中枢下移

因为期限利差有回归均值的特性,所以我们就能通过看期限利差发现潜在的投资机会。如果发现 10-1 年的期限利差显著低于历史均值,则未来该期限利差大概率会走阔,我们则可以通过做多期限利差套利;反之如果现在 10-1 年的期限利差显著高于历史均值,则未来大概率会走低,我们则可以通过做空期限利差套利。

第二,期限利差是未来债券市场走势的重要指导。如果期限利差过低,则长、短端收益率较为接近。长端下行受到制约,未来如果短期限收益率不能回落,则一般往往以长期限债券收益率上行结束,所以当投资者与研究员发现期限利差过窄时,往往会非常小心。

8.2.2　信用利差

市场上品种繁多的债券大致可以分为信用债和利率债两类。其中,利率债有国家信用背书,一般被认为是无风险债券,不存在违约风险,如国债和政策性银行债就属于利率债;信用债是以企业信用为担保的债券,其能否按期偿还与企业的经营状况密切相关,因此也就存在违约风险。

除了违约风险，信用债由于市场流动性差，相比于利率债也有更高的流动性风险。

由于存在违约风险以及流动性风险，投资者对信用债的估值就会低一些，其收益率也会比利率债高。我们把信用债收益率高出利率债收益率的那一部分称为信用利差（见图 8.15），其本质是对信用债潜在风险（包括流动性风险和信用违约风险）的补偿，信用利差越大，说明该债券潜在的风险越高。

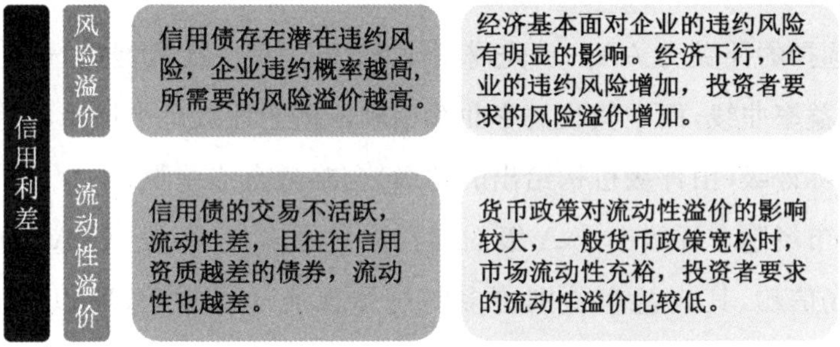

资料来源：作者整理。

图 8.15 信用利差

按照风险溢价和流动性溢价，影响信用利差的因素可以分为以下两类：

第一，经济基本面。它影响的主要是信用债的风险溢价部分。一般在经济基本面向好，企业经营环境不断改善，信用违约风险降低的时候，投资者要求的违约风险溢价比较低；反之在经济基本面下行压力大，企业经营环境恶化，违约风险较高的时候，投资者要求更高的风险溢价。

第二，货币政策。它影响的主要是流动性溢价部分。一般在货币政策宽松的时候，市场上钱比较多，投资者对信用债要求的流动性溢价比较低；反之，要求的流动性溢价就会高一些。

在研究中，我们一般使用 3 年期 AA 中期票据到期收益率减去 3 年期国开债到期收益率衡量信用利差。为什么用这个指标呢？

第一，市场无风险利率我们用的是国开债到期收益率。这是因为虽然国债和国开债都是无风险利率债，但国债享有税收优惠，而其他债券一般都不享有税收优惠，所以如果我们用信用债减去国债作为信用利差，那么两者体现的不仅是信用利差，也包括由于税收制度差异导致的利率差异。

第二，从品种上看。在各类信用债中，中期票据的发行规模较大，截至2020年11月，中期票据市场规模达到7.3万亿元，占公司信用类债券的比重超过了50%（上清所口径）。同时，中期票据的流动性也比其他类型公司信用债好一些。

第三，从期限上看。3年期债券是企业发债融资规模最大的一类期限，具有较强的代表性。

第四，选择的评级为AA。首先需要注意的是，我们在数据的选择上使用的是中债到期收益率曲线，而中债收益率曲线编制依据的评级是中债市场隐含评级，这与债券的实际评级（由评级机构给出的评级）会略微有些差距。

在中债市场隐含评级中，AA级的债券占比最多，且一般AAA级的债券极少违约，受市场信赖，其收益率差别更多的是体现流动性溢价，所以我们选取的是AA级债券。

在2014年之前，市场上信用债违约的情况极少，投资者对债券潜在违约风险的关注相对也不多，那时候信用利差更多的是对债券流动性不足的补偿，而非对债券潜在违约风险的补偿。

而流动性往往与货币政策密切相关。一般在货币政策收紧的时候，市场流动性较好的利率债收益率先上行，而信用债由于流动性差对市场变动反应会慢一些，信用债收益率的上行会略微滞后于利率债，这时候信用利差会略有收窄。不过随着流动性的持续收窄，信用债收益率开始快速走高，且上升幅度大于利率债，这时候信用利差开始大幅度抬升。

这也使得一般货币市场利率的变化会略微领先于信用利差的变化（见图8.16）。比如，由于通货膨胀快速上行以及经济出现过热迹象，在2010年10月央行货币政策开始收紧，引发货币市场利率上行并带动债券收益率开始快速上行，叠加在2011年年初云南省公路开发投资有限公司出现的偿债危机（并未实质违约），使得市场重新评估城投债的信用风险，信用利差开始快速走阔。

2014年之后，由于市场信用债违约现象不断增加（见图8.17），市场开始关注信用债潜在的违约风险，因此经济基本面对信用利差的影响开始越发明显。

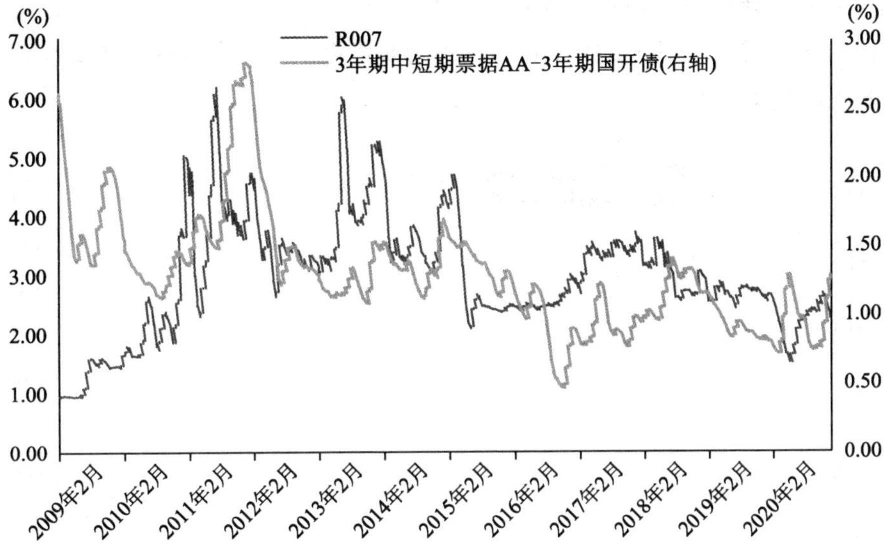

资料来源：Wind。

图 8.16　货币市场利率与信用利差

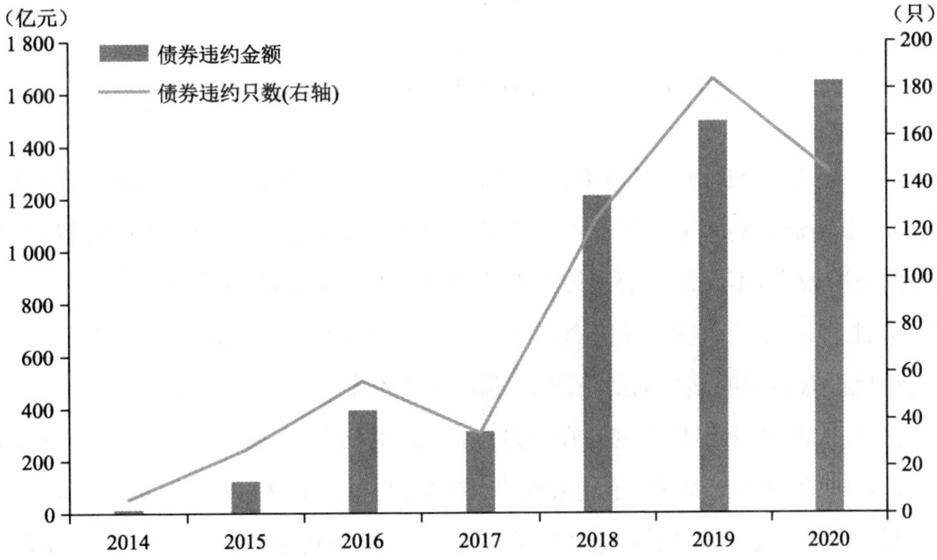

资料来源：Wind。

图 8.17　2014 年后债券违约规模不断增加

在2015年到2016年间，市场流动性波动不大，银行间质押回购7天利率一直维持在2.4%左右的水平(见图8.18)，这也为我们提供了一个观察经济基本面对信用利差影响的窗口期。

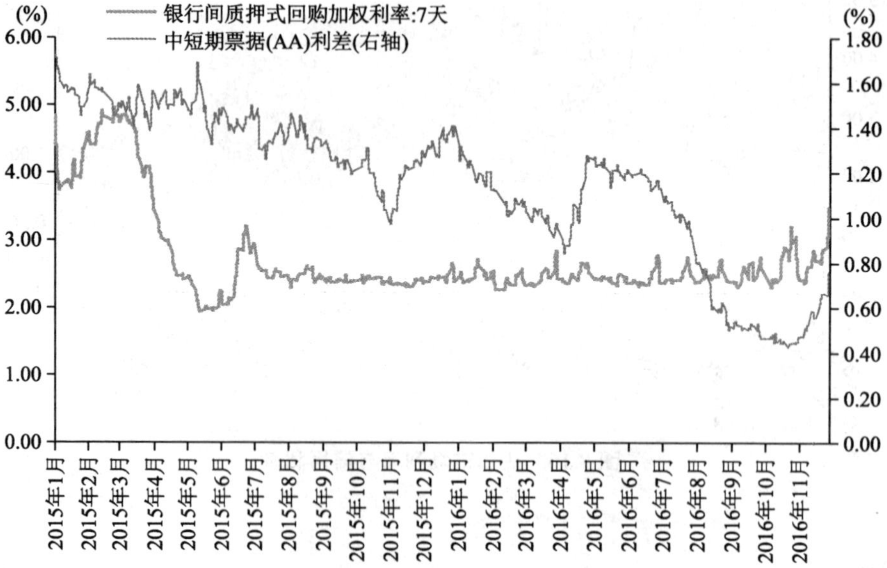

资料来源：Wind。

图8.18　2015年8月之后，市场流动性整体平稳

在2015年年初，由于经济下行压力较大，货币政策转向宽松，在降准、降息的刺激下，市场资金利率下滑带动国开债收益率下滑，但是由于经济基本面较差，企业违约风险较高，不时爆发的违约风潮使得利差处于震荡状态。

不过2016年二季度开始随着经济的稳步复苏，市场企业违约风险下降，在市场流动性没有出现明显变动的情况下，信用利差开始稳步下行(见图8.19)。

另外，2020年上半年特别是在5月之前，信用利差明显走阔。第一，一季度企业经营环境差，现金流紧张，市场对企业潜在违约风险较为担忧，因此即使在货币政策宽松的背景下，信用债收益率的降幅也远远低于利率债；第二，上半年在政策的鼓励下，信用债发行门槛降低，加上企业融资需求较为旺盛，信用债供给的增加也使得信用债收益率没有明显下降。

到了5月，一来随着经济的好转，信用债潜在的违约风险下降；二来随着货币

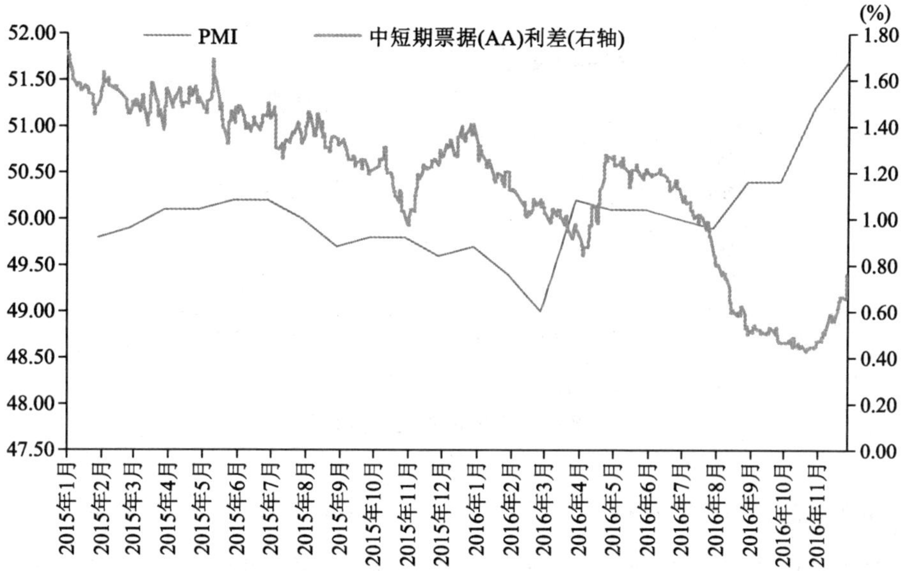

资料来源：Wind。

图 8.19 2016 年随着经济基本面变好时，信用利差收窄

政策边际收紧，前期下降更多的利率债，这时候受到的冲击也更大，所以信用利差则开始收窄。

到了 11 月，随着永煤事件爆发，市场开始担心信用债的违约风险，大量机构开始抛售信用债，投资者要求更高的信用风险溢价，所以年底信用利差就又起来了。

在分析了市场整体信用利差的走势后，我们进一步分析信用利差的一些细分项目，如行业利差（个券利差）和等级利差。

1. 行业利差

因为行业利差多是由该行业个券利差通过计算得到的（如算术平均）（见图 8.20），所以我们放在一起说明。

个券利差其实很容易获得，我们直接使用某只信用债的收益率减去同期限的国开债收益率，就能得到这只债券的个券利差。不过个券利差能够给我们提供的增量信息其实并不多，虽然其反映了该债券的潜在风险，但是我们也能通过该债券的评级情况等数据直接了解债券的潜在风险。

一般我们会在个券利差的基础上计算获得行业利差，从而直观地了解某一相

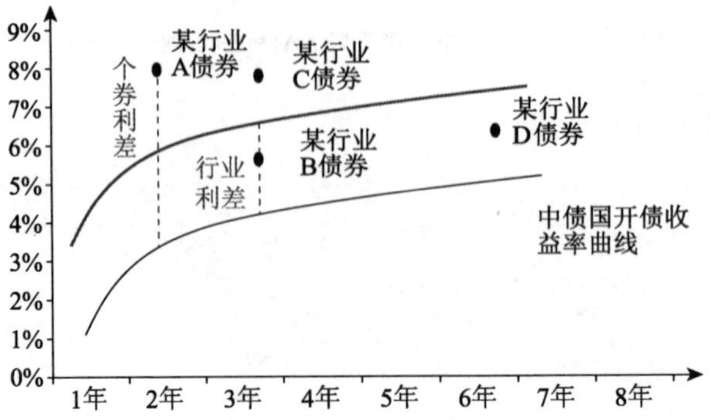

资料来源：作者整理。

图 8.20　个券利差与行业利差

关行业的整体信用风险水平。

简单来说，行业利差反映的是由于各个行业潜在的信用风险不同而给予的收益补偿。行业景气度越高，信用风险越低，信用利差越小，如食品饮料行业；行业景气度越低，潜在的信用风险越高，相应的信用利差越大，如钢铁行业。

行业利差一般通过该行业个券利差计算得到，大致步骤可以分为三步：

第一步，挑选建立行业样本券数据库。在选择样本券的时候，需要注意：(1)选择样本量比较充足、市场规模较大的债券品种如中票，可以只选择一个品种，也可以选择多个品种，具体看实际需要；(2)考虑到附加条款会对债券价值产生额外的影响，需要删除附带有特殊条款(如担保、回售、永续等)的债券；(3)选择剩余期限在1年以上的债券，这是因为剩余期限越短，越难以反映该企业和行业的真实信用情况；(4)选择最近信用评级没有发生变化的债券。

第二步，通过插值法计算个券利差。由于个券的剩余期限和我们能够获取的基准利率(国开债)的期限并不一一对应，比如说1.8年的国开收益率，Wind数据库上是找不到的，这时候我们需要通过插值法计算相应期限的基准利差。

例如，一只中票剩余期限为1.8年，收益率为5%，而1年期国开债的收益率为2.8%，2年期国开债的收益率为3.2%，则1.8年期国开债的收益率为3.12%[2.8%+(3.2%−2.8%)×(1.8−1)÷(2−1)]，由此对应的利差就是1.88%。

第三步，按行业、等级将个券利差分类，计算行业利差数据，并获得不同分组的行业利差。

具体的行业利差数据库构建并不是本章的重点，我们不再展开。在获得行业利差数据之后，我们就可以基于行业利差进行相关分析。

第一，通过比较不同行业的行业利差水平以及过往变化，结合目前的行业信用风险，可以帮助我们寻找有价值的行业。可以看到，目前轻工制造、计算机、电气设备等行业的潜在风险被市场认为是较高的（见图 8.21）。

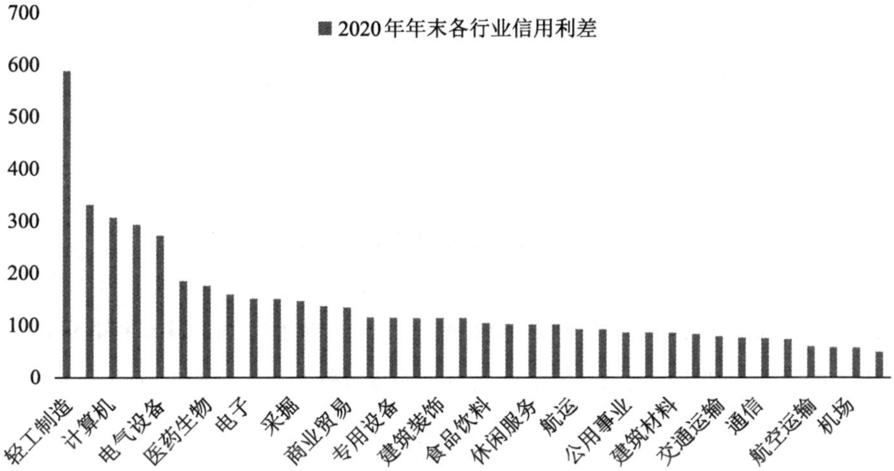

资料来源：Wind。

图 8.21　产业债中，轻工制造、计算机等信用利差比较大（2020 年 12 月 31 日）

在进行行业分析时，我们会将行业基本面与行业利差相结合，通过比较两者之间的区别配置行业资产。如果行业基本面已经趋于改善但是市场定价尚未及时跟随，行业利差依旧较大，就可以增配该行业的债券；反之，如果基本面边际恶化，行业利差却依旧处于低位，就可以减持该行业的债券。

以煤炭行业为例，早在 2011 年，煤炭行业的营业增速就已经开始放缓，但当时煤炭行业的信用利差波动不大，一直到 2014、2015 年煤炭产业过剩问题变得越发严重，部分煤炭企业开始违约后，煤炭行业利差才开始快速上行。而 2016 年在供给侧改革的推动下，煤炭行业供给过剩问题得到有效解决，行业经营环境才开始逐步恢复，之后煤炭行业利差开始下行。

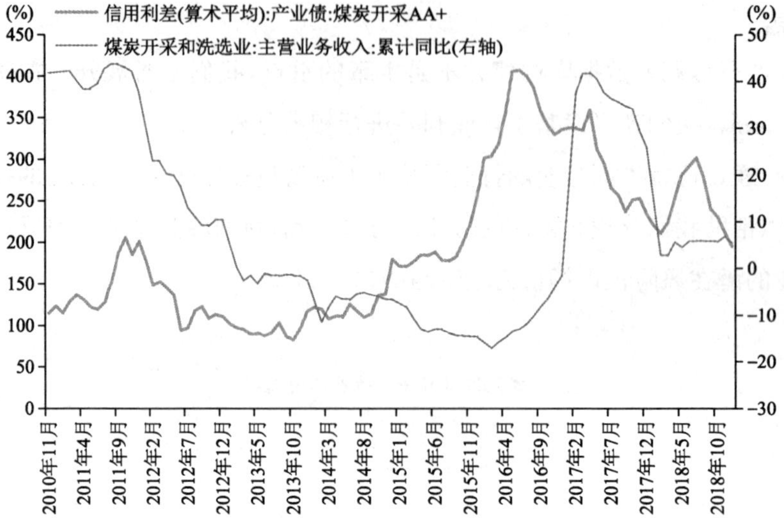

资料来源：Wind。

图 8.22　煤炭行业经营状况变化领先于信用利差

类似的情况在钢铁行业上也有所体现，在 2015 年年底到 2016 年年初，在供给侧改革的推进下，钢铁行业的经营状况有所好转，螺纹钢等钢铁价格开始有所上行，但是一直到 2016 年年中，钢铁行业的利差才开始下行。

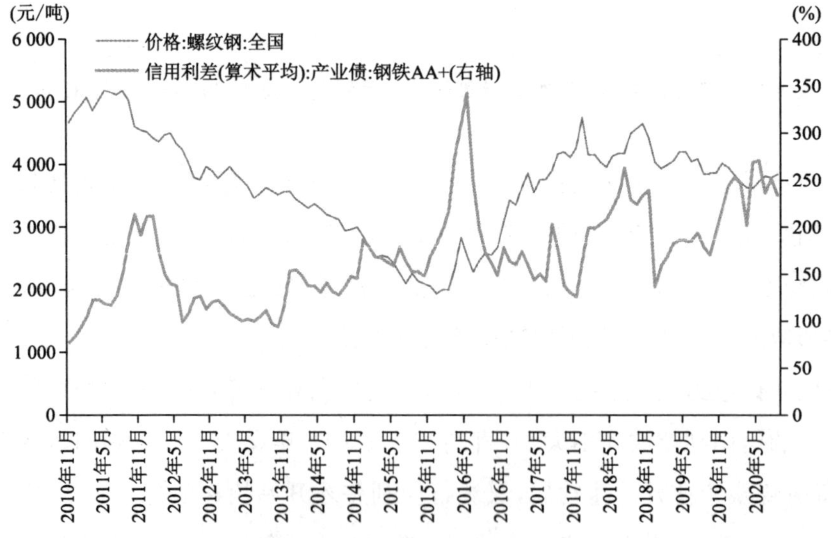

资料来源：Wind。

图 8.23　钢铁行业基本面的改变也领先于信用利差

另外，我们也能够根据行业的不同情况确定自己的重仓行业以及重仓行业轮换策略，从中获得较为可观的行业轮动收益。

我们以煤炭行业和房地产行业为例，在 2014 年年末的时候，煤炭行业产能过剩现象越发明显，但在良好的政策环境下，房地产行业开始逐渐好转，此时投资者可以卖出煤炭债，买入地产债。到了 2016 年下半年，煤炭行业景气度回升，而房地产调控开始逐渐收紧，此时投资者则可以卖出地产债，再买入煤炭债。

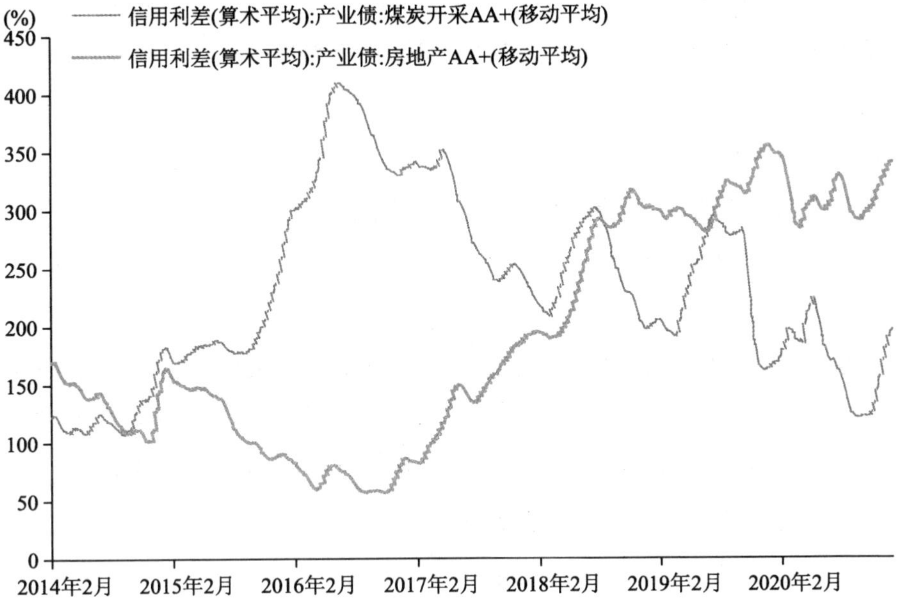

资料来源：Wind。

图 8.24 行业轮动

第二，基于行业利差选取各行业中性价比较高的个券。

在确定同等级各行业的利差后，我们可以分析行业内个券的定价情况，挖掘性价比较高的个券。

由于债券品种繁多，很多债券在估值时容易被高估或者低估，这为投资者提供了一个寻找高性价比债券的机会。

具体该怎么评价个券，分析其是否存在错误估值的情况，要进一步研究公司层面的经营状况、财务状况等，这并不是本章的核心，因此不再展开。这里我们提供一个大致的思路。

由于行业利差是由该行业全部样本个券计算得到，个券收益率相对于行业收益率存在两种可能：一是个券利差大于同等级行业利差，反映该债券的潜在风险更高；二是个券利差小于同等级行业利差，反映该债券的潜在风险低于行业平均水平。

对于利差高于行业利差的个券而言，在经济基本面恶化或流动性收紧的时候，由于市场会蜂拥追逐部分优质资产，这类债券往往会率先被投资者抛弃，其潜在风险更高，投资者应该回避。

反之，这类债券在经济基本面好转的时候，由于前期的低估值存在博取高收益的空间。

相应的对于低于行业利差的个券而言，其在基本面下行但是市场流动性充裕的时候抗跌能力更强，但是当基本面和流动性同时恶化的时候，这类债券由于前期的高估值，潜在的风险更高。

2. 等级利差

债券信用等级是市场评级机构在综合考虑目前的宏观经济环境、行业基本面、企业自身经营情况等因素后为债券评定的等级。债券预期违约风险越低，则市场评级越高；潜在违约风险越高，则市场评级越低。而等级利差简单来说就是低评级债和高评级债之间收益率的差距，这和信用利差很接近。

一般来说，等级利差的变化遵循这样一个逻辑：外部冲击(经济衰退或者市场流动性恶化)—企业偿债能力降低(经营环境恶化或者融资环境恶化)—机构投资者对信用债的风险偏好降低并开始抛售信用债(由于高等级债券流动性会好一些，会先抛售高等级债券，再抛售低等级债券)—等级利差走阔(可能会出现先被动走低，再主动走阔的现象)。

但是一般熊市时，基本面好转，货币政策收紧，流动性恶化；牛市时，基本面恶化，流动性好转。这就使得等级利差的演变与债市走势的关系变得比较复杂。

在实际操作时，我们可以使用 3YAAA 中短期票据到期收益率与 3YAA 中短期票据到期收益率来构建等级利差，即等级利差＝3 年期 AA 中短期票据到期收益率－3 年期 AAA 中短期票据到期收益率。

从长期历史趋势上看，虽然等级利差表现出在牛市收窄，在熊市走高，但是关系并不是很明显。

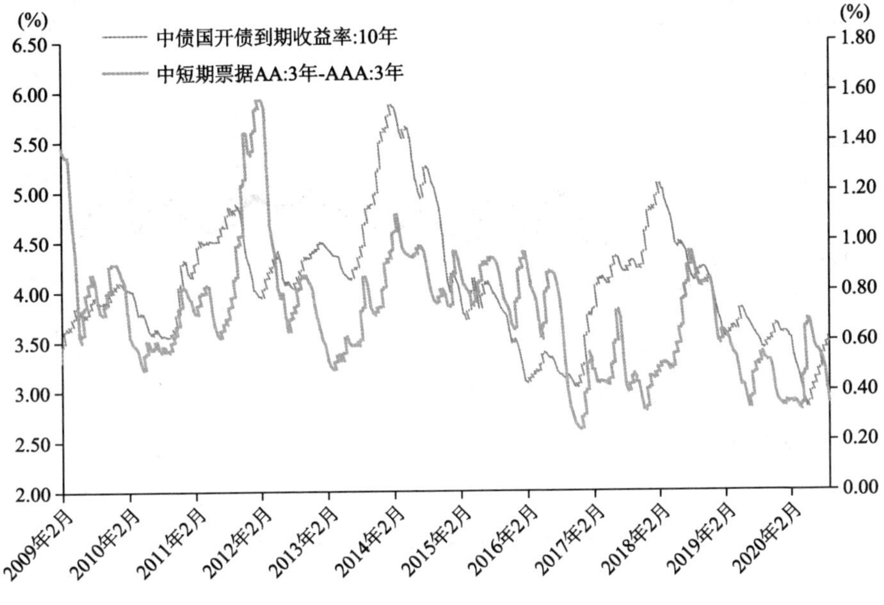

资料来源：Wind。

图 8.25　长期来看等级利差与国开债收益的相关性不强

一般来说，熊市行情下，虽然基本面好转，但是市场资金短缺，投资者追逐流动性高的高评级债券而不愿持有低评级债券，所以我们能够看到在 2011 年、2013 年的熊市中等级利差都出现明显的上行。

但是，随着市场资金面趋于平稳，资金对等级利差的影响降低，而随着经济基本面的逐步好转，企业的经营环境逐渐变好，信用债的潜在违约风险逐渐降低，等级利差也会逐渐走低。如在 2017 年的熊市中，在初期国开债收益率、等级利差和市场资金利率同步上行，但是到了熊市中后期，随着资金利率趋于平稳，等级利差开始下滑（见图 8.26）。

在牛市中，随着基本面恶化，货币政策趋于宽松，市场资金开始追逐有限的优质资产，使得高评级债券的收益率快速下行，信用利差开始走阔，之后在流动性的支持下资金开始流向低评级资产，这时候等级利差就会开始收窄。这一现象在 2011 年年末、2018 年年初的牛市中表现得比较明显，在牛市之初都出现了利差走阔再收窄的现象。

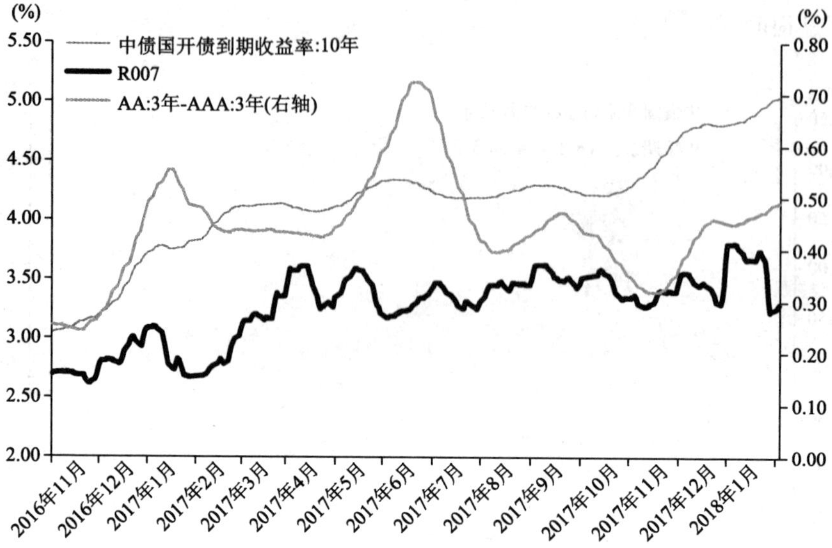

资料来源：Wind。

图 8.26　熊平阶段，等级利差会趋于下行

一般等级利差的低点会出现在牛市的后期，随着经济迹象开始逐渐回暖，潜在的违约风险降低，资金进一步向低评级债券流动，使得债券收益率进一步下行（见图 8.27）。

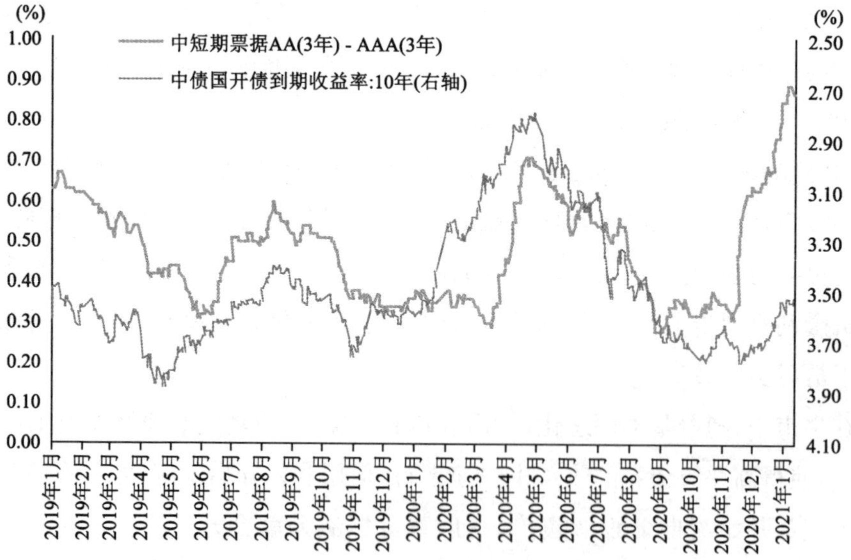

资料来源：Wind。

图 8.27　等级利差与收益率呈负相关（逆序）

不过，近年来基本面对利差的影响更为明显，等级利差出现了“熊市收窄、牛市走阔”这样不同于以往的走势。比如在 2020 年年初的时候，疫情对经济产生了极大的冲击，虽然市场流动性比较充裕，但是机构都在追逐部分优质资产，于是等级利差快速走高。而到了下半年，随着经济局势的好转，货币政策的边际收紧，信用债违约风险降低，等级利差开始明显下行。

最后需要注意的是，我们使用的数据是中债中短期收益率曲线，其评级依赖的是中债隐含评级而不是市场上债券的真实评级。

如果中债隐含评级和真实评级一致，那自然是没什么关系的，但是实际上这两者之间存在极大的差异，市场评级由于种种原因会高于中债隐含评级，这就使得市场有时候会感觉等级利差是失效的。

特别是近年来，市场评级偏高的现象变得越发明显，在 2015 年的时候中债市场隐含评级低于评级机构评级的债券占总债券的比例还只有 37%，到了 2019 年就有超过 53%的债券中债评级低于市场评级机构评级，除去未评级的，仅有 37%的评级机构评级与中债评级一致(见图 8.28)。

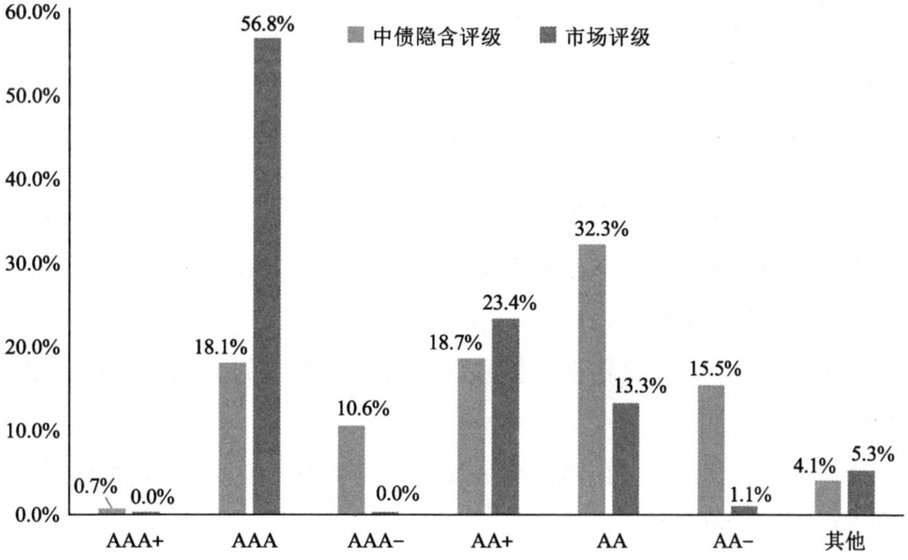

注：市场评级的占比数据为有评级的债券，不包含未评级债券。
资料来源：Wind，《中债信用债估值月度说明》。

图 8.28 市场评级明显虚高(2020 年 11 月)

8.2.3 国债和国开债利差

在前面我们提到过，在计算信用利差时，因为国债有税收优势(见表 8.10)，因此无风险利率选取的都是国开债利率。而国开债和国债同为无风险债券，在刨除掉违约风险之后，两者之所以会出现利差就是因为税收差异(国债 25%的税收优惠)和流动性差异(国开债流动性较好)，其中税收差异是主要原因。

表 8.10　各类债券的税收政策

债券类型	收益来源	商业银行		基金(专门免税政策)	
		增值税	所得税	增值税	所得税
国债	利息收入	0%	0%	0%	0%
	买卖收入	6%	25%	0%	0%
地方债	利息收入	0%	0%	0%	0%
	买卖收入	6%	25%	0%	0%
国开债	利息收入	0	25%	0%	0%
	买卖收入	6%	25%	0%	0%
商业银行债	利息收入	0	25%	0%	0%
	买卖收入	6%	25%	0%	0%
其他债券	利息收入	6%	25%	0%	0%
	买卖收入	6%	25%	0%	0%

资料来源：作者整理。

从税收角度来看，由于国债享有 25%的税收优惠，在不考虑其他因素的前提下，隐含税率(1－国债收益率÷国开债收益率)应该稳定在 25%的水平。但是由于以下几点原因，隐含税率往往会低于 25%的水平。

(1) 公募基金和境外机构在持债时享有免税优惠，所以它们偏好持有票息更高的国开债；

(2) 从流动性角度看，由于国开债的流动性会略好于国债，市场会给予国开债一部分额外的流动性溢价；

(3) 由于免税是只针对利息收入，这意味着如果投资者更看重债券买卖收入，那么免税政策的影响并没有那么明显。

回顾过去几年间债券市场走势与隐含税率之间的关系，我们会发现国开债国债利差与债券市场走势有着明显的正相关(见图 8.29)。这与国开债和国债在投资者结构、流动性溢价等多方面因素有关。

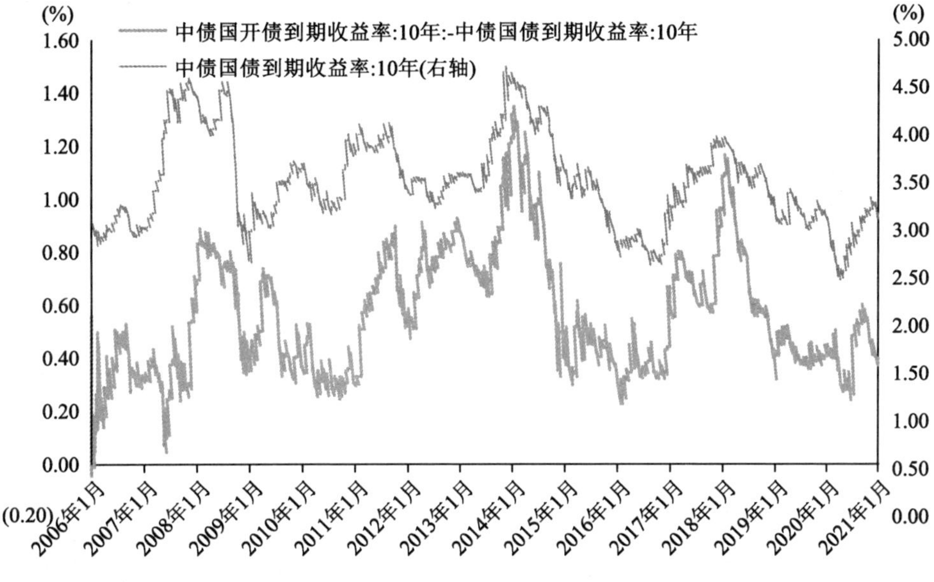

资料来源：Wind。

图 8.29　隐含税率的变化与债市走势有着明显正相关

由于国债的免税优势，银行等配置盘往往更愿意持有国债，截止到 2020 年 11 月，有 78.6%的政府债券是由商业银行持有；而广义基金等偏交易盘的投资者往往更偏好流动性较好的政策性银行债，截止到 2020 年 1 月，广义基金持有超 30%的政策性银行债。

那么在牛市的时候，交易盘往往会通过加杠杆等方式买入国开债，推动国开债收益率快速走低，国开债与国债的利差也随之收窄；而在熊市的时候，非银机构由于前期加杠杆，以及资金来源于银行，其对市场资金面的波动会更加敏感，它们会更快地抛售流动性较好的国开债回笼资金，这就推动了国开债收益率走高，利差也随之走阔。

另外，隐含税率的波动也和期限利差一样会在上有顶、下有底的区间内波动，这就使得隐含税率会有回归均值的特性，比如当国开债利差接近历史高位后，往往会开始向下调整；反之，则会有向上调整的趋势。我们也能通过这一趋势把握投资机会。

第9章

高频数据分析

在投资债券时，投资者面临两个主要问题：一是如何把握短期的投资机会，即站在当下，他们是应该做多债券还是做空债券；二是如何把握中长期的投资机会，即从长期的视角看，投资者应该如何进行债券操作。在这一章，我们着眼于通过高频数据分析短期的基本面走势。

在投资债券时，投资者面临两个主要问题：一是如何把握短期的投资机会，即站在当下，他们是应该做多债券还是做空债券；二是如何把握中长期的投资机会，即从长期的视角看，投资者应该如何进行债券操作。

而要想分析债券市场的走势，就需要了解影响债券市场的主要因素。一般来说，基本面、政策面、资金面这三大要素主导了债券市场的走势。

市场研究人员在研究时也往往会遵循这样的一个逻辑，即先看基本面，再看政策面，最后看资金面。其中基本面是核心，会影响政策面和资金面。

如 2020 年年初就是疫情冲击了基本面，随后货币政策转向宽松，央行放水后，市场资金充裕，债券市场随即进入牛市。市场遵循了“经济基本面差—货币政策宽松—市场流动性充裕—债牛”的逻辑。而 5 月之后，随着经济基本面好转，货币政策收紧，市场又经历了一波反向的行情。

在本章中，我们先着眼于分析基本面，且仅分析短期的基本面走势，至于中长期的基本面走势，我们会在下一章讲解。

简单来说，基本面就是当下的经济运行情况，一般经济增长动力强劲，债券市场容易走熊；反之，如果经济下行压力较大，债券市场则更容易迎来牛市。而对基本面的分析则大致包括两个方面：一是经济增长情况；二是通货膨胀情况。

一般地，统计局等机构会定期公布诸如工业增加值、固定资产投资等与经济增长相关的指标以及 PPI、CPI 等与通货膨胀相关的指标。通过这些数据，我们能够一窥当下的经济走势。但这些数据一来发布频率比较低，大部分是月频的；二来存在明显的时滞，一般都是这个月月中才公布上个月的数据。低频且滞后的数据对于投资者的短期交易行为指示意义不大。

与这类低频数据对应的是市场上各类官方或非官方机构公布的种类繁多的高频数据。这些数据能够及时有效地反映出目前某一行业、某一领域的信息，让我们对当下的经济走势有一个大致预测。但因为高频数据存在种类繁多、统计规范性有待提高等问题，要想从中找出具有显著代表的数据并不容易。

本章就着眼于如何从市场繁多的高频数据中筛选出对投资者具有重要意义的高频数据指标以及如何基于选取的高频数据判断当下的经济走势。

9.1　高频数据分析原则

市场上高频数据种类繁多，要想找出隐藏在其中的优质高频数据，就需要以低频数据为依据，先寻找与各类低频数据有着明显关系的高频数据，再处理这些高频数据，从而更好地建立高频数据观测体系。

需要注意，高频与低频是一个相对概念，对于年度数据而言，月度数据就是高频数据；而对于月度数据而言，日度或者周度数据就是高频数据。本章接下来提到的所有高频数据均是指频率在一个月以内的数据，而低频数据则是月度数据。

第一步，确定重要的低频数据。

在选取低频数据时，我们可以将经济运行指标分为两大类：

第一类，与经济增长相关的数据。我们从生产端和需求端两侧出发确定相应的经济指标。从需求端看，需求可以分为投资、消费和净出口三大类，对应的我们选取固定资产投资、社会消费品零售总额（简称社零）以及出口金额作为体现经济总需求的指标；从生产端看，生产一般分为第一产业、第二产业和第三产业，考虑到低频数据的可得性，我们主要着眼于第二产业的生产情况，选取的低频数据是工业增加值。

第二类，与通货膨胀相关的数据。关于通货膨胀数据我们主要跟踪两个指标：

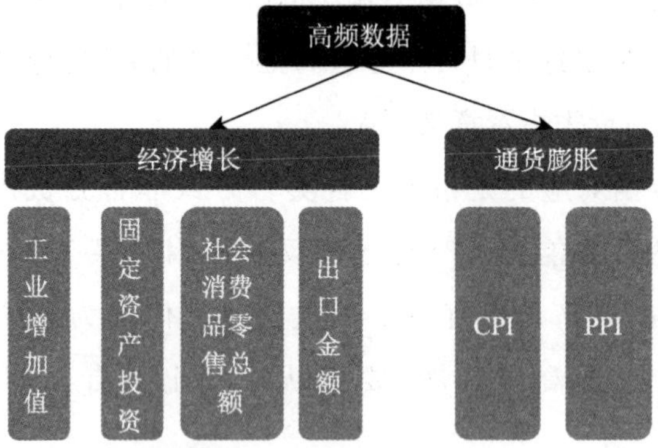

资料来源：Wind。

图 9.1　高频数据指标

一是居民消费价格指数(CPI),其衡量的主要是与居民生活消费密切相关的商品与服务的价格变化,比如食品饮料、服装、房租、交通(衣食住行)这些都包括在 CPI 指标中;二是工业生产者出厂价格指数(PPI),包括生产资料和生活资料两大类,其能够比较好地体现工业产品的价格波动。

第二步,以低频数据为依据,选择高频数据并进行处理。

在确定好希望跟踪的重要低频经济数据后,接下来要做的就是依据这些低频指标,寻找与之密切相关的高频数据。不过这是一个很复杂的过程,也是构建高频数据库的核心一步。

要知道,相比于低频数据,市场上的高频数据类型繁多,在统计方式、统计口径、发布频率等方面均与低频数据有所不同,要想更好地使用高频数据预判低频数据走势,就无论是在前期高频数据的筛选上,还是在后期高频数据的处理上,都要尽量谨慎。

第一,要注重指标在经济学上的联系,基于经济上的相关性,比如产业链上的相关性、指标统计对象上的一致性等,有方向地寻找对应的高频数据。

如果想要分析房地产投资,就可以先寻找上游的土地成交面积、钢铁等建筑材料价格等与房地产投资密切相关的高频数据。而如果想分析 CPI 指标,既可以分析猪肉、羊肉价格这些与 CPI 的具体分项指标密切相关的高频数据,也可以分析菜篮子产品批发价格 200 指数等与食品价格密切相关的高频数据。

第二,高频数据与低频数据的类型一致。具体就是,在选取数据时要求同比数据与同比数据相对应、环比数据与环比数据相对应、累计值数据与累计值数据相对应、当月值数据与当月值数据相对应。

如对于 CPI 数据,我们在意的是环比数据和同比数据,而我们能够找到的高频数据可能是猪肉价格、牛肉价格这些绝对值数据,因此在比较时,需要先将绝对值数据转变为环比和同比数据,再按照同比对同比、环比对环比的原则比较。

再比如,固定资产投资一般只能够获得累计值,但是高频数据往往是当月值数据,比如当月(周)土地成交面积,因此需要通过做差分的方式将累计值转变为当月值之后再分析。

第三,以高频数据与低频数据的相关性为依据,选取相关性更高的高频数据作为观测指标。

要知道市场上高频数据繁多，无论是经济指标还是价格指标，我们都能够找到不少有一定经济学联系的高频数据与之对应。因此，在挑选高频数据时，需要先计算高频指标与低频指标之间的相关性，然后按照相关性排序，选取相关性高的高频数据。

比如在分析 CPI 时，“农产品批发价格 200 指数”“菜篮子产品批发价格 200 指数”和“食用农产品价格指数”这些指标都和 CPI 有不错的相关性，但是我们会优先考虑“食用农产品价格指数”，因为它与 CPI 的走势更相似。

同样，在分析社会消费品零售总额时，因为消费的产品类型繁多，有汽车类、粮油食品和烟酒饮料类、石油及制品类、日用品类等，这就需要我们抓住主要矛盾，从而更好地把握社零的走势。而在这里，主要矛盾就是汽车类和石油类，它们与社零的走势密切相关(详细分析请看下文)。

第四，高频数据的降频处理。无论是比较高频数据与低频数据的关系，还是用高频数据预判低频数据，我们都需要先将高频数据转变为低频数据，即将日频、周频的数据更改为月频的数据。具体的操作方法，我们一般是取月度均值。

以 CPI 对应的猪肉平均批发价为例。该数据是日频数据，需要将同一月份的每日猪肉平均批发价取平均值，计算得到该月猪肉的平均批发价，之后再基于月频的猪肉价格计算猪肉的环比和同比数据。

第五，使用高频数据拟合数据时更多的是着眼于方向上的正确，而不着眼于预测的精准度。这主要是因为高频数据与对应低频数据之间的相关性并不高，通过高频数据准确判断低频数据的走势极其困难。因此我们在使用高频数据时更注意方向上的变化，而不着眼于精度上的预测，毕竟有时候，模糊的正确往往比精准的错误更有意义。

而且即使是方向上的，用高频数据也不会有很高的准确度，从我们下面的分析来看，方向上能够有 70%左右的准确度就算是很高了，比较难以观察的(如出口)，准确度也就 55%～60%。而也正是因为我们不能准确地判断经济的具体走势，所以才会有预期差的存在。

不过，在分析价格指标(CPI 和 PPI)时，因为能够找到与其密切相关的高频数据，所以在使用高频数据判断CPI和PPI走势时，我们会尝试精准地拟合。而且，从结果上看，通过高频判断CPI和PPI的走势准确率也很高。

第三步，寻找到对应的高频数据后，我们可以建立对应的高频数据库，从而更好地关注经济的短期走势。另外，也能对数据进行一些别的处理，比如将多个高频数据处理成为一个综合指标，让我们更好地判断短期的经济走势。

9.2 经济指标与对应的高频数据

9.2.1 生产法下的工业增加值

在分析生产时，我们主要分析的是第二产业或者说工业的生产情况，这主要是因为统计局每个月中旬会公布工业增加值数据，而并没有公布其他行业（如服务业）的生产数据。

工业增加值反映的是工业生产情况。近几年来，工业生产在GDP中的占比虽然有所下滑，但依旧在30%以上，因此该指标能够较好地体现当下的经济运行状况。我们一般认为工业增加值增速上升，经济向上运行的概率更大；反之，如果工业增加值增速下滑，则说明目前经济潜在下行压力较大。

因为工业增加值涵盖范围广泛，所以我们能够从市场上找到种类较多的或多或少地反映出当下工业企业生产情况的高频数据。

如有能够相对全面反映工业生产情况的6大发电集团耗煤量、铁路货运量等指标；也有能够反映出各个工业行业生产经营情况的高频数据（如钢铁产量、浮法玻璃产量、汽车开工率、化工产品开工率等）。

其中，6大电厂耗煤量曾被当作观测工业增加值的主要高频数据。虽然由于清洁能源对火电的替代、沿海地区发电代表性的下降等，6大电厂耗煤量的经济意义逐渐下滑，但是从历史趋势上看，用该指标预测工业增加值走势的胜率达到三分之二（见图9.2），这一胜率在高频数据指标中表现是十分亮眼的。

但在2020年7月之后，有5家电厂不再公布日均耗煤量数据，因此，不再使用该指标作为观测工业增加值走势的高频数据。

在本章中，我们从工业构成的几大重点行业出发，选取相关行业具有代表性的

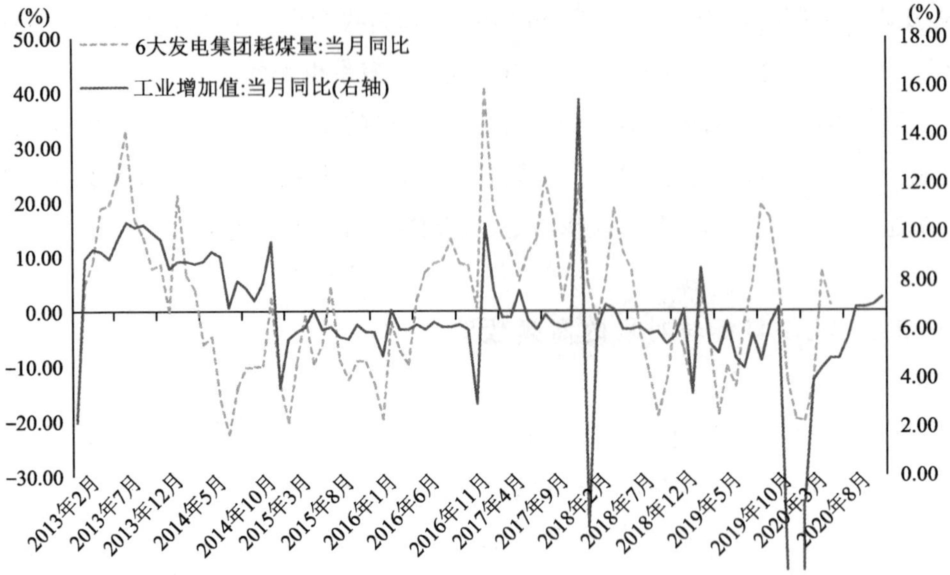

资料来源：Wind。

图 9.2 工业增加值与发电耗煤量相关性较高

高频数据大致判断工业增加值。从行业生产规模看，非金属矿物制品、化学原料及化学制品制造业、黑色金属冶炼及压延加工业、汽车制造业等行业的增加值在整体工业增加值中位居前列（见表 9.1）。

表 9.1 各工业行业增加值占比

行业	占比和排名	行业	占比和排名
非金属矿物制品	6.7%(1)	黑色金属冶炼及压延加工业	5%(6)
化学原料及化学制品制造业	6.6%(2)	农副食品加工业	4.5%(7)
电力、热力的生产和供应业	6.4%(3)	电气机械及器材制造业	4.2%(8)
汽车制造业	5.8%(4)	煤炭开采和洗选业	4.1%(9)
计算机、通信和其他电子设备制造业	5.6%(5)	金属制品业	3.8%(10)

注：因为投入产出表的编制频率是 5 年一次，因此目前最新的一次是在 2017 年。用投入产出表计算的问题在于，一是时间可能稍微有点旧，只有 2017 年数据。二是它统计的是全部工业，而月度工业增加值只针对规模以上工业企业。三是投入产出表按照产品分类统计，而工业增加值是按照部门分类统计。不过总的来说，这些误差都在可接受范围内。

资料来源：根据 2017 年投入产出表计算。

在综合考量了各细分行业的规模以及对应高频数据的可得性之后，我们选取钢铁行业、汽车行业和化学原料及化学制品行业这三大行业作为选取高频数据的依据。

第一，钢铁行业相关指标。钢铁作为黑色金属的代表，在工业生产中有着不可替代的作用，无论是汽车制造业还是金属制品业等都离不开钢材。

一般我们可以在 Wind 行业数据库中钢铁行业下找到诸多与钢铁行业相关的高频数据。而市场则往往会通过跟踪高炉开工率、唐山钢厂高炉开工率、重点企业粗钢产量、钢材产量、全国粗钢预估日均产量等高频数据跟踪工业增加值。

结合市场常用的指标以及我们寻找的指标，根据相关性排序，我们选取重点企业粗钢产量、钢材产量以及高炉开工率这三个指标分析钢铁行业生产情况。从历史趋势上我们也能够看出，这几个指标在环比上与工业增加值的走势比较接近（见图 9.3 和图 9.4）。

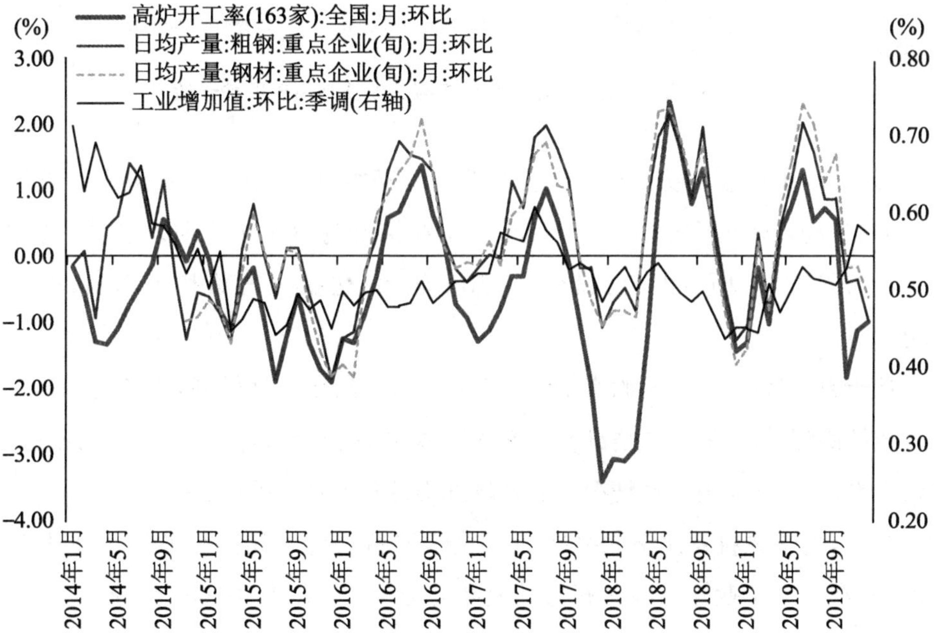

注：2020 年由于疫情的影响，环比数据波动极大，在选取区间内并未显示出来，不过趋势是一致的。
资料来源：Wind。

图 9.3　钢铁高频数据环比走势与工业相关性良好(6 月移动平均)

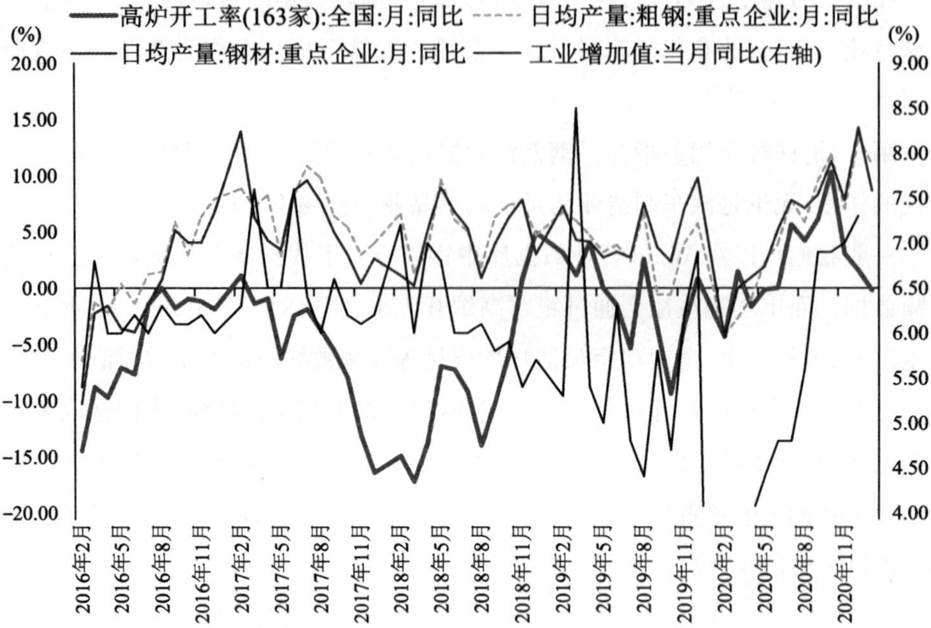

注：由于春节效应，工业增加值同比在1、2月变化明显，我们使用1—2月累计同比替代。
资料来源：Wind。

图 9.4　钢铁高频数据同比走势与工业增加值相关性一般

第二，汽车行业。要寻找与汽车相关的高频数据，我们可以从汽车产业链出发，如汽车配件作为汽车的上游产业，其生产情况与汽车生产密切相关，考虑到数据的可得性，市场一般会比较关注汽车轮胎（包括全钢胎和半钢胎）的生产情况。

从历史走势看，汽车轮胎半钢胎与汽车制造业的相关性较高，毕竟轮胎是汽车不可或缺的配件，轮胎生产情况与汽车生产本来就密切相关（见图9.5）。不过，从数据上看，汽车轮胎的生产情况与工业增加值的相关性一般（见图9.6）。

第三，化学原料及化学制品行业。化学原料及化学制品行业作为中上游行业之一，在整个工业链条中具有极其重要的地位。一般在Wind化工行业部分可以找到各类主要化工产品（如PTA、聚酯切片、纯碱等化工产品的开工率、产能利用率、产量等）高频数据，而通过这些数据可以间接跟踪化工产品的生产情况。

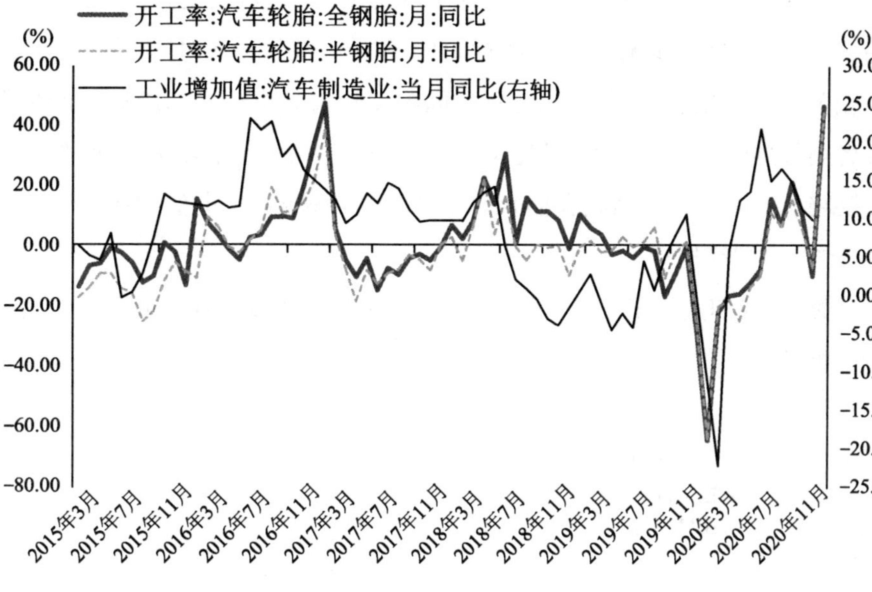

资料来源：Wind。

图 9.5　汽车轮胎开工率与汽车增加值的关系较明显

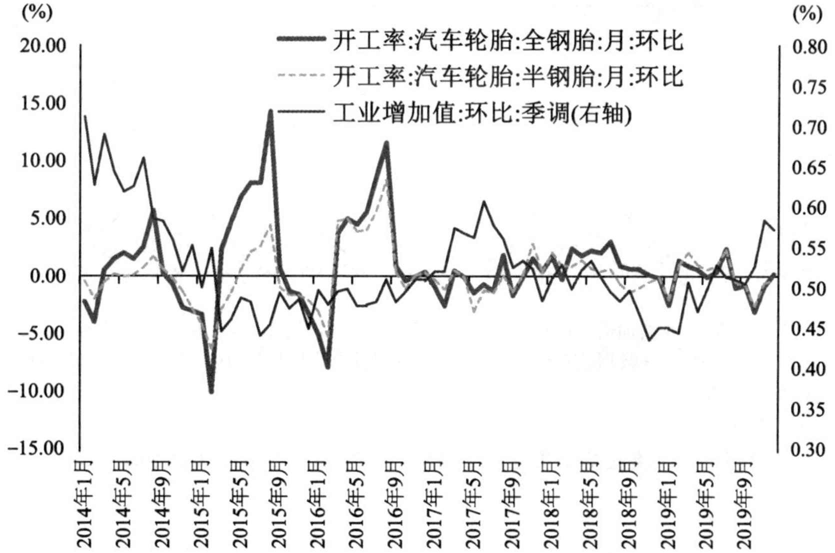

注：2020 年由于疫情的影响，环比数据波动极大，加入后不方便看出具体趋势，所以我们没有选取该区间，不过趋势是一致的。

资料来源：Wind。

图 9.6　汽车轮胎与工业增加值的相关性一般(6 月移动平均)

因为化学产品种类繁多，在选取的时候，我们按相关性高低排序选取相关性靠前的指标作为高频数据跟踪。需要注意的是，各个高频数据在时间跨度上并不同，在考虑相关性的前提下，我们优先选取时间跨度较长的指标。如烯烃的产量数据虽然在各类数据中相关性靠前，但是 Wind 自 2017 年 10 月才开始统计（如果计算同比，就要到 2018 年了），因此我们暂时不考虑使用该指标，类似的还有"开工率：聚酯产业链：PX"等指标。

经过筛选，我们选取了 PX① 开工率、PTA② 开工率以及涤纶短纤③作为观测的高频数据。

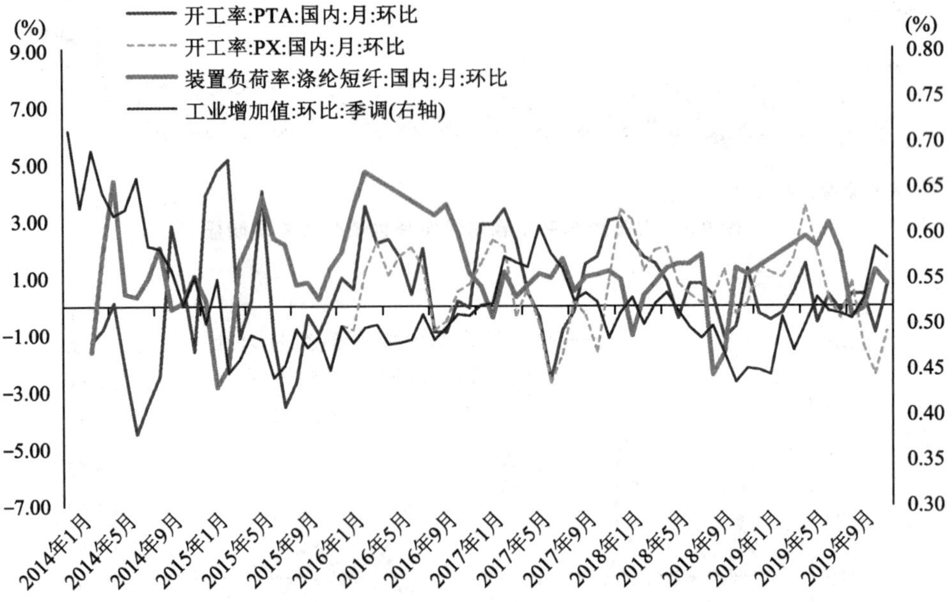

注：由于春节效应，工业增加值同比在 1、2 月份变化明显，我们使用 1—2 月累计同比替代。2020 年由于疫情的影响，环比数据波动极大，加入后不方便看出具体趋势，所以我们没有选取该区间，不过趋势是一致的。

资料来源：Wind。

图 9.7　化工类指标与工业增加值环比走势相关性尚可（6 月移动平均）

---

① PX 指对二甲苯，主要用于生产对苯二甲酸（PTA）、医药中间体（DMT）、涂料等商品。

② PTA 指精对苯二甲酸，是生产聚酯纤维、瓶级聚酯的主要材料，被广泛用于化学纤维、轻纺、电子等行业。

③ 主要用于纺织行业。

自此，我们依据几类主要工业行业，选取了高炉开工率、重点企业钢材(粗钢)产量、"汽车轮胎：半钢胎"、PX 开工率、PTA 开工率、涤纶短纤装置负荷率等指标作为观察工业增加值的窗口(见表 9.2)。

表 9.2　各项高频数据指标情况

		高炉开工率：全国(%)	日均产量：钢材(万吨/天)	日均产量：粗钢(万吨/天)	开工率：汽车轮胎：全钢胎(%)	开工率：汽车轮胎：半钢胎(%)	装置负荷率：涤纶短纤(%)	开工率：PX(%)	开工率：PTA(%)
2020年12月	第一周	66.85			75.21	71.25	93.44	91.59	79.66
	第二周	66.57	209.45	220.25	73.18	69.32	90.78	91.42	79.79
	第三周	66.85	213.66	220.16	61.79	60.45	90.47	89.34	78.54
	第四周	67.13			57.05	56.98	89.59	86.78	76.63
	第五周	67.54	223.78	216.29	54.89	54.91	89.59	84.29	77.36
2021年1月	第一周	66.85			66.50	65.85	89.59	84.39	74.10
	第二周	66.30	205.19	219.56	70.05	66.95	89.10	81.97	77.55

资料来源：Wind。

从单一的高频数据上看，虽然它们与工业增加值的走势或多或少有相关性，但是这种粗略的相关性明显不能够支持我们精准地分析工业增加值的走势，因此我们仅只是用高频数据做方向上的判断。

即如果这几个高频数据在本月超半数都是正向增长的，就有理由相信这个月的工业增加值有更大的概率会上升；反之，如果大部分数据都出现负向增长，就有理由相信这个月的工业增加值有更大的概率会下滑。

数据的实际走势也证明了我们的判断，从样本历史走势看，当选取的 7 个高频数据都上升或者都下降时，工业增加值有 75%的概率走势与高频数据走势一样，随着高频数据走势的分化，工业增加值走势与高频数据走势的一致性也在降低(见表 9.3)。

表 9.3 数据一致性越强,预测可靠度越高

高频数据上升或下降个数	走势判断与实际结果	数量	占比
7	相符	3	75%
	不相符	1	25%
6	相符	11	73%
	不相符	4	27%
5	相符	10	56%
	不相符	8	44%

资料来源:Wind。

因为是方向上的分析,我们先来判断选取的几类高频数据走势与工业增加值在方向上的联系。从同比变化方向上看,自 2016 年以来,我们选取的 7 个高频数据同比走势与工业增加值同比变化方向一致的月份占比均超过 50%,其中“汽车轮胎:半钢胎”的方向一致性最高,达到了 65%,最低的则是高炉开工率,占比仅有 53%。

从环比变化方向看,自 2015 年以来,高频数据与工业增加值季调环比的变化方向也比较高,其中“汽车轮胎:半钢胎”依旧位列第一,变化一致月份占比达到了 68%。

进一步地,我们可以基于这 7 个高频数据构建指数,借此跟踪工业增加值的走势。指数构建的核心原理就是我们刚刚提到过的,如果当月有更多的高频数据在好转,就有理由相信本月的工业增加值会好转;反之亦然。指数的具体构建步骤如下:

第一步,通过计算均值的方式将各项高频数据转化为月度数据,之后基于月度数据计算各项指标的环比变化。

第二步,对每一项高频数据,我们以上一个月数据的环比增速为基准,如果高频数据的当月环比增速比上个月高,则将其赋值为 1;如果高频数据的当月环比增速比上个月的低,则将该指标赋值为−1;如果环比增速不变,则赋值为 0。

比如 11 月重点企业粗钢的日均产量环比为−2.08%,而 12 月环比为 3.17%,因此将重点企业粗钢 12 月的数值赋值为 1。

第三步，在得到各指标的数值后，按照等权重相加。为了简便，我们对各个高频数据赋予相同的权重，当然不想按照等权重，也可以按照相关性、回归系数、产值比重等赋予各项指标不同的权重。

第四步，将上面相加得到的结果除以高频指标数量（7 个），计算得到最后的指数。

需要注意，这只是最便捷的构建指数的方法，并没有考虑各项高频数据的权重问题以及变化幅度问题，不过我们只是想看指标环比变化与工业增加值环比变化在方向上的趋势，因此简单一点影响也不大。

从结果上，我们可以看到工业增加值的季调环比增速与综合指标在整体上的走势比较接近（见图 9.8），从历史方向走势看，当综合指标变化时，工业增加值有 65％的概率与综合指标同方向变化。

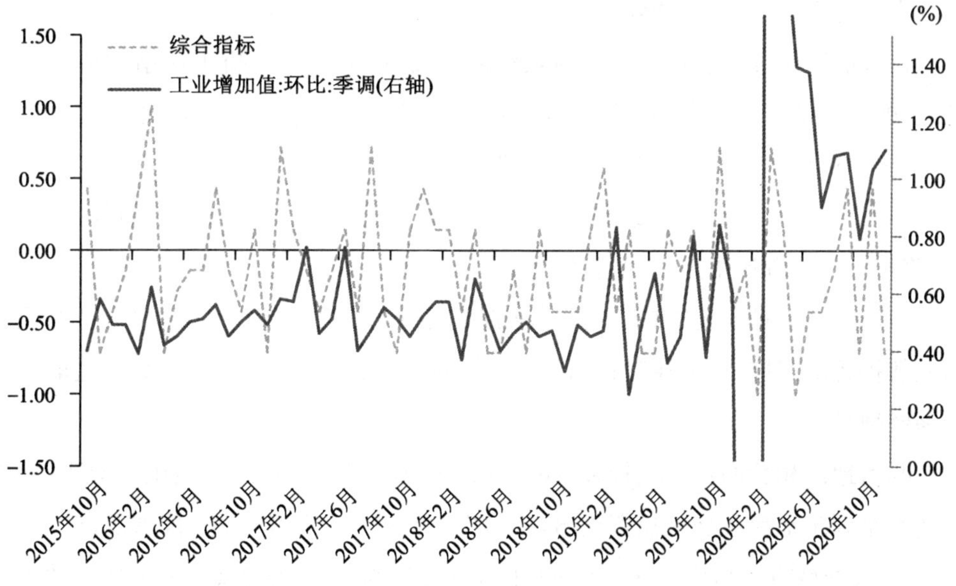

注：由于疫情影响，工业增加值在个别月份波动极大，为了展示趋势，我们选取的区间里不能展示全部工业增加值的波动。

资料来源：Wind。

图 9.8　工业增加值与综合指标

9.2.2 支出法下的“三驾马车”

9.2.2.1 固定资产投资：基建、房地产和制造业

考虑到数据的可得性，从需求端分析宏观经济时，市场最关注的三个指标分别是固定资产投资、社会消费品零售总额和出口，对应的是投资、消费和净出口。

我们先说固定资产投资。在每个月 15 日左右，统计局会公布全国固定资产投资、全国房地产开发投资和销售情况等系列数据。我们选取固定资产投资完成额作为观测固定资产投资情况的低频数据。

这里需要注意统计局披露的数据是累计值数据，而我们更关注当月值数据，所以在计算时需要通过做差的方式，如用 1—8 月累计值减去 1—7 月累计值计算得到 8 月当月值，从而计算得到当月同比以及环比数据。

另外，统计局并不公布 1 月固定资产投资完成额的数据，而是直接公布 1—2 月的累计数据，因此在计算时我们将 1、2 月合并处理，相应地在高频数据的处理方面也是将 1—2 月做合并处理。

在选取固定资产投资对应的高频数据时，我们采取和分析工业增加值一样的做法，即以固定资产投资的具体构成项目为依据挑选指标。从 2019 年固定资产的投资情况看，在固定资产投资中，最主要的是房地产开发投资（占固定资产投资比重为 24%左右）、基础设施投资（占固定资产投资比重为 30%左右）和制造业投资（占固定资产投资比重为 40%左右）三项。

由于制造业投资范围较广泛，对应的高频指标比较少，而基建和房地产对应的高频数据较多，且市场关注度较高等原因，我们主要是针对房地产和基建选取对应的高频数据。

与房地产相关的指标比较多，如 100 大中城市供应（成交）土地供应面积（房地产商在拿到土地后会加大投资支出，建房出售）、成交土地溢价率（能够反映投资热情）、30 大中城市商品房成交面积（体现市场购房需求，需求越高，房企越有动力去加大投资）等数据均与房地产投资相关。

具体来看，100 大中城市供应土地面积与房地产投资的相关系数最高，从历史数据我们能够看到滞后 6～9 个月的供应土地面积与房地产开发投资完成额同比走势具有明显的一致性（见图 9.9）。另外，商品房成交面积在此前虽然经常与实际

投资情况走势背离，但是近年来两者之间的同步性有所增强(见图 9.10)。

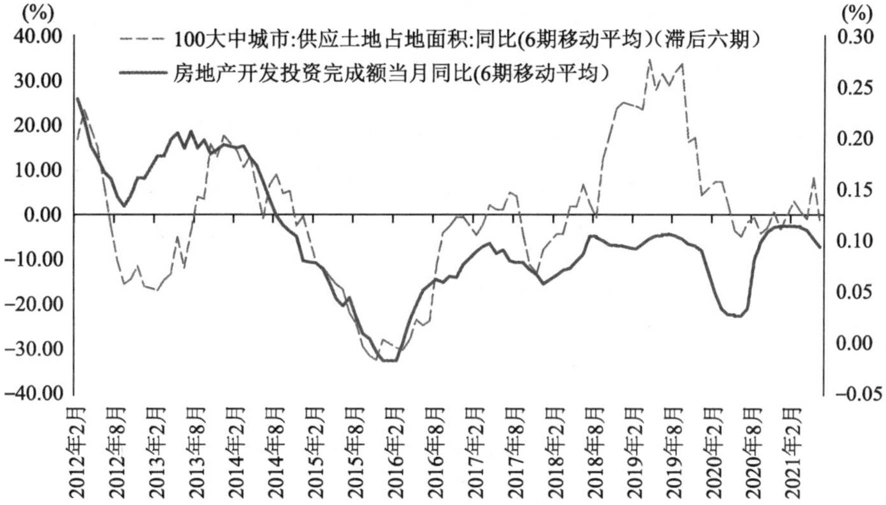

资料来源：Wind。

图 9.9　供应土地占地面积领先于房地产开发投资

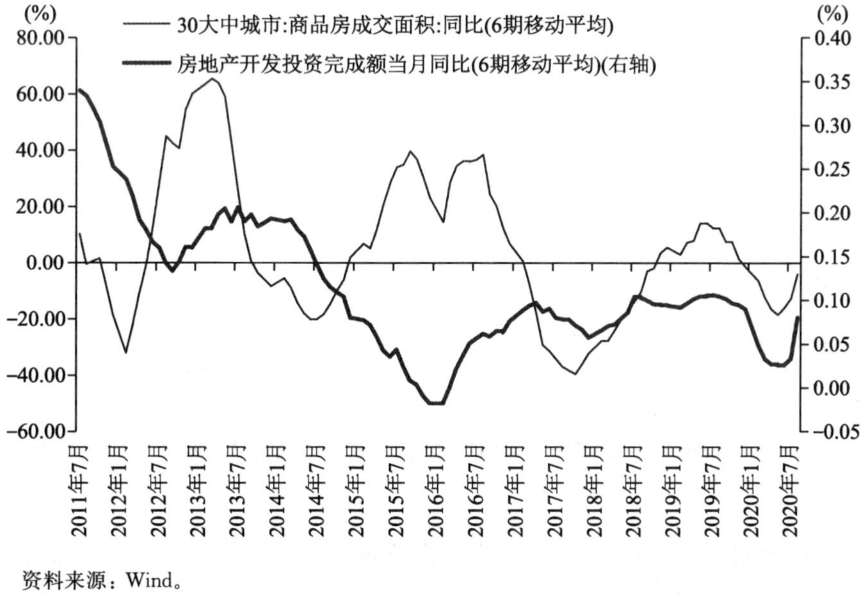

资料来源：Wind。

图 9.10　商品房成交与房地产投资的相关性较高

除了上述与房地产相关的数据，部分与建材相关的高频指标既能体现基建投资，也能体现房地产投资，毕竟这两类投资都离不开钢铁、水泥等建筑材料。当基建、房地产投资增加的时候，市场对钢铁、水泥等建材的消费量自然会上升，我们也就能够通过这些指标观测投资的情况。

在选取高频数据指标时，我们根据市场常用的指标以及按照相关性原则选取水泥价格指数、中国玻璃价格指数、钢材综合价格指数、浮法玻璃产能利用率这四个指标（在 Wind 行业数据库下的建材家居栏目中，能够寻找到很多与建材相关的高频数据，这里仅选取了部分相关性好的），同时加上 100 大中城市供应土地占地面积以及 30 大中城市商品房成交面积这两个高频数据作为跟踪固定资产投资的数据（见表 9.4）。

表 9.4　地产相关各项高频数据指标情况

		30 大中城市：商品房成交面积（万平方米）	100 大中城市：供应土地占地面积（万平方米）	100 大中城市：成交土地占地面积（万平方米）	中国玻璃价格指数	水泥价格指数	浮法玻璃产能利用率	钢材综合价格指数
2020 年 12 月	第一周	1 966	1 386	422	1 413	155	68	114
	第二周	1 649	1 544	423	1 431	155	67	117
	第三周	935	2 035	438	1 474	155	67	120
	第四周	1 051	2 577	514	1 561	155	67	129
	第五周	1 184	2 060	404	1 630	155	67	125
2021 年 1 月	第一周	457	492	429	1 627	154	69	125
	第二周	252	425	385	1 592	153	69	

资料来源：Wind。

在获得高频数据后，按照前文提到的构建综合指数的方法构建固定资产投资综合指数。

从方向上看，综合指数与固定资产投资的环比走势有较大的一致性（见图 9.11），用综合指数预测固定资产投资环比走势的胜率在 66%左右，在方向上具有一定的可信度。

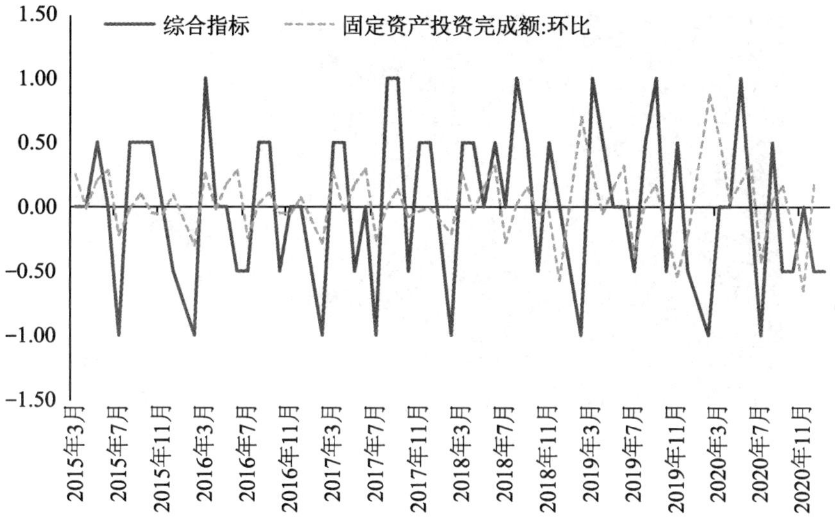

资料来源：Wind。

图 9.11 固定资产投资与综合指数

9.2.2.2 消费：社会消费品零售总额

在强调内循环的当下，消费对经济运行的重要性越发凸显。而社会消费品零售总额(简称社零)是用来观察中国消费状况最常用的指标。一般在每个月 14—15 日，统计局会发布该指标的具体数据。

社零的统计口径包括商品零售和餐饮收入，其中商品零售按照规模的不同可以分为限额以上社零和限额以下社零。因为限额以上商品零售有明细分类，所以我们能够据此寻找高频数据。

限额类以上商品零售一共有 16 类细分类科目，根据 2019 年数据，消费排名靠前的分别是汽车类(28.43%)，粮油食品、饮料烟酒类(14.82%)，石油及制品类(14.46%)和服装鞋帽、针纺织品类(9.75%)(见图 9.12)。

具体来看，粮油食品、饮料烟酒类和服装鞋帽、针纺织品类两类特别是前者可以归为必选消费品，相应的波动率不大，而汽车类以及石油及制品类则属于可选消费品，同时具备占比高、波动大的特点，是决定整体社零走势的关键因素。

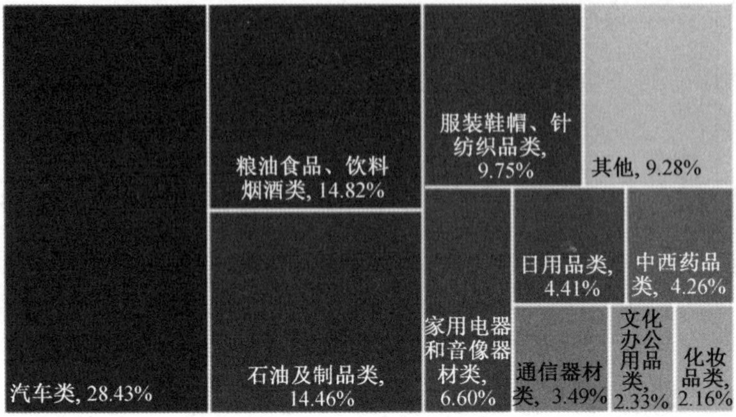

资料来源：Wind。

图 9.12　社零的构成项目

在综合考虑了规模占比以及波动的情况下，我们依据汽车类、石油及制品类跟踪社零走势。

第一，就汽车类消费而言，除了统计局会公布汽车销量数据外，中汽协会和乘联会也会发布类似的汽车销量数据。虽然由于统计口径、统计方式等不同，这几方做的数据存在一定的差距，但是乘联会和中汽协公布的数据会略早于社零公布的数据，可以略做参考。

高频数据方面，乘联会每周会公布厂家零售乘用车当周日均销量以及厂家批发乘用车当周日均销量数据。从历史走势上看，乘联会的高频数据与社零口径下的汽车类消费走势密切相关(见图 9.13)。

第二，就石油及制品类而言，石油消费的波动除了由于消费量上面的变化，价格波动对其有着更为明显的影响(见图 9.14)。

在选取高频数据时，我们从石油价格入手，选取相关的高频数据。市场上与石油价格相关的数据很多，如 OPEC 一揽子原油价格、WTI 原油价格等，在比较各类石油价格与石油零售额相关性后，我们按照相关性原则，选取相关性较高(78%)的布伦特原油价格作为观察石油及制品类消费的高频数据。

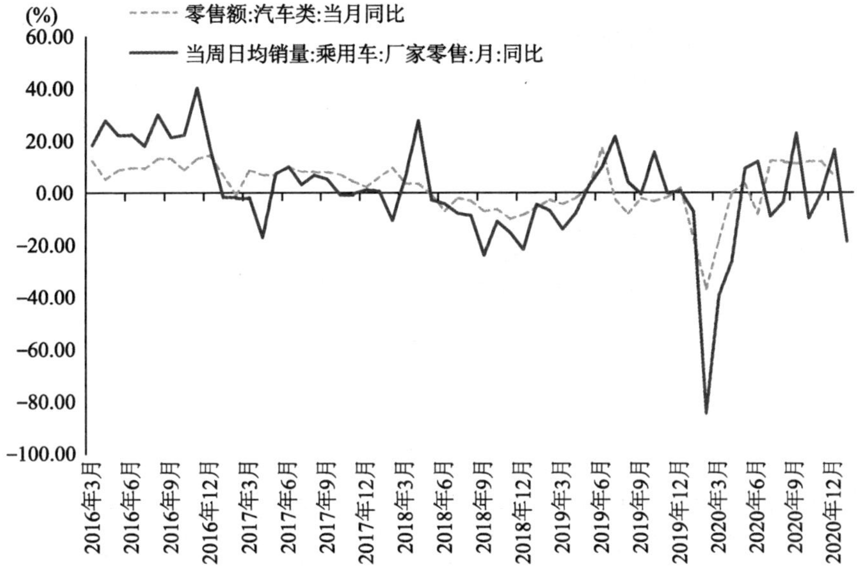

资料来源：Wind。

图 9.13 乘联会的周频数据与汽车零售强相关

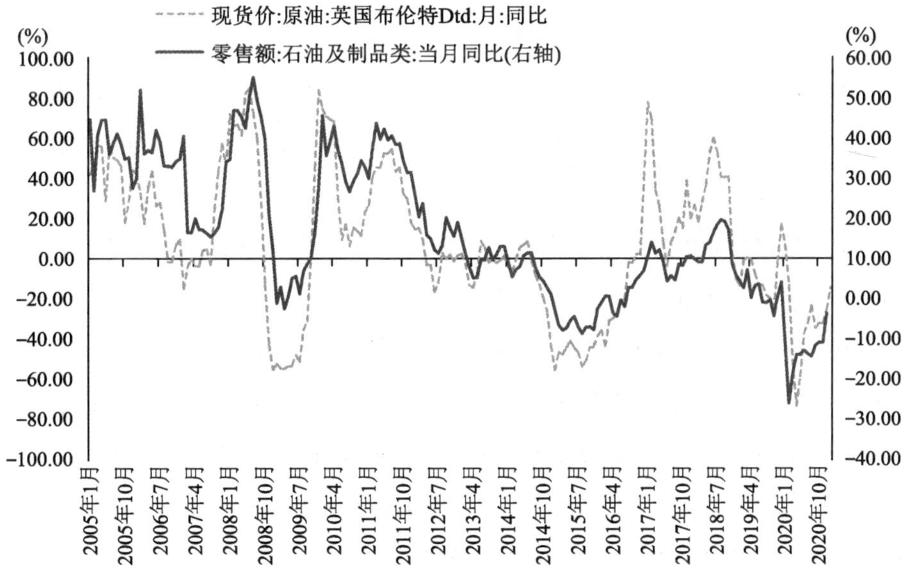

资料来源：Wind。

图 9.14 油价与石油零售走势相关性较强

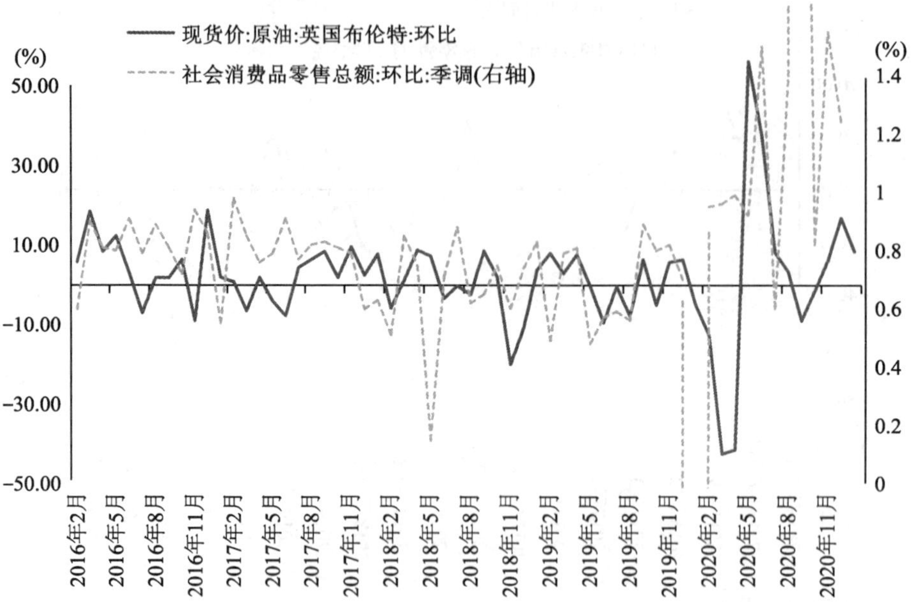

资料来源：Wind。

图 9.15 原油价格和社会消费品环比相关性高

进一步分析这两类数据与社零的相关性。从环比数据上看，我们选取的高频数据与社零走势在方向上有较大的相关性，这一点也比较好理解，如果市场消费者开始增加对汽车等非必选品的消费，那么消费者对其他商品的消费也会随之增加（见图 9.16）。

从同比数据看，相比于相关性较强的环比数据，高频数据与社零同比增速的相关性明显减弱。这可能是因为同比数据是环比数据的累乘，环比的小幅偏离在累乘后会被明显放大，从而使得同比数据的相关性降低（见图 9.17）。

除了我们上文提到的两类高频数据，与消费相关的其他高频数据（如中关村电子产品价格指数、柯桥纺织价格指数、义乌小商品价格指数等）也可以让我们大致了解市场消费情况，如中关村电子产品能够体现当前市场对电子产品的消费，纺织价格指数则能够体现市场对纺织品消费的情况。

不过，相比于原油价格和乘用车零售量这两个指标，这些指标在相关性上较低，因此我们不逐一讲解。

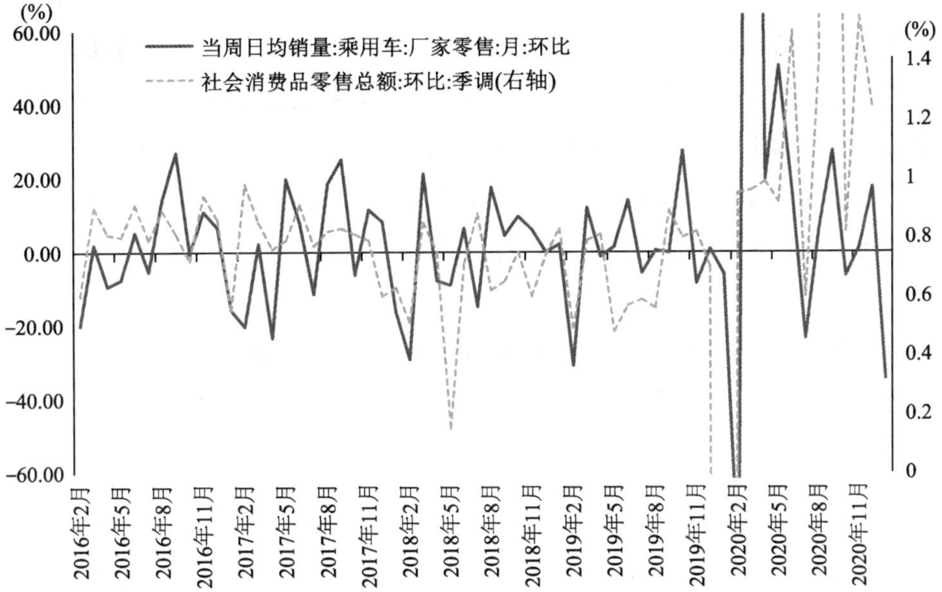

资料来源：Wind。

图 9.16　汽车价格与社会消费品相关性明显

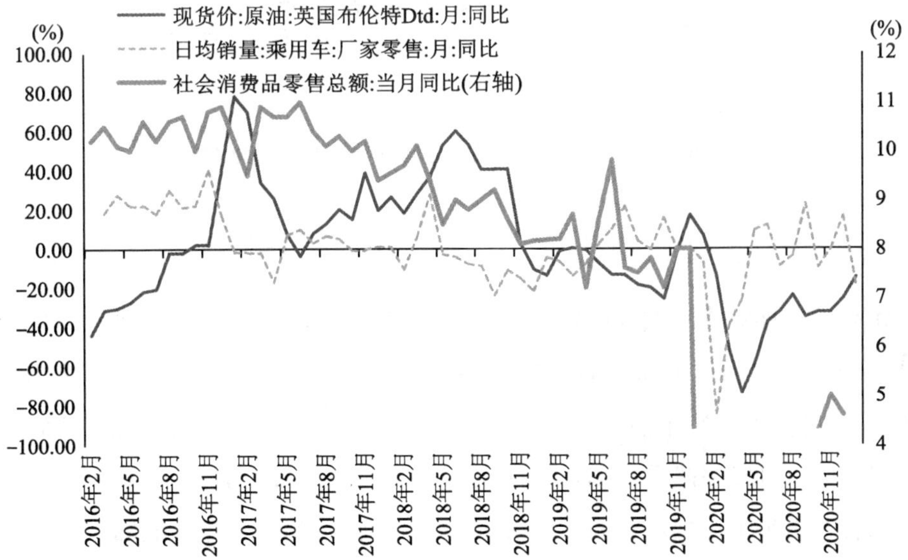

资料来源：Wind。

图 9.17　数据同比相关性有所减弱

我们以选取的布伦特原油价格、乘用车厂家零售、中关村电子产品价格指数、柯桥纺织价格指数和义乌小商品价格指数这五类数据为基础构建综合指标，赋予这五类指标的权重分别为 0.3、0.4、0.1、0.1、0.1，这一点是和之前构建方式不同的地方。具体构建方法在前文已经提过，不再重复。

可以看到综合指标方向与社零环比走势方向相同的概率为 61.7%，略高于仅仅使用汽车或者使用石油时的概率(见图 9.18)。

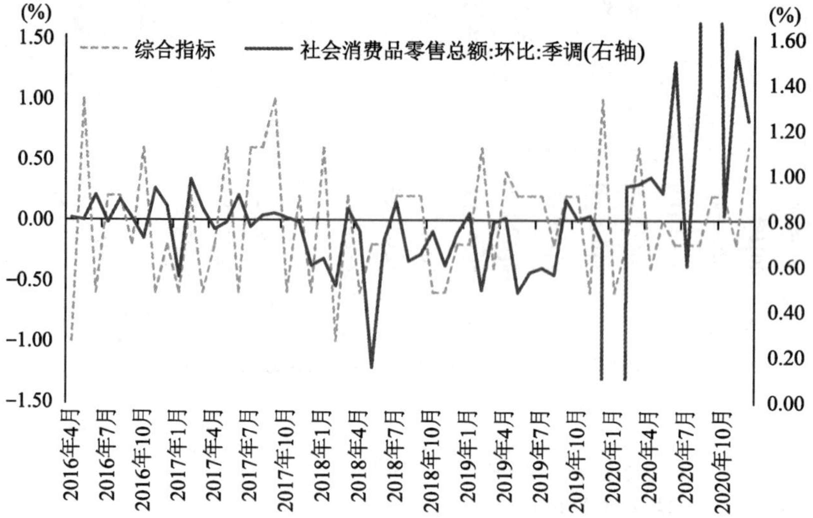

资料来源：Wind。

图 9.18　社零数据与综合指标走势一致的概率仅为 61.7%

9.2.2.3　**出口**

出口简单理解就是境外经济体对中国产品的需求。2008 年以前中国出口占 GDP 的比重一度超过了 35%，在经济体系中的地位极其重要。不过近年来出口占 GDP 的比重一路下滑，目前占比在 19%左右，在经济体系中的地位有所下降。

虽然出口可以按照出口国家、出口商品类型或者其他方式分类，但是分类后的各项指标其实很难找到对应的高频数据来观测，所以我们要寻找能够直接体现整体外贸需求的高频数据。

从运输方式看，中国出口商品大部分是通过航运方式出口，而航运业又大致可以分为集装箱运输、干散货运输和油轮运输三种形式。其中，油轮运输主要被用于运输原油、成品油、液体天然气等液体货物；干散货运输主要适用于煤炭、各类矿石、钢材等各类原材料以及大宗资源商品；集装箱运输则主要用于各种工业制成品、终端产品等的运输。

因为中国出口的商品以电子设备等工业制成品为主，所以出口的运输方式也主要是集装箱运输。而这也意味着我们能够通过与集装箱运输相关的高频数据观测中国出口的现状。

目前，上海、宁波等主要出海港均会公布出口集装箱运价数据，在比较几类出口集装箱运价指数与出口的相关性之后，我们选取上海出口集装箱运价指数（SCFI：综合指数）以及中国出口集装箱运价指数（CCFI：综合指数）作为观测出口的高频数据。

从逻辑上看，当中国出口规模较大时，市场对集装箱运输的需求增加，并带动集装箱运费上升。所以，可以认为当集装箱运价指数上升时，出口可能会比较好；反之则相反。

但从历史数据看，SCFI 与 CCFI 同比与出口同比的相关性并不是特别高，SCFI 和 CCFI 同比走势与出口同比走势一致的概率均在 52%左右，结果比较一般；环比走势也和同比走势差不多，SCFI 和 CCFI 环比走势与出口环比走势一致的概率也只有 50%左右（见图 9.19）。

除了这两个指数，目前市场常用的观测出口水平的高频数据还有波罗的海干散货指数（BDI），这是由波罗的海航交所[①]编制的、反映全球干散货船航线运价的一种加权价格指数。

该指标能够在一定程度上反映中国出口水平的原因如下：

首先，BDI 能够较好地反映全球经济走势。一般干散货运输是用来运输工业原材料的，能够反映市场对工业原料的需求。在全球经济好转的背景下，工业生产恢复带动工业原材料运输行业景气度回升，从而使得干散货运输价格上涨，波罗的海干散货指数也就随之上升；反之，在经济下行的时候，市场对工业原料的需求减

---

① 位于伦敦，是全球最主要的航运市场。

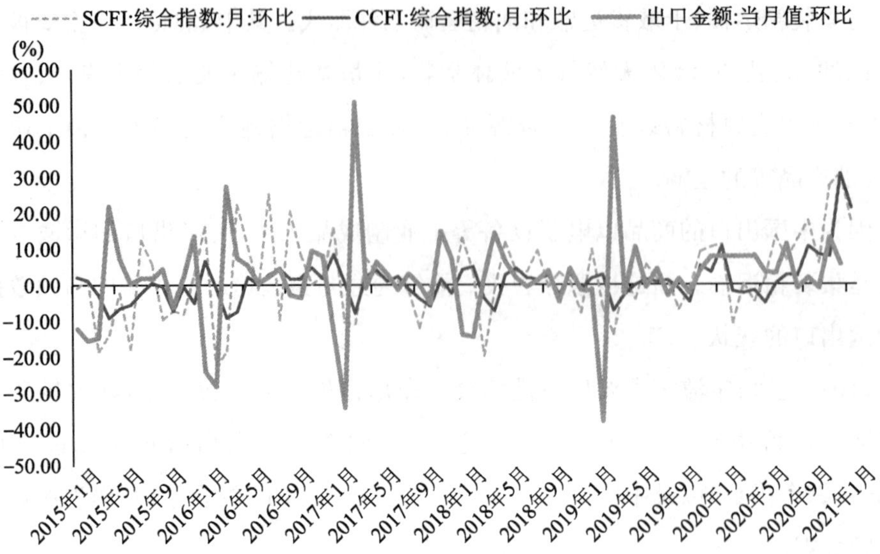

资料来源：Wind。

图 9.19　出口集装箱指数与出口环比走势相关性一般

少，相应的波罗的海干散货价格指数也会随之下降。

从历史走势上，我们也能够看到波罗的海干散货指数与反映全球经济走势的OECD 综合领先指标在走势上具有较为明显的相关性（见图 9.20）。

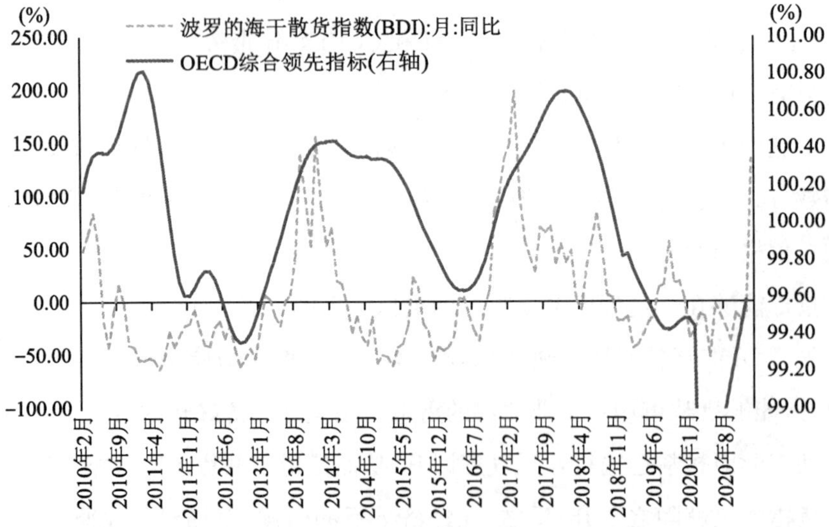

资料来源：Wind。

图 9.20　波罗的海干散货指数与全球经济走势密切相关

其次，按照逻辑，在全球经济好转的时候，中国作为“世界工厂”无疑能够获得更多的订单，出口相应地也会随之增加；反之，在全球经济下行的时候，各国对中国商品的需求也会减少，出口也随之下降。

但是，从历史走势上看，波罗的海干散货指数与中国出口的相关性并不高，BDI 月同比走势对出口同比走势的预测成功率仅有 50%(见图 9.21)；环比走势对中国出口环比走势的预测成功率仅有 51%。较低的相关性也意味着我们通过该指标只能大致观察目前全球的经济情况，而对预测中国出口的意义不大。

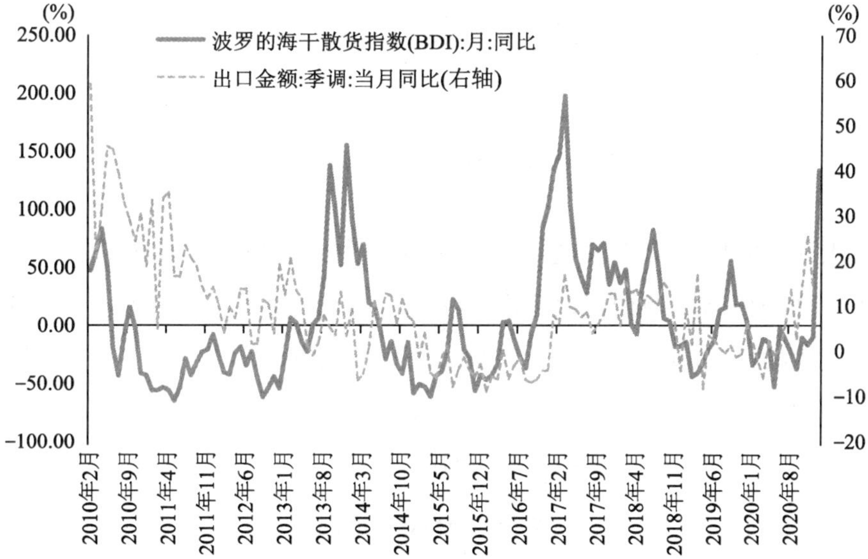

资料来源：Wind。

图 9.21　波罗的海干散货指数与中国出口走势相关性尚可

从上面分析我们也发现了，相比于投资和消费，出口对应的高频数据效果相对会差很多。以同样的方法构建综合指标，我们发现使用出口综合指数来预测出口走势的胜率只有 55%，在各类数据中效果最差(见图 9.22)。

自此，我们从生产端和需求端两侧入手，以工业增加值、固定资产投资、社会消费品零售总额、出口这四项数据为依据，对应寻找相关性较高的高频数据及时地跟踪市场经济运行情况。

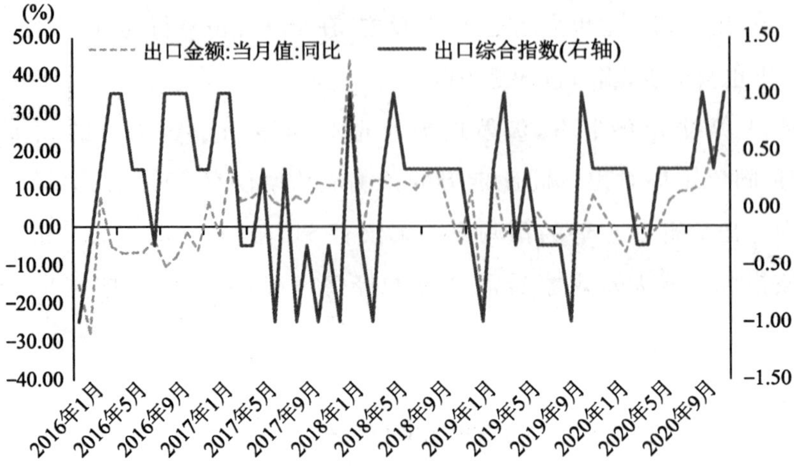

资料来源：Wind。

图 9.22　出口走势与综合指标的相关性一般

需要注意的是，我们只是选取了部分高频数据讲解，在实际建立高频数据库时，为了更好地观察市场经济运行状况，我们会跟踪更多的高频数据。比如我们跟踪房地产市场，本章列举了“100 大中城市供应土地占地面积”等三个数据，但是在实际跟踪时，在这个指标下面还细分为一、二、三线城市，那么通过更进一步的指标，我们也能分析一、二、三线城市之间的区别。

表 9.5　高频数据概览

	指标	单位	频率	来源
工业生产	高炉开工率	%	周	Wind
	日均产量：钢材：重点企业(旬)	万吨/天	旬	Wind、中国钢铁工业协会
	日均产量：粗钢：重点企业(旬)	万吨/天	旬	Wind、钢之家
	开工率：汽车轮胎：半钢胎	%	周	Wind、中国橡胶信息贸易网
	装置负荷率：涤纶短期：国内	%	周	Wind
	开工率：PTA：国内	%	周	Wind
	开工率：PX：国内	%	日	Wind

(续表)

	指标	单位	频率	来源
固定资产投资	100 大中城市：供应土地占地面积：当周值	万平方米	周	Wind
	100 大中城市成交土地占地面积：当周值	万平方米	周	Wind
	30 大中城市：商品房成交面积	万平方米	日	Wind
	水泥价格指数：全国		日	Wind、中国水泥网
	中国玻璃价格指数		日	Wind
	钢材综合价格指数		周	Wind、中国钢铁工业协会
	浮法玻璃：产能利用率	%	周	Wind
消费	现货价：原油：英国布伦特 Dtd	美元/桶	日	Wind
	当周日均销量：乘用车：厂家批发	辆	周	Wind、乘联会
	当周日均销量：乘用车：厂家零售	辆	周	Wind、乘联会
	中关村电子产品价格指数		周	Wind、中关村电子指数网
	柯桥纺织：价格指数：总类		周	Wind、中国柯桥纺织指数编制办公室
	义乌小商品价格指数		周	Wind、中国义乌小商品指数
出口	SCFI：综合指数		周	Wind
	CCFI：综合指数		周	Wind
	波罗的海干散货指数(BDI)		日	Wind

资料来源：Wind。

9.3 价格指标与高频数据

9.3.1 与 CPI 相关的高频数据

与难以寻找到优质高频数据的经济指标不同，价格指标(包括 CPI 和 PPI)均能够从市场上寻找到与之具有高度相关性的高频数据。而优质的高频数据也使得我们能够较为精确地预测 CPI 和 PPI 的走势，不用像经济指标一样，仅着眼于方向上的判断。

我们先分析 CPI，统计局会在每月的 10 日左右发布当月 CPI 同比以及各分项的具体变化幅度。而要想寻找与 CPI 相关的高频数据，我们有两种做法：第一种，根据 CPI 的具体组成分别寻找对应的高频数据；第二种，直接寻找一个和 CPI 含义近似的高频数据。

我们先分析第一种做法。根据统计局口径，CPI 大致可以分为食品项和非食品项数据，进一步可以细分为食品烟酒、衣着、居住等 8 大类项目（见图 9.23）。其中，食品项主导了 CPI 的走势，而非食品项对 CPI 的影响也比较小（见图 9.24）。

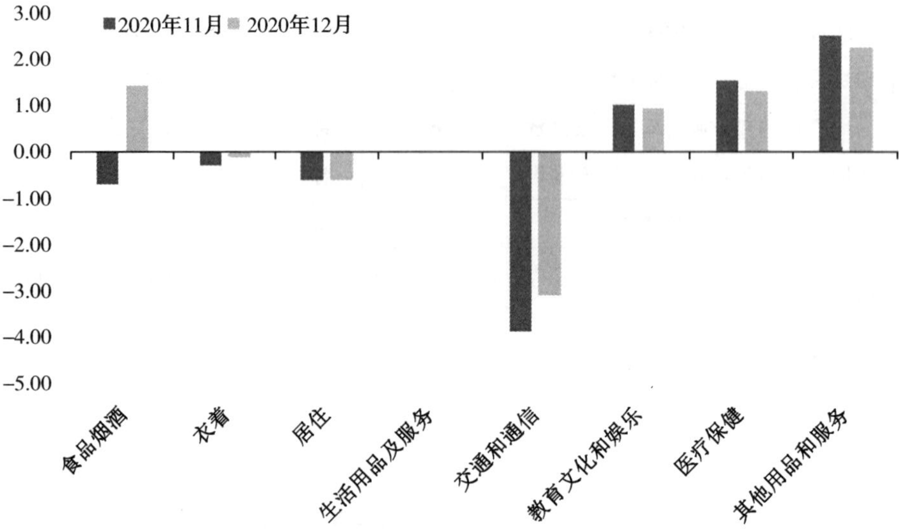

资料来源：Wind。

图 9.23　CPI 的八项构成

因为过去一直是食品项主导了 CPI 的走势，所以我们先分析食品项 CPI。

按照统计局公布的口径，CPI 食品项主要由粮食、食用油、鲜菜、畜肉、水产品、蛋类等 8 大类食品构成。而每个指标我们在市场上都能够找到相关性较高的高频数据来与之对应，如与鲜菜对应的是由农业部每天发布的 28 种重点监测蔬菜平均批发价，与鲜果对应的则是 7 种重点监测水果的平均批发价（见表 9.6）。

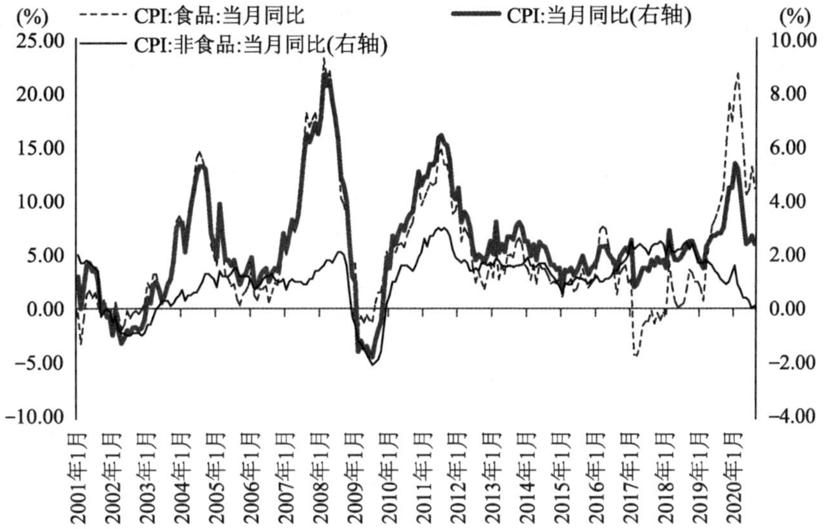

资料来源：Wind。

图 9.24　食品项主导了 CPI 走势

表 9.6　CPI 食品项对应指标

CPI 食品项	对应的高频数据	频率	相关性
粮食	全国原粮收购价指数：原粮综合	周频	0.67
食用油	全国油料收购指数：油料综合	周频	0.77
鲜菜	平均批发价：28 种重点监测蔬菜	日频	0.92
猪肉	平均批发价：猪肉	日频	0.99
牛肉	平均批发价：牛肉	日频	0.96
羊肉	平均批发价：羊肉	日频	0.98
水产品	4 种重点监测水产品	日频	0.60
蛋类	平均批发价：鸡蛋	日频	0.97
奶类	平均价：生鲜乳：主产区	周频	0.72
鲜果	平均批发价：7 种重点监测水果	日频	0.93

注：CPI 食品项下面公布的指标一共有 8 项，其中畜肉类包括猪肉、牛肉和羊肉三类，相应地我们选取对应的高频数据拟合；水产品我们选取的是鲫鱼、鲤鱼、白鲢鱼和大带鱼，这四种鱼取均值计算得到的 4 种重点监测水产品数据。

资料来源：Wind。

在选定相应的高频数据后，我们先将不同频率的高频数据通过取月度均值的方式转化为月频数据，之后再对月频数据取同比和环比得到我们最终使用的数据。

从相关性上我们能够看到，我们选取的数据除了水产品和粮食以外，其他高频数据与对应食品项的数据相关性很高，数据比较可靠。

在获得高频数据的同比和环比数据后，我们其实有两种做法运用高频数据判断 CPI 的走势。

一是我们以每一分项作为被解释变量，以其对应的高频数据作为解释变量进行回归，从而获得食品项下 8 类分项指标的拟合值，如将 28 种重点监测蔬菜平均批发价同比与鲜菜同比数据拟合，获得对应的拟合值。

在获得各项的回归拟合值之后，我们再根据每一项目在食品项中的权重，将其加权计算得到 CPI 食品项的拟合值。

关于权重的问题，统计局虽然没有直接公布各项指标的权重，不过统计局每个月会公布重要项目对 CPI 的拉动，如 9 月，食品烟酒类价格同比上涨 6.4%，影响 CPI(居民消费价格指数)上涨约 2.00 个百分点，那么我们就可以得到食品烟酒在 CPI 口径下的权重大约为 31.25%(2%/6.4%)，类似的，我们可以算出畜肉类(6.15%)、鲜菜(2.4%)、水产品(1.9%)、粮食(2%)、蛋类(0.75)和鲜果(1.4%)的权重数据。对于没有公布的几项，我们则以回归得到的系数作为权重。

二是我们直接以高频数据作为解释变量，以 CPI 食品项作为被解释变量，直接回归拟合得到拟合值。

本文使用的是第二种方式，可以看到无论是环比还是同比的拟合值在过去几年间与实际值的走势都很接近，在精度上也有较高的可信度(见图 9.25、图 9.26)。

相比于食品项，非食品项难以找到高度相关的高频数据，因此我们可以选择通过环比均值法拟合非食品项。

回顾历史走势可以发现 CPI 非食品项的走势具有一定的季节性规律(见图 9.27)，我们可以基于这种季节性规律，取前三年或前几年对应月份的 CPI 环比平均值，作为当年某月的 CPI 环比，再用环比累乘法计算出同比。

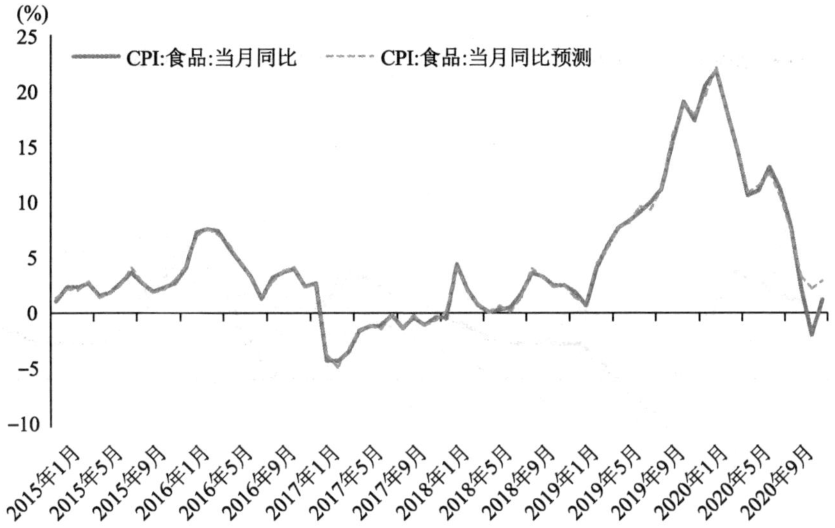

资料来源：Wind。

图 9.25　食品项同比预测

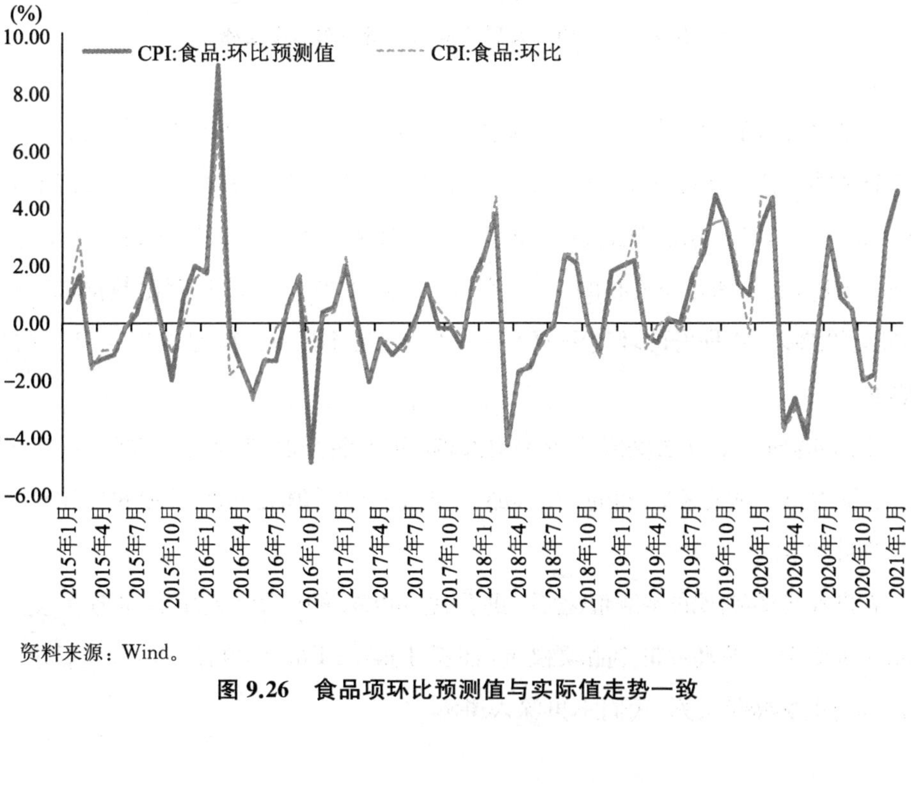

资料来源：Wind。

图 9.26　食品项环比预测值与实际值走势一致

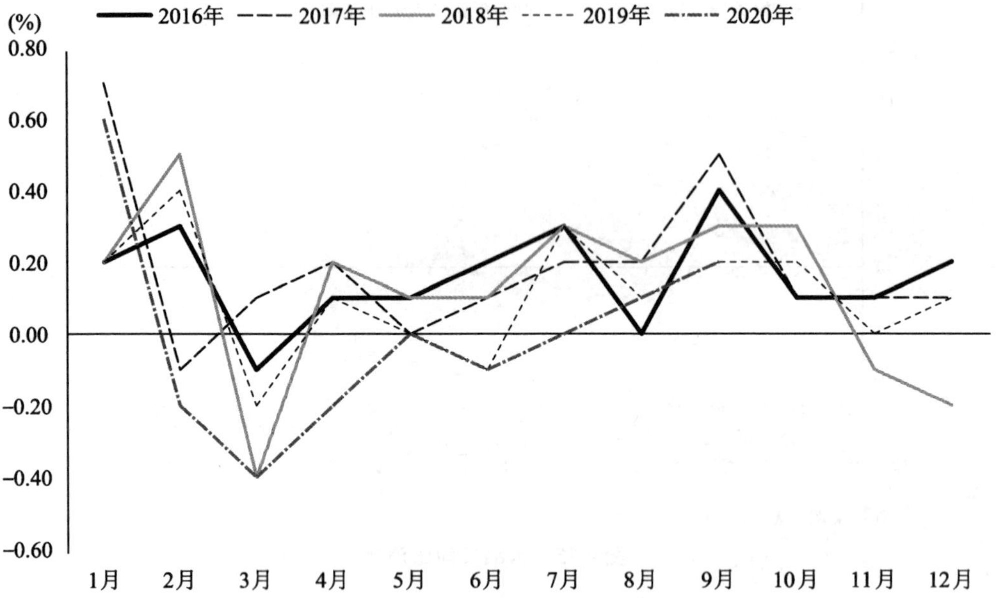

资料来源：Wind。

图 9.27　CPI 非食品项存在一定的季节性规律

环比累乘法的含义就是今年 7 月相对于去年 7 月的同比涨幅，等于这 12 个月中每个月的环比波动相乘。比如，2017—2018 年这三年 10 月的 CPI 环比为0.1%、0.3%和 0.2%，那么我们就假设今年 10 月的环比涨幅为 0.2%[(0.1%+0.3%+0.2%)÷3]，之后将已经公布的 2019 年 11 月至 2020 年 9 月的环比数据加 1 后累乘，最后再乘以 10 月份的环比涨幅(1+0.2%)，就可以计算得到 2020 年 10 月的同比数据。

不过，这种环比方法仅依赖于历史经验，并不能反映当下的具体情况，因此如果当下发生了一些意料之外的冲击，那么使用环比均值法预测当月的环比增速容易出现明显偏差。

在获得非食品项的预测值之后，我们就可以按照 CPI＝食品项波动×食品项权重＋非食品项波动×非食品项权重，计算获得 CPI 的预测值。因为之后进一步的计算与高频数据无关，我们不再深入讲解。

第二种方法则是寻找一个具有代表性的高频数据直接跟踪 CPI 的走势。目前，市场上如"农产品批发价格 200 指数""菜篮子产品批发价格 200 指数"和"食用农产品价格指数"等与 CPI 走势均有着较强的相关性①（见图 9.28 和图 9.29），我们可以通过跟踪这几类指标直接跟踪 CPI 的走势。

在这三类指标中，食用农产品价格指数与 CPI 的相关性最高，菜篮子产品批发价格 200 指数与农产品批发价格 200 指数相关性接近，因此我们在这里以食用农产品价格指数和菜篮子产品批发价格 200 指数为例讲解。

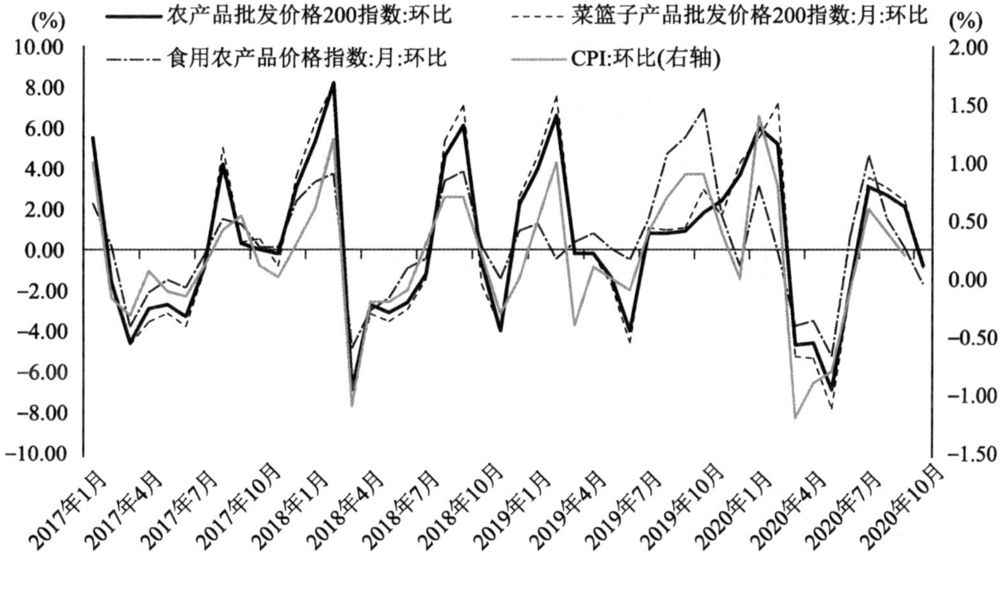

资料来源：Wind。

图 9.28 三类指数与 CPI 环比走势亦步亦趋

具体操作时，我们可以以 CPI 为被解释变量，以食用农产品价格指数和菜篮子产品批发价格 200 指数为解释变量回归。从回归结果可以看到，仅仅跟踪单一指标也能够较好地追踪 CPI 的走势，但是在精度上略有欠缺（见图 9.30 和图 9.31）。

---

① 这很大程度上是因为 CPI 的波动是由食品项波动引起的。

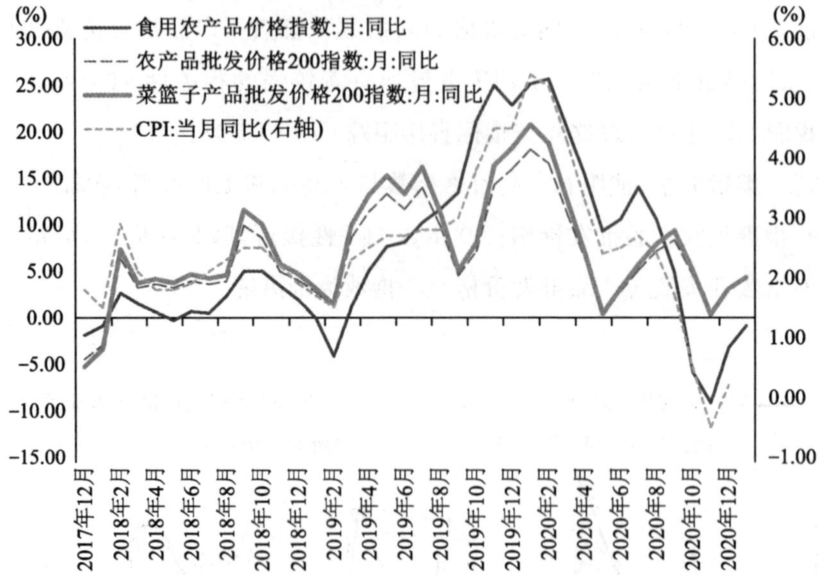

资料来源：Wind。

图 9.29　三类指数与 CPI 的同比走势相关性也不错

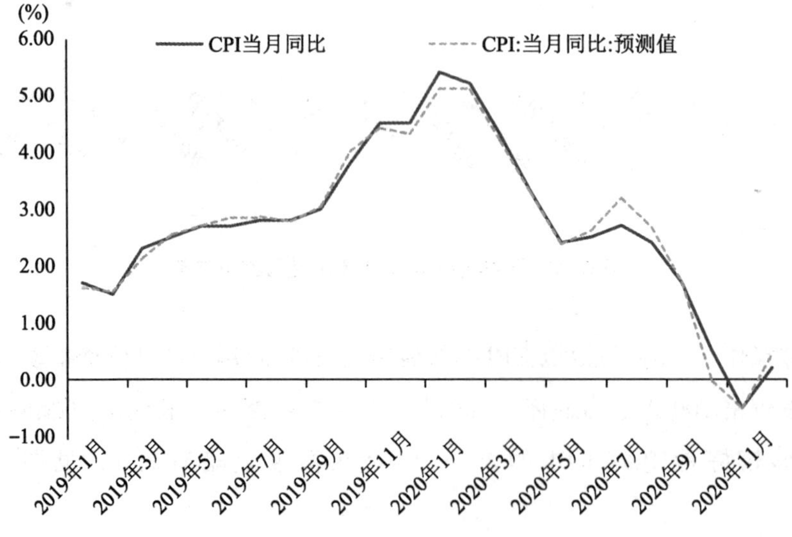

资料来源：Wind。

图 9.30　同比预测值与实际值较为符合

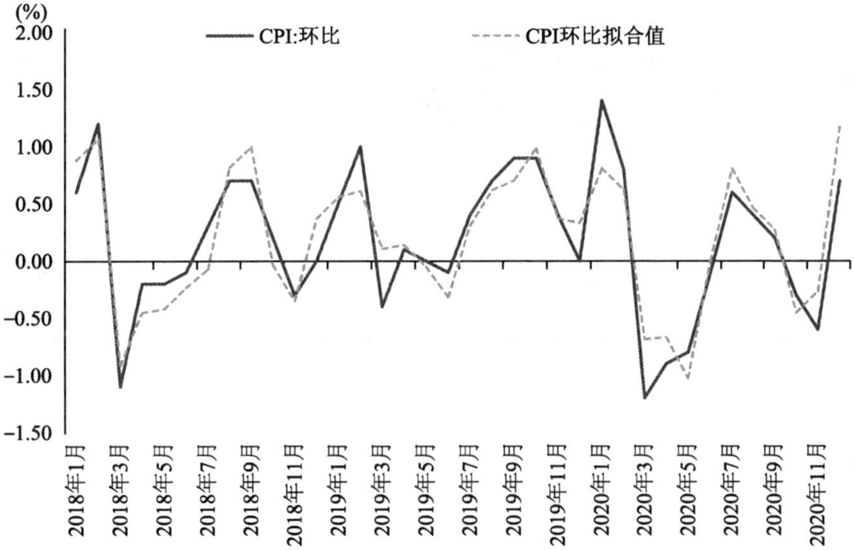

资料来源：Wind。

图 9.31　预测结果不错

9.3.2　与 PPI 相关的高频数据

在分析 CPI 时，我们既可以通过 CPI 的各个分项逐一跟踪预测指数，也可以通过选取与整个指数相关的高频数据跟踪预测 CPI。而这两种方法也适用于 PPI。

PPI 主要反映的是工业企业产品出售时的价格变化，包含了生产资料（采掘、原材料、加工）和生活资料（食品、衣着、一般日用品、耐用消费品）两大类。一般统计局在每月中旬的时候会公布 PPI 的各项数据。

市场上能够找到的主要反映工业品价格走势的指标，有生产资料价格指数、南华工业品指数、南华综合指数等，按照相关性比较，我们可以发现由商务部每周发布的生产资料价格指数与 PPI 的相关性达到了 97%（见图 9.32），在各类指标中表现最好。

因此，我们选取由商务部发布的生产资料价格指数作为 PPI 的高频观测指标进行回归拟合。在拟合时，我们发现使用生产资料价格指数以及其滞后一期的数据回归时得到的拟合准确性比仅使用当月数据的拟合结果更高，这可能是由于商品价格传导存在一定滞后的原因，当然也有可能仅仅是因为统计上的关系。考虑

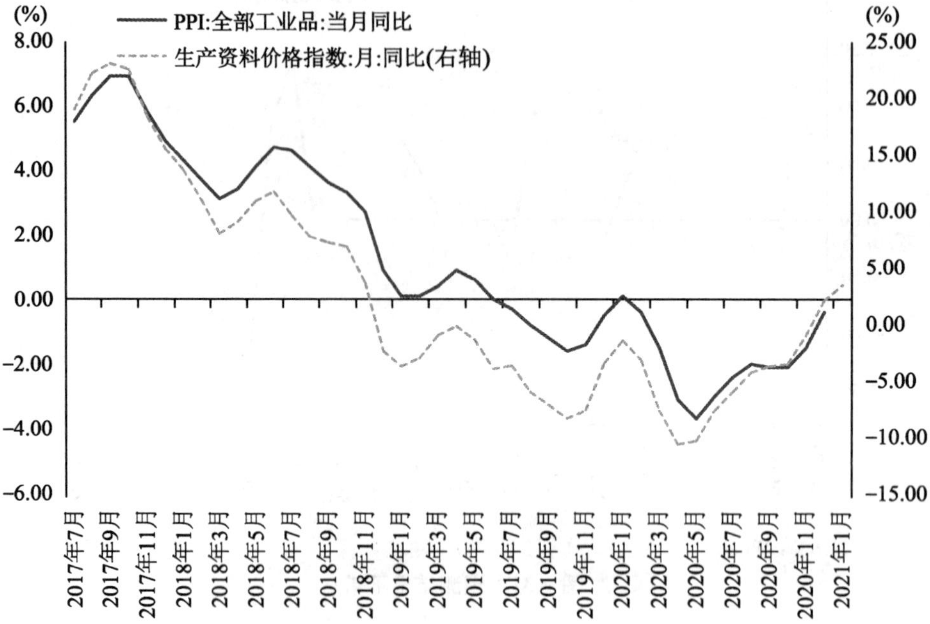

资料来源：Wind。

图 9.32 PPI 与生产资料价格指数走势明显一致

到这一点，我们在回归时，使用的解释变量包括当月的生产资料价格指数以及滞后一期的生产资料价格指数。

从环比预测结果上可以看到生产资料价格指数的波动对 PPI 环比波动有着明显的预测效应，数据的预测精度也明显较高，模型的拟合优度在 95%以上(见图 9.33)。

但相比于环比数据，同比数据的预测结果会差一些(见图 9.34)，这一点我们在前文也提到过，由于价格波动误差的逐渐累加，同比的误差会更大一些。不过虽然回归结果在精度上差了一些，但在方向上预测值与实际走向一致。

在这里我们除了尝试简单的回归方法，也尝试了计量上的滚动回归，滚动窗口期为 12。滚动回归具体是什么意思我们并不详细说明，这是计量上的问题，其大致意思就是以 12 个数据为周期，多次回归。滚动回归的结果相比于直接回归在精度上会有一定的提高。

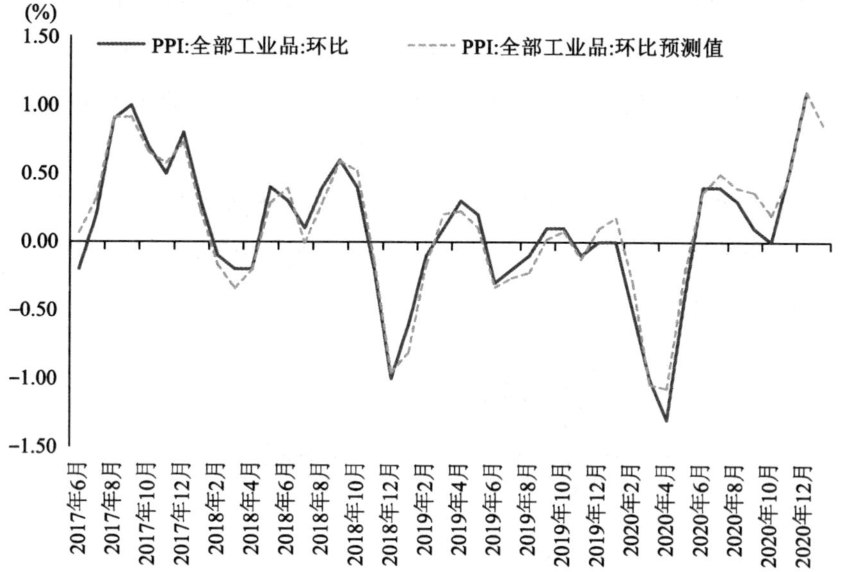

资料来源：Wind。

图 9.33　PPI 与生产资料价格指数环比预测结果不错

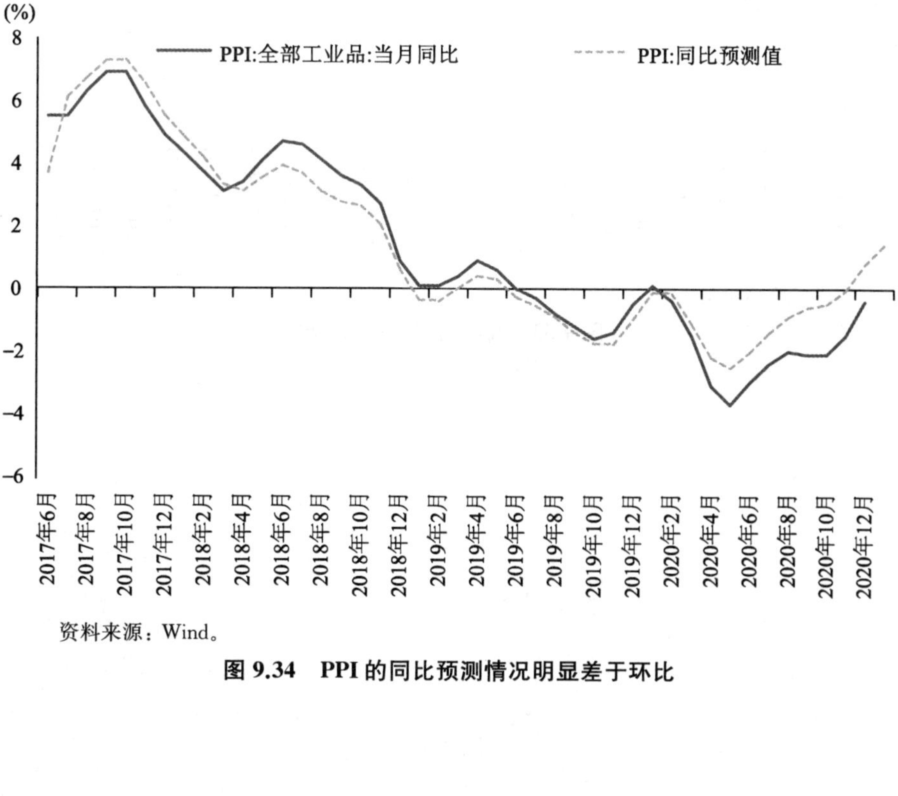

资料来源：Wind。

图 9.34　PPI 的同比预测情况明显差于环比

当然除了这种整体回归,我们也可以按照分项指标,选取多个高频数据拟合PPI走势,而且相比于CPI,PPI的分项指标更少,在高频数据的选取上也会少一些,如市场有时候会通过煤炭价格指数、原油价格指数等与工业生产密切相关的高频数据跟踪PPI。

从图9.35可以看到如煤炭价格、原油价格、南华指数等与PPI的走势存在明显的相关性,相应的我们可以通过这些分项回归得到PPI指数的预测值。具体的,我们则不再进一步分析。

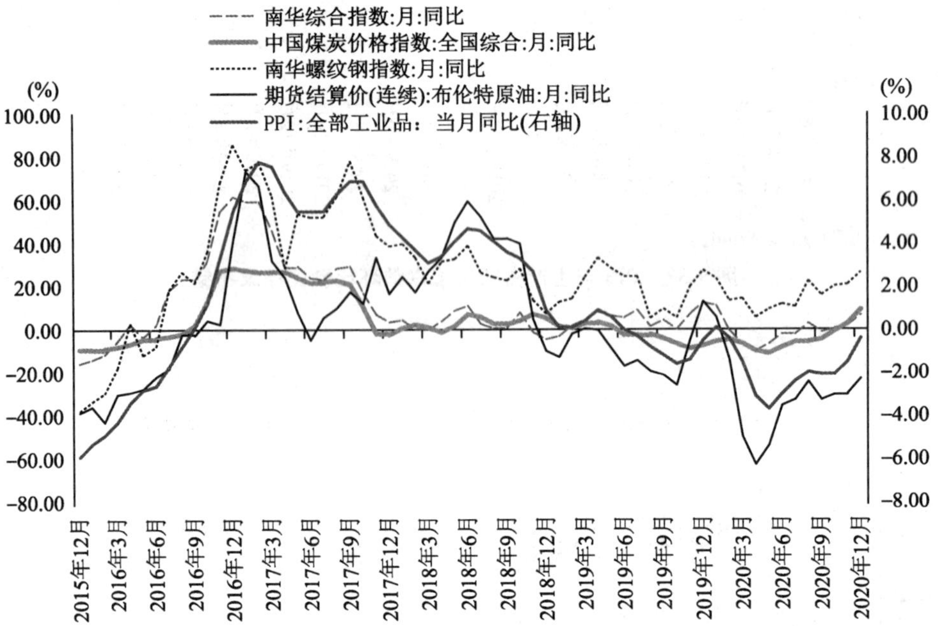

资料来源:Wind。

图9.35 几类高频数据与PPI

第10章

经济周期与债市周期

经济运行如四季轮回一样经历从繁荣到衰退然后再到繁荣的过程。虽然每一阶段的经济运行情况都会具有当时历史背景下的特性,但也存在许多近似的规律,把握这些经济运行中的规律,有利于我们更好地判断当下经济的中长期走势。

上一章讲述了如何通过高频数据跟踪短期经济走势，这一章则着眼于中长期经济走势的判断。

要想判断经济的中长期走势，分析经济变化的规律，就必须了解经济周期的运行节奏。

回顾历史上的经济走势，我们会发现无论是在中国还是在欧美等其他国家，经济都会如四季轮回一样经历从繁荣到衰退然后再到繁荣的过程。虽然每一阶段的经济运行情况都会具有当时历史背景下的特性，但也存在许多近似的规律，把握这些经济运行中的规律，有利于我们更好地判断当下经济的中长期走势。

在本章中，我们从经济周期出发，借助康德拉季耶夫周期（也称康波周期，技术投资周期）、库兹涅茨周期（建筑周期或房地产周期）、朱格拉周期（设备更新周期）、基钦周期（库存周期）等经济周期理论，分析如何判断当前经济在整个周期中所处的位置，并分析在不同的经济周期阶段，债市会有怎样的表现。

10.1 各类经济周期

按照传统经济学理论，长期的经济增长是由技术、资本、劳动力等生产要素共同推动的。在理想状态下，一个国家的经济增长应该基于自身的技术水平、资本投入水平以及劳动力等要素的现状实现稳定地增长。

但由于外部冲击（如 2020 年暴发的疫情）和非理性行为等因素的影响，在实际中，经济并不会沿着理论上的经济增速稳定运行，而是会以理论增速为核心上下波动，从而呈现出“复苏—繁荣—衰退—萧条—再复苏”这样一个循环推进的过程（见图 10.1）。

这种螺旋式向上的过程就是我们所说的经济周期。虽然每一轮的经济周期跨度以及具体表现都会有所不同，但一般经济在周期性运行中都会依次经历这些过程，并不断向前发展。

在实际研究中，为了更好地理解经济周期，市场一般会按照时间长短将经济周期划分为康德拉季耶夫周期、库兹涅茨周期、朱格拉周期和基钦周期。

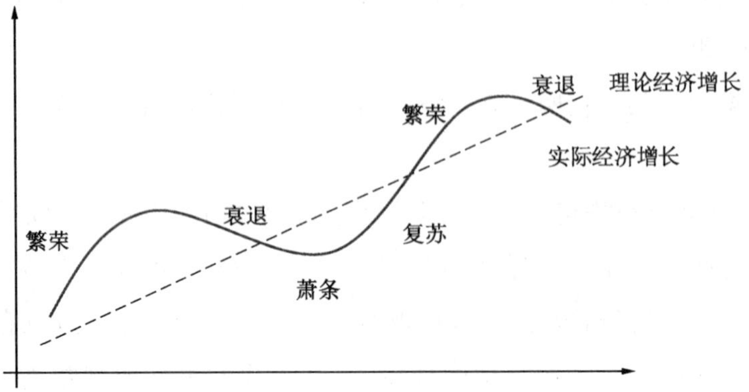

资料来源：作者整理。

图 10.1　经济的周期性循环

而这几类周期都与经济中的投资项密切相关，其分别对应技术投资、建筑等固定资产投资、设备投资和存货投资四项。而由于不同类型投资的期限跨度不同，这几类周期的时间也并不一致，其中康波周期最长，而库存周期最短。

10.1.1　康德拉季耶夫周期

康波周期一般与革命性技术的出现密切相关，新旧技术的演变是推动康波周期运行的主要动力，比如第一次工业革命（蒸汽革命）和第二次工业革命（电气革命）等。在新技术产生的前中期，建立在基础技术革命上的新产品、新行业层出不穷，大量资金涌入新的行业领域，并带动经济进入快速发展时期。以第二次工业革命为例，电力的发现以及广泛应用，推动了包括电话、电报等新行业的出现；而内燃机的推广则推动了汽车、飞机乃至石油化工行业的快速发展。

到了新技术产生的中后期，原有的技术更新节奏放缓，投资需求随之下降，市场也逐渐进入存量博弈阶段，经济增长逐渐乏力，而更为先进的技术则在这一阶段逐渐孕育（见图 10.2）。

近几个世纪以来，全球大致经历了 5 次技术革命，包括 18 世纪末的纺织工业和蒸汽机革命，19 世纪中叶的钢铁和铁路技术革命，19 世纪末的电力、电气和重工业革命，20 世纪中叶开始的汽车和计算机革命与现在的信息技术、生物技术等领

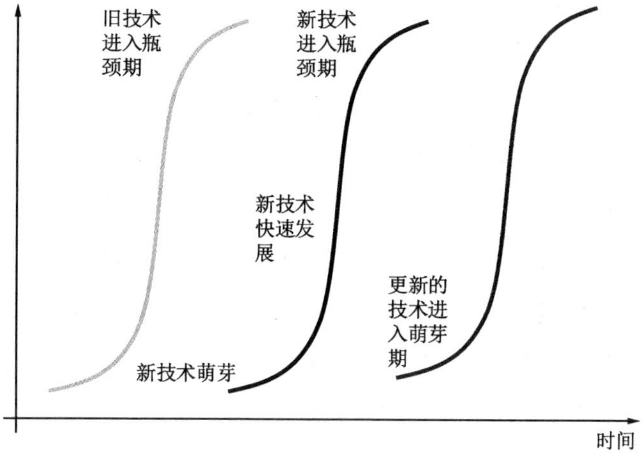

资料来源：作者整理。

图 10.2　技术的更迭

域的技术革命(见表 10.1)。

表 10.1　历史上的康波周期

	繁荣	衰退	萧条	复苏
第一轮周期(纺织工业和蒸汽技术)	1782—1802	1815—1825	1825—1836	1836—1845
第二轮周期(钢铁和铁路技术)	1845—1866	1866—1873	1873—1883	1883—1892
第三轮(电力、电气和重工业)	1892—1913	1920—1929	1929—1937	1937—1948
第四轮(汽车和计算机)	1948—1966	1966—1973	1973—1982	1982—1991
第五轮(信息技术和生物技术)	1991—2004	2004—		

资料来源：雅各布、范・杜因:《创新随时间的波动》,《现代外国经济学论文选》,商务印书馆 1986 年版。

按照学术界的划分,目前我们暂时还处于第五轮康波周期的衰退阶段。

一般来说,每一次康波周期的时间跨度在 50～60 年,过长的周期跨度使得我们在投资的时候往往会忽视康波周期,毕竟哪怕是其中的一个阶段,其时间跨度动则也在 10 年以上,用这种超长期的周期指导我们的投资行为无疑是缘木求鱼,因此在投资过程中一般也不用在意。

10.1.2 库兹涅茨周期

库兹涅茨周期是库兹涅茨在研究美国经济波动时提出的,他发现在美国经济运行过程中存在15～20年的中长期波动,而这一特征在建筑业上表现得较为明显,因此也被称为房地产周期或建筑周期。

这里需要注意的是,还有一个房地产周期是指地产开发和投资周期(短期地产周期),在中国期限跨度在3年左右,这个我们在后文会提到。

一般我们可以通过住房新开工数量、房地产投资等相关指标跟踪各国房地产的发展情况。如我们使用美国新开工私人住宅数量追踪美国建筑周期时就会发现,美国的地产周期一般在15年左右(见图10.3)。

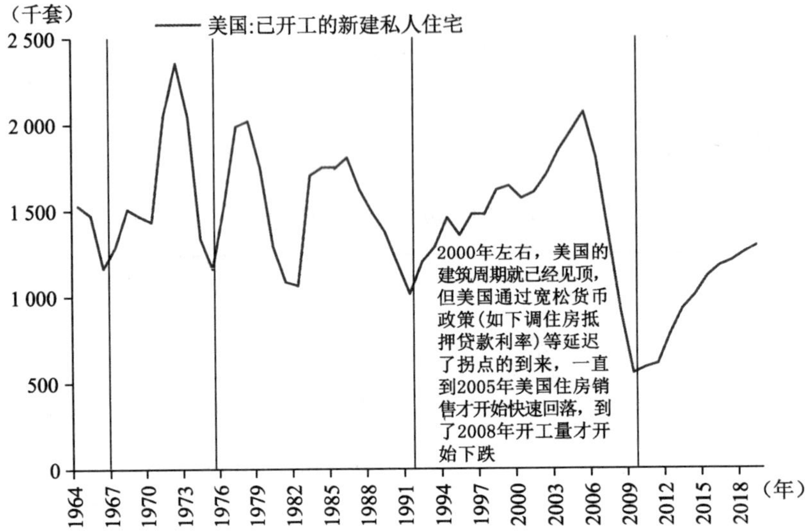

资料来源：Wind。

图10.3 美国历史上的地产周期

不过,上一轮美国的地产周期跨度有点长,大约经历了20年,超过了历史平均水平。这可能是因为在2000年后,美国通过降低住房抵押利率等方式刺激房地产市场,让政策为房地产续命。这虽然延迟了地产下行周期的到来,但也导致2008年美国次贷危机的爆发,并使得房地产投资出现超过周期的下滑。

回顾中国的房地产市场，从20世纪90年代房改到城市化快速推进再到棚改和货币化安置，中国房地产市场的投资规模一直处在上升阶段（见图10.4），理论上中国还没有经历一个完整的库兹涅茨周期。不过，从历史经验看，我们认为中国或正处于第一个库兹涅茨周期的尾部。

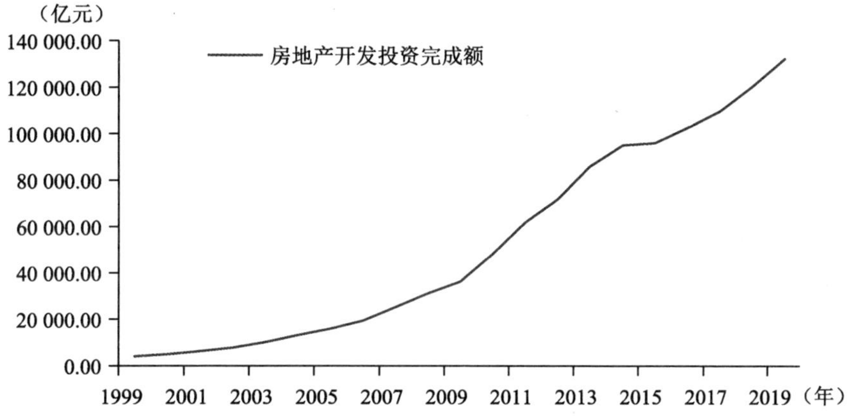

资料来源：Wind。

图10.4 一直上行的房地产开发投资完成额

与康波周期类似，库兹涅茨周期也存在周期跨度太长、对实际投资的指导意义不大的问题。

10.1.3 朱格拉周期

朱格拉周期对应的是设备更新周期。在经济运行中，企业存在更换旧设备（设备存在使用年限）和引进新设备（新技术）的需求。企业大规模更新设备则会带动投资增加，从而拉动经济增长；而随着设备更新的完成，企业投资开始下降，这又会使得经济增速放缓。周而复始的设备更替使得经济会出现周期性波动，这就是我们常说的朱格拉周期，其时期跨度一般在10年左右。

我们一般可以通过跟踪固定资产投资中的企业设备投资、设备投资占GDP比重等指标追踪朱格拉周期。以美国为例，美国的设备投资同比增速与GDP同比增速之间存在明显的相关性，这意味着跟踪朱格拉周期能够较好地跟踪整体经济走势（见图10.5）。

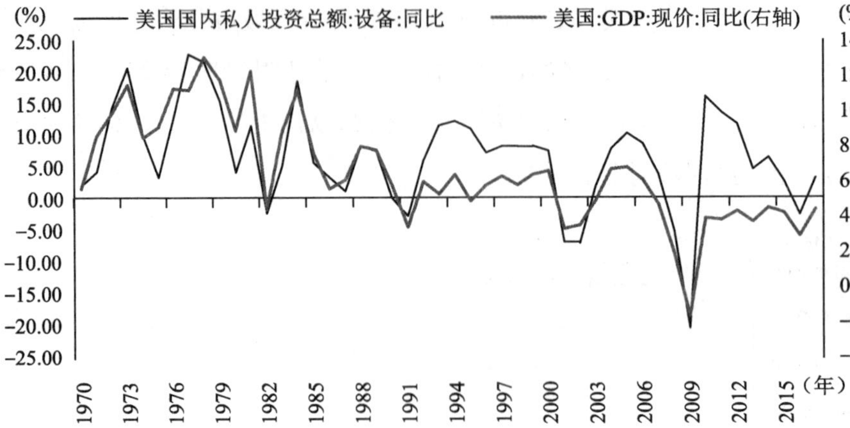

资料来源：Wind。

图 10.5　美国的朱格拉周期

自 20 世纪 70 年代以来，美国经历了 5 轮朱格拉周期，时间跨度均在 8～10 年。最新一轮的朱格拉周期在 2009 年开启，那时美联储大放水，企业相应地加大了投资力度，不过政策的刺激毕竟难以持续，很快投资增速就出现下滑，目前这一轮周期应该已经接近尾声。2021 年，在美联储大放水、美国政府加大财政刺激力度、美国疫苗稳步推进等因素的作用下，美国投资大概率会出现明显回升。

相比于美国，国内的经济周期与朱格拉周期的同步性有所降低，这可能与中国制造业投资在固定资产投资中占比不高有关。结合 GDP 同比增速以及设备投资完成额同比增速，我们可以将 20 世纪 90 年代以来的中国经济大致分为三轮。

第一轮是 1991—1999 年，当时随着中国改革开放迈上了新的台阶，中国经济进入快行道，原本不完善的工业体系特别是轻工业在这一阶段快速建立，从而推动企业设备投资快速上涨。

第二轮是 2000—2009 年，自 2001 年加入 WTO 后，中国进一步融入全球产业链，出口的快速增长带动国内企业扩大生产规模，增加设备投资。不过 2008 年次贷危机爆发后，全球经济受到重创，外部需求走弱，中国出口规模开始逐渐回落，这也使得这一轮设备更新周期进入了尾声。

第三轮是在 2010 年开启的，次贷危机后，中国出台了“4 万亿”计划来刺激经济发展，在宽松的财政和货币政策下，房地产和基建率先发力，并带动制造业投资增长。但是这一轮的投资上升持续时间不长，在政策刺激过后，固定资产投资便进入了下行通道。

2016 和 2017 年的时候，设备投资曾出现过一波小反弹，市场当时曾认为可能是新的朱格拉周期，不过很快便被证伪。

而 2020 年因为出口环境的好转，叠加政策加大对制造业的支持，我们预计之后，我国制造业或许会进入新的一轮周期。

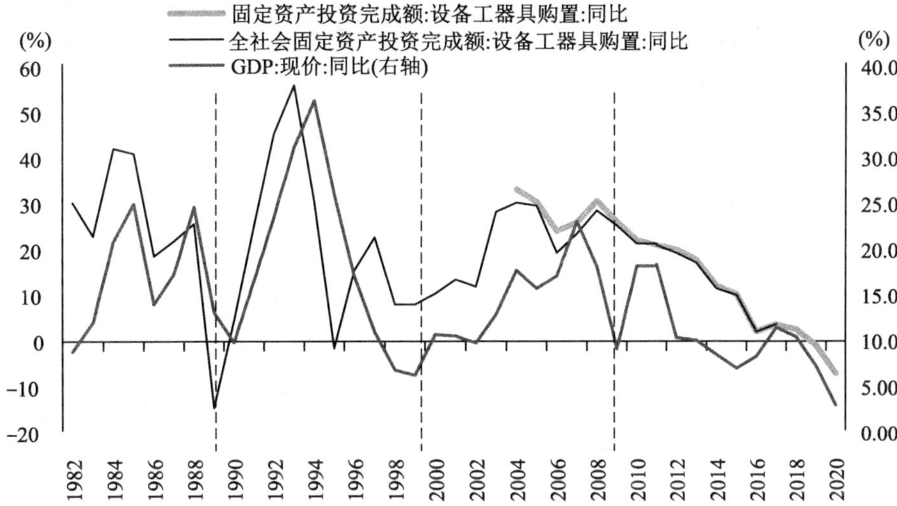

资料来源：Wind。

图 10.6 中国的朱格拉周期

10.1.4 基钦周期

基钦周期就是我们最常用到且跨度最短的库存周期。相比于动则 10 年以上的另外几类周期，跨度在 3～4 年的库存周期在市场判断中更加具有实际意义。

库存周期简单来说就是企业的库存变化情况，一般当前企业预期未来需求会增加时，会主动扩大产能，带动库存增加；反之则会降低产能，减少库存。

而由于企业行为存在时滞，即从企业知道市场需求的变化到企业开始调整自己生产行为的过程存在时滞①，整个库存周期可以划分为主动补库存—被动补库

① 尽管由于技术进步，时滞在缩短，但不可否认还是存在的。

存—主动去库存—被动去库存这四个阶段(见图 10.7)。

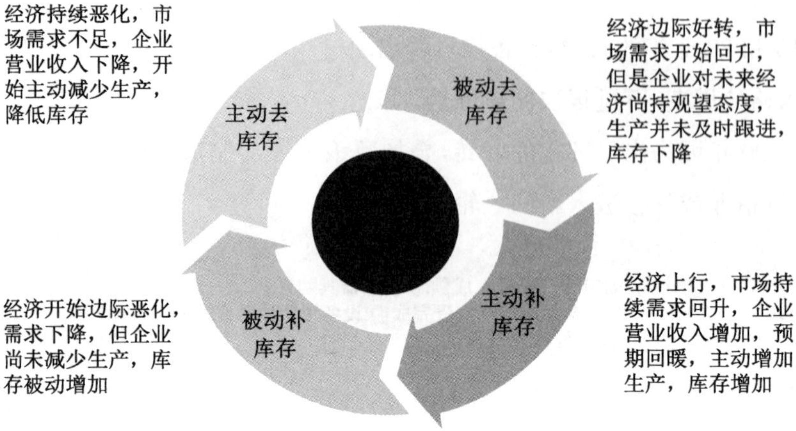

资料来源：作者整理。

图 10.7　库存周期

我们一般可以通过跟踪工业企业的产成品存货和工业企业营业收入等指标跟踪目前国内所处的库存周期。如果存货和营业收入同步上行，一般表明企业生产经营好转，且对未来的经营抱有良好的预期，对应的是主动补库存阶段；而存货上行，营业收入下行则表示此时市场需求已经下滑，但企业的生产行为还没有及时调整，于是库存增加，即处于被动补库存阶段。

从历史发展情况看，2000 年以来中国经历了 6 轮完整的库存周期，而这 6 轮库存周期的跨度都在 3 年左右(见图 10.8)。

在每一轮库存周期中，各个阶段的跨度并不一致。如在 2006 年 7 月到 2009 年 8 月的那一轮库存周期中，补库存的时长明显高于去库存时长；而在 2013 年 9 月到 2016 年 6 月的库存周期中，补库存的时长则明显低于去库存时长。

一般来说，如果企业主动补库存周期比较长，则显示经济好转力度比较大；反之，如果去库存周期很长，则表示经济复苏乏力。比如 2017 年之后，GDP 不变价同比不断下滑，经济增长乏力，所以去库存周期就特别长。

另外，上面我们说的这几个经济周期往往是互相嵌套的，一般每一个康波周期会包含 3 个库兹涅茨周期、6 个朱格拉周期或 18 个基钦周期。

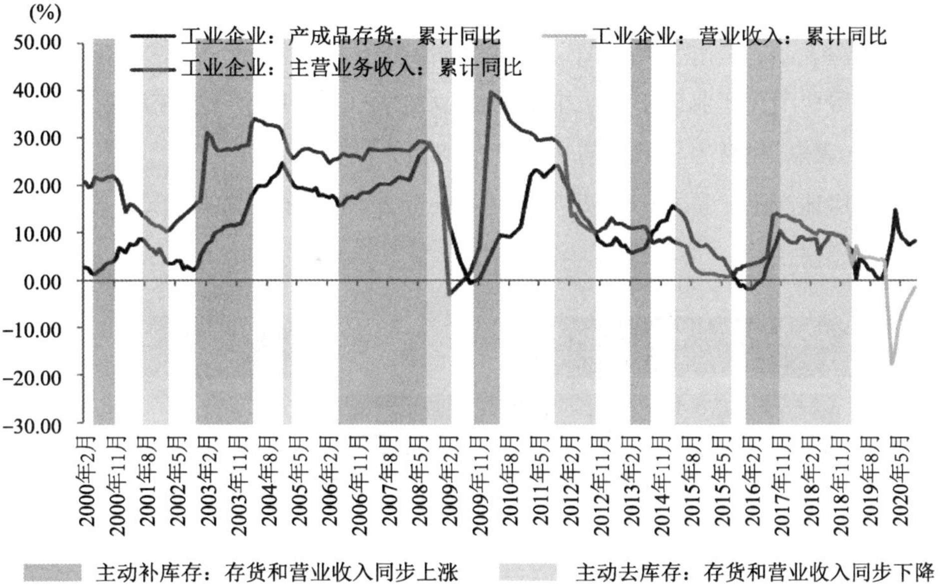

资料来源：Wind。

图 10.8 中国的历次库存周期

在嵌套的模型下，意味着我们不能独立地去看一个周期，比如库存周期和设备更新周期往往会互相影响：在主动补库存周期里，随着盈利恢复，企业自然也会有更强的更新设备的需求。

比如 2020 年下半年，随着中国进入主动补库存阶段，强劲的出口不仅让企业盈利能力提升，也会让出口企业自发地更新设备，进行技改等，所以我们能看到专用设备制造业和通用设备制造业 2020 年恢复得挺好。

10.1.5 短期地产周期

除了上述这四个周期，还有一个经济周期十分重要，即我们在前面提到过的短期地产周期。

在国内经济发展过程中，房地产占据着重要地位：

一来土地融资在中国信用创造中占据核心地位，以土地为抵押品撬动信贷的方式在此前是中国信用创造的主要途径；

二来房地产投资是固定资产投资的三大组成部分之一，是投资的重要组成部分；

三来房地产在产业链中处于重要地位，无论是上游的铁矿、水泥还是下游的房地产销售、家电、建材等领域都与房地产密切相关；

四来房地产企业是非标等资产的主要融资方，也是居民加杠杆（贷款买房）的主要原因。

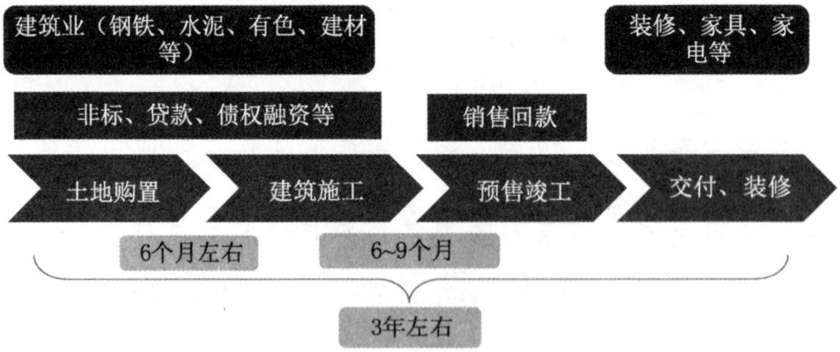

资料来源：作者整理。

图 10.9　房地产周期

回顾中国房地产市场的变化，我们会发现，自 2008 年以来，中国大致经历了 3 轮房地产周期，每轮房地产周期的跨度在 3～4 年，且往往与政策密切相关（见图 10.10）。如在 2008 年年末至 2011 年那一轮周期中，前期房地产投资的上行主要受益于次贷危机后宽松的货币政策以及财政政策环境，而随着 2010 年限购政策的出台，房地产市场开始降温。

而在 2012 年的周期中，住房政策其实一直没有明显放松，不过货币政策倒是偏宽松的，M2 同比增速达到了 13.8%，央行也两次下调存贷款基准利率，良好的货币政策环境是当时房地产销售好转的原因。2013 年下半年，货币政策开始边际收紧，M2 同比增速明显下滑，房地产销售也出现明显下滑。

2015 年之后“棚改货币化”推动了二三线城市的购房热潮，当时房地产销售再度大幅回暖。不过，在 2016 年，中央再度开始整治房地产市场，如“9・30”限购政策的出台。在“因城施策”的政策指导下，各地方通过“限价、限售、限购、限商”等方式，精准调控本地房地产，此后房地产销售面积开始下滑。

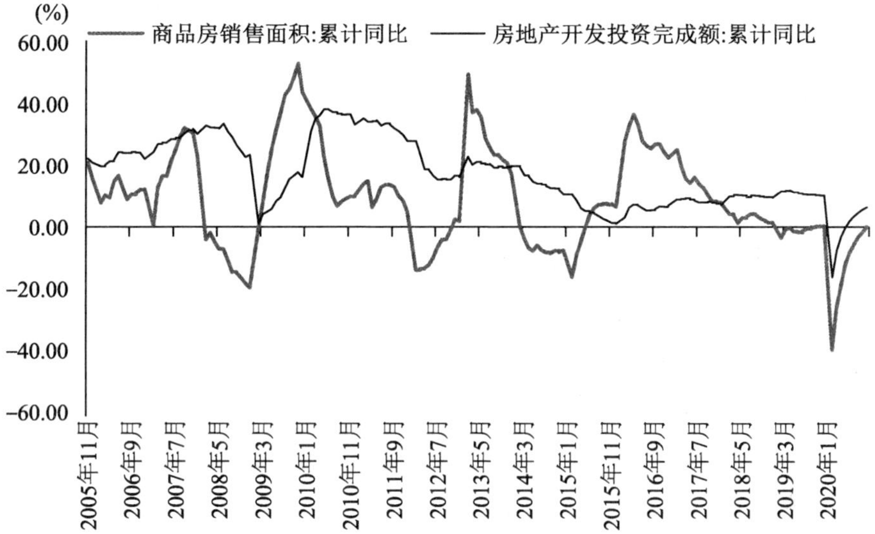

资料来源：Wind。

图 10.10　中国近几次的地产周期

另外，我们也会看到最近一轮的地产周期（自 2015 年开始）与此前两轮周期又有着明显的不同。

第一，本轮周期的持续时间更长，自 2015 年至今，房地产市场开发投资没有出现明显的拐点（不考虑疫情冲击的话）；

第二，房地产投资与销售指标出现背离，以往在销售下滑后，房企投资也会随之下行，但是在这一次的地产周期中，虽然销售量一直表现不佳，但房地产投资却韧性十足，而且房价在这一轮周期中也表现得十分坚挺。

这可能是因为 2015 年之后的棚改货币化政策对房地产形成了强有力的支持。在政策的支持下，当时房地产特别是三四线城市的房地产迎来了一波发展机会。而且房价也并没有出现明显的回调，居民购房意愿居高不下，需求韧性比较强。

在讲完上述几个周期后，我们需要知道的是，如同历史不会简单地重复上演一样，不能奢求经济会完全重复其在历史上的趋势，像这一轮地产周期和前面几轮就存在区别。

从此前中国曾经历过的几次经济周期上来看，无论是在时间跨度上还是在其他方面，每一轮经济周期都有着不同的表现，因此我们不能完全硬搬此前的经济周期经验套用现在的情况，而更多是借鉴学习。

10.2 债市在不同经济周期下的表现

10.2.1 基本面与资产配置——"美林时钟"

说了这么多关于周期的内容后，我们还是要回归本章的中心，就是经济周期和资产配置或者说与债券投资有什么关系？

目前，在市场上将宏观经济与资产配置相联系的最著名的理论莫过于"美林时钟"。它以通货膨胀和经济增长指标为核心，将经济周期划分为"衰退—复苏—过热—滞涨"这样四个阶段，并指出在每个阶段所对应的最优资产配置策略（见图 10.11）。

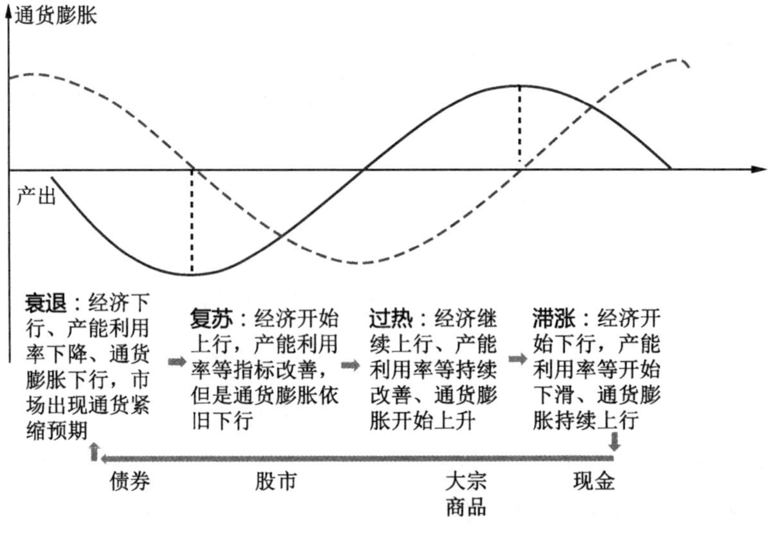

资料来源：作者整理。

图 10.11 美林时钟

在衰退阶段，企业减少生产以降低成本，消费者需求降低带动物价水平下滑，经济一片萧条。这时候因为经济下行，货币政策宽松概率增加，市场往往不缺钱，而通货膨胀下行又带动债券实际收益率上行，债券往往能有不错的走势。而因为企业运行较为困难，所以与企业运行密切相关的股票对投资者的吸引力则明显下降，另外，由于生产不足，大宗商品表现得自然比较差。

在复苏阶段，财政和货币政策发力，带动经济运行触底回升，消费者需求回升并带动企业提高产能利用率，不过因为前期的高库存以及价格存在滞后情况，此时通货膨胀水平依旧处于下行周期。

在这一阶段，因为企业经营状况快速好转，股票就有了不错的增长潜力，而且生产的好转也利好大宗商品。而因为经济复苏态势尚未明朗，货币政策不会明显收紧，对债券而言，政策环境不会太差，但基本面又不利于债券，所以债券的走势往往并不容易确定。

在过热阶段，经济持续好转，消费者信心提高并带动需求增加，物价水平上涨，企业则开始扩大生产以满足需求，原先宽松的货币、财政政策则快速退出。

在这一阶段，因为企业扩大投资和生产，大宗商品的需求增加并带动价格上涨，与企业经营情况密切相关的股票表现得很好，而由于经济态势良好以及货币政策的转向，债券的表现往往很差。

在滞涨阶段，经济增速由盛转衰，市场需求开始下滑，企业也开始逐渐降低生产，不过因为前期大宗商品价格上涨带来的滞后影响等，这一阶段市场通货膨胀依旧处于高位并限制了货币政策行为。

在这一阶段，因为货币政策受限，债券表现一般，而企业经营状况恶化则限制了股票走势，市场容易出现“股债双杀”，所以现金资产往往就成了最好的选择。

如果仅就债券而言，债券收益率在不同的经济周期又应该会有什么样的变化？

这时候我们可以发现基本面对长短两端债券收益率的影响程度并不一样，长端收益率受基本面的影响比较明显，而短端收益率受资金面的影响更为明显。基本面对长短端债券收益率影响程度不同直接导致在不同经济阶段，债券收益率曲线的形态变化（见表 10.2）。

在复苏阶段，经济基本面已经边际好转，由于投资者预期先行，长端收益率开始率先上行，但是货币政策依旧比较宽松，市场流动性充裕，因此短端利率并没有上行动力。在这一阶段，债券收益率曲线往往会变陡峭，即我们所说的熊陡。

表 10.2　周期与期限利差

期限形态的变化	含义与原因	图形
牛平	**一般与滞涨期相对应。**经济基本面边际恶化，但是由于通货膨胀等原因，货币政策依旧处于偏收紧的状态，因此长端开始率先下行，而短端利率则表现得相对刚性，债券收益率曲线呈现牛平。	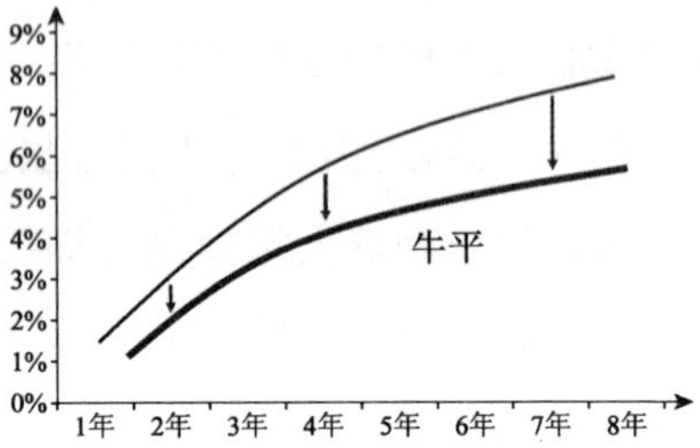
牛陡	**一般与衰退期相对应。**经济基本面持续下行的压力下，货币政策开始转向宽松，短端利率开始明显下行，而因为投资者预期先行，长端的下行幅度则会略小一些，债券收益率曲线呈现牛陡。	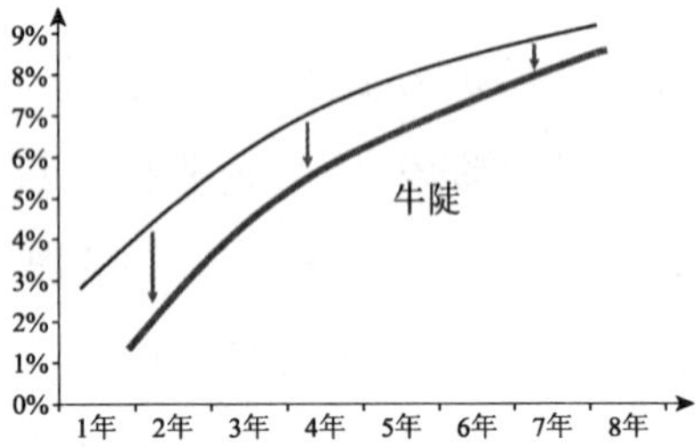
熊陡	**一般与复苏期相对应。**经济基本面已经边际好转，由于投资者预期先行，长端收益率开始率先上行，但是货币政策依旧比较宽松，市场流动性充裕，因此短端利率并没有上行动力。债券收益率曲线往往会变为熊陡。	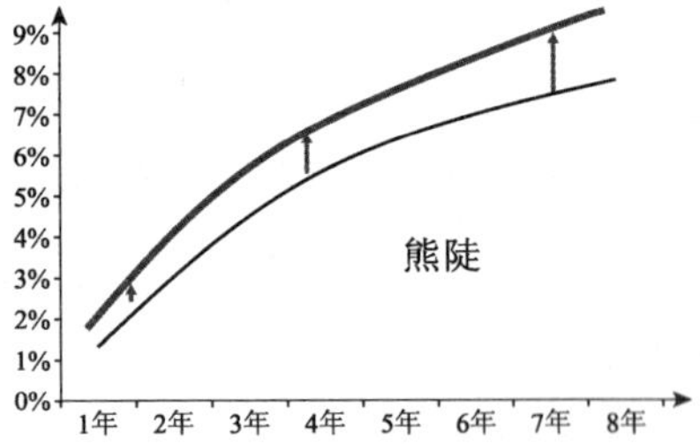
熊平	**一般与过热期相对应。**经济基本面持续向好，而随着通货膨胀的走高，货币政策退出宽松，短端流动性收紧，所以短端收益率开始大幅上行，债券收益率曲线呈现熊平。	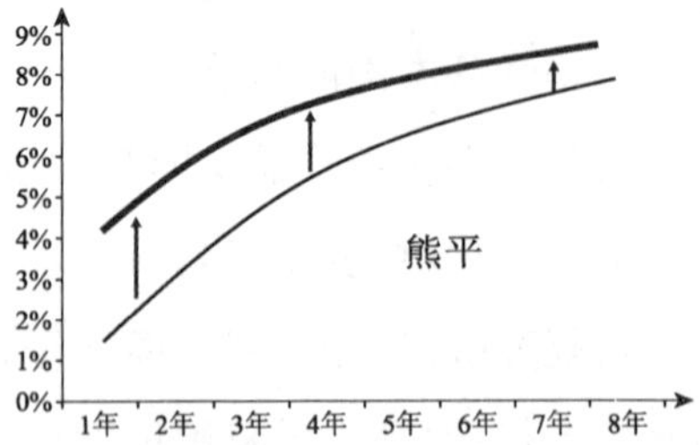

资料来源：作者整理。

在过热阶段，经济基本面持续向好，不过因为预期先行，所以这一阶段长端上行的幅度降低；而随着货币政策退出宽松，短端流动性收紧，所以短端收益率开始大幅上行，债券收益率曲线呈现熊平。

在滞涨阶段，经济基本面边际恶化，但是由于通货膨胀等原因，货币政策依旧处于偏收紧的状态，因此长端开始率先下行，而短端利率则表现得相对刚性，债券收益率曲线呈现牛平。

在衰退阶段，在经济基本面持续下行的压力下，货币政策开始转向宽松，短端利率开始明显下行，而因为投资者预期先行，长端的下行幅度则会略小一些，债券收益率曲线呈现牛陡。

然而，这一逻辑的前提是货币政策制定的核心是通货膨胀率和经济基本面，且会存在一定的滞后。在实际运行中，由于货币政策除了考虑通货膨胀和经济基本面，还会考虑如金融风险等其他因素，因此期限利差在不同阶段的表现往往会更加复杂。

10.2.2 中国的美林时钟

美林时钟理论是建立在美国历史经验上的，其是否适用于中国还需要验证。

按照美林时钟的思路，我们选取 PMI 作为衡量经济走势的指标。之所以选择 PMI，是因为 GDP 数据在 2012 年之后波动极小，不容易看出经济走势，而 PMI 作为综合指数能够比较好地反映出整体经济的走势，而且波动较为明显，便于我们划分阶段（见图 10.12）。另外，我们选取 CPI 作为衡量通货膨胀水平的指标。

在确定核心指标后，我们就可以根据 PMI 和 CPI 的走势划分过热、滞涨、衰退和复苏四个阶段。当然，除了用这两个指标，市场上还有很多其他指标反映通货膨胀（如 GDP 平减指数、PPI）和经济基本面（如实际 GDP 同比、PMI 的分项指标等），相应的按照不同指标划分经济周期，在具体的时期上也就会有一定的出入。

不过我们并不着眼于精确地划分历史阶段，而是为了验证美林时钟的有效性，而我们选取的两个指标都能比较好地反映出经济基本面与通货膨胀的走势，所以具有一定的可行性。

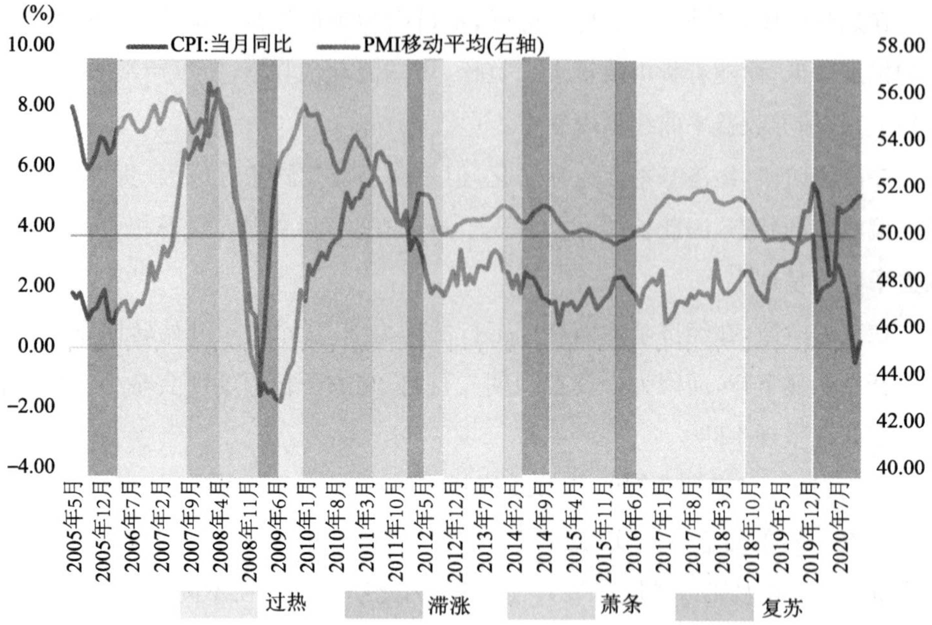

资料来源：Wind。

图 10.12 中国的经济周期

在资产选择上，我们选取南华综合指数作为大宗商品的代理指标、选择沪深300 指数作为股票的代理指标、选择货币基金作为现金的代理指标、选择中债财富综合指数作为债券的代理指标。

另外，为了更好地分析各类债券之间的区别，我们添加中债财富固定利率国债指数和中债财富高信用等级债券指数作为利率债和信用债的指标。

表 10.3 美林时钟在中国的运用

	时期划分	中债综合指数：月均收益率（%）	中债固定利率国债指数：月均收益率（%）	中债高信用等级债券指数：月均收益率（%）	南华综合指数：月均收益率（%）	中证基金指数：货币基金月均收益率（%）	沪深 300 指数：月均收益率（%）
2005 年 10 月—2006 年 3 月	复苏	0.37	0.44	0.22	1.82	0.16	1.71
2006 年 4 月—2007 年 5 月	过热	0.08	−0.02	0.09	0.44	0.17	10.14

（续表）

	时期划分	中债综合指数：月均收益率（%）	中债固定利率国债指数：月均收益率（%）	中债高信用等级债券指数：月均收益率（%）	南华综合指数：月均收益率（%）	中证基金指数：货币基金月均收益率（%）	沪深 300 指数：月均收益率（%）
2007 年 6 月—2008 年 4 月	滞涨	0.22	0.21	−0.02	0.64	0.30	0.04
2008 年 5 月—2009 年 2 月	衰退	0.76	1.60	0.92	−3.01	0.28	−3.96
2009 年 3 月—2009 年 7 月	复苏	0.04	−0.04	0.09	3.67	0.12	9.10
2009 年 8 月—2010 年 4 月	过热	0.27	0.32	0.34	2.03	0.12	−0.64
2010 年 5 月—2011 年 7 月	滞涨	0.08	0.03	0.13	0.80	0.21	−0.24
2011 年 8 月—2012 年 2 月	衰退	0.68	0.74	0.71	−1.30	0.34	−2.49
2012 年 3 月—2012 年 6 月	复苏	0.57	0.52	0.82	−1.91	0.36	−0.15
2012 年 7 月—2012 年 10 月	衰退	0.04	−0.02	0.12	0.83	0.29	−2.39
2012 年 11 月—2014 年 1 月	过热	0.03	−0.10	0.19	−0.83	0.32	−0.08
2014 年 2 月—2014 年 5 月	衰退	0.99	1.05	1.00	−1.32	0.39	−0.82
2014 年 6 月—2014 年 11 月	复苏	0.96	1.05	0.93	−1.77	0.36	3.19
2014 年 12 月—2016 年 4 月	滞涨	0.50	0.52	0.54	0.07	0.29	1.89
2016 年 5 月—2016 年 8 月	复苏	0.52	0.52	0.59	2.58	0.21	0.65

（续表）

	时期划分	中债综合指数：月均收益率（%）	中债固定利率国债指数：月均收益率（%）	中债高信用等级债券指数：月均收益率（%）	南华综合指数：月均收益率（%）	中证基金指数：货币基金月均收益率（%）	沪深 300 指数：月均收益率（%）
2016 年 9 月—2018 年 9 月	过热	0.17	0.11	0.26	1.69	0.30	0.06
2018 年 10 月—2020 年 3 月	衰退	0.53	0.61	0.51	−0.32	0.22	0.96
2020 年 4 月—2020 年 12 月	复苏	0.03	−0.05	0.14	2.19	0.16	3.10

资料来源：Wind。

从历史行情看，美林时钟在中国的适用性一般，几类资产在不同阶段的表现虽然与美林时钟类似，但其具体表现并不具有规律性。综合来看，在经济复苏和过热阶段，股票和大宗商品在四类资产类型中大概率表现亮眼，但具体是哪一类资产并不确定，比如在 2005—2006 年的复苏中，表现亮眼的是股票，但是在 2016 年 5 月至 2016 年 8 月的复苏中，表现亮眼的是大宗商品。

而在衰退阶段，债券则是各类资产中最好的选择，不过在滞涨阶段，大宗商品往往表现较好，而现金类资产则在各个阶段都很难有亮眼的表现。

适用于美国的“美林时钟”在中国出现水土不服在一定程度上是因为中国的货币政策和利率体系与国外有较大的不同。

美国的货币政策一直是锚定通货膨胀水平和充分就业两个指标，如一般要求通胀率不高于 2%的水平①。在这样的框架下，经济走势和通货膨胀水平会对货币政策产生明显的影响，从而使得经济走势和通货膨胀对市场利率（包括长期和短期）有着明显的影响，并最终传导到资产价格上。这可能是美林时钟比较适合美国的原因。

但在中国，国内的货币政策和利率体系更为复杂，按照央行的说法，我国的货币政策目标应该包括促进经济增长、保持物价稳定、保持充分就业、维护国际收支平衡以及促进金融稳定和金融改革（如防风险、金融开放等）等。

---

①　2020 年略有放松，仅要求长期目标在 2%。

多重目标制度下，货币政策与通货膨胀和经济增长的相关性走弱，特别是近年来通货膨胀的波动也在下降，而维持金融稳定（防风险）在货币政策中的地位越发明显。这也意味着短期市场利率与经济增长和通货膨胀的相关性会随之减弱，相应的"美林时钟"在中国的有效性也会减弱。

因此，国内就提出了"货币—信用"框架，根据信用和货币的不同组合分析资产配置的情况。这一部分，我们会在之后讲述"资金面"和"政策面"的时候再次提到，本章则不再展开。

10.2.3　经济周期下的债市

10.2.3.1　基本面对债市走势的影响

2002 年至今，中国债券市场大致经历了 5 轮牛熊行情，按照"谷—谷"划分，大致可以分为 2003—2006 年、2007—2009 年、2009—2013 年、2013—2016 年、2016—2020 年这五轮（见图 10.13），而在这几轮债市行情的变化过程中，基本面都扮演了极其重要的作用。

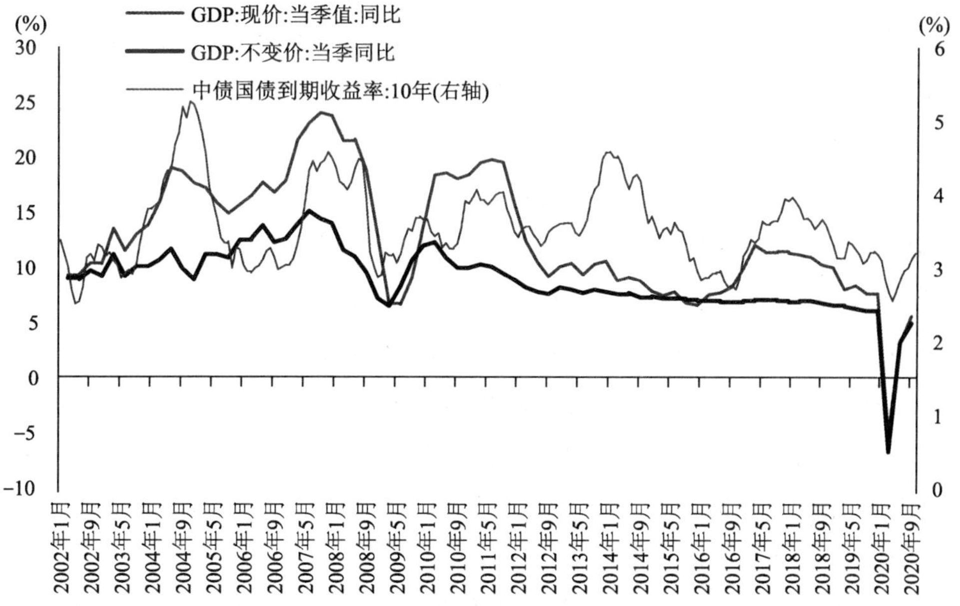

资料来源：Wind。

图 10.13　经济基本面与债券市场

一般地,基本面企稳或市场出现企稳预期是债牛或震荡市结束的前提条件。在过去的五次中,除 2009 年和 2013 年外,其他三次均提前或同步出现了经济触底,基本面企稳复苏的现象。

在 2009 年的 V 形反转中,因为财政和货币政策十分积极,“4 万亿”的财政刺激计划极大地提振了市场信心,投资者预期极其乐观,所以在基本面没有出现明显好转的情况下,投资者领先一步看空了债券市场,使得当时的债券市场领先基本面进入了熊市。

2013 年的债市牛熊转化比较特殊,当时 GDP 并不是主导力量,可以看到在 2013 年的时候,实际 GDP 同比一直处于震荡态势,并没有明显的复苏迹象,并且随后又迎来了一波下行周期,但是在 2013 年下半年的时候,10 年国债却迎来了一波快速上涨。

这是因为在 2013 年的时候,政策监管趋严,货币政策配合收紧,市场出现“钱荒”。“钱荒”使得市场机构主动或被动开始抛售流动性较好的债券回笼资金,可以说资金面主导了这一次的行情走势。

相应地,一般基本面恶化或市场预期经济基本面恶化(并最终兑现)是债熊或震荡市结束的前提条件。在过去的 5 次熊转牛行情中,经济都是领先或者同步于债券变化的。随着基本面的恶化,货币政策也会跟随着开始转向宽松,并进一步强化债券牛市行情。

另外,需要注意到在 2012 年之后,中国的经济波动明显趋缓,特别是实际 GDP 几乎可以说是在稳步下滑的。经济的周期性特征变弱,使得债市对基本面边际上的变化越来越敏感,经济增长短周期的分析越来越重要。

在 2002—2012 年期间,每次债市牛熊转换,我们都能至少看到 1%的 GDP 振幅,比如在 2007—2009 年的时候,GDP 从 2007 年 6 月的 15%,一路下滑到 2009 年 3 月的 6.4%。但是在 2012 年之后,实际 GDP 增速趋势下行,债市牛转熊时,经济的企稳都是阶段性的弱企稳,振幅基本都在 1%以内,不再表现得大起大落了。

经济波动的弱化一方面是随着经济体量的变化,经济波动弱化,这一趋势在其他国家也是一样的,比如美国、日本的经济波动率也在降低(不考虑 2020 年疫情导致的经济大幅下滑)。另一方面也是我国政府通过财政货币手段,主动平滑经济波动,避免在经济转轨期出现经济大幅波动的结果。

10.2.3.2　短期地产周期、库存周期与债市周期

除了基本面对债市的影响,中国债券市场存在明显的周期走势,且期限跨度在3～4年,如按照"谷—谷"划分的方法,最近一轮的债券周期是2016年10月到2020年4月,现在中国则正处于新一轮震荡走熊的过程中。

3～4年的债券周期与我们前面提到过的库存周期和短期地产周期十分接近,因此我们先来考察短期地产周期、库存周期和债券周期三者之间的关系。

房地产在中国经济体系中占据着核心地位,企业库存周期在很大程度上是依赖于地产周期的。在地产好的时候,房地产投资、销售等指标上行,带动市场需求增加,从而使得企业开始补库存;反之在地产弱的时候,房地产投资、销售等指标下行,市场需求也会不足,企业也就进入了去库存周期。

从历史走势上能够看到,房地产开发投资完成额同比增速领先于产成品存货同比增速6～12个月,这种领先关系也反映出了需求对库存的主导作用(见图10.14和图10.15)。

资料来源:Wind。

图10.14　房地产投资领先于产成品库存

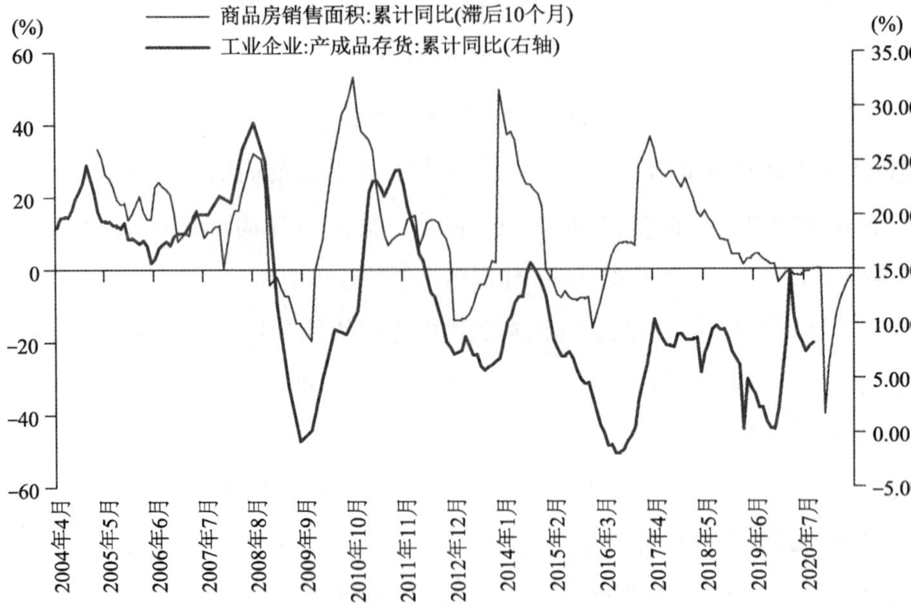

资料来源：Wind。

图 10.15　房地产销售领先于产成品库存

而就房地产周期和债券周期而言，因为房地产在中国经济中的重要地位，房地产波动对债券市场有着明显的影响。

此前，在土地融资—基建投资—房价上行—地价上涨—土地再融资的链条下，当房地产上行时，地方政府可以通过土地出让推动基础设施建设，从而带动经济增长。除了经济增长外，房企旺盛的融资需求会推动市场资金流向非标资产，同时房价的上行也会引来政策的监管，这些因素都会推动债券市场走熊。

在房地产下行的时候，土地创造信用的能力减弱，并使得银行信贷扩张放缓，而在房地产走弱的时候，经济也往往比较疲软，这时候货币政策更偏向于宽松，债券市场也就会出现牛市行情。

从历史走势上也能够看到房地产销售与中国国债收益率有着明显的正相关（见图 10.16），且房地产销售对债券收益率存在着领先关系。

最后，我们再看库存周期，相比于地产周期，库存是一个更直观的经济指标，所以其对债券市场的影响也更为直观，且不存在地产周期的领先滞后关系，可以看到库存周期与债券收益率在走势上具有较高的一致性(见图 10.17)。

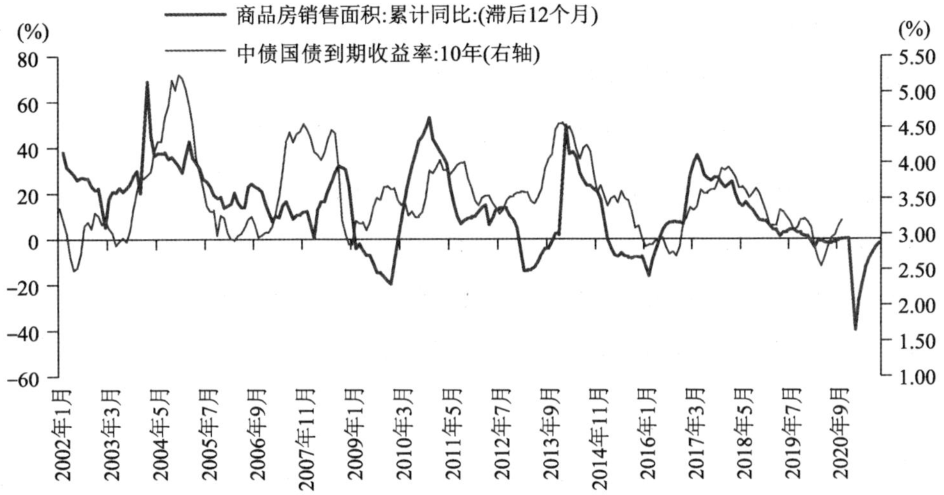

资料来源：Wind。

图 10.16　中国地产周期与债券市场

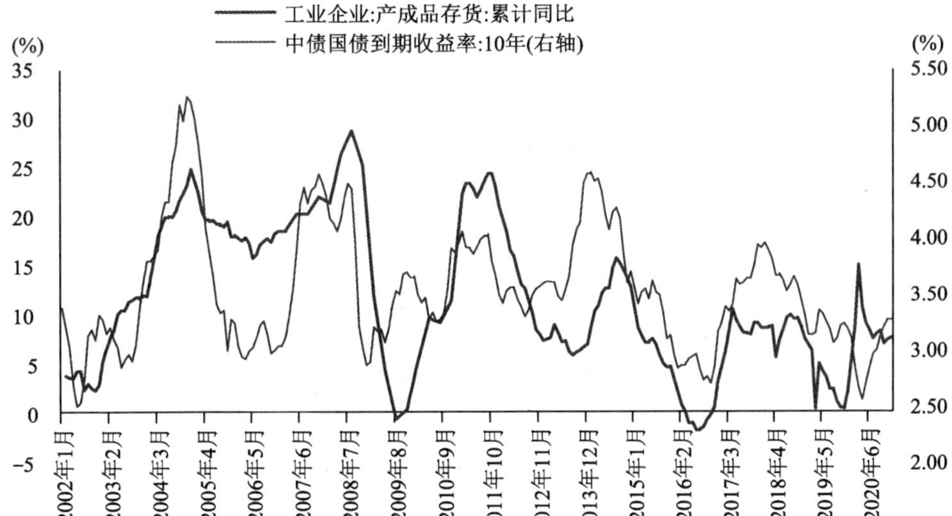

资料来源：Wind。

图 10.17　中国的库存周期与债券市场

明显的不一致是 2020 年年初的时候，那时候企业库存高涨，然后债券收益率下行。这是因为 2020 年年初的疫情使得下游消费停滞，企业被动进入补库存周期。这一波补库存并不是经济因素导致的，主要是因为外部冲击导致的企业被迫快速补库存，所以出现了明显的不一致。

10.2.3.3　债券收益率曲线在不同经济周期阶段的表现

我们可以从期限利差角度分析债券市场在经济周期不同阶段的表现。从下面的实例，我们会发现实际情况其实和理论不一致。

第一，衰退阶段。从历史走势看，在衰退阶段，因为通货膨胀和基本面均有利于债券，所以我们能够看到历史上的几次衰退阶段大多都是债券牛市，且期限利差在这一阶段往往会先走低再走高(牛平转牛陡)(见图 10.18)。

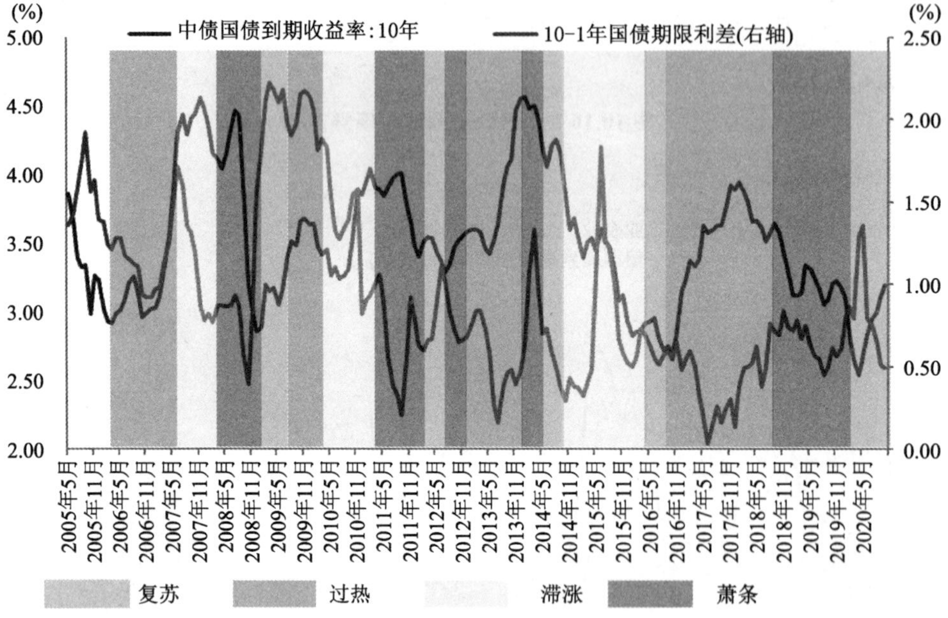

资料来源：Wind。

图 10.18　经济周期与债券市场

然而，在 2014 年的那一次衰退阶段(债市出现了牛熊转换)，债券的期限利差出现了明显的先升后降现象，刚好与我们的预期相反。

我们或许需要把注意力放在 2013 年。2013 年下半年的时候，央行为应对不断升高的债务融资规模，引导金融机构降杠杆，并没有选择在资金开始收紧时施以援手，以避免给市场营造“流动性幻觉”，强硬的态度使得市场资金面紧张，市场利率大幅上行，期限利差明显收窄。

到了 2013 年年末和 2014 年年初，随着央行态度的放缓，资金面紧张的态势明显得到缓解，带动短期利率率先下行，这可能是在 2014 年债市熊牛转化时，期限利差出现了先上升、后下降的原因。

2012 年下半年那一次衰退阶段时间很短，属于在复苏过程中的震荡，加上当时的货币政策还是比较谨慎的，市场资金面始终处于紧平衡。所以债券市场处于上行态势。

第二，复苏阶段。在我们的划分中，一共经历了四次复苏阶段，不过每次的复苏时期都比较短，且表现各异。

如在 2009 年二季度，随着财政刺激计划的发力，经济数据已经开始复苏，债市出现了熊市行情，而当时宽松的货币政策又使得短端利率上行比较慢，所以期限利差还处于高位，即熊陡。

而在 2012 年二季度，因为当时的复苏属于在衰退期中的一次小型复苏，所以债市依旧处于牛市行情，而在经济态势不明朗的情况下，货币政策依旧比较宽松，如央行在 2012 年 2 月和 5 月两次下调存款准备金率，在宽松的货币政策下，短端利率下行快于长端，期限利差走阔。

而在最近的一次复苏阶段中（2020 年 4 月开始），在初期市场预期货币政策会保持一季度的宽松节奏，所以短端利率依旧还在下行并带动期限利差走阔。不过 5 月之后，随着货币政策边际收紧的态度越发明显，债市开始向上调整，而货币政策的边际收紧（提前于市场预期）使短端利率上行得更快，从而使期限利差收窄，即熊平。

第三，过热阶段。在过热阶段，债市的熊市行情明确，在四次过热阶段，债券收益率都出现了上行态势。其中有三次，债券的期限利差都出现先下后上的情况（熊平转熊陡）。而货币政策的退出往往是债券期限利差下行的主要原因，如 2006 年 4 月央行上调了金融机构贷款基准利率、在 2013 年上半年央行的强监管政策以及 2016 年年末开始的监管（如在 2017 年将表外理财纳入广义信贷指标范围）。

而之后随着短端成本向长端传导以及基本面持续好转，长端利率开始明显上行并重新使期限利差走阔。

还有一次就是在2009年年末至2010年年初的那一段时间，当时在“4万亿”政策的刺激下，经济开始快速复苏并带动通货膨胀上行，并在2010年逐渐过渡到滞涨的局面。

2009年年末的时候，央行货币政策依旧保持较为宽松的态势，如央行连续超预期地稳定公开市场发行利率，使得短端利率在一段时间里上行幅度较小，而因为经济基本面表现得还不错，所以这一阶段期限利差上行。

到了2010年，CPI开始明显上涨①，使得货币政策开始转向，1月央行开始宣布上调法定存款准备金率，这标志着2008年以来的宽松货币政策的结束。货币政策收紧使得短端债券收益率上涨。

但是这一时期市场开始担心国内基本面可能会回落，如当时公布的4月国内经济数据（工业增加值等）弱于预期、国务院又开始调整房地产以及欧债危机的愈演愈烈等都打击投资者信心，所以长端利率反向向下。短端上行，长端下行使得债券期限利差收窄。

第四，滞涨阶段。在滞涨阶段，债券市场的走势其实比较难以判断，基本面在这一阶段的态势并不明显，而这一时期通货膨胀率的高企限制了货币政策的使用，在货币政策缺席的时候，债券市场行情并不明朗。

回顾中国的债市历史，在三次滞涨阶段，一次债券处于震荡熊市、一次熊市、一次牛市，且期限利差的表现也不一样。

在2007年的行情中，债市处于震荡熊市。当时的高通货膨胀使得央行开始收紧货币政策，基本面表现已经比较一般了，所以长端利率波动并不大，但是因为货币政策收紧，短端利率快速上行，使得期限利差压缩。

在2010年的行情中，因为通货膨胀的快速走高，央行开始加息，货币政策收紧，而前期债市表现不错，机构加杠杆比较明显，所以这一轮债市明显走熊。因为前期期限利差处于高位，这一轮期限利差是在压缩的。

---

①　2月CPI为2.7%，相比于2019年12月上涨了0.8个百分点。

在2015—2016年年初的行情中，通货膨胀虽然上涨，但是因为前期基数较低叠加上涨幅度较慢，这一轮CPI一直没有突破3%的界限，而经济在这一阶段的下行压力又比较大，因此在这一时期的货币政策其实比较宽松。在这一阶段，央行5次下调人民币存贷款利率、9次引导逆回购利率下行，同时实施定向降准。

宽松的货币政策以及并不理想的基本面使得这一轮债券牛市持续的时间较长。而且我们能够注意到在这一轮周期中，期限利差出现了一个很明显的峰值。

如果我们回顾2015年的资本市场，那时候最引人注意的并不是债券市场的牛市行情，而是当时的股票市场，毕竟当时上证指数一度从2 000多点增长到5 000多点。

股票市场的牛市行情吸引了大量的市场资金从债市转向股市，使得短端债券收益率的下行幅度不如长端，债券期限利差也出现了明显的下行。不过，很快随着股票市场拐点的到来，资金开始从股票市场流向债券市场，叠加当时宽松的货币政策，短端利率开始快速下行并带动期限利差走阔。

这里我们分析了在四个经济阶段债券期限利差的大致表现。可以看到，在过热和衰退阶段，债券走势是最明确的，前者对应熊市，后者对应牛市。在复苏和滞涨阶段，债券市场走势并不明朗，应结合货币政策、通货膨胀的水平、经济复苏的力度等综合考虑。

期限利差的走势则更为复杂，在不同阶段，因为货币政策并不是紧跟基本面的，加上还有股票等市场的资金扰动，期限利差的变化规律并不明显。

10.3 中国的经济周期位置与债市投资策略

10.3.1 我们所处的经济周期阶段

在上面我们分析了包括短期地产周期在内的5个周期，但是在实际跟踪时，我们更在意的是库存周期、短期地产周期等周期跨度比较短且与经济走势联系比较密切的周期。康德拉季耶夫周期(60年左右)、库兹涅茨周期(20年左右)等跨度太长的周期在实际操作中并不会被经常提起，毕竟过长的周期跨度不仅波动大且对中短期的投资而言指导意义不大。

因此，在这一部分我们仅分析三个周期：库存周期、短期地产周期和设备更新周期。

10.3.1.1　库存周期

按照“谷—谷”的方式划分，自 2000 年开始中国经历了 5 轮库存周期，目前正处于第六轮库存周期，这一轮周期是自 2016 年下半年开始的，在 2016 年下半年至 2017 年初，库存与营业收入增速同步回升，开始进入主动补库存阶段(见图 10.19)。之后 2017 年 4 月至 2019 年 11 月，工业企业一直处于主动去库存阶段，库存与营业收入同步下滑。

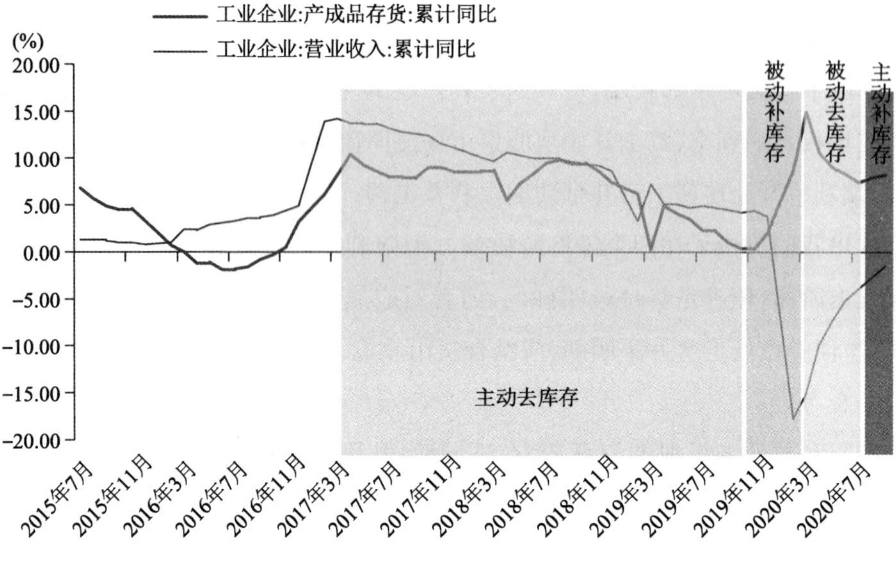

资料来源：Wind。

图 10.19　最近一轮的国内库存周期

在 2019 年 12 月库存已经有抬升的趋势，但受到 2020 年年初疫情的冲击，原本的抬升趋势戛然而止。由于国内消费的回升滞后于生产的回升，企业进入被动补库存阶段。2020 年 3 月以后，随着国内消费的有序恢复，疫情期间积压的库存开始出清，经济进入被动去库存的阶段。

而到了 2020 年三季度，在政策发力、出口持续超预期、国内消费持续恢复以及固定资产投资好转的背景下，个别行业开始进入主动补库存阶段。如在汽车消费补贴的刺激政策下，2020 年汽车销量表现一直不错，可以看到汽车行业库存从 4 月开始又重新进入了上行通道，并且不断走强，类似的还有电气机械及器材制造业等行业（见图 10.20）。

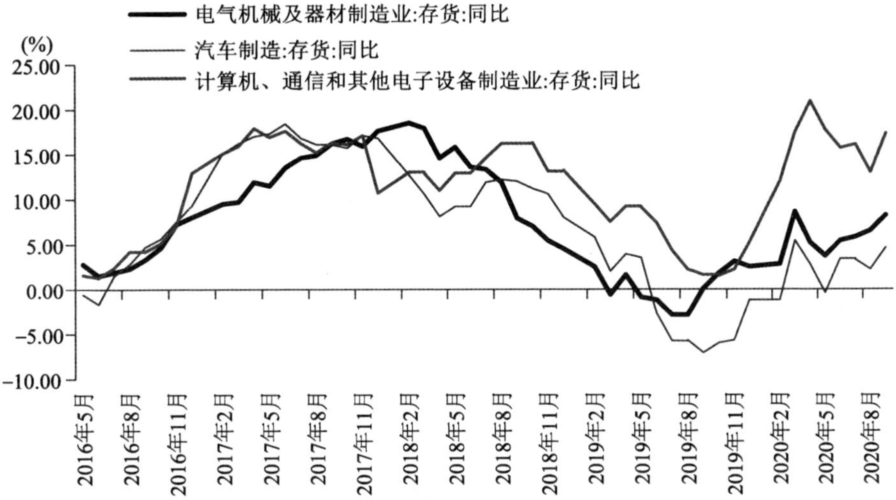

资料来源：Wind。

图 10.20　部分行业已经率先进入主动补库存阶段

后续来看，2021 年上半年企业还会处于主动补库存阶段。具体可以从库存周期的领先指标 PPI 和工业利润看未来的库存周期走势。

PPI 作为工业品出厂价格指数能够比较好地衡量工业品的市场需求，而厂商也会根据出厂价格调整自己的生产行为。一般 PPI 上涨往往代表市场需求旺盛，厂商则会增加生产；反之 PPI 下跌，则表示市场需求疲软，相应的厂商会降低生产。

从历史走势能够看到 PPI 走势与工业企业产成品存货走势有着较为明显一致性，且 PPI 拐点往往领先于库存拐点 5 个月左右（见图 10.21）。

2020 年年初由于疫情，市场需求不足，PPI 快速下行结束了 2019 年年末的反弹趋势，不过在 5 月筑底后，PPI 开始向上修复，可以预期之后 PPI 还会处于一个上行的趋势。

而从历史走势看，企业产成品存货也大概率会延续上行，企业还是会处于主动补库存的状态。

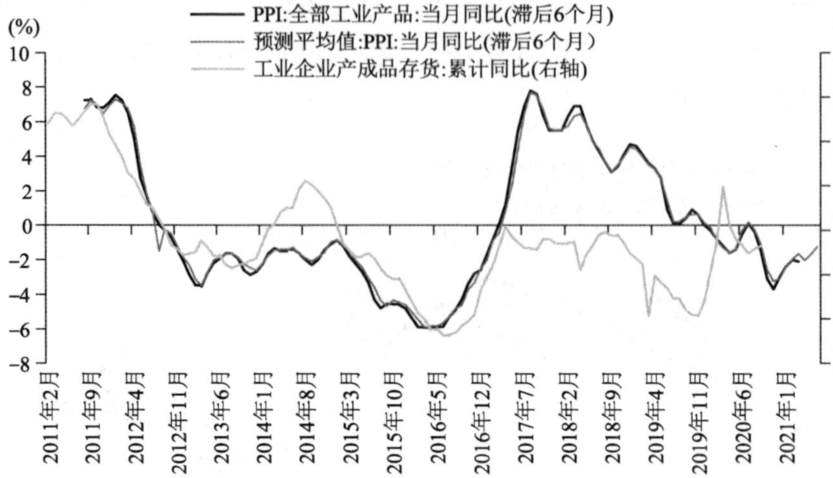

资料来源：Wind。

图 10.21　PPI 表明国内将开启新一轮主动补库存

同时,工业企业利润也是很好的领先指标。企业的经营者往往只会在看到企业盈利水平好转后才有能力和动力增加产能。从历史数据上我们能够看到工业企业的利润率领先于库存变化(见图 10.22)。

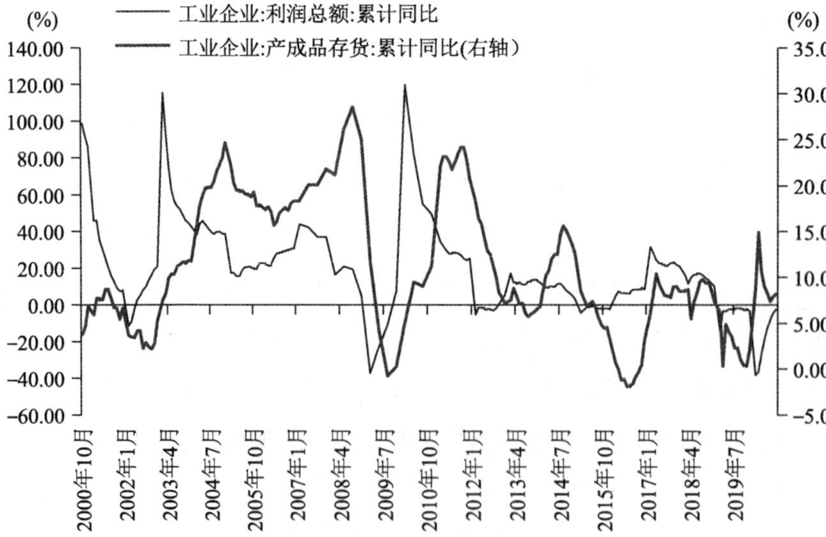

资料来源：Wind。

图 10.22　库存的变化滞后于企业盈利水平的变化

而 4 月之后，工业企业的利润率已经开始触底回升，可以看到 5 月工业企业的利润总额当月同比已经转正，并且在 6—12 月均保持在 10%以上的当月同比增速，而经营情况的改善则会促使企业开始补充库存。

2021 年，我们认为一方面出口依旧会维持韧性，国外经济恢复虽然会挤出一部分份额，但是发展中国家走出疫情需要更长的时间，生产替代也就需要更长时间，而且全球经济恢复也会带动更多的需求恢复。另一方面，目前国内消费还处在低位，2021 年随着疫苗的接种，国内消费场景开始修复，居民消费也会进一步修复。需求端的好转有利于企业维持较高的景气度，相应的企业也会开始补库存。

10.3.1.2　短期房地产周期

从拿地到开工再到竣工，房地产行业有着清晰的行进路径，而这也为我们跟踪房地产周期演变提供了一个极好的跟踪方式。结合拿地、新开工、施工、竣工等数据，我们认为：

第一，我们会依旧处于上一轮房地产周期的竣工阶段。这一轮新的房地产周期在 2015 年年末开启，不过这一轮施工周期拖得久了一些，一直到 2018 年年初才看到施工开始加快，但是房企新开工和竣工依旧存在较大的缺口，这个缺口在未来相当长一段时间内都会支撑施工周期（见图 10.23）。

资料来源：Wind。

图 10.23　房地产施工链条

目前来看,由于政策收紧房企外部融资,房企会更依赖销售回款的方式保障企业的资金链稳定,在房地产销售不弱的情况下,房企便会加快推房速度。从数据上可以看到,2020 年年末房企的施工面积同比增速和竣工面积同比增速都明显加快(见图 10.24)。因此,我们预计至少 2021 年上半年房地产投资不会太差,对经济的支撑也不会快速走弱。

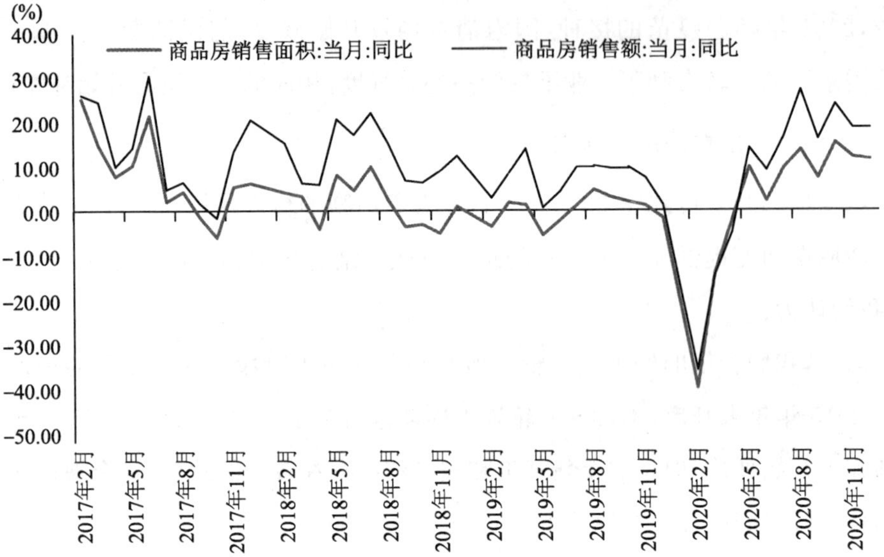

资料来源：Wind。

图 10.24　房地产销售不弱

第二,如果拉长期限看,房地产投资或许会出现下滑。政策是限制房地产投资的主要因素。2020 年疫情的冲击并没有动摇“房住不炒”和“一城一策”的政策基调,虽然上半年在宽松的货币政策环境下,部分资金流向了房地产企业,但这也引来了政策的严查。2019 年二季度以来监管层频频发声要求坚持房住不炒政策,同时出台了一系列政策规范房地产市场。

2020 年 8 月,监管层推出了“345 新规”,对房企的有息负债进行了限制(见表 10.4)。2020 年 12 月,央行和银保监会出台了房地产贷款集中度管理要求,对银行给房地产企业发放房地产贷款和给个人发放个人住房贷款提出了明确的要求。

表 10.4　政策对房地产进行了明显的限制

档次	触及红线数量	管控要求
绿色档	0	有息负债规模年增速放宽至 15%
黄色档	1	有息负债规模年增速不超过 10%
橙色档	2	有息负债规模年增速不超过 5%
红色档	3	有息负债不得增加

红线 1：剔除预收款后的资产负债率大于 70%；
红线 2：净负债率大于 100%；
红线 3：现金短债比小于 1.0 倍。

资料来源：作者整理。

而 2021 年上海、深圳这些在 2020 年房价涨得不错的一线城市都纷纷出台了相关调控政策，比如上海将个人住房转让增值税免征年限由 2 年调整到 5 年、强化了对离婚后购房的监管等。另外，近期也有传出深圳、广州等地银行放缓了房贷的发放速度。

在房地产政策收紧的背景下，可以预计的是，在这一轮竣工周期过去之后，房地产投资很难出现明显回升。

10.3.1.3　设备更新周期

相比于比较容易识别的库存周期，设备更新周期（朱格拉周期）的识别更为困难，毕竟朱格拉周期的跨度在 10 年左右，较长的跨度使得期间的噪音也会更多，也更容易出现误判。

正如我们在前面说过的，这一轮的设备更新周期自 2010 年开启，虽然在 2017 年的时候，由于供给侧改革等因素的影响，当时制造业设备投资增速出现了回升，但很快便回落到了下行周期。

2020 年受到疫情冲击，设备投资都跌出了深谷，不过我们能够看到疫情过后专用设备和通用设备的同比涨幅都出现了明显的回升（见图 10.25）。站在当前的节点，我们认为上一轮的朱格拉周期或许已经进入尾声，我国或许会在 2021 年进入新一轮的设备更新周期。

第一，市场需求旺盛。与库存周期比较类似，企业之所以会增加在设备等固定

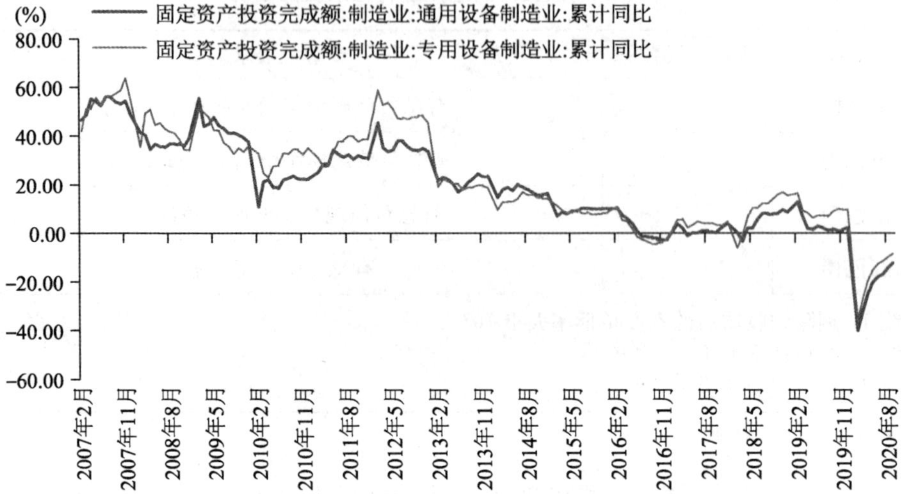

资料来源：Wind。

图 10.25　制造业设备投资有所好转

资产上的投资，很大程度上是基于企业对现在和未来经营状况的乐观预期，即往往只有在需求改善、企业盈利上升的背景下，我们才能够看到企业增加投资。从数据上，我们也可以看到工业企业固定资产投资行为与其面临的需求密切相关(见图 10.26)。

资料来源：Wind。

图 10.26　制造业投资与需求密切相关

而疫情过后，全球其实都进入了一个补库存周期，拜登上台，美国加大财政刺激力度，加上美国房地产的复苏还会进一步加强，海外需求依旧会保持韧性。而疫苗在发展中国家的推广需要更长的时间，生产替代短期内也不会太明显。加上国内 2021 年的消费在疫苗推广后也会恢复常态化，可以预期至少上半年制造业恢复得不会太差。

第二，政策引导也是很重要的一点。2021 年是中国“十四五”规划的开局之年，在“十四五”规划建议中，我国提出要提升产业链供应链现代化水平，要做到锻造产业链供应链长板和补齐产业链供应链短板，并提出要力争做大重要产品和供应渠道都至少有一个替代来源，形成必要的产业备份系统。而这些其实都离不开加大对制造业的投入。

在需求不错，政策引导等因素的作用下，可以预期的是，2021 年的制造业投资也不会太差。

10.3.2 从周期看债市

疫情冲击下，2020 年的债券市场迎来了一波快牛，但是 2020 年 5 月之后，随着经济复苏以及货币政策逐渐退出，债市开始走熊，11 月的时候，10 年国债收益率一度接近 3.3%的水平，超过了疫情暴发前的水平。不过 11 月永煤事件爆发后，央行为了缓解信用冲击，货币政策转向宽松，债券收益率也开始回调。2021 年 1 月之后，央行货币政策边际收紧，债券收益率再次上行。

展望未来，我们认为债券在短期内没有太大的投资机会。2020 年 11 月开始的牛市是由资金宽松驱动的。而近期从央行的动作就可以看出，之后的货币政策大概率是稳健偏收紧的，债券市场会重新开始为基本面定价。

第一，经济基本面中期内依旧会表现得比较亮眼。正如我们上面分析的，2021 年上半年库存周期和设备更新周期在之后都会迎来新的上行阶段，企业补库存以及增加制造业投资可以说是大概率事件。而房地产短周期内依旧是处于竣工阶段，房地产投资也不会拖后腿。在制造业投资上行、企业补库存周期里，债券市场很难有好的走势。

需要注意的是，不同周期是互相叠加的，如果不同周期的阶段一样，比如

2021 年企业主动补库存的同时增加制造业投资，而房地产投资也还不错，这样叠加的趋势只会让基本面的走势更为明显。

比较复杂的是不同周期正处于不同的阶段，比如中长期来看，国内可能会开启一轮设备更新周期，但是在政策收紧的背景下，房地产投资在度过这一轮竣工周期之后，可能会出现明显的下行。在房地产周期和制造业周期走势不一样的情况下，我们就需要进一步分析哪一个周期才是主要矛盾，哪一个是次要矛盾。

在中国此前几轮经济周期中，相比于设备更新周期和库存周期，房地产周期无疑是更具主导性的周期。短期地产周期很大程度上主导着库存周期的变化。预计在新的经济政策环境下，房地产的主导作用会逐渐降低，实体经济的重要性会进一步凸显。在设备更新周期进入上行阶段，而地产周期表现不差的时候，经济会表现的比较好。

第二，货币政策不利于债市走势。除了基本面，货币政策是影响债券市场必须要考虑的因素。

2021 年央行货币政策肯定是要转向的，之前的“不急转弯”说的还是“要转弯”，也就是现在这样慢慢来转弯，让市场去接受现实。如近期央行为了扭转市场原先宽松的预期，一度通过净回笼资金，将隔夜资金利率拉到了 13%的水平。

可以预期的是，一方面由于基本面好转，前期宏观杠杆率已经位于高位等原因，货币政策肯定是要转向的。另一方面，由于经济复苏是结构性的，中小企业的资产负债表修复得比较慢，政策还是要支持中小企业的，因此结构性货币政策短期内不会退出。

之后货币政策大概率是稳健偏紧的，可能会出台一些结构性的政策，但是在引导资金进入实体经济的背景下，进入债券市场的资金肯定不会太多。

第三，需要注意的是不要将长期逻辑短期化。如果拉长期限看，2021 年经济冲高回落以及之后经济增长中枢的趋势性回落对债市而言是一种利好，但这是一个很长期的逻辑，对中短期的债市投资指导意义不强。

综合来看，2021 年上半年，债券市场不会出现明显的机会。

第11章

从融资需求角度看债券市场

一般来说,债券市场走势的变化很大程度上是由实体融资需求和货币供给情况决定的。那么,实体融资需求到底是由什么因素决定的呢?在本章,我们从土地财政开始讲起,分析国内实体融资的主要需求方,以及如何看国内的融资需求。

前面我们分别讲了如何看短期和长期的经济基本面走势，以及经济周期与债券市场的关系，这里我们换一个角度来分析实体经济运行对债券市场的影响。

一般来说，债券市场走势的变化很大程度上是由实体融资需求和货币供给情况决定的。

如果实体融资需求旺，那么债券市场往往表现得会比较一般，这一来是因为实体融资旺盛对应的往往是实体经济运行态势良好，经济潜在信用风险较低，资金更倾向于投资其他资产。二来是因为在实体融资旺盛时，信用派生加快，狭义流动性收紧，从而对债券市场造成负面影响。

反之，如果实体融资需求疲软，那么市场对债券则可以持乐观态度。

那么，实体融资需求到底是由什么因素决定的呢？在本章中，我们从土地财政开始讲起，分析国内实体融资的主要需求方，以及如何看国内的融资需求。

11.1 从土地财政出发看实体融资需求

流动性可以分为狭义的流动性和广义的流动性，其中前者对应的是基础货币，后者表明的则是基础货币在经过信用派生后，流向实体的资金（见图 11.1）。

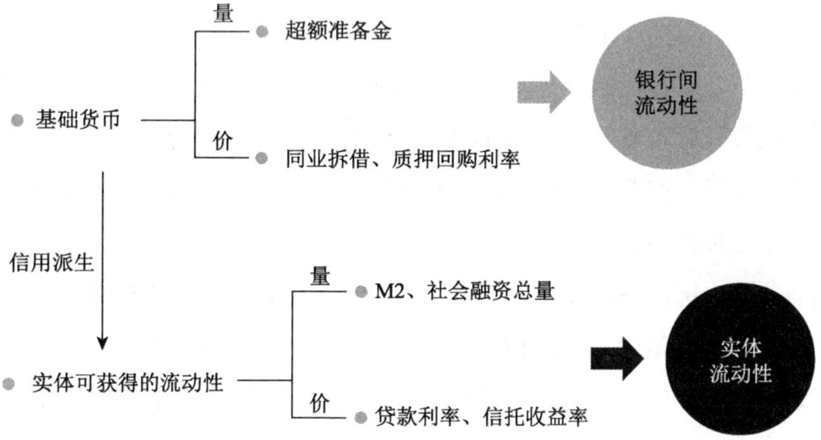

资料来源：作者整理。

图 11.1 实体与银行间的流动性结构

狭义流动性我们在前面提到过，这里我们主要来分析实体的流动性或者说实体的融资需求。

我们一般通过社会融资规模（简称社融）、M2 等金融数据来观察国内实体融资需求的具体情况，在 M2、社融同比增速等数据走高的时候，一般会认为这时候实体的融资需求比较强劲。反之，则认为实体的融资需求可能会比较疲软。

社融同比增速和 M2 同比增速更多的是对目前实体融资情况的验证。

如果要看中国的实体融资需求，还是需要先理解中国过去几十年里的经济增长模式，从经济增长的角度分析国内的实体融资情况。

这里一个很简单的逻辑就是，在实体经济运行态势良好的时候，居民消费旺盛，企业投资扩产，那么实体的融资需求自然会比较强劲。反之，在国内经济疲软的时候，企业投资欲望低迷，实体的融资需求自然也会比较弱。

在计划经济时期，中国除了在新中国成立之初发行过政府债券（地方经济建设公债和折实公债），在 1962 年之后，随着高度集中的计划经济体系建立，政府就开始停止发行政府债券，并逐步进入了既无内债、又无外债的时期。

这一时期，企业的生产投资资金大部分是由政府财政资金直接划转，剩余的一部分周转性资金需求则来自中国人民银行。在当时，中国并没有金融市场，也没有其他融资手段，实体企业的资金需求也都是按照计划确定好的。

这种现象一直到改革开放后才有所改变。

随着改革开放步伐的推进，中国的金融市场开始形成并完善。1984 年，随着中国人民银行开始独立承担央行职责，其他各类商业银行也如雨后春笋般成立。这时候中央银行—商业银行的二元银行体系才开始建立，信用派生机制也是在此之后才开始发挥作用。

当时拉动中国经济增长的两个重要动力是出口和固定资产投资。

在 20 世纪 90 年代，全球迎来了新一轮的制造业转移，亚洲“四小龙”等国家或地区开始逐渐向外转移劳动密集型产业，而此时对外开放的中国无疑是一个不错的承接国。

凭借着廉价的土地和劳动力优势，中国把握住了这一轮产业转移的红利，成为全球制造业转移新的承接国。以“三来一补”等简单贸易模式为开端，中国快速崛起成为“世界工厂”。而在出口的拉动下，国内经济快速发展，企业自然也有更高的意愿向银行贷款，举债投资扩产。

除了出口拉动经济增长，带动实体融资需求回升，出口对中国的金融市场也产生了明显的影响。

经常账户（净出口）和资本账户（外商直接投资）的双顺差局面为我国带来了大量的外汇，而央行在回收外汇的时候，则会向商业银行投放大量的基础货币（外汇占款渠道）。

这意味着这一时期的商业银行是不缺负债的，无论是企业存款还是央行基础货币投放，都能够提高商业银行的信贷投放能力。

除了出口的拉动，改革开放后，在以经济建设为中心的口号下，各地政府也纷纷开始大兴基建，招商引资，发展当地经济。这一点配合当时的房地产制度改革，对于实体融资或者信用周期来说，影响则更为明显。

改革开放后，为了鼓励地方政府发展经济，我国逐渐形成了一套“以 GDP 考核”为纲的奖惩机制①，以此激励各地官员大力发展经济。

在这样的考核机制下，地方官员为了获得晋升机会就会通过加大基建投资力度、扩大招商引资规模等方式推动当地经济的建设。

这就会形成一个各地官员竞争式发展的现象，比如为了晋升，当地官员就会努力让自己管辖地域的 GDP 增速超过规定的目标 GDP 增速，以此彰显政绩。

在过去几年里，我国的实际 GDP 增速往往会比设定的目标增速更高（见图 11.2）。这一方面能够体现出地方政府存在超额完成目标的动力，另一方面可能也反映出中央在制定政策目标时，已经考虑到地方政府官员会超额完成目标，所以目标设定得比较保守。

地方政府要想发展经济，一个很便捷的方式就是举债建设基础设施，以基建拉动投资，推动经济。回过头来看，地方政府债务的起点是在 1979 年。当年，有 8 个县区政府率先开始尝试举借债务。

此后，随着改革开放的推进，这一趋势快速蔓延。截至 1990 年已经有 1 184 个

① 即对于任职期间，当地经济增长明显的官员，有更大的机会得到晋升。

资料来源：Wind。

图 11.2　多数时候 GDP 的实际增速要高于政府目标增速

县开始举债，占比达到了 42.61%，覆盖了 33 个省份（见表 11.1）。但是地方政府债务的快速发展期，还是要到 1994 年分税制改革之后。

表 11.1　改革开放后，地方政府开始逐渐举债

年度区间	省级			市级			县级		
	当期开始举借个数	累计个数	累计占总地区比例	当期开始举借个数	累计个数	累计占总地区比例	当期开始举借个数	累计个数	累计占总地区比例
1979—1980	0	0	—	4	4	1.02%	51	51	1.84%
1981—1985	28	28	77.78%	56	60	15.31%	300	351	12.63%
1986—1990	5	33	91.67%	121	181	46.17%	833	1 184	42.61%
1991—1996	3	36	100.00%	172	353	90.05%	1 221	2 405	86.54%

资料来源：《全国地方政府性债务审计结果》。

1994 年，为了加强中央的财政实力，平衡不同地区的财政收支差距，我国进行了分税制改革。这很大程度上提高了中央政府的财政实力，而配套的财政转移支付机制也缓解了地方政府之间的财政差距。

但是在分税制改革后，地方政府财权事权则出现了明显错配。1994 年之后，地方政府的财政收入比重下滑到了 50%左右，但是财政支出比重却逐步从 70%上行到了 85%左右。而且 1994 年的《预算法》还明确规定地方政府不能发行地方债、不能以任何方式举借债务。

于是，为了缓解地方政府的财政压力，中央允许地方政府通过卖地补充收入。而这也就拉开了土地财政的序幕。

在 1995 年的时候，根据《中国土地年鉴》的数据，全国土地出让收入仅有 400 亿元左右。但是到了 2020 年，全国土地出让收入已经超过了 8 万亿元。通过土地出让，地方政府筹集了大量的资金，因此也就有能力投资基建，拉动经济发展。

除了直接通过出让土地，获取土地出让收入提高自己的财政实力之外，地方政府还可以通过土地抵押融资撬动更大规模的资金，用于基础设施建设。

在 1994 年的《预算法》下，地方政府是没有举债能力的，于是为了避开预算法对地方政府举债的约束，地方政府开始在当地建立专门的融资平台，也就是我们常说的城投公司①，负责相关业务。

一般是地方政府先设立相关城投公司，然后将土地等资产划转到城投公司名下，再由城投公司通过发行债券、以土地抵押贷款等方式，获取资金。在获取资金后，城投公司再按照当地政府的要求开展基础设施建设业务，比如开发园区，建设地铁、公路等。

地方政府在做好基础设施建设之后，就能够以较低的地价和较为完善的基础设施吸引企业来当地投资建厂，发展经济。

而且在人口红利的背景下，地区经济的增长又会吸引更多的农村劳动力流入这一区域，也就是我们常说的城镇化进程。这不仅为企业带来了廉价的劳动力，更重要的是，外来人口的流入为当地带来了大量的购房需求。

不断完善的基础设施、稳步增长的经济和持续流入的人口等就会推动当地房价的上涨，并传导至地价。

如此一来，地方政府就能够再次以土地为抵押，从银行获取融资，发展基建了。

---

①　全国第一家城投公司成立于 1992 年。

这就形成了一个政府通过“抵押土地获取融资—基建投资力度加大—经济发展、人口流入—房价上涨、地价上涨—更大规模的抵押融资—更大规模的基建”的正向循环(见图 11.3)。

资料来源：作者整理。

图 11.3 土地融资正向循环

而基建和房地产历来是实体融资的主要需求方，以固定资产投资为例，我们可以将国内固定资产投资分为四大类：制造业、房地产、基建和其他。其中，基建投资约占 25%，房地产投资约占 20%，制造业投资约占 30%。

在基建和房地产发力的时候，实体的融资需求自然会比较强劲，反之，实体的融资需求就会有走弱的可能。

除了基建和房地产，房价和地价的上涨对于制造业企业至关重要。这是因为中国传统的融资模式是以银行为核心的间接融资模式，发行债券、上市等直接融资方式占社会总融资的比重一直偏低。

即使到了 2020 年，在不考虑政府债券的时候，人民币贷款存量占社会融资规模存量的比重也在 70%以上，而债券融资和股票融资两者的占比则仅有 15%。至于委托贷款、信托贷款、未贴现银行承兑汇票等表外融资，其本质上也是实体企业通过以银行为核心的影子银行获取资金。

在以银行为核心的社会融资体系下，企业如果想要从银行手里获取贷款，很重要的一个条件就是需要抵押品。而银行偏好的抵押品无疑就是土地、房地产等不动产。

在房价和地价上涨后，企业自然能够凭借着自己持有的厂房、住宅等从银行手里获取更高的信贷资金。比如同样是 80%的抵押率，原先 50 万元的厂房，涨到了

100 万元，企业能够从银行得到的信贷资金就从 40 万元涨到了 80 万元。

整体来看，在当时虽然居民在加杠杆买房，地方政府在加杠杆推动基建，实体企业也在加杠杆做投资，但是因为出口旺盛，基本面发展态势良好，这时候实体加杠杆的拉动效应更为明显，而经济发展又能降低整体的杠杆率。

上面这种通过城投土地抵押融资推动经济增长的模式真正发展起来其实要到 2008 年之后。

2008 年金融危机之后，全球经济进入下行周期，全球 GDP 实际同比增速从 2007 年的 5.52%震荡下滑到了 2019 年的 2.76%。不少国家开始通过举债的方式推动经济，比如 QE，而这种模式则带来了很多负面效应，比如贫富分化加剧、阶级固化等。

在这样的背景下，逆全球化思潮开始蔓延，国际贸易摩擦增加，全球出口占 GDP 的比重也开始逐渐下滑（见图 11.4）。

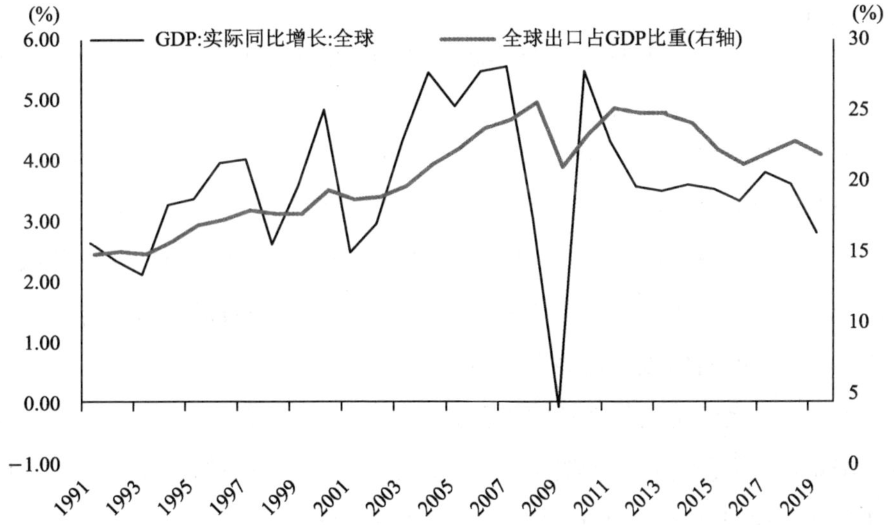

资料来源：Wind。

图 11.4 全球出口占 GDP 比重下滑

这对当时出口依赖程度比较高的中国而言，并不是一件好事。毕竟此前出口一直是拉动中国经济的主要动力，在出口承压之后（见图 11.5），中国基本面也就会面临很大的压力。

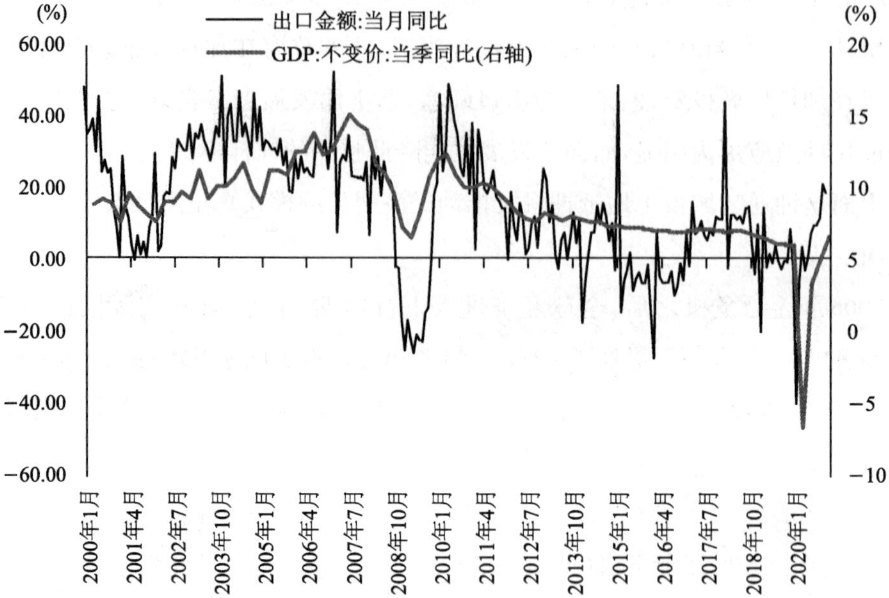

资料来源：Wind。

图 11.5　2008 年之后中国出口明显下滑

所以在次贷危机之后，中国出台了以“4 万亿”为代表的多项刺激政策，试图通过刺激消费、增加投资等方式弥补出口下行带来的缺口。

不过，消费更大程度上是一个顺周期的行为，在经济下行的时候，消费很难扛起拉动经济增长的大旗。可以看到在 2008 年之后，社会消费品零售总额同比增速和 GDP 同比增速一样，处于震荡下行的态势。

能够承担拉动经济增长大任的主要就是固定资产投资，特别是基建和房地产投资。毕竟在三大固定资产投资中，制造业投资也是顺周期的。其需要靠房地产和基建拉动需求回升之后，才能够接力拉动经济增长。

但是前面我们也提到过，分税制改革之后，地方的财权事权明显不匹配，财政资金还是比较紧张的。要想让地方政府有钱发展基建，首先就要解决资金来源的问题。

基于此，为了让地方政府能够更好地筹集资金，推动基建发展，央行和银监会在 2009 年出台了《关于进一步加强信贷结构调整促进国民经济平稳较快发展的指导意见》。

该文件明确指出要支持有条件的地方政府组建投融资平台，发行企业债、中期票据等融资工具，拓宽中央政府投资项目的配套资金融资渠道；鼓励地方政府通过设立合规的政府投融资平台等多种方式，吸引和激励银行业金融机构加大对中央投资项目的信贷支持力度等。

自此之后，作为融资平台的城投公司才正式登上历史舞台，可以看到在 2009 年之后，城投债的发行量以及城投债占信用债的比重都在明显上行（见图 11.6）。

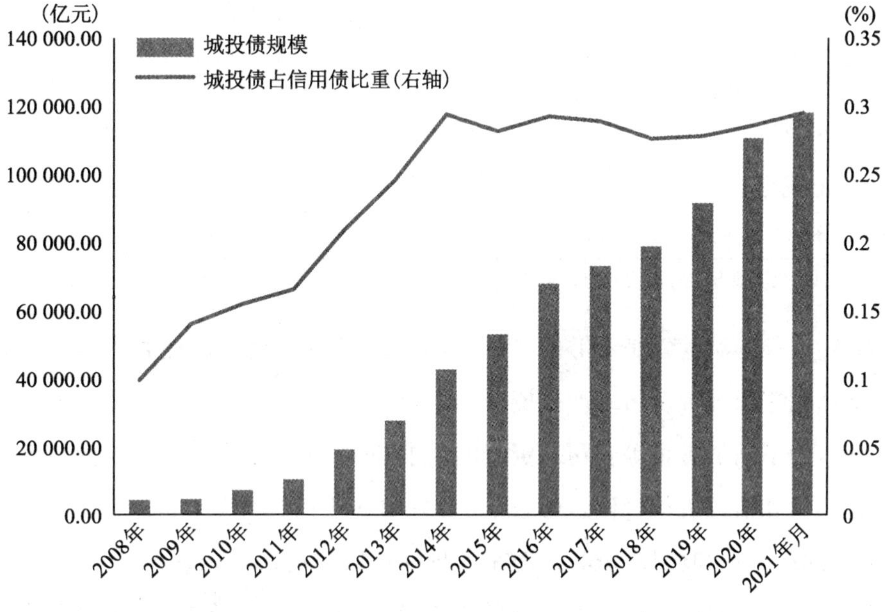

资料来源：Wind。

图 11.6　2008 年之后城投债发行规模快速走高

借助城投这一融资平台，地方政府获得了大量的资金，基建投资进入了高速扩张期，不过随之而来的是地方政府隐性债务的快速扩张，这就为后续地方债务风险的治理埋下了种子。

可以看到，在地方政府债务中，由融资平台公司举借的债务占比达到了 46.38%，位居第一，政府自己举债的规模占比仅有 23.31%，远低于通过融资平台举借的债务（见表 11.2）。

表 11.2 地方政府通过融资平台举债融资

举债主体类别	三类债务合计		政府负有偿还责任的债务		政府负有担保责任的债务		其他相关债务	
	债务额（亿元）	比重	债务额（亿元）	比重	债务额（亿元）	比重	债务额（亿元）	比重
融资平台公司	49 710.68	46.38%	31 375.29	46.75%	8 143.71	34.85%	10 191.68	61.04%
地方政府部门和机构	24 975.59	23.31%	15 817.92	23.57%	9 157.67	39.19%	0	0.00%
经费补助事业单位	17 190.25	16.04%	11 234.19	16.74%	1 551.87	6.64%	4 404.19	26.38%
公用事业单位	2 498.28	2.33%	1 097.2	1.63%	304.74	1.30%	1 096.34	6.57%
其他单位	12 800.11	11.94%	7 584.91	11.31%	4 211.75	18.02%	1 003.45	6.01%
合计	107 174.91	100.00%	67 109.51	100.00%	23 369.74	100.00%	16 695.66	100.00%

资料来源:《全国地方政府性债务审计结果》。

当然,仅仅依靠基建是不够的,这一时期监管层对房地产的监管力度也开始放松,房地产销售回升带动房地产投资开始上行。

当时,为了满足房企等公司对资金的需求,同时规避监管对银行表内贷款的限制,银行开始和信托机构合作,通过以表外理财购买信托计划,再由信托计划将资金投向房地产企业和城投公司,以此来实现间接发放贷款。

在这一时期,银信合作业务的规模快速走高,仅 2010 年上半年,该业务模式的规模就从年初的 1.4 万亿元上涨到 2.08 万亿元。

依靠着房地产和基建,中国经济走出了次贷危机的阴霾。

这种“房地产＋基建”的经济增长模式在之后也多次被运用。比如,在 2010 年,前期刺激政策带来的隐患开始出现,CPI 同比增速明显回升,市场出现通货膨胀预期。

于是,原先宽松的政策开始逐渐退出,对房地产、地方融资平台的监管则再次趋严,比如对投向房地产行业、城投平台和“两高一剩”等行业的银行信贷都做出了明显的限制。

2011 年，监管层进一步加大了对房地产和基建的调控力度，“新国八条”“新国五条”等政策落地，差别化信贷政策、限购、限价等政策的推出对房地产市场产生了明显的压制。

到了 2011 年下半年的时候，因为前期政策的调控，房地产和基建的增速出现了明显的下滑，特别是基建的下滑幅度更为明显，基建同比增速在 2011 年年底仅有 6.48%，相比于年初，下滑超过 10 个百分点。

在基建和房地产退出的时候，中国的基本面就开始面临较大的压力了，比如工业增加值同比增速自 2011 年 6 月之后就进入了下行区间。相应的，这一时期，实体融资需求也有所走弱。

所以在 2012 年的时候，面对经济下行的压力，财政再次发力，借助地方融资平台，基建的同比增速从 2012 年年初的－2.36%快速回升至 2012 年年末的 13.7%，并在 2013 年达到了 20%以上的增速。

同时，市场对房地产的监管也有所放松。在金融创新的大环境下，房企的融资渠道增加，比如为了规避监管层对银信合作模式的监管，市场开创了“银证信”“银基信”等新的合作模式。借着金融创新，银行资金通过信托等各种渠道流向房地产企业和地方融资平台。

银行等金融机构愿意将资金投向房地产的原因也很简单。一来房企也好、地方融资平台也好，有着房地产和土地等作为抵押，相比于其他资产，它们的违约风险是比较低的。

二来房企等给出的收益率很有吸引力。因为房企等项目的建设周期比较长，为避免烂尾，房企等平台的融资需求是比较刚性的，在监管收紧之后，为了获取资金，房企等就会给出比较高的融资收益。而且只要房价上涨，开发商就能够付得起比较高的融资成本。

可以看到房地产信托、基础设施信托等给出的收益率一般都在 6%以上，在 2011、2012 年的时候，房地产信托能够给到 10%以上的收益率（见图 11.7），而且当时一般还是刚兑的，这么高的低风险收益率，自然会吸引资金流向相关领域。

不过这一轮经济修复只是一个小复苏，虽然房地产和基建的增速起来了，但是工业增加值和制造业投资都没有出现明显的修复，实体的融资需求一直是偏疲软的。

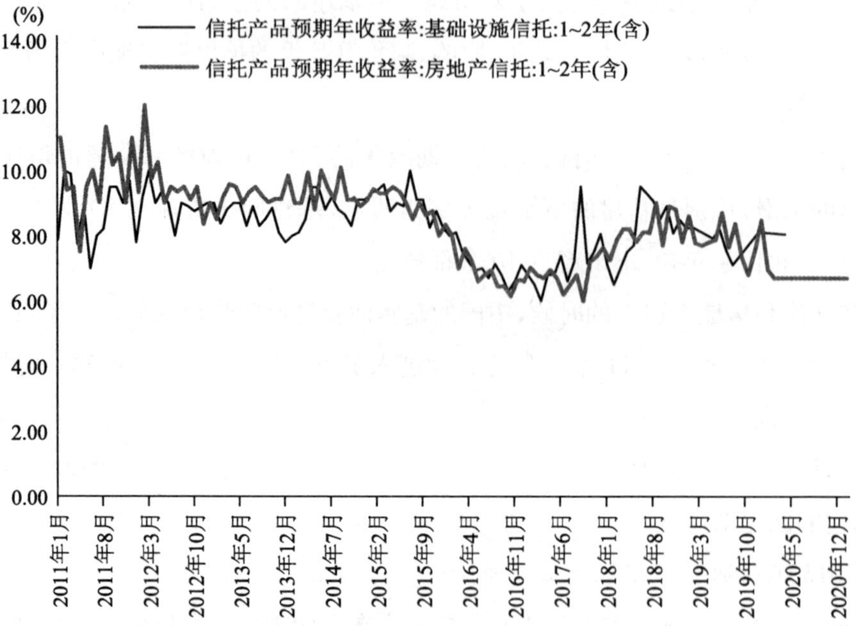

资料来源：Wind。

图 11.7 房地产信托等的收益率一般都很高

自此之后，在实体经济下行的时候，市场一直有通过房地产和基建拉动经济的冲动。

可以说自 2009 年开始，中国经济是进入了负债驱动模式，通过政府部门加杠杆推动基建、居民部门加杠杆买房，推动经济发展。而在这一时期实体的融资需求和房地产以及基建密切相关。

这也就意味着如果我们想要观察国内经济的走势，很重要的两个观察指标就是房地产和基建。

基建主要看政府的态度。比如当年的财政支出力度，或者中央对地方债务的监管力度。

前者很容易理解，财政支出规模或者说财政赤字规模越大，财政在基建等上的投入往往也越高。比如在 2020 年年初的时候，因为疫情，市场和政府对经济未来的走势都比较悲观，于是为了刺激经济，2020 年政府首次将财政赤字率提高到了 3.6％的水平。

另外，在土地财政模式下，要看财政的支出力度，避不开的一项是土地出让收入。地方政府的一般性公共预算收入主要来源于税收，这和当年的经济走势是密切相关的。

地方政府逆周期调节主要依赖政府性基金收入，而政府性基金收入有 80%以上来自土地出让收入(见图 11.8)。

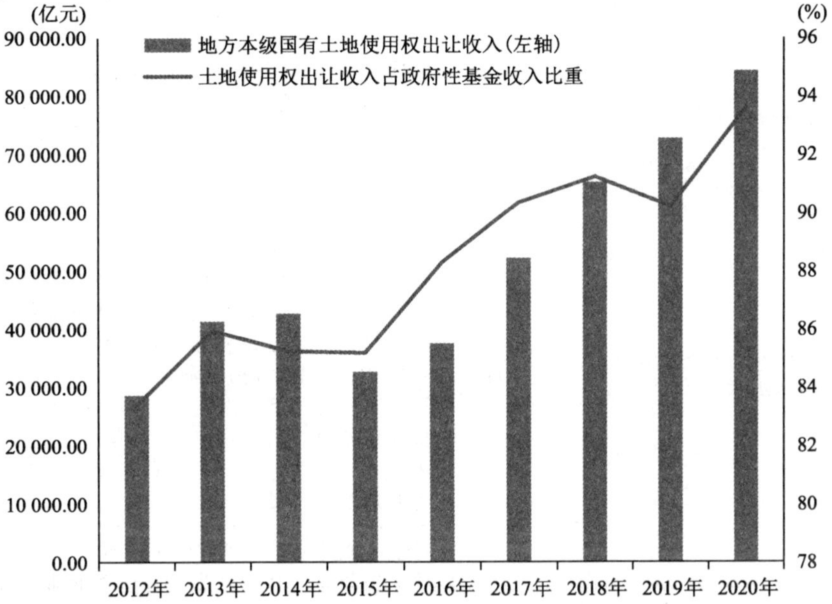

资料来源：Wind。

图 11.8　土地出让收入是地方政府收入的主要来源之一

这也意味着一般需要房地产市场好转，房产开发商加大力度拿地，地方政府才能够筹集到足够的资金加大基建投资，拉动经济增长。因此，分析基建和分析房地产在很多时候都是一致的。

后者则主要是中央对地方隐性债务的监管力度。在债务驱动模式下，地方政府债务特别是隐性债务规模会快速走高。为了防范潜在债务风险，在 2014 年之后，中央开始加大对城投等地方融资平台的监管力度，对于存量债务的化解以及新增债务的管控已经成为常态。

但是，如果要想刺激经济，监管层对城投等的监管就不能太严。在经济下行的时候，中央往往会暂时放松监管力度，而在以GDP为核心考核指标的背景下，地方自然就会有动力加杠杆发展经济。

比如在2015年的时候，因为经济下行压力比较大，中央对城投企业融资的限制就有所放松(见表11.3)。

表11.3 2015年地方加杠杆的空间被逐步放开

文件	时间	内容
《公司债发行与交易管理办法》	2015年1月	虽然规定城投公司等地方政府融资平台不能发行公司债，但是在实际操作中，部分类平台(退出银监会平台公司名单，但还承担融资平台职责的平台公司)也被默认允许发行公司债，当时类平台公司是公司债发行的主力之一。
《基础设施和公用事业特许经营管理办法》	2015年4月	PPP融资项目快速开展。 1. 允许对特许经营项目开展预期收益质押贷款，鼓励设立产业基金等形式入股提供项目资本金，支持项目公司成立私募基金，发行资产支持票据、企业债、公司债等拓宽融资渠道。 2. 产业基金作为新的融资方式，为地方政府的基建提供了资金，并通过明股实债的方式，一定程度上规避了“43号文”的监管，但实际上依旧是地方政府的隐性债务。
发改委发布《关于充分发挥企业债券融资功能支持重点项目建设促进经济平稳较快发展的通知》(发改办财金〔2015〕1327号)	2015年5月	针对企业债券的发行条件限制放宽。 1. 将城投类企业和一般生产经营类企业需提供担保措施的资产负债率要求分别放宽至65%和75%；主体评级AA+的，相应资产负债率要求放宽至70%和80%；主体评级AAA的，相应资产负债率要求进一步放宽至75%和85%。 2. 将债券募集资金占项目总投资比例放宽至不超过70%。 3. 将本区域企业发行企业债券、中期票据等余额一般不超过上年度GDP8%的预警线提高到12%。
《对发改办财金〔2015〕1327号文件的补充说明》	2015年6月	发改委对企业债进一步放开限制，允许借新还旧。 1. 主体信用等级不低于AA，且债项级别不低于AA+的债券，允许企业使用不超过40%的募集资金用于偿还银行贷款和补充营运资金。 2. 允许满足条件的企业发行债券，专项用于偿还为在建项目举借且已进入偿付本金阶段的原企业债券及其他高成本融资。

资料来源：网络资料整理。

对于房地产，经济层面我们可以通过房地产销售数据等跟踪房地产行业的景气度；政策层面我们则可以考虑政府的房地产调控力度。

一般来说，如果房地产销售减弱，那么一来房企的现金流会明显收紧；二来房企对未来的预期也会变得比较谨慎，这就会使得房企开始减少拿地，从而带动房地产投资回落。

这一逻辑在 2016 年之前比较明显，当时房地销售与房地产投资之间存在明显的领先—滞后关系（见图 11.9）。在 2016 年之后，虽然房地产销售明显回落，但是房地产投资依旧强劲。

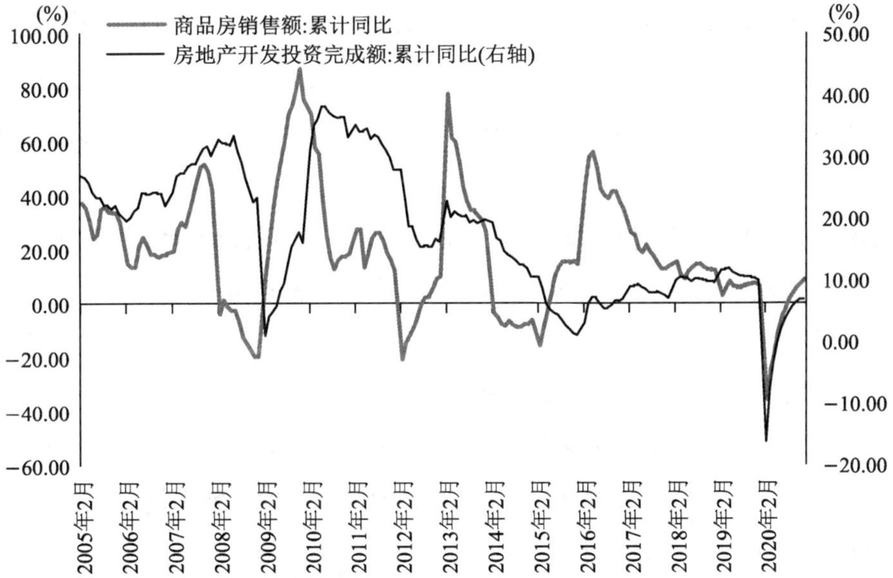

资料来源：Wind。

图 11.9　房地产销售一般会略微领先于投资

之所以会出现这样的情况，是因为在经历过 2015 年去库存之后，房地产的库存处于较低的水平。这时候虽然销售有所回落，但是因为基础库存比较低，开发商依旧会通过拿地补库存，这就使得销售面积下滑并没有直接传导到房地产投资上。

另外，因为货币化棚改叠加房价比较坚挺，这一时期居民的购房意愿依旧比较强劲，所以在房地产销售下滑的时候，房地产投资力度还是比较大的。

但这也意味着，除了要关注房地产销售指标外，还需要结合建材库存、消费量、土地成交溢价率、土地成交面积等与房地产行业密切相关的数据，综合看房地产行业的走势。

另外，也可以看监管对房地产市场的调控力度，一般在监管力度放松的时候，房地产往往会有不错的表现。比如在 2015 年的时候，为了稳增长，政府对房地产限产、限购的政策就有所放松。

最后，我们在这里总结一下，“房地产＋基建”与经济周期之间的关系如下：

第一阶段，我们先假设现在处于经济下行周期，经济面临下行压力，政策开始释放稳增长的信号。

当然，不是所有的稳增长政策都是确实有效的，因为经济对房地产和基建的依赖程度很高，要想经济开始回升，对房地产和基建的调控力度就需要相应放松。比如，对地方政府的隐性债务监管力度有没有放松，房地产调控的力度有没有放松等。

第二阶段，房地产销售情况、土地价格等指标有所好转后，就可以开始多关注经济后续是否会出现复苏的迹象，以及复苏迹象是否具有持续性。

第三阶段，在房地产销售出现一个季度以上的回升后，就可以考虑在房地产复苏后房地产投资的上行对周期品价格的拉动效应了。

房地产新开工、房地产开发投资和基建投资企稳后，首先会带动制造业企业的去库存，在这个过程当中，如果相关的周期品价格也开始明显上涨，就能确定经济已经初步进入被动去库存的阶段。

第四阶段，在房地产开发投资和基建延续好转态势的时候，制造业的需求就有了保障，相应的企业就会开始加快生产并进入主动补库存阶段。

不过，后续制造业投资企稳的幅度，还要看制造业企业的预期是否乐观。因为制造业产能从投资到正式产出存在较长的时滞，一般只有在企业对未来中长期的需求也比较乐观的时候，才会尝试扩大产能。

如果制造业企业认为这只是短期的需求修复，未来需求不确定性依旧很高，那么制造业在投资扩产时会更为谨慎。不过，制造业投资肯定会扩张，只是扩张的力度不同。

第五阶段，在固定资产投资都在修复的时候，就业也会跟随恢复，居民工资收入开始回升并带动消费回升，从而拉动整个经济回暖，物价也会随之上涨。而且因为此前对房地产的监管有所放松，这一时期，房价可能出现了明显的上行。

这时候，财政政策和货币政策就会开始考虑退出，对地方政府债务以及对房地产的监管力度则又会开始回升。

第六阶段，在政策转向、监管力度加强之后，市场的需求也会随之下降。因为制造业企业存在生产时滞，产品库存就会被动累积，进入被动补库存阶段。

而且，因为前期制造业投资扩产，在需求下滑的时候，新增的产能反而让市场出现产能过剩。

第七阶段，因为需求不足，企业开始降价出售商品，进入主动去库存阶段，这个阶段往往也是一轮衰退周期。在企业主动去库存的时候，就业、居民收入等指标都会恶化，并使得需求进一步恶化，形成负反馈。

同时，在经济下行压力较大的时候，市场就会开始担忧产能过剩、债务堆积等问题。

而到了这时候，政策往往就要再度通过增加财政支出力度、降低监管力度等方式，推动房地产和基建投资的修复，并再次进入一个新的循环。

将上述过程做个简单的总结：政策放松—地产、基建企稳复苏—需求率先回升—企业被动去库存—制造业企业利润回升—企业开始主动补库存—居民消费回升，企业预期进一步好转—制造业投资复苏—经济过热，通货膨胀上行—政策收紧—总需求下行—库存被动累积—前期产能投放过剩—主动去库存—经济衰退—政策放松。

从这个逻辑中，我们也能够看到房地产周期往往领先于工业企业库存走势（见图 11.10）。一般需要房地产率先回暖带动社会总需求回升，从而拉动企业开始从被动去库存到主动补库存。

后续在政策收紧后，房地产景气度下行又会带动社会总需求下行，并使得企业出现被动补库存以及主动去库存的状态。

然而，目前房地产景气指数对制造业投资的领先指示意义变弱了很多，不仅时滞变得更长，而且对制造业投资的拉动也越来越弱（见图 11.11）。

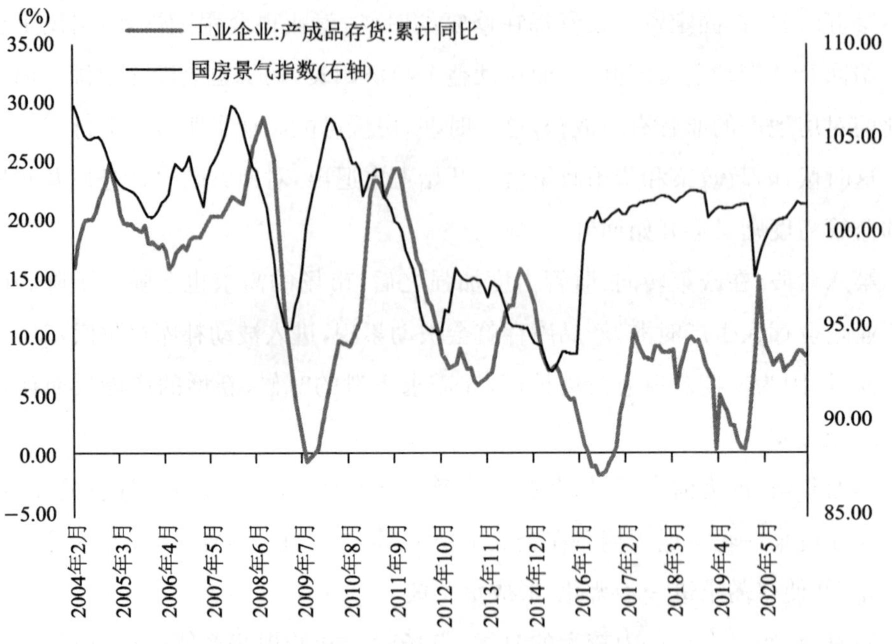

资料来源：Wind。

图 11.10　国房景气度指数领先于产成品库存

资料来源：Wind。

图 11.11　国房景气度指数对制造业投资的指示意义变弱

这是因为要想制造业投资回升，除了要看到现在需求在回暖，更重要的是企业对中长期的需求也比较乐观。前者意味着企业要先看到需求好转带动企业去库存和利润回升后才会投资扩产。

后者则是因为现在中国经济的下行压力比较大，企业对经济总需求的回升力度是抱有怀疑态度的，所以才会使得制造业投资的反弹幅度越来越小。

除了看房地产，我们可以按照企业的库存变化，将其分为以下四个阶段：

（1）被动去库存：国内需求开始修复，但是企业还未及时反应，生产滞后于需求，带动库存减少。

（2）主动补库存：需求持续回升，企业预期改善，开始主动扩大生产，补充库存。

（3）被动补库存：需求开始疲软，但是企业生产调整滞后于需求变化，企业库存被动增加。

（4）主动去库存：需求持续低迷，企业开始主动减少生产，带动库存下行。

这四个库存周期按顺序分别对应经济复苏期、繁荣期、衰退期、萧条期（见图 11.12）。

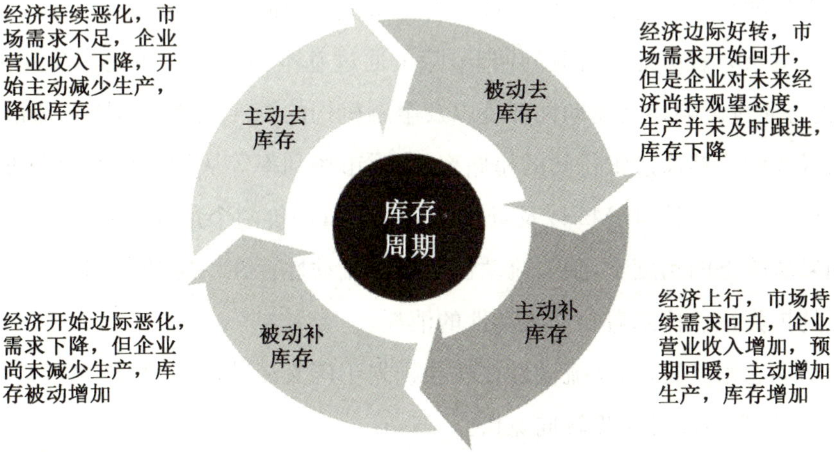

资料来源：作者整理。

图 11.12　库存周期

11.2 融资需求与债券市场

11.2.1 地产周期下的债市

这里我们就理顺了过去一段时间里由“房地产＋基建”主导模式下的经济周期。那么在不同的经济周期阶段或者说是房地产周期阶段，与之对应的债券市场行情应该是怎么样的呢？

在土地融资—基建投资—房价上行—地价上涨—土地再融资的链条下，当房地产和基建上行时，地方政府可以通过土地出让推动基础设施建设从而带动经济增长。

而我们在之前分析基本面的时候就说过，基本面与债券市场可以说是负相关的，在基本面修复的时候，债券市场收益率大概率是会走熊的。

原因也比较容易理解，在基本面修复的时候，实体的投资回报率回升，市场的融资需求也比较旺盛，股票等其他高收益资产对市场资金的吸引力更强，资金自然会流向其他资产标的，这也是出现“股债跷跷板”现象的原因之一。

以 2013 年为例，市场就曾出现过“非标不死、债券不兴”的观点，这个观点的背后是房地产、基建等投资的回升拉动了国内经济的回升，而实体旺盛的融资需求则创造了大量的高收益的非标资产，推动资金从债券流向非标资产。

这也就意味着房地产行业的回升，除了通过基本面对债券市场产生明显的影响外，也会通过影响狭义流动性环境以及金融机构的资产配置行为影响债市。

前者我们能够通过银行间的超储率、货币市场利率等从量和价两个角度观测。后者我们能够通过社融、M2 以及贷款利率等从量和价两个角度观测。

如果从静态的角度看，狭义流动性与广义流动性存在一定的负相关关系，广义流动性的扩张往往伴随着狭义流动性的消耗。

而从动态角度看，狭义流动性往往会领先于广义流动性，一般是央行货币政策转向宽松，狭义流动性率先转向宽松。

而贷款利率的下降等政策也会使得实体融资需求回升，随后狭义流动性通过信用派生创造出广义流动性（狭义流动性收窄，广义流动性转向宽松）。也就是说狭义流动性是广义流动性创造的基础。

从地产周期的角度看，一般在经济下行的时候，为了推动经济回升，政策不仅会通过加大财政刺激力度、减轻监管力度等方式推动房地产和基建回升（对应前面的第一阶段），在这一时期，货币政策往往也会转向宽松，央行通过降准、降息等货币政策工具向市场投放流动性。

在最开始的时候，经济基本面疲软，房地产、基建还处于低位，实体融资需求不强，加上货币政策边际放松，狭义流动性放松，债券市场走牛。

但是后续随着房地产和基建回暖，实体融资需求就会开始回升，银行发放贷款等创造信用，而信用的创造会消耗银行的超储，也就是狭义流动性会开始下滑，这对债券市场形成明显的利空。

比如我们假设最开始阶段银行拥有 120 亿元的超储，这时候某企业向银行贷款 120 亿元并存在银行[①]，即银行资产负债表扩张为 240 亿元。

但是因为法定存款准备金制度的存在[②]，这时候银行超储减少为 108 亿元。后续可以看到，每一次的信用派生，都有一部分超储被转变为法定存款准备金（见图 11.13）。即信用派生的速度越快，银行的超储资金就越少，相应的银行可用于配置的资金也会越少。

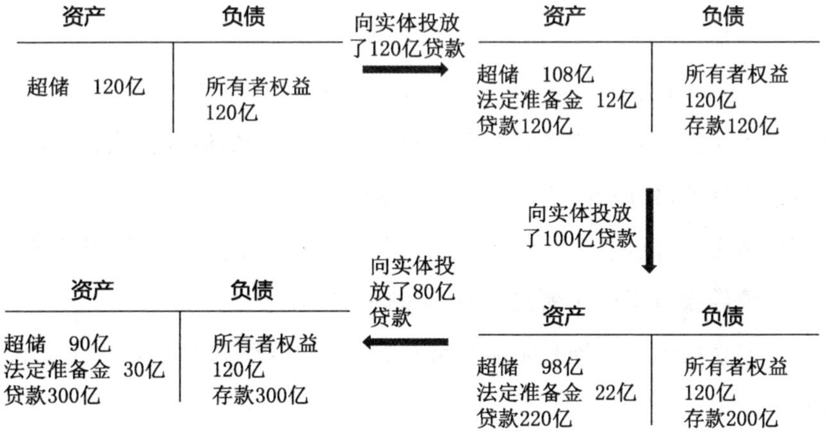

资料来源：作者整理。

图 11.13　银行信用派生会不断消耗超储　单位：元

---

① 一种简单假设，假设不存在现金漏损，且将银行认为一个整体。

② 假定准备金率为 10%，银行需要缴纳 12 亿元法定存款准备金。

这也就意味着银行间的狭义流动性会逐渐收敛，而狭义流动性对债券市场行情又至关重要，在狭义流动性收敛的时候，债券市场往往大概率走熊。

另外，这一时期，银行投资债券的意愿也会比较低。在经济基本面上行的时候，实体融资需求比较旺盛，加上因为企业的盈利能力修复，潜在违约风险下滑，银行更愿意将资金用于信贷等其他用途。

比如在这一时期，房地产行业修复带动企业资产负债表好转，企业拥有的厂房等固定资产变得更加值钱，相应的企业就能够以厂房等资产为抵押，从银行获取信贷。

而后续经济的进一步修复，又会对房价和地价形成进一步的支撑，企业资产负债表进一步修复，从而能够以此从银行获取更多的信贷。这也就是我们常说的金融加速器。

所以，在房地产行业开始启动的时候，无论是基本面还是资金面，对债市都是利空。

反之，在房地产下行的时候，债券市场往往则会表现得不错。

一来，房地产是经济增长的核心动力之一，在房地产下行之后，经济开始转向疲软。这时候实体的融资需求减弱叠加投资者的风险偏好降低，市场对债券的需求也会随之增加。

二来，土地的信用创造能力减弱，房地产下行之后，企业的资产负债表恶化，企业通过厂房等从银行获取信贷的能力减弱，相应的银行的信贷扩张速度减慢，对超储的消耗速度降低，相应的，银行就会有更多的配置资金。

我们从历史走势也能够看到房地产销售与中国国债收益率明显正相关，且房地产销售对债券收益率存在领先关系（见图 11.14）。

这意味着在房地产市场有明显趋势行情的时候，债券的走势往往也会跟随房地产市场的走势。

比如在 2008 年的时候，受美国金融危机波及，国房景气指数明显下滑，同期债券收益率也大幅下行。

后续随着“4 万亿”刺激政策的落地，房地产市场景气度快速修复，国房景气指数大幅上行，而债券收益率也随之回升。

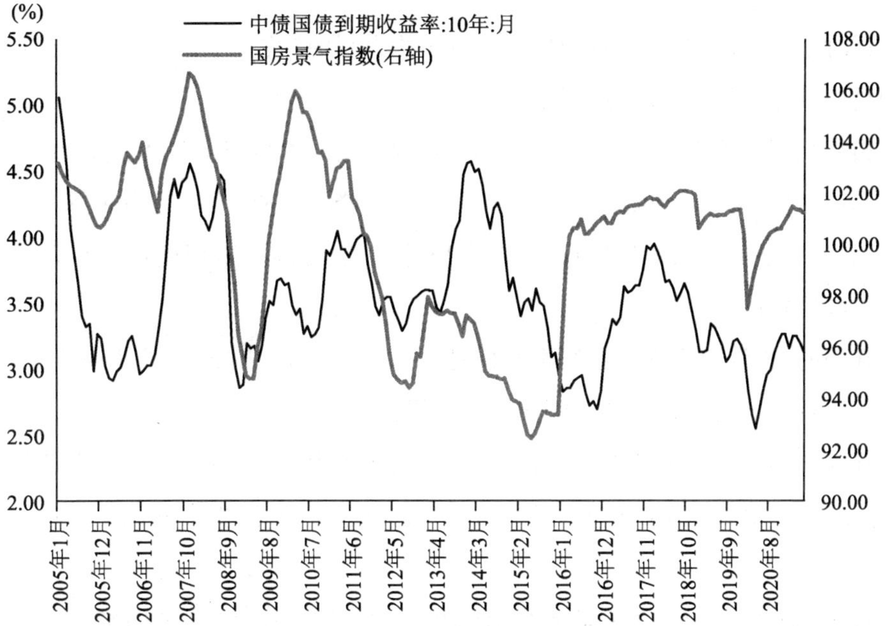

资料来源：Wind。

图 11.14 房地产周期与债券市场

这里需要注意的是，在房地产市场走势不明显的时候，债券市场的行情就会由其他因素决定。

一个不错的例子是在 2017 年。2017 年国房景气指数处于震荡向上的区间，不过波动很小。同期，房地产开发投资完成额同比波动也不大，2016 年年末同比增速为 6.9%，2017 年则为 7%。

我们看到这一时期债券市场出现了一轮明显的熊市。这是因为在这一时期，主导债券市场走势的并不是基本面(实体融资需求)，而是流动性。

当时，金融严监管下，原先的同业信用派生模式大受冲击，金融机构的负债端受到冲击，导致当时债券市场出现剧烈调整。

2014—2015 年，因为经济下行压力比较大，货币政策和监管政策都有所放松，比如 2015 年央行 5 次下调存贷款基准利率，并多次引导逆回购利率下行。在货币政策宽松的时候，银行间市场是不缺流动性的。

但因为经济下行压力大，实体融资需求低迷，企业潜在风险也比较高，所以银行本身不太愿意将资金投向信贷。

这时候，银行更愿意将资金投向金融机构发行的资管产品，毕竟当时资管产品是刚兑的，风险低而且收益还不错。

银行之所以不自己直接下场买债券，是因为当时大量资金涌入债券市场，债券收益率被打到了一个很低的水平，资产收益率下降得太快，而银行由于风控等方面的原因，又不能通过大幅加杠杆、下沉资质等方式增加收益，因此需要借助非银机构帮忙配置资产。

在当时，市场上出现了银行发行同业存单买理财，理财再去买非银资管产品，最后非银资管还会配置一部分同业存单的操作。

在这样的流动性链条下，当时的同业信用派生力量非常强劲，其他存款性公司（商业银行等）对其他金融机构的债权（信托、券商、基金等）规模的同比增速均值在50％以上。

这种同业信用派生在金融体系中创造了大量的流动性，这也助推了当时债券市场的繁荣。

但是在2016年年末，监管层开始加大了对这种同业信用派生体系的监管，随着监管力度的不断强化，原先的同业体系受到了重创，信用派生也开始出现负循环。

因为监管加强以及货币政策开始边际收紧，银行负债端开始面临压力，这时候银行就会开始赎回非银资管产品，而资管产品为了应对赎回压力，就会出售流动性好的同业存单、利率债来回笼资金。

但这又使得银行同业存单的配置力量减弱，银行负债端压力增强。同时，踩踏式地抛售债券又会引发债券收益率大幅调整，进一步推动了银行赎回资管产品的份额。

所以，债券市场在2017年就进入了一轮大熊市行情。也是在此之后，监管对债券市场的影响才变得越来越重要。

另外，如果我们也可以从库存周期的角度理解债券市场与实体融资的关系。

可以看到一般在企业被动去库存或者主动补库存的时候，债券收益率往往会上行；而在企业被动补库存或者主动去库存的时候，债券收益率往往会下行（见图11.15）。

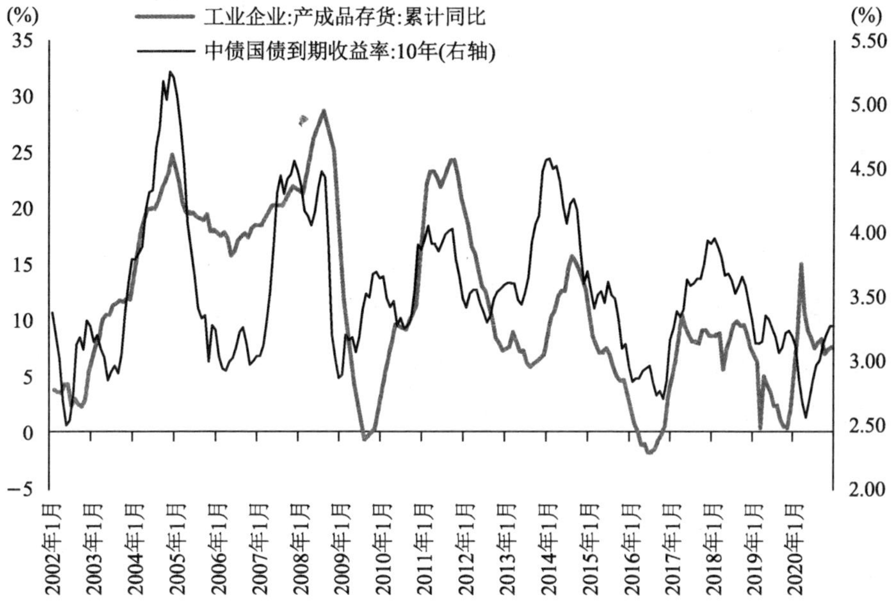

资料来源：Wind。

图 11.15 库存周期与债券市场

其经济含义为，被动去库存和主动补库存阶段分别对应着经济复苏和经济过热，在基本面开始修复的时候，债券市场的情况往往会比较糟糕，资金也有更好的投资标的，所以体现为债券收益率上行。

而在被动补库存和主动去库存的时候，经济往往是下行压力比较大的时候，这时候实体融资需求比较疲软，非标的高收益产品比较稀缺，而且实体投资的风险比较高，资金会更偏好债券等低风险的资产。

11.2.2 从金融数据看债券市场

上面我们分析了实体融资需求与债券市场的关系。基于中国的经济增长特征，我们指出房地产周期是分析经济周期和实体融资需求的核心。

因为一来作为重要的抵押品，房地产具有金融加速器的作用；二来房地产在整个经济体系中地位重要，钢铁、水泥、家电、家具等行业均与房地产密切相关；三来房地产对资金的需求也很大。

基于上述分析，我们进一步分析了房地产周期与债券市场的关系。

而除了直接看房地产、基建等指标，要想跟踪国内的实体融资需求，还有一个选择是通过金融数据跟踪实体融资需求。

这里有两个指标可以选择，第一个是社会融资（简称社融），第二个是广义货币供应量 M2。

社会融资规模简单来说就是指实体经济从金融体系获得的资金规模，其能够较好地衡量实体的融资需求。而且，社融与房地产的走势也密切相关。

比如人民币贷款中的居民中长期贷款主要指房贷，根据主要金融机构口径下的个人购房贷款，个人购房贷款占居民中长期贷款的比重在 75%左右①。

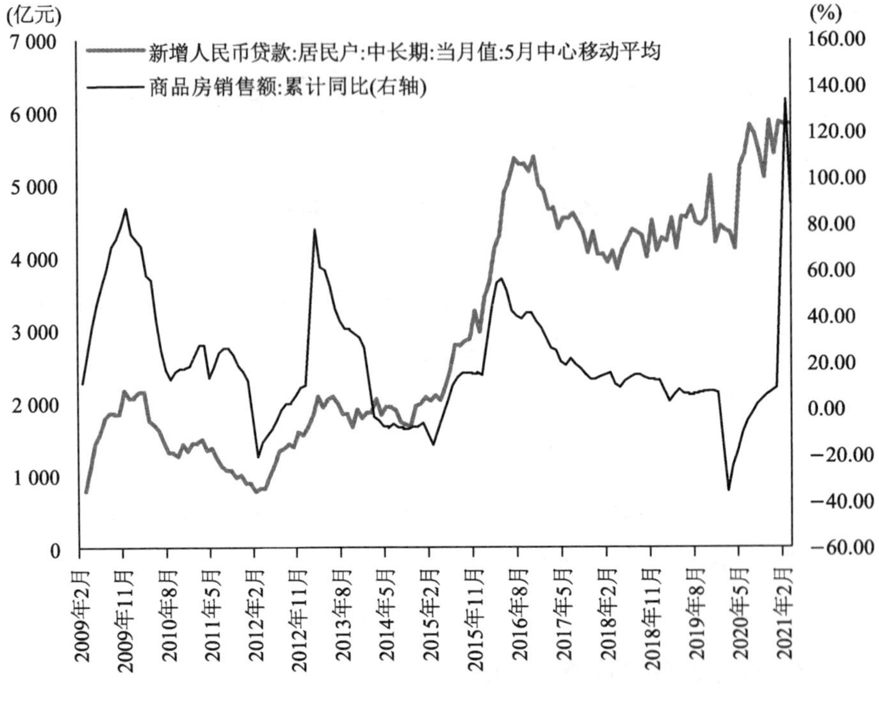

资料来源：Wind。

图 11.16 房产销售与居民中长期贷款走势一致

同时，企事业贷款也与房地产行业密切相关，除了直接投向房地产领域，还有很

---

① 比如 2020 年居民中长期贷款增加了 5.95 万亿元，而个人购房贷款增加了 4.37 万亿元，占比为 73%。

大一部分信贷是以房地产作为担保的贷款。2020 年企事业单位贷款增加了 12.2 万亿元，同年新增房地产贷款 5.17 万亿元，占企业贷款的比重达到了 42.3%。

另外，信托贷款、委托贷款等非标资产往往也与房地产市场密切相关。因为监管要求压降表内信贷投向房地产的规模，而房地产又有很强的融资需求，所以市场一般会通过委托贷款、信托贷款等方式规避监管，将资金投向房地产市场。不过在 2017 年之后，随着金融严监管时代的到来，委托贷款和信托贷款都进入了下行通道。

从数据上，我们也能够看到，社融存量同比走势与房地产投资同比走势存在明显的相关性（见图 11.17）。2017 年，两者出现了一定的背离，当时社融同比走弱，而房地产投资同比增速维持韧性。

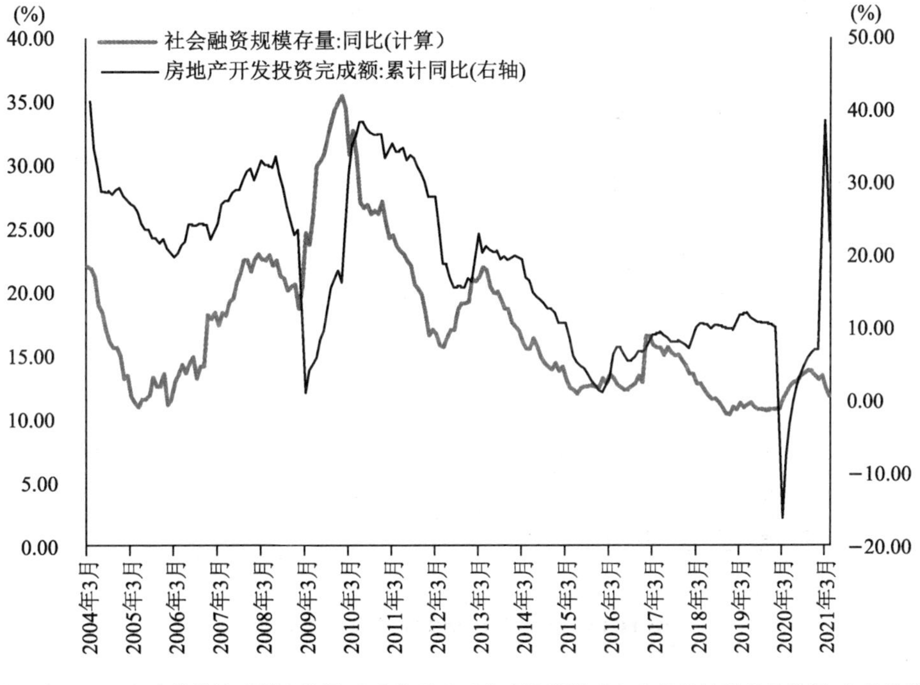

注：对于 2016 年之前的社融同比数据，本文按照以下公式计算得到上个月的社融存量数据，上月社融存量＝当月社融存量－当月新增社融；再通过存量数据自己计算得到同比数据。

资料来源：Wind。

图 11.17　社融同比与房地产投资同比增速走势相关

我们认为这有两个原因：一是因为在 2017 年的时候，Wind 统计下的社融存量口径出现了变化。在 2018 年央行开始将贷款核销、存款类金融机构资产支持证券、地方政府专项债等纳入统计口径，后续又将“国债”和“地方政府一般债券”纳入社会融资规模统计。

Wind 则进一步在 2017 年 1 月起，就将社融数据按照新的口径调整。这种调整使得 2017 年 1 月的社融同比大幅走高，后续则开始回落。

如果按照传统旧的统计口径，2017 年，社融同比增速整体是震荡的走势，一直到 2017 年 10 月社融存量同比增速还在 13%，之后才进入了下行通道。

二是金融严监管之后，委托贷款、信托贷款等表外资产规模开始下滑，这才带动 2018 年社融同比增速走低。

我们看社融同比增速(实体融资情况)与债券市场的关系。从数据上，我们能够发现社融数据对债券市场走势有一定的领先关系(见图 11.18)。

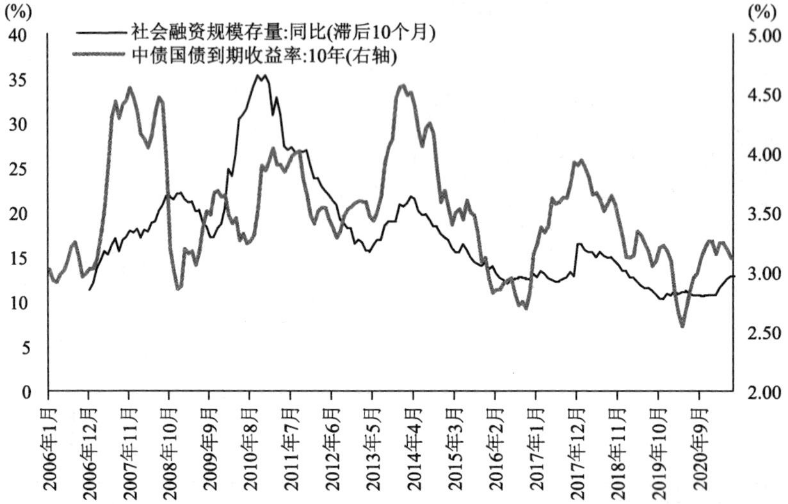

资料来源：Wind。

图 11.18　社融同比领先于债券市场走势

这是因为社融在一定程度上能够代表实体融资需求，而一般在社融走高的时候，往往意味着经济运行态势良好，实体融资需求旺盛，对应着债券市场的熊市。

反之，在社融同比增速走低，实体融资需求比较疲软的时候，一来这意味着基本面会开始走弱，二来货币政策往往也会逐渐转向宽松，所以债券往往会迎来牛市行情。

另外，我们可以分析社融里面的几个分项，比如企业的中长期贷款以及委托贷款和信托贷款。

这三项都属于企业的中长期资金需求，常被企业部门用来购置设备和建设工程等，要么对应基建和房地产投资，要么对应制造业投资。所以我们可以把这三项加总起来考察。

从历史数据看，“企业中长期贷款＋委托贷款＋信托贷款”累计同比增速与 10 年国开债的收益率是正相关关系，而且有一定的领先关系（见图 11.19）。

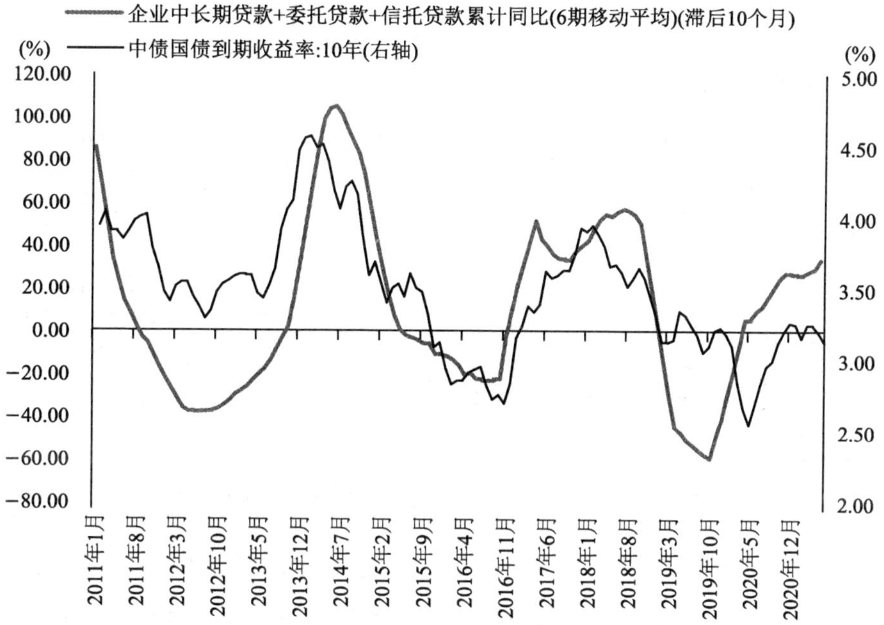

资料来源：Wind。

图 11.19　企业中长期资金需求与债券市场走势相关性较高

因此，“企业中长期贷款＋委托贷款＋信托贷款”累计增速也是一个比较好的判断利率走势的指标。

还有一个不错的指标是社融同比- M2 同比增速。社融同比与 M2 同比增速的差距一定程度上能够体现为影子银行与同业投资之间的差距，且这两者之间也存在一定的负相关。

一般来说在实体融资需求旺盛的时候，银行表内信贷无法满足实体融资需求，就会通过表外融资（影子银行）满足实体的资金需求。与此同时，因为实体融资需求强劲，银行不缺资产，同业投资自然会走低。

因此，在实体融资需求比较强劲的时候，社融同比与 M2 同比的差距会拉大，与之对应的是，这一时期债券市场的表现往往比较差。

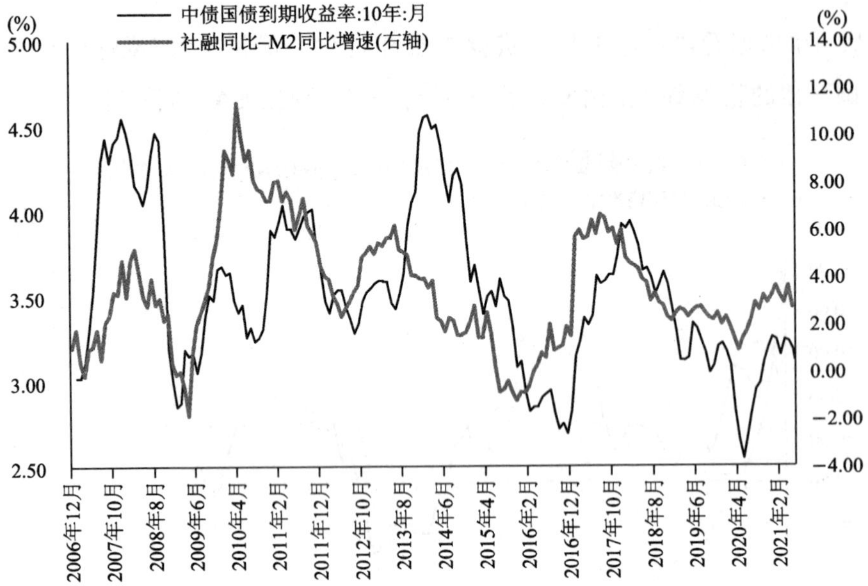

资料来源：Wind。

图 11.20　社融同比－M2 同比增速与债券市场走势正相关

比如，在 2009 年，因为财政刺激力度比较大，社融的同比增速比 M2 同比增长得更快，影子银行也是在这一时期获得了快速发展。与此同时，债券市场也迎来了一轮调整。

反之，在实体融资需求不足的时候，银行向实体发放贷款的意愿下滑，而资金需要有去向，这时候往往同业业务发展得比较好。与之对应的是，社融同比与 M2 同比差距缩小。而在这一时期，债券的走势往往不错。

比如在 2014—2015 年，因为实体经济下行压力大，货币政策较为宽松，银行不缺资金。这时候，银行就存在一定的配置压力，而在实体融资需求弱、潜在风险又比较高的时候，银行更倾向于选择将资金放给非银机构，让后者配置资金。而因为实体缺乏融资需求，非银机构在拿到资金以后，也会配置债券市场，所以当时债券市场迎来了一轮牛市。

第12章

流动性分析(一)

在本章中,我们着眼于从量(超储率)和价(资金利率)两个角度分析狭义流动性(即银行间体系内的流行性)情况。

在前面三章中，我们分析了如何看长短期的基本面以及基本面与债市的关系。在接下来的几章中我们着眼于如何看市场的流动性水平以及流动性与债市的关系。

相比于基本面，流动性对债券市场的影响更为直接。如果投资者手里有钱，自然就会有动力买债，债市的行情至少不会差。反之，如果流动性紧张，买盘没钱，债市也就很难有行情。

本章我们着眼于从量(超储率)和价(资金利率)两个角度分析市场资金面松紧。

流动性在不同的语境下有不同的含义，一般我们说的流动性主要包括三类：

一是表示资产变现能力的强弱。比如我们说 10 年期国开债的流动性好，指的就是 10 年国开债的市场成交量很大，能够按照合理的市场价格卖出该债券变现。而我们说 7 年期国债流动性差，指的则是我们很难快速地按照合理的市场价格把这类债券卖出去，如果一次性要卖出比较大的量，可能会压低该债券的市场价格，需要打折才能卖出去。

二是表示企业的偿债能力。如果企业现金流充裕或有较强的变现能力和偿债能力，则表示企业的流动性较好；反之则较差。一般我们能够通过企业的财务报表测算它的偿债能力和流动性情况，如用流动比率(企业流动资产/流动负债)衡量企业短期偿债能力。

三是表示宏观概念上的货币供应量。宏观意义上的流动性又分为广义流动性和狭义流动性。

其中，狭义流动性是指银行间市场上的资金情况，反映的是银行体系可用资金的多少，如央行在公开市场操作中使用的“银行体系流动性总量”指的就是狭义流动性，其与银行体系的超储率水平密切相关。

广义流动性指的是宏观层面的货币投放量，即银行向实体发放贷款等形成的广义货币供给，也就是我们说的实体流动性，一般我们可以通过 M2、社融等指标观察广义流动性情况。

本章我们着眼于分析狭义流动性，即银行间体系内的流行性情况。

12.1　从量的视角看流动性

同一时期，对不同的资本市场而言，流动性可能是不一样的。

对于股票市场而言，股市的资金主要来源于居民和企业部门，比如2005—2007年的那一轮股市大牛市就是因为居民存款搬家。

2020年的股市行情，也有居民存款搬家的因素，不过这一次，居民主要是以公募基金等机构为载体，间接地参与股票市场。

对债券市场而言，情况就不一样了。个人和企业很难直接参与债券市场（一般只能参与交易所市场），债市的参与者主要是各类机构投资者，包括银行、广义基金、证券公司、境外机构等。

其中，最主要的参与者是商业银行。2020年全年，商业银行现券买卖规模占银行间债券市场的比重超过了60%（见表12.1），持有债券规模占比更是超过了65%。

表12.1　2020年全年银行间债券市场现券交易和回购交易情况

	2020年现券买入		2020年现券卖出		2020年正回购		2020年逆回购	
	规模（亿元）	占比	规模（亿元）	占比	规模（亿元）	占比	规模（亿元）	占比
商业银行	4 639 385	60.08%	966 473	63.10%	4 639 385	59.76%	6 010 492	77.42%
全国性商业银行及其分支行	1 559 556	12.10%	213 824	13.96%	1 559 556	20.09%	3 882 276	50.01%
城市商业银行	1 865 181	33.60%	541 277	35.34%	1 865 181	24.03%	1 386 849	17.86%
农村商业银行	1 078 124	10.27%	151 499	9.89%	1 078 124	13.89%	622 202	8.01%
农村合作银行	2 722	0.02%	252	0.02%	2 722	0.04%	2 245	0.03%
村镇银行	2 160	0.04%	391	0.03%	2 160	0.03%	2 763	0.04%
外资银行	112 224	3.85%	57 040	3.72%	112 224	1.45%	28 135	0.36%
其他银行	19 418	0.19%	2 191	0.14%	19 418	0.25%	86 022	1.11%
证券公司	773 477	25.29%	398 074	25.99%	773 477	9.96%	9 680	0.12%
非法人产品	2 058 650	9.87%	114 389	7.47%	2 058 650	26.52%	404 022	5.20%
其中：商业银行理财产品	217 921	1.39%	15 948	1.04%	217 921	2.81%	69 667	0.90%
境外机构	2 215	2.92%	32 297	2.11%	2 215	0.03%	7 497	0.10%
保险机构	106 466	0.29%	1 732	0.11%	106 466	1.37%	12 806	0.16%
信用社	112 215	1.16%	16 596	1.08%	112 215	1.45%	177 591	2.29%
政策性银行	3 610	0.08%	959	0.06%	3 610	0.05%	1 119 212	14.42%

(续表)

	2020 年现券买入		2020 年现券卖出		2020 年正回购		2020 年逆回购	
	规模(亿元)	占比	规模(亿元)	占比	规模(亿元)	占比	规模(亿元)	占比
基金公司及基金会	0	0.01%	30	0.00%	0	0.00%	0	0.00%
其他金融机构	66 047	0.12%	909	0.06%	66 047	0.85%	21 790	0.28%
其他	1 199	0.18%	119	0.01%	1 199	0.02%	176	0.00%
非金融机构	0	0.00%	0	0.00%	0	0.00%	0	0.00%

资料来源：中国人民银行。

更重要的是，银行特别是全国性商业银行是债券市场资金的主要供给方。债券市场上的资金交易主要指的就是债券回购，其中逆回购指的是借钱给其他资金需求方，而正回购体现的是从其他机构借钱。

从质押式回购交易情况看，商业银行占全市场逆回购规模的 77.4%，占全市场正回购的规模为 59.8%，即还有 17.6%(约 137 万亿元)的资金借给其他市场投资者。其中，全国性商业银行的逆回购占比 50%，而正回购占比仅 20%，是资金的主要供给方。

另外，政策性银行也是市场资金的主要供给方，2020 年全年，逆回购占比达到了 14.42%，正回购占比仅 0.05%，提供了全市场 14.35%的资金。

而证券公司、广义基金(包括非法人产品、基金公司及基金会)等则是资金的需求方。比如 2020 年非法人产品正回购占比 26.5%，而逆回购占比仅 5.2%，是资金的主要需求方。

在这样的背景下，要了解债券市场的流动性情况，主要就是了解银行体系的流动性情况。

如果银行手里闲钱比较多，那么债券市场上的流动性自然不会差，投资者从银行借钱加杠杆也比较容易。反之，如果银行手里没什么钱，那么债券投资者自然很难从市场上借到钱。

接下来，我们主要从量和价两个角度分析了解银行体系内的流动性水平。

价的方面，我们直接去看市场上各类资金的利率就行了，毕竟资金利率数据获得渠道便捷，各类回购利率(DR 系列、GC 系列)、SHIBOR 利率等都能在 Wind 等软件上直接获得。

量的方面会复杂一点。银行体系的流动性情况简单来说就是银行有多少可以自由动用的资金。要想知道这一点,不妨先看一下银行的资产负债表(见表 12.2)。

表 12.2 2021 年存款性公司资产负债表

单位:亿元

存款性公司资产端		存款性公司负债端	
项目	规模	项目	规模
国外资产	71 592	对非金融机构及住户负债	2 013 324
储备资产	214 626	纳入广义货币的存款	1 884 790
准备金存款	206 722	单位活期存款	501 563
库存现金	7 904	单位定期存款	402 758
对政府债权	366 695	个人存款	980 469
其中:中央政府	366 695	不纳入广义货币的存款	57 718
对中央银行债权	6	可转让存款	22 975
对其他存款性公司债权	309 097	其他存款	34 743
对其他金融机构债权	236 357	其他负债	70 816
对非金融机构债权	1 266 478	对中央银行负债	123 914
对其他居民部门债权	638 467	对其他存款性公司负债	113 681
其他资产	131 847	对其他金融性公司负债	225 319
		其中:计入广义货币的存款	220 973
		国外负债	16 638
		债券发行	314 108
		实收资本	73 373
		其他负债	354 809
总资产	3 235 165	总负债	3 235 165

注:数据为 2021 年 2 月的数据。
资料来源:中国人民银行。

按照统计口径,存款性公司的资产端包括国外资产、储备资产、对政府债权、对中央银行债权、对其他存款性公司债权、对其他金融机构债权、对非金融机构债权、对其他居民部门债权、其他资产九项。

负债端则包括对非金融机构及住户负债(即居民和企业的存款)、对中央银行负债(从央行获取的资金,比如逆回购等)、对其他存款性公司负债、对其他金融性公司负债、国外负债、债券发行、实收资本、其他负债八项。

重点看一下银行的资产端。

国外资产类包括银行持有的外国债券、给外国机构的贷款等。2021 年 2 月,该项占比为 2.2%。

储备资产包括准备金存款和库存现金两项,其中准备金存款又包括法定存款准备金和超额存款准备金。2021 年 2 月准备金占比为 6.39%,库存现金占比 0.24%,合计占比 6.6%。

对政府债权主要是商业银行持有的政府债券,主要是国债。2021 年 2 月存款性金融机构持有政府债券 36.67 万亿元,占比 11.3%。

对中央银行债权则是银行持有的央票,规模极小,2021 年 2 月该项目规模仅为 6.17 亿元。

对其他存款性公司债权体现的是银行之间的同业资金往来,比如同业存款、同业拆借、持有同业存单等。2021 年 2 月,该项规模为 30.9 万亿元,占比为 9.55%。

对其他金融机构债权指的是银行给基金公司、证券公司、信托公司等非银金融机构的借款。2021 年 2 月,该项的规模为 23.6 万亿元,占比为 7.3%

对非金融机构债权和对其他居民部门债权,则是给企业和个人的贷款,比如制造业贷款、个人房贷、车贷等,是银行最主要的资金去向。2021 年 2 月,这两项的合计占比达到了 58.9%。

这么分析下来,我们就知道,银行自己平时能够动用的资产主要就是储备资产了。毕竟其他几项都是已经用出去的钱,或是借给了企业和个人,或是借给了其他金融机构等,不能随时取用。

比如对政府债权主要是银行持有的政府债券,虽然能够卖出去变现,但是需要时间。而对居民和企业的贷款更是需要等到合同到期才能变现,立刻变现的难度很大。

因此,分析银行的流动性,主要就是着眼于分析银行的储备资产,而且是储备资产里除了法定存款准备金的那一部分资金。

另外,库存现金一般是银行用于满足日常经营活动的资金,规模很小,仅占银行储备货币的 4%左右,所以银行可以动用的资金主要就是超额存款准备金(简称超储)。

关于超储的分析目前已经比较成熟了，经典的分析框架就是从央行的资产负债表出发，利用"央行资产＝央行负债"的原理，从央行的视角分析有哪些因素会影响银行的超储。

12.1.1　央行资产负债表

目前市场的流动性链条大致是央行—大型银行—中小银行—非银机构这样一个结构，其中央行是市场上流动性投放的源头，如央行可以通过 MLF、OMO 等货币政策工具向大型银行（一级交易商）投放流动性，之后资金再从大型银行流向中小银行，最后才会流到非银机构的手上。

这一点和上面的债券回购数据显示的情况是一致的，全国性商业银行是主要的资金供给方，而出于风险把控等原因，大型银行一般会将资金借给中小银行，而非银机构则很难直接进入大行的白名单。中小银行拿到钱以后，再以更高的利率借给非银机构。

在这样的流动性结构下，我们就可以通过央行的资产负债表分析央行在过去一段时间里的行为变化，并借助央行的资产负债表分析银行间的流动性情况。

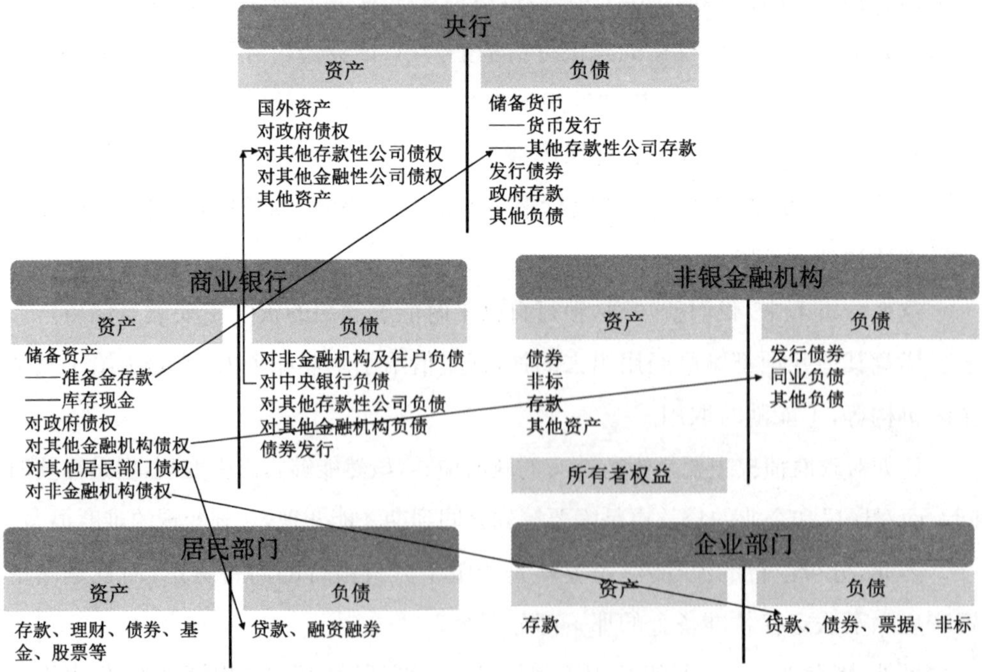

资料来源：作者整理。

图 12.1　各机构资产负债表关系

自 2000 年开始，央行每月会在官网上公布包括“货币当局资产负债表”“其他存款性公司资产负债表”等数据，而“货币当局资产负债表”也就是我们说的央行资产负债表。

央行资产负债表包含“资产端”和“负债端”两类，其中“自有资金”(类似于所有者权益)也被归入负债端的项目。

“负债端”则包含储备货币(货币发行、金融性公司存款和非金融机构存款)、不计入储备货币的金融性公司存款、发行债券、国外负债、政府存款、自有资金和其他负债 7 项。

表 12.3　央行资产负债表

资产端		负债端	
项目	规模(亿元)	项目	规模(亿元)
国外资产	219 329	储备货币	321 556
外汇	211 635	货币发行	99 829
货币黄金	2 856	金融性公司存款	202 352
其他国外资产	4 838	其他存款性公司存款	202 352
对政府债权	15 250	其他金融性公司存款	
其中：中央政府	15 250	非金融机构存款	19 376
对其他存款性公司债权	124 384	不计入储备货币的金融性公司存款	4 907
对其他金融性公司债权	4 451	发行债券	1 000
对非金融性部门债权		国外负债	1 056
其他资产	19 679	政府存款	42 406
		自有资金	220
		其他负债	11 949
总资产	383 093	总负债	383 093

资料来源：中国人民银行。

12.1.1.1　央行的资产端

第一项国外资产，又包括外汇、货币黄金和其他外国资产三项，其中外汇占国外资产的比重近年来一直维持在 97%左右，主导了国外资产的走势，而货币黄金和其他外国资产占比较小(合计占比 3%左右)，且规模较为稳定，变化不大。

外汇项目实际上就是央行口径下的外汇占款。在加入 WTO 之后，中国进一步融入了全球产业链，并出现了经常账户和资本账户双顺差的局面，大量外汇流入国内。而在当时的强制结售汇制度下，央行开始购入大量外汇，并使得央行外汇资产规模快速走高。

这一局面一直到 2014 年才开始改变，在经历了几年的下降之后，2017 年开始外汇占款规模整体就趋于平稳了（见图 12.2）。

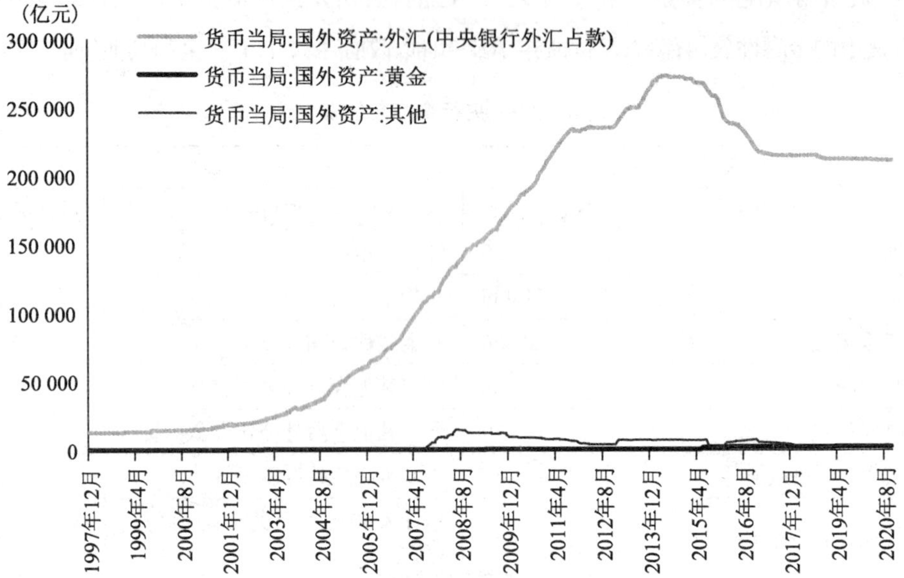

资料来源：Wind。

图 12.2　逐渐退出历史舞台的外汇占款

第二项对政府债权，也就是央行购买并持有的国债。

这一项可能部分人不太不理解，毕竟已经很久没有看到央行下场购买国债了，也有部分人认为这只是央行持有的特别国债，但其实也不一定仅仅是特别国债。要知道，按照规定，央行其实是可以下场买国债的，现券买卖也是央行的货币政策工具之一。

《中国人民银行法》第二十三条规定央行为了执行货币政策可以在公开市场上买卖国债、其他政府债券和金融债券及外汇，但第二十九条则规定央行不得对政府财政透支，不得直接认购、包销国债和其他政府债券。

这两条合在一起可以理解为，央行可以在二级市场上买卖债券，但是不允许在一级市场上直接认购债券。

历史上央行有两种购买国债的方式。

第一类是正常的公开市场操作,即现券交易。比如在 2000—2003 年,当时央行为了调节市场流动性,多次在债券市场上买卖现券。2001 年的货币政策执行报告就明确提到,在当年央行公开市场操作方式中,现券的交易量明显增加。

第二类是购买特别国债。比如在 2007 年,为了成立中投公司专门管理外汇,财政部发行了一批特别国债,其中有 1.35 万亿元的特别国债是定向发行的。

整个流程是财政部先定向农业银行发行特别国债获得人民币,之后用人民币向央行购买外汇。央行再用这 1.35 万亿元人民币向农业银行购买这一批特别国债。

之所以央行不直接认购财政部发行的特别国债,就是因为央行不能直接参与一级市场,认购包销国债。

这一过程体现在央行资产负债表上就是央行增加了 1.35 万亿元的对政府债权,减少了 1.35 万亿元的外汇资产,即资金只是在科目之间转移,不会对央行资产负债表的总规模产生影响。

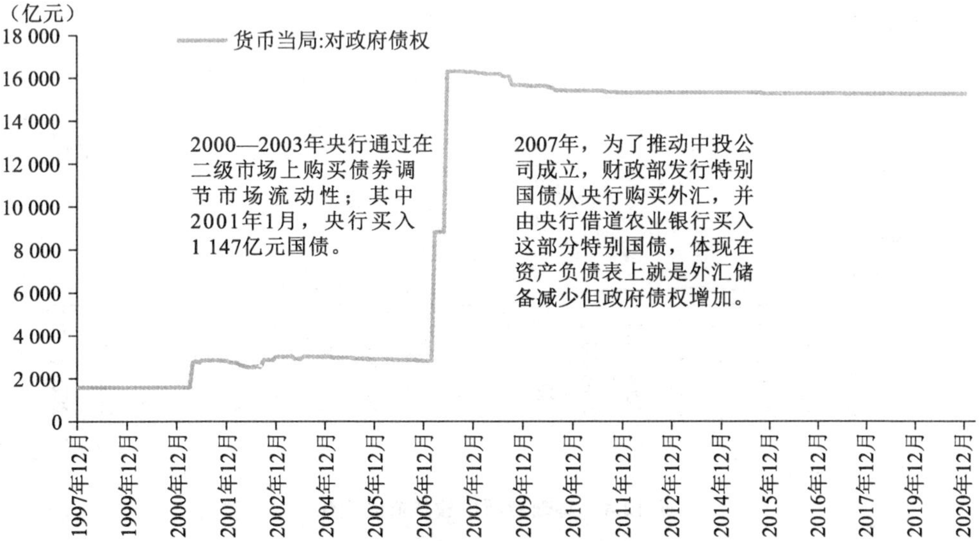

资料来源:Wind。

图 12.3　稳定的央行对政府债权

2020 年为了应对疫情，财政部也发行了一批特别国债，不过与此前不同，这一次特别国债是通过市场化的方式进行的，央行并没有直接或间接地持有这一批特别国债，这也避免了财政货币化的风险。近年来，央行对政府债权规模一直保持平稳，我们不用过于关注。

第三项对其他存款性公司债权，主要是央行对商业银行等存款机构进行再贴现、再贷款、公开市场操作(OMO、MLF、PSL、SLF 等)等行为产生的债权，其会随着央行货币政策的变动而有较大的波动。

在 2013 年之前，央行对其他存款性公司债权的规模比较稳定，主要是再贷款、再贴现①。

2014 年之后随着外汇占款趋势性回落，央行开始通过创设其他货币政策工具投放基础货币，基础货币的投放渠道也就由外汇占款转向了对其他存款性公司债权(见图 12.4)。

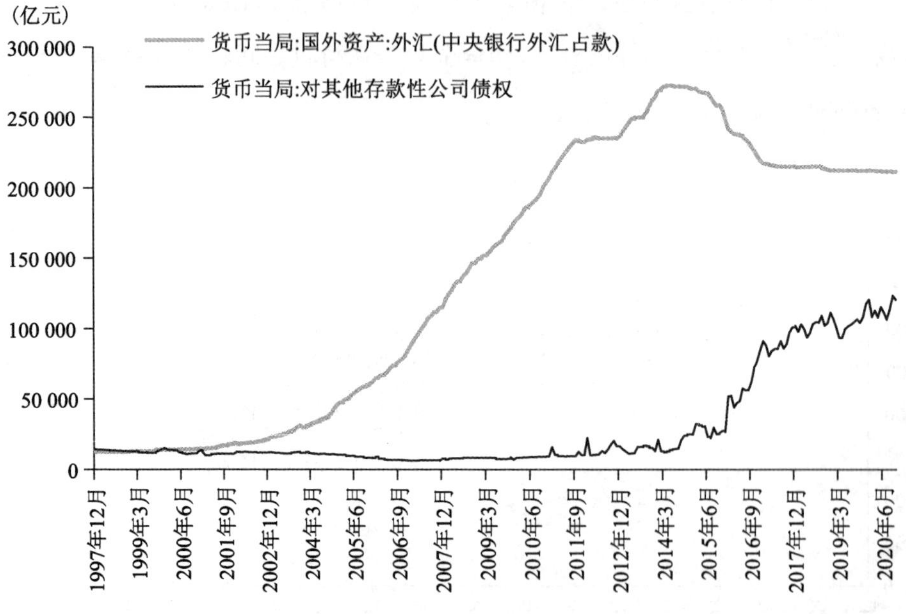

资料来源：Wind。

图 12.4 基础货币投放渠道的变化

① 当时很多货币政策工具都还没有推出。

第四项对其他金融性公司①债权，主要是对四大资产管理公司的再贷款。

四大资产管理公司②是配合四大国有商业银行改制而出现的一类特殊机构，它们承担了当时四大国有商业银行所剥离出来的呆账、坏账，从而形成了这部分债权，该项目的形成具有历史遗留特征。

2000 年和 2004—2007 年央行对其他金融性公司债权的两次明显上升主要就是因为央行对信达、东方等公司再贷款导致的。

2008 年之后这一项就一直呈现下滑趋势，不过在 2015 年，为了维护金融稳定，央行在股市大幅震荡的时候为证金公司提供了一笔再贷款，所以在 2015 年的时候该项有一个明显的凸起。

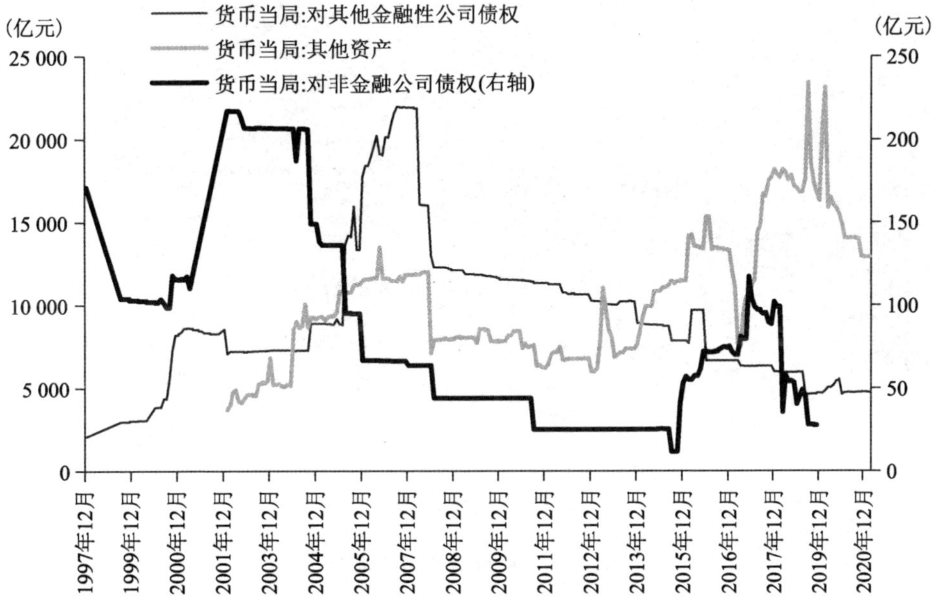

资料来源：Wind。

图 12.5 规模较小的央行资产端项目

第五项是对非金融公司的债权，主要是央行过去对老少边穷地区的贷款，规模极小，占比不足万分之一，2019 年 3 月之后央行不再公布该项数据。

---

① 其他金融性公司指信托公司、金融资产管理公司、租赁公司等非银金融公司。

② 即华融、长城、东方、信达。

第六项是其他资产，包括各类杂项，其占央行资产的比例在3.5%左右。具体包含什么，我们无从知晓，不过一般认为央行向其他金融机构注资等项目会归类到这一项，如2003年12月央行注资中行和建行就使得其他资产规模出现了相应的变化。

12.1.1.2　央行的负债端

目前央行负债主要由7个子项目构成(见图12.6)。

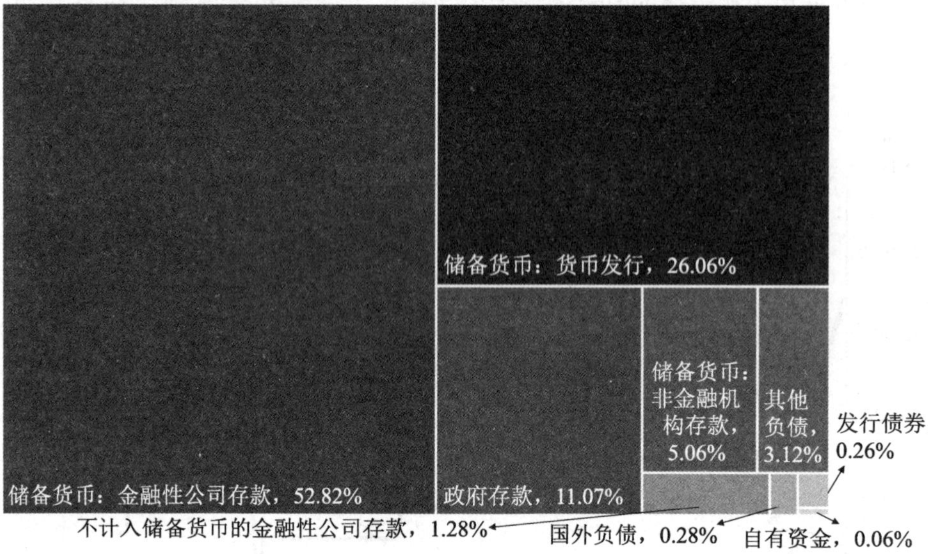

注：数据截止到2021年2月。
资料来源：Wind。

图12.6　央行负债端的构成

第一项是储备货币，其占比达到了84%，是央行最大的负债项目，具体包括货币发行、金融性公司存款和非金融机构存款三项。

在2005、2006年，储备货币占央行负债的比重一度下降到55%左右的水平，不过2007年之后，该项的占比开始回升，并逐渐稳定在85%左右的水平(见图12.7)。

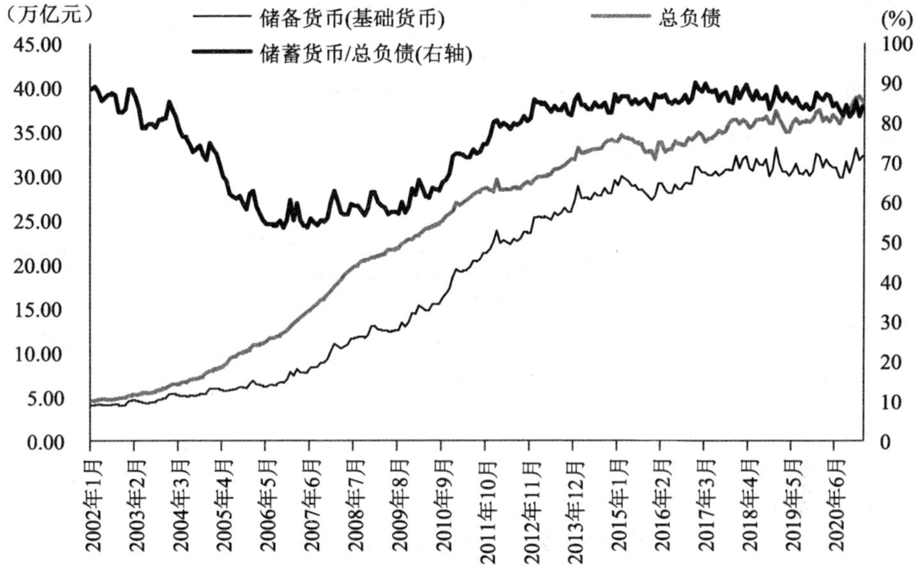

资料来源：作者整理。

图 12.7 储备货币在央行负债端的占比

(1) 货币发行

货币发行核算的是从央行进入流通领域的货币减掉回流到央行的货币，即包括流通中的现金(M0)和商业银行的库存现金两项。其中流通中的现金占比一般在 90%以上，主导了货币发行的走势。

流通中的现金波动就很好理解了，衡量的主要是居民和企业的现金需求，如果居民现金需求高，自然会从商业银行中把钱取出来，形成 M0。一般春节期间是居民取现需求最旺盛的时候，所以流通中的现金会在春节前出现一个明显的峰值，之后快速回落，并保持在一个平稳的水平。相应地，货币发行也会具有类似的特征(见图 12.8)。

需要注意的一点是，流通中的现金越多，银行可动用的自由资金就越少，银行间流动性就会比较紧张。所以，每年春节的时候，市场都会说因为春节效应，银行间流动性紧张。同时，在春节后，居民将资金存回银行，银行的流动性情况就会明显好转。

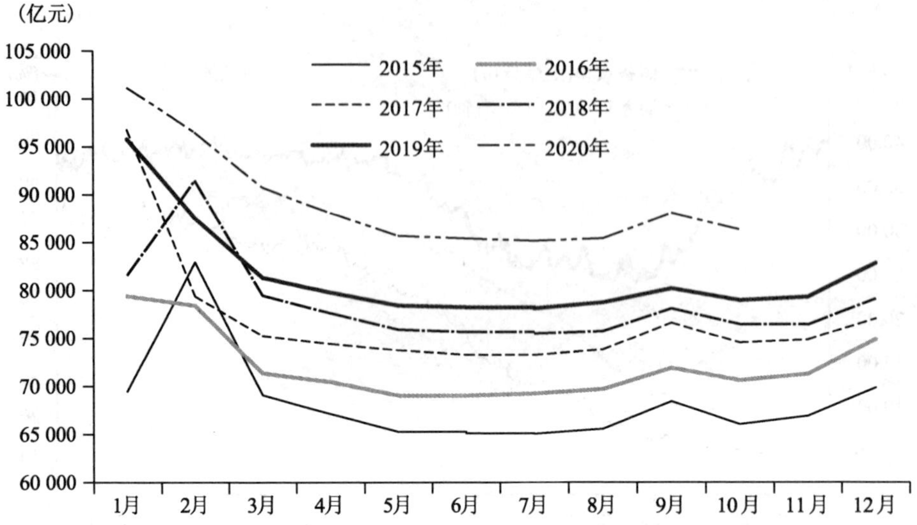

资料来源：Wind。

图 12.8 季节性特征明显的货币发行

(2) 金融性公司存款

金融性公司存款其实就是其他存款性公司存款，虽然金融性公司存款＝其他存款性公司存款＋其他金融性公司存款，但是其他金融性公司存款无数据。

其他存款性公司存款指的是存款准备金，包括法定存款准备金和超额存款准备金两项。

法定存款准备金是央行为了防范银行经营风险，要求银行按规定比例缴纳的准备金，如果法定存款准备金率为 12.5%，银行吸纳了 1 000 亿元存款，它就必须要把 125 亿元人民币存在央行。

相应地央行可以通过调整法定存款准备金率，调整商业银行需要缴纳的资金规模，如果央行全面降准，商业银行需要缴纳的资金就会明显下滑。

延续上面的例子，如果准备金率从 12.5%下调为 12%，那银行就多出了 5 亿元的自由支配资金，相应的银行间的流动性也会明显好转。所以，降准特别是全面降准一般都会被认为是货币政策宽松的信号。

超额存款准备金是银行存放在央行的超出法定存款准备金部分的资金，也是银行可以自由支配的资金，因此是我们用来衡量银行体系流动性松紧的关键指标。

一般超储率[①]高,则表示银行间市场的流动性比较充裕;反之,则表示银行间市场的流动性比较紧张。

(3) 非金融机构存款

2008 年之后随着央行增设“不计入储备货币的金融性公司存款”,原先的“非金融机构存款”删除,不过在 2017 年 6 月,央行又重新恢复了该科目,其表示支付机构交存在央行的客户备付金存款。

近几年随着网上支付业务的快速发展,央行开始越发注重客户备付金的管理工作。根据 2021 年 1 月公布的《非银行支付机构客户备付金存管办法》,非银支付机构(如支付宝等)要在中国人民银行开立一个备付金集中存管账户,而非银行支付机构的客户备付金日终后全部集中存放于其在中国人民银行开立的客户备付金集中存管账户。

客户备付金是什么呢? 按照官方定义,客户备付金是非银行支付机构为办理客户委托的支付业务而实际收到的预收待付货币资金。

比如我们在淘宝上购物,在付款后,资金是暂时留存在支付宝上的,需要等我们确认收货,资金才会打给卖家,进入卖方的账户。通过这样的方式,保证买卖双方的资金安全。而这笔暂存在支付宝上的钱,就是客户备付金。

理论上说,一般这笔资金存续的时间是很短的,从网上购物到确认收货一般不会超过一周。所以,在网络交易规模小的时候,客户备付金的规模也不大。但是近几年来,线上业务是快速发展的,2020 年实物商品网上零售额达到了 9.76 万亿元,占社会消费品零售总额的比例达到了 24.9%。

因此为了保障客户备付金的安全,央行就设立了该账户,来管理备付金。

第二项不计入储备货币的金融性公司存款占央行负债的比重在 1.4%左右。

这一项包括两个部分:一是财务公司、信托公司等金融机构缴纳的法定存款准备金;二是证券公司等其他金融公司为满足支付清算需求存入央行的款项。

按照规定,财务公司、信托公司等非银金融机构也是需要缴纳法定存款准备金的,不过考虑到非银存款类金融机构的货币派生能力较弱,从 2011 年开始,央行按照 IMF 关于储备货币的定义,不再将其计入储备货币的统计口径。

---

① 超额准备金占存款的比例。

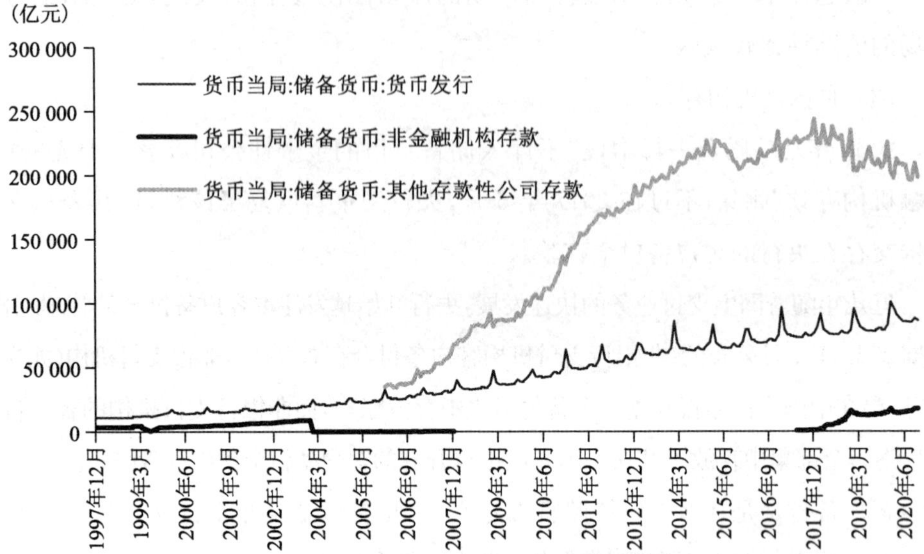

资料来源：Wind。

图 12.9 央行储备货币规模的变化

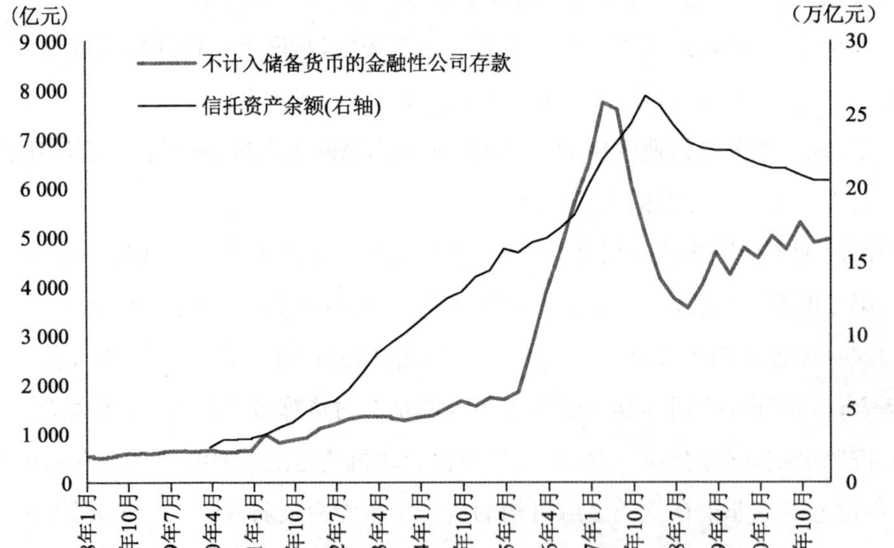

资料来源：Wind。

图 12.10 走势趋于平稳不计入储备货币的金融性公司存款

2014—2016 年金融监管环境比较宽松,信托公司等非银金融公司发展得都很不错,委托存款、信托存款等规模明显走高,相应地非银机构缴纳的法定存款准备金也比较多。不过 2017 年之后,随着监管的趋严,信托公司等非银机构的规模开始下滑,这一项也开始快速下滑。

第三项债券发行,主要是央行发行的票据(简称央票)。

此前在外汇占款快速上升的时期,央票一直被央行作为调节银行间市场流动性的重要工具。2013 年之后随着外汇占款流入减少,央行开始降低央票的发行规模,并且在 2014 年之后一度停发央票。随着央票停发,央行债券发行项目的规模快速下滑,并一度为 0(见图 12.11)。

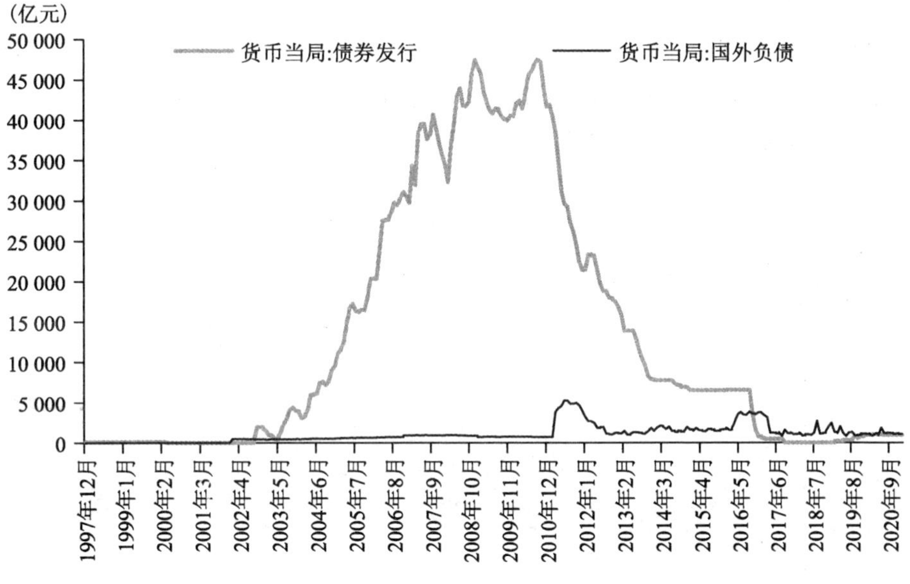

资料来源:Wind。

图 12.11 逐渐退出市场的央票

2018 年 11 月,央行为了稳定人民币汇率,开始在中国香港发行离岸央票,不过相比于此前,离岸央票的规模很小,占比也很低,我们不用太在意。

第四项国外负债,是指央行对境外非居民机构的负债,主要是境外央行或者外国金融机构出于资金清算等目的存放在央行的资金,规模很小,占比不到 0.2%。

2011 年 1 月,央行将境外金融机构在央行的存款从“其他存款性公司存款”转入"国外负债",这使得该项目的规模出现上涨。此后该项目虽然有所波动,但是规模不大,不必太在意。

第五项政府存款。在《预算法》下,国库业务由央行经理,而央行资产负债表下的政府存款指的就是由央行管理的地方和中央国库存款,该项目占比在13%左右,仅次于储备货币。

如果我们看过政府的财政收入预算报告,就会知道政府的财政收入主要来源于税收,税收收入占全国公共财政收入的比重在85%左右。而很多企业为了方便,都会选择按季预缴所得税等税收。所以从数据上,我们能够看到,1、4、5、7、10月是企业纳税的高峰时期,其中5月是所得税等汇缴清算的时间,所以也比较高。相应地,在这几个月(季初)政府存款也比较高。

而到了季末,因为财政支出比较高,所以政府存款都会明显回落,特别是在12月,因为12月政府会将此前没用完的钱集中投放出去,是财政支出大月,所以12月的降幅特别明显。

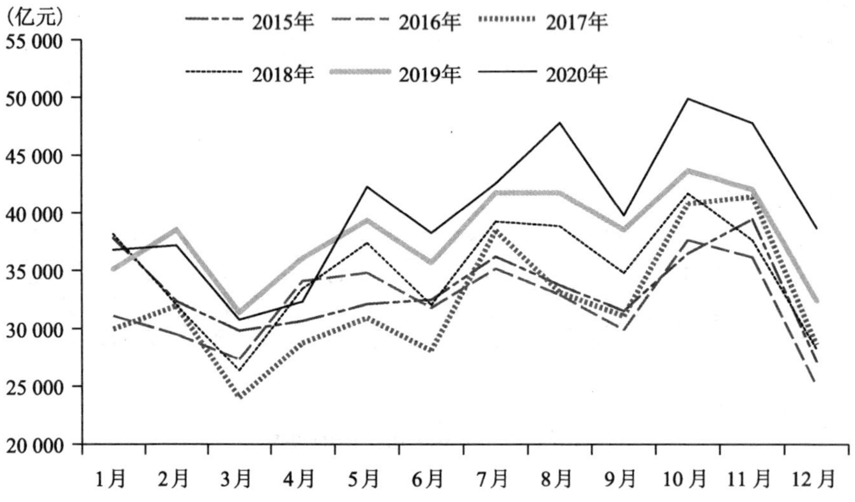

资料来源：Wind。

图 12.12　季节性波动明显的政府存款

因为政府存款在央行负债端的占比较高,所以政府存款的明显波动会对央行资产负债表和市场流动性产生明显的影响。

简单来说，财政存款高的时候(财政收入大于财政支出)，市场资金流入央行，市场流动性就会比较紧张。所以一般在纳税高峰时，央行会通过加大逆回购等方式向市场投放流动性，缓解因纳税等导致的流动性压力。

如果 10 月 15 日是所得税的纳税节点，那么在 10 月 15 日之前的几天①市场便会出现资金面收紧的现象，而这时候我们经常会看到央行加大 OMO 的投放力度。

反之，在季末，因为财政投放力度比较大，财政存款下滑，资金从央行流入市场，市场的流动性环境也就比较好。

第六项其他负债，主要包括正回购余额②和金融机构以外汇形式缴存的法定准备金③两大类，占比在 3.3%左右。

第七项自有资金，即央行的资本金。该项自 2001 年之后便一直保持稳定，且占比极低。

12.1.2　超储率

12.1.2.1　超额存款准备金五因素模型

在了解了央行的资产负债表后，就可以以资产负债表为基础，利用资产负债相等的原理分析银行间的流动性指标——超储率。

基于“资产＝负债”，我们可以通过移项得到：

基础货币(即“储备货币”)＝总资产－除储备货币以外的总负债

＝(国外资产＋对政府债权＋对其他存款性公司债权＋对其他金融性公司债权＋对非金融性部门债权＋其他资产)－(不计入储备货币的金融性公司存款＋发行债券＋国外负债＋政府存款＋自有资金＋其他负债)

其中，如同我们在分析央行资产负债表中提到的，资产端中的货币黄金、其他

① 一般由于纳税带来的流动性影响会在纳税前一周出现。

② 与逆回购相反，由央行向商业银行卖出有价证券，并约定回购日期。

③ 与资产端的其他国外资产相对。

外国资产、对政府债权、对其他金融性公司债权、对非金融性部门债权、其他资产以及负债端中的不计入储备货币的金融性公司存款、发行债券、国外负债、自有资金和其他负债等科目，具有规模不大或变动较小的特性。

外汇占款近几年变化也不大，不过因为2014年之前外汇占款重要性极高，这里我们依旧包括了外汇占款。

因此，基础货币的变动主要是由外汇占款（国外资产下的项目）、对其他存款性公司债权（央行通过货币政策工具投放流动性）和政府存款三项贡献。由此，我们得到：

Δ基础货币＝Δ外汇占款＋Δ央行投放－Δ政府存款

基础货币＝超额存款准备金＋法定存款准备金＋货币发行＋非金融机构存款

通过移项我们可以得到如下等式：

Δ超额存款准备金＝Δ外汇占款＋Δ央行投放－Δ政府存款－Δ法定存款准备金－Δ货币发行（主要是流通中的现金M0）－Δ非金融机构存款

其中，非金融机构存款科目是2017年6月才重新回到储备资产科目下，且变动不大，所以我们常见的分析是不将Δ非金融机构存款纳入超额存款准备金分析模型，这也就是市场常说的超额存款准备金五因素模型（见图12.13）。

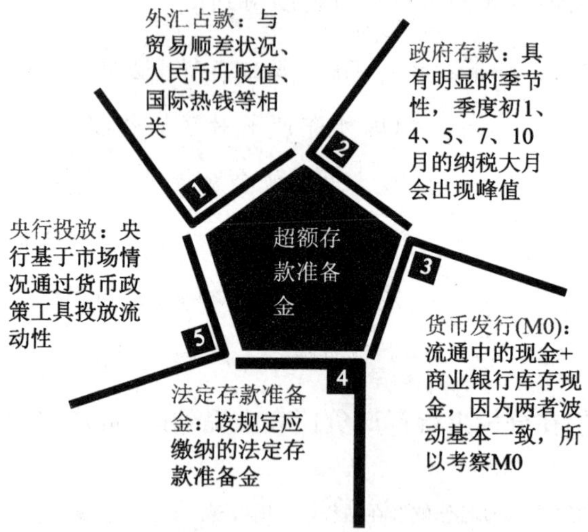

资料来源：作者整理。

图12.13　超储五因素模型

12.1.2.1.1　曾经至关重要的外汇占款

外汇占款的形成与国际收支密切相关。一般来说，由于进出口贸易、国际资本流动等行为，企业和居民手中会持有一定的外汇。如一家外贸企业出口了1 000万美元的商品，手中就有了 1 000 万美元现金，但是因为企业的境内活动（购买原材料、发放工资等）均需要使用人民币，所以企业会将这笔美元通过商业银行兑换成人民币（见图 12.14）。

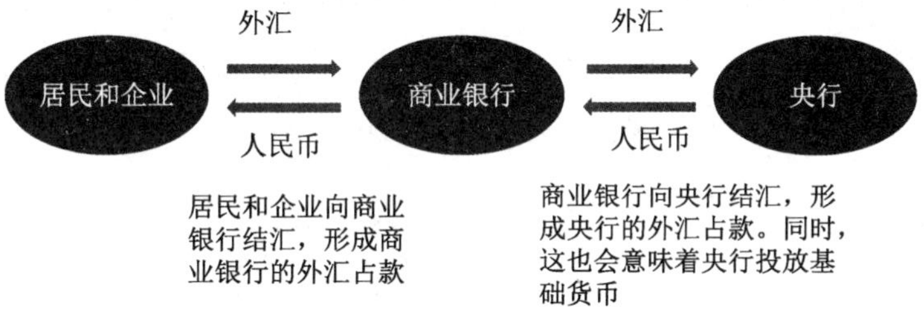

资料来源：作者整理。

图 12.14　外汇流动路径

站在银行的角度，我们把这种行为称为结汇[①]。而商业银行的结汇行为就会形成商业银行的外汇占款。

商业银行从企业或居民手中兑换得到外汇后就会将外汇卖给央行，从央行手里换取人民币，这就形成了央行口径的外汇占款，体现在央行资产负债表的储备资产项目下，也就是我们前面讲的外汇占款。

更重要的是，这一过程也是央行投放基础货币的过程，商业银行通过换汇，直接从央行手里得到了人民币，而且规模也不会受到央行的控制。

从上面的流程中我们就知道，外汇占款的规模主要受两个因素的影响。

一是资本和金融账户[②]与经常账户[③]的顺差规模，只有在顺差的情况下，才会有外汇流入，顺差规模越大，流入的外汇（即外汇的数量）越高；二是各方结售汇的意愿。

外汇的数量很好理解，这主要受到进出口贸易（货物贸易和服务贸易）以及国

① 与之对应的，如果居民或企业使用人民币去银行兑换外汇，这种行为被称为售汇。
② 资本和金融账户对应直接投资和股票、债券、衍生品等证券投资。
③ 经常账户对应货物和服务贸易。

际资本流动的影响。2001 年之后，加入 WTO 的中国出口规模快速扩大，贸易顺差的不断扩大带动大量外汇流入中国。

不过 2008 年金融危机之后，全球贸易规模增速减缓，中国的净出口规模也随之下降，出口赚取外汇的能力下滑。

另外，近年来中国的资本和金融账户在逐步放开，国际资金开始逐渐流入中国资本市场。

可以看到相比于比较稳定的经常账户，非储备性质的金融账户波动更为明显（见图 12.15），为了保持汇率的稳定，国家会根据实际情况在市场上购买外汇（体现在储备性质的金融账户下），这也就是外汇储备的来源。

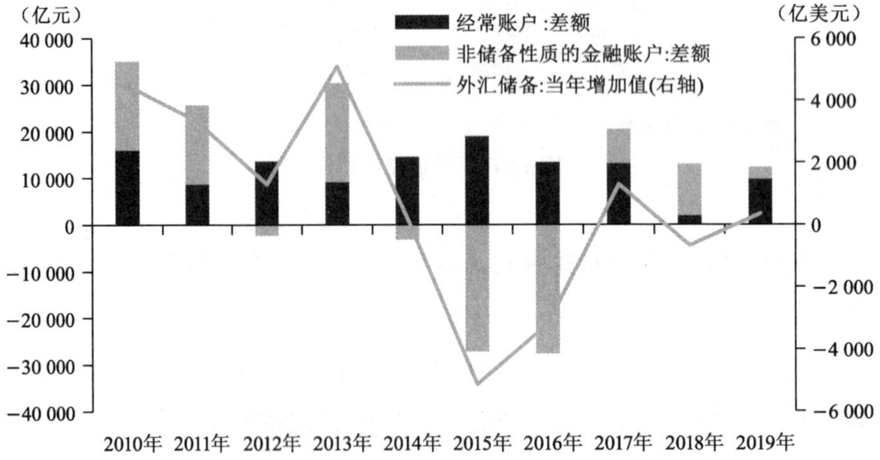

资料来源：Wind。

图 12.15　国际收支结构的变化

具体我们可以去看外管局公布的国际收支平衡表，其包括经常账户、资本和金融账户及净误差和遗漏三项，其中金融账户包括储备资产和非储备性质的金融资产，储备资产主要是外汇储备，而非储备资产才是国际资本流动（如证券投资、直接投资）的体现。

结售汇的意愿则与市场上的三类主体相关。

第一，企业和居民的结售汇意愿。在 2012 年之前，国内实行强制结售汇制度，企业和居民得到的外汇必须向商业银行换成人民币，居民和企业没得选。2012 年之后，国内开始实行意愿结售汇制度，企业和居民可以在规定额度内持有外汇。

这时候企业在获取外汇后，就不一定会将其换成人民币了。比如它们如果觉得未来美元会升值(人民币贬值)，就不会将美元兑换成人民币，而是会持有美元，等美元升值后从中获得额外的价格波动收益。

反之，如果市场预计美元会贬值(人民币升值)，它们就会及时将自己持有的外汇兑换成人民币，避免外汇贬值损失。

如果市场结汇意愿低，那么外汇流入商业银行和央行的比例会比较少，外汇占款也就低一些；反之，结汇意愿高，外汇占款则可能会高一些。

具体的我们可以通过结汇率衡量企业和居民的结汇意愿。结汇率＝银行代客结汇规模/银行代客涉外外汇收入规模。其中，分子表示居民和企业通过商业银行将外汇换成人民币的数量，分母表示居民和企业获得的外汇总收入。

可以看到，美元兑人民币汇率与居民和企业的结汇率存在负相关，且市场结汇行为的变化会滞后于汇率变动(见图 12.16)。如 2015 年“8·11”汇改之后，市场普遍预期人民币会贬值，所以企业和居民更愿意持有美元(外汇)，我们能够看到那一段时期市场结汇率明显下滑。

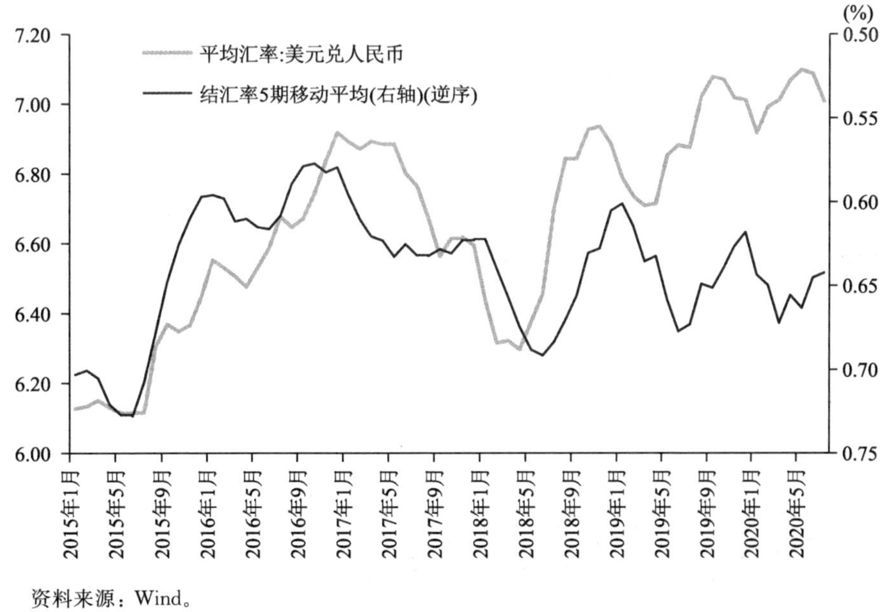

资料来源：Wind。

图 12.16　市场结售汇意愿与汇率走势有明显相关

第二，商业银行向央行的结汇意愿。一般商业银行从居民和企业手中获得外汇后，也会根据自身业务的经营状况、对外汇走势的判断等再确定是否向央行结汇。

第三，央行自身的结汇意愿。在市场流动性充裕的时候，央行为了避免市场流动性泛滥，可能会延迟结汇；反之则相反。

比如2020年，中国出口状况很好，贸易顺差达到了5 350亿美元。同时，因为海外央行大放水，外资也在加大流入。在这样的情况下，央行的外汇占款规模反而是在下滑的。

这可能是因为在2020年下半年开始，央行是想边际收紧货币政策的，不想向市场投放大量流动性，所以，便延迟了从商业银行结汇，这也意味着很大一部分外汇占款其实都淤积在商业银行。

另外，央行出于稳定人民币汇率的考虑会在外汇市场上进行相关操作，如果人民币面临较大的贬值压力，央行便可以通过出售外汇，回笼人民币的方式稳定市场预期，不过这也会使得央行的外汇占款降低。

最近几年里，外汇占款的波动明显下滑，其对超储率的影响也在逐渐降低（见图12.17）。

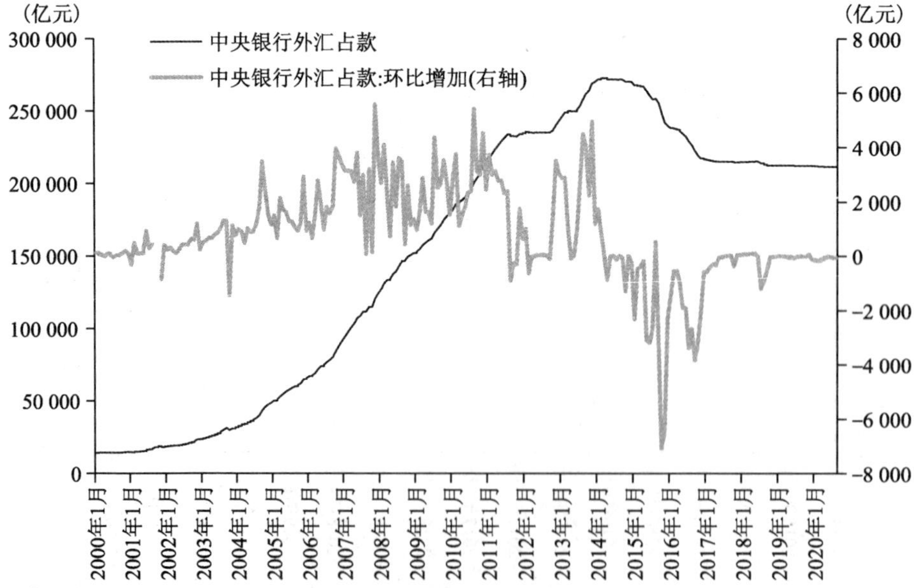

资料来源：Wind。

图12.17　外汇占款高增长的时代结束

12.1.2.1.2　央行投放

央行投放即央行资产负债表下的对其他存款性公司债权。2013、2014 年之后,随着外汇占款的缺少,央行开始创设新的货币政策工具(如 SLO、SLF、MLF 等)投放流动性。它们与传统货币政策工具如正(逆)回购、存款准备金率、再贷款再贴现等一起构成了央行流动性管理的工具。

在不同时期,央行所依赖的货币政策工具也不一样。

2013 年之前,在外汇占款快速增长的时候,市场流动性比较充足,央行的主要任务是从市场上收回流动性,而不是投放流动性。那时候,央行比较常用的方式是发行央票,提高存款准备金率等。

2013 年之后,央行开始创设新的不同期限的货币政策工具,向市场投放流动性(见表 12.4)。

表 12.4　2013 年后央行创新的各项货币政策工具

货币政策工具	创建时间	期限	抵押品	交易对手	备注
常备借贷便利(SLF)	2013 年	隔夜、7 天、1～3 个月	高信用评级的债券类资产及优质信贷资产等	由金融机构主动发起	由金融机构主动发起,是中央银行与金融机构"一对一"交易,针对性强,覆盖面广。
中期借贷便利(MLF)	2014 年	3、6、12 个月	国债、央行票据、政策性金融债、高等级信用债等优质债券	符合宏观审慎管理要求的商业银行、政策性银行	现在主要投放期限是 1 年。2018 年抵押品拓展至不低于 AA 级的小微企业、绿色和"三农"金融债券;AA＋、AA 级公司信用类债券;优质的小微企业贷款和绿色贷款。
抵押补充贷款(PSL)	2014 年	3～5 年	合格抵押品包括高等级债券资产和优质信贷资产	政策性银行	支持国民经济重点领域、薄弱环节和社会事业发展而对金融机构提供的期限较长的大额融资。
公开市场短期流动性调节工具(SLO)	2013 年	1～7 天	未明确规定	一级交易商	主要提供短期资金,是公开市场常规操作的必要补充。2016 年之后就没有进行任何操作。

资料来源:作者整理。

如公开市场短期流动性调节工具(SLO)的创设便主要是为了应对当时短期的市场资金波动，促进金融市场平稳运行，其主要是为市场提供1～7天的短期资金。

常备借贷便利(SLF)则类似于央行为商业银行兜底，当商业银行缺钱的时候，它们可以按照SLF利率主动地向央行发起申请，从央行获取资金支持。其特点是：(1)覆盖范围广，存款类机构都可以发起这项交易；(2)针对性强，是央行和发起行“一对一”的交易。

在最开始的时候，SLF主要提供1～3个月的资金，不过到了后来，SLF为了满足金融机构短期的资金需求，也开始提供隔夜和7天的资金。

比如在2021年1月下旬的时候，市场资金面极度紧张，DR001盘中一度上行到了13%的高位，所以很多银行就开始以3.05%的利率从央行借了110亿元的隔夜SLF，以3.2%利率从央行借了215亿元的7天SLF。

不过其大规模地使用还是在2013、2014年，外汇占款回落，市场流动性比较紧张的时候。后来，因为商业银行能够从市场上获得成本更低的资金，SLF的规模一直不高，2021年2月SLF的余额为0。

中期借贷便利(MLF)则主要是为商业银行提供3个月至1年的资金，一般商业银行需要以国债、央票、证金债等债券为抵押品，从央行手里获取资金。

2018年，央行出于引导银行持有优质小微企业债，增强中小企业融资能力等方面的考虑，将低于AA级的小微企业、绿色和“三农”金融债券，AA+和AA级公司信用债(包括企业债、中期票据、短期融资券，优先接受涉及小微企业、绿色经济的债券)等债券也纳入MLF的抵押范围。

目前最常见的是以下几类央行操作：

一是公开市场操作(OMO，主要是逆回购)，其一般以7天期为主，搭配其他期限(如14天、28天)，主要是满足市场的短期流动性要求。

更重要的是，近期央行着力于将7天OMO利率培养成为政策利率，在2020年四季度的货币政策中明确表示要“引导货币市场短期利率围绕公开市场7天期逆回购操作利率在合理区间波动”。

在这样的背景下，我们就能够预期市场利率会有回归OMO利率的趋势，如果市场利率过高,央行可能会通过加大投放等压低利率;反之,则会回收流动性,抬高市场利率中枢。

二是 MLF,目前央行一般会在每个月的 15 日(遇节假日顺移)操作 MLF,此前 MLF 投放过 3 个月和 6 个月期限的资金,不过现在 MLF 投放的都是 1 年期的资金,主要是满足商业银行中长期的资金需求。

和 OMO 利率一样,MLF 除了投放资金,也是中期的政策利率,负责引导中长期的市场利率,在 MLF-LPR 的传导机制下,贷款利率也是锚定 MLF 利率的。

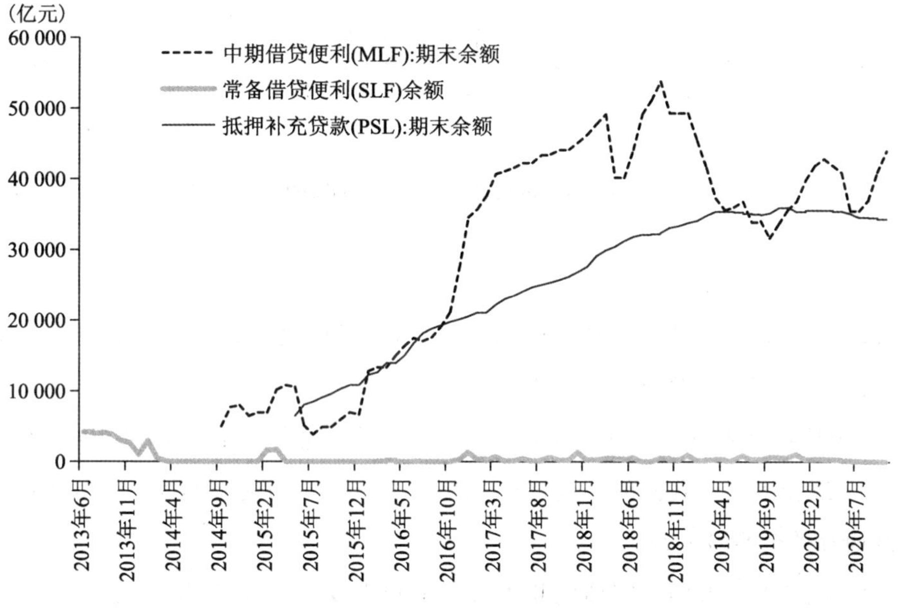

资料来源:Wind。

图 12.18 MLF 和 PSL 近年来规模在明显上行

三是再贷款和再贴现,近几年来支农、支小和扶贫再贷款以及再贴现的规模不断扩大,与其他措施相比,再贷款、再贴现政策因为是定向调控专门的领域,所以受到央行的青睐,如 2020 年为了应对疫情,央行合计推行了 2.24 万亿元的再贷款、再贴现(见图 12.19)。

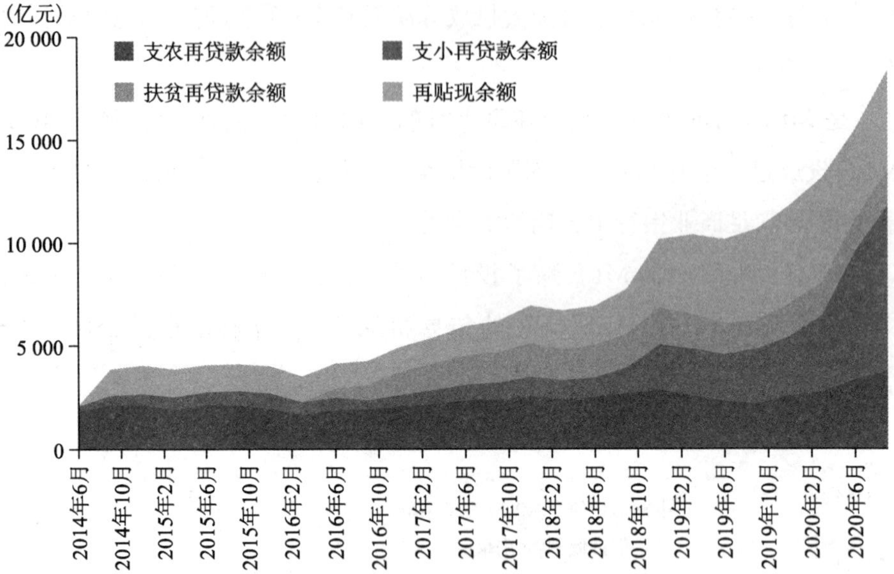

资料来源：Wind。

图 12.19　再贷款规模近年来明显走高

12.1.2.1.3　政府存款

政府存款即央行资产负债表中的政府存款科目，政府存款减少对应基础货币投放，流动性宽松；反之则表示基础货币收缩。

影响政府存款的主要因素包括缴税、国债发行、地方债发行以及财政支出。

(1) 缴税因素。我们前面说过，一般 1、4、5、7、10 月是缴税大月，在这几个月里，政府存款会明显上升。

(2) 国债发行方面。国债的年度发行规模取决于两个因素，一是当年国债的到期规模，二是中央财政赤字规模，其中到期规模决定国债滚动发行量，财政赤字决定新增国债发行量。一般新增国债就是当年的中央财政赤字规模，我们直接看年初的政府预算报告就能够知道其大致规模，比如 2021 年的中央财政赤字预算为 2.75 万亿元，那么当年就有 2.75 万亿元左右的新增国债发行。

在获得新增国债发行量后，我们可以测算 2021 年到期的国债规模[①]，Wind 也

① 这个规模比较好测算，只要看 2020 年末市场上到期期限小于 1 年的国债规模就可以了。

会有相关数据公布。“新增发行量＋到期国债规模×往年续作率”大概就是当年的国债发行规模了。

从历史上可以看到,除了一季度国债发行规模比较小以外,之后几个月里国债的发行规模都比较平均(见图 12.20)。2017 年 8 月国债发行规模的额外增长是因为当时发行了一笔特别国债续作当时到期的特别国债,2020 年的异常则是疫情冲击,使得国债发行规模明显上涨。

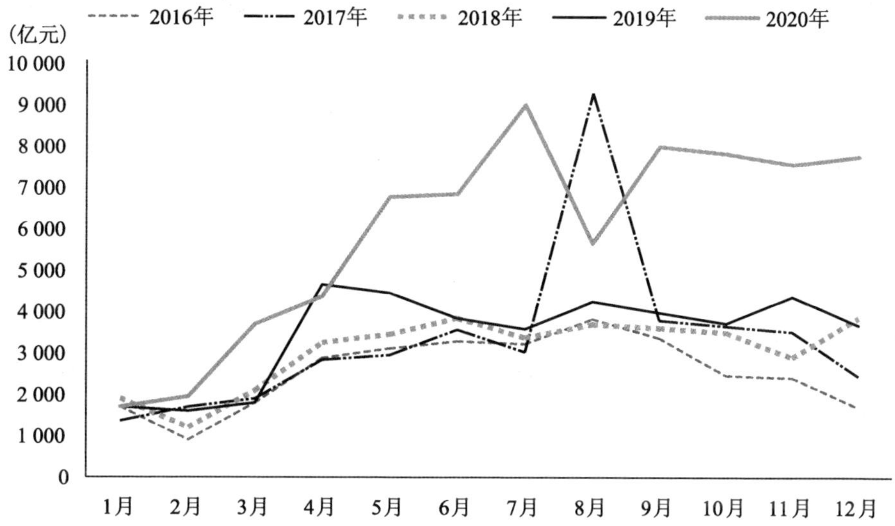

资料来源：Wind。

图 12.20　平稳的国债发行

(3) 地方债就是地方政府为了筹集资金而发行的债券,分为一般债和专项债(在用途、项目收益等方面均有限制)。

根据 Wind 统计,截至 2021 年 2 月,地方债存量规模为 26 万亿元,其规模超过了国债和政策性金融债,成为债券市场上最主要的品种。

在开始阶段,地方债有很大一部分是置换债,主要是为了解决 2015 年前地方政府的存量债务风险。不过随着存量债务置换的完成,地方债也开始被用于其他用途,如专项债现在可以被用于补充银行资本金。

在发行类型上,地方债又可以分为新增债、再融资债和置换债三类。

当年新增一般债规模等于地方财政赤字,比如 2021 年地方财政赤字 8 200 亿元，即政府会发行 8 200 亿元的地方一般债；新增专项债额度也是在年初的时候由人大批准，比如 2021 年的新增专项债规模为 3.65 万亿元。

有一点需要注意，除了当年新增额度，还有一个扰动项是上年未用完的专项债额度，比如 2020 年的 2 000 亿元补充中小银行资本金专项债在 2020 年仅发行了 500 亿元左右，还有 1 500 亿元是可以在 2021 年发行的。这个规模也可以通过地方债发行数据查到。

除了新增的一般债和专项债，到期再融资债的发行规模则可以通过 Wind 数据来获取。

而置换债的规模则为以非政府债券形式存在的存量政府债务，2020 年 12 月，该项规模为 1 751 亿元，即 2021 年置换债的上限就是 1 751 亿元，只少不多。

在发行频率上，地方债没有明显的季节性规律（见图 12.21）。一般二、三季度是地方债发行的高峰。这种集中的发行方式也会给债券市场带来较大的供给冲击。

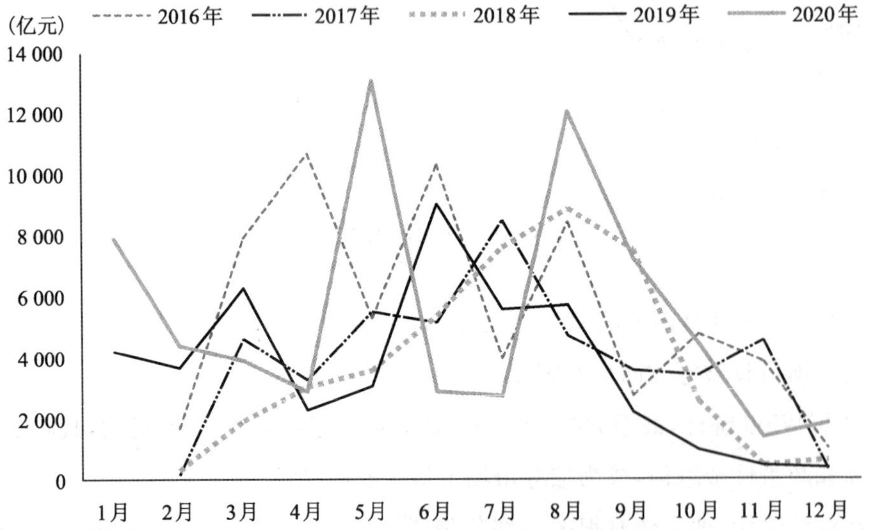

资料来源：Wind。

图 12.21 地方债发行节奏

在 2018 年之前，因为新增专项债额度需要等人大审批才能下发，所以 1 月是不发行新增地方债的。

2019 年开始为了加快地方债的使用，在 2018 年规定可以“在当年新增地方政府债务限额的 60%以内，提前下达下一年度新增地方政府债务限额”，因为有提前下达的额度，所以在 2019 年和 2020 年 1 月就有地方债发行了。

财政支出方面，财政支出简单理解就是把通过税收、发债等筹集的资金用出去。我们可以理解为财政支出就是向市场投放流动性。

目前来看，财政支出具有典型的季节性，通常在每个季度末，尤其是四季度财政支出力度较大。

12.1.2.1.4 法定存款准备金

法定存款准备金是商业银行按照央行规定的法定存款准备金率缴纳的准备金，即法定存款准备金＝存款规模×法定存款准备金率。

截至 2021 年 3 月，大型存款类金融机构法定存款准备金率为 12.5%，中小型存款类金融机构的法定存款准备金率为 9.5%。

法定存款准备金率是央行调控市场流动性的重要工具，分为定向①和非定向两类。现在更常见的是定向降准，主要是为了引导银行将资金投向特定的领域。

一般当央行提高法定存款准备金率的时候，商业银行会消耗超储满足央行要求，而在央行降低法定存款准备金率的时候，原先不能动用的法定存款准备金便会转化为商业银行的超储。

按照现有规定，商业银行每 10 天(即每月的 5 日、15 日、25 日)需要根据自身的存款规模计算应该缴纳的存款准备金，然后根据自己已经缴纳的准备金进行相应的操作。

如果存款多了，银行就需要再缴纳一部分存款准备金，即将超额存款准备金变为法定存款准备金；反之，如果存款减少，就可以将法定存款准备金变为超储，自由使用。

12.1.2.1.5 M0

这一项原本是货币发行，包括 M0 和库存现金两项，因为 M0 占货币发行的比重很高，且货币发行的波动基本是由 M0 的波动导致的，所以我们仅看 M0 就可以了。

M0 的波动具有明显的节日性，特别是在春节的时候，一般春节时居民存在购

---

① 针对特定银行，比如 2020 年 3 月央行就专门针对普惠金融定向降准。

买年货、旅游、发红包等需求,会从银行取出大量的现金,降低了银行间流动性。

为了平滑春节带来的流动性冲击,在春节前我们经常能够看到央行会通过加大逆回购投放量、创设新的货币政策工具①等操作向市场投放资金,避免市场出现明显的流动性短缺。

而在春节过后,居民的取现需求也就随之下滑,M0 规模会快速回落。

那我们应该怎么衡量春节所在月份现金波动的规模呢?

比较合适的方法是选一个春节在月末或月初的年份考虑。如果春节在月中,那么上半个月取现需求旺盛和下半个月资金回流,会出现对冲,使得该月份 M0 的波动不那么明显。

例如,2014 年的春节在 1 月 31 日,完美符合我们的要求,居民取现的需求发生在 1 月,而资金回流则会出现在 2 月。从数据上看,1 月 M1 新增1.79万亿元,2 月下滑 1.4 万亿元。

类似的,2017 年的春节是在 1 月 28 日,虽然有几天的误差,但是还可以接受。从数据上看,1 月 M1 新增 1.8 万亿元,2 月 M1 下滑 1.5 万亿元。

所以如果按照这两年估算,春节带来的取现需求会在 1.8 万亿元左右,回流在 1.4 万亿元左右。

但是近两年随着电子支付的快速发展,春节期间的现金波动可能会出现下滑,毕竟现在我们春节也逐渐习惯用微信发红包了,而且春节购物等需求也可以通过线上支付完成。

12.1.2.1.6 如何看当下的资金面

在知道影响银行超额存款准备金的几个项目之后,也就能够大致知道应该如何分析银行间的流动性了。

第一,央行货币投放。央行货币投放是影响市场流动性的主要矛盾,现在央行最常用的货币投放工具包括逆回购和 MLF。

逆回购期限较短,主要是 7 天和 14 天的逆回购,其中 14 天一般还只会在季末、年末的时候投放。而知道期限后我们很容易就能算出下周的逆回购到期量。

① 比如 2018 年创设了"临时准备金动用安排(CAR)"等。

同样,现在 MLF 的期限一般都是 1 年,那么站在当下,我们其实就可以知道未来一年的 MLF 到期量(见图 12.22)。

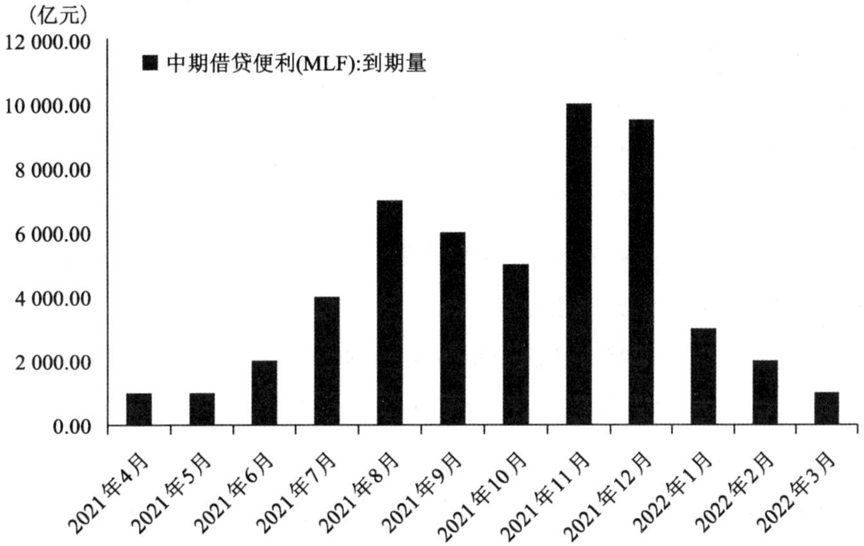

资料来源:Wind。

图 12.22　2021 年 MLF 到期

在知道到期量后,可以结合当下的央行货币政策态度估算下个月的 MLF 投放情况。

除了 MLF 和 OMO,央行的降准等操作是很少见的,如果央行要降准,往往会提前公布降准日期,也会披露降准将带来多少资金。而这无疑会为银行带来不少的可用资金。

比如 2020 年 4 月 3 日,央行就表示会对农村信用社等银行,定向下调存款准备金率 1 个百分点,于 4 月 15 日和 5 月 15 日分两次实施到位,每次下调 0.5 个百分点,共释放长期资金约 4 000 亿元。

第二,是要考虑政府存款,即财政收支和政府债券发行。

(1) 缴税因素。一般在上一年年底,国家就会公布下一年的申报纳税截止日期,因为每年的节假日具体日期不一样,所以每年的纳税截止日期也略有出入。而纳税截止日的前一周也是纳税的高峰,市场容易出现流动紧张。这是我们分析月内资金面波动十分重要的一点。

另外，1月、4月、5月、7月、10月是纳税大月，也需要额外注意。

(2) 财政支出节奏。财政支出会呈现出“季初减少，季末增加”的特征，每年的3、6、9、12月都是财政支出的大月。

(3) 政府债券发行情况。这里就需要考虑地方债和国债的发行规模和发行节奏。发行规模我们在前面分析了。而在节奏分析上，我们需要根据剩余的发行规模、财政部的指导意见等综合考虑。

比如2020年财政部就发文，要求专项债力争在10月底前发行，而这无疑会让各地加快发债节奏，尽快完成指标。

第三，考虑国际贸易情况和跨境资本流动，如果今年外贸经营环境特别好，就要考虑这会不会使得央行外汇占款高增，并利好市场流动性。

第四，流通中的现金(货币发行)。流通中的现金包括M0和商业银行库存现金，具有明显的季节性。平时不用太关注这一项，一般可以通过环比均值法直接估计，比如过去5年11月货币发行会环比增加420亿元，那么在预计今年的时候也可以以420亿元为基准，根据实际的情况略微调整。

需要注意的是每年12月到来年3月的波动，在这一时期因为春节的影响，流通中的现金会出现明显变化。春节期间的现金外溢和回流规模我们在前面也讲过，这里不再重复。

第五，考虑存款走高带来的影响。平均法定存款准备金率×存款当月增量＝当月需要缴纳的准备金。

其中存款带来的流动性波动会比较平稳，一般在没有外部冲击的情况下，我们不用太在意，可以通过环比均值法等预估，然后根据今年的情况微调。

比如2020年9、10月的缴准基数同比增速均在11%左右，在货币政策没有明显变化的情况下，我们能够假设11月的同比增速也为11%。

需要额外注意的是，平均法定存款准备金率的确定，这一点我们在下面的超储测算里会讲到。

12.1.2.2 如何测算超额存款准备金率(超储率)

在实际操作时，相比于超额存款准备金规模，我们更常看的指标是超额存款准备金率①。一般每个季度央行都会在当季的货币政策执行报告中发布上一季度末的超储率。

从超储率的走势上可以看到 2001 年之后，国内的超储率一直呈现下降态势，一直到 2011 年之后，下降趋势才开始停止，并进入震荡状态(见图 12.23)。根据央行的说法，这主要是因为：

第一，支付体系现代化极大地缩短了资金清算占用的时间，使得银行能够较快地将其他资产变现；

第二，金融市场的快速发展为商业银行提供了更为便捷的融资渠道，这使得商业银行能够及时从市场上获得资金；

第三，商业银行的流动性管理水平不断提高；

第四，央行完善货币政策操作框架，释放出制度红利。

这些因素共同使得超储率在 2001 年之后持续下滑，一直到 2012 年才逐渐趋于平稳。

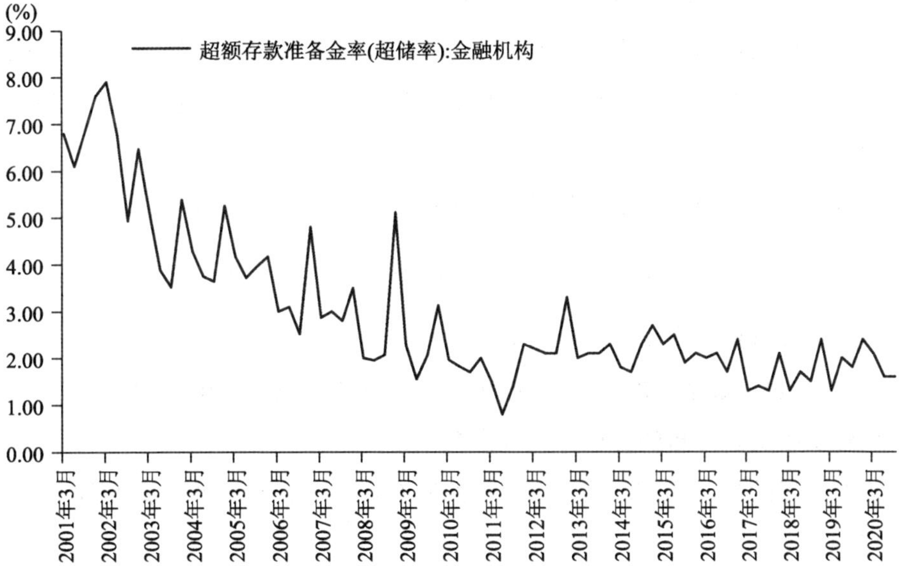

资料来源：Wind。

图 12.23　下滑的超储率

① 超储率＝超额存款准备金/存款。

但货币政策执行报告发布的时间一般是在 2 月、5 月、8 月和 11 月，这意味着超储率的公布时间会有明显的延迟，且是季度的数据，数据频率也比较低。

因此为了更好地跟踪市场，需要自己测算超储率。关于超储率的测算市场上有好几种方法，我们这里说两种：

第一种方法，基于存款准备金＝法定存款准备金＋超额存款准备金的公式计算。

在测算超储率的时候，比较准确的方式是以央行发布的季度超储率为基础，向后递推得到本月的超储率。

比如央行在 2021 年 2 月披露，2020 年 12 月金融机构的超储率为 2.2%，那么我们便可以依据这一数据测算 2021 年 1、2、3 月的超储率。

之后，等到 5 月发布了 3 月的超储率，我们再以 3 月的超储率为基础，调整测算 4、5、6 月的超储率。

而每季度一次的调整也会避免我们的测算结果出现明显的误差。

需要注意的是，我们在这个月只能测算上个月的超储率。这是因为我们测算超储率的基础数据是央行发布的相关金融数据，而数据的发布是滞后的。比如央行在 4 月才会公布 3 月的央行资产负债表等数据，所以在 4 月，我们才能测算 3 月的超储。

根据存款准备金＝法定存款准备金＋超额存款准备金，有以下公式：

超储率＋法定存款准备金率＝存款准备金率＝存款准备金/一般存款

具体计算过程分为以下几步：

第一步，也是最基础的一步，是确定一般存款的规模。这里我们使用存款类金融机构信贷收支表公布的各项存款确定缴准范围。

需要注意的是，实际上，并不是银行的所有存款都需要缴纳存款准备金的。有几个特例：

第一，财政存款。信贷收支表下的政府存款分为两类：一类是财政存款；一类是机关团体存款①。按照规定财政存款是不需要缴纳存款准备金的，而机关团体

① 指国家机关、团体、事业单位存入银行待用的经费拨款。

存款是需要缴纳存款准备金的。

第二,2015 年,央行将非银机构存款纳入各项存款统计口径,但这一项适用的存款准备金率暂定为 0,所以也要排除在外。

第三,境外存款。2014 年,央行规定境外金融机构在境内金融机构存放的资金纳入存款准备金范围,但是存款准备金为 0。

之后在 2016 年,开始规定按正常存款准备金率执行。而到了 2018 年,央行又规定"港澳人民币业务清算行存放央行深圳市中心支行和珠海市中心支行清算账户人民币存款的存款准备金率调整为零"。

所以我们在计算一般存款口径的时候,使用的是"境内存款－财政性存款－非银行业金融机构存款"。

第二步,确定法定存款准备金率。

除了一般存款口径的确定以外,还需要确定法定存款准备金率。目前,央行并没有公布全市场平均存款准备金率的数据,能够知道的是大型存款类金融机构和中小型存款类金融机构的法定存款准备金率。

第一种是通过大型银行和中小银行的存款占比,以占比为权重计算加权的法定平均存款准备金率。比如 2021 年 2 月大型存款类金融机构和中小型金融机构的法定存款准备金率分别为 12.5%和 9.5%,两者存款占比大约为 48∶52,即平均存款准备金率为 10.9%。

但是这样计算出来的法定存款准备金率明显偏高,个别时候甚至高于总准备金率。

这是因为国内实行的是"三档两优"制度,在规定的法定存款准备金率之外,央行对于那些满足条件(普惠金融等)的银行会给予 0.5%～1.5%的优惠。但是我们不知道具体优惠的情况,所以只是按照法定存款准备金率计算,结果会明显偏高。

第二种方式也是我们使用的方式,是通过超额存款准备金率倒推得到的。

在已经知道一般存款、银行缴纳的存款准备金这两项数据后,就能计算出总存款准备金率,而根据每个季度公布的超储率,就能折算出相应的平均法定存款准备金率。

$$法定存款准备金率=总准备金率-超储率$$

以 2020 年 6 月为例，这个月我们计算得出总准备金率为 11.1%，而央行公布的超储率为 1.6%，那么我们便认为平均法定存款准备金率为 9.5%。

2020 年 5 月 15 日，央行公布的金融机构平均法定存款准备金率为 9.4%，和我们计算的结果很接近，因此按照这样的方式计算出来的法定存款准备金率还是具有一定可信度的。

在确定了这一个月的存款准备金率之后，接下来就要考虑存款准备金率的变动了。

这一步最主要的是考虑央行有没有降准。在获得 6 月的平均法定准备金率后，如果在 7、8 月，央行没有降准，那么在 7、8 月，便假定平均法定存款准备金率依旧为 9.5%。

如果在 8 月，央行全面降准 1%，那么便假设 8 月的平均法定存款准备金率为 8.5%(9.5%−1%)。

如果是定向降准，那么需要先将其调整成全面降准，再进行操作。比如 2020 年 4 月，央行定向中小银行降准 0.5 个百分点，释放长期资金约 2 000 亿元，而按照 4 月的一般存款计算，这相当于全面降准了 0.11 个百分点。

所以我们会把 4 月的平均法定准备金率调低 0.11 个百分点。

而每个季度央行公布的超储率也方便我们校正估算结果，避免出现明显的偏离。

基于这样的方式，我们就能够计算得到现在的超储率了。比如根据我们的计算结果，2021 年 2 月的超储率应该在 0.98%左右，相比于 1 月 1%略有下滑。

第二种方式是基于我们前面说的超储率五因素模型计算的。

$$\Delta 超额存款准备金=\Delta 外汇占款+\Delta 央行投放-\Delta 政府存款-\Delta 法定存款准备金-\Delta M0(-\Delta 非金融机构存款)$$

整个流程分为以下几步：

第一步，依据央行公布的超准率计算当期超额准备金规模。一般存款的规模确定和前面讲的方式一样。

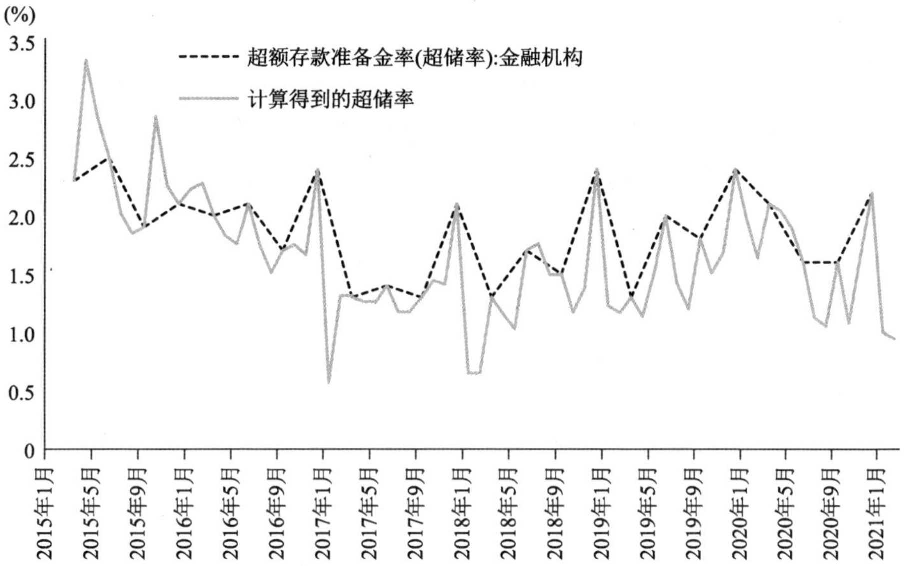

资料来源：Wind。

图 12.24　超储率的测算结果

第二步，对法定存款准备金、外汇占款、政府存款、M0、央行投放五项计算环比变化金额。

其中，外汇占款、政府存款、M0、央行投放这四项可以直接通过央行资产负债表计算得到。

这里法定存款准备金率的确定，我们用的方式和上面说的一样，以超储率为基准，反向推算法定存款准备金率。之后以推算得到的法定存款准备金率计算法定存款准备金和环比变化。

第三步，基于上述五项环比变化金额加总计算得到超额存款准备金环比变化金额。

第四步，计算得到当期的超额存款准备金的规模，同时计算得到超储率。

从测算结果上可以看到使用五因素的方式计算得到的超储率与央行公布的超储率比较接近(见表 12.5)。特别是在 2019 年之前，按照五因素法测算的超储率准确度很高。2019 年之后，随着其他项目波动的增加，按照五因素法计算的结果与实际值差距有所扩大，但趋势还是一致的。

表 12.5　五因素计算超储率

单位：亿元，%

	一般存款	超储率	总存款准备金	法定准备金环比变化	M0 环比变化	外汇占款环比变化	央行投放环比变化	政府存款环比变化	非金融机构存款环比变化	五因素超额准备金	六因素超额准备金	五因素超储率	六因素超储率
2017 年 3 月	1 384 105	1.30	227 141	7 075	301	−3 216	−4 028	−1 037		18 440	18 440	1.33	1.33
2017 年 6 月	1 407 863	1.40	229 662	805	−1 627	−1 056	5 195	4 087		18 868	18 868	1.34	1.34
2017 年 9 月	1 428 189	1.30	228 516	−2	2 771	−46	3 242	2 982	61	17 155	17 095	1.20	1.20
2017 年 12 月	1 448 755	2.10	243 802	3 428	897	−319	13 082	−2 469	94	29 473	29 379	2.03	2.03
2018 年 3 月	1 484 417	1.30	238 740	6 064	2 047	164	−2 328	−2 252	2 163	22 400	20 237	1.51	1.36
2018 年 6 月	1 511 780	1.70	237 805	−7 338	−3 103	242	3 522	5 667	1 851	27 835	25 984	1.84	1.72
2018 年 9 月	1 537 788	1.50	231 051	−4 121	1 665	−1 110	5 909	2 754	3 742	30 202	26 460	1.96	1.72
2018 年 12 月	1 563 012	2.40	235 511	−9 985	1 954	−1 527	2 184	−6 570	7 550	38 325	30 775	2.45	1.97
2019 年 3 月	1 633 403	1.30	209 648	−9 585	1 733	−20	−17 850	3 182	−3 548	24 312	27 859	1.49	1.71
2019 年 6 月	1 667 138	2.00	221 817	61	−2 361	−81	8 193	4 275	280	27 370	27 091	1.64	1.62
2019 年 9 月	1 684 984	1.80	212 230	−6 575	1 549	−101	4 915	2 844	403	40 338	39 935	2.39	2.37
2019 年 12 月	1 703 889	2.40	226 024	3 231	3 060	−37	10 974	−6 112	1 857	41 088	39 231	2.41	2.30
2020 年 3 月	1 788 794	2.10	212 681	−10 014	5 833	−238	−4 735	−1 640	−917	41 742	42 659	2.33	2.38
2020 年 6 月	1 850 616	1.60	207 203	2 477	−3 563	−337	−1 396	7 477	1 348	29 441	28 093	1.59	1.52

（续表）

	一般存款	超储率	总存款准备金	法定准备金环比变化	M0 环比变化	外汇占款环比变化	央行投放环比变化	政府存款环比变化	非金融机构存款环比变化	五因素超额准备金	六因素超额准备金	五因素超储率	六因素超储率
2020 年 9 月	1 872 510	1.60	209 650	2 097	2 911	−117	12 001	1 522	2 207	34 963	32 757	1.87	1.75
2020 年 12 月	1 883 406	2.20	222 906	1 781	1 943	−317	9 735	−1 093	−231	36 747	36 978	1.95	1.96

资料来源：Wind。

这里我们额外加入了非金融机构存款一项，这是因为在 2017 年 6 月，央行恢复储备货币下的非金融机构存款一项，这一项的规模在近两年变化较大，加入后也会比较符合实际情况。

在使用超储率衡量银行间资金面的时候我们需要注意几点。

第一，在比较超储率的时候需要结合往年同期数据来看。超储率的变化具有明显的季节性特征，可以看到在二、四季度的时候，银行间超储率会偏高，而在一、三季度的时候，超储率又会偏低（见图 12.25）。

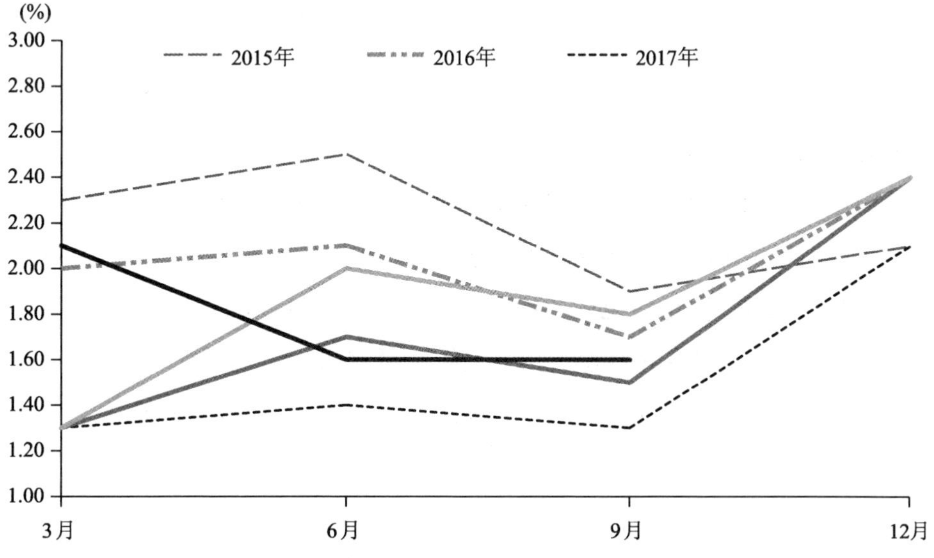

资料来源：Wind。

图 12.25　超储率变化有明显的季节性

这可能和春节、财政集中支出、监管考核、银行财务核算等因素有关，比如年底的时候财政支出规模往往比较高，市场流动性也会有所好转。

而在一季度的时候，财政支出规模小加上春节居民会持有大量的现金，所以一季度的超储率就会比较低。

超储率的季节性也意味着我们在比较的时候，需要注重同比走向上的变化而不是仅看绝对值规模。

比如2020年二季度的超储率是1.6％，略低于2019和2018年的水平，但仅凭这一点我们也很难看出银行间资金面紧张。

不过从走势上看，往年二季度的超储率会明显高于一季度，但是2020年二季度走势却明显相反，超储率异常地下降了0.5个百分点，这种与历史走势背离的现象更能反映出市场资金面的紧张。

第二，超储率适合用于分析中期的资金面，而不适合用于分析短期资金面。央行公布的超储率是季度数据，而即使是我们自己测算的超储率，也是月度数据，也存在滞后，这意味着超储率不能很好地跟踪当下的资金面变化。而很多投资者更在意的可能是短期内的资金走势，对此超储率则无能为力了。

12.2 从价的视角看市场流动性（资金价格）

相比于超储率（量），各类资金利率就不会存在频率低、数据滞后等问题了。

资金的价格（利率）是金融市场流动性供给与需求平衡后的结果，其中有反映银行间资金松紧情况的银行间存款类金融机构质押回购利率（DR系列），有体现银行间金融机构（非银）资金情况的质押式回购利率（R系列），也有体现交易所市场资金松紧的上交所回购利率（GC系列）和深交所回购利率（R-系列）等。

而不同的资金利率就是我们衡量市场流动性充裕与否的重要指标。

12.2.1 银行间回购

银行间资金交易的类型还是比较多的，比如质押式回购、买断式回购、同业拆借等。这几类利率的数据除了可以在Wind上获取，还可以直接在银行间同业拆借中心官网上实时获取。

其中,同业拆借(IBO 利率)指的是金融机构(银行)之间没有抵押品的资金融通行为,借钱全靠信用,所以能够参加的也就是银行。

买断式回购(OR 利率)类似于 A 先将自己持有的债券卖给 B,从 B 处获得资金,并约定好日期和利率,到期 A 从 B 处赎回债券。

这两类交易的规模都不大,不是我们关注的重点。我们一般更关注的是质押式回购利率,这是银行间资金交易的主要构成部分。

在银行间市场,质押式回购根据参与者的不同,也会被分为两类,即 DR 系列和 R 系列。

DR 系列和 R 系列都是指资金融入方将债券(DR 系列是利率债,R 系列的范围广一些)抵押给资金融出方来借钱的行为(债券所有权没有改变),这两者的主要区别是参与方不同。质押式回购区别于买断式回购的一点就是,质押式回购的债券所有权不发生改变。

DR 系列是存款类机构质押回购,即参与的主体主要是各类商业银行,其质押的债券也是利率债。

作为可以直接从央行手中获得基础货币的机构,银行是债券市场上当之无愧的大金主,加上相较于非银机构更高的信誉,所以 DR 系列的利率一般都是全市场最低的。主要反映的是中小银行从大行手里借钱的利率。

R 系列是银行间质押式回购,既包括了存款类机构(银行),也包括了其他非银机构(基金、券商资管等),一般能够比较好地表示各类非银机构从银行手里借钱的成本,在一定程度上也更具有代表性。

一般很多非银机构不太容易进入大行的白名单,所以市场上的资金往往是从大行流向中小行,再从中小行流向非银机构。由于非银机构的信用状况比较低、可能存在通道成本等原因,R 系列的利率会高于同期限 DR 系列的利率。

因为货币市场存在“央行—存款类金融机构(银行)—非银金融机构”的资金链条,加上非银机构信用状况低于银行,所以 R 与 DR 之间的差距能够较好地体现信用风险溢价和流动性溢价。

在流动性宽松的时候,市场资金充裕,资金会外溢到非银机构,市场借钱也比较容易，这时候 R 与 DR 的差距也会比较接近。

在流动性收紧的时候，市场资金紧张，银行要么不愿意将资金借给非银机构，要么会提高价格，R 与 DR 的差距也会走阔。

另外，在出现信用冲击的时候，R 与 DR 也会出现明显走阔。

以 2020 年为例，2020 年年初因为疫情，货币政策转向宽松，市场流动性充裕，于是 DR007 和 R007 都开始明显下行，两者之间的利差也在快速收窄（见图 12.26）。

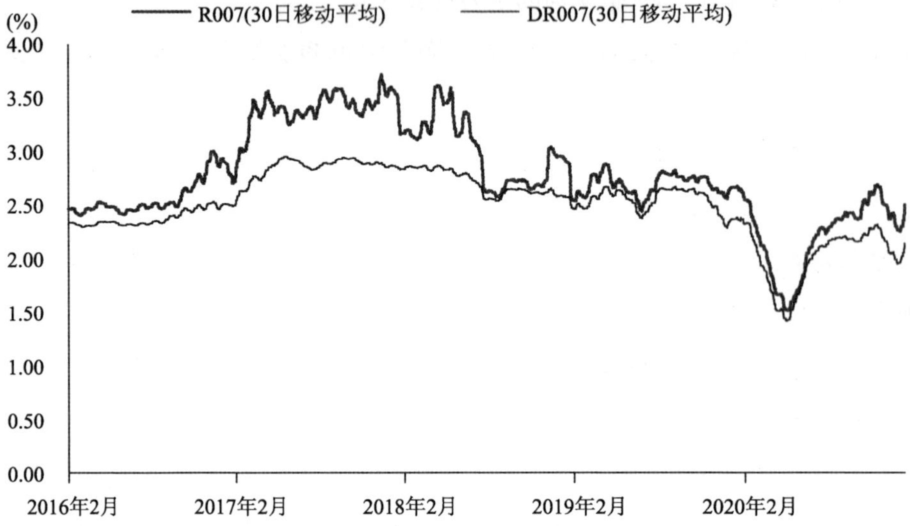

资料来源：Wind。

图 12.26　R007 与 DR007 的走势相近

到了 5 月，随着市场逐渐确认央行货币政策边际收紧后，R007 和 DR007 开始同步上行，并且利差开始扩大，非银机构借钱开始变得困难了，毕竟那时候很多银行也开始缺钱了，同业存单利率都出现明显上行。

到了 11 月，永煤事件爆发，市场信用风险也开始起来了，这时候 R007 向上的幅度明显快于 DR007，两者之间的利差再次被拉大。一直到央行加大货币投放力度，货币政策边际放松之后，两者之间的利差才开始有所收窄。

目前，在我国“央行—银行—非银”的体系下，央行主要通过银行调控流动性，而银行机构的流动性又主要体现在 DR 系列上，因此央行的货币政策开始逐渐锚定 DR 利率。

此前央行就提出要培育以 DR 为重点、健全中国基准利率和市场化利率体系的思路和方案,DR 利率逐渐成为央行的短期中介利率,而 OMO 利率则是央行的短期政策利率,所以 DR007 会以 OMO 利率为核心上下波动。

还有一点需要注意,目前 R 系列和 DR 系列下都包含了从 DR(R)001、DR(R)007 到 DR(R)1Y 等 11 个指标,我们应该重点跟踪哪些指标呢?

从规模上看,DR 和 R 系列成交量最大的主要是 DR001 和 R001,其成交规模占比长期维持在 80%以上,所以看隔夜利率的波动是最有代表性的。

但是隔夜利率有一点不好,就是其波动太大了。所以,在一些特殊场合,比如看趋势或者和其他变量做相关性判断的时候,我们一般使用 DR007 和 R007。它们的资金波动会小一些,而成交量虽然低于隔夜,但是相比于 14 天或 28 天又比较大,整体也具有代表性。

需要注意的是,Wind 和银行间同业拆借中心都不会实时披露 R 系列利率的波动情况,但是同业拆借中心会披露 R 系列利率的日报,所以我们在每日晚间才能知晓本日的 R 系列利率,不能实时跟踪具体走势。

12.2.2 交易所回购

交易所回购按照场所可以分为上交所和深交所,类型则主要是质押式回购,其中上交所质押式回购的代码是 GC,深交所质押式回购的代码是 R-①。

因为上交所的成交规模远高于深交所②,所以我们主要讨论 GC 系列。

需要注意的是,交易所回购除了质押式回购,还有协议式回购、三方回购等其他类型的回购业务。

如协议式回购就是指交易双方各自通过线下平台寻找交易对手,在线下确定好交易要素后,直接通过交易所平台提交订单,在利率、质押券等方面均由投资者自己协商(类似于银行的质押回购)。

另外,上交所协议回购的简称也是 R,比如隔夜就是 R001,所以我们在具体使用的时候,要避免混淆上交所协议回购利率与银行间质押式回购利率。一般上交

① R-001 表示深交所隔夜回购、R001 则表示银行间质押式隔夜回购,这一点需要注意。

② 过去一年 GC001 的成交额是 R-001 的 8 倍以上。

所协议回购因为参与方信用低于银行、质押券种评级往往更低，其利率水平会明显高于银行间质押回购，我们可以通过这一点区分。

不过这几种类型的规模较小，所以我们在分析时还是着眼于质押式回购。

交易所质押式回购（GC 系列）与银行间质押式回购最大的不同在于，交易所质押式回购实行中央对手方和标准券制度。

标准券制度是指交易时，债券正回购方需要先将质押的债券存放进质押库，并按照规定转换为标准券后，再用标准券去市场上融资。

在这样的制度下，中证登担当了中央对手方的角色，和资金融入方和资金融出方分别交易。相比于交易双方自己自行交易，中央对手方的引入使得资金融出方无须承担潜在债券违约风险。

比如某金融机构持有主体评级和债项评级均为 AAA 的公司债 1 100 万元，想要融入资金加杠杆。

假设中证登公布的折扣系数为 0.9，那么投资者能够从中证登换出 990 万元的标准券，之后再通过标准券去市场上融入 990 万元的资金。另外，持有标准券的投资者也不需要自己寻找对手方，它们是通过交易平台直接交易。

需要注意的是，交易所资金市场的参与者主要是各类非银机构，如基金、保险、资管、券商自营等，而银行（市场上最大的金主）是不能够参与交易所回购业务的，这也意味着交易所回购业务的规模会小于银行间市场。

不过，近年来监管层逐渐放宽了对银行参与交易所市场的限制，如 2019 年监管层就允许更多的银行参与交易所现券业务，预计之后监管或许会逐渐允许银行参与回购业务。

和银行间市场一样，GC 系列也包括 GC001、GC002……GC182 等多个指标，在跟踪交易所资金市场时，我们跟踪的是 GC001，原因和我们之前说的一样，GC001 在这几类资金市场中成交量最大，也更具代表性。

可以看到，相比于 R 系列，GC 系列的回购利率会更高一些，这更多的是流动性不足导致的。毕竟交易所回购实行的是标准券制度，信用风险的承担方是中证登，资金借出方是不存在债券违约风险的。

这种溢价更多的是因为作为金主的银行没有参与交易所回购，市场流动性不足产生额外的流动性溢价。

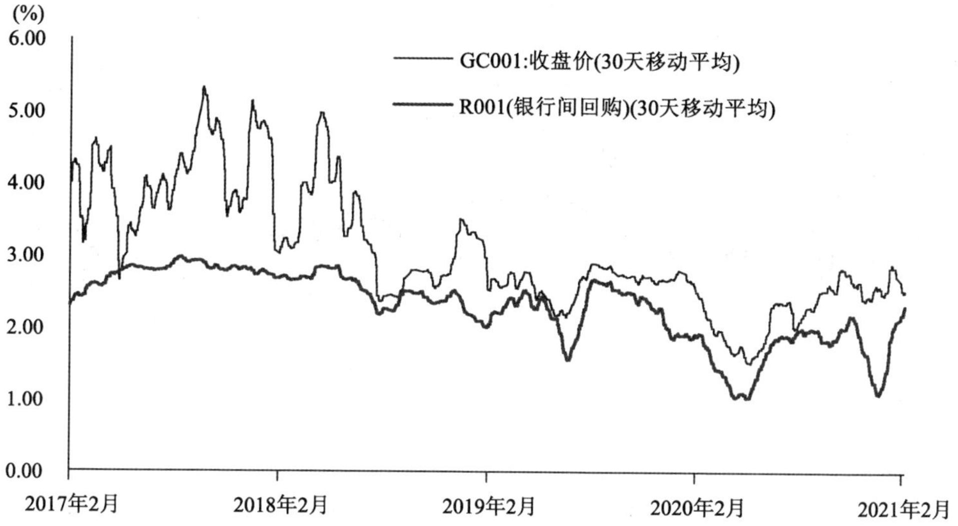

资料来源：Wind。

图 12.27　交易所市场流动性跟踪

12.2.3　同业存单等其他利率体系

同业存单利率与上面我们说的几类资金利率略有不同，同业存单是银行发行的用于补充中长期负债的一种方式，很好地反映了银行真实的资金需求以及获取资金的成本。

而且同业存单的利率除了受到市场流动性的影响，很大程度上也会受到监管的影响，比较明显的是在 2016 年年末到 2018 年年初，监管层开始大力整治金融乱象，去杠杆成为当时监管层关注的重点，而同业存单也是当时整治的重点。

在严监管下，同业存单的发行变得更加困难，发行成本也出现明显上行。所以我们能够看到当时同业存单利率的上行幅度明显高于其他资金利率，一来是期限长，要求利率自然高；二来则是银行中长期负债端压力比较大，只能付高利息融资。

而在 2020 年下半年的时候，因为监管压降结构性存款，加上当时货币政策也在边际收紧，银行的负债端是缺少中长期资金的。

在这样的情况下，银行会加大同业存单的发行规模筹集中长期资金，降低负债端压力。因此这一时期的同业存单利率是在快速上行的。

资料来源：Wind。

图 12.28 同业存单与 DR007 的关系

另外，Wind 也会公布 FDR 利率(定盘回购利率)、FR 利率、SHIBOR 利率等各类利率。

FDR 利率(定盘利率)是基于 DR 利率计算的。DR 系列利率是市场实时交易形成的价格，在不同时间段会出现明显的波动。而为了更便于定价，银行间同业拆借中心会以每个交易日上午 9:00—11:30 DR 利率为基准计算得到基准参考利率，即 FDR，包括 FDR001(以 DR001 为基准)、FDR007 等。

具体计算方法是将这一时期内所有的成交利率按照从大到小排序，相同交易对手方、相同利率的交易只记 1 笔交易计算，然后取其中位数编制，会在每个工作日的 11:30 公布。

类似的还有 FR，其推出早于 FDR，计算方式和 FDR 类似，和 FDR 一起被广泛地运用于利率互换、利率远期协议等衍生品市场，目前以这两者为利率标的的利率互换交易占比在 80%左右。

2007 年 Shibor 正式推出，其以报价制为基础，每个交易日根据 18 家报价行的报价，剔除最高、最低报价后，对其余报价进行算术平均计算得到。

目前,Shibor 也能比较好地反映货币市场松紧程度,根据央行此前的报告,其与 DR001、DR007 的相关性分别为 99% 和 95%。不过 Shibor 也存在运用范围小①、存在一定时滞等问题,市场一般不怎么关注。

另外,还有 Hibor 和 Libor 等代表离岸市场流动性状况的指标,它们和国内金融市场的直接关联度不高,在这里我们就不再展开了。

一般情况下,这些资金利率所表现出的流动性宽松或收紧的方向是一致的,即在流动性紧张时,各类资金利率都会上涨,而宽松时,则都会下行。但有些时候也存在分化,比如 R 系列与 DR 系列的背离就能体现出流动性出现了结构性分层。

除了利率指标,我们还需要关注资金情绪指标。资金情绪指标是由某一机构统计的,按照特定的方式计算的直接反映资金面松紧的指标。

Wind 会公布两类情绪指数。

一是由民生银行计算并公布的情绪指数(见图 12.29),根据其说明,数据是由央行操作及宏观指标水平、市场交易信息指标水平、交易员情绪三大类共计 23 项分项指标综合计算得到的。数值在 0～100,数值越大,表示市场资金面越紧张,反之则表示市场资金面比较宽松。

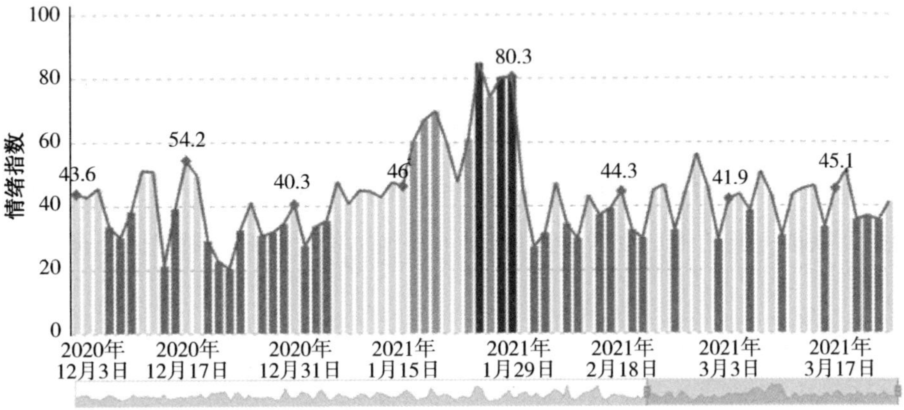

资料来源:Wind。

图 12.29　情绪指数

① 主要运用于浮息同业存单和利率互换等。

我们可以通过看该指标大致判断今天的市场资金面。

二是由上海国际货币经纪有限责任公司公布的资金面情绪指数(见图 12.30)。情绪数据从 0 至 100 递增,50 为均衡,超过 50 即反映资金紧张。

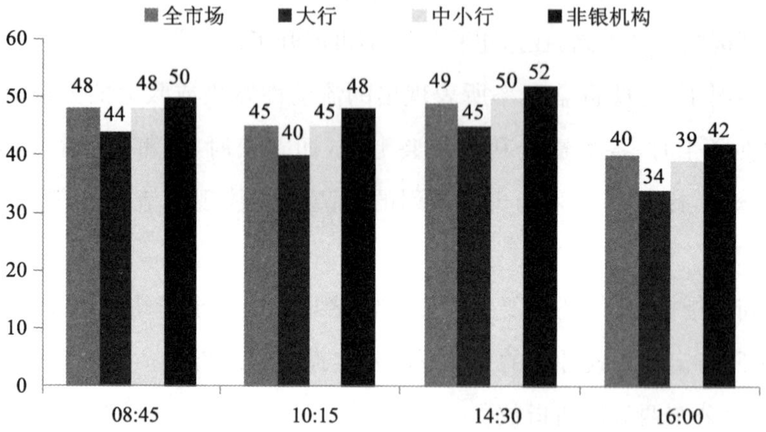

资料来源:Wind。

图 12.30 各机构的资金面情绪指数

与民生银行公布的数据不同,该指标分为全市场、大行、中小行和非银机构四类,除了能够体现全市场的资金面松紧程度,更能够反映不同机构各自面临的资金面松紧情况。

而且该数据的更新更为频繁,资金面情绪指数在每日的四个时点生成,分别为 8:45、10:15、14:30、16:00。我们也能够及时看到日内资金情绪的变化。

不过 Wind 目前仅公布当日的数据,暂时无法从 Wind 获取历史数据。如果投资者想要获取完整的历史数据,可以查看上海国际货币经纪有限责任公司的官网。

12.3 案例分析

12.3.1 月内流动性的跟踪

因为很多数据都是月度数据,所以对月内资金面的展望更多的是定性分析。这里我们以 2021 年 3 月第三周为例(3 月 15 日至 19 日)进行简单的分析。

要分析下周的资金面,我们要考虑的问题就是,3 月 14 日我们能够得到什么信息。考虑的角度则是从前面我们说过的超储率五因素出发的。

第一,央行投放,主要考虑的是逆回购和 MLF。除了春节等特定时期,央行逆回购的操作一般都是 7 天期的,所以这个周末我们就能知道下周的逆回购到期情况。

根据 3 月 8 日至 12 日的央行操作,我们就知道在 3 月第三周,每天到期的逆回购金额都是 100 亿元。

自 3 月 1 日以来,央行一直都维持 100 亿元逆回购的投放。按照央行的说法,现在市场更应该关注的是逆回购的利率,而不要在意逆回购的绝对量。所以站在 3 月 14 日,我们预计央行之后大概率也是以 100 亿元的规模投放,维持零投放、零回笼的水平。

MLF 方面,央行在 2021 年 3 月 16 日会有一笔 1 000 亿元的 MLF 到期。① 另外,按照惯例,央行现在会在每个月的 15 日(遇到节假日等往后顺延)操作 MLF,所以在 3 月 15 日会有一笔 MLF 操作。

那规模会是多大呢?这个只能依据当时的货币政策环境、央行的态度简单估算。

2021 年 3 月的货币政策环境大概率是偏稳健的,央行在逆回购上保持着零投放、零回笼,此前政府工作报告也指出 2021 年稳健的货币政策要灵活精准、合理适度,货币供应量和社会融资规模增速要与名义经济增速基本匹配等。2 月,央行就等量续作 MLF。

鉴于此,我们认为 3 月 15 日央行大概率也会投放 1 000 亿元的 MLF,维持到期和投放规模一致。

而且 2021 年 3 月,央行采取其他措施(比如定向降准等)的可能性也没有,所以 3 月第三周,央行无投放资金。

第二,缴税因素。根据税务局公布数据,2021 年 3 月的纳税截止日是 3 月 15 日,也就是周一。因为企业不会将所有资金都堆在纳税截止日,所以纳税导致的流动性收紧会被分摊到上一周。但我们也需要关注 3 月 15 日缴税带来的资金

---

① 即在 2020 年 3 月 16 日投放了一笔 1 年期的 1 000 亿元的 MLF。

面紧张。

第三,债券发行。站在3月14日,我们只能够知道下一周部分债券的发行情况。比如3月17日会发行500亿元的1年期国债和400亿元的10年期国债,3月19日会发行300亿元的50年国债和91天的贴现国债,但是规模未知。

除了债券发行外,债券发行的次日才是债券的缴款日,这一点需要注意,比如某地方政府在3月12日(周五)发行了500亿元的地方债,购买方在3月15日(周一)才需要缴款。

我们能够在Wind—债券专题——级市场—债市日历中获取下一周的债券发行情况(见表12.6),不过数据并不是完整的,如果站在这一周看下下周的债券发行情况,就只有很少一部分数据了。

表12.6 各类利率债的发行情况

单位:元

	3月15日	3月16日	3月17日	3月18日	3月19日	合计
地方债发行	326.15亿	204.62亿	136.23亿	247.66亿		914.66亿
国债发行			500亿1年期 400亿10年期		300亿50年期 91天贴现 (规模待定)	1 200亿以上
政金债发行	120亿	80亿	30亿	192亿		422亿
地方债净发行	−37.41亿	−162.08亿	136.23亿	97.82亿	−31.46亿	3.1亿
国债净发行	−400.1亿		600亿		300亿50年期 91天贴现 (规模待定)	500亿以上
政金债净发行	120亿	80亿	30亿	192亿		422亿

资料来源:Wind。

第四,缴准。因为每个月3次缴准,而3月15日正好也是银行缴准日,所以也要注意缴准带来的影响。

虽然在下面展望月度资金面的时候,我们会讲解通过环比均值等方式测算当月会增加的缴准规模,然后在此基础上,假设存款在月内是平均的,这样就能估算出一个缴准数据。但是这种估算没太大意义，误差会比较大。

至于其他因素，我们不再考虑，比如财政支出情况，这个只能精准到月，比如 3 月是财政支出大月，但是这一周财政支出规模并没有具体的数据。

表 12.7　周度资金日历

单位：元

	3 月 15 日	3 月 16 日	3 月 17 日	3 月 18 日	3 月 19 日	合计
逆回购到期	100 亿	100 亿	100 亿	100 亿	100 亿	500 亿
MLF	MLF 续作	1 000 亿 MLF 到期				
缴税因素	缴税申报日					
缴准因素	缴准日					
地方债发行	326.15 亿	204.62 亿	136.23 亿	247.66 亿		914.66 亿
国债发行			500 亿 1 年期 400 亿 10 年期		300 亿 50 年期 91 天贴现 (规模待定)	1 200 亿以上
政金债发行	120 亿	80 亿	30 亿	192 亿		422 亿

资料来源：Wind。

12.3.2　银行间回购

分析月度资金面其实和分析月内资金面还是有点类似的，主要也是基于超储率五因素的角度分析。这里我们选择 2020 年 7 月的数据讲解，分析站在 2020 年 6 月末，怎么大致判断 7 月的流动性。

(1) 央行投放

因为 6 月的资金面比较紧张，所以当时央行投放了几笔 14 天期的逆回购(见表 12.8)。计算一下就知道 7 月会有 6 500 亿元的逆回购到期。另外，在 2020 年 7 月 15 日和 7 月 23 日，均有 2 000 亿元的 MLF 到期。

表 12.8 2020 年 7 月公开市场操作到期情况

到期日期	项目	到期量(亿元)
2020 年 7 月 1 日	逆回购到期	1 800
2020 年 7 月 2 日	逆回购到期	700
2020 年 7 月 3 日	逆回购到期	1 100
2020 年 7 月 5 日	逆回购到期	1 000
2020 年 7 月 6 日	逆回购到期	800
2020 年 7 月 7 日	逆回购到期	1 100
2020 年 7 月 15 日	MLF 到期	2 000
2020 年 7 月 21 日	央票到期	50
2020 年 7 月 23 日	MLF 到期	2 000
2020 年 7 月 23 日	TMLF 到期	2 977

资料来源：Wind。

额外需要注意的是，在 7 月 23 日还有一笔 TMLF 到期。

那么，怎么看这个月的央行投放呢？

2020 年年初，因为疫情，货币政策转向宽松，在降准、再贷款投放、MLF 净投放等方式下，市场流动性在 4 月之前是比较充裕的。但是 5 月之后，央行货币政策开始边际收紧了，比较直观的就是 5 月 DR007 等货币市场利率开始回升。

此后在一些场合，监管层对货币政策的表述开始转向。比如在 6 月 18 日的会议上，易纲表示目前疫情应对期间的金融支持政策具有阶段性，要提前考虑适时退出政策工具。郭树清也表示中国不会搞大水漫灌，更不会搞赤字货币化和负利率。

而在 4—6 月，央行都是缩量续作 MLF 的，比如 6 月的 MLF 到期 7 400 亿元，但是央行仅仅续作了 2 000 亿元。

在这样的基调下，预计 7 月的 MLF 大概率平量或者略微缩量续作，但是 TMLF 是不会续作了。而逆回购则更多的是起到平滑月内资金面情况的作用。总的来说，央行投放对市场流动性整体的影响偏负面。

(2) 政府存款

政府存款需要关注这么几项：

一是缴税,7 月向来是缴税大月。2018、2019 年 7 月财政税收收入分别是 1.61 万亿元和 1.56 万亿元。2020 年 6 月 PMI 数据显示国内经济还在持续修复,5 月工业企业利润当月同比转正,对应的是 2020 年 5 月税收收入明显回升。不过考虑到政策要减税降费,预计 7 月的缴税规模会在 1.5 万亿～1.6 万亿元,与往年接近。

二是政府债发行。债券发行是 7 月流动性的一个重要影响因素。

① 特别国债,2020 年一共发行 1 万亿元,6 月已经发行 2 900 亿元,这意味着 7 月会有 7 100 亿元特别国债发行。

② 国债方面,2020 年财政赤字 3.76 万亿元,其中中央财政赤字 2.78 万亿元,所以今年新增国债应该也是 2.78 万亿元,而 1—6 月国债净融资额为 1.1 万亿元,剩余还有 1.68 万亿元的国债净融资。

③ 地方债方面,2020 年地方财政赤字 9 800 亿元,即新增一般债为 9 800 亿元,加上 3.75 万亿元的新增专项债融资,2020 年新增地方债为 4.73 万亿元。1—6 月地方债净融资额为 2.85 万亿元,剩余净融资额为 1.88 万亿元。

国债发行节奏虽然往年比较平均,但是 7 月有 7 100 亿元的特别国债发行,国债和地方债在发行时,预计会为特别国债让路。再考虑到 7 月还有 3 900 亿元的国债到期,我们预计 7 月的国债发行额大约在 1.1 万亿元。

地方债由于特别国债的原因,大概率在 7 月会少发。参考 6 月,当时地方债到期 3 350 亿元,发行 2 866 亿元,净融资－491 亿元。7 月地方债到期 2 714 亿元,加上还有约 1.88 万亿元新增债没发,我们估计地方债的发行规模约在 4 000 亿元,除了偿还到期债务,净融资约为 1 200 亿元。

表 12.9　地方债发行节奏

	2016 年	2017 年	2018 年	2019 年	季度平均	平均值	2020 发行量(亿元)
1 月	0.0%	0.0%	0.0%	9.60%	16.05%	2.40%	7 850.64
2 月	2.8%	0.3%	0.7%	8.3%		3.03%	4 379.22
3 月	13.0%	10.6%	4.6%	14.3%		10.62%	3 875.23

（续表）

	2016 年	2017 年	2018 年	2019 年	季度平均	平均值	2020 发行量(亿元)
4 月	17.6%	7.5%	7.2%	5.2%		9.38%	2 867.60
5 月	8.7%	12.6%	8.5%	7.0%	34.14%	9.20%	13 024.58
6 月	17.0%	11.8%	12.8%	20.6%		15.56%	2 866.78
7 月	6.5%	19.4%	18.2%	12.7%		14.21%	4 000
8 月	13.9%	10.8%	21.2%	13.1%	37.87%	14.73%	
9 月	4.5%	8.2%	18.0%	5.0%		8.92%	
10 月	7.9%	7.8%	6.1%	2.2%		6.01%	
11 月	6.4%	10.4%	1.1%	1.0%	11.95%	4.73%	
12 月	1.7%	0.7%	1.5%	0.9%		1.21%	

资料来源：Wind。

综合考虑地方债和国债，7 月债券供给达到 1.5 万亿元，净融资额在8 300 亿元左右。

总之，政府存款会受到财政收入、财政支出、发债情况等因素的影响。

2017—2019 年政府存款分别增加 10 330 亿元、7 200 亿元和 6 072 亿元。2020 年 7 月纳税保持稳定，而此前政府工作报告也提到“两新一重”财政资金逐步到位，财政支出力度不小。在这样的情况下，我们预计政府存款增加5 000 亿～6 000 亿元。

这里除了存款总规模，还需要注意的是，债券发行节奏以及缴税节奏对月内流动性的影响。比如缴税是在 7 月 15 日，7 月 15 日前几个工作日，资金面就会比较紧。

三是缴准。2020 年 7 月的加权法定准备金率应该在 9.4%左右，2020 年 5 月央行公布的数据是 9.4%，5、6 月并未降准，7 月虽然特别国债发行压力有点大，但是国债和地方债预计会为特别国债让路，债券发行压力还是可控的，加上央行态度在当时是偏向边际收紧的，所以大概率不会降准。

存款基数的范围我们已经在前面说过了,一般存款=境内存款-财政性存款-非银行业金融机构存款。在过去 5 年间,7 月的存款基数略低于 6 月,根据历史环比均值,预计 7 月的存款基数相比于 6 月会减少约 1.2 万亿元。即如果法定存款准备金率不变,缴准会导致流动性增加 1 128 亿元。

四是外汇占款。2020 年 5 月外汇占款规模为 21.18 万亿元,环比减少了 112 亿元(6 月数据需要等到 7 月才披露)。外汇占款自 2019 年以来的月度变化都在 200 亿元以内,对市场的整体流动性影响已经不大了。

就 7 月来说,5 月的出口是不弱的,另外,因为海外已经开始大放水,中美利差开始大幅走高,外资也在加速流入国内资本市场。

同时,因为中国经济基本面率先开始好转,而美国当时的疫情还比较严重,并出现了反弹,加上美联储大放水,人民币有望走强。

在这样的预期下,外汇占款对流动性可能是有正向支持的。

五是 M0。根据历年 M0 的环比变化情况,7 月份 M0 环比走高,2014—2019 年间,M0 平均环比增长 0.4%,预计 2020 年 7 月 M0 环比增加约 300 亿元,对银行间流动性有略微的负面影响。

商业银行库存现金在每年 7 月则会有所下滑,过去 5 年平均下滑约 220 亿元,2020 年 7 月预计也在 220 亿元左右。两者合计增加 80 亿元。

综合来看,2020 年 7 月,财政存款、M0、库存现金对流动性是负面影响,其中财政存款会吸收 5 000 亿~6 000 亿元的流动性,M0 和库存现金合计吸收 80 亿元左右的流动性。而缴准则会投放约 1 128 亿元的流动性。外汇占款对流动性影响偏中性。

央行的投放则会偏负面。央行已经连续多个月缩量续作 MLF 了,7 月央行对 MLF 也会是平量或者缩量续作,而且还有 2 977 亿元的 TMLF 到期,预计大概率是不会续作了。所以央行投放对市场流动性是负面的。

因此,预计 7 月的流动性大概率会比较差。在央行边际收紧、财政存款走高的情况下,市场资金利率很难下行。

第13章

流动性分析（二）

在这一章，我们着眼于分析资金的供需结构，其中，资金的供给端主要是指央行；需求端则按照资金的流向，可以分为实体融资需求和非实体融资需求。

在上一章,我们分析如何从量(超储率)和价(资金利率)的角度看当下的资金面情况。在这一章,我们则着眼于分析资金的供需结构,以及流动性与债券市场的关系。

资金面的松紧直观来说就是货币市场利率的变化,即资金的价格波动。而谈到价格,我们就会想到要从供给和需求两端分析价格的波动。

资金的价格也是由供需双方决定的,如果市场上的资金供不应求,那么资金的价格(利率)就会抬高;反之,如果资金供过于求,"钱溢出来了",那么资金的价格(利率)自然就下来了。

资金的供给端主要是指央行。央行货币政策宽松,向银行投放流动性,那么金融机构自然不缺钱。反之,货币政策收紧,央行捂紧口袋,那么金融机构的流动性会比较紧张。

这一点和上一章说的央行投放成为影响超储率水平最主要的因素是一致的。

资金的需求端也有不同的划分。

第一种是按照资金的流向,分为实体融资需求和非实体融资需求。如果实体融资需求旺盛,钱都流向了实体,对债市而言自然不是一个好消息;反之如果实体融资需求弱,资金淤积在金融体系内部,债市等金融市场的表现就不会太差。

第二种,按机构类型分,大致可以分为银行的需求和非银机构的需求。

银行对资金的需求主要来源于满足监管指标要求、补平资产负债表与日常资金清算和结算需求(每月三次的法定存款准备金缴纳)等。

非银机构的资金主要来源于银行,相应的资金成本也会高一些,所以它们在投资的时候,会通过加杠杆、加大期限错配力度(用短期负债买长期资产)等方式赚取更高的收益,这就意味着它们需要在市场上借钱以维持资金链的稳定。

13.1　资金的供给

资金供给有广义和狭义之分。其中,狭义的资金供给指的是央行投放基础货币。而广义的资金供给指的则是基础货币经过信用派生后的总供给量。本章我们分析的是狭义资金供给。

基础货币也就是央行资产负债表下的储备货币(是央行的负债),主要包括流通中的现金、商业银行的库存现金、法定存款准备金和超额存款准备金四项。

作为央行资产负债表下的一项,基础货币的变动要么是由资产端项目的变化导致的,要么是由央行负债端项目的变化导致的。

13.1.1　央行投放基础货币的方式

央行投放基础货币的方式大致经历了三个不同阶段。

(1) 2000 年之前

这一时期央行主要是通过再贷款[①]投放基础货币。据统计,截至 1993 年年末,再贷款总量达到了 1.06 万亿元,有超 70%的基础货币通过再贷款投放。

不过在 20 世纪 90 年代后期,随着中国对外开放程度的不断提高,中国对外贸易顺差规模开始扩大,加上央行收回下级人行的再贷款权限,外汇占款开始逐渐取代了再贷款的地位。

(2) 2001 年到 2014 年

在这一时期,外汇占款成为基础货币的主要投放渠道。

加入 WTO 之后,中国凭借着人口红利和廉价的要素成本等优势,快速崛起成为世界工厂,贸易顺差规模不断扩大,经常性账户持续顺差。

另外,当时中国经济的崛起也吸引了大量国际资金进入国内投资建厂(直接投资),并参与中国的金融市场,所以资本账户也保持着顺差。

经常性账户和资本账户的"双顺差",为我国带来了大量的外汇。同时,2012 年之前,我国实行的还是强制结售汇制度,由外贸企业和个人赚回来的外汇通过商业银行上缴到央行。

具体来说,企业在赚取外汇后,会通过商业银行把外汇换成人民币,然后往往会直接将这笔人民币存入银行,这对银行而言就相当于同时多出一笔外汇资产和一笔存款(负债)。

商业银行获得外汇后,又会向央行兑换人民币,这样商业银行就又从央行获取

① 即商业银行向央行贷款,体现为对其他存款性公司债权。

了一笔无成本的资金。这一过程类似于央行向商业银行投放基础货币。

对商业银行来说,在整个流程中,它们既能够获得居民的存款,也能够获得来自央行的资金,所以在这一阶段银行往往并不缺少流动性。而且因为大小银行都能够从央行手里换汇,所以银行之间的流动性分层也不明显。

那时更需要注意的是流动性过剩,由于经常性账户和资本账户的顺差规模快速扩大,央行向市场投放了过多的基础货币,在 2005 年,外汇占款当年增量一度接近基础货币当年增量的 3 倍。

为了防止市场的流动性泛滥,央行就只能通过提高法定存款准备金率、发行央票等方式从市场上回收流动性,避免货币超发。可以看到当时存款类金融机构的法定存款准备金率一度达到了 21.5%(见图 13.1),央票存量规模也超过了 4.5 万亿元。

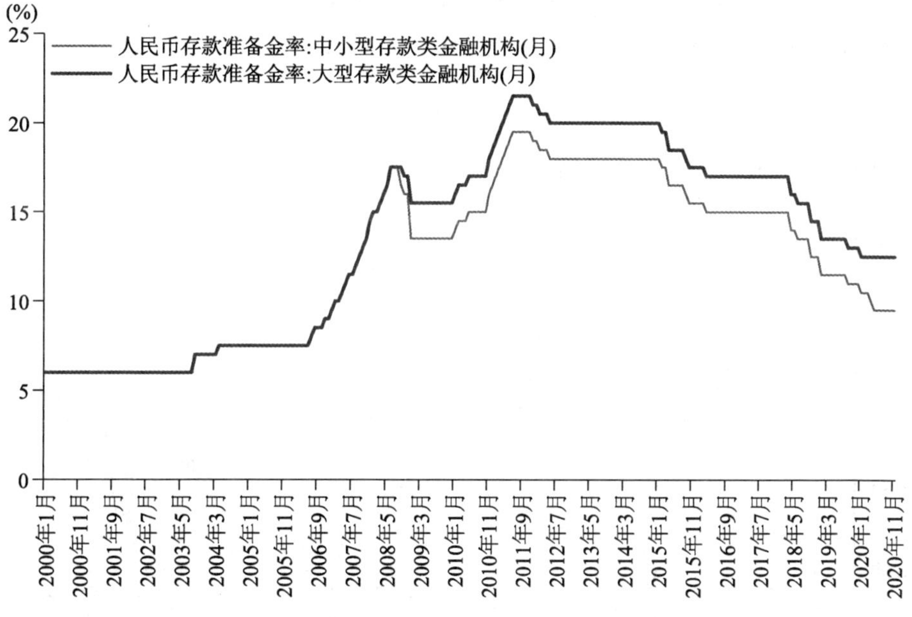

资料来源：Wind。

图 13.1　外汇占款时期,银行法定存款准备金率一路上行

这也意味着当时央行货币政策的独立性其实很差。由于基础货币的投放取决于进出口和资本流动,央行并没有掌握基础货币投放的主动权,很多货币政策都是为了对冲由外汇占款导致的货币超发而出台的，货币政策自主性受到了很大的限制。

(3) 2014 年至今

在这一阶段外汇占款规模逐渐下滑，央行创建了多样化的货币政策工具，主动投放基础货币。

经历了十多年的发展后，中国内外部经济环境发生了明显的变化。

一来人口红利结束、要素成本上升带动出口商品成本上升，比较优势降低，中国的贸易顺差规模开始减小；

二来随着中国经济增速下滑，国内投资回报率随之下滑，国际资本开始逐渐撤离中国，资本项目顺差减少；

三来中国汇率制度改革，央行推动汇率逐步市场化，减少主动购汇，人民币结束了一直升值的态势，加上原先的强制结售汇制度改为意愿结售汇制度，企业和居民也开始持有一定规模的外汇(见图 13.2)。

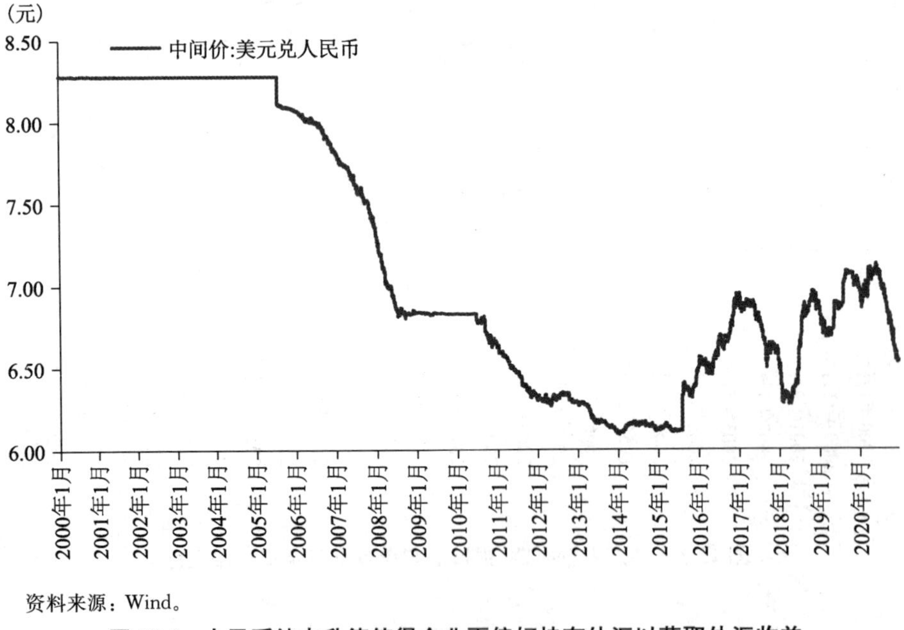

资料来源：Wind。

图 13.2　人民币结束升值使得企业更偏好持有外汇以获取外汇收益

经常性账户和资本账户的变化使得流入央行手里的外汇不增反减。2014 年之后,央行持有的外汇总规模一直在减少,其中 2015 和 2016 年央行的外汇持有量减少均超过 2 万亿元。这意味着外汇占款从投放基础货币的渠道变成了回收基础货币的渠道。

在这样的情况下,央行就需要探索新的方式主动投放基础货币。

前期不断提高的法定存款准备金率为央行在这一时期投放基础货币提供了不小的空间。在 2014 年之后,法定存款准备金率进入下行通道,大型金融机构的准备金率从 2014 年的 20%下滑到了现在的 12.5%。

但是法定存款准备金率的覆盖范围太广,信号意味太强,如果是全面降准,不仅会向市场释放大量的基础货币,不利于央行实现其他目的,如控制房价,而且降准是数量型货币政策,只能调控流动性总量,不能直接快速地调整资金价格,无法有效地引导市场利率的变化。

所以我们能够看到在 2013 年,外汇占款开始呈现后继乏力的时候,央行就开始借鉴国际经验创设更加丰富的新型货币政策工具,如 SLF。

此后随着外汇占款增量由正转负,央行创建的各类新型货币政策工具(如 MLF、PSL 等)才开始被频繁地使用。

央行创建的各类工具也形成了完善的期限搭配。比如对于短期资金需求,央行可以通过公开市场操作及时调节市场流动性;对于中长期资金,央行则可以通过 MLF 等工具调节。

除了对市场资金总量的调控,央行也开始重视调控市场利率,MLF 和 OMO 的利率也逐渐成为央行的中长期和短期政策利率。在现有的利率框架之下,货币市场利率锚定的是 OMO 利率,而贷款利率(LPR)锚定的则是 MLF 利率。

通过调整 OMO 利率和 MLF 利率,央行就能够有效地引导市场利率的走势,传达央行货币政策的意图,这一点我们会在下一章讲解货币政策的时候详细说明。

在后外汇占款时代,货币政策工具成为央行投放基础货币的主要渠道。可以看到在 2014 年之后,央行对其他存款公司债权的当年增量多次超过当年基础货币增量(见图 13.3)。

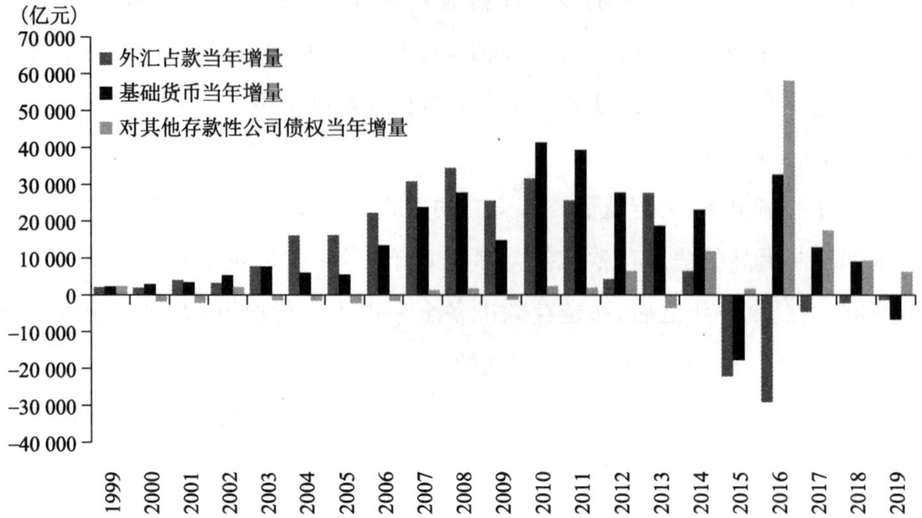

资料来源：Wind。

图 13.3　对其他存款性公司债权占基础货币比重提高

比较明显的是 2016 年，面对当时快速减少的外汇占款，央行加大了货币投放力度对冲外汇占款减少带来的冲击。

13.1.2　央行货币政策工具成为市场上流动性投放的主要渠道后带来的一系列衍生变化

（1）金融市场原有的流动性结构发生了明显的变化

原先央行对市场的流动性影响力比较小，当时由于外贸业务和个人出入境在全国范围内存在，各类银行都能够通过换汇从央行手里获取基础货币并获取居民存款，大型银行和中小银行的区别没有那么明显。

但是，现在就不一样了。央行成为流动性投放的源头后，市场的流动性就形成了"央行—大型银行(一级交易商)—中小银行—非银机构"这样一个比原先更长的资金链条(见图 13.4)。

第一级是以国有大行、优质股份行和部分中小行等为代表的公开市场业务一级交易商。它们能够和央行直接进行资金交易往来，比如从央行手里获取 MLF 等。

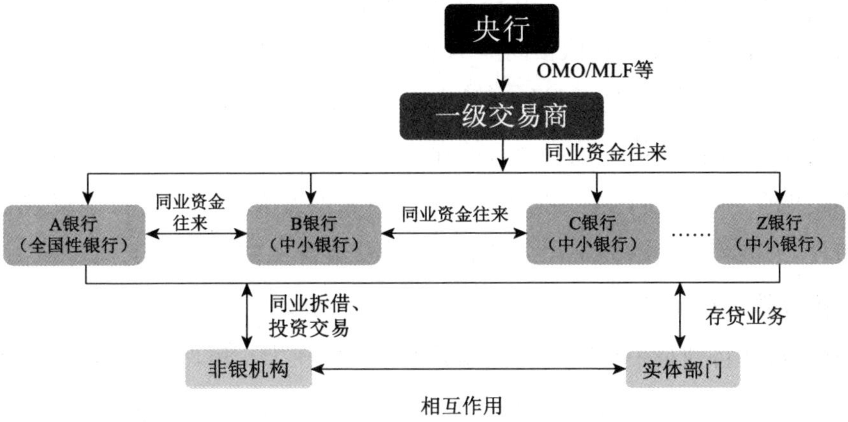

资料来源:Wind。

图 13.4 流动性结构

能够成为一级交易商的银行不多,2020 年央行公布的一级交易商名单仅包括了 49 家机构,主要是各种类型的银行,不过有 3 家是例外,分别是中信证券、中国国际金融股份有限公司和中债信用增进投资股份有限公司。

第二级是除了一级交易商以外的其他中小银行,主要是遍布全国各地的城商行和农商行。

这类银行因为不能直接从央行手里获取资金,所以只能通过和一级交易商交易获取资金(同业往来)。因为大家都是银行,信用风险比较低,所以从央行手里拿到钱的大行也更愿意把钱借给中小银行,而不是直接给非银机构。

第三级是非银机构。非银机构数量众多,不过大部分非银机构难以进入大行的白名单,不能直接从大型银行手里获取资金,它们更多的是和中小银行合作,从中小银行手里借钱,是流动性链条的最末端。

在"央行—大型银行—中小银行—非银机构"这样的流动性链条下,市场比较容易出现流动性分层,特别是非银机构作为流动性的底层,对这一点的感受最为明显。

比如包商银行事件后,银行同业刚兑打破,这时候大行就不太愿意将资金投放给中小行了,而拿不到钱的中小行自然也就没钱给非银机构。

所以我们能够看到,包商银行事件后,中小银行的同业存单发行明显缩量(没人买了)，而 R007[①] 相比于 DR007[②] 也明显走高。

(2) 银行的负债端更加依赖同业负债

在外汇占款时代，无论是大行还是中小行，都能够通过向央行兑换外汇获取基础货币，也能够由此获取单位或个人的存款，所以银行的负债端是有保障的。

但是现在，很多银行(主要是中小银行)一来丧失了直接从央行手里获取资金的能力，二来因为互联网金融产品的普及、大型银行揽储竞争力更强等原因，负债端的居民存款也在下滑。

因此，银行特别是中小行的负债端面临很大的压力。虽然这一时期，利率市场化也开始改革，银行存款利率上限放开，但是相比于当时市场上“隐性刚兑”且高息的“类存款”产品，银行的竞争力依旧不强，存款在持续地被理财等资管产品分流。

在存款不给力的时候，中小银行为了维持负债端稳定，就只能向大型银行借钱，毕竟后者不仅能够从央行手里拿钱，而且在市场上的揽储能力也很强。

央行为了解决银行出现的负债缺口，也开始创新银行的同业负债工具，尝试通过扩大银行的同业负债规模弥补银行在零售端的负债缺口。

当时，银行间同业负债的形式主要包括三类：同业拆借、同业存款和同业回购，分别对应银行资产负债表下负债端的拆入资金、同业和其他金融机构存放款和卖出回购金融资产这三项。

然而，这三种工具，一来缺乏流动性，而且除了同业存款外，基本都是短期资金，只能满足短期资金需求，对中长期负债无能为力。二来，三者都受到银监会三分之一的同业负债比例限制，没有办法做大规模。

在这样的背景下，2013 年年末央行宣布银行可以发行同业存单获取资金。而相比于另外三种同业负债工具，同业存单存在诸多优点：

① 当时同业存单不纳入同业负债口径，也就不受三分之一比例的影响[③]；

② 同业存单可以跨区域吸收负债，不受区域限制；

③ 期限较长且稳定，最先开始的时候银行是可以发行 1 年以上期限的同业存

---

① 银行间质押式回购利率，可以反映非银的借钱成本。

② 存款类机构质押式回购利率。

③ 2018 年央行才将资产规模 5 000 亿元以上的银行发行的 1 年以内同业存单纳入 MPA 同业负债占比指标考核。

单,而即使限制之后,同业存单的期限也都在 1 个月以上、1 年以内,对银行来说是稳定的中长期负债;

④ 不用缴纳准备金。

这些因素使得同业存单在推出后大受银行欢迎,很多中小银行(以城商行和股份行为代表)通过发行同业存单获取同业负债(见图 13.5)。截至 2021 年 3 月,市场上同业存单的规模超过 11 万亿元,成为债券市场上最主要的交易品种之一。

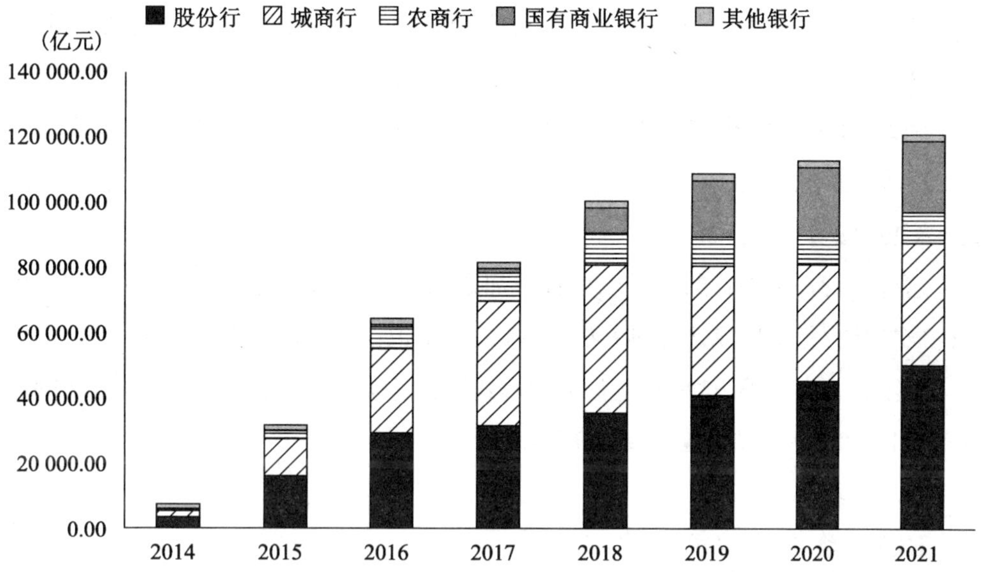

资料来源:Wind。

图 13.5　股份行、城商行是同业存单发行的主力

相应地,我们也能够依据同业存单的变化简单衡量银行负债端的压力。一般情况下,在同业存单量价齐升的时候,其体现的就是银行这时候非常缺负债,需要通过发存单弥补负债缺口。反之,在同业存单量价齐缩的时候,往往表示银行的负债端压力不大,不缺钱。

比如在 2020 年下半年,由于监管压降结构性存款、央行货币政策边际收紧等原因,银行的负债端压力是比较大的,因此当时同业存单发行量和发行规模都出现了明显的上行。

(3) 银行的负债成本变高了

在外汇占款时代，银行的负债主要是单位和个人的存款，而在当时存款的利率很低，活期存款的基准利率在2013年仅为0.35%，6个月的定期存款利率(整存整取)也不过2.8%。

而当银行特别是中小银行开始依赖同业负债之后，它们的负债端成本就会出现明显上行。

比如在2015年，当时6个月的定期存款基准利率在2%左右，而同业存单的发行利率普遍在3%以上，这还是当时央行连续降准，使得市场流动性充裕带动同业存单利率下行的结果，不然两者之间的利差会更大。

例如，某银行2019年公布的年报就显示，从客户手里获取存款的平均成本为1.58%，但是同业存拆放款的平均成本达到了2.26%，而应付债券(主要是存单)的成本率更是达到了3.5%。

这种大行—中小行的模式也很容易加剧银行之间的分化，毕竟大行能够以更低的成本从央行手里拿钱，之后又以更高的利率把钱借给中小银行。

除了这几点之外，这种同业负债的模式还容易带来一些其他的问题，比如同业链条拉长，资金冗余在金融体系内部等。

13.2 资金的需求

13.2.1 实体资金需求和非实体资金需求

简单来说，资金一般就两个去处，要么流向实体经济，比如银行发放信贷、表外贷款(信托贷款等)、金融机构购买非标产品等；要么淤积在金融体系内部，比如银行借钱给非银机构，非银机构再拿钱去买银行同业存单。

决定金融机构资产投向的主要是实体经济的融资需求、金融资产的投资收益以及监管要求。

在实体融资需求旺盛的时候，金融机构一般更愿意把钱借给实体经济，毕竟实体给的利息都比较高，像非标的收益一般都超过6%。所以如果实体信贷需求很强，银行间的流动性就会逐渐收紧。

在实体融资需求减弱的时候,实体不需要那么多资金,金融机构就需要去寻找新的投资渠道。这时候,资金容易淤积在金融体系内部,出现资金空转。

(1) 实体融资需求旺盛,资金主要流向实体经济

比如 2008 年金融危机爆发后,中国财政和货币政策进入宽松时期,在政策的推动下,以基建和房地产为代表的实体融资需求十分旺盛,资金逐渐从金融市场流向实体经济,对应的是货币市场利率一路走高。

而且当时因为存在信贷额度不足、信贷行业约束、银行为了减少资本计提、增厚利润等因素,会通过非银机构间接向实体经济放款。

比如最开始的银信合作模式,即银行投资信托公司发行的信托计划,再由信托公司出面购买非标,因为非标给出的收益率很高,银行和信托都有的赚。

后来随着监管开始加大对银信合作的监管力度,这种简单的信银合作模式就很难开展了。

到了 2012 年,当时实体经济融资需求旺盛,贷款需求指数出现了一波明显的回升(见图 13.6)。

在鼓励金融创新的大背景下,银行为了将资金投向房地产等领域,开始通过与基金、券商和信托展开合作,规避之前的银信监管,将资金投向实体领域。

如银行委托证券公司或基金设立资管计划,再由信托与资管计划成立单一资金信托,最后由信托购买非标等方式向实体投放资金。除此之外,还有委托贷款、三方回购等其他模式。

因为非标给出的收益高于债券,且那时候几乎都是刚兑的,信用风险很低,所以金融机构当时都比较偏爱非标,而不怎么愿意将资金投向债券。这也是当时市场上说“非标不死、债券不兴”的原因之一。

当然这一逻辑的背后并不仅仅是品种替代,即银行等金融机构用非标替代债券。

更顺的逻辑应该是从基本面理解,也就是非标代表着实体的融资需求,在非标需求旺盛的时候,往往基建、房地产等领域的发展也不会太差,相应的经济基本面也会随之好转,这或许才是在非标旺盛的时候,债市走势一般的主要原因。

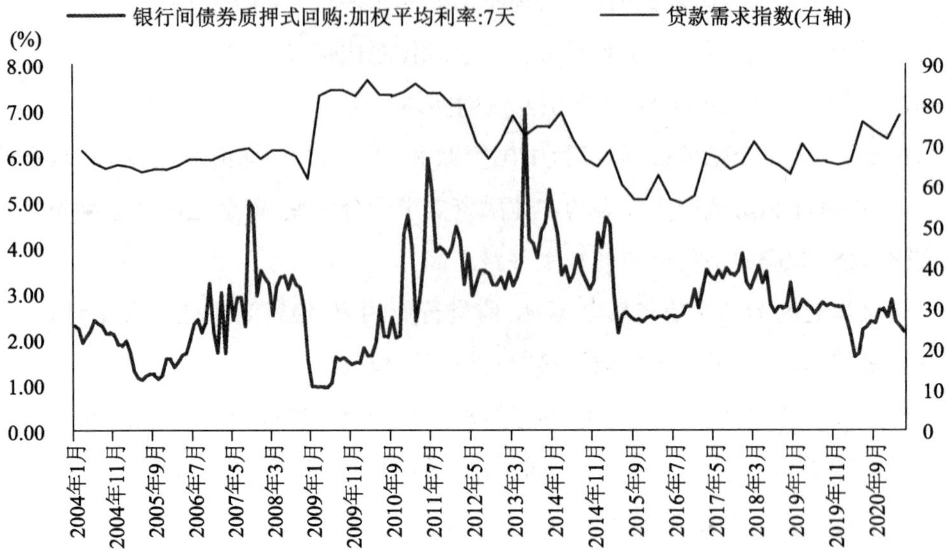

资料来源：Wind。

图 13.6 贷款需求指数与银行间市场利率存在一定的正相关

(2) 实体融资需求弱,资金在金融体系内空转

在 2014 年之后,一方面是外汇占款减少,市场的流动性链条发生了改变;另一方面也是更重要的一点是,当时中国经济进入了下行周期,实体融资需求减弱,2014—2016 年,贷款需求指数大幅下行。

国内经济进入下行周期后,虽然监管层放松了对非标的监管,但是一来实体企业不景气,市场融资需求明显下滑,非标增量不足;二来,实体经营状况趋于恶化,直接给实体放贷的潜在风险加大,银行等金融机构也就不愿意直接向实体发放资金了。

在这样的背景下,银行等机构的资金开始流入债券市场,并使得债券市场进入了一轮牛市行情。

但是随着债券收益率的下滑,一个问题就出现了,各类非银机构为了争夺资管市场,发行的资管产品都是预期刚兑的,谁也不愿意率先下调收益率,负债端的成本比较高。但是在债券收益率下行后,资产端的收益就不行了。

可以看到在当时随着债券收益率的下滑,理财产品的预期收益率和债券收益率甚至出现了倒挂(见图 13.7)。

资料来源：Wind。

图 13.7　理财与信用债收益率出现倒挂

这对非银而言,还能够通过加杠杆①、加久期、下沉信用的方式获取更高的资产收益,从而弥补资产负债之间的缺口。

但是对银行资管而言,由于内部风控要求高、投研人员欠缺等原因,很难通过加杠杆或者投资那些低评级的信用债等方式增厚收益。

银行为了解决这一问题,就开始和非银机构合作,借助非银机构的投研能力做收益,委外业务也就随之发展起来。

非银机构在获得资金后,因为实体融资弱,主要也是通过加杠杆、加久期、下沉信用等方式将资金投向债券市场。

所以当时信用债市场的收益率是在快速下行的,对应的是信用利差在逐步收窄(见图 13.8)。同时,债券市场的杠杆率也位于高位,一直到 2017 年,监管层开始去杠杆,债市的杠杆率才开始下滑。

---

① 当时市场流动性充裕,加杠杆也比较容易。

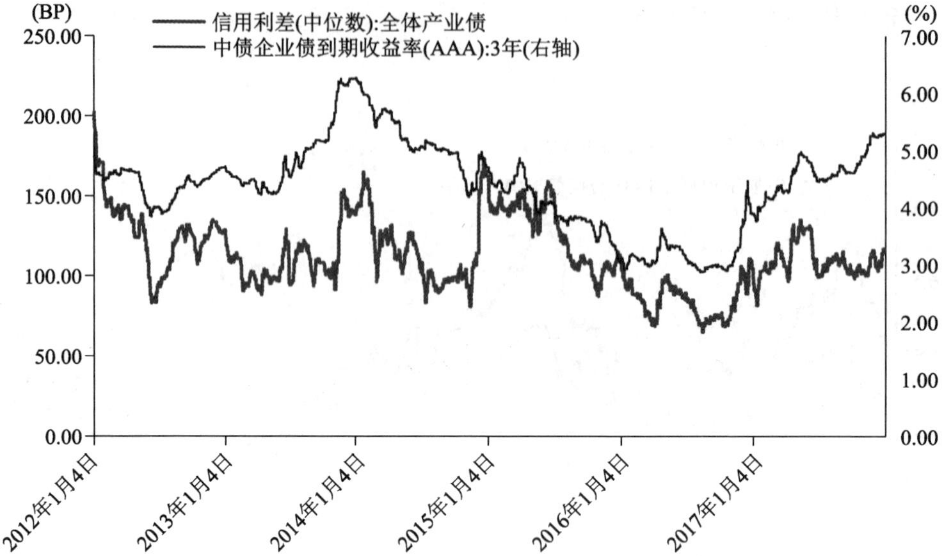

资料来源：Wind。

图 13.8 企业债收益率在 2014 年之后明显下滑

当然，非银机构除了持有低评级、长久期、流动性比较差的债券外，还需要持有一部分流动性比较好的资产来做资金管理。这时候，很多非银机构会买银行的同业存单等资产满足自身的流动性需求。

由此，金融市场上就形成了一个正向循环：大型银行(一级交易商)—中小银行—同业理财—非银机构—银行。在这样的模式下，有一部分资金就在金融体系内空转，即我们说的同业信用派生(见图 13.9)。

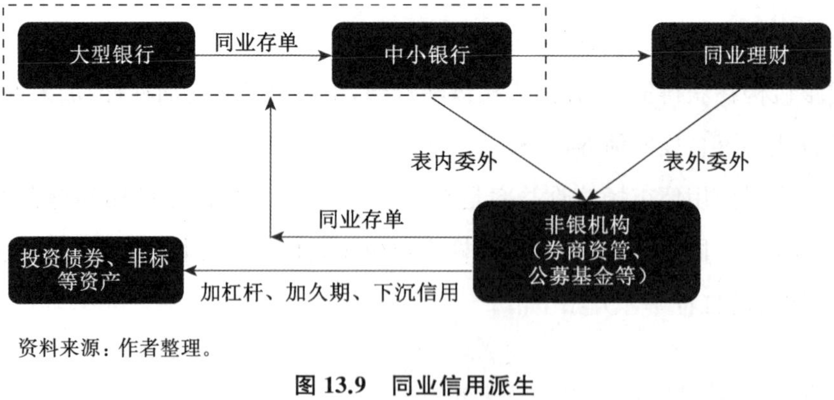

资料来源：作者整理。

图 13.9 同业信用派生

在这种信用派生的模式下,银行理财、券商资管和公募基金等广义基金产品的规模快速扩张,这为债券市场带来了不小的资金。可以看到在 2014—2017 年间,广义基金的债券持仓规模和市场占比明显上行,成为债券市场上的主要力量之一(见图 13.10)。

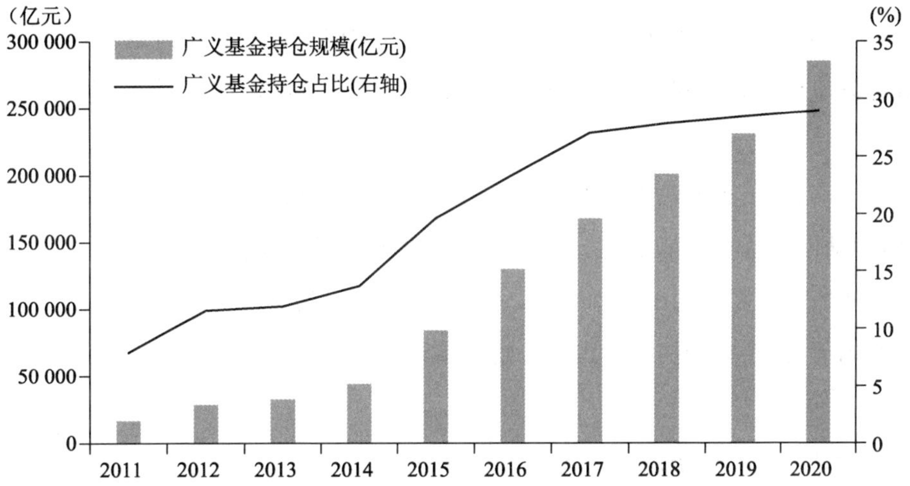

资料来源:Wind。

图 13.10　广义基金占比在 2014—2017 年间快速增长

当时市场有充裕的流动性,一是因为货币政策的确比较宽松,央行投放了不少的基础货币;二是因为在信用派生模式下,市场自己创造出了大量的流动性。

当然,广义基金规模的扩大也会对债券市场的生态带来明显的影响。

第一,会加剧市场的波动。广义基金相比于银行,更偏向于交易盘,而不是配置盘。因为负债端的成本比较高,广义基金除了通过加杠杆、加久期等方式提高收益率之外,还会通过做波段的方式提高自己的收益率。

而交易盘对市场上的风吹草动比较敏感,当市场出现利好或利空消息时,广义基金会抢跑进场,也会踩踏式地离场,这会加剧市场波动。

第二,流动性对债券市场的影响提高。对广义基金而言,最重要的是流动性,而不是基本面。广义基金因为资金成本高,就需要通过加杠杆、加久期、下沉信用等操作增厚收益。但这些操作都是建立在流动性稳定的情况下的,如果流动性收紧，前期的策略反而会反噬收益。所以广义基金平时会特别关注资金市场的波动，基于流动性及时调整策略。比如即使这时候基本面利好债券，基金经理觉得债市有利可图，但是如果银行这时候要抽回资金，基金也没有时间分析基本面，而是考虑如何应对银行的赎回压力，如何实现产品的流动性平衡。

第三，债券的配置结构出现明显的变化，由于广义基金的负债成本明显高于银行（特别是大型银行），它们在债券配置时会追逐那些低评级高票息的信用债，而仅配置部分流行性好的利率债作为底仓应对流动性风险，这对信用债而言是一个好消息。

综合来看，在实体融资需求旺盛的时候（基本面好转），市场的资金会流向实体经济，流动性和基本面都是利空债券市场的，债市往往就是熊市行情。

当实体融资需求弱（基本面差）、货币政策偏宽松的时候，资金往往会淤积在金融体系内部，债券市场往往会出现一轮牛市行情。

13.2.2 如何判断是哪一类的资金需求

在衡量市场资金流向的时候，我们选择两个指标：一是社会融资规模；二是 M2。

社会融资规模简单来说就是指实体经济从金融体系获得的资金规模，其包含了银行和非银机构对实体经济的支持，能够较好地衡量资金流向实体经济的情况。

社融数据分为两种，一个是当月新增规模（增量），一个是社融存量规模。需要注意的是，我们能够从 Wind 上获取自 2002 年以来的月度增量数据，但是因为 2016 年之后，央行才开始按月公布社会融资规模存量数据，所以在此之前我们只能获得季度乃至年度的社融存量数据。

在这样的情况下，我们按照以下公式计算得到上个月的社融存量数据：

上月社融存量＝当月社融存量－当月新增社融

不过，社融增量与社融存量数据的统计口径略有不同，如存量统计中不包括保险公司的赔偿，而增量数据包括。这使得按照上面公式计算的当月社融存量数据与公布的季度或者年度社融数据略有出入，对于这部分出入，我们将其均摊到当年各月。

比如2015年一季度公布的社融存量是127.58万亿元，而按照2014年年末公布的社融存量和2015年前三个月的新增社融数据，我们计算得到的一季度数据为127.47万亿元，对于这0.11万亿元的差额，我们将其分摊到1—3月的增量数据中，从而使得计算得到的存量数据与公布的社融数据一致。

在计算出月度的社融数据之后，就能计算得出对应的月度同比数据。

M2代表的是银行的各类存款，包括流通中的现金(M0)、单位活期存款、个人存款、单位定期存款、其他存款等，范围很广，体现的是银行的负债端。

总的来说，社融体现的是金融机构(包括银行和非银机构)创造出来的总资产，而M2体现的是银行的负债端，主要是各类存款。这样来看，M2与社融的关系就很明确了。

(1) 如果银行通过给实体企业发放贷款，或者以购买企业债、非标等方式，将资金投向实体企业，而企业又将钱存在银行，商业银行资产和负债端就会同时扩张，所以社融和M2的差值是不变的。

(2) 如果是居民或企业购买了理财等资管产品，而这些资管产品又将资金拿去购买非标、债券等资产，就意味着实体从非银机构那里获取了融资，体现为社融的增加，但M2是不变的，所以社融和M2走势分化。

(3) 除此之外，M2包括了外汇占款和财政存款，但是这两项与社融关系不大，不计入社融。所以外汇占款和财政存款的变动也会使得社融与M2的差值出现变化。

现在外汇占款对M2的影响已经很小了，社融和M2之间的差距主要体现的是非银机构对实体经济的支持力度。

因此，“社融同比-M2同比”走阔，往往表示实体的融资需求很强，实体融资需求需要通过非银机构等才能够满足。相应的，债券收益率就会有上行的压力。

反之，“社融同比-M2同比”收窄，说明实体融资需求比较弱，债券收益率则会有下行的动力。

这两者的历史走势也符合我们之前的预期，可以看到当“社融同比-M2同比”

数据走高的时候,国债收益率在走高。反之,在“社融同比-M2 同比”数据走低时,国债收益率大概率会走低(见图 13.11)。

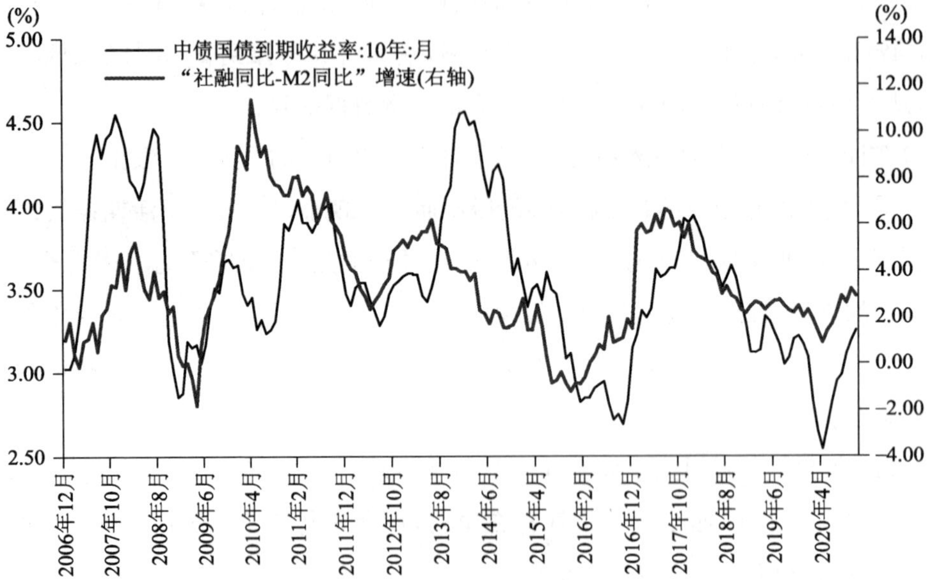

资料来源:Wind。

图 13.11　“社融同比-M2 同比”增速和国债到期收益率有一定的正相关性

需要注意的是,这种关系需要是趋势性的才能够成立,短期的调整并不能构成判断债券市场走势的依据。

13.2.3　银行和非银机构的需求

13.2.3.1　来自银行的需求

银行的流动性需求主要来源于:(1)自身超储资金被占用情况下每个月缴纳法定准备金;(2)扩张负债或补平资产负债表;(3)应对季末监管等方面。

第一,每个月的缴准很容易理解,这一点我们在分析超储率的时候也说过。从趋势上看,银行的存款规模是在稳步上涨的,而按照现在的规定,银行每 10 天需要根据自己的存款情况缴纳法定存款准备金。

比如在 3 月 5 日到 3 月 15 日,A 银行增加了 100 亿元的存款,法定存款准备金率为 12.5%,那 A 银行在 15 日的时候就需要缴纳 12.5 亿元的法定存款准备金,一般就是将 A 银行的超额存款准备金直接变为法定存款准备金就行了。

可是,要是刚好不巧,这个月存款增长得有点快,而 A 银行的超储因为被临时占用等原因,不够弥补,就需要去资金市场上借钱应急。

而且即使银行能够自己缴纳法定存款准备金,但是原先的超储也变成了法定存款准备金,银行自己能够随时动用的资金也相应减少了,这也会对资金市场产生一定的扰动。

第二,扩张负债或者补平资产负债表的需求,主要是银行在同业市场上借入其他金融机构资金对接信贷票据、非标或资管产品等长期资产产生的需求。

因为在期限上会偏向 1 月、3 月、6 月乃至更长,相应的银行能够选择的工具也就更加丰富,除了在资金市场上通过同业拆借、质押回购借来短期资金,还可以通过更长期的同业存单等工具借入期限更长的资金。

另外,银行资产端扩张太快也会使得银行出现资金短缺。比如 2020 年为了给实体企业提供资金支持,银行加大了信贷投放力度。根据 Wind 数据,2020 年 7 月,存款性公司对非金融机构的债权同比增长了 15%。

但是在 2020 年 6 月,监管层要求银行压降结构性存款,要在 2020 年 9 月 30 日之前压降至年初规模,在 2020 年 12 月 31 日之前压降至年初规模的三分之二。

在压降结构性存款的监管压力下,银行的结构性存款规模快速下降,部分银行开始缺少中长期负债。

在资负缺口扩大的情况下,银行就需要通过发行同业存单等方式筹集中长期资金,以满足监管指标等要求,所以 2020 年 5 月之后,同业存单的发行量和发行利率明显上涨。

第三,季末银行为了满足监管要求产生的资金需求。

这是指有些银行自身不能满足银保监会或央行的监管指标,需要从市场上借入额外的资金帮忙达到监管指标,从而产生了流动性需求。

比较明显的例子是,2016 年央行 MPA 考核实施后,每个季末月前一个月左右,同业存单的发行规模和发行利率都会大幅上涨,这背后就是银行为了满足

LCR 等监管指标要求，在同业市场上寻找流动性。

当然，由于银行自身需要资金满足监管要求，相应的其向市场投放流动性的能力也会受到限制。在 MPA 考核项目中，核心的指标是广义信贷①，银行需要把自己的信贷增速控制在一定范围之内，避免增速过快，无法达标。

如果前期由于市场融资需求旺盛、银行投资力度较大等原因，广义信贷增速太快了，那么到了季末，银行为了满足监管要求，就会开始尝试压缩信贷规模了。

贷款和股权投资一般期限较长，又没有什么流动性，很难压缩。

债券虽然容易出手，但是能带来不错的票息收益，一般银行不会首选出售债券。

那能压降的主要就是买入返售和存放非存款类金融机构款项了，而且这两项也比较容易压降。

所以，在季末的时候，银行即使超储率比较高，手上有余钱，也会减少作为资金融出方与非银机构进行同业拆借、同业存放等各类资金交易。这也是每到季末，非银机构就容易出现流动性紧张的原因。

13.2.3.2　来自非银机构的需求

非银机构的资金需求主要是由于加杠杆、期限错配等原因。不是说银行没有这种需求，主要是因为银行在加杠杆等方面都比较谨慎，来自加杠杆等方面的需求不是主导因素。

要想了解非银机构的资金需求，就可以去看其资产端。毕竟非银机构在拿到钱以后，就去投资，而做投资的方式不同也会使得非银机构对资金的需求不同。

从投资标的来看，非银机构投资的金融资产主要包括股票、债券、信贷类资产等。

非银机构位于流动性的最末端，而从银行那边拿钱的成本是比较高的。负债端的成本比较高，意味着非银机构在投资的时候，需要想办法提高自己的收益。

非银机构提高收益主要有两种方式，一是扩大资产与负债的利差（提高收益

① 广义信贷＝各项贷款余额＋债券投资＋股权及其他投资＋买入返售资产＋存放非存款类金融机构款项。

率),二是扩大规模。

对于前者,非银机构有两种方法。第一,加大期限错配力度,用成本低的短期负债投资长期资产;第二,买重口味的资产,比如购买信用评级更低的债券,借此获得更高的收益。

对于后者,非银机构能做的就主要是加杠杆,通过加杠杆(包括场内和场外),的方式获取更多的资金,做大规模,增厚收益。

同样的,这些提高收益的方式都对流动性有一定要求。在加杠杆、加久期、下沉信用的时候,它们就需要确保负债端的稳定,需要能够及时从市场上借到资金,不然很容易出现资金链断裂的风险。

比如机构不断加久期,以自己短期的负债匹配长期的资产,就需要不断地借入短期负债,保证自己能够一直持有长期资产。如果借不到钱,机构就只能够出售资产还债。

在这几种方式中,加杠杆是比较好衡量的。

就债市而言,金融机构有场内加杠杆和场外加杠杆两种方式,受限于数据,场外加杠杆的情况不好衡量,所以我们主要着眼于场内加杠杆(即债券回购)。

比如机构A买了100万元的国债,收益率是3.5%。如果它想增厚收益,就可以通过回购市场,将100万元债券质押出去换来90万元资金,期限为7天,利率为2%。

拿到90万元的资金后,机构又买了90万元的国债,之后每7天,到期滚动续作,这就相当于机构A用100万元资金持有了190万元的国债,假设7天利率一直没有波动,最后A机构就能获得5%[3.5%+(3.5%−2%)]的收益率。

如果A觉得还是不够,按道理是可以继续加杠杆的,比如买了90万元国债后,再拿着这90万元的债券去质押借来81万元资金继续买国债,这时杠杆比例就达到了2.71倍[(100+90+81)/100]。

从理论上看,按照90%的比例,A机构100万元的本金最高能借到1 000万元的资产。但是因为监管的限制,公司内部风控的要求,在实际操作时,一般都会将其控制在4、5倍以下。比如100万元的本金,往往最多也就做到400万元左右。

而且随着滚动次数增加,机构的杠杆率提高,维持资金链的难度也在增加。

如果只回购一次,那么机构只需要隔几天去市场上借一笔90万元的资金就可以维持资金链平稳了;如果进行了两轮回购,就需要频繁地借 171 万元(90＋81)的资金维持现金流;如果是三次回购,那就需要 243.9 万元(90＋81＋72.9)的资金了。

这种回购的滚动无疑十分依赖市场上的流动性。

如果市场上资金充裕,那么机构借钱也比较容易。但是如果资金面紧张,那么加杠杆的机构需要支付高息获取资金,这无疑会挤压机构加杠杆的利润,更麻烦的是机构借不到钱,就只能被迫出售自己持有的债券回笼资金,降低杠杆。

除了高杠杆带来的资金压力,在资金面紧张的时候,银行等可能会赎回此前投向货基、债基等的资金,这又使得非银机构的负债端出现不稳。

在这种情况下,它们就只能抛售债券,回笼资金。但是越来越多的机构抛售债券回笼资金,会压低债券价格,这又会使得非银机构的账面亏损加大,投资者加快赎回,非银机构就只能被迫再次抛售债券,从而压低价格,并引发恶性循环。

这种情况在 2016 年就出现过,当时在金融严监管以及货币政策边际收紧的背景下,市场流动性收紧,这改变了自 2014 年以来的市场行情。

前面我们说过在 2014—2016 年间,因为资金充裕,市场出现资产荒,同时委外业务在此期间快速发展,银行放钱给非银机构,非银机构加杠杆、加久期买债券,债券市场也就迎来了一轮牛市。

但是随着金融严监管,市场资金趋严,原先的同业信用派生就出现了负反馈。

2016 年年底,原先宽松的流动性环境发生了变化,市场开始缺钱,最好的印证就是当时银行开始提高同业存单的发行利率吸引同业负债(见图 13.12)。

除了发行同业存单,银行为了缓解负债端压力,就会选择赎回此前发放给非银机构的资金。

这时候,非银机构就只能抛售流动性好的资产应对银行的赎回压力。同时,前期的加杠杆、加久期策略在这时候就失效了,因为借不到钱,非银机构需要进一步抛售资产,降低自己的资产规模。

这就引发了恶性循环,一来非银机构在负债端收紧的时候,会降低对同业存单的需求,并且会抛售流动性好的同业存单,来应对资金压力,这进一步加大了银行的负债压力。

资料来源：Wind。

图 13.12 流动性收紧，银行只能通过提高同业存单利率来吸引负债

二来债券价格下跌，在预期收益无法兑现的时候，银行开始赎回委外，这又推动非银机构抛售债券，债券价格进一步下滑，所以债券市场在 2016 年年末进入了熊市。

所以，这一轮熊市之后，投资者开始进一步关注负债端对债市的影响。在此之前，投资者更关心的是资产端，因为资产和负债之间有正的息差收益，投资者只要买入债券，问题就只是赚得多还是赚得少，不会面临亏损。

但是在当时情况就不一样了，由于同业信用派生等原因，市场资产收益率和负债成本出现倒挂。投资者只能通过加杠杆、加久期等方式增厚收益。

而这些措施都要求负债端稳定，相应的，负债对资产的影响也就不断加大。所以在 2016 年年末开始的金融严监管以及货币政策边际收紧的情况下，市场流动性紧张，机构负债端不稳，在负反馈机制的作用下，债券市场迎来了一轮剧烈的调整。基于这一次的经验，现在市场也会关注金融机构负债端的情况。

那如何衡量债市的杠杆率呢？一般我们可以用资产规模/自有资金的方式衡

量，其中资产规模是债券总托管量，而自有资金则是债券托管量减去债券待回购余额的差。

基于上述公式和中债登公布的待购回数据，我们可以得到全市场的杠杆率水平。从计算结果看，债市杠杆率处于105%～115%的区间，总体杠杆水平不高（见图13.13）。

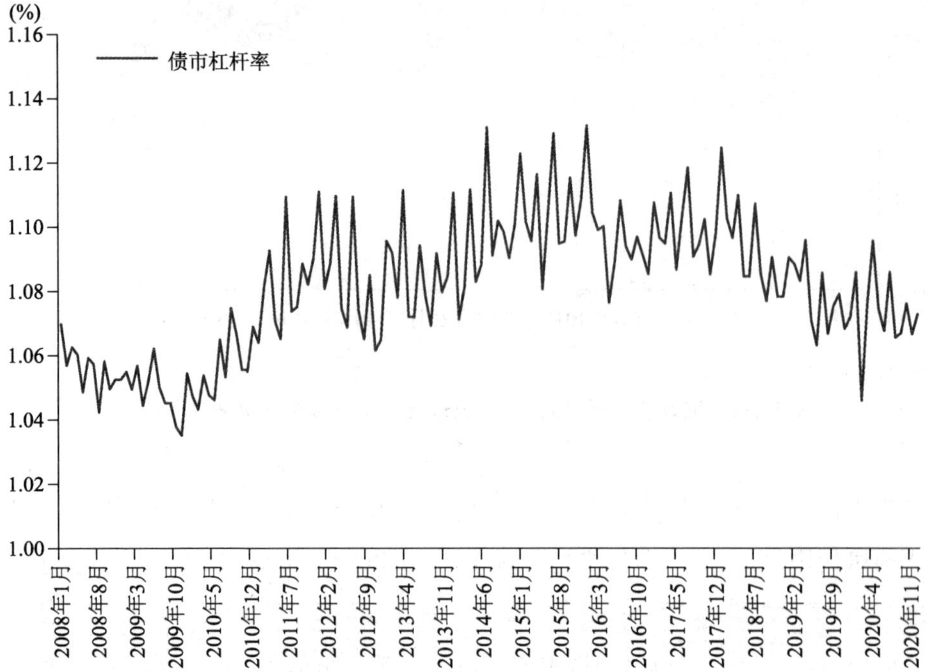

资料来源：Wind。

图 13.13　债市总体杠杆不高

这主要是因为持有债券的主体是投资风格偏保守、对杠杆限制较高的全国性商业银行，其杠杆水平比较低，从而拖累了债券市场整体的杠杆率。而2016年之后，杠杆率的震荡下滑原因可能是监管层要求去杠杆。

需要注意的是，因为数据可得性的问题，我们这里只计算了中债登的数据。不过中债登是三个托管机构（中债登、上清所和中证登）中规模最大的，2020年年末中债登的债券托管量占债券总托管量的比重为68%，具有一定代表性。

要想衡量各类型金融机构债市杠杆率，我们需要对上述公式进行一个简单的变化。

这里我们需要考虑质押式回购与买断式回购、待购回余额与待返售余额之间的差别。

因为买断式回购转移了债券所有权,所以我们持有的债券里需要扣除待返售的买断式回购,相应的也就需要加上待回购的买断式回购余额。因此我们有:

金融机构杠杆=(债券托管量—买断式待返售余额+买断式待回购余额)/(债券托管量+质押式待返售余额—质押式待回购余额)

依据该计算公式,我们计算得到 2021 年 2 月债券市场各机构的杠杆率水平(见表 13.1)。一般我们可以认为杠杆率大于 1 的机构是在市场上举债的机构,而小于 1 的机构则是市场上的资金提供方。

表 13.1　各机构杠杆率

	债券托管量(亿元)	质押式回购余额总计		买断式回购余额总计		金融机构杠杆
		待购回债券(亿元)	待返售债券(亿元)	待购回债券(亿元)	待返售债券(亿元)	
1. 政策性银行	18 294	42	5 378	0	0	77%
2. 商业银行	493 106	20 193	29 067	326	280	98%
2.1　全国性商业银行及其分支行	358 522	5 698	19 694	44	82	96%
2.2　城市商业银行	68 056	8 845	4 448	189	77	107%
2.3　农村商业银行	58 472	4 817	4 158	68	49	101%
2.4　农村合作银行	143	16	44	0	0	83%
2.5　村镇银行	275	37	86	0	0	85%
2.6　外资银行	6 510	720	299	18	63	106%
2.7　其他银行	1 127	62	338	7	9	80%
3. 信用社	9 490	570	1 115	0	204	93%
4. 保险机构	24 097	1 034	248	0	0	103%
5. 证券公司	9 073	4 709	137	115	68	203%
6. 基金公司及基金会	140	0	0	0	0	100%

（续表）

	债券托管量（亿元）	质押式回购余额总计		买断式回购余额总计		金融机构杠杆
		待购回债券（亿元）	待返售债券（亿元）	待购回债券（亿元）	待返售债券（亿元）	
7. 其他金融机构	2 819	461	343	15	0	105%
8. 非金融机构	12	0	0	0	0	100%
9. 非法人产品	136 299	20 681	11 240	91	13	108%
其中：商业银行理财产品	25 044	5 046	1 297	11	6	118%
10. 境外机构	31 525	15	81	17	0	100%
11. 其他	18 405	15	110	0	0	99%

注：表中数据为 2020 年 2 月数据。
资料来源：中债登。

结果也符合我们之前的说法，也就是银行（特别是大型银行）是市场上的资金供给方，而非银机构（如证券公司、广义基金）的杠杆率比较高，是市场上主要的资金需求方。

这种直接计算机构杠杆率的数据对于需要每日跟踪市场流动性情况的机构而言意义并不大，这是因为该数据是月频数据，且公布时间较迟，不能及时有效地帮助我们判断杠杆率。这更多的是帮助我们了解各类机构的投资风格和潜在的流动性风险。

另外一种方式是去看债券回购的期限结构。

一般来说，非银机构在借入资金的期限选择上会倾向于借入隔夜或者 7 天的短期限资金，这一是因为短期的资金成本比较低；二是因为短期的资金市场交易规模比较大，能够满足需求。

因此，我们可以用隔夜回购占比简单地衡量非银机构加杠杆的水平。

如在 2015—2016 年，受益于当时宽松的货币政策环境，市场上资金充裕，资金成本也比较低，所以我们能够看到当时隔夜回购的比重明显上升并维持在高位，一直到 2016 年 8、9 月，随着监管趋严，货币政策边际收紧，隔夜回购的占比才快速下滑（见图 13.14）。

资料来源：Wind。

图 13.14　隔夜回购占比的变化

13.3　流动性与债券市场

相比于从基本面的角度分析债券市场，流动性对债券市场的影响会更加直观。毕竟对资产价格影响最为直接的就是资金的多寡。市场上流动性充裕，债市自然不会差。反之，如果市场流动性紧张，那么买盘少了，债券也很难走出明显的行情。

另外，一般都说基本面更多的是影响长端的债券收益率，而流动性对短端的债券收益率有着更为直接的影响。

这里需要注意，资金面很大程度上和货币政策联系在一起，毕竟央行才是市场流动性的源头。

往往在货币政策宽松的时候(如央行降准、降息、加大货币投放力度)，银行间市场上资金比较充裕，相应的资金利率也会下滑，反之在货币政策收紧的时候(如央行停止逆回购等，减少货币投放力度)，机构都会比较缺钱，资金利率也就上去了。关于货币政策的分析，我们会在下一章中讲解。

从历史走势上看，流动性可以说是债市走势的决定性因素。我们能够看到过去几次债市牛转熊或熊转牛都伴随着资金利率的明显变化，资金利率的拐点和 1 年期国债收益率的拐点都是同步的或者略有领先(见图 13.15)。

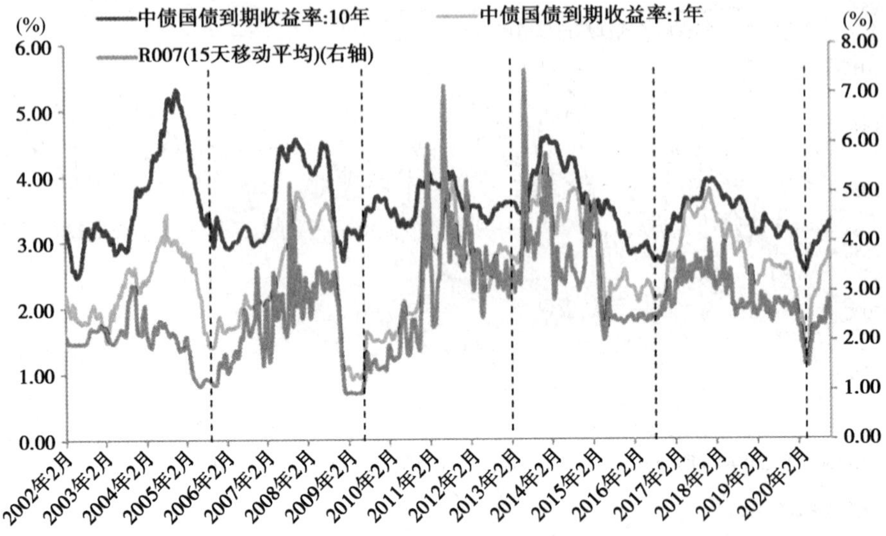

资料来源：Wind。

图 13.15 资金利率同步或领先于国债收益率

同时，资金利率与 10 年期国债收益率也存在领先和同步关系，不过相关性比 1 年期的差了一些①，其中有两次比较明显的滞后。

第一次是 2006 年，在 2006 年年初资金利率与短端国债收益率已经出现了明显的上行，不过 10 年国债到期收益率在 2006 年全年是一个震荡市的行情，并没有跟随短端利率上行。

我们认为可能有以下几点原因：第一，经济基本面增长的动力已经没有 2005 年那般强劲了，2006 年 GDP 同比从二季度的 13.7%下滑到四季度的 12.5%；第二，通货膨胀也位于低位，2006 年前 11 个月 CPI 一直在 2%水平线以下；第三，经济增长动力弱化以及低通货膨胀也使得货币政策收紧的力度并不明显。

在这几点的作用下，长端利率有了喘息之机，短端利率的上升并没有快速传导至长端。

第二次是在 2009 年，从历史走势上可以看到一般都是资金利率和短端利率领先或同步于长端，但是在 2009 年长端利率的上行反而领先于短端。

---

① R007 与一年期国债到期收益率的相关性接近 80%，而与 10 年期国债到期收益率的相关性就下降到了 40%。

这是因为 2009 年,主导债市走势变化的是基本面,而货币政策为了让国内经济走出金融危机的冲击,一直保持在一个平稳的水平,较为宽松的货币政策环境就使得当时短端利率波动不大,但对基本面好转的预期又率先带动长端利率上行。所以,这一次是长端利率的拐点领先于短端。

这里我们选几个明显的案例来简单说说。

说起流动性冲击,我们最先想起的肯定是 2013 年的那一次"钱荒",这一次"钱荒"虽然导火索是当时央行对市场紧张的资金面视而不见,但这背后其实和当时的流动性环境变化、同业链条等密切相关。

流动性大环境的变化我们在前面说过,在外汇占款时代,市场是不缺流动性的,这时候商业银行往往居于主导地位,而央行则处于从属地位。但是 2013 年,央行表现得极为"独立",在货币操作上并没有受到市场的干扰。

此后,配合着 2014 年外汇占款进入下行通道,央行逐渐确立了在货币市场上的主导地位,其对货币市场利率的把控力度也在不断增强。

具体来看,2013 年 5 月中下旬,货币市场资金面的利率就已经开始上行了,银行间质押式回购利率从月初的 2.9%左右,一路震荡上行到了月末的 4.8%左右。

不过,当时因为经济数据表现得比较差,工业增加值数据都在回落,市场依旧认为货币政策不会转向,而是寻找一些临时性因素解释这一事件。

到了 6 月,央行依旧没有向市场投放流动性,7 天质押式回购利率一路突破 5%、6%的点位,在 6 月 14 日已经达到了 6.9%。面对市场资金面的持续收紧,央行反而开始多次发行规模为 20 亿元的央票。

央行的行为让市场投资者的恐慌情绪不断积累,并在 6 月 20 日达到了顶峰,6 月 20 日当天 DR007 盘中一度达到了 28%,创下了历史纪录。

货币市场利率的不断上行,也带动了债券市场出现了明显的波动。

第一,国债收益率在当时都出现了跳涨,1 年期国债从 6 月初的 2.87%上行到了 6 月 20 日的 3.56%,20 日当天上涨了 30 个基点,10 年期国债也从 3.55%上行到了 3.7%,当天上涨 15 个基点。

第二,债券市场呈现熊平,短端收益率上行幅度超过长端,个别债券出现收益率倒挂的现象。

在资金市场利率大幅波动下，央行终于开始表态，随后货币市场资金利率开始逐渐回落。

除了流动性环境的变化，金融同业链条的发展也在一定程度上加剧了当时的资金面波动。在2012年，受益于监管鼓励金融创新以及实体较强的融资需求，银行通过信托公司等非银机构将资金投向非标资产。

但在2013年3月银监会8号文发布后，银行理财投资非标受到了限制，银行只能将表外资产转向表内，但是表外非标资产的期限较长，银行期限错配加剧，加上当时同业加杠杆，市场的资金面就很脆弱了。

所以在央行态度变化后，市场流动性才会出现这么明显的波动。

第二次，是2014年中国证券登记结算有限责任公司(简称中国结算)提高企业债质押资格产生的信用冲击。2014年，由于国内经济下行压力比较大，通货膨胀又在震荡下行，货币政策也就保持在较为宽松的水平，如央行下调金融机构存贷款利率、两次定向降准等，这些因素使得2014年的债市是一个大牛市行情。

但在政府加强对地方债务管理的背景下，中证登在12月8日发布了相关文件，收紧了允许债券回购的范围，这意味着原先很多债券就丧失了质押资格，持有者不能通过这些债券获取资金。

这使得那些以往在交易所市场上加杠杆获取资金的机构面临资金紧缺的问题。为了满足流动性需要，它们就只能抛售流动性好的债券回笼资金，而机构的踩踏式抛售使得当时债券收益率一度上行。

不过，这一轮流动性冲击是在货币政策宽松的环境下发生的，所以其并没有持续很久，债券很快就又进入了下行区间。

第三次，是2016年的流动性冲击。这一次事件和2013年有点像，都是货币政策边际收紧叠加金融监管，也都和同业创新有关。

在2014—2016年间，受益于宽松的流动性环境，"委外业务"开始快速发展。在同业信用派生下，市场的资金面是很脆弱的。

而当时各类机构为了增厚收益规避监管会通过"代持"[①]的方式增持债券。

---

① 简单来说就是A机构名义持有的债券实际是B机构的。

这一模式是建立在金融机构互相信任的前提下的,但是 2016 年 12 月,某证券的债券负责人用“假公章”冒充公司名义帮助其他机构代持的事件曝光,金融机构之间出现信任危机。

在当时货币政策收紧、金融监管趋严的背景下,这种信任危机进一步强化了流动性压力,很多银行不愿意将钱借给非银机构,原先脆弱的同业链条就出现了负反馈。可以看到在 12 月债市迎来了一波快速调整。而随着监管去杠杆以及货币政策收紧,债市结束了 2014 年以来的长牛,正式进入熊市。

第四次是 2019 年的包商银行事件。包商银行事件爆发后,市场上的同业刚兑信仰被打破。在同业刚兑被打破后,中小行很难通过发行同业存单获取资金,大行也不敢把钱借给中小行。

中小行没了负债,自然也就没钱借给非银机构。包商银行被接管后,R007 一度从 2.5%上行到 3.62%,DR007 则从 2.5%上行至 2.8%,R007 与 DR007 的利差快速扩大。

不过,2019 年货币政策环境比较宽松,央行接管包商银行后,通过加大公开市场操作等方式平抑了流动性冲击,市场资金利率很快回落,中小银行同业存单的发行规模和成功率也明显回暖。

对债市而言,包商事件是结构性冲击,受此影响,机构反而更加偏好利率债,所以我们能够看到在当时利率债依旧保持在下行的态势,不过信用债特别是低评级信用债受到的冲击更为明显,信用利差在当时明显拉大。

回顾这几次流动性冲击,我们可以发现:

第一,在货币政策宽松,资金供给充裕的时候,需求侧的冲击很难持久。在 2014 年和 2019 年的两次流动性冲击中,货币政策都比较宽松,市场资金供给充裕,需求侧短暂的冲击很快就被平复,其对债市的影响也比较小,并不会改变债市的长期趋势。

但是 2013 年和 2016 年的两次流动性冲击都使得债市从牛市变为熊市,这是因为当时需求侧的流动性冲击与偏紧的货币政策互相加强,并最终导致债市的持续性调整。

第二,同业链条使得流动性变得更加复杂,2012、2013 年的通道业务、2016 年之前的委外业务等使得当时市场上的资金链比较脆弱,在监管收紧之后,配合着收紧的货币政策,这两次流动性冲击对市场都产生了极大的影响。

第14章

货币政策框架分析

目前，央行一直在努力健全货币政策与宏观审慎政策双支柱调控框架。其中，货币政策跟踪经济周期波动，主要针对的是整体经济和总量问题，侧重于促进经济增长、维持物价水平稳定；宏观审慎政策则主要着眼于金融周期，在乎的是维护金融稳定，防范系统性金融风险。

在前面几章，我们分析了基本面和流动性，本章分析最后的政策面。政策面可以分为两类，一是财政政策，二是货币政策。债券市场的政策面主要指的是货币政策。

一般来说，在分析债券市场时，我们会遵循从基本面到政策面再到资金面这样一个线性逻辑。

比如现在基本面较弱，我们会预期为了促进经济增长，货币政策有可能会转松，并进一步认为在货币政策边际放松后，资金面也会变得宽松，从而带动债券市场走牛。反之，则相反。

这里我们假定的是货币政策主要跟踪经济周期波动，在经济下行的时候，货币政策转向宽松，刺激需求；在经济过热的时候，货币政策收紧，控制需求增速。

但是在实际运行过程中，国内的货币政策目标往往更加复杂，比如国际收支平衡、发展金融市场等都在国内的货币政策目标之中。

在 2008 年金融危机爆发后，央行开始越发重视金融市场的波动，并逐渐建立了宏观审慎政策框架跟踪金融周期，这对债券市场产生了明显的影响。

比如 2016 年年末的金融严监管就主导了当时债券市场的行情。金融严监管配合着当时逐渐收紧的货币政策推动了从 2016 年年末开始，债券市场进入一整年的熊市行情，直到 2018 年年初，金融严监管的负面冲击影响了实体经济，债券市场才从熊转牛。

目前，央行一直在努力健全货币政策与宏观审慎政策双支柱调控框架。其中，货币政策跟踪经济周期波动，主要针对的是整体经济和总量问题，侧重于促进经济增长、维持物价水平稳定；宏观审慎政策则主要着眼于金融周期，在乎的是维护金融稳定，防范系统性金融风险。

本章从这两个角度出发分析国内的货币政策和宏观审慎政策，以及应该如何理解货币政策与债券市场之间的关系。

14.1　货币政策框架

传统的货币政策主要关心经济的周期性波动，在经济下行的时候，央行通过宽松的货币政策刺激经济，推动经济复苏。在经济过热的时候，央行则通过收紧货币政策，抑制市场需求，为经济降温。

目前，按照易纲行长的说法，国内货币政策框架包括货币政策目标体系、货币政策工具体系和货币政策传导机制三大部分。

在整个货币政策体系中，央行一般是先确定自己想要做什么（最终目标），然后考虑自己能够做什么（货币政策工具），最后考虑怎么通过现有的政策工具实现自己的政策目标（货币政策传导机制）。

当然，目标要一步一步地实现，央行会根据国内的货币政策传导机制，设立相应的操作目标和中介目标。

其中，操作目标就是央行能够通过现有的货币政策工具直接影响的指标，比如在数量型货币政策下，操作目标一般是基础货币；在价格型货币政策下，操作目标一般是短期利率。

中介目标则是离最终目标更近的一个指标，在数量型货币政策下，中介目标一般是货币供应量，体现为社会融资规模、M2 等；在价格型货币政策下，中介目标则往往会是中长期利率，比如贷款利率等。

简单来说，货币政策框架就是央行运用自己创建的各类货币政策工具，实现自己事先规定好的操作目标，并借助现有的传导机制实现最终目标的一个过程（见图 14.1）。

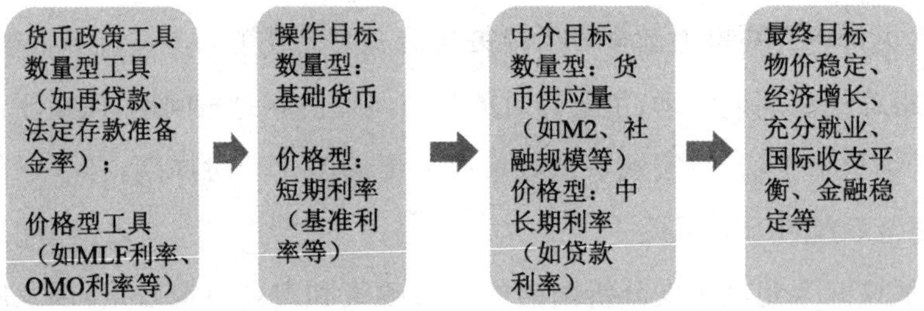

资料来源：作者整理。

图 14.1 货币政策框架

14.1.1 货币政策目标

14.1.1.1 央行的最终目标

货币政策简单来说是央行通过自己的政策工具平滑经济周期，因此货币政策的最终目标一般和经济增长、就业率、通货膨胀水平等经济周期指标密切相关。一般央行会从多个经济指标中选取一个或者多个指标作为自己的最终目标。

按照货币政策目标数量的多少，我们可以将其分为多重目标制和单一目标制。

从各国货币政策的演变方向上看，货币政策最终目标都有从多重目标变为单一或双重目标的趋势。

在 20 世纪七八十年代之前，各国货币政策往往都是多种目标制的，其涵盖了经济增长、充分就业、价格稳定和国际收支平衡等多方面的内容。

比如美联储在当时表明要抑制通货膨胀或通货紧缩、保持可持续的高就业、经济增长、消费水平要不断提高和国际收支平衡等多个目标。加拿大央行、英国央行也都有类似的表述。

(1) 多重目标在实施中出现的一些问题：

第一，不同的目标之间存在矛盾。央行面对这么多目标往往很难做到面面俱到，特别是不同货币政策目标之间还存在一定的冲突。比如经济增长和价格稳定之间的平衡就很难准确把握。

在 20 世纪七八十年代，美国出现了高通货膨胀和低经济增长并存的“滞涨”局面。当时政府如果加大经济刺激力度，继续实行扩张性的财政和货币政策，就会加剧通货膨胀；反之，如果政府开始收紧财政和货币政策，又会使得经济进一步下行。货币政策面临两难的局面。

当时的“滞涨”现象也让市场开始反思货币政策、经济增长和通货膨胀之间的关系。部分经济学理论(比如新古典经济学派)指出货币政策是中性的，货币政策只会影响通货膨胀，而不能对实际经济走势产生影响。这为后续各国央行的货币政策目标从经济增长转向价格稳定提供了理论支撑。

第二，多重目标下，货币政策和财政政策会出现目标上的重叠。在货币政策和财政政策都将经济增长作为自己的政策目标时，两个政策之间就需要平衡和博弈，这容易削弱货币政策的独立性。

第三，央行操作难度提高。多样化的目标需要央行根据经济运行情况不断权衡各类目标的优先顺序，并采取相应的措施实现政策目标。同时，繁多的目标也意味着央行需要创设足够多的货币政策工具与政策目标相对应。

第四，政策透明度不高。多变的货币政策目标使得央行难以直观地向市场传达自己的政策信号。

(2) 由于多重目标存在不少缺陷，叠加当时货币中性理论①的发展，各国央行的货币政策纷纷开始锚定通货膨胀，从多重目标制转向单一目标制。

相比于其他政策目标，这一制度有许多优点：

① 度量方便，单一目标制度下央行能够准确地跟踪市场通货膨胀情况，并及时地通过政策工具调控通货膨胀指标。

② 央行能够有效引导市场的预期。通货膨胀率能够较好地被公众理解和观察，也就有利于形成合理的市场预期，避免出现市场预期不一致导致的低效率。

③ 通货膨胀目标制度下，货币政策能够表现得更加独立。

④ 主要锚定通货膨胀也能够确保货币政策的前后一致性，避免因为更换目标，导致政策无序波动。

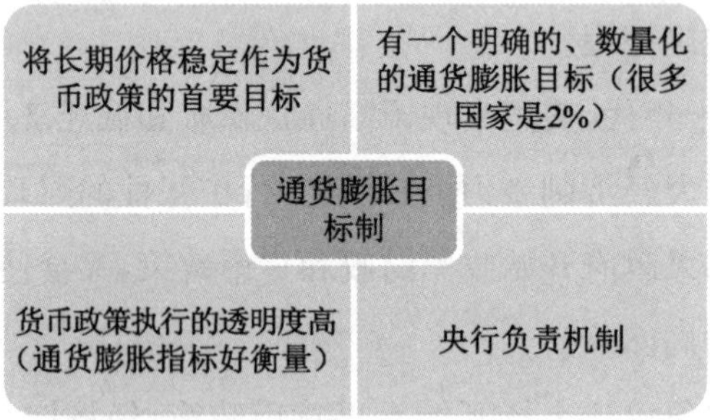

资料来源：作者整理。

图 14.2 通货膨胀目标制

通货膨胀目标制在 2008 年之前运行得一直很好。但是，2008 年金融危机的爆发，让市场再次认识到货币政策仅锚定通货膨胀也存在巨大的缺陷。

一般央行锚定的通货膨胀指标往往指的是实体商品和服务的价格波动，并不包含资产的价格。

---

① 货币中性理论认为，从长期来看，货币政策对经济增长和就业水平等因素是无能为力的，它能够长期影响的只有通货膨胀。

但是在金融创新产品层出不穷的背景下，一旦货币政策放松，资金就会流向房地产市场和金融市场，从而推高各类资产价格。

2008 年之前的几年里，美国房地产价格与纳斯达克指数持续上涨，但 CPI 和 PCE 则相对平稳。

因为资产的价格不体现在通货膨胀指标里，所以锚定通货膨胀的央行对资产价格的上涨往往乐见其成。

但层出不穷的金融创新产品以及不断走高的资产价格，让潜在的金融风险不断积累，并最终导致次贷危机的爆发。

在 2008 年之后，越来越多的央行开始强调要关注金融稳定。各国央行在传统的通货膨胀目标制的基础上又加上了维护金融稳定等相关内容，这也是我们在之后会讲到的宏观审慎政策（MPA）。

(3) 中国的货币政策目标。

就中国而言，在 1984 年之前，中国人民银行兼具中央银行和商业银行的职责，中国人民银行并不具有独立的地位，更多的是配合当时的财政计划，进行相关的操作，所以也谈不上独立的政策目标。

1984 年随着中国人民银行开始独立行使央行职能，国内的货币目标体系才开始逐渐建立。

1995 年颁布的《中国人民银行法》明确规定，我国货币政策目标是保持货币币值的稳定，并以此促进经济增长。

不过在实际操作过程中，考虑到中国国情，央行衍生出了很多其他的政策目标。

2016 年，当时的周小川行长在 IMF 会议上就明确指出，长期以来，中国政府赋予央行的年度目标就是维护价格稳定、促进经济增长、促进就业、保持国际收支大体平衡。此外，从中长期动态角度来看，因为中国正处于经济转轨时期，这又决定了央行还要肩负起推动改革开放和金融市场发展的任务。

这也就是我们常说的“4＋2”货币目标体系。

当然，如我们前面说的一样，多重目标必然会对央行带来很多挑战，比如目标彼此冲突、政策沟通不易、不同目标的优先顺序权衡等。

像是在经济增长乏力的时候，要稳增长，货币政策就要偏宽松，但是在实体融资需求不强的时候，宽松的货币政策可能会让资金流向房地产市场和资本市场，推高资产价格泡沫，加大金融风险。

不过多目标的政策体系符合当时的中国经济国情，回过头来看，央行在大部分时期做得很成功。

比如在2005—2006年，经常项目、资本和金融项目双顺差的格局使得外汇占款规模快速走高，中国国际收支不平衡问题越发严重。

所以，当时的央行很关注国际收支平衡问题，在2005—2006年的货币政策执行报告里，有10篇专栏文章都与外汇市场有关，央行也通过发行央票、提高准备金率等方式，降低外汇大规模流入带来的冲击。

而在2007—2008年，通货膨胀再次成为央行关注的焦点之一，毕竟当时的CPI最高都涨到了8.7%，创下了2000年以来的新高。

为了应对不断走高的CPI，央行货币政策逐步从“稳健”转为“从紧”，2007年先后10次上调了存款准备金率。同时，在当时的货币政策专栏里有7篇文章从各个方面论述了通货膨胀的情况。

2008年金融危机爆发后，保就业和稳增长就成了央行的首要目标。而且金融危机之后，推动金融体制改革，维护金融稳定在货币政策中的地位也越发重要。也正是在这之后，央行开始逐步建立了宏观审慎管理体系。

具体央行的货币政策目标会侧重于什么，我们一来可以根据央行的公开市场操作判断，毕竟央行要实现自己的目标，必然会动用不同的政策工具。比如在2020年年初的时候，因为疫情，央行多次定向降准，并将MLF利率和OMO利率下调了30个基点。这体现的就是当时国内货币政策的重心在于促进经济增长。

二来可以通过对货币政策执行报告、央行相关人员讲话等内容分析，揣测目前货币政策的重心和方向。

比如在2020年三季度的货币政策执行报告里，央行在表述下一阶段任务时，重点强调了加强对实体经济的精准支持以及对金融风险的防控，也就是经济发展和金融稳定。另外，货币政策执行报告专栏也是我们了解央行态度的重要来源。

往后来看，随着国内金融体系的完善、利率市场化的不断推进以及汇率制度的完善，我国的货币政策目标可能会逐渐减少。

易纲行长此前在《建设现代中央银行制度》一文中，就明确提出货币政策目标要以币值稳定为首要目标，更加重视充分就业。

这一观点在孙国峰《健全现代货币政策框架》里再次被重申，该文章指出“人民银行以‘保持货币币值的稳定，并以此促进经济增长’为目标，这意味着首先要保持币值稳定，对内保持物价稳定，对外保持人民币汇率在合理均衡水平上基本稳定，为经济发展提供适宜的货币金融环境。同时要以服务实体经济为方向，将就业纳入考量”。

按照这样的说法，后续政策目标应该逐渐缩减为通货膨胀、汇率稳定（对应的是国际收支平衡）、经济增长和就业。

而且货币政策的核心应该是经济增长，对内保持物价稳定和对外保持人民币汇率基本稳定，本质上还是想要为经济发展提供良好的环境，而就业则是经济增长的一个侧面。

这种目标体系在之前央行的操作上也有所体现，比如在 2019 年下半年，因为“猪周期”，CPI 快速上行至 5.4%。但是 2019 年，由于贸易摩擦等原因，国内经济下行压力是比较大的，加上 2020 年的疫情，因此货币政策并没有因为 CPI 上行而收紧，反而是偏宽松的。

14.1.1.2 央行的操作目标和中介目标

央行在确定了自己的最终目标后，就会考虑要用什么方法实现最终目标，这就引出了操作目标和中介目标（有的表述为中间目标），毕竟央行也很难一步到位，直接通过自己的政策工具就实现了最终目标。

操作目标是指央行能够直接通过货币政策工具影响的一个变量，也是距离央行最近的一个目标。

中介目标则是介于操作目标和最终目标之间的变量。央行可以通过调控操作目标影响中介目标，最后通过中介目标实现自己的最终目标。

操作目标和中介目标的设定涉及各国当时的货币传导制度，毕竟条条道路通罗马，央行实现最终目标的途径也不只有一条。按照调控类型，其大致可以分为数量型和价格型两种。

一般如果国内的金融体系不完善、利率市场化水平还比较低，那么央行往往会倾向于通过控制货币供应量等实现自己的最终目标，这也就是数量型传导渠道。

这时候央行会选择基础货币作为自己的操作目标。而央行可以通过公开市场操作、存款准备金等直接影响银行手里的基础货币规模。与之对应的中介目标则是货币供应量，一般则是锚定 M2、社融等指标。

后续随着金融创新加速、利率市场化等金融经济环境的变化，数量调控的效率会逐渐降低，央行的调控框架会逐步转向价格型调控。

在价格型调控下，央行的操作目标往往是短期利率，央行可以通过公开市场操作引导市场利率在操作利率附近波动，也可以直接将货币政策工具利率设定为操作目标，从而直接调控目标利率。

之后再通过利率的传导，对债券市场利率、信贷市场利率等产生影响，最后影响实体经济。

14.1.2　货币政策工具

在央行确定了自己的操作目标、中介目标等目标体系之后，就该考虑该用什么样的工具实现操作目标。

政策工具的选择必然取决于央行所设定的操作目标性质，如果央行主要调控的是基础货币，那么货币政策工具就会偏向于数量型工具。所以在 2013 年之前，我国央行的货币政策工具主要是法定存款准备金率、再贷款这些数量型工具，而利率型工具不多。毕竟那时候国内利率体系还没有市场化，利率传导机制还不顺畅。

后来随着中国利率市场化、汇率市场化以及金融经济环境的变化，央行创设了大量新的货币政策工具，货币政策也逐渐从数量型向价格型转变。

目前，央行拥有了包括逆回购、MLF、TMLF、SLF、PSL 等在内的繁多的货币政策工具，其中既有数量型工具，也有价格型工具，既有总量型工具，也有结构型工具(见图 14.3)。接下来，我们将逐一分析其中比较常用的货币政策工具。

(1) 法定存款准备金率。

法定存款准备金率是央行传统的货币政策工具之一。简单来说，就是商业银行在获取存款后，央行出于防风险、控制信贷供应量等方面的考虑，会让商业银行按一定比例将部分资金存在央行。

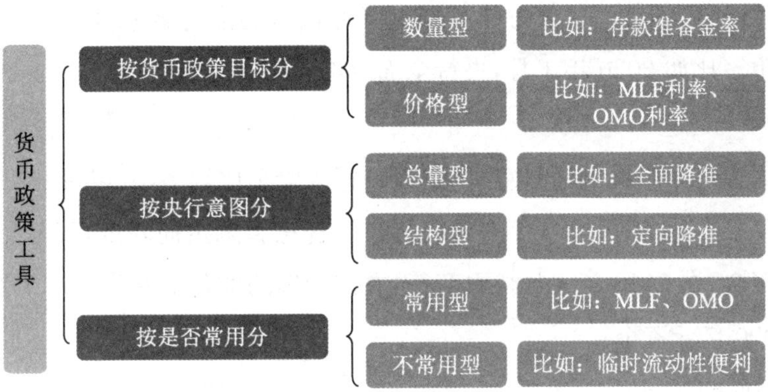

资料来源：作者整理。

图 14.3 不同的分类标准下的货币政策工具

比如准备金率是 12.5%，那么银行在获取了 100 元存款后，就需要将 12.5 元的存款存放在央行。

目前，我国实行的是"三档两优存款准备金"制度，即对于不同银行实行不同的准备金率，一般大型银行的准备金率会高于中型银行，而中型银行则会高于小型银行（见图 14.4）。

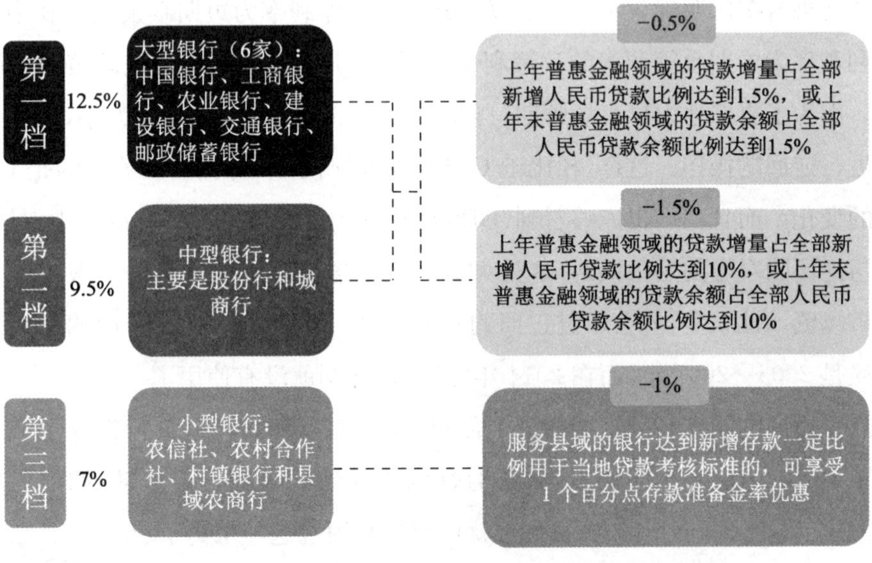

注：准备金率截止时间为 2021 年 4 月，仅做参考。

资料来源：作者整理。

图 14.4 "三档两优"的存款准备金率框架

在存款准备金制度下，央行能够通过降低银行的准备金率直接调控商业银行的基础货币。比如2020年1月，央行全面降准0.5个百分点，释放了8 000多亿元的长期资金。

不过因为全面降准的信号意义比较强，释放资金比较多，所以现在央行更常用的是定向降准。比如在2020年3月央行实施普惠金融定向降准，释放了5 500亿元的长期资金；在2020年4月将农商行、农信社等的准备金率下调1个百分点，释放了约4 000亿元资金。

(2) 逆回购。

逆回购指央行向一级交易商购买有价证券，借出资金，并约定好日期将有价证券卖回给交易商的操作，期限一般是7、14、28天。

目前，逆回购是央行调控短期流动性的主要政策工具。

一方面，央行可以通过逆回购平滑市场的资金面。比如一般在纳税高峰、跨季、跨年等资金面比较紧张的时点，央行都会投放一定量的逆回购满足市场需求。另一方面，随着中国货币政策框架逐渐从数量型向价格型转变，OMO利率逐渐成为央行的短期政策利率。

此前央行多次明确表示要完善以公开市场操作利率为短期政策利率和中期借贷便利利率为中期政策利率的政策利率体系，要引导市场利率围绕政策利率附近波动。而为了更好地引导市场预期，自2020年年末以来，无论规模大小，央行每天都会进行逆回购操作。这样，相比于OMO投放规模，市场更应该关注的是OMO利率的变化。而且我们也能够看到，DR007也逐渐开始以OMO利率为中枢波动。

与逆回购对应的是正回购，这是央行回收市场流动性的工具。一般央行如果觉得市场流动性太多，就会通过正回购收回一部分短期流动性。正回购使用最多的时候是2005—2007年，而在2014年之后，正回购就没有使用了。

除了逆回购能够满足短期的资金需求，在2013年的时候，央行创建了流动性调节工具(SLO)应对由于突发性、临时性因素导致的市场资金波动，期限一般在7天以内。不过在2016年之后，央行就再也没有用过这一工具了。

另外，面对春节期间出现的大规模短期资金需求，央行还创设了临时流动性便利、临时准备金动用安排等政策工具，为市场提供短期资金。不过这两种工具仅在

2017 年和 2018 年的春节使用过，这里我们不进一步展开。

(3) 中期借贷便利(MLF)和定向中期借贷便利(TMLF)。

2014 年央行设立的中期借贷便利，主要是向市场投放中长期资金，期限一般是 3～12 个月，交易对象主要是符合宏观审慎要求的商业银行和政策性银行。

目前，央行已经形成了在每个月月中操作中期借贷便利的惯例，且期限都是 1 年期的。

不过也有例外，比如在 2020 年 11 月末的时候，为了应对"永煤事件"导致的信用冲击，央行超预期地向市场投放了一笔 2 000 亿元的 MLF。这一超常规的操作在当时也被市场解读为央行货币政策边际宽松的信号。

另外，和 OMO 一样，除了作为央行投放中长期资金的渠道之外，MLF 利率也逐渐成为中长期政策利率。

近年来，央行完善了贷款市场报价利率(LPR)形成机制，LPR 利率以 MLF 利率为基础，通过加点得到。可以看到自 2019 年 12 月以来，1 年期 LPR 利率与 1 年期 MLF 利率的走势亦步亦趋，两者之间的差值一直维持在 90 个基点(见图 14.5)。

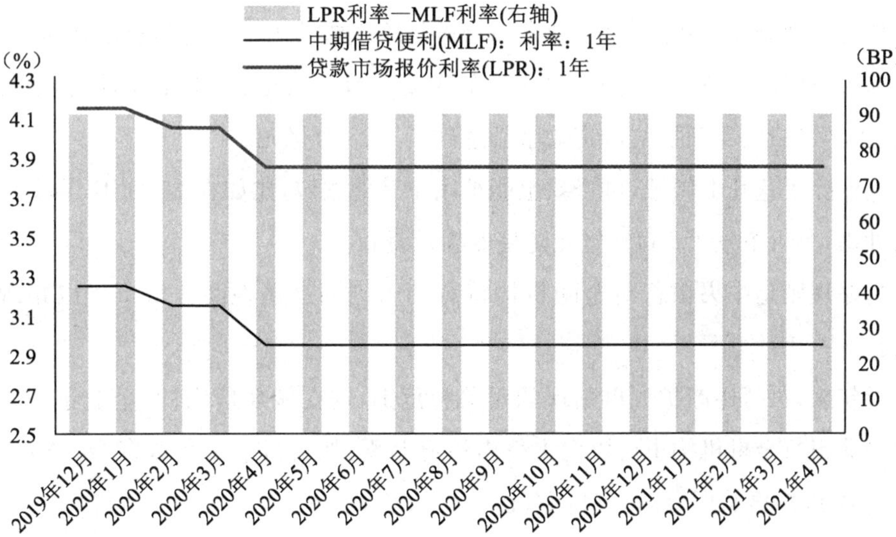

资料来源：Wind。

图 14.5 MLF 利率与 LPR 利率亦步亦趋

同时，企业贷款利率也是以LPR利率为基准的。银行会以贷款市场报价利率(LPR)为基准，通过加点的方式形成企业贷款利率。我们也能够看到金融机构贷款加权平均利率与LPR利率之间呈现明显的正相关。

在MLF利率—LPR利率—企业贷款利率的传导渠道下，央行就能够通过调控MLF利率有效地调整企业的贷款利率，从而调控企业的投资行为等。

TMLF与MLF最大的不同在于TMLF是定向投放的，是央行为了支持实体经济，引导银行增加对小微企业和民营企业贷款而专门设立的。

一般来说，符合宏观审慎要求的大型商业银行、股份行和大型城商行可以向央行提出申请，央行根据其对小微企业和民营企业的贷款情况确定TMLF的规模，期限一般是1年，不过可以延期2次，即最长能够达到3年。同时，因为是定向支持政策，所以利率也会低一些。

(4) 再贷款、再贴现。

再贷款是指中央银行给商业银行的贷款。在1994年之前，再贷款一度是央行投放基础货币的主要途径，此后随着中国出口业务的迅速发展，外汇占款逐渐取代再贷款成为基础货币投放的主要渠道。

随着宏观调控方式的变化，现在新增再贷款主要被用于促进信贷结构调整，逐渐成为央行定向支持三农、扶贫等领域的主要工具。截至2021年3月，金融机构支农、支小、扶贫、专项扶贫再贷款余额达到了1.63万亿元。

当然除了这几个领域，再贷款也能被用于其他领域，比如在2020年，为了应对疫情冲击，央行下发了3 000亿元防疫专项再贷款。

再贴现则是中央银行对金融机构持有的未到期已贴现商业汇票予以贴现的行为。

近年来，央行逐渐扩大再贴现的对象和范围，现在城乡信用社、企业集团财务公司等非银行金融机构也可以向央行申请再贴现，从央行手中获取资金。2021年3月，金融机构再贴现余额5 744亿元。

(5) 常备借贷便利(SLF)。

常备借贷便利(SLF)是央行在2013年设立的，主要是为了满足金融机构1～3个月的资金需求，操作对象主要是政策性银行和全国性商业银行。

SLF可以认为是央行为金融机构提供的最后保障。当金融机构在市场上借不到钱，或者借钱成本太高的时候，它们可以主动向央行申请SLF，通过抵押高信用评级的债券类资产及优质信贷资产的方式，从央行手里获取资金。

但SLF具有“污名”效应，在一般情况下，金融机构并不愿意向央行借SLF。

另外，因为大部分金融机构都能够根据自身的流动性情况向央行申请SLF，所以SLF利率也被市场认定为利率走廊的上限，即金融机构至少能够按照SLF利率，从央行借到足够多的资金。

(6) 超额存款准备金利率。

超额存款准备金利率简单来说就是央行给商业银行的存款利率。如果超额存款准备金利率为0.35%，而某商业银行的超额存款准备金为100亿元，那么央行每年就需要支付该银行0.35亿元的利息。

一般我们也将超额存款准备金利率认为是利率走廊的下限，即市场利率不会低于超额准备金利率。这一点也很好理解，如果市场利率低于超额存款准备金利率，那么应该没有机构愿意将资金外借，毕竟外借获取的收益还不如直接存在央行。

(7) 直达实体经济的货币政策工具，包括普惠小微企业贷款延期还本付息政策和信用贷款支持政策。

这两项计划是在2020年6月央行为了缓解疫情对实体企业的冲击，加大对小微企业的信贷支持力度而新设立的政策工具。

信用贷款支持计划指中国人民银行将通过创新货币政策工具使用再贷款专用额度，购买符合条件的地方法人银行新发放的部分普惠小微信用贷款。

其目的是为了促进银行加大对小微企业信用贷款投放，支持更多小微企业获得免抵押担保的信用贷款支持。

延期还本付息计划则是指对于2020年年底前到期的普惠小微贷款本金、2020年年底前存续的普惠小微贷款应付利息，银行业金融机构应根据企业申请，给予一定期限的延期还本付息安排，最长可延至2021年3月31日，并免收罚息。

另外，为充分调动地方法人银行的积极性，中国人民银行会同财政部对地方法人银行给予其办理的延期还本普惠小微贷款本金的1%作为激励。

在2021年到期后，央行再次将两项直达货币政策工具延期。而这两项直达政策工具作为定向支持普惠企业的工具，后续有望被央行继续使用。

除了上述几种货币政策之外，央行还有很多其他类型的政策工具，比如抵押补充贷款①、央行票据互换②、国库现金定存③等，这里我们就不再一一介绍了。

表14.1 货币政策工具

货币政策工具	创建时间	期限	抵押品	交易对手	备注
回购业务（现在指逆回购）	1994年	7、14、28、63天等	国债、政策性银行债	一级交易商	包括正回购和逆回购，不过2015年之后就没有正回购了，现在是指逆回购，是央行投放短期资金，平滑市场流动性的主要工具
常备借贷便利（SLF）	2013年	隔夜、7天、1～3个月	高信用评级的债券类资产及优质信贷资产等	政策性银行和全国性商业银行	由金融机构主动发起，是中央银行与金融机构"一对一"交易，针对性强
中期借贷便利（MLF）	2014年	3、6、12个月	国债、央行票据、政策性金融债、高等级信用债等优质债券	符合宏观审慎管理要求的商业银行、政策性银行	现在主要投放期限是1年，2018年抵押品拓展至不低于AA级的小微企业。绿色和"三农"金融债券；AA+、AA级公司信用类债券；优质的小微企业贷款和绿色贷款
定向中期借贷便利（TMLF）	2018年	1～3年	未明确规定，可以参照MLF	符合要求的大型商业银行、股份制商业银行和大型城市商业银行	定向支持小微企业和民营企业贷款
抵押补充贷款（PSL）	2014年	3～5年	合格抵押品包括高等级债券资产和优质信贷资产	政策性银行	支持国民经济重点领域、薄弱环节和社会事业发展而对金融机构提供的期限较长的大额融资

① 主要是为了支持国民经济重点领域、薄弱环节和社会事业发展而对金融机构提供的期限较长的大额融资。

② 主要为了提升银行永续债的市场流动性，支持银行发行永续债补充资本。

③ 财政资金市场化运作的一种方式，提高中央国库现金的使用效益。

（续表）

货币政策工具	创建时间	期限	抵押品	交易对手	备注
央行票据（现在为离岸央行票据）	2002 年	3 个月、6 个月、1 年、3 年	无	一级交易商	为调节商业银行超额准备金而向商业银行发行的短期债务凭证，主要是为了对冲外汇占款。2013 年之后一度停发，2018 年开始发行离岸央票
国库现金定存	2006 年	1、2、3、6、9 个月	国债、地方政府债	以一级交易商为主	财政资金市场化运作的一种方式，提高中央国库现金的使用效益
再贷款、再贴现	1984 年	3 个月、6 个月、1 年	接受符合要求的信贷资产	金融机构	主要用于促进信贷结构调整，引导扩大县域和“三农”信贷投放
央行票据互换（CBS）	2019 年	原则上不超过 3 年	合格银行发行的永续债	一级交易商	主要为了提升银行永续债的市场流动性，支持银行发行永续债补充资本，增强金融支持实体经济的能力
流动性调节工具（SLO）	2013 年	1～7 天	未明确规定	一级交易商	是公开市场常规操作的必要补充。2016 年之后就没有进行任何操作
临时流动性便利（TLF）	2017 年	28 天	不需要抵押品	在现金投放中占比高的几家大型商业银行	2017 年创建，主要用于应对春节资金需求
临时准备金动用安排（CRA）	2018 年	30 天	不需要抵押品	在现金投放中占比高的全国性商业银行	2018 年创建，主要用于应对春节资金需求，临时使用不超过两个百分点的法定存款准备金
两类创新直达实体经济的货币政策工具	2020 年	2020 年 6 月创设，包括信用贷款支持计划和延期还本付息计划，主要是为了支持小微企业经营			

资料来源：作者整理。

14.1.3 货币政策传导机制

在说完政策目标和政策工具后，我们进一步分析国内货币政策传导机制的演变。

14.1.3.1 计划经济时期的直接调控

在1983年之前，我国并没有独立意义上的央行，相应地也没有独立的货币政策。

当时，国务院是货币发行和决定贷款额度的最高权力机关，而中国人民银行则只是一个政府机构。中国人民银行的职责既包括执行政府货币政策，进行金融监管，也包括吸收存款、发放贷款等，即中国人民银行同时兼顾商业银行和中央银行的职能。

而这一时期的货币流动也比较简单，国内的货币流动仅包含两个流程：一是现金流程；二是银行转账流程，而且这两个流程是割裂的。

当时，现金流动基本上局限于个体消费者的收入和支出领域，比如企事业单位发放工资、国家收购农产品等，当时这两项占据了现金总投放额的约80%。而零售则占据了现金退出流通量的70%左右(见图14.6)。

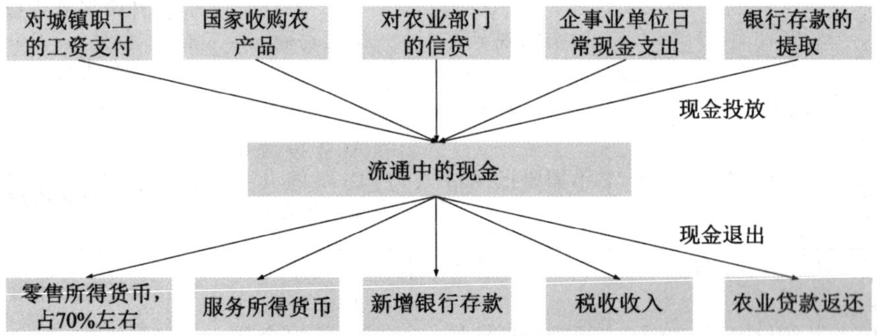

资料来源：《中国的货币、银行和金融市场》。

图14.6 计划经济时期的现金流动

国有企业之间的资金往来则几乎全都通过银行转账进行，其资金来源主要有三类：(1)政府拨款，这是当时企业资金的主要来源；(2)信贷计划下的银行贷款，其主要是作为企业的周转资本；(3)企业留利。

而这些资金都会变为企业的银行存款，之后企业间的交易均通过银行结算。需要注意的是，与现在不一样，那时候企业存款是不能直接取现的，银行存款和现金是分割的。

在这样的金融环境下，国内的货币政策就有了更为明确的目标，即一是实现现金收支平衡；二是实现信贷资金平衡。而这种平衡关系又会很明确地体现在商品价格领域。

如果银行信贷的规模仅限于为生产和销售商品提供资金，就不会产生信贷过度发行，即只要流通中的现金流与商品的供应量是相匹配的，就不会出现现金过度发行，并导致通货膨胀了。

所以中国人民银行当时一般是以“市场现金流通量增速”“市场现金流通量与社会商品零售额的比例”等作为具体的政策目标。

另外，在计划经济体制下，货币政策工具主要是各类行政指令性的手段，包括综合信贷计划管理和现金收支管理计划。即中国人民银行通过“现金计划”控制流通中的现金，通过“信贷计划”控制企业的信贷资金流动。

比如央行每年会根据国民经济计划相应地编制年度信贷计划，国务院审核通过后，按照年度计划以及对应的季度和月度计划，统一管理信贷。

按理说，在计划经济下，只要能够实现信贷资金和流动中的现金平衡，市场的物价水平就能够得到比较好的控制。

但当时的货币政策是附属于财政政策的，如果财政支出超过了财政收入，政府就会面临财政赤字。而政府财政赤字是可以直接通过中国人民银行发行货币弥补的，这就使得中国人民银行会被动地增加货币供给，从而引发通货膨胀。

因此，我们也会看到，在当时为了应对通货膨胀，政府会压缩财政支出，如在1957 年的时候，政府就提出 1957 年的计划要在“保证重点、适当压缩”的方针下考虑，相应地当年的基建投资相比于 1956 年就出现了明显的回落。这种措施就是通过减少政府对中国人民银行的净负债，减少基础货币的投放。

总的来说，这一时期，我国的货币政策以直接调控为主，并没有现代意义上的货币政策。

14.1.3.2　以数量为主的间接调控

1984年之后，随着中国人民银行开始独立履行央行职能，加上计划经济体制逐步向市场经济转变，我国逐渐有了完整的货币政策体系。

在央行成立后的一段时间里，它还是延续了计划经济时期的调控模式，通过现金发行和信贷规模管理的方式，直接调控货币供应情况。

到了20世纪90年代，随着金融体系改革的深入，我国的货币政策才由原先的直接调控转向以数量为主的间接调控模式。

1993年发布的《关于金融体制改革的决定》明确提到：

货币政策的最终目标是保持货币的稳定，并以此促进经济增长；

货币政策的中介目标和操作目标是货币供应量、信用总量、同业拆借利率和银行备付金率；

货币政策的工具是：法定存款准备金率、中央银行贷款、再贴现利率、公开市场操作、中央银行外汇操作、贷款限额、中央银行存贷款利率。

央行则要根据宏观经济形势，灵活地、有选择地运用上述政策工具，调控货币供应量。

这一决定确定了我国货币政策的总基调，后续国内的货币政策体系大致就是沿着这个方向进行的。

1994年央行开始按季度发布M0、M1和M2指标，方便市场跟踪货币供应量，并且在1996年开始按月度公布。

1995年《中国人民银行法》规定货币政策目标是保持货币币值的稳定，并以此促进经济增长。

1996年中国人民银行正式将货币供应量作为中国货币政策的中介目标之一。

1998年随着央行正式取消信贷规模管理，同时重启人民币公开市场操作，我国的货币政策正式实现由直接控制向以数量为主的间接调控模式转型。

在这一模式下，央行会通过公开市场操作等货币政策工具控制基础货币投放，并通过对基础货币的调控，影响货币供应量。

当时，随着对外开放步伐不断加快，中国逐渐成为“世界工厂”，并吸引了大量的海外投资。经常账户和非储备性质金融账户“双顺差”的局面为我国带来了大量的外汇储备。

出口企业在赚到外汇后，需要先将手中的外汇在商业银行兑换成人民币。之后，商业银行再将自己手里的外汇向中央银行兑换成人民币。这也就是“外汇占款渠道”创造基础货币的过程。

在当时外汇占款的增量一度超过了基础货币的增量，为了防止资金面过于宽松，央行的主要任务是想办法回收市场上的基础货币，让基础货币在合意的水平上波动。所以在这一时期，我们能够看到央行通过大规模地发行央票、提高法定存款准备金率等方式回收市场上的流动性。

另外，在中介目标上，政府每年一般都会设立一个M2的目标值，央行则通过调控基础货币和银行信贷规模，控制M2的增速。

当时，商业银行是信用派生的主要渠道，通过对银行信贷增速的管控，央行能够较好地控制货币供应量。

但是随着国内金融创新产品的快速发展、影子银行的兴起等，央行对货币供应量的控制力度在明显下滑，同时货币供应量与经济的走势相关性也在降低。

第一，金融创新产品层出不穷，央行对货币供应量(M2等)的掌控力度变弱。

此前，企业的信贷资金主要来源于银行，央行能够通过M2等指标比较直观地了解市场的资金供给情况。

随着金融市场的发展、金融创新产品层出不穷，以银行为核心的各类影子银行获得了快速发展。

2008年，为了应对金融危机，货币政策开始转向宽松，并取消了对金融机构信贷规模的硬约束，这使得2009年的信贷规模大幅走高，M2同比增速更是达到了27.7%，创下了20世纪90年代以来的新高。

后续随着货币政策转向，信贷投放开始收紧。为了规避监管，银行开始将表内业务转向表外，表外业务获得了快速发展，“银信合作”“银证合作”“银基合作”等新型业务模式兴起，影子银行(见图14.7)规模快速扩大。

据统计，2008年之后，影子银行每年以20%以上的速度增长，并且在2017年初达到了100.4万亿元的规模。

这类影子银行绝大部分是银行贷款的替代。从负债端看，银行是影子银行的

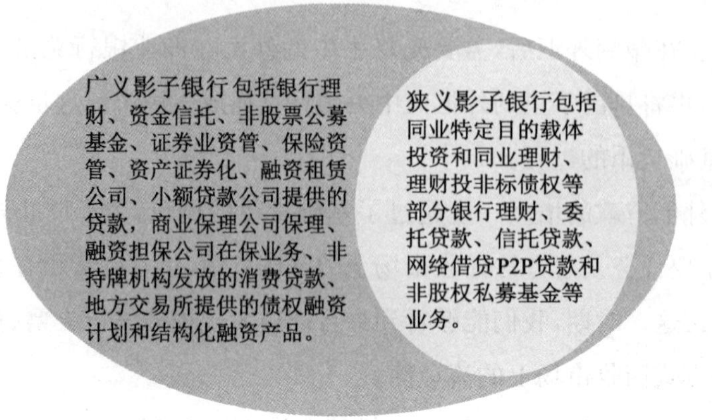

资料来源：作者整理。

图 14.7　影子银行是什么

主要资金提供方，比如据统计，基金公司私募资管业务一半资金来源于银行。从资产端看，影子银行主要的客户也来源于银行。从这一角度来看，影子银行主要是作为通道帮助银行放款。

而影子银行的发展对信贷传导机制产生了较大的影响。通过影子银行向实体发放贷款的方式相当于增加了货币供应量，但表外业务的规模是不体现在 M2 的统计口径之中的。

这意味着央行对货币供应量的调控难度加大，此前银行是实体的主要融资渠道，央行通过控制信贷增速、调整法定存款准备金等方式，能够较为有效地调控货币数量规模。但是现在随着信用派生的渠道变得越发复杂，央行对货币供应量的管控力度也在下滑。

此前，央行的关注点都在 M2 上，随着影子银行发展，一部分表外资产扩张是不会体现在 M2 的统计口径里的，这意味着 M2 不能很好地衡量实体的融资需求了。

所以在 2012 年的时候，央行为了更好地统计实体经济从金融机构手里获取的资金，推出了“社会融资规模”指标。而且央行也会根据市场的变化，不定期更新该指标的统计口径，比如在 2019 年 12 月，就将“国债”和“地方政府一般债券”纳入社融口径，和原有的“专项债”一起合成了“政府债券”项目。

相比于 M2 指标，社融涵盖的范围更为广泛，在一定程度上能够帮助央行监管市场上的信用扩张情况。但是，相比于 M2，央行对社融等指标的掌控力度也会更弱。

第二，货币供应量和通货膨胀的相关性在减弱。关于货币供应量和通货膨胀之间的关系其实有一个很著名的方程式，即 $MV=PT$。

其中，M 表示货币流通量；V 表示货币流通速度；P 表示价格；T 表示商品数量（产出水平）。

那么在假设货币流通速度以及商品数量变动不大的时候，市场上的货币流通量和价格应该是正相关的。这也是央行通过控制货币供应量调控价格的理论基础之一。

但在实际运行时，货币供应量的走高与通货膨胀之间的关系并不是那么明确。在 2013 年之前，M2 和通货膨胀存在较为明显的正相关关系，比如 2009 年 M2 同比增速快速走高，随后国内 CPI 也在大幅走高，CPI 在 2011 年的时候一度突破了 6%。但近年来我们能够看到 M2 同比增速和 CPI 走势的相关性明显减弱（见图 14.8）。

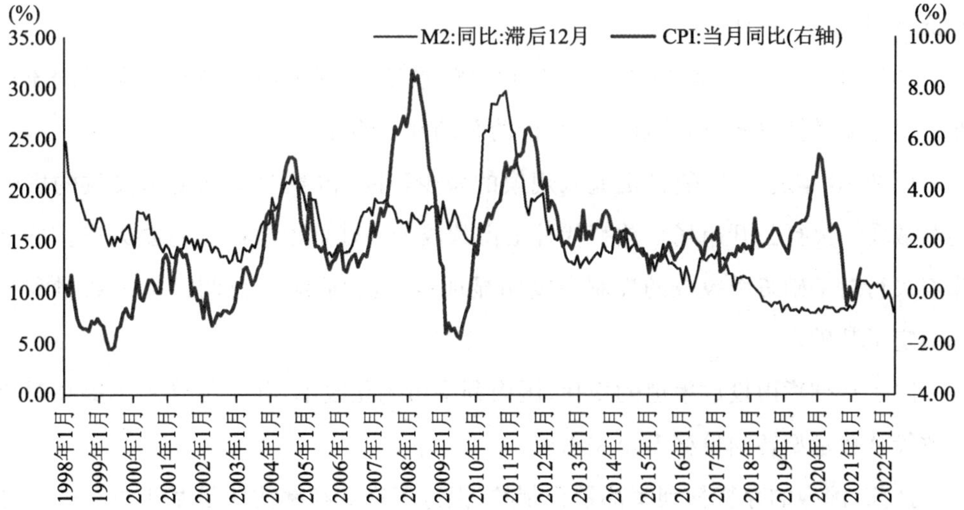

资料来源：Wind。

图 14.8　M2 与通货膨胀的关系在走弱

这一点从另一个角度也能够看到，在1999年年末，M2占GDP现价的比重为132%，到了2009年这一比值上升到了149%，而2020年年末这一比值更是达到了215%。

在M2同比增速明显快于名义GDP同比增速的时候，国内其实并没有出现明显的长期的通货膨胀。这里很大一部分原因是货币都流向了房地产市场，不断上涨的房价吸纳了大量的资金。而二手房的交易并不计入GDP，同时房价的上涨也不计入CPI。

14.1.3.3　由数量型转向价格型调控

因为金融经济环境的变化，数量型调控的不足表现得越发明显。央行开始逐步尝试将货币政策调控框架从数量型调控转为价格型调控。

相比于数量型调控，价格型调控对利率的传导机制要求更高。整个利率调控框架一般是央行通过自己的公开市场操作使得市场利率围绕政策利率[①]波动，并通过利率传导机制，向其他品种（比如贷款利率、债券利率）和期限的利率传导，最终影响社会的投资、消费等行为。

而近年来外汇市场环境的变化、利率市场化的推进也为货币政策从数量型转向价格型做好了铺垫。

2013年之前，经常账户和资本账户“双顺差”的局面为我国带来了大量的流动性。由于流动性过剩，市场资金量与价的联动并不明显。

而2013年之后，随着外汇流入规模的减少，外汇占款对基础货币投放的影响逐渐减弱。央行公开市场投放替代外汇占款成为基础货币投放的主要渠道。这意味着央行对基础货币投放的控制力度明显加强，也为后续央行调控货币数量和利率奠定了基础。

除了基础货币投放渠道的变化，国内利率市场化改革，利率传导效率提高对货币政策从数量型转向价格型至关重要。

此前，国内的存贷款利率都是管制的，银行存贷款利率往往是基于央行的存贷款基准利率，在一定的范围内浮动。在这种模式下，货币市场利率、中长期市场利

---

① 政策利率一般体现在央行的政策工具之中，比如OMO利率。

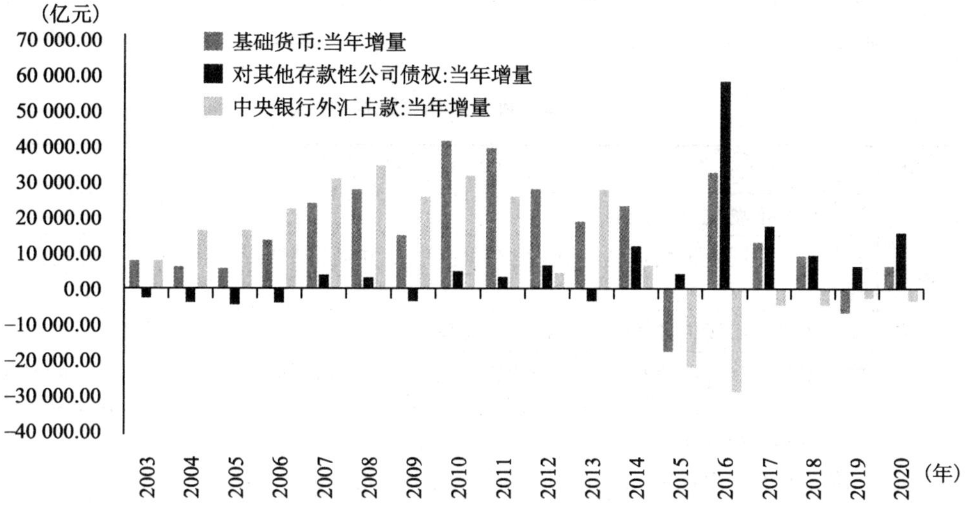

资料来源：Wind。

图 14.9　基础货币投放渠道的变化

率、存贷款利率等不同期限、不同品种的利率之间是割裂的。

为了改变这一局面，自 1994 年开始，国内就开始逐步推进利率市场化。按照央行在货币政策执行报告上的说法，利率市场化改革的总体思路是先外币、后本币；先贷款、后存款；先长期、大额，后短期、小额。

以存贷款利率为例，近年来央行一直在逐步扩大国内存贷款利率的波动范围，并在 2013 年放开了贷款利率的上下限；在 2015 年放开了存款利率的上下限。

在存贷款利率放开后，为了让政策利率能够更好地向贷款利率传导，在 2019 年，央行改革完善了贷款市场报价利率(LPR)形成机制。

在这一模式下，银行的 LPR 利率是报价银行在 MLF 利率的基础上，根据自身资金成本、市场供求、风险溢价等因素加点报价形成的。

一般在每个月月中央行续作 MLF，并给出 MLF 利率，之后在当月 20 日，报价银行会基于 MLF 利率，向央行提供 LPR 报价。同时，银行的贷款利率则会以 LPR 利率为基准利率进行报价。

为了让各银行更好地履行自己的报价职责，央行还将银行的 LPR 应用情况及贷款利率竞争行为纳入宏观审慎评估(MPA)，督促各银行运用 LPR 定价。

在这样的模式下，央行就能够通过自己的货币政策工具(MLF 利率)有效地引导贷款利率。

表 14.2　利率市场化进程

时间	事件
1993 年	提出利率市场化改革基本设想。
1996 年	放开银行间同业拆借市场利率，实现由拆借双方根据市场资金供求自主确定拆借利率。
1997 年	放开了债券市场债券回购和现券交易利率。
1998 年	放开了贴现和转贴现利率；将金融机构对小企业的贷款利率浮动幅度由 10%扩大到 20%，农村信用社的贷款利率最高上浮幅度由 40%扩大到 50%；政策性银行金融债券发行利率市场化。
1999 年	国债发行利率市场化；保险公司大额定期存款实行协议利率。
2000 年	实行外汇利率管理体制改革，放开了外币贷款利率；300 万美元以上的大额外币存款利率由金融机构与客户协商确定。
2002 年	扩大农村信用社利率改革试点范围，进一步扩大农村信用社利率浮动幅度；统一中外资外币利率管理政策。
2004 年	放宽金融机构贷款利率浮动区间。金融机构(不含城乡信用社)的贷款利率原则上不再设定上限，贷款利率下浮幅度不变，贷款利率下限仍为基准利率的 0.9 倍。
2006 年	推进商业性个人住房贷款利率市场化，将其利率下限由贷款基准利率的 0.9 倍扩大到 0.85 倍。
2012 年	将金融机构存款利率浮动区间的上限调整为基准利率的 1.1 倍；将金融机构贷款利率浮动区间的下限调整为基准利率的 0.7 倍，个人住房贷款利率浮动区间并不调整。
2013 年	中国人民银行全面放开贷款利率和票据贴现利率管制，不再对农村信用社贷款利率设立上限，由金融机构根据商业原则自主确定贷款利率水平，贷款利率市场化取得了突破性进展。
2014 年	调整金融机构存款利率浮动区间，存款利率浮动区间的上限由基准利率的 1.1 倍调整为 1.2 倍。
2015 年	放开商业银行、农村合作金融机构、村镇银行等金融机构活期存款、一年以内(含一年)定期存款、协定存款、通知存款利率上限。上述金融机构以上期限品种存款利率可参考对应期限存款基准利率自主确定，至此存款利率上限全面放开。
2019 年	2019 年，央行提出继续深化利率市场化改革，稳妥推进利率“两轨合一轨”。完善市场化的利率形成、调控和传导机制，进一步疏通利率传导，尤其是疏通央行政策利率向信贷利率的传导。2019 年 8 月，LPR 定价机制完善。

资料来源：作者整理。

在央行对基础货币调控力度加强，国内利率传导机制不断完善的背景下，我国的货币政策调控体系已经有了价格型调控的影子。

按照 2021 年一季度货币政策报告中的说法，目前我国货币政策的最终目标是坚守币值稳定。操作目标是以公开市场操作利率为短期政策利率，以中期借贷便利利率为中期政策利率。

传导机制一方面是让以 DR007 为代表的市场利率围绕政策利率（OMO 利率）波动；另一方面是让政策利率（MLF 利率）向 LPR 利率传导，再向实际贷款利率传导。最后通过利率的波动调节资金供求和资源配置，实现货币政策目标。

但货币政策报告也再次表明目前我国货币政策的中介目标是“保持货币供应量和社会融资规模增速同名义经济增速基本匹配”。这也意味着我国货币政策目前兼具数量型政策和价格型政策的特点。

从目前来看，货币政策已经偏向价格型调控。

一方面，央行公开市场操作常态化，且央行多次表述公开市场操作重点在价不在量。目前央行形成了在每个月月中固定时间开展中期借贷便利操作，每日连续开展公开市场操作的惯例。

而通过每日的逆回购投放和每月的 MLF 投放，央行能够有效地引导市场预期，引导市场利率围绕政策利率波动。可以看到 DR007 的运行中枢也逐渐稳定在了 OMO 利率附近（见图 14.10）。

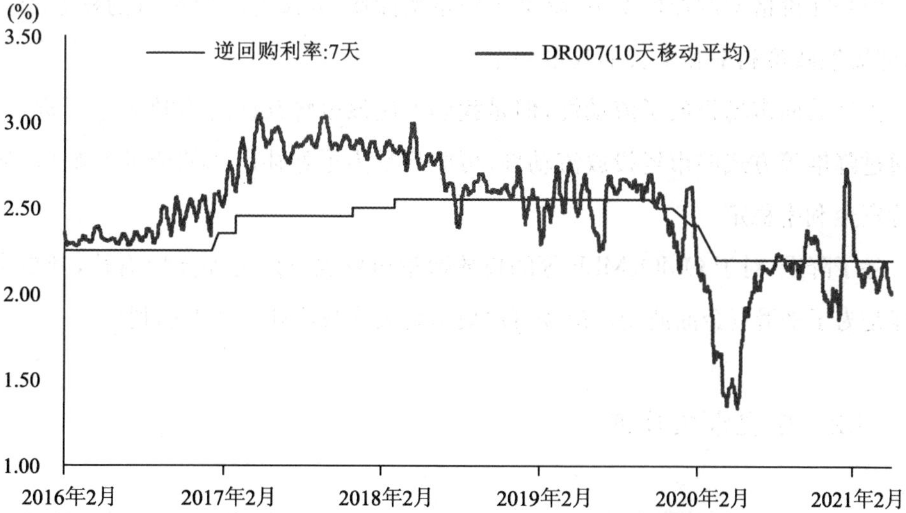

资料来源：Wind。

图 14.10　DR007 稳定在逆回购利率附近

另一方面，央行在逐渐模糊货币供应量的目标表述。

在2017年之前，政府工作报告都会明确提及对M2同比增速和社融同比增速的计划。比如2017年的政府工作报告就明确指出当年“广义货币M2和社会融资规模余额预期增长均为12%左右”。

但是2017年之后，政府开始淡化具体的数值要求，仅做模糊化的表达。比如2018年的政府工作报告说的是“保持广义货币M2、信贷和社会融资规模合理增长”，2021年的表述是“货币供应量和社会融资规模增速与名义经济增速基本匹配”。

这种变化体现的便是央行在淡化数量目标，不再刻意追求数量目标而是将目标放在利率调控上。

在新的调控方式下，我们应该更多地从价的角度理解货币政策导向，而减少对央行数量操作的关注。

在数量型货币政策调控模式下，央行在意的是市场上的基础货币和货币供应量，相应地，我们应该更关注央行的数量操作。

比如央行可以通过降准将商业银行的法定存款准备金变成超额存款准备金，向市场注入流动性。同时，降准也会带动货币乘数走高，提高商业银行的信用派生能力。

因此在数量型货币政策下，降准等数量型操作会被解读为货币政策边际宽松。

但是在价格型调控框架下，降准等数量型操作，并没有涉及央行的核心操作目标，即短期政策利率和中长期政策利率。

虽然其向市场投放了流动性，但是我们不应该就将其认定为政策边际宽松，央行通过降准等方式向市场投放流动性，可能只是为了弥补市场的流动性缺口，从而维持资金利率稳定。

除了降准，对于OMO、MLF等的投放数量市场也可以更加谨慎看待，其更多的可能是为了平滑资金面波动。市场可以更多地关注政策利率和市场利率。

14.2 宏观审慎政策

在金融危机爆发前，各国央行主要把注意力放在经济周期上，货币政策主要锚定的是通货膨胀率，央行通过对通货膨胀的调节，平滑经济周期波动。

但是以CPI为锚的货币政策对金融周期的关注度明显不足。此前CPI是不包括资产价格的，而央行也不太关注资产价格的波动。

比如在2003—2007年间，美国CPI、PCE等通货膨胀指标均处于历史低位，但大中城市房价上涨超50%，道琼斯指数上涨超60%，加上当时美国各类金融创新产品层出不穷，美国金融体系积累了大量的风险。

资产价格的波动并不体现在PCE等通货膨胀指标之中，而美联储也并不认为资产价格的上涨需要用货币政策调节，最后导致美国次贷危机的爆发。

金融危机之后，各国就认识到以往只关注通货膨胀的货币政策在应对当前越来越复杂的经济、金融环境时，有点捉襟见肘了。仅调整经济周期已经不能有效地应对系统性金融风险了，央行需要新的政策去调控金融周期。

所以在2008年之后，国际货币基金组织（IMF）、巴塞尔银行监管委员会（BCBS）等开始致力于完善金融监管体制，其核心就是建立健全宏观审慎框架。

相比于传统的货币政策体系，宏观审慎政策着眼于金融周期，通过加强对系统重要性金融机构、影子银行等多方面的监管，降低系统性金融风险，增强金融体系的韧性和稳健性。

将宏观审慎框架与传统的货币政策相结合，同时对金融周期和经济周期进行逆周期调节，也逐渐成为全球各国央行的共同选择。

如英国在金融危机后，启动了金融机构体系改革，并在2009年出台了新的《银行法》，加强了英格兰银行在金融监管上的职能，并将原先的金融监管机构FSA拆分成审慎监管局（PRA）和行为监管局（FCA），形成了以英格兰银行为核心的监管局面。

国内也很早就开始探索构建完善的宏观审慎政策了。在2009年，央行开始研究强化宏观审慎的政策措施，并在2011年引入了差别准备金动态调整机制。

差别准备金动态调整机制的核心内容就是金融机构的信贷投放水平需要和自身的资本水平以及经济增长的需要相匹配。简单来说，就是对银行差别对待，比如要求“资质”较差[①]的银行向央行缴纳更多的准备金，减少其可贷资金。通过使用

---

① 资本充足率低、资产质量差。

法定准备金率这一重要手段，让银行依据央行的政策指导放贷，最后达到控制银行放贷总量和节奏的目的。

但是，随着金融创新的快速发展，原有监管体制显得越来越捉襟见肘，准备金率已经很难管控银行的放贷行为。

银行创新出各种通道，把资产从通道转移出去，影子银行在这一时期快速发展。比如银行通过"银信合作""银证信合作"等方式曲线放贷。

而且央行也无法掌握银行的实质性动向，这对央行货币政策执行有效性、维护金融稳定都造成了威胁。

因此央行进一步完善了原有的差别准备金动态调整机制，推出了"升级版"监管体系，也就是宏观审慎评估政策(MPA)。

新的监管体系 MPA 将原有的单一指标拓展为多项指标，形成一个综合评分体系，用来全面考核银行体系金融风险。

相较于原有考核制度，MPA 的考核内容更为全面，比如将监管范围从以往的狭义贷款拓展到广义贷款，即除了通俗意义上的贷款外，还将债权投资、股权及其他投资、买入返售资产、存放非存款类金融机构款项余额等纳入监管范围。同时也保留原有监管体系的核心：资本充足率以及差别准备金率的机制。

在具体实施时，MPA 考核实行打分制。它包含资本和杠杆情况、资产负债情况、流动性、定价行为、资产质量、外债风险以及信贷政策执行 7 大项，每一项满分 100，央行根据每一项下的 15 个细分项打分。

表 14.3 就是整个 MPA 考核体系，可以看到，MPA 七大项中有许多定性考核，其中较多指标，银行都能比较容易拿到满分，比如具有一票否决权的利率定价，遵守准备金制度情况和信贷政策执行等。

表 14.3　央行 MPA 考核体系

七个方面	细分项目
资本和杠杆情况(一票否决项)	资本充足率(80 分)、杠杆率(20 分)、总损失吸收能力(未实施)
资产负债情况	广义信贷(60 分)、委托贷款(15 分)、同业负债(25 分)

（续表）

七个方面	细分项目
流动性	流动性覆盖率(40 分)、净稳定资金比例(40 分)、遵守准备金制度情况(20 分)
定价行为(一票否决项)	利率定价(100 分)
资产质量	不良贷款率(50 分)、拨备覆盖率(50 分)
跨境融资风险	跨境融资风险加权余额(100 分)
信贷政策执行	信贷政策评估结果(40 分)、信贷政策执行情况(30 分)、央行资金运用情况(30 分)

资料来源：作者整理。

在评分标准上，每项考核 90 分以上为优秀，60 分以上为达标。其中资本充足率和定价行为两项指标具有一票否决权，如果任意一项条件不合格直接就会被评为 C 档机构(最低档)。

央行依据所得到的测算结果，再对金融机构划分档次。七大类指标均优秀的为 A 档机构，资本和杠杆情况、定价行为任意一者不达标，或剩余五大类任意两项及以上不达标，为 C 档机构，剩余为 B 档机构。

档次划分完后，央行会给 A、B、C 档机构相应的奖励与惩罚。最主要的奖惩手段还是采用不同的法定准备金率，同时辅以其他奖惩手段。

对于 A 档机构，央行实施奖励性的法定准备金利率(可以按 1.1～1.3 倍奖励)，优先发放支农支小再贷款、再贴现，优先金融市场准入及各类金融债券发行审批，金融创新产品先行先试等。

对于 C 档机构，央行不仅实施约束性与惩罚性的法定准备金利率，还限制金融市场准入及各类金融债券发行，甚至取消一级交易商的资格。

无论是奖励还是惩罚措施，一般期限都是评估后的 3 个月，3 个月之后央行重新根据各银行的情况，再次评定等级。

另外，在具体指标考核的时候，不同银行的标准是不一样的。央行等会将各类银行划分为全国性系统重要性机构(N-SIFIs)、区域性系统重要性机构(R-SIFIs)和普通机构(CFIs)三类。

此前，央行并没有明确各类银行到底是怎么划分的，只是说由全国和各省的宏观审慎评估委员会和自律机制秘书处审核。

一般而言，全国性系统重要性机构主要是工行、农行、建行、中行、交行这几家大行，特别是工行、农行、中行、建行这几家银行已经纳入全球系统重要性银行名单，区域性系统重要性机构则是各省资产规模最大的城商行，其余银行则都归到普通机构里面。

不过 2020 年 12 月，《系统重要性银行评估办法》正式公布，并在 2021 年正式实施。

按照评估办法的要求，银保监会和央行会根据参评银行的规模、关联度、可替代性和复杂性等一级指标，评估参评银行的系统重要性程度（见图 14.11）。

规模（25%）	•调整后的表内外资产余额是指作为杠杆率分母调整后的表内资产余额和调整后的表外项目余额之和。权重为25%。
关联度（25%）	•金融机构间资产，指银行与其他金融机构交易形成的资产余额。权重为 8.33%。 •金融机构间负债，指银行与其他金融机构交易形成的负债余额。权重为 8.33%。 •发行证券和其他融资工具，指银行通过金融市场发行的股票、债券和其他融资工具余额。权重为 8.33%。
可替代性（25%）	•通过支付系统或代理行结算的支付额，指银行作为支付系统成员，通过国内外大额支付系统或代理行结算的上一年度支付总额。权重为 6.25%。 •托管资产，指上年末银行托管的资产余额。该指标权重为6.25%。 •代理代销业务，指银行作为承销商或代理机构，承销债券，代理代销信托计划、资管计划、保险产品等业务的年内发生额。权重为 6.25%。 •客户数量和境内营业机构数量，指银行的公司和个人客户数，以及在境内设立的持牌营业机构总数。该指标权重为 6.25%。
复杂性（25%）	•衍生产品，指银行持有的金融衍生产品的名义本金余额。权重为 5%。 •以公允价值计量的证券，指以公允价值计量且其变动计入当期损益类和以公允价值计量且其变动计入其他综合收益类的证券余额。权重为 5%。 •非银行附属机构资产，指银行控股或实际控制的境内外非银行金融机构的资产总额。权重为 5%。 •理财业务，指银行发行的非保本理财产品余额。权重为 5%。 •境外债权债务，指银行境外债权和境外债务之和。权重为 5%。

资料来源：《系统重要性银行评估办法》。

图 14.11　系统重要性银行的评估指标

根据打分结果，100 分以上的纳入系统重要性银行初始名单，之后再根据得分细分为 5 组，按照不同的等级进行差异化监管。

监管层后续还会出台一系列具体的监管要求，比如对系统性重要银行在附加资本、杠杆率水平、大额风险暴露等方面做出具体的监管规定。

上面 7 个 MPA 指标具体是什么含义，如何计算评定等内容，在第 5 章中已经都详细分析过了，在这里我们就不再重复了。

MPA 评估体系在建成后，央行也在不断为它添砖加瓦。比如在 2017 年，央行将表外理财纳入广义信贷范畴。

此前出于增加收益、规避监管等方面的考虑，银行的表外业务快速发展，2009—2016 年，银行理财的平均同比增速超 40%，远高于银行信贷增速。而当时盛行的同业模式，也使得金融系统的风险不断积累。

为了规范银行的理财业务，引导银行加大对实体经济的支持，降低系统性风险，2017 年，银行理财被纳入广义信贷，而在广义信贷增速的约束下，银行特别是考核压力比较大的中小银行会降低表外理财增速，叠加其他监管措施，银行理财的增速有所下滑。

另外，在 2018 年，监管层出于引导银行回归存贷业务，降低同业负债等方面的考虑，开始将同业存单纳入 MPA 同业负债考核，并出台了相关配套措施控制同业业务的增量。

除了 MPA 考核体系外，宏观审慎也包括了另外几个重点领域。

第一，对住房金融的宏观审慎。房地产价格是金融周期里的主要核心变量之一，加强对房地产金融领域的宏观审慎管理是整个宏观审慎管理制度下必须要考虑的。

在房地产调控方面，中国探索得也比较早，首付比、债务收入比(DTI)等指标都被纳入房地产调控的工具箱。

宏观审慎措施的落地也确实很好地抑制了房价的上涨，比如通过提高首付比、针对首次购房还是非首次购房出台差异化的首付比等方式，一定程度上抑制了市场上的炒房投机行为。

同时，监管层也一直在探索更多的宏观审慎政策工具，比如在 2020 年年末，监管层发文要求建立金融机构房地产贷款集中度管理制度。在这一制度下，央行设定了房地产贷款占比、个人住房贷款占比指标，限制银行给房企和个人发放的贷款规模(见表 14.4)。

其中:房地产贷款占比=房地产贷款余额/人民币各项贷款余额;个人住房贷款占比=个人住房贷款余额/人民币各项贷款余额。

表 14.4 房地产贷款集中度管理要求

银行业金融机构分档类型	房地产贷款占比上限	个人住房贷款占比上限
第一档:中资大型银行(7 家)	40%	32.50%
第二档:中资中型银行(17 家)	27.50%	20%
第三档:中资小型银行和非县域农合机构	22.50%	17.50%
第四档:县域农合机构	17.50%	12.50%
第五档:村镇银行	12.50%	7.50%

注:中资大型银行包括工行、建行、农行、中行、国家开发银行、交行、邮政储蓄银行;中资中型银行包括招商、浦发、中信、兴业、民生、光大、华夏、广发、平安、北京、上海、江苏、恒丰、浙商、渤海、农业发展银行、进出口银行。

资料来源:《关于建立银行业金融机构房地产贷款集中度管理制度的通知》。

房地产集中度的考核,一来是引导银行减少对房地产企业的贷款,把钱投向实体经济。二来对个人住房贷款的控制在一定程度上能够避免银行把信贷资源继续集中在居民部门。

除了设置贷款集中度,郭树清在此前的表述中也提到要研究房地产贷款风险权重等宏观审慎政策工具。可以预计之后对房地产领域的管理会更加完善。

第二,对跨境资金流动的宏观审慎管理。早在 2015 年,央行就将外汇流动性和跨境资金流动纳入宏观审慎管理范畴。具体的措施包括:

一是对银行远期售汇和人民币购售业务设定了外汇风险准备金。远期售汇业务是指企业可以向银行签订远期售汇协议,约定未来按照一定汇率,从银行手上获取外汇,从而规避汇率波动风险。

如果在某年 1 月,企业预期未来外汇汇率会上升(人民币贬值),便会提前和银行进行远期售汇交易,以此规避外汇波动风险。

而银行为了避免后续汇率上涨带来的风险,则会直接在现货市场上买入外汇。这又使得即期市场外汇需求增加,并推升外汇价格。即期汇率走高则进一步强化市场人民币贬值的预期，进而影响企业的远期购汇行为。

这种顺周期的行为就很容易演变成“羊群效应”，加剧外汇市场波动。而央行则可以通过提高准备金的方式，提高银行做远期的成本，而银行成本上升会带动企业等机构做远期交易成本上升，降低机构的远期交易意愿，从而逆向调节市场。

所以我们能看到在人民币贬值预期较强的时候，央行会上调风险准备金率。比如在 2018 年 8 月央行上调了外汇风险准备金率。而在人民币升值预期较强的时候，央行会下调外汇风险准备金率。比如在 2020 年，由于美联储大放水、国内经济持续好转等原因，人民币迎来了一波升值行情，央行为了将人民币汇率保持在一个较为合理均衡的水平，将外汇风险准备金下调到 0%。

资料来源：Wind。

图 14.12 外汇风险准备金与外汇走势

二是设置宏观审慎参数和杠杆率调控全口径跨境融资。这一点主要针对企业在境外借钱的情况，按照规定：

跨境融资风险加权余额上限＝资本或净资产×跨境融资杠杆率×宏观审慎调节参数

其中，企业按净资产计，银行类法人金融机构按一级资本计。而央行可以通过调节杠杆率和宏观审慎参数控制境内机构的借债情况。

杠杆率变动比较少。在2016年设立后，企业和非银行金融机构的跨境融资杠杆率是1，银行类金融机构是0.8。之后在2017年调整了一次，企业的杠杆率提高到了2，非银机构还是1，银行类和外国银行境内分行则为0.8。

宏观审慎参数的变动会更频繁一些，在2016年，宏观审慎调节参数设置为1。2020年3月，央行将宏观审慎参数上调为1.25，而到了2020年12月，央行就将金融机构的宏观审慎参数从1.25下调到了1，2021年1月，将企业的宏观审慎参数也从1.25下调到了1。

这是因为，在2020年年初的时候，国内受疫情冲击，企业资金紧张，加上全球资金较为充裕，资金利率位于低位，上调系数，有利于企业在境外借钱，缓解融资难、融资贵的问题。

而到了年末，由于随着国内经济的好转，以及前期金融机构外债规模扩张速度偏快，2020年9月其他存款性公司的外债规模达到了1.08万亿美元，相比于2019年年末增长了17.4%，监管层表示为了让金融机构树立“风险中性”的理念，单独将金融机构的宏观审慎调节参数从1.25下调至1。此后，在2021年1月，企业的宏观审慎参数也回调到了1。

当然除了上述三个领域，宏观审慎还包括对金融基础设施的宏观审慎等其他方面，比如近期央行行长就表示要逐步将气候变化相关风险纳入宏观审慎政策框架。这里就不一一展开了。

14.3 货币政策与债券市场

上面我们分析了国内的货币政策与宏观审慎政策，这一部分我们分析货币政策与债券市场的关系。

简单来说，在货币政策宽松的时候，市场流动性转向充裕，债券市场大概率会走牛；反之在货币政策收紧的时候，资金面收紧，债券市场就很难有亮眼的表现。

在分析货币政策与债市的关系时，我们经常会看到“宽货币＋紧信用”“紧货币＋宽信用”这样的说法。而且一般认为在“宽货币＋紧信用”的时候，债券市场应该会有不错的表现，反之在“紧货币＋宽信用”的时候，债券市场就很难有亮眼的表现。这里我们引入“货币—信用”分析框架。

14.3.1 货币—信用分析框架

货币和信用其实可以和我们前面说的流动性联系起来。流动性可以分为两个层次，一是狭义流动性，又称银行间的流动性。二是广义流动性。前者对应的是货币，后者对应的是信用。

对于狭义流动性，央行能够通过自己的货币政策工具，比如逆回购、MLF 等影响基础货币，进而影响银行间流动性的松紧。

如果央行想让狭义流动性维持宽松，一来它可以通过增加 OMO、MLF 等投放更多的基础货币，维持银行间市场流动性宽松；二来也可以直接下调 OMO 利率，引导市场预期。

但对于广义流动性，央行就只能通过狭义流动性以及部分信贷政策（比如加大对房地产的监管等）间接影响了。一般情况下，影响信用的主要是实体融资需求。

在经济运行态势良好的时候，企业资本回报率走高，实体融资需求比较旺盛，信用扩张得就会比较快。

这时候如果央行想要压低实体融资需求还是比较容易的，比如央行可以提高 MLF 利率，从而引导贷款利率提高，在贷款利率提高后，实体经济的投资需求自然会有所下滑。

但是反过来央行想要推动信用扩张会更加困难。在经济下行的时候，央行想要推动需求复苏，就会先执行宽松的货币政策，通过投放基础货币、下调政策利率等方式，补充银行间市场的流动性，降低银行的资金成本，从而鼓励银行放贷。

但是银行在资金比较充裕，同时资金成本比较低的时候也不一定愿意去放款，信用也不一定会很快扩张。这一来是因为在经济下行压力大的时候，企业的资本投资回报率比较低，企业融资需求不高，这时候低贷款利率也不一定能够吸引企业贷款投资；二来是因为对坏账的担忧，银行的风险偏好降低，银行自身加大信贷投放力度的动力也不强。

这样我们就理解了货币和信用之间的关系，有点类似于初始目标和最终结果之间的关系。

央行的政策目标是想通过调控货币影响市场上的信用情况，并最终影响实体经济。

比如为推动经济复苏，央行可能推出宽松的货币政策，同时放宽金融监管力度，希望通过宽货币和宽监管带动宽信用，通过“宽货币＋宽信用”引导企业和居民加杠杆带动投资和消费，进而推升社会总需求。

反之，在经济过热的时候，央行会实施偏紧的货币政策，且往往会加大金融监管(比如加大对房地产的监管力度)，希望通过收紧货币，加大监管带动信用收紧，通过“紧货币＋紧信用”抑制企业和居民的融资需求，给经济降温。

但是从货币到信用中间的货币传导渠道，才是“货币”能否有效的传导至“信用”上的关键。

实际情况是，从货币到信用的传导渠道不一定顺畅。现实中可能会出现，在宽松的货币政策下，因为商业银行传导不畅，社会经济主体的杠杆需求未提升，信用无法扩张，导致“宽货币＋紧信用”的局面；也可能在偏紧的货币政策下，因为商业银行的信用创造和社会主体的杠杆需求仍很活跃，信用扩张短期内并没有回落，最终出现了“紧货币＋宽信用”的局面。

综合来看，信用和货币之间会出现“宽货币＋宽信用”“宽货币＋紧信用”“紧货币＋紧信用”和“紧货币＋宽信用”组合。

那么我们应该如何划分不同的货币和信用阶段呢？

(1) 货币周期的划分

正如我们前面所说，货币的松紧我们可以将其理解为银行间市场资金面的松紧。而衡量银行间市场资金面松紧情况有一个很简单的指标，即资金利率。

这里我们选择DR007和R007作为衡量银行间流动性状况的一个指标。银行间7天质押式回购加权利率(R007)能够表示非银机构向银行借钱的成本；存款类机构质押式回购利率(DR007)则表示银行间互相借钱的成本。因为DR007的推出时间比较晚，所以我们用R007和DR007衡量银行间流动性松紧的情况。

比如在2008年9月，因为金融危机，国内货币政策开始逐步转向宽松，央行在2008年9月和10月接连两次下调存款准备金率，连续三次下调金融机构存贷款基准利率。在这样的背景下，R007一路从8月的3.24%左右下滑到2009年年初的

0.95%左右。这就是我们说的宽货币周期。

但是到了 2009 年 7 月,央行开始再度发行央票,同时公开市场操作也开始逐步回升,9 月 28 天期正回购和 3 个月央票的操作利率较年初分别上行 28 个和 36 个基点。

这也意味着 2008 年 9 月以来宽松的货币政策环境开始收紧,所以我们也看到 R007 在 2009 年 7 月后,出现了明显的回升。这也就是我们说的紧货币周期。

而到了 2011 年 11 月,央行再次下调央票发行利率,并且在 2011 年 12 月和 2012 年 2 月两次下调存款准备金率,货币政策边际宽松,R007 才再次下行。

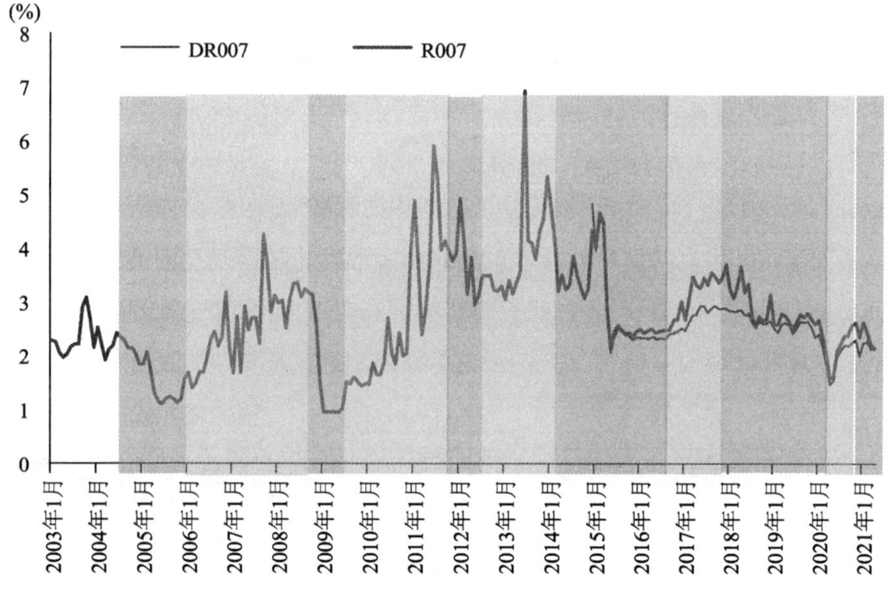

资料来源:Wind。

图 14.13　宽货币与紧货币

除了按照 R007 和 DR007 的走势划分货币的不同阶段外,市场上还有一些其他的方法,比如根据央行的政策操作,看央行有没有调整公开市场操作利率、法定存款准备金率等,划分不同的货币周期。

按照不同的标准划分,我们得出的"宽货币"和"紧货币"区间也会有些许的不同。不过因为核心意义是一样的,我们关注的都是狭义流动性的松紧情况,所以个别细微的偏差影响不大。

(2) 信用周期的划分

衡量社会广义流动性的松紧，其实有两个指标：

第一个是M2同比增速，这也是货币政策锚定的中介目标之一；

第二个是社融同比增速，在2008年之后，随着金融创新产品的发展、影子银行的崛起等，用M2来衡量货币供应量越发显得力不从心，所以央行开始推出社融。

社融存量同比数据在2016年之前仅有月度或者季度的数据，对此我们通过社融的当月新增数据，倒推得到社融存量的月度数据，最后基于月度数据，计算得到同比增速。

在获得社融数据后，我们结合M2同比增速以及社融存量同比增速划分信用周期(见图14.14)。需要注意的是，在2012年之后，我们会更注重社融的走势。

资料来源：Wind。

图14.14 信用的周期

比如在2015年5月，M2同比增速出现了明显的回升，但是在同一时期，社融同比增速走低，所以我们依旧将其划分为紧信用时期，而不是宽信用周期。

基于上面的划分，就能够得到不同的货币信用组合。在理想的状态下，应该能够看到"紧货币＋紧信用"—"宽货币＋紧信用"—"宽货币＋宽信用"—"紧货币＋宽信用"—"紧货币＋紧信用"，这体现的就是从货币政策操作到货币政策结果存在时滞出现的四种信用组合。

不过由于政策传导效率提高等原因，我们经常会看到货币和信用的演变会跳过其中的一个乃至两个环节，比如在 2011 年 10 月至 2012 年 6 月是"宽货币＋紧信用"的组合，后续我们应该会看到"宽货币＋宽信用"的组合。

但是实际上紧随其后的是"紧货币＋宽信用"，这表示在这一轮货币信用周期中，货币收紧得比较早，在没有明确看到信用好转的时候，央行可能就边际收紧了货币政策，推动银行间质押式回购利率走高。

另外，现在央行调控更加精准，有时候在一个周期中，央行可能会出于防控金融风险等方面的考虑，暂时性地调整货币政策方向。

比如在 2020 年四五月份之后，因为疫情得到控制，国内经济稳步修复，货币政策开始边际收紧，此时央行本意肯定是想一直收紧货币的。

但是在 2020 年 11 月，因为市场出现了信用风险事件，为了防止信用风险向全市场传导，央行向市场注入了大量的流动性，货币政策边际放松。

所以，货币和信用的组合除了看传导机制是否顺畅，还需要考虑基本面、金融风险等对央行货币政策的影响等其他因素。

表 14.5 货币和信用周期

时间	货币—信用组合	时间	货币—信用组合
2003 年 6 月—2004 年 11 月	紧货币＋紧信用	2011 年 10 月—2012 年 6 月	宽货币＋紧信用
2004 年 12 月—2005 年 5 月	宽货币＋紧信用	2012 年 7 月—2013 年 5 月	紧货币＋宽信用
2005 年 6 月—2006 年 2 月	宽货币＋宽信用	2013 年 6 月—2014 年 1 月	紧货币＋紧信用
2006 年 3 月—2008 年 2 月	紧货币＋宽信用	2014 年 2 月—2016 年 7 月	宽货币＋紧信用
2008 年 3 月—2008 年 8 月	紧货币＋紧信用	2016 年 8 月—2016 年 10 月	宽货币＋宽信用
2008 年 9 月—2008 年 11 月	宽货币＋紧信用	2016 年 11 月—2017 年 7 月	紧货币＋宽信用
2008 年 12 月—2009 年 6 月	宽货币＋宽信用	2017 年 8 月—2017 年 12 月	紧货币＋紧信用

（续表）

时间	货币—信用组合	时间	货币—信用组合
2009 年 7 月—2009 年 12 月	紧货币＋宽信用	2018 年 1 月—2020 年 2 月	宽货币＋紧信用
2010 年 1 月—2010 年 7 月	紧货币＋紧信用	2020 年 3 月—2020 年 4 月	宽货币＋宽信用
2010 年 8 月—2010 年 12 月	紧货币＋宽信用	2020 年 5 月—2021 年 11 月	紧货币＋宽信用
2011 年 1 月—2011 年 9 月	紧货币＋紧信用		

资料来源：Wind。

14.3.2 “货币—信用”周期与债券市场

在划分好“货币—信用”周期后，我们来看一下“货币—信用”周期与债券市场走势之间的关系。

简单来看，对债券市场最为友好的环境应该是“宽货币＋紧信用”。这个时期，由于经济不景气等原因，货币政策转向宽松，银行间市场流动性充裕。

与此同时，由于实体投资回报率低、企业贷款潜在风险高等原因，银行手里的资金并没有迅速形成信贷投放。这样，在实体融资需求不足，资金冗余在金融体系内部的时候，债券往往会有很不错的行情。

反之，对债券市场最不利的环境应该是“紧货币＋宽信用”。这个时候，由于经济运行态势可能过热等原因，货币政策已经开始转向了。

但是因为经济走势良好，实体融资需求目前依旧比较旺盛。这就会使得金融体系的资金主要都流向实体经济。在基本面和资金面都不利于债券的时候，债券往往不会有太好的行情。

而在剩下的两种情况中，“宽货币＋宽信用”往往是债券市场由牛转熊的时期。在这一时期，比较宽松的资金面对债券市场依旧是利好。

随着基本面好转，实体融资需求会变得越发旺盛，资金也会逐步流向实体经济，而且市场也预期货币政策之后开始收紧。这对债券市场就会形成隐忧。

最后，在“紧货币＋紧信用”的时候，债券市场往往是熊市或者由熊转牛的时候。在紧货币的时候，债券市场本就很难有明显的亮眼表现。不过随着信用的收紧，基本面对债券市场而言，往往不会太差。

从国内债券市场走势上看,“信用—货币”周期理论与债券市场是比较符合的。

按照我们的划分,国内出现了5次“宽货币+紧信用”的组合,而在这五次中,国内债券市场都迎来了一轮牛市行情。

比如在2008年9月—2008年11月,因为金融危机,国内货币政策和财政政策都开始转向积极,但实体经济依旧比较谨慎,融资需求低迷,所以债券市场迎来了一轮快牛。

在2014年2月—2016年7月,为了刺激经济,货币政策是比较宽松的,但是实体经济融资需求低迷,加上不良贷款风险比较高,银行放贷意愿也比较低,所以债券市场迎来了一轮长牛。

同样,在过去的6次“紧货币+宽信用”阶段,债券市场有5次位于熊市阶段,而在2012年的那一次,也是震荡转熊。

比如在2020年5月,央行为了支持实体经济,信用政策依旧维持宽松,社融同比增速和M2同比增速维持高位。但是因为经济已经开始好转,货币政策在4、5月份就开始边际收紧了。这也使得2020年5月之后的债券市场进入了熊市。

另外,在过去的4次“宽货币+宽信用”组合中,债券市场均位于牛市的尾声,或者迎来了牛熊转换。同时,我们也会发现,“宽货币+宽信用”同时出现的时期会特别短暂。

比如在2020年,我们划定的“宽货币+宽信用”时期仅仅为2020年3月和4月。这可能是因为央行比较敏感,它在看到实体融资需求开始回暖的时候,就会暂停宽松的货币政策操作。而这就会使得市场预期开始改变,并带动资金利率上行。

最后,在过去的6次“紧货币+紧信用”时期中,有5次是熊市,或者位于熊市震荡期,但有1次是例外。在2010年1月至2010年7月,债券市场走出了一轮小牛市行情。

2009年因为前期宽松的财政和货币政策,国内经济稳步服务,工业增加值当月同比在2009年年末达到了18.5%。这时候市场开始担忧通货膨胀,毕竟2009年年末CPI同比已经达到了1.9%,比2009年7月上行了3.6个百分点。

在这样的背景下,市场比较担心货币政策会收紧。但是在2010年年初CPI超预期回落，并且在4月出台了严厉的房地产调控政策，使得市场对经济过于乐观的预期有所调整。到了5月，欧债危机爆发，市场对基本面的看法由乐观转向谨慎。这为债券市场收益率下行创造了一个不错的环境。

一直到8月，因为经济数据表现亮眼、财政支出力度加大以及市场对通货膨胀担忧加强，债券市场才再次进入熊市行情。

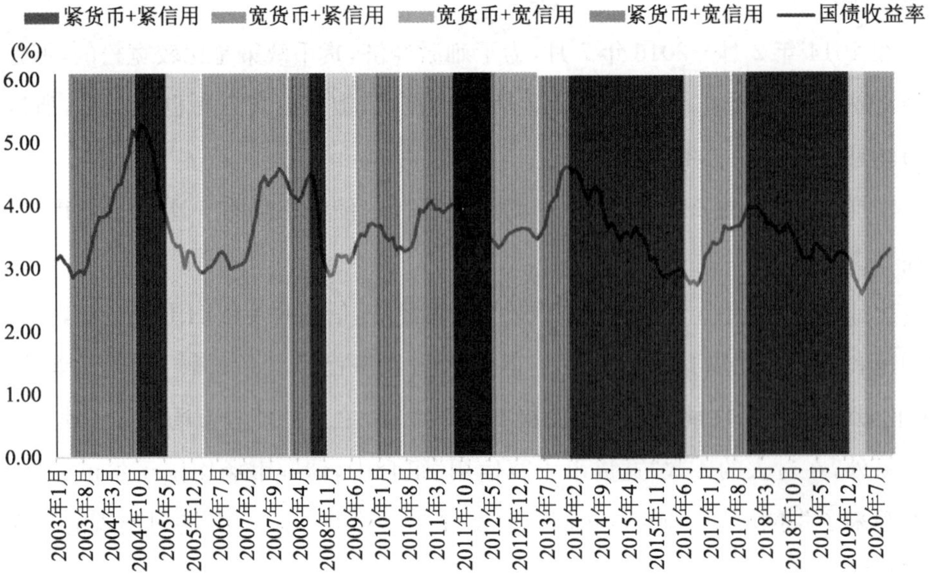

资料来源：Wind。

图 14.15　不同阶段下的债券市场

第15章

债券供给

债券市场走势主要受基本面、政策面、资金面的影响，但是债券的供给节奏对短期债券市场的走势也会产生明显的影响。

在本章中，我们先分析财政政策，然后借由财政政策引入债券供给。关于财政与债券市场，我们关注的有两点：一是政府存款(财政存款)；二是政府债券供给。

前面我们提到过，政府存款是超储率五因素中的重要影响因素之一，财政的收支、政府债券的发行等均会对市场流动性产生明显的影响，本章对此展开进一步分析。

另外，分析债券市场走势，除了看债券需求端，很重要的一点是看债券供给。债券市场走势主要受基本面、政策面、资金面的影响，但是债券的供给节奏对短期债券市场的走势也会产生明显的影响。

15.1 财政存款如何影响流动性

15.1.1 不同口径下的政府存款

日常我们在追踪资金面的时候，经常会看到有观点说因为4、5月是纳税高峰，所以资金面会有收紧的压力。而央行在公开市场操作中也经常提到受税期、财政支出等因素的影响。在这里，我们深入分析财政对流动性的影响。

此前，我们已经提到了政府存款是超储率五因素模型中重要的一环，已经成为影响狭义流动性的重要因素。

那么政府存款或者说财政存款到底是什么呢?

在统计数据上，政府存款有两个统计口径：(1)金融机构信贷收支表下的政府存款；(2)货币当局资产负债表下的政府存款。

这里我们可以将政府存款分为广义的和狭义的。

金融机构信贷收支表下的政府存款是广义上的政府存款，指的是财政部门、机关法人、事业法人、军队、武警部队、团体法人存放在银行业金融机构的资金。即财政以及相关部门存放在银行(包括商业银行和中央银行)的资金。

按照存款单位的不同，可以将其分为财政性存款和机关团体存款。财政性存款指的是财政部门存放在银行业金融机构的各项财政资金。

机关团体存款则是指除了财政部门外，其他部门(比如军队等)存放在银行的资金。

狭义的政府存款指的则是政府部门存放在国库的财政性存款，国库由央行经理，也就是我们说的央行资产负债表下的政府存款。

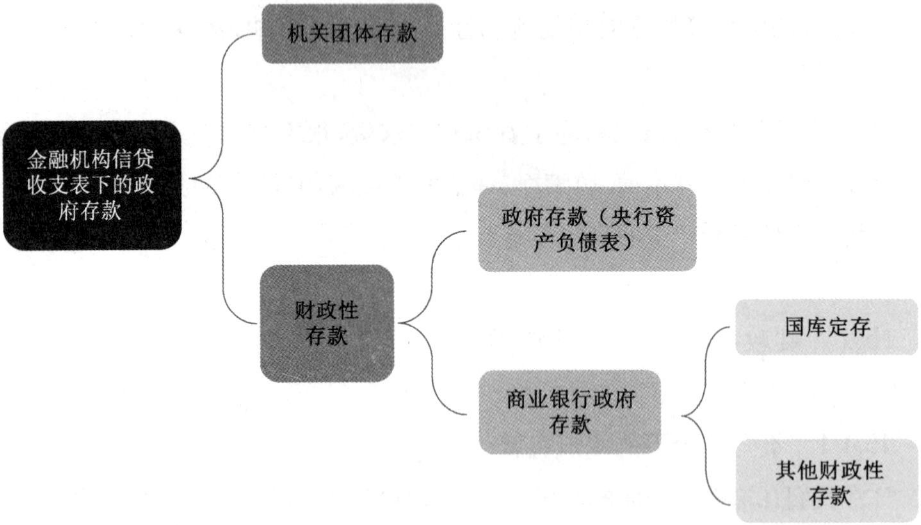

资料来源：作者整理。

图 15.1 不同口径下的政府存款

截至 2021 年 4 月，广义政府存款规模 35.3 万亿元，其中机关团体存款 30.4 万亿元，占广义政府存款的比重为 86%；财政性存款 4.9 万亿元，占比 14%。另外，狭义政府存款（央行口径）4.3 万亿元，略低于财政性存款。

在广义政府存款口径下，规模最大的是机关团体存款，占比超过 80%。其主要包括住房公积金、社保滚存结余以及科教文卫系统等的存款。

1998 年《关于改革存款准备金制度的通知》明确将“机关团体存款”从“财政性存款”中剥离。此后，机关团体存款就和居民存款一样，都被归类于“一般存款”，需要缴纳法定存款准备金。

财政性存款则可以分为两部分：一是存放在央行的财政存款（即狭义政府存款），占比在 90%左右；二是存放在商业银行的财政存款，占比在 10%左右，而且这一部分主要是国库定存。

国库定存是财政部和央行为了提高国库现金的运营效率，盘活现金，通过招标的方式将资金定期存放在商业银行而形成的。

当然这也可以被认定为央行投放基础货币的一种方式，毕竟是央行直接向商业银行放款。

至于国库定期库存的具体规模并没有直接公布。根据中资全国性大型银行和中小型银行信贷收支表的数据，2021 年 4 月国库定期存款规模合计约为 6 210 亿元。

除了国库定存，还有一些暂时性的在途资金以及其他性质的财政资金。比如在结算财政款项，指的就是商业银行代理央行收缴的，但是暂时还未上缴至央行，依旧留存在商业银行的资金。其他的我们就不再一一表述了。

表 15.1　各类政府存款

政府存款	含义
财政性存款	财政部门存放在银行业金融机构的各项财政资金，包括财政库款、财政过渡存款、待结算财政款项、国库定期存款、预算资金存款以及专用基金存款。
国库存款	财政部门存放在国库（包括代理库）的财政资金。
财政库款	国库收纳的、已报解的中央级预算收入款项、地方财政库款、各级财政部门预算资金的专项存款和预算外资金。
财政过渡存款	各级国库当日收纳的、未报解的预算收入款项、国库待结算款项和国库总库收到的国家债券发行款项、国家债券兑付资金。
其他财政性存款	未列入国库存款的各级财政在存款性公司的预算资金以及由财政部门指定存入其他存款性公司的专用基金。
划缴财政存款	其他存款性公司按照中国人民银行事先核定的范围，向中国人民银行划来的财政存款。
待结算财政款项	其他存款性公司作为国库经收处办理的各项预算收入中待报解款项，以及代理国库收纳的各级预算收入待报解款项。
财政专用基金存款	指由财政部门指定存入金融机构的专用基金。
财政预算外存款	指由财政部门存入金融机构的财政预算外存款。
国库定期存款	指财政部通过招标的方式将国库现金存到商业银行。
机关团体存款	机关法人、事业法人、军队、武警部队、团体法人存放在银行业金融机构的定活期存款以及上述单位委托银行业金融机构开展委托业务沉淀在银行的货币资金。

资料来源：《金融统计金融工具类指标释义》。

15.1.2 狭义政府存款与流动性

在这里我们主要将目光放在狭义政府存款对银行间市场流动性的影响上，即重点关注央行口径下的政府存款。

这主要是因为，机关团体存款主要是在商业银行的负债端，和一般存款一样，其增减不涉及基础货币的变化。而财政在商业银行的存款(比如国库定期存款)因为规模无法有效衡量，我们无法及时追踪，而且其规模也比较小。

政府存款的多少理论上取决于财政收入与财政支出的差额，如果财政收入大于支出，那么财政存款自然会增加；反之如果支出大于收入，那么财政存款自然会减少。

说到政府财政收支，我们一般最先想到的是“财政四本账”。在这四本账中，与政府存款最为相关的主要是前面两本账：(1)一般公共财政收支；(2)政府性基金预算收支。

另外，我们还要考虑财政赤字，即政府债券包括专项债和一般债。其中，专项债虽然不列赤字，但在这里我们暂且将其归在一起。

因此，影响财政当月收入的主要有这么三项：一般公共预算收入、政府性基金收入和政府债券净融资。

影响财政当月支出的则主要有两项：一般公共预算支出和政府性基金支出。

所以一条简单的公式就出来了：

政府存款的当月变动＝(一般公共预算收入－一般公共预算支出)＋(政府性基金收入－政府性基金支出)＋政府债券净融资

这只是理论上的相等，在实际上因为财政存款和财政收支数据的统计部门分别为央行和财政部，其在统计方式、统计口径等方面略微有出入，相应地，在数据上也会有些许差别。

不过使用上述公式计算得到的政府存款变动数据与实际的政府存款变动的差距都处于合理的范围之内。

需要注意的是，在12月按照公式计算得到的政府存款变动会与实际的政府存款变动存在较大的差距。这是因为：

(1) 可能在年末的时候，政府会使用预算稳定调节基金以及往年结转结余来

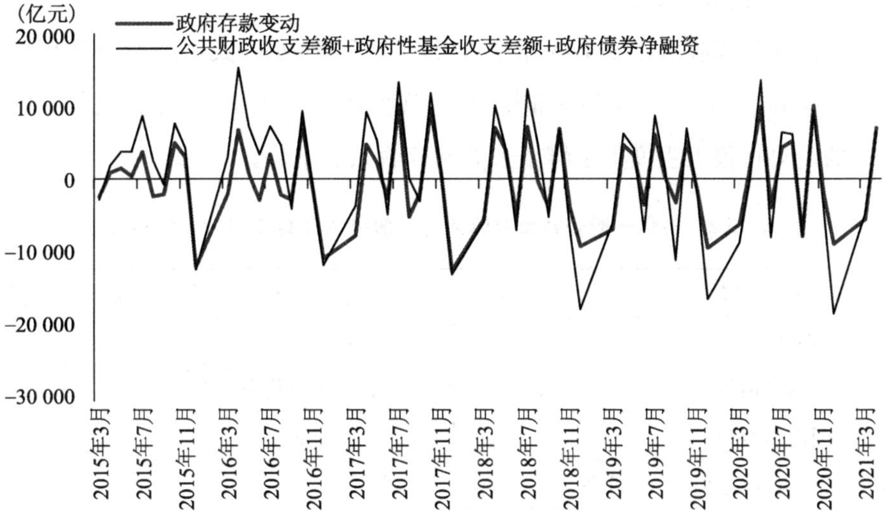

资料来源：Wind。

图 15.2　政府存款与财政收支、政府性基金收支以及政府债净发行走势一致

平衡财政收支；

（2）可能是收付实现制与权责发生制的区别。《财政总预算会计制度》明确规定在年末的时候，可采用权责发生制将国库集中支付结余列支入账。而在平时，财政收支采用的都是收付实现制。

简单来说，收付实现制只有在收到钱了或者把钱花出去了（实收实付），才会记账；权责发生制则是只要事情发生了，不管钱花了还是没花（应收应付），都直接记账。

例如，到了 12 月，政府买了一批价值 100 万元的物资，约定 1 月货到付款。按照收付实现制，这 100 万元的支出应该算作 1 月的支出，而按照权责发生制应该算是 12 月的支出。

而 12 月历来是财政支出的大月，这意味着有一些支出已经记在账上了，但是实际上钱没花出去（政府存款没减少），因此账面上财政存款减少的规模会大一些。

现在我们已经知道了政府存款主要是由这五项构成的。那么分析政府存款，本质上就是分析这五项的具体情况。

第一，一般公共预算收入。

一般公共预算收入主要由两部分构成，一是税收收入，其占一般公共预算收入的比重都在80%以上；二是各项非税收入，规模相对比较小。因此，我们可以说税收收入的走势在很大程度上主导了公共预算收入的走势。

表 15.2 各级一般公共预算收入与一般公共预算支出的具体构成

全国一般公共预算收入	全国一般公共预算支出
一、税收收入	支出项目
1. 国内增值税	一、一般公共服务支出
2. 国内消费税	二、外交支出
3. 进口货物增值税、消费税	三、国防支出
4. 出口货物退增值税、消费税	四、公共安全支出
5. 企业所得税	五、教育支出
6. 个人所得税	六、科学技术支出
7. 资源税	七、文化体育与传媒支出
8. 城市维护建设税	八、社会保障和就业支出
9. 房产税	九、卫生健康支出
10. 印花税	十、节能环保支出
11. 城镇土地使用税	十一、城乡社区支出
12. 土地增值税	十二、农林水支出
13. 车船税	十三、交通运输支出
14. 船舶吨税	十四、资源勘探信息等支出
15. 车辆购置税	十五、商业服务业等支出
16. 关税	十六、金融支出
17. 耕地占用税	十七、援助其他地区支出
18. 契税	十八、国土海洋气象等支出
19. 烟叶税	十九、住房保障支出
20. 环境保护税	二十、粮油物资储备支出
21. 其他税收收入	廿一、灾害防治及应急管理支出
二、非税收入	廿二、其他支出

（续表）

全国一般公共预算收入	全国一般公共预算支出
1. 专项收入	廿三、债务付息支出
2. 行政事业性收费收入	廿四、债务发行费用支出
3. 罚没收入	廿五、预备费
4. 国有资本经营收入	
5. 国有资源(资产)有偿使用收入	
6. 其他收入	
全国一般公共预算收入	全国一般公共预算支出
全国财政使用结转结余及调入资金	补充中央预算稳定调节基金
支出大于收入的差额	

注：2018年4月我国开始征收环境保护税，2016年随着“营改增”的推进，营业税逐渐退出市场。
资料来源：财政部。

在分析财政收入时，我们主要将目光放在税收收入项目上。与其他几项略不同，缴税对流动性的影响具有明显的时点性和规律性。

每年税务局都会明确当年每个月的纳税截止日期，一般纳税截止日为每个月的15日，然后根据节假日等情况进行细微的调整(见表15.3)。

表15.3　2021年纳税时间

月份	1月	2月	3月	4月	5月	6月
截止日期	20日	23日	15日	20日	21日	18日
月份	7月	8月	9月	10月	11月	12月
截止日期	15日	16日	15日	26日	15日	15日

资料来源：国家税务总局。

企业和个人纳税往往会在临近截止日的时候才会上缴税款。毕竟企业将税款存在银行也能够获取利息收入，没有必要提前太久纳税。所以一般在纳税截止日的前几天，市场才会出现集中纳税的现象(时点性)。

而企业纳税就是资金从银行体系抽离的过程，即企业通过自己的开户行将资金从其存款账户中划转到央行的国库存款里，这会使得商业银行的存款(负债端)和超储(资产端)同时减少(见图15.3)。这意味着纳税会使得银行体系内的流动性收紧。

央行资产负债表

资产	负债
无变化	政府存款增加
	其他存款性公司存款减少（超储减少）

商业银行资产负债表

资产	负债
储备资产减少	对非金融机构及住户负债减少（即居民或企业存款）

资料来源：作者整理。

图 15.3　缴税对应的央行和商业银行资产负债表的变化

当然，如果进一步考虑，这一过程可能还存在一定的时滞，不过随着电子缴税系统的运用，这种时滞就被极大地缩短了。按照《关于进一步做好国库经收工作的通知》，一般时滞不会超过一天。

这种时点性也就意味着缴税对资金面的影响会在较短的时间内呈现，所以在税期前后，市场资金面往往会偏紧，借钱的成本也会高一些。

从数据上也能够看到，在纳税截止日期之前的几天里 R007 会开始上行，并且延续到截止日后几日（见图 15.4）。这也表明缴税对流动性的影响主要集中在截止日的前后几天。

同时，为了应对缴税高峰，我们也经常会看到在税期前，央行会通过公开市场操作等方式平滑资金面。

除了时点性，财政税收收入明显有大小月之别。这与我国对不同税收品种的纳税规定相关。

目前，我国现行的税收类型共有 18 项，具体又可以分为所得税、流转税（如增值税）、财产税（如房产税）、行为目的税（如船舶吨税）和资源税（如环境保护税）五大类。

其中增值税和企业所得税是我国目前最大的两类税收，2019 年这两类税占总

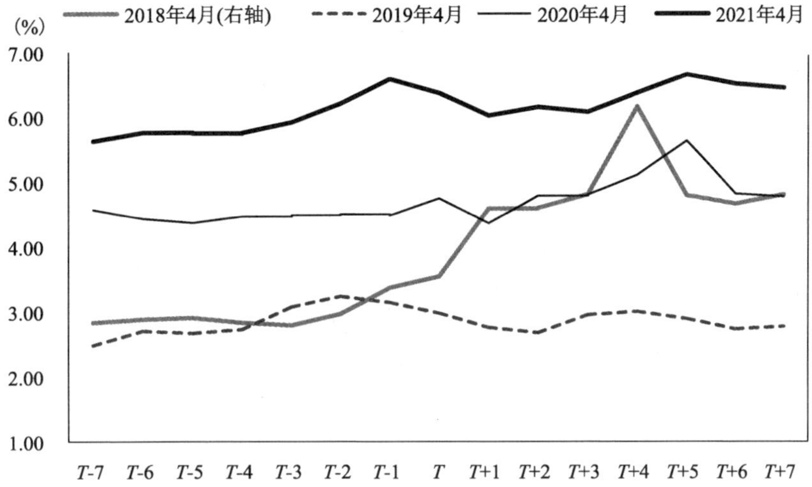

注：T 表示 4 月的纳税截止日，$T-1$ 为前一天，$T+1$ 则为后一天。
资料来源：Wind。

图 15.4 税期前后资金面收缩(R007 上行)

税收的比重达到了 62.2%(见图 15.5、图 15.6)。

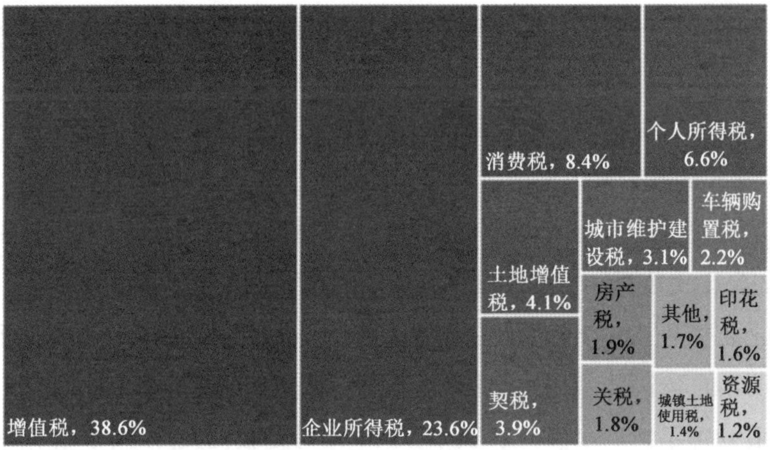

注：增值税和消费税均考虑了进口征收和出口退税的情况；数据为 2019 年决算数据；其他项目包括了耕地占用税(0.9%)、车船税(0.6%)、环境保护税(0.1%)、烟叶税(0.1%)、其他税收收入(0.1%)和船舶吨税(0.03%)。
资料来源：财政部。

图 15.5 增值税和企业所得税是我国目前最大的两类税收

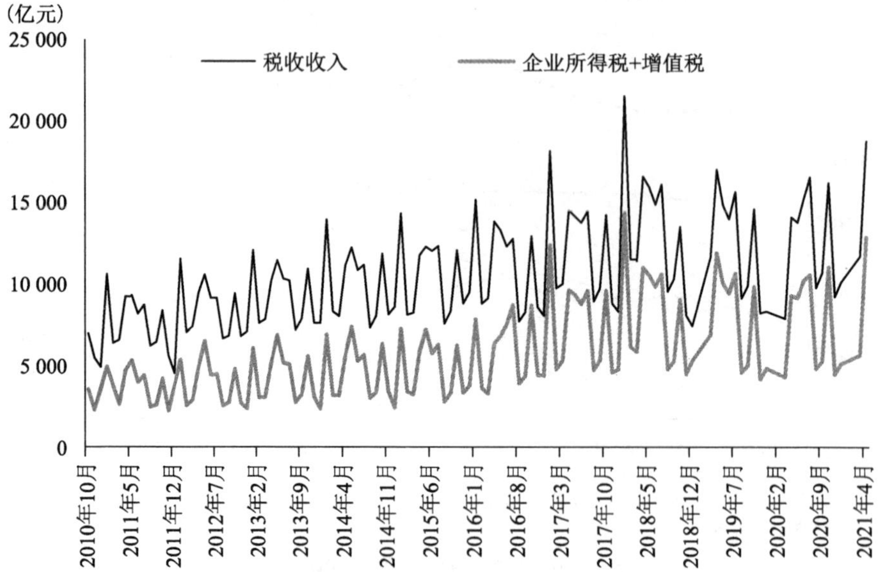

资料来源：Wind。

图 15.6 企业所得税和增值税很大程度上主导了税收收入走势

在这么多的税种中，大部分税收是按月缴纳的，比如个人所得税就是按月缴纳。但是对于占比最高的增值税和企业所得税，现行税法有额外的规定。

对于企业所得税，按照《企业所得税法》规定，企业可以分月或者分季度预缴税款，然后在次年的 5 个月内汇缴清算所得税。

对于增值税，目前《增值税暂行条例》允许增值税的纳税期限为 1 日、3 日、5 日、10 日、15 日、1 个月和 1 个季度。其中小规模纳税人可以按季预缴。

因为企业所得税和增值税是各类税收中占比最高的两类，加上企业所得税和增值税具有明显的季节性，所以税收收入和财政收入也有明显的季节性(见图 15.7)。

可以看到每年的 1 月、4 月、5 月、7 月和 10 月是缴税大月(按季缴税，缴税时间为季末的次月)。在这几个月里，纳税会将大量资金从银行体系抽离，对市场资金面造成一定的冲击。

第二，公共财政支出。

和公共财政收入一样，公共财政支出也具有明显的季节性(见图 15.8)，不过财政支出节奏和财政收入的节奏是不一样的。

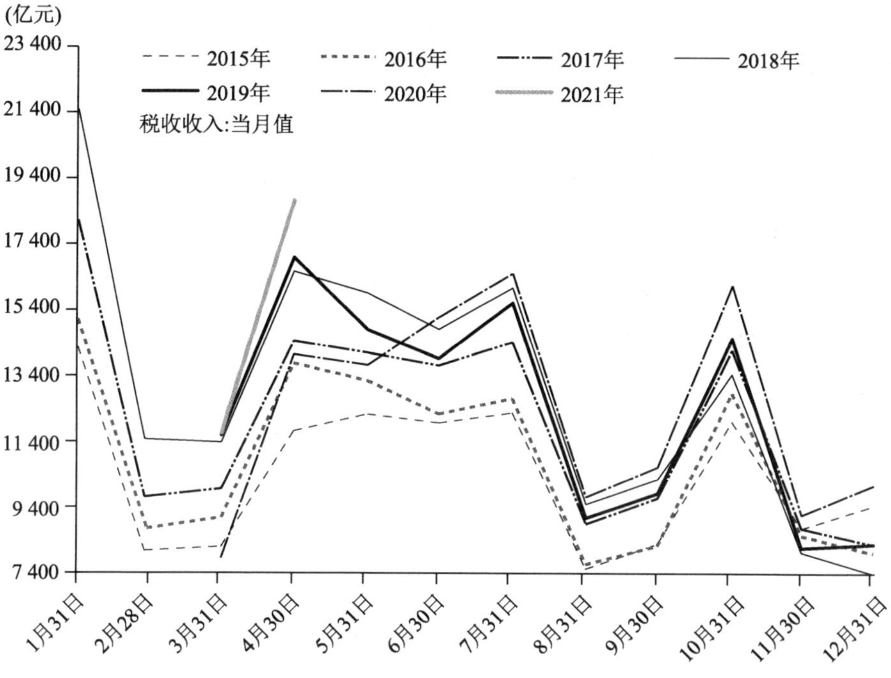

资料来源：Wind。

图 15.7 税收收入具有明显的季节性

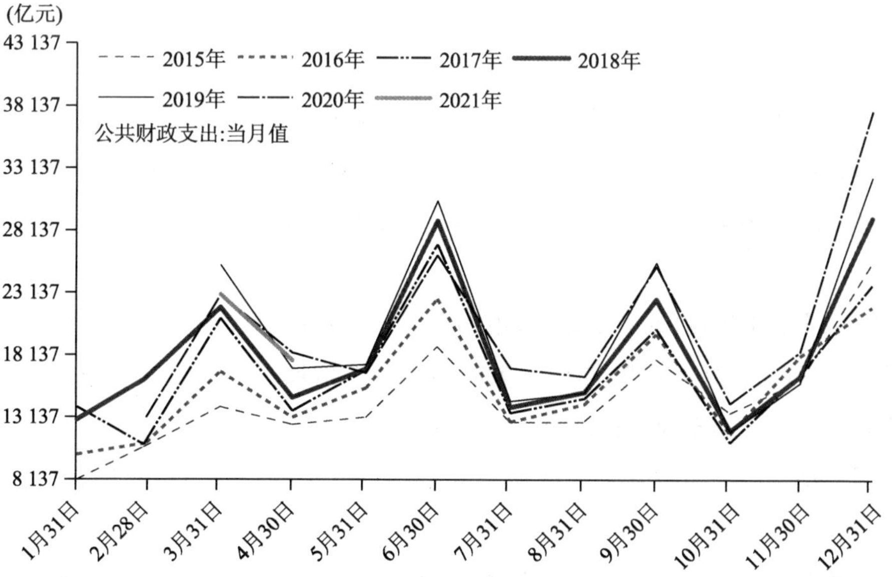

资料来源：Wind。

图 15.8 财政支出也具有明显的季节性

从历史数据看，每年的3、6、9、12月（季末）历来是财政支出的大月，特别是在12月的时候，财政支出会出现一个明显的峰值。在2016—2020年间，12月的财政支出占全年支出比重的均值为13.8％。

季末，财政支出明显偏高可能是因为政府项目款项是按年或者按季度支付的。因此在年末的时候，财政支出会明显走高。

我们再来进一步分析财政支出对狭义流动性的具体影响。和税收收入等相反，财政支出是财政对狭义流动性的一个补充。

在财政支出后，央行先将资金划拨到商业银行的财政账户上，体现为央行资产负债表下的政府存款减少，同时超储增加。后续商业银行再将资金划拨给具体的企业或者居民，体现在商业银行资产负债表上，就是负债端企业和居民存款增加，同时资产端超额准备金增加。

月内来看，财政支出可能会集中在月末，比如在2021年1月27—29日，央行在公开市场操作中就多次提到“月末财政支出大幅增加”等相关的表述。不过具体的财政支出节奏就很难确定了。毕竟财政支出并没有明确的截止日。

第三，政府债券发行。

政府债券包括地方债和国债。政府发行债券从市场募集资金对市场流动性的影响和缴税相似，都是资金从银行体系抽离，流向央行。

如果商业银行直接购买债券，就是商业银行直接将自己的超额存款准备金上缴到央行，在央行资产负债表下，体现为超额存款准备金减少，政府存款增加（见图15.9）。而体现在商业银行资产负债表下，是超额存款准备金减少，持有债券资产增加。

如果是非银机构（或者是企业）申购政府债券，其在央行资产负债表上体现的变动是一样的，即超额存款准备金减少，政府存款增加。不同的一点是，在商业银行资产负债表上体现为居民或企业存款减少。

政府债可以分为国债和地方债。目前，地方债对市场流动性的影响会明显高于国债。

一来是因为地方债的发行规模高于国债。2014年为了规范地方政府债务，国务院出台了“43号文”，明确了地方政府此后可以发行专项债。自此，地方专项债

央行资产负债表	
资产	负债
无变化	政府存款增加
	其他存款性公司存款减少（超储减少）

商业银行资产负债表	
资产	负债
储备资产减少	无变化
对政府债权增加（即商业银行持有的政府债）	

资料来源：作者整理。

图 15.9　商业银行买政府债对应的资产负债表变化情况

发行迎来了快速增长期。

二来地方债的发行节奏会更加集中。从历史发行节奏看，国债的发行节奏往往会比较平稳，对市场的冲击相应也会小一些。但是，地方债往往会集中在二、三季度发行。这就意味着地方债对流动性的冲击在短期内会更为明显。

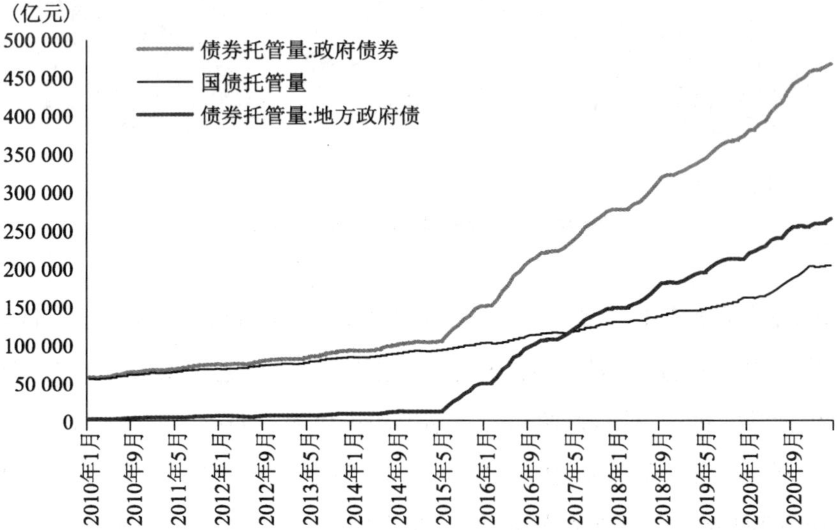

资料来源：Wind。

图 15.10　地方债逐渐成为政府债的主要构成

关于政府债券的发行我们会在下文分析政府债供给的时候详细分析，这里先按下不表。

第四，政府性基金收支。

先来看政府性基金收入。从各项构成上看，在不考虑专项债的时候，2020 年“国有土地使用权出让金收入”占全国政府性基金收入的比重近 90%，是政府性基金最主要的来源(见图 15.11)。

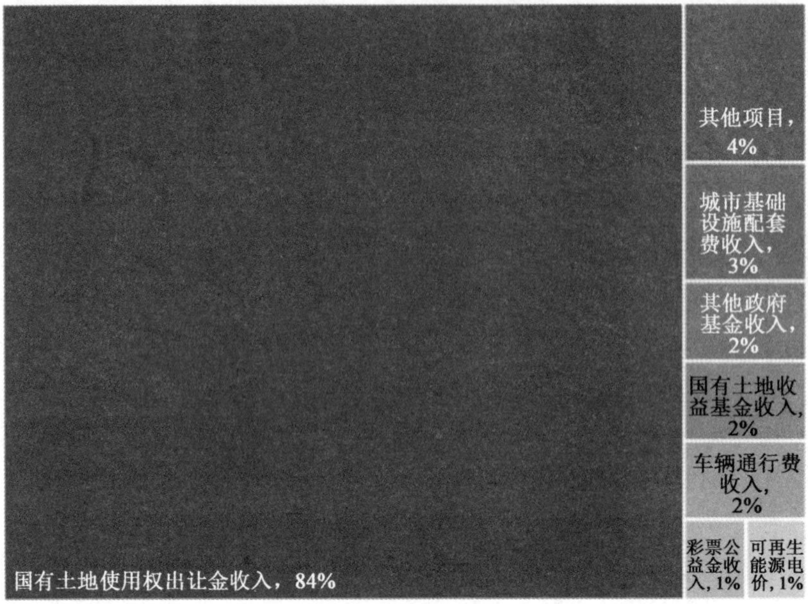

资料来源：财政部。

图 15.11 政府性基金收入各项构成

从政府性基金支出看，政府性基金预算的收入和支出是一一对应的，政府性基金支出项目中主要的支出有两项：国有土地使用权出让金收入安排的支出和地方政府专项债券安排的支出，这两项合计支出的占比超过 80%。

因此，在看政府性基金收支的时候，需要重点关注的一项是国有土地出让情况。

政府性基金收支的季节性波动并不是特别明显，需要注意的有两点：

(1) 政府性基金收支节奏偏后，特别是 12 月是政府性基金收入和支出的高峰。12 月的收支占比在 20%左右(见表 15.4)。

表 15.4　政府性基金的收支节奏

月份	政府性基金收入			政府性基金支出		
	2018 年	2019 年	2020 年	2018 年	2019 年	2020 年
3 月	7.40%	5.74%	5.23%	6.56%	4.93%	5.82%
4 月	7.04%	6.23%	5.55%	5.08%	3.87%	5.10%
5 月	6.85%	6.13%	6.28%	5.93%	5.95%	5.16%
6 月	7.31%	8.33%	8.38%	8.87%	10.17%	11.32%
7 月	7.22%	8.18%	8.23%	6.32%	7.99%	6.59%
8 月	8.68%	8.63%	8.40%	8.81%	9.08%	9.24%
9 月	8.12%	8.49%	8.75%	11.68%	9.88%	12.14%
10 月	8.02%	8.33%	7.96%	7.76%	7.53%	6.27%
11 月	8.95%	9.32%	10.73%	9.74%	8.02%	8.42%
12 月	17.58%	19.45%	22.27%	20.78%	16.84%	19.02%

资料来源：Wind。

(2) 从政府收支差额看，每年的 3 月、6 月、9 月和 12 月是政府性基金差额最大的时候(见图 15.12)，这可能和财政支出一样，在每季度的最后一个月，政府都会

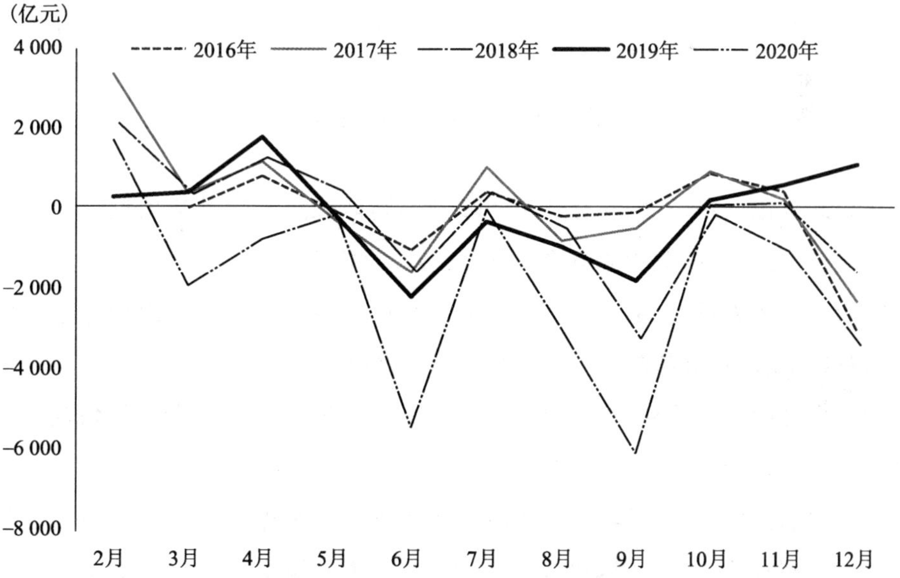

资料来源：Wind。

图 15.12　政府性基金收支差额

加快花钱节奏，完成预设目标。

至此，我们就分析了影响政府存款的五大要素。相应的基于这五大要素，我们可以以历史均值法为基础，简单计算政府存款。

其中准确度比较高的是公共财政收支差额，毕竟公共财政收支差额具有明显的季节性(见图 15.13)。

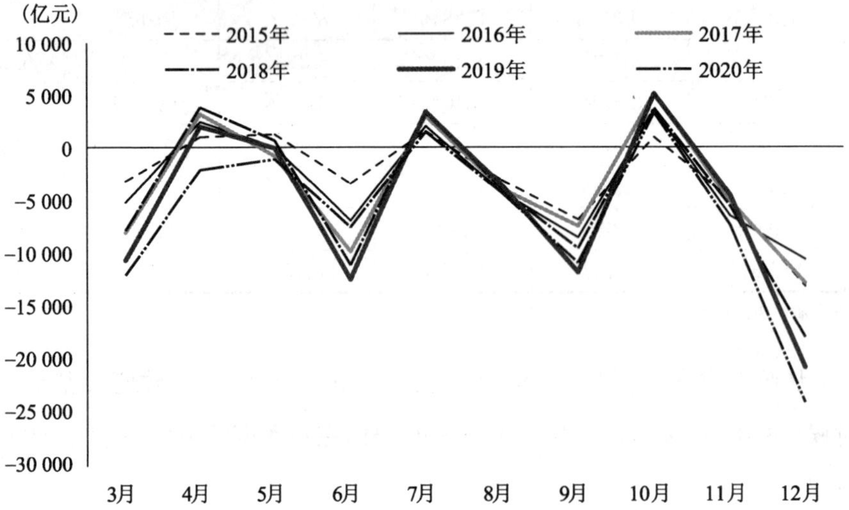

资料来源：Wind。

图 15.13 公共财政收支差额

在财政支出大月(3 月、6 月、9 月、12 月)，财政收支差额都会出现一个明显的低谷，对应的是政府存款明显下降，而狭义流动性则会收紧。

在财政收入大月(4 月、5 月、7 月、10 月)，财政收支差额则会出现一个明显的峰值，对应的是政府存款明显上行，对狭义流动性形成明显支撑。

基于财政收支的这种季节性规律，我们就可以假设之后几个月的财政收支节奏和往年一样，以此预测后续的财政收支情况。

同样，用这种方式也能够预测政府性基金的收入支出节奏，政府性基金的收支节奏性会比财政收支差一些，即使 3、6、9、12 月等月份也是政府性基金的支出大月，但是占比波动会更大。

对此，我们可以基于当月的土地出让情况等相关数据进行一定的调整。

第五，政府债净融资。

与其他几项不一样，政府债净融资的季节性规律并不强。如果用环比均值法可能会有较大的误差。

这里如果仅仅是预测当月数据(比如站在4月末或者5月初预测4月的政府存款)，就能够直接从Wind获取政府债的净融资规模。

如果要进行远月预测，一个方式是先计算当年已发行的政府债净融资规模，然后按照总规模减去已发行规模判断后续的政府债净融资规模。最后将其分为国债和地方债，按照历史均值的方式预测。

最后将财政收支差额、政府性基金收支差额以及债券净融资情况加总得到政府存款的变化数据。

这里需要注意的是，政府存款变动是一个月度指标，代表的是这个月政府的财政收支活动对狭义流动性的影响程度以及影响方向。

但在实际操作时，我们更在意的还是时点性的影响。

比如缴税对市场的流动性冲击会更为明显，在缴税大月，比如4月、5月、7月和10月，月中的缴税可能会带走上万亿元的流动性，从而使得市场资金面面临较大的资金压力。

但是，在缴税之后，财政一般会将其中的大部分资金花出去，这又会为银行间市场带来较为充足的流动性，并带动资金利率回落。这种月内的资金波动往往是市场更为在意的。

15.2 如何看债券供给

前面很大程度上都是从债券的需求端出发分析债券市场走势，比如此前的各类投资者行为分析，比如基本面、资金面和政策面。

在这节我们简单分析债券的供给端。债券的供给可以分为两大类，即利率债供给和信用债供给。其中利率债(包括国债、地方债和政策性金融债)供给体现的主要是财政的力量，在财政力量比较积极的时候，国债、地方债等发行规模比较大。

信用债发行量体现的主要是实体的融资需求，在实体融资需求比较旺盛的时候,企业自然会通过发债等方式获取资金支持。不过信用债的规模并无标准的预测方式,我们这里仅简单带过,不做深入分析。

15.2.1 利率债供给

利率债可以分为国债、地方债和政策性金融债三类。其中,国债和地方债的发行规模更好预测,精准度也会更高,而政策性金融债的发行规模波动性更大,在预测上也更为困难。

15.2.1.1 国债发行量

国债的年度发行规模取决于两个因素,一是中央财政赤字规模,二是当年国债的到期规模,其中到期规模决定国债滚动发行量,财政赤字决定新增国债发行量。

新增国债方面,一般新增国债与当年的中央财政赤字规模比较接近。目前国债发行采取的是余额管理,即当年设立一个国债上限,只要国债发行规模不超这个上限就行。

从规模上看,国债净融资规模和中央财政赤字规模一直都比较接近(见图15.14)。在过去10年里,两者的差额在5%左右的范围内波动。

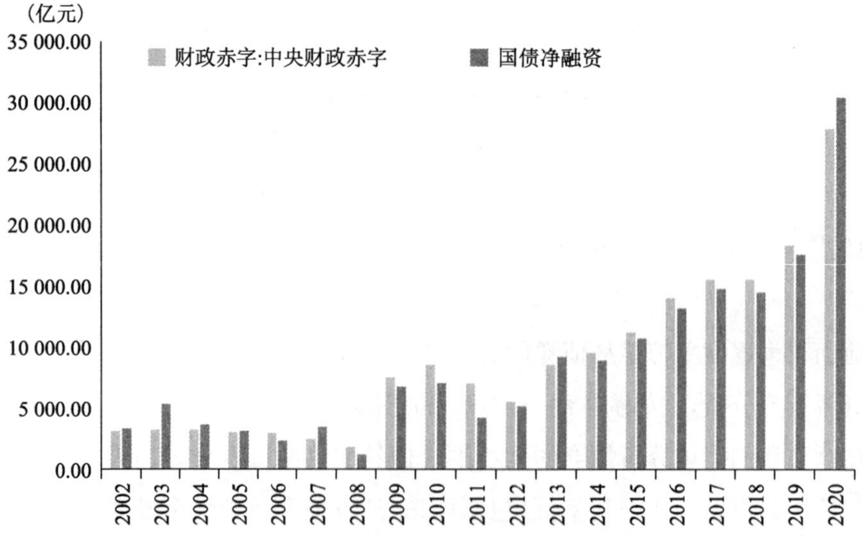

注:2007年和2020年我国都发行了一批特别国债,我们需要将债券净融资规模减去特别国债的规模。
资料来源:Wind。

图15.14 全市场债券净融资与国债净融资

而且除了在2013年和2020年，国债净融资规模超过了中央财政赤字，其他年份国债净融资规模均低于财政赤字规模。

另外，需要注意的是在2007年和2020年，因为当时政府发行了一批特别国债，使得国债净融资规模远超中央财政赤字，在这里我们需要减去特别国债的发行规模。

对于财政赤字的规模，如果是两会之后(3月左右)，那么我们能够直接从政府财政预算报告里得到中央财政和地方财政的预算赤字，同时也能够知道当年的专项债发行规模。那个时候我们在意的就是政府债的发行节奏了。

而在此之前我们在意的是政府债的发行规模。一般来说财政赤字＝名义GDP×赤字率。

第一步，先做好经济增长的预测。站在2020年年末或2021年年初，我们需要先基于当时的经济数据预测2021年的GDP增长规模。

基于当时IMF的预测数据以及市场的预期，我们假设2020年名义GDP增速大概在3%，2021年的名义GDP大概在10%，计算得到2020年和2021年的名义GDP分别为101.6万亿元和111.8万亿元。

第二步，假设财政赤字率。财政赤字率往往是基于往年赤字水平以及经济水平预测的。站在2020年年末，市场一般认为2021年的财政赤字率在3%左右。

基于GDP和财政赤字率(见表15.5)，我们可以计算出预期的财政赤字水平大概在3.35万亿元。

表15.5 历年GDP与财政赤字

	2016	2017	2018	2019	2020	2021(E)
名义GDP(万亿元)	74.6	83.2	91.9	98.7	101.6	111.8
GDP名义增速(%)	8.35	11.47	10.49	7.31	2.99	10
预期赤字率	3	3	2.6	2.8	3.6	3.2(3)
预期财政赤字(万亿元)	2.2	2.5	2.4	2.8	3.7	3.35
实际财政赤字(万亿元)	2.18	2.38	2.43	2.76	3.76	3.57
中央财政赤字(亿元)	14 000	15 500	15 500	18 300	27 800	27 500(23 450)
地方财政赤字(亿元)	7 800	8 300	8 300	9 300	9 800	8 200(10 050)

（续表）

	2016	2017	2018	2019	2020	2021(E)
中央占比	64%	65%	65%	66%	74%	77%(70%)
地方占比	36%	35%	35%	34%	26%	23%(30%)

注：2021 年数据中，在括弧内的数据为站在 2020 年年末的预测值，预期财政赤字＝名义 GDP×预期赤字率。

资料来源：Wind。

第三步，假设中央和地方各自的赤字率。在 2020 年之前，中央和地方的财政赤字占比分别为 65%和 35%。但是 2020 年，中央和地方的财政赤字占比分别为 74%和 26%。

据此，我们暂时假设 2021 年中央和地方的财政赤字占比分别为 70%和 30%，对应 2.35 万亿元的中央财政赤字和 1 万亿元的地方财政赤字。最后，我们就能简单估算出 2021 年的国债发行规模了，约在 2.35 万亿元。

但是和实际数据比，存在一些问题。

(1) 2021 年的 GDP 数据是一个预期值，如果当年出现类似于 2020 年的疫情，那么基于名义 GDP 增速计算得到的预期财政赤字就会出现明显偏差。当然即使没有外部冲击，当年经济增速预测也会有一定的偏差。

(2) 中央和地方的财政赤字分配一般是基于往年历史经验设定的，但是 2020 年和 2021 年的中央以及地方占比与往年出现了明显的差距。这就使得以历史占比预测当年占比也会出现明显的差值。

(3) 财政赤字率的估算也存在一定的偏差。

除了新增债券，我们还要考虑当年的国债到期规模，这一点可以直接从 Wind 获取。截至 2020 年年末，2021 年国债到期规模为 3.6 万亿元。

这里需要注意的是，除了新增国债和到期国债外，我们还需要考虑的一点是贴现国债的发行规模。

贴现国债的期限一般是一个季度或者半年，所以贴现国债会有较大的一部分是在当年发行，并在当年到期的，过去几年里这个比重在 60%～70%（见表 15.6）。后续如果财政部滚动续发这些到期国债，则会推高当年的国债总发行额。

表 15.6 国债发行量与到期量

单位：亿元

年份	总发行量	到期偿还量	净融资额	储蓄国债到期	记账式附息国债到期	贴现国债到期	贴现国债当年发行当年到期
2015	21 075	10 376	10 700	1 719	7 006	1 650	450
2016	30 658	17 508	13 150	3 078	7 853	6 577	4 175
2017	40 042	25 307	14 734	2 784	16 140	6 384	4 264
2018	36 671	22 208	14 463	3 133	12 463	6 612	4 204
2019	41 641	24 094	17 547	2 952	14 924	6 218	3 812
2020	71 173	30 820	40 353	2 906	19 032	8 882	6 472

资料来源：Wind。

目前来看，假设 2021 年的贴现国债发行规模达到 1.6 万亿元(2020 年发行 1.57万亿元)，那么按照往年比例，贴现国债滚动发行规模约为 1.1 万亿元。

因此我们可以预计 2021 年国债的总发行规模为 7.05 万亿元(2.35+3.6+1.1)。

最后，这个国债发行规模是我们在 2020 年年底或者 2021 年年初对 2021 年国债发行规模、净融资规模等的预测值。

在 2021 年两会之后，我们就能够明确知道当年的中央财政赤字，也就能够较为准确地估计国债净融资规模。

在知晓国债净融资规模之后，我们在意的就是国债在年内的发行节奏了。

从历史走势看，国债发行呈现明显的规律性(见表 15.7 和图 15.15)。一季度是国债发行的低点。这是因为一般两会是在 3 月，在两会上，政府才会公布当年的财政计划，所以在此之前，政府在增发国债时会比较谨慎。

表 15.7 国债的发行节奏

	2016 年	2017 年	2018 年	2019 年	2020 年	月度均值	季度均值
1 月	5.5%	3.4%	5.2%	4.1%	2.4%	4.1%	12.7%
2 月	2.9%	4.2%	3.3%	3.8%	2.7%	3.4%	
3 月	5.9%	4.7%	5.7%	4.3%	5.2%	5.2%	
4 月	9.4%	7.1%	8.9%	11.2%	6.1%	8.5%	27.8%
5 月	10.2%	7.4%	9.4%	10.7%	9.5%	9.4%	
6 月	10.7%	8.9%	10.5%	9.2%	9.6%	9.8%	

（续表）

	2016年	2017年	2018年	2019年	2020年	月度均值	季度均值
7月	10.5%	7.6%	9.2%	8.6%	12.7%	9.7%	32.7%
8月	12.5%	23.2%	10.1%	10.2%	8.0%	12.8%	
9月	11.0%	9.5%	9.8%	9.6%	11.2%	10.2%	
10月	8.0%	9.1%	9.5%	8.9%	11.0%	9.3%	26.8%
11月	7.9%	8.8%	7.9%	10.5%	10.6%	9.1%	
12月	5.5%	6.1%	10.5%	8.8%	10.9%	8.4%	

资料来源：Wind。

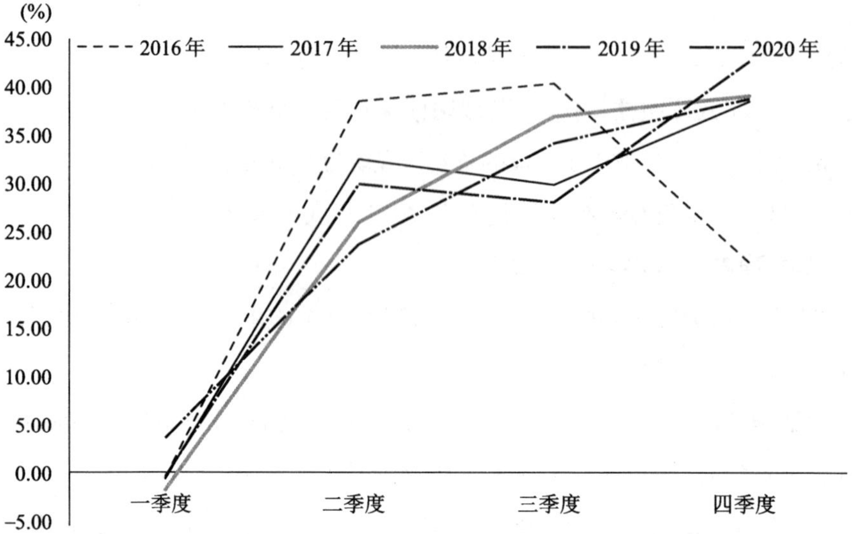

资料来源：Wind。

图 15.15　国债净融资节奏

而在两会之后，随着当年的发行额度确定，国债发行规模会出现明显的跳升，不过从节奏上看，政府债的发行规模在过去几年都比较平稳。

另外还有一个指标能够为国债的发行规模提供指示，即单只国债发行额的变化。在每个季度，财政部都会公布下一个季度国债的发行计划，明确下一个季度发行债券的时间、债券期限和债券付息方式等内容。

一般来说，1年、2年、3年、5年、7年、10年等关键期限的国债每个月都会发行

(见图 15.16)。单只国债的发行规模在一定程度上也能够体现利率债的供给压力。

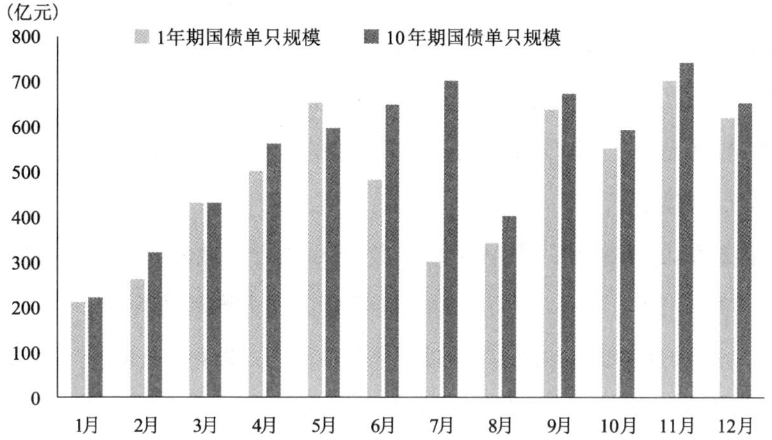

资料来源:Wind。

图 15.16 单只国债发行规模

比如在 2020 年 1—5 月,为了应对疫情,财政政策比较积极,单只债券的规模开始明显上行。

在 6、7 月,因为特别国债开始发行,国债供给规模继续增加,但是因为特别国债主要是 10 年期和 5 年期的,所以体现在数据上就是 10 年期债券的单只发行规模继续走高,而 1 年期国债的单只规模则开始走低。

到了 8 月,前期地方债在为特别国债发行让道,在特别国债发行告一段落之后,8 月国债开始为地方债发行让路,体现为单只国债的发行规模下行。

在 9—12 月,因为 2020 年的财政力度比较大,所以单只国债的发行规模依旧处于高位。

由此,我们也能够通过单只国债的规模简单地预测债券供应量。但是这里还要考虑地方债的发行节奏,有时候地方债和国债会出现错位发行的情况。

15.2.1.2 地方债发行量

地方债就是地方政府为了筹集资金而发行的债券,分为一般债和专项债(在用途、项目收益等方面均有限制)。

从资金用途上看,地方债可以分为新增债、再融资债和置换债三类。

(1) 新增债

和国债一样,新增地方债的规模也是在两会上确定的。比如 2021 年的财政预算报告就明确表明,2021 年地方财政赤字 8 200 亿元,需要通过发行地方政府一般债券弥补。同时,2021 年的专项债发行规模为 36 500 亿元。

这里需要注意的是,地方债也是限额管理的,政府只是规定发行上限,并没有规定当年发行额度。

一般债方面,地方新增一般债的发行规模和地方财政赤字并不是完全一致的,在 2018—2020 年的三年间,一般债的发行规模占地方财政赤字的 97%左右。

专项债方面,这种区别体现在专项债务限额和专项债务余额上。比如 2020 年地方政府专项债务限额 14.5 万亿元,比 2019 年增长了 3.75 万亿元。而 2020 年专项债务余额为 12.9 万亿元,仅比 2019 年增长了 3.48 万亿元。在 2018—2020 年间,专项债发行额度在限额的 95%左右。

在两会之前,我们对于新增地方债的预测需要分为新增一般债和新增专项债。

新增一般债的规模在前面分析国债的时候提到了,如果在 2020 年,按照我们的计算,地方财政赤字在 1 万亿元左右,对应 1 万亿元左右的一般债。

新增专项债的规模并没有标准的公式,所以在估计次年专项债发行规模上会有比较大的波动。

以 2021 年为例,站在 2020 年年末,我们知道 2019 年和 2020 年的专项债限额分别为 2.15 万亿元和 3.75 万亿元。2020 年专项债务规模大幅上行是因为疫情,财政政策比较积极。但是到了后期,就出现了因为缺乏优质项目与之匹配,专项债募集的资金没有顺利用出去的现象。

考虑到 2021 年经济基本面不会差,财政稳增长压力比较小,可以预计专项债的规模可能会比 2020 年明显下滑。站在当时,我们估算 2021 年的专项债规模可能会在 3.1 万亿元左右。

最后,有一点需要注意,除了当年新增额度,还有一个扰动项是上年未用完的专项债额度。比如 2020 年有 2 000 亿元补充中小银行资本金专项债,但是在 2020 年仅发行了 500 亿元左右,还有 1 500 亿元预计会在 2021 年发行。这无疑会增加新增地方债的发行规模。

(2) 再融资债

再融资债,即借新还旧的债券。不同于国债几乎每次都是续发的,地方政府债到期后有一部分直接偿还,不再续发了。

在2018、2019和2020年的三年里,再融资债的发行量为6 667亿元、11 337亿元和18 913亿元,而地方政府债到期偿还量分别是8 389亿元、13 152亿元和20 747亿元。即再融资债占到期偿还量的比重分别是79.5%、86.2%和91.2%。

2021年地方债到期量为2.67万亿元,假设2021年地方债按照90%的比例续作地方债,那么2021年再融资债的发行规模可能会在2.4万亿元左右。

另外,需要注意的是2020年年末到2021年年初,再融资债的用途出现了一定的变化。为了化解地方隐性债务,我国一直在推广建制县隐性债务化解试点。而建制县可以通过发行再融资债置换隐性债务。

2020年年末,有一大批地方再融资债将用途由"偿还到期地方政府债券本金"改变为"偿还存量债务",这意味着再融资券除了用于借新还旧,还有一部分可能被用于置换隐性债务。后续可以关注再融资债用途的变化。

(3) 置换债

2015年为了整治隐性债务,各地方政府开始发行置换债。而置换债的规模则体现为以非政府债券形式存在的存量政府债务。截至2020年12月,该项规模为1 751亿元,即今年置换债的上限就是1 751亿元,只少不多。

自此我们就能够简单地测算次年(当年)的地方债发行规模,比如站在2020年年末,我们预测2021年地方政府债的供给规模约为6.7万亿元,其中新增债4.1万亿元左右,再融资债2.4万亿元,置换债0.2万亿元。而在两会之后我们就会开始在意地方债的发行节奏。

近年来,地方债有提前发行并使用的趋势,比如2014、2015年一季度都没有地方债发行。而到了2016—2018年,在2月就已经开始发行地方债了。

2019年开始为了加快地方债的使用,政府开始允许在当年新增地方政府债务限额的60%以内,提前下达下一年度新增地方政府债务限额。所以2019年开始1月就有地方债发行。

从发行节奏上看,一般二、三季度是地方债发行的高峰时期(见表15.8和图

15.17)，一季度发行少可能是因为发行额度还没有下达，地方发债比较谨慎；四季度则是因为快到年底了，就算发债了也不一定用得出去，地方政府为了提高资金效率，也会提前发行地方债。

表 15.8 地方债发行节奏

月份	2016 年	2017 年	2018 年	2019 年	2020 年	均值	季度均值	均值(不包括 2020 年)
1 月	0.0%	0.0%	0.0%	9.6%	12.2%	4.4%		2.4%
2 月	2.8%	0.3%	0.7%	8.3%	6.8%	3.8%	17.8%	3.0%
3 月	13.0%	10.6%	4.6%	14.3%	6.0%	9.7%		10.6%
4 月	17.6%	7.5%	7.2%	5.2%	4.5%	8.4%		9.4%
5 月	8.7%	12.6%	8.5%	7.0%	20.2%	11.4%	33.1%	9.2%
6 月	17.0%	11.8%	12.8%	20.6%	4.4%	13.3%		15.6%
7 月	6.5%	19.4%	18.2%	12.7%	4.2%	12.2%		14.2%
8 月	13.9%	10.8%	21.2%	13.1%	18.6%	15.5%	37.1%	14.7%
9 月	4.5%	8.2%	18.0%	5.0%	11.2%	9.4%		8.9%
10 月	7.9%	7.8%	6.1%	2.2%	6.9%	6.2%		6.0%
11 月	6.4%	10.4%	1.1%	1.0%	2.1%	4.2%	11.9%	4.7%
12 月	1.7%	0.7%	1.5%	0.9%	2.8%	1.5%		1.2%

资料来源：Wind。

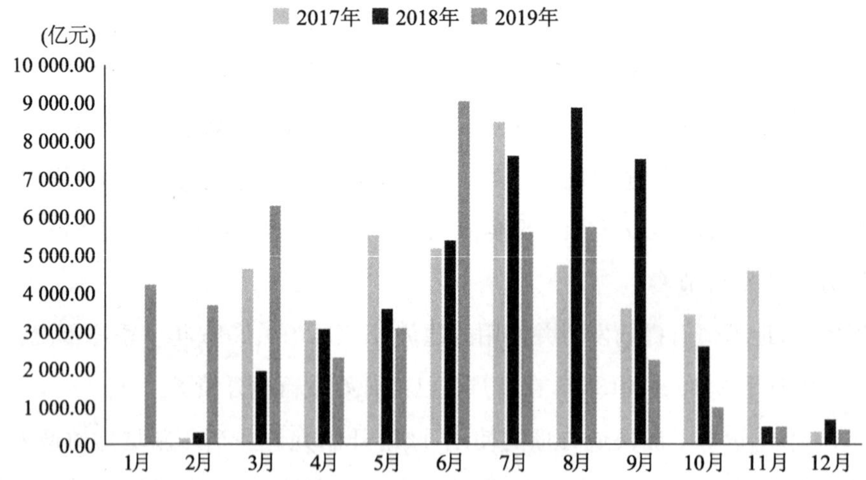

资料来源：Wind。

图 15.17 二、三季度是地方债发行的高峰

15.2.1.3 政策性金融债发行量

利率债除了国债和地方债，还包括政策性金融债（简称政金债），分别是国开债、口行债和农发债。

政金债也可以分为两部分，一是到期量；二是新增量。其中到期量可以基于现有数据直接获得，所以重要的是对增量的估计。

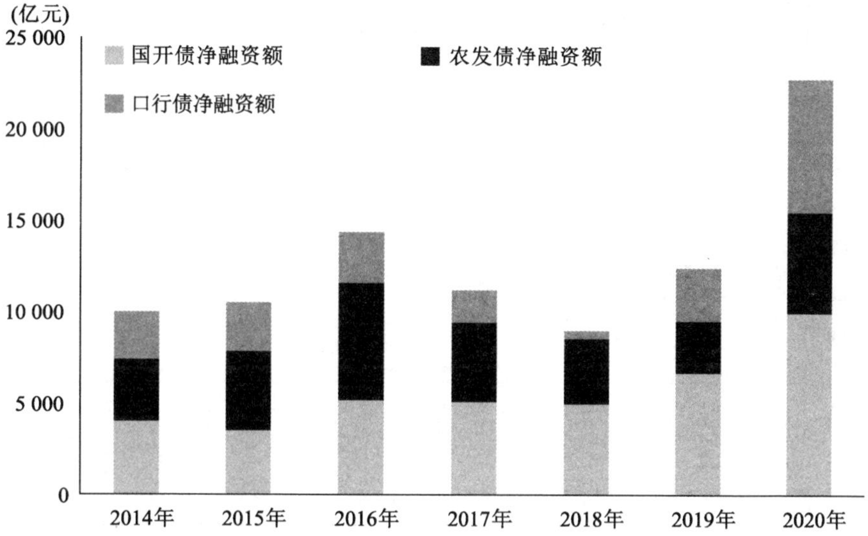

资料来源：Wind。

图 15.18 政金债的净融资规模

但是不同于政府债，政金债并没有明确的公式推导其增量规模，一般只能依靠经验估计判断。这也就意味着估算政金债增量的结果精确度并不会特别高。所以我们仅做简单分析，并不尝试精确预判政金债的发行。

这里我们先考虑有哪些因素会影响政金债的发行量：

（1）贷款投放需求。政策性银行是不能吸收公众存款的，所以发债是政策性银行的主要融资渠道。如果政策性银行有较强的信贷投放需求，就需要发行更多的债券获取资金。

（2）PSL 等其他资金来源情况。政策性银行资金来源除了发债外，还能够从央行获取资金,比如政策性银行通过抵押补充贷款(PSL)①从央行获取资金。这也就意味着其他负债端的变化会对政策性银行的发债规模产生一定的影响。

但是近年来,随着棚改进入尾声,PSL 开始逐渐退出历史舞台。2019 年开始 PSL 存量规模逐渐下滑(见图 15.19),后期随着以前的 PSL 到期,政策性银行就会面临偿还的压力。

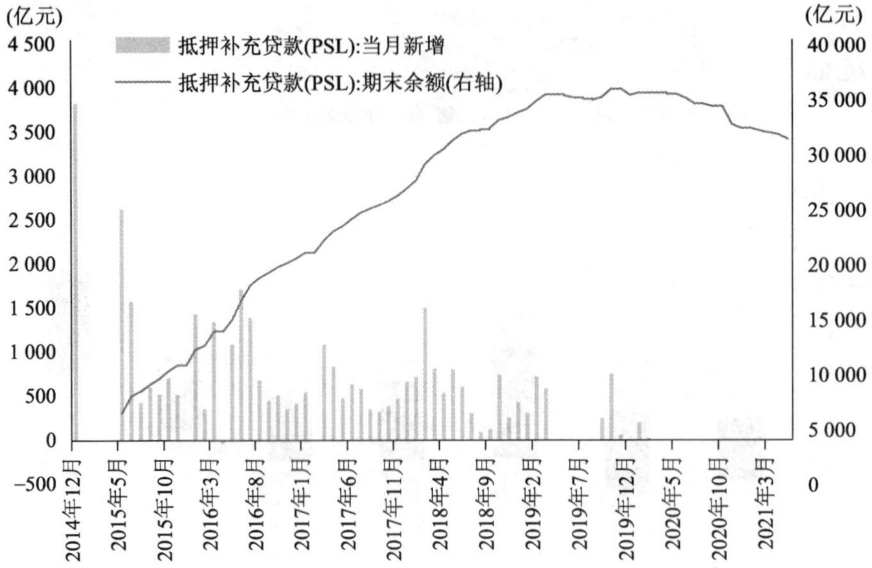

资料来源:Wind。

图 15.19 近年来 PSL 规模开始逐步下滑

比如 2021 年 5 月,三大政策性银行净归还了抵押补充贷款 396 亿元,期末余额31 366亿元。后期抵押补充贷款的偿还压力也会推动政策性银行增加债券发行规模。

(3) 可能和债券市场走势相关,比如在债券收益率大幅上行的时候,因为融资成本偏高,政策性银行就会减少发债规模;反之,在债券收益率下滑的时候,因为融资成本降低,政策性银行可能会增发债券。

回顾过去几年的政金债发行节奏,可以看到 2 月往往是政策性银行债的发行

---

① PSL 是 2014 年央行为开发性金融支持棚改提供长期稳定、成本适当的资金来源而专门设立的一个政策工具。

低点，后续3、4、5月则是政金债的发行高点（见图15.20），后续政金债的发行规模则会逐渐下滑。

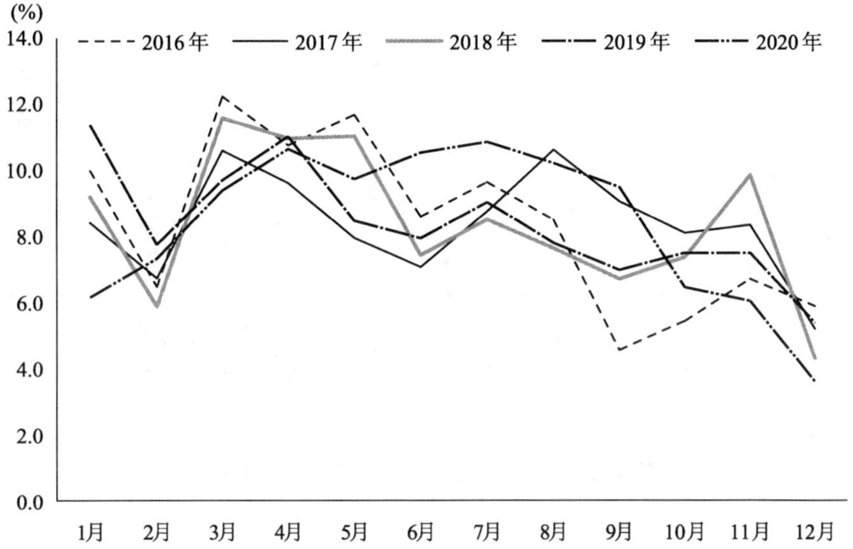

资料来源：Wind。

图15.20 政策性金融债发行节奏

15.2.2 债券供给与债券市场

15.2.2.1 信用债供给

信用债的供给目前其实并没有标准的预测方式，本文也不着眼于准确预判信用债的发行规模，更多地着眼于趋势上的判断。

一般影响企业发债意愿的有以下几项：

(1) 债券融资成本。融资成本很大程度上决定了企业的发债需求（见图15.21）。如果发债成本很低，那么企业很愿意通过发行债券获取一笔稳定的负债。

比如在2020年1—4月，受益于当时较为宽松的货币政策，市场信用债利率持续下行，并带动企业发债成本快速下滑。

而快速下滑的发债成本，使得企业发债融资的成本和从银行贷款的成本差距在快速走阔。在2020年4月，5年期AA＋中短期票据的收益率仅3.33%，而5年期LPR利率则有4.65%，两者之间的差距达到了1.32个百分点。

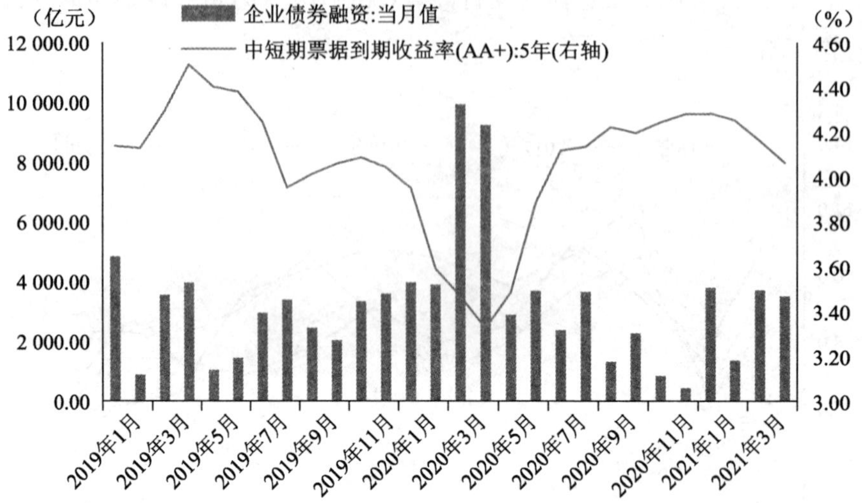

资料来源：Wind。

图 15.21　企业债券融资与融资成本的关系

在债券相比与贷款的成本优势越发凸显的背景下，企业自然会加大发债力度，以获取更低成本的资金。

所以在 2020 年 3、4 月，企业债券融资规模均突破了 9 000 亿元，创下了历史新高。

（2）融资需求。企业的融资需求一是来自实体，比如在经济运行态势良好的时候，企业有投资扩产、增加盈利的冲动，自然会有较强的融资需求，这就会推动它们向银行贷款，发行债券获取资金。

二是来自投机的需求。如果市场债券融资成本很低，而投资金融理财的稳定收益率更高，企业也会发行债券，然后投资套利。

比如在 2020 年 3、4 月，企业的发债成本很低，AAA 级企业的发债成本可能在 3%以内，而当时一些理财、结构性存款等能够给出 4%乃至更高的收益率。

所以当时很多企业会发行债券获取资金，然后再拿钱买结构性存款、买一些理财产品，进行无风险套利。这种现象在 2020 年上半年的时候有愈演愈烈的态势，最后引来了监管层的注意，并要求银行压降结构性存款的规模，减少金融套利现象。

除了投资，2020 年 3、4 月债券融资和社融走高还有一个原因是实体存在不小的资金需求。

当时因为疫情，企业的生产经营活动受到了很大的影响，企业资金链面临很大的压力。没有销售回款，企业就需要借钱应对资金链紧张。这也是当时企业债券融资规模走高的重要原因。

(3) 市场信用风险。企业债券发行情况也会受到全市场信用波动的影响。比如在 2020 年 11 月"永煤事件"之后，市场信心受到了极大的打击，部分地区和部分行业的发债难度骤增，信用利差快速走阔。

在这样的情况下，很多企业或主动或被动地取消了债券的发行计划。

(4) 政策引导。政策的支持与否对于企业信用债发行也有不小的影响。2020 年，为了鼓励企业从债券市场上获取直接融资，政府就出台了一系列措施来实现这一目标，比如《新证券法》取消了公司公募债券余额不超过 40%的规定；央行行长在 2020 年 4 月也表示要"引导 2020 年公司信用类债券净融资比上年多增 1 万亿元"。

另外，在 2021 年，出于加强对地方政府债务控制等方面的考虑，交易所和交易商协会按照"红橙黄绿"的等级划分，限制高债务区域和弱资质城投的发债规模等。

有消息表示，交易所对于红色档的会暂停发放批文，而黄色档则只能借新还旧，绿色档用途不受限制等。

受政策限制的影响，在 2021 年 5 月，城投债的发行规模明显缩量(见图 15.22)。按照 Wind 城投债口径，2021 年 5 月，城投债的发行规模仅有 1 757 亿元，净融资额则为－662 亿元，为近年来的新低。

相应地，我们也能够从上述几方面考虑后续信用债的发行规模。

想要了解企业信用债发行情况，我们可以从社融的角度出发简单判断。

社会融资规模中包含了企业债券融资这一指标，其能够作为信用债净融资的一个简易指标。

比较简单的一种做法是看债券融资占社会融资规模的比重。然后先预测社会融资当年增量，再基于历史比重预判债券融资规模。

在 2018—2020 年的三年中，当年企业债券融资占社会融资规模的比重分别为

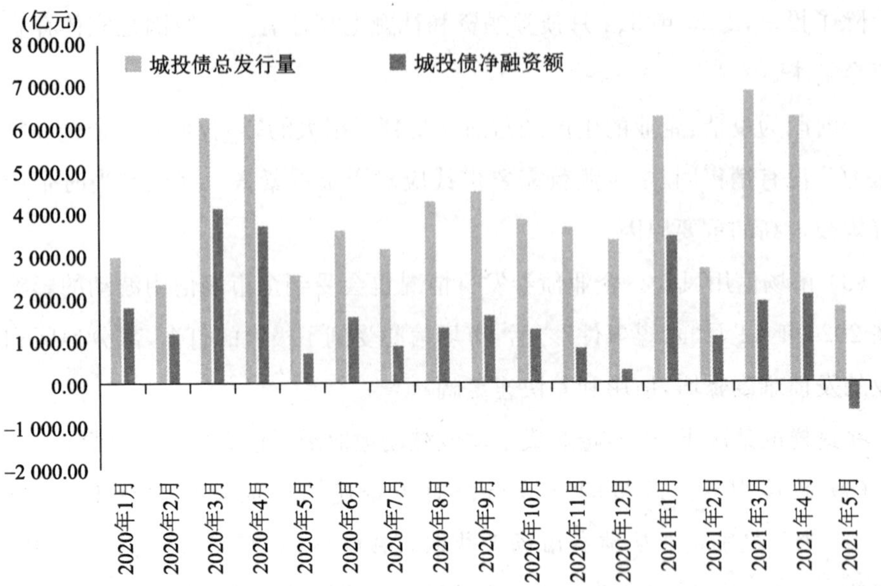

资料来源：Wind。

图 15.22　5 月城投债发行明显缩量

11.7%、12.7%和 12.8%，三年均值为 12.4%。那么我们可以假设 2021 年企业债券融资占社融的比重为 12.4%左右。

之后我们可以预判 2021 年的社融存量(增量)，因为其不是本章的重点，这里我们就不再展开了。在得到 2021 年社融增量的预测值之后，就可以计算出企业债券融资额。不过按照这一方式计算得到的债券融资指标仅能作为参考，其波动的区间比较大，指导意义不大。

15.2.2.2　债券供给与债市走势

一般来说，商品的价格会由供给端和需求端的力量共同决定。如果商品供过于求，价格就会下跌；反之，如果供不应求，价格自然就会上涨。

但是市场一般习惯于从基本面、政策面、资金面的角度分析债券市场走势，即使有时候考虑供需情况，涉及的往往也不多。

这主要是因为债券供给并不能决定债市的趋势，更多的只能影响债市的节奏。

从历史走势看，我们会发现有意思的一点是，在 2015—2016 年和 2020 年上半年的牛市行情中，债券市场净融资都出现了明显的峰值(见图 15.23)。

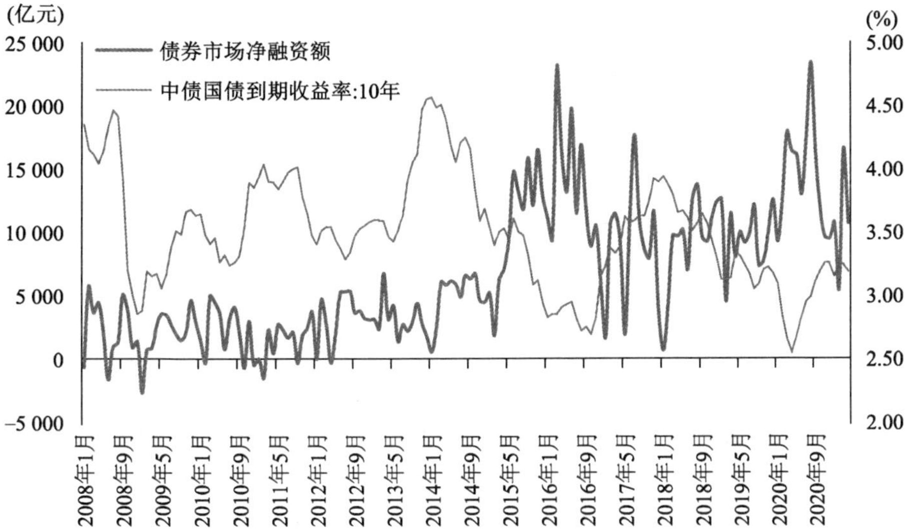

资料来源：Wind。

图 15.23　全市场债券净融资与收益率走势相关性不高

原因也很好理解，这时候发债融资的成本很低，企业愿意发债获取低成本资金。而且因为这时候一般基本面会比较差，相应的财政力度就会比较大，利率债的发行规模也就会比较高，比如 2020 年。

但是，在这么高的债券发行量下，债券市场并没有结束其牛市行情，受益于当时较为宽松的流动性环境，以及偏利好的政策环境和基本面环境，债券市场在高发行量下，延续了其牛市行情。

此后牛市行情的结束，与债券供给的关系也不大。2016 年牛市行情结束是因为当时金融监管趋严叠加货币政策边际收紧。2020 年债券牛市行情的结束也是因为货币政策边际收紧、资金面变紧张以及市场对基本面预期改善，和当时的天量债券供给关系并不大。

因此，很多时候，债券供应量增加是牛市的结果，但是天量的供应不会成为债券走熊的原因。只要政策面、资金面够宽松，市场上就有足够的资金消化掉供给的压力。

供给更多的时候是影响债券市场的节奏。比如在牛市的时候，如果债券供应增加，因为有足够的资产满足需求，债券下行的速度可能就会放慢。但是因为市场环境利好债券，投资者不会认为供给放量，这一轮牛市结束了。